·广外法律文库·

法学与政治学前沿问题研究

蔡镇顺　龙著华 主编

知识产权出版社
全国百佳图书出版单位

图书在版编目（CIP）数据

法学与政治学前沿问题研究／蔡镇顺，龙著华主编．—北京：知识产权出版社，2014.11

ISBN 978－7－5130－3127－1

Ⅰ.①法…　Ⅱ.①蔡…②龙…　Ⅲ.①法学－文集②政治学－文集　Ⅳ.①D90－53②D0－53

中国版本图书馆 CIP 数据核字（2014）第 255466 号

责任编辑：刘　睿　刘　江　　**责任校对**：谷　洋
文字编辑：杨艳敏　　**责任出版**：刘译文

法学与政治学前沿问题研究
Faxue yu Zhengzhixue Qianyan Wenti Yanjiu
蔡镇顺　龙著华　主编

出版发行：知识产权出版社有限责任公司　　**网　址**：http：//www. ipph. cn
社　址：北京市海淀区马甸南村 1 号　　**邮　编**：100088
责编电话：010－82000860 转 8113　　**责编邮箱**：liurui@ cnipr. com
发行电话：010－82000860 转 8101/8102　　**发行传真**：010－82000893/82005070/82000270
印　刷：保定市中画美凯印刷有限公司　　**经　销**：各大网上书店、新华书店及相关专业书店
开　本：720mm×960mm　1/16　　**印　张**：33.5
版　次：2014 年 11 月第一版　　**印　次**：2014 年 11 月第一次印刷
字　数：525 千字　　**定　价**：80.00 元
ISBN 978－7－5130－3127－1

总　　序

广东外语外贸大学法学院成立于2000年，其前身是1996年设立的法学系。在学校党政班子的正确领导下，经过学院全体教职员工的共同努力，法学院已经初具规模，是广东省名列前茅的法学院之一。

法学院现有法学、外交学、国际政治等3个本科专业，分为6个系，即法律系、民商法学系、国际法学系、知识产权法学系、外交学系、国际政治系；另有法学、政治学两个一级学科硕士点和一个法律硕士专业学位授权点。设有国际问题研究所、教育法制研究所、非政府组织研究所、欧盟法律与外交研究所、国际安全与战略研究中心、法律援助中心、物证技术实验室、校内学生实践基地等机构。

法学院现已拥有一支以教授为龙头，以博士、副教授为骨干，以青年教师为主力的教师队伍，承担和完成了多项国家级、省部级科研课题。目前，学院拥有本科生1 500多人，研究生200多人。在广东省人民政府外事办公室、广州市外事办公室、广州市中级人民法院、深圳市中级人民法院、佛山市人民检察院、佛山市人民法院、广州市白云区人民检察院、广州市白云区人民法院、广州市海珠区人民法院、广东国鼎律师事务所等单位建立了稳定的校外实习基地。

法学院践行“明德尚行、学贯中西”的校训，坚持融法律专业教学和外语教学于一体的办学模式，经过多年的探索，已经形成“专业+外语”的复合型人才培养特色。法学院注重理论联系实际，培养学生分析问题和解决问题的能力。毕业生普遍受到用人单位的好评。

《广外法律文库》是广东外语外贸大学法学院的系列丛书，是老师们在各自的专业方向上、在长期的教学与科研工作的基础上获得的成果。本文库坚持真知灼见、有的放矢的写作原则，就专业教师最有体会、最有见地的问题进行写作，以期对相关法学领域的研究作出积极的贡献。事实上，已经完成书稿的各位作者倾注了大量的心血，进行了长时间的艰苦写作，精益求精。当浮躁之风横行之时，这种治学态度愈显珍贵。

广东外语外贸大学法学院作为一个成立时间不长的学院，出版文库并非易事，个中艰辛，学人自能理解，其中反映出来的不畏艰辛、敢于探索、敢于担当的精神和情操更值得称道。希望该学院能够持之以恒，坚持文库的后续出版，推动学科建设实现更高水平的跨越。

广东外语外贸大学法学院

院长：蔡镇顺教授

2012 年 4 月于广州

目　录

法　学

政 治 学

法　学

《鹿特丹规则》承运人责任制度研究
——兼论我国《海商法》修订

■ 蔡镇顺[*] 林炜珩[**]

【内容提要】 一直以来，海运承运人责任制度都是国际海上货物运输法律制度的重要组成部分。为统一国际海上货物运输领域规则，重新平衡船货双方利益，《鹿特丹规则》顺应时代发展需求进行了一系列的创新，其中海运承运人责任制度是最能体现其时代特色的核心部分之一。本文对《鹿特丹规则》的先进性和不足之处进行评析，同时，分析《鹿特丹规则》对我国《海商法》修改的影响，并结合我国具体情况，对完善我国《海商法》中承运人责任制度作出构思和建议。

【关键词】 海上运输　国际海运公约　承运人责任

一、《鹿特丹规则》承运人责任制度概述

（一）《鹿特丹规则》关于承运人责任的主要规定

在运输主体方面，《鹿特丹规则》将运输主体进一步细化并进行了新的分类。公约将运输主体分为三类：承运人、履约方和海运履约方。由于公约的运输合同包括海上运输合同和海上运输加其他运输方式的合同，而当前又存在许多调整除海上运输外其他运输区段的单式货物运输公约，所以《鹿特丹规则》才对运输主体进行细化、分类，引入“海运履约方”概念，以避免与其他运输区段的公约规定造成冲突。

---

* 蔡镇顺，广东外语外贸大学法学院教授。

** 林炜珩，广东外语外贸大学法律硕士。

在责任基础方面，《鹿特丹规则》第 17 条规定对承运人实行完全过失责任制原则。本条共六款，具体对承运人的归责原则、免责事由以及举证责任这三个方面作出规定。对于归责原则，该条规定了推定责任制原则：一是对于“管货义务”，对承运人实行无过错的推定，具体举证责任由索赔方承担；二是对于“适航义务”，则对承运人实行有过错的推定，但此时初步举证责任是由索赔方承担，而后才由承运人承担证明自己已尽到“谨慎处理”义务以及不适航与损失之间不存在因果关系的责任。

在责任期间方面，《鹿特丹规则》第 12 条对承运人责任期间作出了明确规定。本条规定的实质意义在于，它确定了本公约关于承运人或履约方对其所承运的货物应该履行的义务和承担的责任的诸项规定。[1] 根据本条第 1款的规定，承运人责任期间是“自承运人或履约方为运输而接收货物时开始，至货物交付时终止”。需要注意的是，该条仅对责任期间的起止时间作出限制，但是对于地域范围却并无任何限定。也就是说，承运人的责任期间自其接收货物时就开始起算，即便承运人是在港口以外的其他地方接收货物，也不影响责任期间的起算。同样，即使承运人在卸货港以外的地方交付货物，责任期间的终止也是以其交付货物为标准。由此，我们可以理解为，《鹿特丹规则》下承运人的责任期间被延伸至“门至门”。

在承运人最低法定义务方面，《鹿特丹规则》第 13 条及第 14 条分别对承运人的具体义务和特别适用于海上航程的义务作出了规定。具体来说，根据第 13 条的规定，承运人的管货义务时间与责任期间相同，都是开始于接收货物时而终止于货物交付时。同时，管货义务的时间还应在海上运输时间段内，即如果是海上运输之前或之后的时间段，则不受该条所规定的管货义务限制。第 13 条第 1 款还规定了管货义务具体贯穿在哪些环节中，除了《海牙规则》所提及的七个环节，还新增加了接收货物和交付货物的环节。此外，在该条第 2 款中，还规定了承运人与托运人可以约定由托运人、单证托运人或者收货人承担装载、操作、积载、卸载的责任。第 14 条是关于承运人使船舶适航义务的规定。该条规定要求承运人使船舶适航的

---

[1] 朱曾杰、吴焕宁、张永坚、郭瑜：《鹿特丹规则释义》，中国商务出版社 2011 年版，第 46 页。

期间包括开航前、开航时和海上运输过程中。由此可见，承运人在海上运输过程中都有义务保证船舶适航，这显然是加重了承运人的责任。

（二）《鹿特丹规则》承运人责任制度的先进性

首先，《鹿特丹规则》进一步统一了国际海上货物运输领域的规则。该公约在统一规则方面作了如下努力：（1）在第26条规定中，明确了本公约与调整其他非海运方式的国际运输公约之间的相互关系[1]，即除了特定情况下使用其他国际文书外，其他情况下该公约都必须被强制性适用，并且也排除了国内法在该公约调整范围内任何情形下的适用。（2）为了避免与其他并存的公约适用混乱而不利于海上货物运输领域统一规则，该公约第89条规定了若某国之前已参加《海牙规则》《维斯比规则》或《汉堡规则》，则必须在参加本公约的同时声明自《鹿特丹规则》对该国生效之日起正式退出已参加的其他公约。（3）为了最大限度地实现统一规则，发挥公约作用，除了第十四章、第十五章关于管辖权和仲裁的规定以及第92条关于对本国领土单位效力的规定外，该公约其他条文均为强制性规则。

其次，《鹿特丹规则》对许多实践中出现的新问题或者以前公约没有作出明确规定的问题也作出了规定，符合海上货物运输业的新需求，有利于促进国际贸易和海上货物运输业发展。例如，公约专门对电子运输记录作出了规定，这是由于当今电子商务在运输领域广泛应用，运输单证已不像以往只有纸质凭证如提单等。《鹿特丹规则》正是注意到这一点，所以专门用独立章节对电子运输单证作出了规定。[2]

再次，《鹿特丹规则》顺应海上运输业发展新形势，努力使船货双方利益达到新的平衡。具体来说，公约主要作出了如下努力：（1）在第14条关于特别适用于海上航程义务中，规定了承运人在开航前、开航当时以及海上航程中都必须承担适航义务，即将适航义务扩大到整个航程中；（2）在第17条关于赔偿责任基础的规定中，取消了航海过失免责和因承运人的受雇人、代理人过失引起的火灾免责；（3）在第59条关于赔偿责任限额的规定中，大幅度提高了责任限额。但在举证责任分配方面，《鹿特丹规则》主

[1] 朱曾杰、吴焕宁、张永坚、郭瑜：《鹿特丹规则释义》，中国商务出版社2011年版，第143页。

[2] 司玉琢："《鹿特丹规则》的评价与展望"，载《中国海商法年刊》2009年第2期。

要采用“两个推定”。具体如下：一方面，在一般情况下，推定承运人有过失并且实行完全过失责任制，由承运人承担举证责任，若能证明他自己或所规定的其他相关人员没有过失，则不需要承担赔偿责任；另一方面，在公约所规定的免责范围内，则推定承运人无过失可以免责，此时索赔方需要承担举证责任证明承运人有过失，若举证成功，则承运人也需要承担赔偿责任而不能免责。对于承运人的适航义务，则要求索赔方承担初步举证责任，进而由承运人证明自己已按规定谨慎处理使船舶适航，或者损害结果与不适航之间不存在因果关系。

以上规定，在一定程度上起到较好地平衡各方利益的作用，使承运人责任不会过于沉重。

（三）《鹿特丹规则》的不足之处

《鹿特丹规则》顺应时代发展需要而产生，其具有平衡各方利益、为国际货物运输领域提供统一规则、促进国际贸易和海上运输业的发展等先进性。尽管如此，不能否认《鹿特丹规则》亦存在一定的局限性，其内容、体系亦存在不足之处。

首先，公约内容繁杂，体系庞大，不易于被理解、接受。虽然可以理解《鹿特丹规则》为了增强可操作性，在继承以往国际海上货物运输公约合理制度的基础上，又作出更加具体、细致的规定，但这也导致了其实质性条文的数量，相当于 9 个《海牙规则》、3.5 个《汉堡规则》。[1] 同时，《鹿特丹规则》还对近年来海上运输业实践中产生的新问题，例如海运履约方、批量合同、电子运输记录等作出了规定，这进一步扩充了该公约的内容体系。加上有些语言使用不很精确，条款交叉，导致了理解困难，这在一定程度上不利于公约的实施。

其次，该公约中的有些规定是否合理，有待实践加以考察。例如《鹿特丹规则》中将承运人责任限额大幅度提高，即每件或每个其他货运单位按照 875 计算单位或者毛重每千克 3 计算单位（以两者中较高额为限）计算。虽然部分国家认为，随着物价的飞速上涨，公约中将责任限额相应地提高是合理的。但相当部分国家如中国、韩国等则认为，《海牙规则》所规

---

[1] 司玉琢：“《鹿特丹规则》的评价与展望”，载《中国海商法年刊》2009 年第 2 期。

定的承运人责任限额实际上已经覆盖了绝大部分货物索赔范围，不需要将责任限额再一次大幅度提高。笔者认为，虽然各个国家的实际情况不同，对公约的诉求和价值倾向也各不一样，所以反馈的意见有一定的局限性、片面性，但分歧巨大也表明公约的合理性受到挑战。至于《鹿特丹规则》中将承运人责任限额大幅度提高是否真的符合海上运输业的发展趋势，是否真正有利于平衡各方利益，还有待在实践中作进一步考察。

二、《鹿特丹规则》承运人责任制度的启示

（一）《鹿特丹规则》对我国完善承运人责任制度具有指导意义

《鹿特丹规则》责任制度所体现出来的先进性，即平衡利益、寻求统一、顺应时代、促进发展，决定了这部公约将具有更强的生命力。[1] 迄今为止，已有包括美国、法国等在内的超过20个国家签字加入《鹿特丹规则》，该公约很可能将在国际范围内广泛适用，所以学界认为，如果《鹿特丹规则》在国际上获得认可并最终生效，则意味着海上货物运输领域的立法将由《鹿特丹规则》取代以往的国际海上货物运输公约，从“海牙时代”发展成“鹿特丹时代”。我国同已签字加入公约的国家有密切贸易往来，所以即使我国尚未确定是否加入该公约，但不能否认公约所规定的内容将会对我国产生巨大的影响。十分明显，我国《海商法》承运人责任制度的内容若与国际通行的新条约、新趋势存在太大差异，则必将影响我国对外贸易及海上运输业的发展，乃至影响我国融入经济全球化的进程。由此可认为，《鹿特丹规则》的颁布，为我国修改、完善《海商法》以及承运人责任制度提供了重要的契机，无论我国最终是否加入该公约，其先进的立法理念、立法技术及合理制度都值得我国参考、借鉴。

（二）我国承运人责任制度修改的必要性

首先，《海商法》自身存在不完善的地方需要改进。《海商法》自1993年颁布至今已走过20个年头，多年的海事司法实践表明，该法在内容、体系上都存在不足之处，例如为了与国际海上运输公约接轨而导致内容无法

[1] 李洋、张振安：“论我国海商法修改的必要性”，载《中国远洋航务》2013年第7期。

充分考虑国内航运业的实际情况，以及条文自身规定不明确、内容前后不衔接等。随着我国航海运输业的蓬勃发展，实践中已经出现的许多新的法律问题，例如物流运输业迅猛发展所引发的无船承运人、国际货运代理人的法律地位和责任问题、无单放货的法律问题等，现行《海商法》中均没有对这些问题作出规定。由此可见，我国《海商法》亟须修改、完善，以适应当今航运业的发展，与时代接轨，与世界接轨。

其次，《海商法》颁布至今20年间，我国相继出台和修订了许多相关法律法规，如2004年《船舶最低安全配员规则》、2004年《海船船员适任考试、评估和发证规则》、2010年《船舶安全检查规则》等，都与《海商法》内容有密切联系。这些后来出台的法律法规，对海上运输领域的相关问题作出了必要的规定和补充，但部分规定与《海商法》的规定存在冲突。因此，为了更好地保持国内法律体系的衔接性、一致性，修改现行《海商法》已经是大势所趋。

再次，虽然《海商法》的内容广泛借鉴了当时的国际海上运输公约，也尽可能在内容上与相关规定保持一致，但是自其实施至今20年来，国际海上运输公约、国际海事惯例等也进行了较大的更新、修改，如1993年《汉堡规则》、2002年《1974年旅客及其行李运输雅典公约的2002年议定书》、2009年《联合国全程或部分海上国际货物运输合同公约》（《鹿特丹公约》）等。

不言而喻，海上运输业的蓬勃发展，航运领域发生的新变化，带动了国际海事立法的更迭、完善，只有紧密结合时代发展需要，法律法规才能更好地解决该领域的实际问题。因此，在借鉴国际海商海事立法中科学、先进规定的基础上，结合我国实际情况，对《海商法》进行相应的补充、修改，对完善我国法律体系、促进我国航运业和对外贸易的发展具有重要的意义。

三、对我国《海商法》承运人责任制度的建议

（一）保留现有责任基础

虽然当今航海技术已取得巨大的发展，《鹿特丹规则》为了相应加重承

运人责任也取消了航海过失免责，这意味着承运人将承担几乎所有原因引起的货物损坏、灭失的风险，包括碰撞、搁浅等航行过失引起的责任也都由承运人承担。但笔者认为，根据我国海上运输业的实际发展情况来看，当前我国还不宜取消航海过失免责，仍应保留原有的责任基础。主要理由如下。

第一，虽然我国航运业总体发展态势良好，航海技术日趋成熟，但不能否认的是我国航运业的发展水平、航海技术仍与世界上先进的航海国家存在一定差距，船舶技术整体水平不高，船员的专业化水平参差不齐，大型的航运企业较少，以中小企业居多等。[1] 根据对以往世界海难事故的调查研究，大多数灭失的船舶船龄集中在15～25年龄段（占80%），其中20～24年的占47%，我国目前船舶的平均年龄是23.4年，正处于事故率最高的船龄段[2]，大幅加重承运人的责任对我国航运企业很不利。第二，如果取消航海过失免责，则船东将向保赔协会投保航海过失险，这必然导致国内船东运输成本提高，从而不利于我国航运业在国际上的竞争。第三，取消航海过失免责，过于加重承运人责任，将会导致相关领域的投资人对航运业的投资热情下降。特别是目前我国船舶平均船龄偏大，即将有大量船舶面临过期报废而相应地需要有新船舶来填补缺口，如果没有足够的资本支持，则会导致我国运力供给不足，进一步造成运费的提高。运费提高，则将阻碍贸易的发展；贸易萎缩，又会反过来影响对航运业的需求。所以，贸然取消航海过失免责，将会在国际贸易和海上货物运输业之间引起恶性循环，不利于各方发展。第四，参考其他国家的做法，一般也对取消航海过失免责采取谨慎态度。以代表货主利益的美国为例，虽然其在1999年的《海上货物运输法（草案）》中废除了航海过失免责，但同时它也规定了索赔方在以航海过失为由进行索赔时，应承担更重的举证责任。可见，即使是代表货主利益的美国，立法者也在航海过失免责废除的问题上持相当谨慎的态度，不愿意轻率地打破长期形成的船货双方合理分担风险的机制。[3] 所以，

---

[1] 岳文惠：《〈鹿特丹规则〉下的承运人责任研究》，辽宁大学2012年硕士毕业论文。

[2] 李章军：《海运承运人责任制度研究》，法律出版社2006年版，第184页。

[3] 马德懿、陈雷："试论航海过失免责的生命力——兼对《汉堡规则》废除航海过失免责的理性分析"，载《河北法学》2002年第1期。

笔者认为，我国对取消航海过失免责应持谨慎态度，不可贸然为之。

（二）统一并适当延伸承运人责任期间

根据我国《海商法》第 46 条的规定，承运人的责任期间区分为集装箱运输和非集装箱运输两种不同期间，集装箱运输的责任期间为“港至港”，而非集装箱运输的责任期间为“从装到卸”。另外，《海商法》第 41 条规定海上货物运输合同的期间为“港至港”，比较两条规定可看出，第 41 条与第 46 条之间的规定不衔接，在非集装箱运输的情况下，承运人的责任期间与合同期间不一致。并且根据以上规定，对“装前卸后”的期间，当事人可通过协议约定承运人承担责任的问题。笔者认为这一规定也有失妥当，这样的规定既可能导致承运人利用自身优势通过协议来免除自身责任，也可能导致在当事人没有约定的情况下，对于“装前卸后”期间内责任适用《合同法》规定而使承运人承担更为严格的责任。

为此，笔者认为，应该修改目前《海商法》区分责任期间的规定，统一集装箱运输和非集装箱运输的责任期间。在统一的基础上，可以考虑进一步适当延伸责任期间。《鹿特丹规则》出于加重承运人责任的考虑而将承运人责任期间扩大为“门至门”，这是综合考虑了现今海上货物运输行业的发展变化而作出的规定。在运输方式以非集装箱运输为主的时代，货物包装零散不便于运输，因此承运人为减轻自己所需承担的责任风险，大都选择在船边接收、交付货物，《海牙规则》在当时海上运输技术尚不发达的情况下规定承运人责任期间为“从装到卸”。如今航海技术发达，且多采用集装箱运输方式，由于集装箱运输具有封闭性强、安全性强的特点，大大降低了运输过程中货物遭受损毁的风险，所以相应地将责任期间延伸具有合理性。因此，笔者建议我国《海商法》应参照《鹿特丹规则》的规定，顺应海上运输业的发展需求，将责任期间延伸到“门至门”。

（三）完善承运人最低法定义务的相关规定

我国《海商法》第 47 ~ 49 条分别对承运人的适航义务、管货义务以及不得不合理绕航义务作出规定，第 51 条规定了承运人的免责事项，但是对于以上规定相互之间的关系，《海商法》却没有明确，从而导致了举证责任的紊乱。对于适航义务是否是承运人首要义务，学界存在不同观点。例如，朱作贤、司玉琢先生认为，“‘适航义务是首要义务’的原则被大家从容地接受与使用”[1]；而蒋跃川先生持相反观点，认为“自英国普通法以来，就从未产生过适航义务是承运人的唯一的首要义务这一原则，适航义务总是和管货义务一起，构成了承运人的两项基本义务或首要义务”[2]。出现以上争论，是由于我国《海商法》对承运人适航义务、管货义务与免责事由所作的规定借鉴了《海牙规则》的相关规定，但在这些规定的相互关系上具体表述不清楚甚至逻辑结构上不够严谨。

笔者认为，我国《海商法》应将适航义务明确为承运人的首要义务，违反适航义务则不能援引免责事由来免除自己的赔偿责任。首先，众所周知，我国《海商法》主要是在参考《海牙规则》《维斯比规则》两公约的基础上制定的，既然是借鉴了已有公约，那么可知在作出类似规定时也应是按原本条文的逻辑关系来作出规定。而且，在可能的范围内应保持各公约、法规的一致性，这样有利于我国《海商法》与相关国际公约衔接，有助于推动国际贸易和海上运输业的发展。将适航义务明确为承运人的首要义务符合这些公约的内在逻辑关系。其次，将“谨慎处理使船舶适航”作为承运人的首要义务，应包括违反适航义务则不能援引免责事由来免除自己的赔偿责任，如果承运人不履行适航义务也能通过援引免责事由来免除自己的赔偿责任，将打破长期以来在国际范围内形成的船货双方利益、风险分配方面已形成的局面，这亦不利于国际贸易和海上货物运输业的发展。再次，从《海商法》第46条与第48条的规定可以看出，承运人管货义务所涵盖的期间与承运人责任期间并不一致。承运人管货义务涵盖的期间是“从装到卸”这一期间，然而承运人责任期间在非集装箱运输的情况下才是“从装到卸”，集装箱运输的情况下则是“港至港”。上文已提到建议将《海商法》中所规定的承运人责任期间统一并延伸，那么管货义务所涵盖的期间也应相应扩大，即参考《鹿特丹规则》的规定，将管货义务由原来的七个环节增加到九个环节，增加的是“接收”“交付”两个环节。

---

[1] 朱作贤、司玉琢：“论《海牙规则》‘首要原则’——简评UNCITRAL运输法承运人基础条款”，载《中国海商法年刊》2002年。

[2] 蒋跃川：“适航义务之首要义务论考”，见李海编：《海商法问题研究》，大连海事大学出版社2008年版，第543页。

四、结　语

为统一国际海上货物运输规则，重新平衡船货双方利益，《鹿特丹规则》顺应时代发展的要求，对海运货物运输承运人责任制度作出了难能可贵的探索，也是《鹿特丹规则》最能体现其先进性的内容之一。通过前述解读、分析《鹿特丹规则》的承运人责任制度，我们既了解了其先进性、科学性，也了解了其存在一定的不足之处。随着我国改革开放的深入发展，我国航运业、对外贸易已经跻身世界前列，为适应新的国际贸易形势，现行《海商法》有必要进行适当修改。笔者在结合我国实际情况的基础上，借鉴《鹿特丹规则》先进、合理的制度设计，对我国《海商法》中有关承运人责任基础、责任期间、最低法定义务等规定提出了修改建议。

我国现行财政决策检讨
——以中央财政出资治理北京及周边地区雾霾为例的分析

■ 杨解君[*]　蓝飞宇[**]

【内容提要】 针对京津冀地区大气污染和雾霾治理形势日益严峻的现实，中央财政拨出专项资金予以支持，这一财政决策具有其积极意义，但也引发了若干值得思考的问题。这一决策过程彰显了现行财政体制不顺、决策程序缺乏民主机制、决策依据有违效益原则和公平原则、决策内容与方式有违科学性与适当性等问题。为此，需要实行财政预算体制改革，健全和完善现行财政预算法律制度。

【关键词】 雾霾治理　财政机制　决策程序

一、雾霾治理举措与“钱治”新闻回顾

虽然我国大气污染形势严峻，以可吸入颗粒物（PM10）、细颗粒物（PM2. 5）为特征污染物的区域性大气环境问题日益突出，但由于大气污染易受天气影响并且会在不同地域间转移，因此一直以来，政府对大气污染治理的积极性较低，民众的关注度也较为薄弱。近两年来，随着华北地区出现的大量雾霾天气及其对人体健康的影响，这一现象引发了社会对大气污染的普遍关注。日益恶化的雾霾问题和民众的不满情绪，促使政府不断将环保议题提升到新高度，并陆续出台一系列环境整治措施。

* 杨解君，广东外语外贸大学教授。

** 蓝飞宇，广东外语外贸大学硕士研究生。

为有效地扼制大气污染日趋严重的势头，国务院、中央有关部门和地方政府自2013年下半年开始采取了一系列举措及行动。2013年9月12日，国务院公布了《大气污染防治行动计划》（被称为大气“国十条”），这是我国迄今为止规模最大的大气污染治理计划。2013年9月18日，环境保护部与北京、天津、河北、山西、内蒙古、山东等6个省区市人民政府在北京召开的会议上签订了大气污染防治目标责任书。“责任书”的签订，意味着环保部门将会同组织部门和监察部门对治理不力者“问责”，这被认为是继国务院下发《大气污染防治行动计划》以来，我国大气污染防治政策“落地”关键的一步。2013年11月5日，环保部发出《关于做好2013年冬季大气污染防治工作的通知》，要求各地环保部门建立大气污染源清单，加强应急管理以应对重污染天气。除上述一系列行动外，中央财政还决定给予资金上的大力支持。

2013年10月14日，中央财政拟安排50亿元资金，全部用于京津冀及周边地区（具体包括京津冀蒙晋鲁6个省或直辖市）大气污染治理工作，重点向治理任务重的河北省倾斜。该项资金以“以奖代补”的方式，按上述地区预期污染物减排量、污染治理投入、PM2.5浓度下降比例三项因素分配。本年度结束后，中央财政将对上述地区大气污染防治工作成效进行考核，根据实际考核结果再进行奖励资金清算，突出绩效导向作用。[1] 而这50亿元只是中央财政首批用于京津冀鲁等6个地区治理大气污染的资金。[2] 这些举措，尤其是中央财政设立专门的大气污染防治资金，表明了中央政府对大气污染治理的“真抓实干”，舆论导向亦多是持正面肯定的态度。

但是，从各地治理雾霾的多样措施（如“洒水抑尘”“停工停课”“雾霾罚单”“免职开除”和重污染天气应急预警等）来看，成效并不明显。而且，北京及其周边地区的雾霾天气呈周期性爆发，越来越多的城市和地区正受到越来越严重的雾霾困扰，给人们的正常生活、工作和身体健康都带

---

❶ 经济建设司：“中央财政安排50亿元用于京津冀蒙晋鲁六省份大气污染治理工作”，载http://jjs.mof.gov.cn/zhengwuxinxi/touruqingkuang/201310/t20131012_997900.html，2013年12月16日访问。

❷ 2014年2月12日，国务院常务会议提出，今年中央财政专项资金将安排100亿元，对重点区域大气污染防治实行“以奖代补”，较去年首批发放的资金规模比，今年该资金规模将翻番。http://news.xinhuanet.com/video/2014-02/12/c_126123265.htm，2014年2月14日访问。

来不良影响。❶

二、正面意义与问题提出

大气污染及雾霾需要采取多种措施加以综合治理，但受探讨议题和篇幅的限制，对于其他种种大气污染及雾霾治理措施本文将不予评析，而只就财政部关于中央财政出资50亿元资金专门用于治理北京及其周边地区大气污染及雾霾这一决策进行法理上的分析。

这一中央财政可以说有两个面向的效应：一是该决策的积极意义与正面作用；二是该决策给人们所带来的疑虑，尤其是决策过程中所暴露出的一些值得深思的问题。

一方面，我们应意识到中央财政安排专项资金治理大气污染的一系列积极意义与作用：（1）中央财政对北京及其周边五省提供50亿元资金用于区域内空气治理，其最直接、最明显的作用是解决了该区域治理大气的部分资金需求；（2）发挥中央财政的导向作用，引导全社会和市场都参与到该区域的大气治理中；（3）引导企业、个人重视环境问题，爱护环境，减少对大气的污染，倡导绿色生产，培育绿色产业，发展绿色经济；（4）促进该区域的产业结构调整，协调该区域内各省市之间的环境合作治理和产业发展；（5）中央财政采取“以奖代补”的方式，在此六省市中也能产生良性的竞争关系，谁治理得更好谁就获得更多的支持。

另一方面，在肯定中央财政资金治理空气污染的同时，我们应看到这种财政预算分配的决策所存在的问题与负面影响。那么，人们不禁会疑虑：雾霾治理举措中的“钱治”效果又将如何呢？用于京津冀及周边地区大气污染治理的50亿元资金是否已达到预期目标呢？而在笔者看来，中央财政决定安排50亿元治霾资金的做法的最大问题在于其决策过程，这一决策是如何具体做出的，从公开的新闻报道或网站信息中我们无法得知。因而本

---

❶ 新华网北京2014年2月21日电（记者　倪元锦）：北京环境保护监测中心预报，21～23日，北京空气质量将交替出现“5级重度污染”和“6级严重污染”。据中国气象局京津冀环境气象中心发布的气象资料分析，预计未来一周京津冀及周边地区空气污染气象条件差，将出现持续雾、霾天气。

文将基于现行财政体制及运作机制重点围绕该决策过程展开分析。就诸如决策是否民主、是否符合相关法律规定、其依据是否科学、给予北京及其周边地区的财政支持是否合理、其程序是否公正、其方式是否妥当等问题，加以检讨思考。

三、财政决策的正当性之问

在现阶段，无论是中央财政还是地方财政，都应着眼于加快城乡和地区间的协调发展，保证在义务教育、公共卫生、社会保障、自然资源与环境保护等基本公共服务领域的财政支持。当然，在中央与地方之间也需要明确界定各级政府的财政管理权限和支出责任。从中央财政与地方财政的关系来看，中央财政主要承担国家安全、外交和中央国家机关运转所需经费，调整国民经济结构、协调地区发展、实施宏观调控所必需的支出以及由中央直接管理的事业发展支出。[1] 因而，对于涉及区域性甚至全国性的大气污染治理这一公共服务，由中央政府运用财政资金确有其现实必要性，也符合中央财政性质与职能定位（这是因为，公共财政的本质是民生财政，而让广大民众有一个更加优美、舒适的生活环境无疑是最大的民生），具有全局、整体和宏观的高度。在笔者看来，在这一决策中，财政资金支持多少并不是问题[2]，令人疑虑的是该项资金可（应）否支持、由谁支持、应该如何支持。从决策主体、决策程序、决策依据、决策内容与方式等方面来看，该项决策则面临诸多正当性之拷问。

（一）决策由谁作出？——体制之弊

从新闻报道和财政部网站所提供信息来看，用于治理北京及周边地区大气污染的50亿元中央财政资金，尽管没有公开明确是由谁作出这一决策的，但从信息来源和财政部的管理职权来看，只能认定为这一决策是由财政部决定并由其具体安排和落实的。那么，是否应由其作出安排，对这一问题的回答就涉及财政预算体制及其权限问题。

---

[1] 张守文：《中国财税法学（第二版）》，法律出版社2010年版，第39页。

[2] 环保部2013年表示，预计未来5年大气污染防治总体投资将近1.7万亿元。与之相比，无论是2013年的50亿元还是2014年的100亿元“以奖代补”资金都不算多。

财政是以国家为主体、为满足社会公共需要而进行的分配活动，它具有资源配置、收入分配、经济与社会发展和监督等多方面的职能，其中，预算是财政的核心。所谓预算，乃指国家于一会计年度内，以岁入岁出为中心所订立的财政计划，经议会决议而成立，授权并课政府以执行义务的制度。❶ 在现今任何一种民主政体体制之下，预算权都表现为一种综合性的权力，其中主要由议会和政府共享，我国也不例外。根据《中华人民共和国预算法》（以下简称《预算法》）的相关规定，预算包括预算编制、预算审查和批准、预算执行和监督等过程，其权力主要由权力机关和政府及其财政部门共享。预算权在横向配置上，主要涉及政府与权力机关、政府之间、政府部门之间等各参与方的相互关系。

就50亿元中央财政专项资金的决定而言，并不见有关全国人大常委会（或专门委员会）、国务院及其他相关部门以及公众等其他主体在这一决策过程中究竟居于何种角色或者地位的只言片语。由此可见在这一决策中，《宪法》和《预算法》赋予全国人大及其常委会对于预算的审查权和批准权的“旁落”，而财政部门具体负责和执行预算资金分配的角色却凸显为“唯一”。50亿元的财政支出，财政部门一家说了算，表明其突出地位及其自由裁量权的巨大；也折射出我国财政预算体制不完善的问题（预算权中政府与人大、地方政府之间，政府的财政部门与其他部门之间各自的角色定位不准确、分工不合理），综合性的预算权异化为了单一的行政权和执行权，而人大的审查批准及监督权基本上“形同虚设”；同时，也昭示我国现行《预算法》需要修改、我国财政体制需要改革的迫切现实。

（二）决策程序如何展开？——民主机制之乏

民主化，是预算决策的正当性基础，此由财政本质所决定。为保证财政预算的正当性，一国的宪法和法律往往会作出与预算决策相关的民主化制度安排，通过权力制衡以限制政府或者行政部门运用无限制的权力为其机构利益、集团利益或地域利益服务的可能性。❷ 一个国家所设计的预算决策过程中的民主参与机制安排，往往和该国的议会制度、政党制度、新闻

❶ 黄俊杰：《财政宪法》，台湾翰芦图书出版有限公司2005年版，第267页。

❷ 项怀诚主编：《市场经济国家财政机构设置及职能》，经济科学出版社2000年版，第340页。

舆论制度等紧密相关。这种安排，既表现为议会或者立法机关对于财政预算的决策起着关键决定性的作用，也表现在政府内部间不同部门的参与，而且还表现为公众参与机制的确立。“预算决策民主的实质是参与预算决策的多元化。在政府内部，有不同部门和不同行业主管者的参与；在国家政治机制内，有议会的参与和不同的政党或利益集团的参与；在社会上，有大众媒体、普遍民众和特定专家的参与。”❶ 我国的预算体制建立于20世纪90年代中期，受我国经济体制转型和市场制度刚刚起步等时代背景的制约，长期以来，强调突出国家的优越地位，以“国家为中心”。因此，一直以来，预算体制从编制到执行、再到监督等阶段都明显缺少民主的理念与机制。预算决策民主化的缺乏，既表现在现行法律未作相关的制度安排，也表现在预算决策的实际运作过程中；不仅人大作为权力机关常常难以直接参与到预算的编制、决策和执行过程中，多以间接监督、事后监督为主且其监督功能难以起到实效，而且公民等其他社会主体参与决策并发挥监督的情形更是微乎其微。此次预算决策前，对于民众普遍关切的这一重大民生问题，却没有预先的公开公布或者征求民众的意见，也不见不同阶层、不同地域、不同职业的公民或团体参与其中，即是财政预算领域长期以来缺乏民主机制的现实写照。

（三）决策是否合法？——有违法律原则

根据现行《预算法》和《预算法实施条例》的相关规定❷，财政部作出中央专项资金支出的决策，属于其管理职权范围的事项，在内容上并不违反现行《预算法》的规定，同时由于现行财政预算的法律和法规亦无关于预算决策程序的具体规定和要求，因而也不能认定该决策“违反法定程序”。但是，行政决策的作出，除须遵守法律法规具体的规定外，还需符合法律的原则，并应考虑到相关法律的要求。此次中央财政资金的安排，在笔者看来至少存在如下一些违法嫌疑。

一是违反效益原则。财政支出应符合效益原则。所谓财政支出的效益原则，是指通过财政支出所取得的各种效益，包括经济效益和社会效益的

❶ 邢会强：《宏观调控权运行的法律问题》，北京大学出版社2004年版，第143页。

❷ 这些相关规定，主要体现为《预算法》第16条、第22条和《预算法实施条例》第12条等有关预算管理、中央预算执行的权限、中央预算支出等的规定。

总计，应当大于聚财过程中对经济所形成的代价或成本，也就是取得效益剩余或净效益。[1] 实践中，要判定某项具体支出是否具有、能否获得最大效益，就必须对其进行成本效益分析，从而保证每项财政支出都符合效益原则。但是，此次 50 亿元中央财政安排，并未进行相应的成本效益分析，对于 50 亿元专项资金是否值得投入、它将会产生多大的环境效益、其成效究竟如何、可否达到预期目标皆无预先考量，而只有“实施后评估”——在本年度结束后，中央财政将对上述地区大气污染防治工作成效进行考核。即便只就事后考核而论，在 2013 年度结束后，并没有考核结果及奖励资金清算方面的公开信息[2]，而只见环境保护部有关负责人于 2014 年 2 月 23 日向媒体通报的内容：环境保护部卫星遥感监测表明，22 日我国中东部地区空气污染影响面积约为 121 万平方千米，其中较重面积约为 85 万平方千米，主要集中在北京、河北、山西、山东、河南、陕西、安徽、辽宁等地。[3] 这一客观现实表明，50 亿元专项资金支出虽不能说“打了水漂”，却也并未能取得预期的成效，足见其对效益原则的违背。

二是违反公平原则。笔者以为，50 亿元的专项资金支出，既违反财政公平原则，也违反环境污染治理的公平原则。

财政公平原则，是指财政支出过程中以多支、少支或不支，来调整社会成员和集团之间原有的国民收入占有份额，贯彻社会公正准则，实现财政收入再分配职能。以公平原则安排财政支出，突出地表现在转移支付方面，包括社会救济、医疗补助和基本生活保障等。[4] 财政公平原则，实则也应适用于当下包括大气污染防治的环境治理财政资金补助。公平原则有横向公平和纵向公平两个方面，横向公平即同等情况同等对待，纵向公平即不同情况区别对待。中央财政在协调不同地区的财政关系中，基于公平原则的要求，一般应考虑贡献与利益相结合、双方或多方利益均沾、扶助等

---

[1] 丛树海：《中国财政探索》，上海人民出版社 1994 年版，第 203 页。

[2] 时至笔者对本文定稿之际，亦未见该项资金如何分配、如何使用以及该决策的绩效考核方面的公开公布。

[3] “环境保护部通报近期我国部分城市空气重污染情况”，载 http：//www. zhb. gov. cn/zhxx/jrtt/，2014 年 2 月 24 日访问。

[4] 丛树海：《中国财政探索》，上海人民出版社 1994 年版，第 206 ~ 207 页。

问题。❶ 离谱的是，在距离中央财政支持北京及其周边五省治理空气污染的举措公布尚不足2个月，我国多省（市）出现了入冬以来最严重的雾霾天气。2013年12月6~8日，中央气象台连续3天发布雾霾橙色预警，江苏西部、浙江北部成为重灾区。其中，南京、上海等地最为严重，上海市更一度发布雾霾红色预警，首要污染PM2.5的监测数据指标一度“爆表”，最高值超过700甚至达到900，造成机场、汽车客运站和高速公路临时“停摆”，中小学临时停课，多地政府还采取重点工业企业限产、停产，扬尘、基建等施工工程停工等应急措施。❷ 无独有偶，进入12月以后，珠三角几乎所有地区也都遭受了雾霾“袭击”，广州、佛山、江门多个空气监测点监测结果呈现重度污染。❸ 但是，上述省市或地区却并未如同北京及其周边地区一样获得中央财政专项资金支持的待遇。那么，人们不禁会问：中央财政来自各省上交的财政，而且长三角和珠三角对中央财政的贡献较之其他地方更大，它们同样遭受了雾霾的“袭击”，却没有享受到同样的支持，为何只有北京及其周边五省可以获得中央财政的资金支持？❹

在环境污染治理中，有一项国际环境法普遍公认的原则——“污染者付费原则”，即所有的污染者都应当为其造成的污染支付直接或者间接的费用，这是国际社会在治理环境污染领域采取的最普遍的做法，也是各国制定环境政策的指南和环境法中的一项基本原则。我国环境立法中也确立了类似的理念，要求“谁污染谁治理”“谁污染谁付费”。“污染者付费原则”不仅应适用于排放污染源的企业，也应适用于排放污染的行业或区域以及当地的政府。北京及其周边五省大气污染问题日趋严重的根本原因，是污染物排放量增大，具体包括燃煤、机动车、工业、扬尘等的污染源。❺ 可见，该区域中的相关生产企业、工厂、施工者、机动车所有人是造成当地

❶ 丛树海：《中国财政探索》，上海人民出版社1994年版，第285页、第295页。

❷ http：//news. qq. com/a/20131209/000910. html，2013年12月16日访问。

❸ 同上。

❹ 不过，这种不公平的情形在未来有可能得到改观。环保部曾表示会推进京津冀周边地区、长三角、珠三角大气污染治理。

❺ 据利兹大学（University of Leeds）2013年的一项调查发现，燃煤电厂是华北平原头号污染源，使用煤炭的钢铁厂、水泥厂和砖厂紧随其后。韩碧如：“中国设立防治空气污染专项资金”，载英国《金融时报》2014年2月14日 。

空气污染日益严重的主要责任人。当然，地方政府及其环保部门也负有不可推卸的行政责任。依据“污染者付费原则”，上述责任主体虽不应成为唯一的承担主体，但起码应当承担相当一部分的责任，尤其是支付直接的费用，地方政府也应安排相应的污染治理财政资金。如果由中央财政出资治理，就意味着获取经济利益的污染者和取得政绩的当地政府或区域在享受经济发展利益的同时却被豁免了相应的环境责任承担，而由全体纳税人对当地的大气污染治理“埋单”。

（四）决策是否科学、妥当？——依据与方式质疑

50 亿元用于治理北京及其周边地区大气污染的中央财政专项资金，可否有效防治这一区域的大气污染及雾霾天气，其依据何在？而且，作为中央干预地方财政决策的经济手段，这种“以奖代补”方式是否妥当？笔者以为，这一决策实则存在依据不科学、方式不适当的问题。

科学的决策可以保障决策的贯彻和实施，保证达到预期的目的和效果，减少决策的失误。大气污染及其治理问题，牵涉到错综复杂的利益与矛盾，不仅需要有极强的专业知识作为基础，还需要综合经济、社会、生态等方面的因素加以考虑，至于区域性的雾霾污染具有长期性的污染源累积、受天气影响且在不同地域间转移等特点，因而既需要全面地通盘考虑，又需要因地制宜地实施治理决策。中央财政在拨付 50 亿元资金支持北京及其周边地区治理大气污染之前，无疑就需要经过科学的考察、调研和科学的论证，听取专家的意见，需要从理论上解决 50 亿元资金标准从何而来（而不是过多或过少）、它是否可以达到大气污染治理的目标或者希望它达到何种目标等问题。对于流动性雾霾治理的财政支持，选取北京及其周边地区作为本次中央财政支持的唯一区域，其决策有何科学依据？是否有其他非正当性考虑？就需要财政部门向民众公开作出说明与释疑，提供科学的理论依据和相关数据资料，以消解民众之疑惑。

就方式而论，中央财政凭借中央政府的地位与权力，既可以通过行政手段对地方政府实施财政干预，也可以通过对地方财政提供补助这种经济激励手段对地方财政行为加以诱导，使之符合中央财政的各项政策要求。而此次中央财政预算安排，采取的是“以奖代补”的方式，实则是一种变通的补助手段，渗入了较多的行政干预色彩。环保部有关官员曾表示，“以

奖代补”可理解成“地方任务完成了，中央财政就会到位，如不完成任务就扣钱”[1]。这种方式究竟对地方财政将会产生何种效应尚不得而知。对现行体制下的这种财政转移支付方式，已有人提出批评，认为中央从地方集中了大量财力，再以转移支付形式补助地方，特别是中央大量的专项拨款要求地方财政配套，导致地方可调控财力较少。[2] 因而，我们不妨设想，如果当地的地方财政本身就缺乏，难以提供财政资金完成大气污染治理任务，而中央财政也不能提供“以奖代补”之专项资金，那么，该方式对于大气污染治理则不会带来任何有益的作用，甚至会产生更加不利的影响。

四、结　语

由此，上述问题的存在，表明财政预算体制已到了非改革不可的时段。但是，财政体制问题“牵一发而动全身”，属于国家体制和国家权力分配架构问题。因而，一方面必须对现行财政体制实行重大改革，从体制上保证财政决策的科学性与民主性；另一方面必须健全和完善现行法律制度，保证财政决策具有合法性和公正性，使财政权在“法治化”的轨道上运行。

---

[1] 新华社：“中央财政 100 亿元‘以奖代补’治霾”，载 http://www.hn.xinhuanet.com/2014-02/13/c_119318026.htm，2014 年 2 月 15 日访问。

[2] 财政部财政科学研究所、吉林省财政厅联合课题组：“中国财政体制改革研究”，载《经济研究参考》2011 年第 50 期。

大学生团体心理训练分析

■ 朱海龙*

【内容提要】 团体心理训练模式作为心理健康教育的重要执行平台，因为其优异的互动性、灵活性、系统性和实效性而备受瞩目，并无悬念地成为当下大学生心理健康教育的新锐亮点，拓展了传统心理健康教育的实施空间。有鉴于此，本文试图从团体心理训练的特征、操作方向、实训内容和预后介入技术的多元视角进行剖析，以期抛砖引玉之功效。

【关键词】 大学生 心理健康 教育模式 团体心理训练

在高校心理健康教育中，根据大学生的心理现状和心理发展规律，制定系统有效的团体心理训练方案，有计划地实施团体自信心训练、团体人际交往能力训练、团体挫折承受力训练、自我认知训练、团队合作能力训练等系列训练，使大学生有效掌握与学习、工作、生活相匹配的认知品质、情感品质、意志品质、行为能力，是提高大学生的心理素质和高校心理健康教育水平的有效教育模式。

一、团体心理训练的表征

团体心理训练就是在团体情境下进行的一种心理咨询形式，它是通过模拟社会情景中的团体人际交互作用，使个体在交往中通过观察、学习、体验，认识自我、探索自我、接纳自我，调节改善与他人的关系，学习新

* 朱海龙，广东外语外贸大学法学院讲师。

的态度与行为方式，最终达到提高心理素质、促进人格全面健康发展的目的[1]，它的特点十分明显，表现在以下几点。

（一）目标针对性

目标针对性是依据大学生的身心特点，明确目标，根据他们的实际需要，对症下药，制定切实可行的训练计划，对他们进行的心理训练，目标是大学生增强对自我的觉察、探索成长中的问题、处理未完成的事项、提升自我接纳与自信、促进自我继续成长，其形式是：团体活动、体验练习、讨论分享。

（二）严谨科学性

严谨科学性是指整个团体心理训练的设计与实施要符合大学生的心理发展规律，设计要严谨合理、形式得当、活动安排紧凑、地点选择恰当、操作程序规范，符合科学性。人的心理活动是知情意的统一，是一个整体，若只进行单一个体训练，对大学生心理素质的提升效果缺乏科学性。因此，要达到心理健康教育的预期效果，就需要进行科学性的训练，要把相互联系的多项心理训练结合起来，依据科学原理，有计划地组织实施，最大限度地提升大学生心理健康教育的效果。

（三）完整系统性

团体心理训练是个完整的系统工程，包括多个相互联系的训练，这些训练有步骤、分阶段地组织实施，在内容、形式、方法上相互交叉、补充，从而使得心理训练的效果进一步深化和巩固，融合了心理训练的心理健康教育也能达到最佳效果。例如，对于社交恐惧的人，如果仅仅采取系统脱敏训练，很难达到预期的效果，如果辅之以完整的自信心训练、考试焦虑训练、人际交往能力训练，就能收到良好的成效。

（四）全程互动性

团体心理训练打破了传统心理健康教育中以“教”为主的教育模式，让学生在轻松、愉快的参与中学到心理健康知识，体验到团体心理训练过程是一个活泼的人际交往过程。团体心理训练通过改变现场气氛，提高了

---

[1] 甘贞洁、李红云、陈汉红：《高校团体辅导式心理健康课堂教学模式的实践探索》，高教论坛2009年版。

参与者的积极性，参与者在训练中情绪处于高亢的激动状态、意志坚强、充满信心，最终使大学生产生良好的心理体验和情绪状态，从而形成一种良性循环，在全程频繁的互动过程中，大学生能敞开心扉，大胆倾诉，使问题更容易得到解决，也使他们更容易理解和支持其他团体成员。

二、团体心理训练的实操

团体心理训练的操作方向就是从观念、情境和行为等方面激发学生的学习热情，精心选择团体活动方式，灵活地采用活动、讨论、游戏、案例分析、行为训练等方法进行教学，活跃课堂气氛，调动学生的主动性和积极性，促使学生保持持续的学习激情和旺盛的精力，获得最优的心理健康教育效果。

（一）明晰观念学习

这类团体训练以集体讨论为主要表现形式，在课堂中，指导教师根据学生成长过程中面临的共同问题或者现实的困惑进行集体讨论，通过相互沟通交流，集思广益，使学生通过比较获得启发，对自身问题有进一步的体会，从而修正自我模糊或错误的观点。讨论可以是分小组的交谈，也可以是全体学生论坛式的交流。如“大学生应该不应该有性行为?”“大学生应该有怎样的人际关系?”等等，教师可以组织多方辩论，让大学生谈自己做出这种选择的理由和观点，并给予点评，从而澄清模糊认识，形成一致的看法。

（二）情境体验学习

这类团体训练则以角色扮演为代表，它能通过复原真实的情景和过程给学生启迪思考。主要目的是使学生能设身处地去扮演一个在实际生活中不属于自己的角色，通过不断的演练，得以尝试和体验另一种生活的态度、方式和行为模式。团体训练过程中，针对相应的心理专题设计情景，让学生扮演一定的角色，然后大家组织讨论，指出其中不妥当的情绪和处理方式，再由其他成员将他们认为比较合适的方式表演出来，使表演者和观看者都能从中受到教育。

（三）行为训练学习

行为训练学习则以行为示范为主要平台，在团体训练过程中，指导教师可提供详细而具体的行为示范，由学生观摩、仿效、预演。[1] 与此同时，指导教师也可让成员观察数种不同的行为，从中选出标准的行为作为练习的目标，这样的方式让学生习得预定的目标行为或技巧，它是学习并强化适应的行为、纠正并消除不适应行为的一种心理辅导方法，在实际训练过程中指导教师和参与大学生可以根据现实情境、需要，灵活组织各种训练活动，及时调整训练方法和进程，让学生在互动过程和互助心理氛围中培养良好的心理品质，大大突破了传统心理健康教育方法的局限性。

三、团体心理训练的内容与意义

（一）角色扮演

团体心理训练中，为把隐晦的心理现象通过感性而直观的方式表现出来，团体心理训练依据行为主义心理学原理设计了多元化的角色扮演模式，让大学生在扮演不同的角色中体验当时的观感，通过这种活动以引导大学生进行换位思考，实现相互之间的交流与理解。[2] 为便于操作和推广，执行模式一般是“角色认定——角色交流——角色体验——角色感悟”，这种模式能够调动学生参与的积极性，强化学生的内在体验，有利于提高教育效果。

（二）集体讨论

团体心理训练中要求结合大学生关心的心理主题，将参与学生分成不同小组，针对多样化的主题进行集体讨论，通过辩论互动，可增加学生对心理健康理论知识的理解，加速他们对知识的吸收和内化过程，也有助于组员发现自身缺陷和他人不足，从而提醒自我积极进行态度、动机、情绪和行为矫正，避免类似的情况再次发生，从而提高教育的实效性。

（三）心理宣泄与互助

团体心理训练在积极进行正面引导的基础上，通过心理宣泄教育给学

---

[1] 陈健芷、沈悦、刘佳：“大学生心理训练模式的构建”，载《黑龙江教育学院学报》2007年第26期。

[2] 李亚东、陈家麟：“高校心理健康教育创新刍议”，载《扬州大学学报（高教研究版）》2004年第8期。

生以宣泄的机会，缓解学生的内在压力和烦恼。通过“心理宣泄（书面表达等）——小组交流——（教师）搜集材料——教师点拨——学生自悟”来达到既定的目的。宣泄过程中，大学生必需先明晰宣泄的目的、方式和程度，整理自我情绪，而组员则需积极表达对当事人的理解、关心、支持和帮助，长此以往的宣泄训练，对保持大学生身心内在平衡和谐大有裨益。

团体心理训练方法灵活多样，现场氛围宽松，相比传统心理健康教育采取“一对多”的集中讲授，教师根据教材针对大学生出现的各种心理问题和心理障碍，通过问题情境设置、经典案例分析、情景短文欣赏、心理剧、敏感性训练、认知—行为疗法等多元教学手段，帮助学生掌握心理健康的基本知识与技巧，具有更多的优势，因此深受师生欢迎。

团体心理训练则从根本上改变“一对多”的固定教学模式，实现了教师与学生、学生与学生之间的多元互动，不仅使学生对心理健康教育的内容有了更清晰的认识，而且让教育状态从教室走向了户外，通过设计一些团体训练小组活动，让学生之间利用已有的知识进行“互助”，以帮助学生巩固基本理论知识，培养其解决实际问题的能力，掌握有效的心理调节方法，在此过程中，教师根据团体活动具体情况进行及时辅导的同时，也展示了教师自身良好的心理品质，如热情开朗、友善宽容、愉悦乐观、自尊自信等，为学生树立榜样，营造轻松愉悦、富有安全感的课堂教学氛围，建立和谐的师生关系，大学生则更加以愉快的心境接受新知识，达到心理保健和预防心理疾病出现的目的。

四、团体心理训练预后介入技术

（一）全程评价

传统心理健康教育注重学理教育，以考试评价学生学习效果，给学生带来了巨大的心理压力，适得其反，授课结束后没有及时的反馈预后，对教学效果难以及时跟踪，对有心理障碍的大学生难以实时介入。而团体心理训练对学生的考查不再是单一的知识技能标准，而是更多地去关注学生在实践过程中表现出来的情感、态度、价值观，减轻学生的课业负担，减少测验考试的频率和次数，体现对学生的全程评价、实时评价，可以迅即发现问题，利用团体力量预后解决。

（二）心理咨询与个体辅导

针对学生心理状况，由指导教师进行个体咨询，及时有效地为学生提供咨询服务，方式有面对面交流、书面咨询、电子信件咨询等，这在传统的心理健康教育过程中很难全面贯彻。在此过程中，教师应慎言律行，充分尊重学生，引导和鼓励为主，弥补团体心理训练难以面面俱到的不足，发挥个体心理咨询的优势，因材施教，如果发现有心理问题或障碍的学生，则采取个别的、具体的辅导和矫治，并因人而异布置作业和交流，及时疏导学生们的心理困惑或障碍，使他们能够愉快地从事学习和生活。[1]

（三）开展素质拓展训练

健康行为的形成不是一蹴而就的，正如学生知道控制情绪很重要，态度中也接受这个事实，然而真正行动起来较难，在教学过程中难以立即解决。所以，团体心理训练有效的预后技术就是在课外开展放松训练，如“信任测试”“我的情绪我做主”“微笑握手”“嫉妒情绪消解”等方面的活动，使学生从认知到行为得到立体式的升华，用行为训练的方式转变偏差的认知。当然，最主要的还是让大学生走向社会，体验现实，最终帮助他们调整自我，构建和谐心理。

---

[1] 刘丽：“团体心理咨询在高职学生心理健康教育中的作用”，载《职业教育研究》2006 年第 12 期。

法学专业双语教学探析

■ 梁　晨*

【内容提要】 在全球化和区域一体化的背景下，面对不断增多的法律冲突和合作的客观形势，必然要求高校培养具有国际视野和国际竞争力的优秀法律人才。为适应这样的要求，我国目前多数高校都开展了法学双语课程，但普遍开课率较低，教学效果也不理想。为此，本文从法学专业双语教学的必要性、内涵与目标定位、课程设置、教学方法选择及亟待解决的困难入手，对高校法学专业双语教学进行分析和探讨。

【关键词】 双语教学　教学目标　课程设置　教学方法　困难

教育部在教高〔2001〕4 号文件中提出：本科教育要创造条件使用英语等外语进行公共课和专业课教学，对高新技术领域的生物技术，信息技术等专业以及为适应我国加入 WTO 后需要的金融、法律等专业，需要先行一步。力争三年内，外语教学课程达到所开展课程的 5% ~10% 。根据该文件精神，国内多数高校开始重视双语教学的开展，尤其是针对教育部强调的金融、法律等重点学科。就法学专业而言，我国多数法学院开设了双语教学课程，但实践中，高校法学专业推行双语教学还存在一些障碍，导致我国高校法学专业双语教学呈现出一种比较混乱的局面。这些障碍主要包括对法学专业开展双语教学的必要性存在争议，双语教学的内涵与目标定位未有定论，双语教学的课程设置选择与教学方法选择不明确等。另外，在开展双语教学的过程中，也出现了一些尚待解决的困难，例如师资力量的不足、教材的缺乏、未形成双语教学的氛围等，这些使得开展法学专业双

* 梁晨，广东外语外贸大学法学院讲师。

语教学在条件上尚未成熟。因此，为了保证双语教学的教学效果，避免使法学双语教学成为一句空洞的口号，必须反思上述法学专业开展双语教学中存在的问题。

一、法学专业开展双语教学的必要性

（一）在法学专业开展双语教学有利于培养国际性应用型人才，服务于我国对外经济的发展

目前，经济全球化的进程推动了法律规则的全球化，能够被多个国家接受并适用的国际规则越来越多，涉及的领域也越来越广，而这些国际性规则大都采用英语制定。因此，为适应全球化的发展，尤其是在我国加入WTO以后，需要大批能够理解并且运用这些规则的涉外型法律人才。然而，我国目前涉外法律人才严重短缺，且需求缺口已越来越大。近几年来，国外侵权案件屡屡发生，但由于涉外法律人才短缺，国内企业或公民主动行使法律权利保护自身利益的情形少之又少，这无疑抑制了我国国际经济的进一步发展。因此，我国急需培养大批既懂英语又懂法律及其相关知识的涉外型法律人才。而实施双语教学即是培养这种涉外型法律人才的重要手段。

（二）开展法学专业双语教学为培养研究型人才创造条件

法学专业教育人才培养的主要目标是应用型人才，但是应用型人才的培养绝非法学专业教育人才培养的全部，还应在培养应用型人才的基础上，重视研究型人才培养的基础性教育。要达到这一目标，必须培养学生能够在一定程度上了解外国法律体系及法律文化，而从目前法学专业学生的情况来看，法律专业英语水平普遍较低，甚至部分高等院校法律专业尚未开设法律专业英语课程。如此一来，法学专业学生就不具备直接阅读外国法律乃至法律论文与专著的能力。因此，在法学专业开展双语教学也是培养研究型法律人才的要求。

（三）为学生就业创造更好的条件

多年来，法学学生“毕业即失业、毕业即改行”的就业阴影困扰着在校的法学学生，影响了中国高校法学专业的生存与发展。对此，笔者认为，

法学学生就业难的问题，其实质是法学教育不符合社会的需要。因此，应当在法学专业开展双语教学课程，使法学人才培养与社会的需要衔接，为法学学生就业创造更好的条件。

有些学者提出，在我国多数高校中已经开展了法律英语课程，法律英语课程已经可以提高学生的专业英语水平，无须再过多开设法学双语教学课程。笔者认为法律英语课程不可取代双语教学课程，理由如下：（1）法律英语课程侧重于语言的学习，其教学目标是提高学生在法律领域内的英语语言运用能力，而法学双语课程的教学目标并不在于提高学生的英语水平，旨在法律知识的学习，而不侧重提高学生的英语水平；（2）法律英语课程中主要采用英美法系的法律知识，尽可能使学生多阅读原汁原味的英文法条及案例，而法学双语教学课程主要是传授国际法及中国国内法的相关法律知识。法律英语课程应当作为双语课程开设的基础，学生在学习了法律英语之后，双语课程的开设才能取得“事半功倍”的效果。❶ 因此，法律英语与法学双语课程是相辅相成的，法学专业教学既不能忽视法律英语课程的教学，也不能忽视法学双语教学。

二、法学专业双语教学的内涵及目标定位

双语教学通常是指在非外语类课堂的教学过程中应用母语和第二语言相结合进行授课的一种教学方式。在我国，法学专业的双语教学通常即是指采用中文和英文两种语言进行法学专业课授课的教学模式。目前，我国多数高校将采用英语授课所占的课时比例作为双语教学的标准，通常，英语授课占某门课程课时的50%以上时，被认定为双语教学。笔者认为，由于双语教学一般存在三种不同的教学模式，很难对双语教学下一个言简意赅的定义。目前，双语教学的教学模式包括：（1）维持母语的双语教学，即同时采用英语和中文两种语言教授某门课程；（2）过渡式双语教学，即采用一种循序渐进的方式进行双语教学，在教授某门课程的前期主要采用中文，随着课时的增加，逐步增加英语授课的比重；（3）浸入式双语教学，

❶ 谭和平：“法学本科双语教学课程体系的构建”，载《职业时空》2010年第12期。

实质上是一种单语教学模式，即教师基本采用英语授课。

笔者认为，法学专业的双语教学采用维持母语式的教学模式较为适宜。一方面，高校法学专业学生的英语水平大都参差不齐，部分学生无法接受全英式的教学；另一方面，笔者认为法学专业的双语教学应当侧重于传授法学知识，有些法学知识逻辑性较强或者较难理解，完全采用英文教学难以让学生较好地掌握这些知识点。因此，维持母语式的双语教学模式更适合法学专业的双语教学。

维持母语式的双语教学简单来说即是指采用中文和英文两种语言进行授课，但笔者认为，如果单纯强调中英文的比重，还不足以体现双语教学的教学目标。法学专业的维持母语式双语教学应当综合以下标准来准确界定双语教学的内涵：（1）采用英语教材；（2）课堂讲授的语言为中文和英文，其中英文授课的课时应占到该门课程课时的50%以上，教师在课后应尽量使用英语和学生交流；（3）课程的考核也应采用英文或者双语，若采用双语，其中用英文作答的试题应占到试题分值的50%以上；（4）该教学模式的目的在于使学生掌握法学专业知识的基础上，提高学生使用英语从事法律工作的能力，以适应我国对外经济和社会发展需要。[1]

法学专业双语教学目标应当包括法学知识的传授和英语语言技能的提高两个方面。笔者认为，两个目标中前者是根本，即应侧重于法学知识的传授，原因在于：首先，开展双语教学的初衷主要在于提高学生在某一专业领域运用外语的能力，因此学生应该首先牢固掌握该专业领域的知识。对于法学专业的学生来说，应首先掌握该门课程的相关法律知识，并通过教师采用英语授课，以及大量阅读英文教材和资料，在这一过程中达到提高英语运用能力的良好效果；其次，多数高校的法学专业开设了大学公共英语课程和法律英语课程，学生的英语基础知识应该来自对这些课程的学习。因此，法学专业双语教学的主要目标应该是：让学生在掌握法律专业基础知识的基础上，具有较高的专业英语水平。

---

[1] 樊玉慧："对高等学校开展双语教学的思考"，载《高教探索》2013 年第 1 期。

三、法学专业双语教学课程设置

目前教育部提倡开展双语教学，但并不意味着所有的专业课程都适合开展双语教学。法学教育工作者应当认识到，对法学专业人才的培养应当更加注重培养学生系统掌握法学的基本理论和基本知识，具备运用法学理论和方法分析问题和运用法律管理事务和解决问题的能力。有些高校在法学的基础课程如民法、刑法、经济法等课程上采用双语教学，结果导致学生虽然英语水平有一定提高，但法学专业知识掌握得过于肤浅。因此，在目前双语教学各方面条件尚不成熟的情况下，笔者认为，不适宜在法学专业基础核心课程上开展双语教学，以避免本末倒置。❶

在法学专业双语教学课程的设置上，根据双语教学的要求，结合目前我国双语教学的条件和法学专业课程的特点，笔者认为法学双语教学的课程设置应当考虑以下几个标准：（1）既非基础核心课程又非理论难度较大的课程；（2）实践性较强；（3）课程内容在国际上具有较高的统一性，或者我国的相关立法与英美法系的相关立法或国际公约趋同性较强的法律课程；（4）课程具有较高的涉外研究价值或应用价值。具体来说可以概括为以下三类课程：一是教学内容主要针对国际条约和国际惯例的课程，主要包括国际法、国际商法、国际经济法、国际货物买卖法、国际金融法、国际投资法、WTO 法等。这类课程所学习的法律渊源主要是国际条约和国际惯例，而国际条约和国际惯例的正式文本多用英语表述，采用双语教学模式比将知识翻译成中文讲授更准确，因此该类课程较适宜双语教学。二是我国的相关立法与英美法系的相关立法或国际公约趋同性较强的法律课程，例如知识产权法、海商法、环境法、仲裁法等，该类课程所学习的我国相关立法大都借鉴了英美法系国家或者国际公约的先进经验，适合采用双语教学模式，通过中外立法比较或者介绍外国的相关立法和实践使学生更好地掌握该门课程的知识。三是开拓学生法律视野或者培养学生涉外法律实践能力的选修课，开拓学生法律视野的课程可选取英美法系国家发展较完

---

❶ 谭和平："法学本科双语教学课程体系的构建"，载《职业时空》2010 年第 12 期。

善的法律部门，或者我国目前相对薄弱而英美法系国家相对比较发达的法律部门，讲授这些国外法律先进的立法和司法实践经验。例如美国宪法、英美侵权法、英美货物买卖法、英美公司法、外国法制史等。培养学生涉外法律实践能力的课程可以以目前世界著名的两大模拟法庭比赛为内容开设，即国际法模拟法庭（以杰赛普国际法模拟法庭辩论赛往届题目为内容）和模拟仲裁庭（以 Williem C. Vis 模拟国际商事仲裁庭辩论赛为内容）。

另外必须指出的是，法学双语教学课程应在本科三、四年级开展。一方面由于适合开设双语教学的法律课程大都需要学生已经掌握一定的法学基础知识，例如在开设国际商法双语课程前，需要学生具有民法、合同法、商法、国际私法、仲裁法、诉讼法等学科的知识，开设环境法双语课程前需要学生先学习民法、行政法和程序法的内容作为知识基础，否则学生很难完全理解和掌握法律英语课程的内容，影响教学效果。另一方面由于法学双语教学需要学生有较好的英语水平，还需要在大一、大二年级先开展大学英语课程及法律英语课程，提高学生的英语听说读写能力及专业英语水平，为开展双语教学打好基础。

四、法学专业双语教学的教学方法

法学专业双语教学要达到预期的教学效果，还需要教师掌握好教学方法。第一，教师需要采用两种语言授课，这就需要教师能够把握语言的分配，哪些内容采用中文教授，哪些内容采用英文教授，同时英文授课的比例还不得少于50%。笔者认为，通常对于教材中知识的分析、相关法条的分析以及案例的分析，应当采用英文授课，在分析或者强调难点、重点以及介绍中国相关制度和实践时，可以采用中文教授。教师需注意不要把双语教学上成翻译课，先用英文讲解一遍再用中文解释一遍，这样一方面浪费了教学时间，另一方面也不利于提高学生用英语思考的能力。第二，开展双语教学必须要避免“教师讲，学生听”的填鸭式教学方法，应在课堂上多采用互动式教学，通过提问、讨论、案例分析等形式，让学生多用英语思考和表达。由于课时有限，教师可以在课前将题目或者任务布置下去，并将学生分组，尽可能地使每个学生都参与其中。并且应当将学生的课堂表现作为课程成绩评定的标准之一，教师应该记录学生在课堂上的发言次数和质量，以鼓励学生多说、多练。第三，法学双语教学需要加大学生的课外阅读量。除了要求学生阅读教材及讲义外，教师还应另外布置学生阅读相关材料，例如英文判例或者原版书籍。

五、开展法学专业双语教学尚需解决的困难及对策

（一）师资力量的缺乏

加强双语教学的师资力量是实施双语教学的关键。要真正实现双语教学的目标，要求教师既要精通法学专业知识，又要具备相当扎实的外语水平，还要能够把传授专业知识的技巧与经验有机地与英语相结合。目前，具备这些条件的法学专业双语教师较为匮乏。现状是，英语专业的教师英语水平较高，但普遍缺乏法学专业知识，法学专业教师有扎实的法学知识，但普遍英语水平较低，尤其是英语口语表达。这也是目前各高校推广双语教学的“瓶颈”所在。❶

笔者认为，法学双语教学师资问题的解决需要采取引进和自己培养相结合的措施。具备引进师资条件的高校，可以引进法学专业的硕士、博士海外留学人员，他们既具有扎实的专业知识，又具有较好的英语水平，能够胜任双语教学工作。另外，各高校也可根据自身的情况采取自己培养的方式，即在本校现有师资中挑选合适的人选培养成双语教学教师，这种培养有两种方式：一种是把英语基础好的法学专业教师培养成双语教师，另一种是把英语教师培养成法学双语教师。笔者认为第一种方式效果较好，英语专业的教师若从事法学专业的双语教学，至少需要 3～4 年的时间再去攻读法学学科硕士或博士，弥补法学专业知识的欠缺，即使如此，由于缺乏 4 年的法学本科基础教育，英语专业教师要掌握扎实的法律专业知识和素养，还需要付出长时间的努力。因此，笔者认为应将对英语基础较好的法学专业教师的培训作为重点。培训可以分为国内培训和国外培训两种方法。国

❶ 马更新：“对我校法学专业双语教学的几点建议”，载《中国法学教育研究》2006 年第 4 期。

内培训主要是培训教师的英语水平，同时提高教师的双语教学方法和技能；国外培训主要是指教师赴国外进修主讲的双语课程，一方面提高英语水平，另一方面学习主讲的双语课程最前沿的研究成果，同时学习国外先进的教学方法和理念。

（二）双语教学教材的不充分

双语教学应当采用英文教材。目前，在适宜开展双语教学的法学专业课程中，除了国际商法、国际经济法、国际法等“国”字头课程以及英美侵权法、英美货物买卖法、英美公司法、外国法制史等这类介绍国际法或者外国法制度的课程有较多英文原版教材可选择外，其他可开设的法学专业双语课程，例如知识产权法、海商法、环境法、仲裁法等，由于其内容主要针对的是中国法律制度，该类课程无法引进英文原版教材，而国内编写的该类英文教材较少，甚至还未有出版。另外，即使可以引进英文原版教材的课程，由于英文原版教材的内容往往仅介绍外国法律制度，缺乏介绍或者与中国法律制度的对比，还不能完全满足我国法学专业双语教学的需要。而且英文原版教材都是按照西方国家的文化习惯和思维方式编写的，语言较为晦涩，价格也普遍昂贵，使国内学生难以适应和接受。因此，法学专业开展双语教学还需加快双语教学的教材建设进程。笔者认为，对于双语课程的教材，各高校应当根据自身的条件，一方面严格把关原版教材的引进，另一方面也要整合教师资源，编写适合中国学生的双语教材。法学双语教材的编写要考虑课程在整个专业课程体系中的地位和具体特点，要在考虑适应学生接受能力的客观现实基础上，参考国外原版教材，形成适合法学双语教育现状和学生特点的法学双语教材。

（三）双语教学未形成学习氛围

学习氛围是影响教学效果的一个重要因素。目前，多数高校仅开展了零星几门法学专业双语课程，学生大部分时间还是花在中文课程上以及采用中文交流的语言环境中，这在很大程度上制约了学生英语水平的提高，难以达到双语教学的语言目标。因此，为学生营造双语教学的氛围也是高校应当注重的工作。

在课堂之外，学校或法学院可以积极开展与法学专业相关的采用英语进行的第二课堂，例如，多举办法律英语词汇大赛、英文司法文书写作比赛、法律名谚翻译比赛、英文模拟法庭、模拟谈判等活动。通过第二课堂的开展，让学生在轻松、愉快的双语环境中，潜移默化地提高英文听说读写能力，达到双语课程的教学目标。

综上所述，各高校一定要准确定位法学双语教学的内涵和目标，科学设置双语教学课程，改革教学模式与方法，培养优秀的双语教学教师，选择适当的双语教学教材，浓厚校园双语教学的氛围，以提高双语教学的质量和效果，为国家培养出更多高素质的具有国际竞争力的优秀法律人才。

我国不动产统一登记类型的应然安排

■ 范利平*

【内容提要】 当前我国不动产登记类型体系不统一，具体有两方面的体现：第一，不同领域不动产登记类型的立法水平参差不齐；第二，我国登记类型体系的立法水平整体滞后，登记类型不够完善。因此导致当事人无法选择已有的登记类型进行登记，登记需求得不到满足；同时，不足以满足当事人登记的需求。统一我国不动产登记类型体系需要做到以下两个方面：第一，以物权法为基础统一现有的不动产登记类型，并扩大其适用范围；第二，在现有基础上引入先进立法经验，对登记类型体系进行进一步完善。同时，以《物权法》所确立的物权变动模式为基础，统一现有的不动产登记类型，从而扩大当前不动产登记类型体系的适用范围。

【关键词】 不动产　统一登记　类型

一、我国不动产登记类型不统一

（一）登记类型法律规范立法水平参差不齐

我国不动产登记类型体系立法水平参差不齐，主要体现在我国不动产登记类型体系的建设在一些领域较为先进，而在其他领域十分落后。一些较为先进领域的立法规定只适用于本领域内，无法扩大适用于其他种类的不动产。

造成此种状态的原因在于登记类型体系不统一。由于当前我国登记类型体系的立法为分别立法模式，导致立法资源倾向于流向关注度较高的不

---

* 范利平，广东外语外贸大学法学院教授。

动产种类，产生了关注度较高的不动产立法较为先进，而关注度较低的不动产种类立法则十分落后的现象。

以预告登记为例，《房屋登记办法》规定了房屋登记的预告登记、异议登记以及更正登记内容，然而同为不动产权利，探矿权、采矿权的登记依据是《矿产资源勘探区块登记管理办法》与《矿产资源开采登记管理办法》的规定，由于立法时间较早，这些规定只规定了初始登记、变更登记和注销登记的内容，而没有更正、预告登记和异议登记的内容。[1] 当矿业权权属发生争议时[2]，当事人无法通过申请更正登记或者异议登记来切断不动产登记簿的公信力，权利人的利益无法得到有效保障。可以说，当前我国一些先进的登记类型只能在小范围内适用。

（二）登记类型立法整体水平滞后

我国的登记类型体系建设虽然有一定的进步，但是即便在相对较为先进的领域，登记类型的立法水平相较于外国先进水平仍有一定差距，登记类型立法呈现整体水平滞后的局面。

造成此种状态的原因是不动产登记类型体系不统一引起立法资源分散。由于登记类型体系不统一，各种类不动产进行分别立法的现状使得本就不充裕的立法资源进一步分散，导致当前不动产登记类型体系建设整体水平较为落后，登记类型还不够完善，许多域外已有的立法经验难以引入国内，当事人在物权变动过程中的权利无法得到全面保障。

当前，我国登记类型体系只能满足当事人的基本需要，对当事人的权利保护不够全面。《物权法》是我国当前不动产类型体系方面的最新统一法律规范，对登记类型的设置以物权变动理论为基础，规定了不动产物权的设立、变更、转让和消灭非经登记不发生物权效力的原则，并且明确引入了更正登记、预告登记和异议登记，代表了我国不动产登记类型体系最先进的立法水平。然而，与域外立法相比，《物权法》对登记类型的规定仍然过于简单，更正登记、预告登记和异议登记的适用范围和条件规定过于笼统，程序难以确定，从登记类型的数量上也有所欠缺，缺乏顺位登记、恢

[1] 参见《矿产资源勘探区块登记管理办法》与《矿产资源开采登记管理办法》的规定。

[2] 参见《探矿权采矿权转让管理办法》第3条。由于探矿权和采矿权不能自由转让，探矿权和采矿权的纠纷多发生在原登记的权利主体发生分立等变更的情况下。

复登记和债权预计登记等非常有价值的登记类型。可见，即便是我国最新的《物权法》所规定的不动产登记类型仍然有所欠缺。

二、登记类型不统一导致当事人的登记需要难以满足

（一）登记类型立法水平参差不齐难以满足登记需求

由于当前我国不动产登记类型立法水平参差不齐，加之不动产种类和性质的限制，相对先进的登记类型无法同时适用于所有不动产领域，导致部分不动产领域的当事人无法申请所需的登记类型。所以说，现行的登记类型体系无法满足当事人的登记需要。

以预告登记为例，根据现行的登记类型体系立法，并非所有的不动产登记都能够得到预告登记的保护。在一些公众关注度不高，立法水平较低的不动产领域，当事人往往无法申请预告登记。具体而言，《物权法》对预告登记的规定过于笼统，矿产资源领域的登记立法并未与《物权法》实现衔接，导致《物权法》的规定难以在实践中得以实现。在采矿权问题上，采矿权登记并没有异议登记和预告登记的登记种类，而《物权法》又并未对采矿权的预告登记程序作出规定，当事人实际上无法对该权利进行预告登记，导致当事人登记需求得不到满足。

（二）登记类型体系整体落后难以满足登记需求

由于我国登记类型立法水平整体滞后，因此我国当前的登记类型仍然不够完善，许多有重要价值的登记类型尚未引进。这些登记类型的缺失，导致当前我国的登记类型体系无法满足当事人的登记需要。

现有的登记类型对当事人的权利保护尚不够完善。许多先进的域外立法经验表明，完善的不动产登记类型体系应当包括总登记、初始登记、经常登记、他项权利登记、设定登记、变更登记、注销登记、更名登记、涂销登记、更正登记、嘱托登记、预告登记、补充登记、异议登记和暂时登记、顺位登记等一系列具体的形式。[1] 然而，我国的登记类型体系相对简

---

[1] 李晓妹、余振国：“我国不动产登记类型体系中的缺失及其完善”，载《中国国土资源经济》2004 年第 10 期。

单。举例而言，我国目前还没有在国家层面建立不动产顺位登记制度。当事人往往无法对不动产抵押权的顺位申请登记。

综上所述，只有统一不动产登记类型体系，才能有效整合现有的登记类型，充分发挥现有登记类型的作用，并且集中立法资源，进一步完善登记类型体系。

三、我国应当统一现有的不动产登记类型

（一）统一现有的不动产登记类型体系的必要性

我国《物权法》已经初步建立了以不动产物权变动为基础的不动产登记类型体系，因此要建立统一的不动产登记类型体系，当务之急是统一现有的物权变动类型。对现有不动产登记类型进行统一的必要性主要体现在三个方面。

第一，立法资源集中的要求。立法资源向关注度较高的领域倾斜是必然存在的客观因素，只要不动产登记的立法尚未统一，不动产登记仍然处于分别登记的状态，这种各类不动产登记类型体系发展不平衡，立法资源分散的局面就一定会存在，各登记立法之水平和力度的差异将无法弥补。因此，要更好地满足当事人的登记需求，更全面地保护当事人合法权益和交易安全，必须实现不动产登记类型的统一。

第二，登记类型适用范围扩大的要求。我国已经参考了部分域外先进立法的经验，引入了部分先进的登记类型，但是由于登记类型分别立法的现状，这些先进的制度无法适用于所有不动产登记领域。因此，只有通过登记类型统一立法，在物权法体系下，以物权变动模式为基础，统一各类不动产的登记类型，有效整合当前各类不动产的登记制度，将已有的较为先进的不动产登记类型的适用范围扩大到所有类型的不动产登记工作中去，才能够在社会经济的各个领域更全面地满足当事人的登记申请需要。

第三，规范登记程序和登记收费的要求。由于不同种类不动产的登记类型不统一，我国不动产登记的程序和收费标准尚缺乏统一规范。统一不动产登记类型，能够使相同的登记类型采用同样或类似的程序和收费标准，不同的登记类型之间则采用各自的程序和收费标准，并将该程序和标准置

于统一的不动产登记类型体系之下，从而有助于从源头上实现各种不动产的登记程序和收费标准的规范。

（二）以《物权法》的物权变动模式为基础统一我国现有登记类型体系

统一的不动产登记类型体系，必须以科学的物权变动模式为基础进行构建。只有以科学的物权变动模式为中心，不动产登记类型体系才能够实现统一，完整地保护物权变动过程中的交易安全。

我国《物权法》规定了科学的物权变动模式，已经为我国登记类型体系建设打下了良好的基础架构。我国的《物权法》对登记类型的规定参考了德国的形式，规定了不动产物权的取得、变更、转移和消灭，非经登记不发生物权效力，实质上近似于德国法上的终局登记概念。此外，《物权法》进一步规定了预告登记、更正登记和异议登记制度，实际是效仿了德国法将不动产物权登记体系按照发生物权变动效力的登记与其他辅助性登记进行分类的做法。此种分类方式具有较强的科学性。

因此，要统一并有效整合我国当前已有的登记类型体系，就必须坚持以《物权法》的相关规定为指导，根据物权变动模式的理论，构建物权变动登记和辅助性登记相统一的不动产登记类型体系。

围绕《物权法》统一我国的不动产登记类型体系，一方面应当明确物权变动模式对物权变动登记类型的作用，另一方面应当加强现有的辅助型登记类型的落实。

首先，应当明确物权变动登记包括设立登记、变更登记、转让登记和消灭登记。如房屋初始登记、抵押权登记等均可以归类在不动产物权的设立登记中，采用相同或类似的登记程序，对权利性质相同或类似的登记申请，可以发给制式相同或类似的权属证书，从而实现物权变动登记类型的统一，并进一步推进登记程序以及权属证书制式的统一。

其次，应当重点加强现有的辅助型登记类型的落实。通过进行统一登记立法，在贯彻《物权法》的登记类型体系的基础上，能够克服分别立法造成的立法资源分配倾斜的弊端，同时完善草原、森林和矿产资源等登记立法较为落后的领域的登记类型体系，将预告登记、更正登记、异议登记等辅助性登记类型推广至所有种类的不动产登记类型体系之中，从而实现《物权法》与实践相结合。只有这样，才能够改变建立统一的不动产登记类型体系，明确所有领域不动产登记类型以及其对应的程序，改变当前法律法规在这些领域的真空状态，满足当事人的登记需求。

四、我国不动产登记类型体系的进一步完善

（一）进一步完善登记类型体系的必要性

统一的不动产登记类型体系应当对不动产物权变动过程中的交易安全提供完善的保护。

我国不动产登记类型体系中，具体的登记类型规定尚不够丰富，难以完整保护不动产交易过程中的交易安全，因此还需进一步的立法进行完善。当前我国的登记类型体系总体上只能满足当事人的基本需要，对当事人的保护还不够全面。我国《物权法》在除不动产物权变动的四种基本的登记之外还设置了更正登记、预告登记与异议登记的内容，在一定程度上能够保护物权变动过程中的当事人合法权益，但是必须看到，与域外立法相比，我国登记类型体系立法尚存在较大的差距，现行的不动产登记类型只能满足基本的需要。

因此，在统一登记类型的过程中，有必要进一步丰富我国不动产登记的种类，加入以下不动产登记类型，以进一步完善不动产登记体系。

（二）引入新型的登记类型

1. 回复登记

回复登记是指，若实体权利由于不当的原因而被注销登记，导致其权利在登记簿上注销，实体权利被消灭，当查明事实后可以通过回复登记来回复原有的登记效力。[1] 我国当前并没有对回复登记作出相关规定。

回复登记的作用主要体现在回复后的实体权利能够享有被不当消灭前的合法利益，有助于将当事人的权利状态恢复原状。如抵押权被不当注销，经回复登记后，抵押权不仅能够得到恢复，并具有物权效力，同时还能够保持其注销前的顺位。若没有回复登记制度，考虑到我国对涉及不动产的抵押权采取登记生效的态度，登记被不当注销后当事人往往只能通过债权

---

[1] 李昊等：《不动产登记程序的制度建构》，北京大学出版社2005年版，第317页。

请求权的方式进行救济，导致当事人的合法权益遭受损失。

2. 顺位登记

顺位登记是德国法的登记类型，顺位登记是指涉及不动产的物权有实现顺序时，将该顺序进行登记以确保权利人的优先权的登记。典型的如抵押权顺位登记。目前我国只在房屋抵押领域小范围地进行了房屋顺位抵押登记。

顺位登记在不动产物权的实现中具有重要意义。我国《物权法》规定了抵押权顺位以抵押权登记时间为准，但是抵押权登记时间顺序无法体现抵押权顺位的变动情况；对抵押权顺序的规定不够灵活，不利于当事人的权利保护。鉴于不动产物权的实现顺序对不动产物权的实际价值具有重大影响，今后我国可以借鉴其他国家的顺位登记制度规范我国顺位登记。对顺位登记的规定，应当包括适用范围、法律效力等内容。

3. 租赁登记

所谓租赁登记是在参考瑞士的债权预计登记制度的基础上设计的登记制度。进行租赁登记后，在不动产所有权人试图转移不动产所有权时，该登记能够发挥类似预告登记的作用。除非买受人明示同意接受租赁合同的存在，否则所有权人无权转让该不动产。租赁登记不影响租赁合同的成立，也不影响承租人对不动产的使用权。

租赁登记制度能够有效地保障承租人和买受人的合法权利。在实践中的房屋买卖中，卖方常常在出售房屋前隐瞒房屋已经出租的事实。这种现象一方面导致买方无法使用房屋，产生较大的法律风险；另一方面还会导致承租人的优先购买权名存实亡，现有租赁合同到期后往往无法续约，不利于承租人的权利保护。笔者认为，租赁登记制度在保障交易安全方面可以发挥两方面的作用。一方面，进行了租赁登记的情况下，租赁登记能够发挥类似于预告登记的作用，在租赁合同存续期间阻止所有权人转让该不动产并且提示承租人享有优先购买权，鼓励承租人对自己承租的房屋进行租赁登记；另一方面，租赁登记能够对租赁关系的存在进行公示，在登记机构未作租赁登记的情况下，默认卖方房屋并未出租，要求卖方对此承担保证义务，以此预防隐瞒房屋已经出租的事实而出售房屋的行为，保护交易相对方的合法利益。

公司交叉持股“严格限制”抑或“区别对待”

■ 朱　晔*

【内容提要】 交叉持股是一种资本运作手法，又是公司发展扩张的一种常见手段，我国理论界对其尚未引起足够的关注。交叉持股是一把双刃剑，各国根据其本国的具体情况分别采取了“严格限制主义”“宽容主义”和“区别对待主义”的立法模式。采取严格禁止母子公司交叉持股，对非母子公司只对交叉持股的比例和持有股份的表决权作出适当限制的“区别对待主义”立法模式，当为我国公司交叉持股立法模式的最佳选择。

【关键词】 公司交叉持股　立法模式　严格限制　区别对待

一、问题的提出

现代公司股权结构日益趋向复杂，我国公司正进入一个并购的高发时期，资本运作的手法和方式层出不穷，不断变化，令证券市场对资本运作的监管难度不断增加。交叉持股既是公司资本运作的一种常见手法，又是公司发展扩张的一种常见手段。❶

我国自 1998 年辽宁成大与广发证券相互持股成为第一例公司交叉持股案例后，公司交叉持股现象正日益频繁地出现在我们的经济生活中。2011 年上半年共有 517 家上市公司涉及交叉持股，持有的股票数合计达到 1863

---

* 朱晔，广东外语外贸大学法学院教授、硕士生导师，主要研究方向为经济法、商法。

❶ 储一昀：“交叉持股问题的文献综述及研究展望”，载《上海立信会计学院学报》2007 年第 6 期。

只，其中，上市公司持股数达到或超过 10 只的有 50 家。[1] 在牛市行情中，相互持股公司的股价因都在持续上涨，意味着它们所持有其他公司股权也在升值，进而又刺激自身股价上涨，从而形成互动性上涨关系。如 2010 年三季度，354 家上市公司三季度末的 A 股交叉持股市值较二季度末增加 134.35 亿元，增长幅度达到 6.72%[2]，到第四季度，可比的 110 家上市公司市值较三季度末累计增加约 13.85 亿元，增长幅度达到 12.6%。[3] 然而，在熊市行情中，相互持股公司因所持有的其他公司股权贬值，进而又刺激自身股价的下跌，从而形成“多米诺骨牌”式的下跌效应。据 Wind 资讯统计，上市公司所持股票市值在 2011 年 7、8 两个月内再度缩水逾 8%。其中 65 家非金融类公司交叉持股市值大幅缩水。[4]

这些现象的出现，迫使人们开始对交叉持股在其中起到的影响给予更多的重视，但由于交叉持股现象在我国出现较晚，现行立法又相对滞后，其对公司和资本市场的影响还未引起人们足够的关注，我国理论界和实务界对交叉持股的正反两方面作用虽然有所认识，但对交叉持股采取何种态度，立法上是严格的限制还是根据具体情形区别对待，是目前必须要回答的问题。

二、公司交叉持股的基础及类型

（一）公司交叉持股的基础：法人人格的独立

公司法人人格制度的产生，被西方学者誉为“现代社会最伟大的独一无二的发明。[5] 公司法的基本精神就是以法律的形式塑造公司独立的法人人

---

[1] 匡志勇：“谨防交叉持股双头怪效应”，载 http://roll.sohu.com/20110905/n318417694.shtml，2011 年 11 月 15 日访问。

[2] 孙见友：“三季度上市公司交叉持股浮盈 134 亿”，载 http://stock.sohu.com/20101022/n276214304.shtml，2011 年 11 月 15 日访问。

[3] 刘兴龙：“上市公司交叉持股四季度浮盈近 14 亿”，载 http://stock.hexun.com/2010-12-16/126215148.html，2011 年 11 月 15 日访问。

[4] 谷东：“517 家上市公司交叉持股三季度持股市值再缩水逾 8%”，载 http://www.zhicheng.com/html/archive/141/201109/2128256.html，2011 年 11 月 15 日访问。

[5] 曾维平：《公司法人人格独立论——兼析一人公司的合理性》，西南政法大学 2004 年硕士毕业论文。

格形象。

公司法人人格独立，意味着公司具备了独立于股东之外的意志，公司可以和自然人一样，成为对外投资的主体，其所导致的直接后果就是“股东法人化”。法人成为最重要的持股主体。同时，随着市场经济的发展，世界经济日趋一体化，国际分工日益细化，国际竞争不断加剧，企业自身出于规避商贸风险、稳定股价、获取垄断利润等动机[1]，主观上有推动原本孤立的不同企业相互结合的迫切愿望。正是法人相互持股将如孤岛般彼此没有联系的公司贯通了起来，既不影响其各自的独立性，又削弱了因单方持股而产生的控制与从属关系，因此，公司交叉持股现象为各国普遍接受。

（二）公司交叉持股的类型

按照公司间交叉持股有无控制、从属关系，可把公司交叉持股分为控股型交叉持股和参股型交叉持股。

1. 控股型交叉持股

控股型交叉持股又称为母子公司交叉持股、纵向交叉持股。主要表现为母公司持有子公司股份时，子公司也反向持有母公司的股份，但数额不足以改变母子公司的关系。[2] 如何认定母子公司交叉持股，首先有必要对母子公司的关系进行界定，即一公司拥有另一公司的股份而达到对该公司进行实质性控制的公司关系。[3] 至于如何认定实质性控制关系，理论界主要有三种观点：第一，明确规定持有 50% 股份为认定一公司对另一公司存在控制关系的标准；第二，既规定一公司对另一公司持有的股份要达到一定比例，同时也要求对另一公司的投资经营活动产生实质性的影响；第三，不作出明确的持股比例要求，只要一公司对另一公司的投资经营活动产生实质性的影响即可认定其存在控股关系。根据我国现行《公司法》的规定，笔者认为应以 50% 或者虽不足 50% 但能够对股东会、股东大会的表决产生实质影响即可认为其存在母子公司关系。

一般母公司持有子公司的股份有两种途径，包括直接持有和间接持有。

[1] 储一昀：“交叉持股问题的文献综述及研究展望”，载《上海立信会计学院学报》2007 年第 6 期。

[2] 沈乐平：“论母子公司与交叉持股的法律问题”，载《社会科学研究》2004 年第 3 期。

[3] 黎震：“母子公司交叉持股问题的综述及思考”，载《经济与法》2010 年第 6 期。

相应的，子公司反向持有母公司的股份，也存在直接持有和间接持有两种方式。子公司可以通过持有其他公司的股份达到间接持有母公司股份的目的。据此可以看出，母子公司相互持股可以表现为简单的相互持股和复杂的环形持股两种形态。[1]

2. 参股型交叉持股

参股型交叉持股又可称为非母子公司交叉持股、横向交叉持股。主要表现为两个及两个以上公司之间相互持有股份，但这些公司之间并无母子公司关系。它概括了除母子公司之外的其他公司之间交叉持股的情形。这类公司交叉持股表现形式多样，在复杂形态下易形成盘根错节的交叉持股关系。

由于各国对于母子公司间相互持股一般视为公司取得自己股份，同时，相对于横向交叉持股会衍生更多的问题，因此世界各国公司法律皆奉该二分法为规制公司交叉持股现象之圭臬。[2]

三、公司交叉持股的效应

公司交叉持股是一把双刃剑，它既是企业间进行联合的重要手段，对于企业的经营发展有着明显的促进作用，但同时，它也违背了公司资本的充实原则，严重影响正常的证券市场秩序，具有不可忽视的负面效应。

（一）公司交叉持股的正面效应

1. 加强经营者的控制权限

交叉持股最受重视，同时也最为一般所认识者，厥为其为所具有之稳定经营权，促使企业得以从更为长期的眼光，从事经营投资活动之功能。[3]

经营者基于其经营权限，对公司的日常经营活动进行管理和决策。但由于股东拥有股份的所有权，在为寻求某些短期利益之情形下，往往会对公司的正常经营和公司的长期投资、决策产生干扰，其不可避免地会与经

---

[1] 甘培忠："公司相互持股的法律问题"，载《法制与社会发展》2002 年第 5 期。

[2] 李飞：《转投资的公司法问题要论——解释与建构》，厦门大学 2007 年硕士毕业论文。

[3] 黄铭杰：《公开发行公司法制与公司监控——法律与经济之交错》，元照出版社 2001 年版，第 195 页。

营者的经营权产生冲突。而交叉持股，则正是经营者维护其经营者地位，增强其对公司的控制的有效途径。

经营者通过交叉持股之所以能够对抗股东对其经营权的威胁，原因在于公司通过交叉持股可以引起公司资本的虚增，并导致了不能进行任何资金筹措的“空虚股份”。[1] 由此，可以导致公司股东的股份在一定程度上被稀释，从而也就进一步削弱了其对公司的控制权。

2. 扩大投资者的联合规模

如前所述，交叉持股易在企业之间，特别是同一行业的企业之间形成较稳定的公司关系，也能使相互持股公司在经营、管理、财务领域形成类似企业兼并的协同效应，相互持股也有利于企业进行快速扩张，实现其规模效应。企业间的联合不仅能够提高劳动生产率，降低产品成本，还能具有较强的抵御风险的能力。

交叉持股把同行业，甚至是相同产业链上下游之间的企业联合起来，通过业务上的明确分工、共享市场或技术成果，联合技术攻关等方式，让相互持股企业取得单个企业所不能获得的规模效应。同时，交叉持股可以使企业同时享受多元化和专业化的优势，又弥补彼此之间的弱点，其资本规模和经营规模得以大大加强。规模经营的各种优势被通过交叉持股形成的企业集团利用来不断发展自己，企业自身的规模也不断膨胀，走向巨型化。[2]

3. 分散决策者的经营风险

随着现代市场经济竞争的加剧，公司日常的经营和管理也不可避免地存在各种风险。公司交叉持股发展到一定程度就会在持股公司之间形成以股权为纽带的利益集团。通过交叉持股，公司可以与其他企业结合，迅速发展成企业集团，交换整合各自的资源，结成了风险共担的命运共同体，形成一种患难与共，一荣俱荣、一损俱损的关系。如果一个公司业绩恶化，其他公司为了维持彼此的合作关系，或者说是为了自身的长远利益，必然会帮其渡过难关，甚至会牺牲自己的短期利益。这样，通过公司间相互持

[1] 李重炜：“公司相互持股法律问题研究”，见《商事法论集》，法律出版社 2000 年版，第 644 页。

[2] 甘培忠：“公司相互持股的法律问题”，载《法制与社会发展》2002 年第 5 期。

股形成一种风险分担机制，减少或降低公司的各种风险。单个公司的经营风险在企业集团中因被转移、分散而大大降低。❶

4. 防止收购者的恶意收购

恶意收购者可以通过协议或者证券市场收购来取得公司的控制地位，一旦收购完成，公司原有的管理层就面临被撤换的危险，公司其他股东的利益也会受损，不利于公司稳定和长远的发展。而通过公司间的交叉持股，就能有效应对恶意收购可能带来的威胁。且易于形成沉默股东（silent shareholders），保持企业集团内部的股权结构稳定，不会因为眼前的财务收益而轻易抛售持有的对方股份，从而减少了敌意收购者可能获得的公司股份的数额，增大了收购的难度。另外，交叉持股也能成为反收购的有利武器。一旦某个公司被收购，其可向与自己相互持股的公司发出收购邀约，使其与敌意收购者展开竞争，从而提高收购的风险和成本，使潜在的收购者放弃收购交叉持股公司，相互之间形成防御体系，共同应对外来收购者。

5. 降低联盟者的交易成本

公司通过交叉持股，使得众多单独的企业组成战略联盟，形成企业集团。业务上处于上下游的公司企业，本来就存在着自然的合作关系，一旦发展至相互持股，就会把原材料和半成品的销售与获得的渠道稳定下来，减少参股企业在开发市场方面的开支，集中资金提高产品的质量，增加其中的技术含量。❷ 他们之间以资本、技术人员等为纽带，保持着密切的联系，成员间优势互补，易于形成规模效益，降低交易成本，保证了企业的稳定发展，增强企业的核心竞争力。这种企业集团保证了交易成本的最小化和经济效益的最大化。另外，这些企业集团的成员公司之间在法律人格上各自是独立的，他们可以自主控制进行生产经营，既避免了完全的一体化，同时又可以发挥相互监督的作用。

---

❶ 黄铭杰：《公开发行公司法制与公司监控——法律与经济之交错》，元照出版社 2001 年版，第 201 页。

❷ 甘培忠：“公司相互持股的法律问题”，载《法制与社会发展》2002 年第 5 期。

（二）公司交叉持股的负面效应

1. 有违资本充实原则

公司交叉持股，实质上是同一资金在企业间的一种循环流动，它仅仅在相互投资的公司的账面上有所反映，实际资本却并未增加，其本质是公司持有自己的股份，背离了公司资本充实的原则。例如，甲、乙两公司各决定向对方投资500万元，所导致的结果是两家公司在账面上各有500万元的新增资本。但实际上，甲、乙两公司的资本并无实质性增加。

公司资本是投资者评判一个公司实力进行投资决策的重要依据之一，也是债权人实现其债权的重要保障。公司资本的不实将会严重影响投资者的判断，甚至使其做出错误的决策以致给双方带来难以弥补的损失，同时，也极有可能损害债权人的合法债权利益，有危害交易安全之嫌。同时，它以这种隐蔽的形式，违反了公司法上的资本充实原则。

2. 扭曲公司治理结构

公司交叉持股，一方面有利于公司的经营者增强对公司的控制，另一方面就必然会削弱股东会对公司的控制权，甚至出现经营者控制股东会，股东应享有的权利被架空的局面。当公司相互持股所产生的“空虚股份”和真实股东所拥有的“真正股份”一样主张行使股东权时，“空虚股份”的表决权由公司的代表即经营者行使，在一定程度上就增加了表决权由双方经营者协商行使以操纵公司股东会的危险。这实质上有操作本公司股东会的决策权，将股东会变成经营者表达意志的傀儡之嫌，最终导致经营者滥用职权，弱化股东权利，形成“内部人控制”现象，严重扭曲了公司正常的治理结构。

3. 诱发企业关联交易

交叉持股的公司之间由于长期处于协作的关系，相互之间有着外人所不及的信息优势。这为交叉持股的公司间进行某种共谋行为提供了可能，极易成为诱发不正当的关联交易、证券市场的内幕交易的温床。关联交易是关联企业或关联人之间形成的交易行为，它是在控制权人意志控制或许可下进行的某种“基本自我交易”。其中，控制企业基于该关联关系对其从属企业具有直接或间接的控制力，并足以影响其从属企业的独立意志和独立行为。交叉持股公司由于存在特殊的利益关系，利用其相互间存在的影响关系，为了追逐某些不法利益，一般采取极其隐蔽的方式进行共谋交易，对正常的市场交易秩序造成恶劣的影响。

4. 促使行业垄断发生

交叉持股使得企业间形成稳定的持股与被持股关系，在整个企业集团中形成多层次的互补性结构，从而控制这一产业的开发、生产、销售和服务过程，造成特定的市场封闭。[1]交叉持股公司间由于存在着俱荣俱损的利益关系，往往会在机会面前采取“互助性”行为，这在很大程度上减少了它们彼此相互竞争的可能性。而当相互持股公司发展成为较为稳定的企业集团之后，往往倾向于集团内部交易，即利用相互持股形成稳定的供货或购货伙伴，从而排斥其集团外的竞争者。进一步使得特定市场的开放度和竞争度变得越来越小，最终形成整个行业的垄断现象，使得其能够操纵垄断价格，获得超额垄断利润。但由于相互持股的比例一般较小，从而无法认定其具有垄断地位，故公司交叉持股形成的垄断具有很强的隐蔽性，严重影响了市场的正常竞争秩序。

5. 放大股市泡沫效应

交叉持股在滋生股市泡沫方面表现尤为明显，由于公司间相互持股，A公司的股价上涨，那么B公司持有A公司股份的价格也会随之上扬，以此造成B公司的股价也随之上涨，进而又带动A公司股价的增长，如此循环往复，股价就会随之节节攀升，这种膨胀式的增长极易滋生股市泡沫。这种泡沫式的增长之间形成了环环相扣的链条关系，在上涨过程中如果其中有一家公司掉链子，意味着行情可能会形成“多米诺骨牌”式的下跌。另外，交叉持股使得证券市场中公司法人持股过多，这样不但影响了证券市场的流通性，还减少了市场中证券的供需量，使股价高涨，制造和维持股市的虚假繁荣，诱发“泡沫经济”，影响证券市场的正常发展。

四、公司交叉持股的立法模式考察

公司交叉持股，有其与生俱来的两面性，不同国家基于其立法价值的

[1] 李重炜：“公司相互持股法律问题研究”，见《商事法论集》，法律出版社2000年版，第665页。

考量，所采用的规制方式和规制程度具有显著的差异，这种差异与各自的资本市场的发育程度、股东权益的保护程度以及公司治理水平有着极为密切的关系。概括起来，主要有三种立法模式。

（一）“严格限制主义”立法模式

“严格限制主义”立法模式主要是指不仅严格禁止母子公司交叉持股，对非母子交叉持股也予以严格的限制甚至禁止。作出此类立法安排的国家主要有法国、比利时、意大利等。

《法国商事公司法》第 358 条规定，股份公司之一方持有其他公司的股份超过 10% 的，则其他公司不得持有该公司的股份。而且该公司持有其他公司的股份一旦超过 10%，必须于持有事实发生之日起的一个月内，通知被持股公司。而且在公司下次的股东会中，在董事会、业务执行者或者会计监察人的报告书中，把持有的事实向股东告知。如果违反上述规定，超出比例交叉持有对方的股份，交叉持股公司应相互达成协议予以补正，若无法达成协议，那么持股比例低的一方将有义务将其持有的股份转让给第三人，如若双方持股比例相同，则均有义务将相互持股的比例降低到 10% 以下，并且这些处分义务必须在发出通知后的 1 年内完成，并且在完成股份转让后，在公司下次的股东会中，负有向股东告知的义务。其第 359 条是关于股份组织公司对股份组织以外公司持有股份超过 10% 的情况的规定，其主要规定股份公司之间相互持有股份的处理情况大致相同。另外，《法国商事公司法》第 481 条还规定了董事、经理故意导致公司违反通知义务时该董事、经理的罚金责任。《比利时公司法》作出了与《法国商事公司法》基本相同的规定，明确限制公司间交叉持股的比例为不得超过 10%。

法国、比利时等国之所以采取“严格限制主义”立法模式，其主要原因归结于这些国家商事公司法注重对公司债权人和中小股东利益的保护。在现代公司法下，公司的经营者、大股东以及实际控制者利用其经营、管理或者控制公司信息资源的优势地位，在机会利益的驱使下，往往会做出一些有损公司利益的行为，由于信息的不对称、表决权分散等方面的限制，最终将由处于不利地位的中小股东和公司的债权人来承担这一不利后果，法国商事公司法正是基于此种价值考量，为弥补中小股东的不利地位，加强对公司债权人利益的保护，从而严格限制公司间交叉持股。另外，由于这些国家采取的是以银行为主导的间接融资方式，使得债权人在资本市场的地位举足轻重，客观上也使它们十分关注交叉持股对债权人利益的影响。因此，对相互持股的立法态度也更为严格。

（二）“宽容主义”立法模式

“宽容主义”立法模式采取完全放任的态度，美国就是采取“宽容主义”立法模式的典型代表。

《美国标准商事公司法》对公司交叉持股采取放任态度，基本不予规制，仅通过“库藏股”[1]（Treasury Stock）制度对母子公司间的交叉持股予以一定程度的规制。就母子公司交叉持股而言，一旦子公司购回的母公司股份作为“库藏股”处理，就意味着该股份是由子公司代母公司买入的计入母公司名下的库藏股，在这一行为中子公司实质上只是母公司回购自己股份的代理人。《美国标准商事公司法》第6.31节（a）规定，公司可以取得自己的股票，由此获得的股票构成授权发行但尚未发行的股票。这里所称授权发行但尚未发行的股票就是所谓的“库藏股”。鉴于母子公司之间控制和从属关系的存在，母公司得以轻易指挥子公司按照母公司的意思行使子公司所持母公司股份的表决权，因此子公司取得母公司股份被等同于母公司取得自己股份，比照适用公司取得自己股份的相关规定。

美国采取“宽容主义”立法模式的原因较多。一方面是由于其具有发达的资本市场，出资入股等直接融资方式在资本市场上占有非常重要的地位。更为重要的是，美国完备的反垄断法律体系以及健全的公司法人人格否认、股东派生诉讼、独立董事等法律制度为公司间相互持股的运作提供了保障。前者从维护市场竞争秩序的角度对公司交叉持股进行了规制，后者则使得各方利益处于一种均衡状态，克服了公司交叉持股对其他主体的不利影响。另外，美国拥有健全的证券市场交易体系，大大减少了股市泡沫滋生的可能性。此外，针对某些特定类别公司的交叉持股，也有专门的法律予以规定。例如，《美国1940年投资公司法》针对涉及公众投资利益的投资公司规定：当一个投资公司以及该投资公司控制的公司已经持有一

---

[1] “库藏股”本来是针对公司取得自己股份的一项制度，它是指公司购回的本公司股份要“库藏”处理，留待以后出售或注销。“库藏股”的重要特点之一是没有表决权。

个开放式投资公司有表决权的股票总数3%以上时，后者不得再购买前者的股票。当一个投资公司与其他投资公司合计持有一个开放式投资公司10%以上股份时，后者也不能再购买前者的股票。正是由于上述多种制度的存在，美国成文公司法上对公司相互持股的规定体现出较为宽容的态度。究其根本，美国之所以持宽容主义立场，是基于其注重保护公司自身利益的考量，对于债权人的利益保护，则将其交给市场和债权人自己。

（三）“区别对待主义”立法模式

“区别对待主义”立法模式无疑是“严格限制主义”立法模式和“宽容主义”立法模式的折中选择。它一方面对母子公司交叉持股严格地限制甚至禁止，而对非母子公司间的交叉持股则不作过多的限制，只在交叉持股的比例和持有股份的表决权上作出相应的规定。采取这一立法模式的国家较多，其中，最具代表性的国家有德国和日本等。

《德国股份公司法》称交叉持股为“相互参与企业”，其中又细分为“相互参与企业”“控制从属企业”“相互控制从属企业”。《德国股份公司法》对于存在控制关系公司间的交叉持股采取了原则上禁止的立法态度。该法第56条规定，公司不得认购自己之股票，作为发起人或认购人，或在行使附条件增资时所给予的转换权或认购权时，从属企业不得认购控制企业的股份，违反此种规定的，其违反并不使认购无效。但公司违反上述规定而取得的股份，不得行使任何权利，包括表决权及盈余分配请求权等，并且应于自取得之日起1年内转让。对于不具有控制从属关系的相互参与企业，《德国股份公司法》第328条进行了部分限制，不论其实际因交叉持股而所持股份有多少，其可行使的股权均应不超过他公司股权总额的25%，这些权利中包括表决权、盈余分配请求权的多项权利。

日本国内公司交叉持股现象最为普遍。对于非母子公司间的交叉持股《日本商法》第241条规定，一公司包括其子公司持有的另一公司股份合计超过了股份总额的1/4，则另一公司持有的该公司股份没有表决权。与德国的规定基本相同。对于母子公司间的交叉持股，日本采取的是原则上禁止，例外情况下许可的原则。《日本商法》第211条规定，子公司不能取得母公司股份，只有在特殊情况下，比如，合并或受让其他公司的全部营业时或是行使公司的权利，为达到其目的而必要时，子公司才能取得母公司股份，且必须在规定的时间内转让。

德国和日本作为后发工业国家，具有很多相似的特征，在公司法对交叉持股现象的规定上基本采取相同的态度，并在具体执行中也出现了相同的特征。[1] 导致这一现象出现的根本原因在于，银行在德国和日本经济中扮演至关重要的角色。银行是企业进行融资最重要的渠道，也常常是公司投资的大股东之一。对此，这就从根本上杜绝了德国和日本等国家采取“严格限制主义”立法模式的可能。同时，这些国家又不具备美国发达的资本市场，企业也多倚重于间接融资方式。公司交叉持股使得公司资本虚增，也就损害了以银行为主导的债权人的利益，同时也易形成内部控制，虚置中小股东股权，使得这些国家也不能像美国一样采取“宽容主义”立法模式。相对非母子公司交叉持股，母子公司交叉持股在损害债权人和中小股东利益方面表现得尤为明显，德国和日本等国家正是基于保护以银行为主导的公司债权人利益的考量，严格限制母子公司间的交叉持股。同时，为了充分利用公司交叉持股在融资、对抗恶意收购等方面所发挥的积极作用，这些国家对非母子公司交叉持股则进行了区别对待，只是在表决权和信息披露方式方面进行了限制。这一做法与大陆法系国家银行为主导的间接融资制度和不太发达的资本并购市场的整体氛围是相协调的[2]，也是它们在两种对立利益的博弈中寻求一个最佳平衡点不得不采取的折中态度。

五、我国公司交叉持股立法模式的选择

（一）我国不应采取“宽容主义”立法模式

我国的市场经济经历了长达30多年的长足发展，抵御风险和应对危机的能力也得以不断加强，特别是在2008年美国次贷危机下，中国经济成功实现软着陆，将经济危机的不利影响限制到了最低。但不得不承认的是，当前中国在资本市场和市场监管体系方面与美国等发达国家相比还存在不小的差距。美国采取放任模式是有其自身成熟的资本市场融资方式、完善

[1] 裴桂芬：“中国上市公司交叉持股的深度分析”，载《广东社会科学》2008年第4期。
[2] 曲阳：“交叉持股的法经济学分析”，载《证券市场导报》2009年第3期。

的公司治理结构和健全的法律体系为支撑的，而且也是与其社会文化及法律传统和经济特点相适应的。中国的资本市场目前还处在一个新兴加转轨阶段，从市场规模、结构到市场效率，从上市公司治理结构到证券期货服务机构的管理水平，从法律法规的完备性到执法的有效性，都存在着严峻的挑战[1]，如若采取宽容模式，将会给中国的资本市场带来巨大的冲击和挑战，我国的经济和法律发展水平难以承受此种放任模式，因此可以首先排除这一选择的可行性。

另外，宽容模式对公司间交叉持股不作限制，将在一定程度上过度放大交叉持股的负面效应，使中小股东和债权人处于极为不利的地位，然而我国目前的公司治理结构还存在诸多不近完备之处，对中小股东和债权人的利益保护略显不足，兼之我国目前资本市场的间接融资方式中仍以银行为主导，使得债权人在资本市场的地位举足轻重，客观上也不允许我国采取"宽容主义"这一立法模式。

（二）我国也不宜采取"严格限制主义"立法模式

如上文所述，长期以来，我国的金融体系高度依赖以银行为主的间接融资，迫切需要提高直接融资的比重，而公司间的交叉持股则是企业间进行直接融资的有效渠道，是提高我国资本市场直接融资比重的有效途径之一。另外，随着我国2005年国有企业股权分置改革的启动，国有股将作为流通股在市场上进行流通，如对法人相互持股进行严格的限制，势必会对股权分置改革的进行设置重重阻碍，不利于我国现阶段或今后相当长的一个时期内的经济改革的发展目标的实现。同时，严格限制公司间的交叉持股将会导致资本市场无法满足我国经济持续高速增长所带来的融资需求，影响中国经济的长足发展。中国入世已然十年，中国的资本市场亟须不断成熟和完善，以更好地应对国外资本市场的冲击，提高我国资本市场的国际竞争力。

以法国、比利时等国家为代表的"严格限制模式"，虽然能够较好地防止交叉持股可能带来的弊端，稳定市场交易秩序，为债权人和中小股东的利益提供了充分的保护，但同时也妨碍了公司之间正常的资本流动，限制

---

[1] 转引自《中国资本市场发展报告》（摘要）。

了公司在资本市场上的融资渠道，无法满足公司因为各种原因而发生的对交叉持股的客观需要。过于绝对地限制公司间的交叉持股，在很大程度上也抹杀了其正面作用的发挥。同时，为了限制公司间的交叉持股，还要考虑到在监管方面所要支付的高额规制成本。因此，严格限制主义模式也不能与我国当前的现实环境相吻合。

（三）我国应采取“区别对待主义”立法模式

相比较之下，借鉴德国、日本等国家所采取的折中的“区别对待主义”立法模式则是我国当前的最佳选择。“区别对待主义”在如何规制交叉持股的问题上，更加富有弹性，它不是完全肯定或者否定公司交叉持股，而是更注重于将公司交叉持股的正负效应进行有效配置，力求在其博弈中找到最佳的平衡点，使其正面效应得到最大限度的发挥，对其负面效应进行最合理有效的规避。它能更好地维持法律的弹性，以适应实践中不断出现的其他情形。例如，在股权分置的情况下，流通股与不流通法人股的长期法定分割导致上市企业在收入分配问题上面临大股东与小股东之间的明显及长期的利益冲突，大量的非流通法人股，一旦被允许在市场流通，如果对股票的需求跟不上大幅度增加的供应，可能会导致股价的大跌。股权分置时刻威胁着中国证券市场的进一步发展，而“区别对待主义”则为股权分置改革提供了一个良好的解决方案，既允许非控股关系的公司法人间相互持股，保证股票的认购量，维护证券市场的稳定，又不允许母子公司间相互持股，以防止它们以此为契机，相互之间虚增资本，非法牟利，达到维护债权人和中小股东利益之目的。

从日本、德国的实践经验来看，“区别对待主义”立法模式既能够起到阻止交叉持股负面效应泛滥的作用，又为基于某种合理的理由或在不知情的情况下的一些公司进入交叉持股的投资关系区域留有适度的经济民主的空间，任由公司企业自由发挥而无伤于大体。这种立法模式也与我国一直以来的立法取向即“效率优先、兼顾公平”相吻合。首先，股权融资作为我国上市公司融资的重要渠道，允许法人间合理的交叉持股，极大地满足了流通市场对资本的需求。其次，通过公司间交叉持股，使得这些公司间存在荣辱与共的共生关系，有利于增强企业联合规模，防止了其他企业的恶意收购。在经济全球化的今天，交叉持股使得我国企业间进一步走向联合，以更好地应对国外资本对我国资本市场的冲击，增强企业的生存能力，改善我国企业普遍存在的规模较小、竞争力较弱等不利局面。但是，如果放任公司交叉持股，特别是允许母子公司交叉持股，将会过度放大交叉持股的负面效应，导致公司资本不实，滋生股票市场泡沫，恶意垄断竞争，严重损害以银行为主的债权人、中小股东和交易第三方的利益，将对我国的监管体制和证券市场的稳定形成严重的挑战。

因此，结合我国当前的经济发展水平和立法环境，允许非母子公司间交叉持股但控制在一定的比例之内，严格禁止母子公司交叉持股的“区别对待主义”的做法，当为我国公司交叉持股立法模式的最佳选择。

（四）完善我国公司交叉持股立法的建议

对母子公司交叉持股的立法态度上，应该严格禁止母子公司交叉持股。但可借鉴日本、韩国的做法，规定两种例外情形：（1）子公司与持有母公司股份的其他公司合并；（2）子公司为达到某种目的不得不取得母公司股份或在不知情的情形下取得母公司股份的，可以允许，但其所持有的母公司股份不可行使表决权，而且必须自股份取得之日起6个月内予以转让或由母公司自行回购。另外，对涉及非法持有股份、逾期不履行转让或回购义务的母子公司及公司的董事、高管、相关责任人员，应在立法上规定具体、明确的处罚措施。

对于非母子公司交叉持股，首先应在立法上对相互持股的比例予以一定的限制。限制相互持股比例的主要目的在于使因相互持股产生的不利影响在最大程度上得以缓和，并在公司和债权人、中小股东利益的博弈中寻找一个最佳平衡点。由于我们对母子公司间的相互持股采取完全禁止的态度，子公司因为各种原因持有母公司的股份必须在限期内转出，不可能形成母子公司相互持股关系，故而对相互持股公司如法国那样规定太低的比例是不适当的。[1] 因此，在结合我国当前股权结构的分布状况和公司交叉持股现状的基础上，建议将非母子公司交叉持股的比例标准限制在25%以内，即相互之间持股超过25%的，不予允许。

另外，还应规定一公司其所持其他公司股份超过25%的部分不可行使

---

[1] 童兆洪：《公司法法理与实证》，人民法院出版社2003年版，第69页。

表决权，并且在6个月内相互持股公司间达成协议，将相互持股比例降至25%以下，逾期未履行该义务的，强制出售其持有其他公司股份超过25%之部分，并且对公司和相关责任人员作出处罚。同时，还应在立法上规定严格的交叉持股公司信息披露制度和书面报告制度，并且对未及时履行披露义务和书面报告义务的公司和相关责任人员予以处罚。

国际环境关系刍议

■ 李耀芳*

【内容提要】 国际环境关系是国际关系的新领域，也是最具有基础性的领域之一，其核心内容是环境与发展的关系以及与之密切相关的南北差距和可持续发展问题。在全球化的大趋势下，经济全球化和全球环境保护的协调面临着新的挑战，需要有新的发展。

【关键词】 国际环境关系　环境与发展　南北差距　经济全球化与环境保护

自从1972年的联合国人类环境会议以来，应对环境问题、协调环境与发展的关系、保护和改善环境一向是国际社会关注的重大事项。在联合国的几乎每一届大会上，环境与发展都是必不可少的议题，每年都有许许多多与之有关的国际会议在召开。在国际关系活动中，环境领域的协调和合作逐渐成了经常性的事项，环境外交成了许多国家对外交往的重要内容。

中华人民共和国国务院环境保护委员会在1990年7月6日通过的《中国关于全球环境问题的原则立场》一文中，将当时的环境问题和环境外交活动的特征概括为以下几点。

（1）涵盖面广。上至大气层，下至陆地、海洋，既有全球性的环境问题，又有区域性和各国的环境问题。

（2）影响面宽。环境变化不仅威胁人类的生存条件，也给经济建设和社会发展带来严重影响，既是科学、技术和经济问题，又带有一定的政治和权益色彩。

* 李耀芳，法学博士，广东外语外贸大学法学院副教授。

（3）活动频繁。环境已成为联合国大会和各种国际会议上的经常性议题，有关决议、决定、提案，“言不离环境”。随着1992年联合国环境与发展大会筹备工作的全面展开，有关活动、会议更趋频繁。

（4）国际环境活动已超出一般认识阶段，开始进入制定和实施实质性、具体化和定量化的政策、措施阶段，国际立法活动加强，要求承担实质性义务，直接关系到各国的权益，各方矛盾更加突出。

（5）人类保护环境的共同需要，为开拓国际合作新领域提供了可能性，成为潜力较大而又易于获得资金的援助渠道，发展中国家对此寄予厚望，发达国家也在资金方面表示了一定的合作意愿。与此同时，也出现了一些发达国家片面强调保护环境，无视甚至牺牲发展中国家的经济发展利益，用环境方面的考虑作为提供援助的条件，不正当地介入发展中国家社会经济发展规划，甚至有干涉内政的倾向。[1]

正是在这样一个错综复杂、变动不居的大背景下，产生了国际关系的一个新的领域——国际环境关系。

一、国际环境关系

所谓国际环境关系，是指因保护环境和开发利用环境资源而产生的国际关系的总称，相对于国际政治和经济关系等先已存在的领域而言，是国际关系中的一个新的领域。

国际环境关系虽然是一个新的领域，但从当代国际关系的架构来看，却是最具有基础性的领域之一。综观当今人类社会的重大问题，又有哪一项不与环境相关联或者说不具有环境的因素和背景呢？例如经济发展问题，经济发展必须依赖环境资源的基础，同时又极大地影响着环境。在经济全球化的趋势下，协调环境保护与经济发展的关系更是国际社会的重大课题。再如人口问题，从根本上来说是一个环境负载能力的问题。每个人的生存和发展都需要有一定量的环境空间和资源，而地球环境及其资源却是有限

---

[1] 国家环境保护总局政策法规司编：《中国缔结和签署的国际环境条约集》，学苑出版社1999年版，第402页。

的，只能负载一定数量的人口。又如贫困问题，就其本质而言是环境资源分配不公平的问题。一些人在挥霍浪费着大量的环境资源，也有许多人在贫瘠的环境中挣扎求生。即使是战争与和平这种极端政治性的问题，背后也通常存在着环境的因素。人类社会历史上的大多数战争都是因为争夺环境空间和自然资源而起的，如果环境问题得不到合理解决的话，现在或将来也可能会发生同样类型的武装冲突。

基于环境对于人类生存和发展的重要意义，以及环境问题与经济、政治问题的紧密联系，可以这样认为：国际环境、经济和政治关系三者之间相互联系和相互影响，共同构成了全部国际关系的基础。正如1992年联合国环境与发展会议通过的《里约环境与发展宣言》所宣示的那样，“和平、发展和保护环境是互相依存和不可分割的”。如果说和平是国际政治关系的目标，发展是国际经济关系的目标，环境保护是国际环境关系的目标的话，那么“互相依存和不可分割的”和平、发展和环境保护即为全部国际关系的总目标。

纵观当代国际关系发展的历史，国际政治、经济和环境关系对于整个国际社会的基础性意义可以说是叠相显现的。在第二次世界大战前后以及冷战时期，政治关系在全部国际关系中占据着主导地位。一个国家在国际政治交往中的立场选择，很可能就决定了其在国际社会中的位置乃至于生死存亡。在第二次世界大战结束以后，经济关系的重要性日渐凸显。一个国家的国际地位以及各国之间实力对比的消长，往往取决于在经济发展速度方面的竞争。在1972年的联合国人类环境会议之后，环境关系开始走上了国际关系的前台。如今在外交活动的几乎每一个重要场合，环境保护都成了必不可少的议论事项。现在的人们常说未来的国际竞争是各国综合实力的竞争，对于任何一个国家来说，政治、经济和环境应该是其综合实力的最基本构成。

当“冷战”还在进行时，环境问题已经成了国际社会关注的全球性重大问题之一，与裁军问题、发展问题、人口问题、粮食问题以及能源问题等并列和相互关联，极大地影响着国际关系总进程。在冷战结束之后，环境问题和国际环境关系更凸显了其严重性和重要性。环境保护的重要意义已经被国际社会普遍确认，几乎没有哪一个正常发展的国家不将环境保护放在基本国策的位置，几乎所有的国家都参与了国际环境事务，联合国的每一届大会都将环境保护列为讨论事项，“环境外交”成了国际交往中的流行语汇。这些前所未有的事实表明了环境保护是国际社会关注的最重大事项之一，国际环境关系已经成为国际关系的基础性领域之一。

二、国际环境关系的核心内容

环境与发展的关系，以及与之密切相关的发达国家和发展中国家在发展水平上的差距问题，即所谓的南北差距，是国际社会关注的焦点，也是国际环境关系的核心内容。

南北差距可以说是当今世界的基本矛盾之一，是包括环境与发展在内的许多国际问题产生的根源。正如环境与发展全球委员会在其向联合国提交的最终报告《我们共同的未来》中指出的那样：“大部分发展中国家和工业化国家之间在财力上的差距正在扩大；工业化国家控制着一些关键的国际组织的决策权；工业化国家已经使用了地球的许多生态资本。这种不平等是地球上的主要‘环境’问题，也是主要的‘发展’问题。”❶

发展中国家必须致力于发展，其目的是缩小南北差距，亦即以赶上发达国家的发展水平为目标。那么什么是发达国家的发展水平呢？从环境与发展的关系来看，现在发达国家发展水平的显著标志就是以过度使用环境资源和大量排放废弃物为代价的高消费。

发展中国家缩小南北差距的努力如果以发达国家现在的发展水平为目标，对于少数国家来说，也许是有可能成功的。个别发展中国家抓住了发展机遇并经过数十年的努力，已经或者正在加入发达国家的行列就是例证。但这一目标对于大多数的发展中国家来说，却是不现实的。因为发展是要以环境资源为物质基础的，而环境资源是有限的，地球环境总的资源量决定了人类社会整体的发展是有限度的。

在20世纪70年代初，经济学家芭芭拉·沃德和微生物学家勒内·杜博斯在《只有一个地球》一书中就论述过人类社会需求的不断增长与地球环

❶ 环境与发展全球委员会报告：《我们共同的未来》，吉林人民出版社1997年版，第7页。

境资源有限性之间的矛盾，以及由于这一矛盾而引发的困境。

现在世界人口尚不到 40 亿人，所有这些危机都已出现在人类的眼前。当前至少还有一半的人口，从未提出比新石器时代人的生活标准更高的要求。假如在不久的将来 70 亿人都想要同欧洲人或日本人一样的生活，那将会是一个什么样的情况呢？假如他们追求同美国人一样的标准使用汽车，那就将有 35 亿辆汽车的一氧化碳排放到空气中并被人吸到肺里，那又将会是一个什么样的情况呢？假如他们中间四分之三的人口迁移到城市居住，并在那里追求同发达国家一样的标准使用能量和消耗物质，那更将会产生什么样的情况呢？没有办法能使这类问题得到答案。在这种情况下，如何解决这些矛盾呢？减少人口吗？是的，但是减少哪里的人口呢？减少消费吗？是的，但是减少谁的消费呢？减少城市的乐趣吗？是的，但是在哪些地方减少呢？节约能量吗？是的，但总而言之不应节约我的能量！请问，难道让具有宝贵的无法代替的空气、水和土壤的有限资源的地球本身去经受日益增长而又不能改变的压力吗？❶

过了十多年之后，在国际社会开始全面考虑环境与发展问题的时候，上述矛盾和困境不但没有缓解，而且显得更为紧迫了。环境与发展全球委员会主席布伦特兰女士说："全世界作为一个整体维持西方的消费水平是完全不可能的。假如 70 亿人都像西方人现在那样多地消费能源和资源的话，将需要 10 个而非一个地球，来满足我们的需求。"生态学家戴利和埃利西说："以瑞典和法国现在的生活标准，地球能维持的人口为 15 亿 ~ 20 亿人——约为现在地球人口的三分之一。"❷ 法学家伊金斯则说："一个消费主义的北美也许是可持续的，但如果加上占世界人口 40% 的印度和中国，情景就完全不一样了。消费主义是全球性传播的病毒，世界已经被感染上了，

---

❶ ［英］芭芭拉·沃德、勒内·杜博斯著，《国外公害丛书》编委会译校：《只有一个地球》，吉林人民出版社 1997 年版，第 15 页。

❷ David Hunter, James Salzman and Durwood Zaelke, *International Environmental Law and Policy*, New York, Foundation Press, 1998, p. 59.

这就是要估量其影响的原因。”❶

按照这些专家们的说法，发展中国家以发达国家的发展水平为目标的发展是不可能成功的，因为地球环境资源在总量上的有限性决定了发展中国家的广大民众不可能过上发达国家那种高消费的好日子。但是这些专家们在强调环境资源条件限制的同时，似乎忽略了对发展中国家的另一种限制，即在环境资源使用上不平等的限制。发达国家的高消费是以环境资源的过度使用为代价的，而这些资源的大多数是来自发展中国家或者国家管辖范围以外的环境区域的。也就是说，发达国家的高消费危害了地球环境，其恶果的承担者却主要是发展中国家。少数的富人在过度消费，大多数的穷人则在为了维持生命而挣扎，忍受着贫困和环境问题的双重煎熬，这才是全球环境与发展问题真正的症结所在。

国际社会所面临的环境与发展问题，正是这样一个两难的问题。南北差距这种极不公平的状况是不能让其永远存在下去的，但发展中国家的发展又受到环境资源条件和南北差距不平等状况的限制。在冷战结束，人类社会据说已经踏上和平与发展之途时，解决这一问题的方式只能是国际社会所有成员的协商和合作。这也许就是可持续发展概念产生和 1992 年联合国环境与发展会议召开的客观背景了。联合国环境与发展会议执行主席莫里斯·斯特朗在会议开幕式上的致辞正表明了这一点：“在一片贫困的汪洋大海中，这个星球上的任何地方都不可能作为一个富裕的孤岛而维持。我们要么拯救整个世界，要么任何人也救不了。在一些人为了活命而破坏其环境时，另一些人不能再纵欲于无限制的消费了。”❷

三、经济全球化形势下的国际环境关系

全球化是好事还是坏事？各个国家、各社会阶级或者阶层、各利益团体乃至每个个人根据各自的利害关系可能各有各的判断和意见表达。在叫

---

❶ Paul Ekins, *The Sustainable Consumer Society: A Contradiction in Terms*, Int'l Envir'l Affairs, Vol. 3, No. 4, Fall 1991, pp. 242 ~ 257.

❷ David Hunter, James Salzman and Durwood Zaelke, *International Environmental Law and Policy*, New York, Foundation Press, 1998, p. 276.

好之声充斥于官方论坛之时，反全球化的民间抗议活动也不时出现在各国的街头。赞成的意见认为，国际贸易和投资的自由化将有利于提高资源配置的效率、促进经济增长和财富的增加以及科学技术和文化信息的传播，等等；反对的意见则认为，国际贸易和投资的自由化将对环境保护等非经济性的社会目标产生不利的影响、迫使世界各国竞相降低环境保护标准以维持市场竞争力、对国家安全和主权也有影响等。[1] 但不管人们赞成或反对，全球化似乎已经成了国际经济关系发展的一个现实趋势。国际社会现在所能够做的恐怕不是阻止它，而是引导它和尽可能地趋利避害。

在冷战后的国际关系格局中，经济全球化和全球环境保护是两个相互联系、相互影响的亮点。就两者的关系而言，目前最为紧迫的、已经提上国际社会行动议程的是在经济全球化大背景下的国际贸易和投资的自由化对全球环境保护和可持续发展的影响问题。

对于环境保护来说，贸易自由化是一柄双刃剑。经济合作与发展组织对此有如下分析。

贸易自由化给环境带来的主要益处，是取消畸形贸易政策后会产生的正结构效益。贸易自由化可以减少或消除许多目前加剧了环境问题的政策干预，这些干预对生产和消费的分布和强度产生扭曲作用。更自由的贸易通过取消补贴、关税和非关税壁垒，还可能重新分布全球生产，让一些国家增加而另一些国家减少不同产品的产量。它允许国家更加侧重于各自享有竞争优势的行业（包括环境禀赋所带来的优势）。

例如，在农业领域贸易自由化给环境带来的好处，是消除了生产补贴、出口补贴和数量限制等畸形政策干预，这些干预造成过度专门化、过度种植和不良的土地利用等后果。在林业和渔业领域，贸易自由化改革了那些造成森林退化、滥捕的与贸易有关的措施，比如补贴及未加工品和加工品的关税差异，也会对环境有利。

在市场和干预失灵存在时，贸易自由化有可能产生负结构效益。在这

---

[1] David Hunter, James Salzman and Durwood Zaelke, *International Environmental Law and Policy*, New York, Foundation Press, 1998, p. 1167.

些情况下，从环境的观点讲，贸易的增长会加剧不合理的经济活动的分布和强度。在缺少环境政策干预或者市场外在化发生时，随贸易自由化而来的某种商品和劳务的产量增长会导致更严重的环境退化。因此，造成贸易自由化负结构效应的，正是持续存在且不易纠正的市场和干预失灵，即贸易商品的价格不能完全反映环境价值，不存在恰当的环境政策及管理工作、很不协调的环境和经济政策。❶

除了贸易自由化的影响之外，经济全球化的另一个重要方面——投资的自由化对环境保护的影响也不容忽视。经济全球化的世界将是一个大市场，各个国家是市场运作的参与者。在市场经济规律的作用下，国际资本总是由高成本之处向低成本之处流动的。如果对于环境保护没有经过广泛的国际协商和合作而形成的全球性统一标准和规则，对环境有重大影响的产业从环境保护高标准的国家向低标准国家的投资转移是不可避免的。一些发达国家纷纷将其高能耗、重污染的所谓“夕阳产业”向发展中国家的转移——所谓污染源的转移，正是这方面的具体表现。发达国家摆脱了这些“夕阳产业”，生态环境和生活环境质量大为改善；发展中国家则在引进投资产业的同时，也引进了新的污染源。而由于发展中国家环境保护力量的薄弱，引进的污染源往往造成比在发达国家大得多的危害。在这方面，1984 年发生在印度的博帕尔事件是个显著的例子。

1984 年 12 月 3 日零点 56 分，美国联合碳化物公司设在印度中央邦首府博帕尔的一家农药厂发生事故，一个装有 45 吨液态剧毒品异氰酸甲酯的储气罐阀门失灵，剧毒气体迅速向外扩散。一小时之后，浓重的有毒烟雾笼罩了整个城市的上空。空气中有毒气体的浓度超过安全标准 1 000 多倍，在几天之内就造成 2 500 多人死亡，3 000 多人濒危，12.5 万余人受到不同程度的伤害。据专家估计，有 10 万人将因此而终身残疾。❷

❶ 经济合作与发展组织编:《贸易的环境影响》，中国环境科学出版社 1996 年版，第 14 页。
❷ 邵伯定等编:《简明环境法词典》，中国展望出版社 1989 年版，第 367 页。

由于国际经济发展的不平衡和南北差距的持续扩大，污染源从发达国家向发展中国家的转移是难以避免的，在国际投资自由化的趋势下，这一问题很可能将更趋严重化。

总而言之，经济全球化的发展趋势对全球环境保护构成了新的挑战。好在国际社会对此已经有所准备，如《里约环境与发展宣言》所宣示的：

为了更好地处理环境退化问题，各国应该合作促进一个支持性和开放的国际经济制度，这个制度将会导致所有国家实现经济增长和可持续的发展。为环境目的而采取的贸易政策措施不应该成为国际贸易中的一种任意或无理歧视的手段或伪装的限制。应该避免在进口国家管理范围以外单方面采取对付环境挑战的行动。解决跨越国界或全球性环境问题的环境措施应尽可能以国际协调一致为基础。

什么是“支持性和开放的国际经济制度”呢？现在的 WTO 体制是不是一个“支持性和开放的国际经济制度”并能够“导致所有国家实现经济增长和可持续的发展”呢？

WTO 的首要目标是贸易自由化，但为了避免其对全球环境的不利影响，在 WTO 的目标中也包含了对环境保护的考虑。如 1993 年《建立世界贸易组织的协议》中所述：

本协议各成员，承认其贸易和经济关系的发展，应旨在提高生活水平，保证充分就业和大幅度稳步提高实际收入和有效需求，扩大货物与服务的生产和贸易，为持续发展之目的扩大对世界资源的充分利用，保护和维护环境，并以符合不同经济发展水平下各自需要的方式，加强采取各种相应的措施。

在 WTO 的具体协议中，也包括了一些所谓的“绿色条款”。如 GATT

第20条“一般例外”中的（b）、（f）、（g）项[1]，以及在《技术性贸易壁垒协议》中的有关规定[2]等。

但是仅仅靠这些“绿色条款”是不足以协调贸易自由化和环境保护的关系的，因为在实际运作中，两者处处存在矛盾和冲突。例如就环境保护而言，可以称这些条款为“绿色条款”；但从贸易自由化的角度出发，它们很可能就是“绿色壁垒”或“绿色障碍”了。根据WTO的规则，传统的贸易壁垒如关税、限额等的逐步消减是必然的，但是新的或变相的贸易壁垒——如“绿色壁垒”等——已经或者正在成为严重的问题。

就现在的WTO体制而言，恐怕还不能说它已经是一个能够“导致所有国家实现经济增长和可持续的发展”的“支持性和开放的国际经济制度”。要达到这一目标，国际社会还需要付出艰苦的努力，尤其是在国际环境法方面要有进一步的发展。一个比较理想的设计是制定一个协调环境与发展关系的全球性公约，例如环境与发展全球委员会就曾“建议联合国大会负责准备一项环境保护和可持续发展的普遍宣言，而后发展成为一个公约”[3]，其次是在WTO体制中制定协调贸易与环境关系的专门协议，使环境保护真正成为WTO体制的一部分，而不仅仅只是几个极易被滥用的“绿色条款”。但是在目前国际关系纷繁复杂尤其是发展中国家和发达国家之间的南北差距不断扩大的情况下，任何一种设计要变为现实都不是一蹴而就的事。

鉴于全球环境与发展问题的严峻性，联合国环境规划署在《世界环境概况2000》中对21世纪的前景作了并不乐观的展望。

---

[1] （b）为保护人类、动植物的生命或健康所必需的措施；（f）为保护本国具有艺术、历史或考古价值的文物而采取的措施；（g）与国内限制生产与消费的措施相配合，为有效保护可能用竭的天然资源的有关措施。

[2] 技术规章和标准第2条2：各成员应确保技术规章的制定、采用或实施不得对国际贸易造成不必要的障碍。为此目的，技术规章对贸易的限制不应超过为实现合法目标所必需的程度，并考虑不实现这些合法目标所带来的风险。这些合法目标尤其指：国家安全要求；防止欺诈行为；保护人类健康或安全，保护动物或植物的生命或健康，或保护环境。在评估此类风险时，应考虑有关因素，尤其是：可获得的科学和技术信息，有关的工艺技术，或所涉及的产品的最终用途。

[3] 环境与发展全球委员会报告：《我们共同的未来》，吉林人民出版社1997年版，第434页。

第三个千年开始时，呈现出两种主要的趋势。首先，全球人类生态系统受到生产率与产品和服务分配之间严重不平衡的威胁。有相当一部分人仍然生活在赤贫中，可以预见的趋势是那些从经济技术发展中获益的人和那些没有获益的人之间的差距会越来越大。这种不可持续的财富和贫困极端化的趋势威胁着整个人类和全球环境的稳定。其次，世界正在经历加速地变化，而国际上协调的环境管理滞后于经济和社会的发展。从新技术和政策中获得的环境效益被人口增长和经济发展的速度和规模所攫取。强烈影响社会演变的全球化过程必须使之朝着解决而不是加剧今日分化世界，向更不平衡的方向演进。所有涉及的合作伙伴——政府、政府间组织、私人部门、科学界、非政府组织和其他主要的集团，应该为了地球和人类社会可持续发展的未来而共同努力，解决这一复杂和相互作用的经济、社会和环境挑战。❶

而全球部长级环境论坛《马尔默宣言》在最后结论中则乐观地宣布：

我们在不损害环境的前提下到2015年能减少一半的贫困人口，我们能通过预警机制确保环境安全，我们能将环境考虑更好地综合在经济政策中，我们能更好地协调法律规范，我们能实现一个没有贫民窟的世界的期望。我们承担实现这一期望的任务。❷

《里约环境与发展宣言》就全球环境与发展问题所宣布的目标是："在各国、在社会各个关键性阶层和在人民之间开辟新的合作层面，从而建立一种新的、公平的全球伙伴关系"，"致力于达成既尊重所有各方的利益，又保护全球环境与发展体系的国际协定。"

期望和目标都是美好的，但是在国际政治、经济和环境关系错综复杂的情况下，这些期望或目标能够实现和达到吗？

当年环境与发展全球委员会向联合国提供的报告名称是《我们共同的

❶ 联合国环境规划署编："世界环境概况2000"，载www.ces.pku.edu.cn//GEO2000C。

❷ UNEP：2000 *Annual Report*, p. 16.（www.unep.org）.

未来》，但“我们”有共同的未来吗？地球环境是一个整体，但“我们”是一个整体吗？尽管所有的现实都在表明“我们”还不是一个整体，我们还是要相信“我们”最终将会成为一个整体，并寻觅着走向我们共同的未来之路。

荷兰国际民事诉讼中拒绝管辖制度研究

■ 袁 泉*

【内容提要】 在国际民商事管辖权领域，随着经济全球化进程的不断加强和国际民商事交往的不断扩大，难免会出现各国基于对本国国家和当事人利益的保护而竭力扩大本国司法管辖权，其结果将导致各国间在国际民事管辖权上产生积极冲突。无疑，荷兰通过国际民事诉讼中拒绝管辖这种自我抑制本国法院的管辖方式，在解决国际民事管辖权的积极冲突方面具有重要的借鉴和启示。

【关键词】 国际民事管辖权 拒绝管辖 不方便法院原则

一、引 言

在荷兰的国际民商事诉讼中，所谓国际民事管辖权是指法院对于争议事项行使审判权并作出判决的权力或权限。一般情况下，荷兰有关民商事管辖权制度的规范有如下两方面的内容。

其一，法院严格按民事诉讼法的管辖权规定行使管辖权的制度。具体来讲，它包括绝对管辖（absolute jurisdiction）和相对管辖（relative jurisdiction）。前者是指法院援引属物理由依照争议事项或诉讼标的来进行管辖权的分配。而后者是指在具有相同绝对管辖的情况下，按照地域原则在法院与法院之间对争议事项的管辖权的分配。在上述这种管辖权制度下，法院

* 袁泉，法学博士，广东外语外贸大学法学院教授。

只能按照民诉法的规定来行使管辖权，当然就没有行使自由裁量权的空间和余地，由此可能会产生这两种管辖权问题：一种是平行诉讼或“一事两诉”的现象，即对于相同的当事人基于相同事实以及相同目的在两个以上国家的法院进行诉讼而导致诉讼竞合问题，从而导致管辖权的积极冲突。国际民事诉讼中产生平行诉讼的原因是多方面的。比如，当事人出于对自身利益的考虑，希望能够到便于自己进行诉讼活动的某一外国去起诉，并期望因此而获得高于内国法院的判决结果。或是有的当事人即便已胜诉，但考虑到该判决不易在另一国家得到承认与执行，因此又向与案件有关的两个或者两个以上法院起诉，以期最大限度地保护自己的利益。但究其根本原因，平行诉讼的产生还在于与平行管辖紧密相连。由于目前各国立法对专属管辖法院和拒绝管辖的事项规定较少，而更为广泛的案件都属于平行管辖的事项。也就是说，不同国家的法律都规定国家在主张本国法院具有管辖权的同时，并不否认外国法院对同一案件享有管辖权。荷兰法院常采用“未决诉讼原则”（lis alibi pendens）来解决平行诉讼所产生的管辖权冲突，进而达到抑制本国法院管辖权过度扩张的目的。[1] 另一种情况则是针对荷兰民诉法既没有对管辖权作出肯定的规定，也没有对其作出否定之规定，法院则应遵循“法院必须管辖原则”（forum necessitatis）来行使管辖权，以防止管辖权消极冲突的产生，弥补立法上所出现的适用法律模糊的不足。尽管荷兰民诉法并没有对“法院必须管辖原则”作出概括而详尽的规定，事实上，荷兰法院通过扩大司法解释来弥补立法上的空白，或法院依民诉法的规定行使管辖权便视为法院在行使管辖权时依据了“法院必须管辖原则”。

其二，荷兰民诉法确立了一种较为开放灵活的管辖权制度，即民诉法赋予了法院享有管辖权方面的自由裁量权。因此，法院可以根据民诉法关于管辖权的一般原则来决定是否对某一涉外民商事案件行使或者拒绝管辖权，其目的在于解决国际民事管辖权的积极冲突或消极冲突。基于此，法院在行使自由裁量权的过程中又可以分为积极的自由裁量权和消极的自由

---

[1] See Mirjam Freudenthal and Frans van der Velden, rules for declining to exercise jurisdiction in civil and commercial matters, T. M. C. Asser Institute (1995), pp. 104 ~ 105.

裁量权两方面。前者表现为荷兰法院积极地行使“法院必须管辖原则”；而后者则体现为基于法律公平和效率原则所产生的“不方便法院原则”（forum non conveniens），它是为了保护诉讼当事人合法利益而确立的最为重要的管辖权原则。

本文着重围绕荷兰国际民事诉讼中拒绝管辖及其相关问题诸如与拒绝管辖有关的不方便法院原则、协议管辖中的拒绝管辖、临时禁止令（interim injunction）中的拒绝管辖、拒绝管辖中的未决诉讼原则（lis alibi pendens）和国际商事仲裁中的拒绝管辖等问题进行全面、深入的阐述，旨在为我国立法和司法实践提供有益的参考。

二、不方便法院原则

在国际民事诉讼活动中，从管辖权的角度来看，发生管辖权的积极冲突时，当事人就同一涉外民商事纠纷可在数个国家法院起诉，那么就可能导致判决结果的不一致。因此，诉讼竞合或重复诉讼的产生的法律原因正是基于各国法律规定不同，而且存在过度管辖的情况。对于各国扩大管辖权而导致的过度管辖的现象，我国有的学者认为，“扩大一国的管辖权，只要不是不适当的或任意的扩大专属管辖的范围，那就只能说缩小排除管辖或拒绝管辖的范围，从而必然会扩大平行管辖的范围，这当然会对国际民事诉讼程序的利用提供方便的机会”[1]。所以，它与国际民事管辖权的消极冲突相比，诉讼竞合或重复诉讼固然能够保证当事人获得必要的司法救济，但这种只有利于原告的状况显然违背了法律的公平原则，与便利当事人的诉讼的本意是背道而驰的。同时，也带来了诉讼成本提高以及引发诉讼不公等问题，尤其是给国际司法协助中的域外送达、域外调查取证和外国判决的承认与执行等带来困难。对同一涉外民商事案件来说，由于各国的法律规定不同，当事人在不同国家法院起诉，其判决结果不尽相同，甚至会出现内国法院与外国法院作出截然相反的判决。正是基于国际社会各国法

[1] 李双元：“关于我国国际民事管辖权的思考”，见顾倚龙、吕国华主编：《海峡两岸法律冲突及海事法律问题研究》，山东大学出版社 1991 年版，第 200 页以下。

律各异的现实状况，使得原告在选定起诉法院的问题上有了很大的回旋余地。原告可以自由地在有管辖权的法院之间挑选在对自己诉讼程序或判决结果有利而对被告不利的法院提起诉讼，尽管会造成原告随意“挑选法院”（forum shopping）的情况，但这对于原告而言本来就是法律上应享有的权利。任何国家只要承认不同的法院对同一涉外民商事案件可能同时存在管辖权，就有可能发生甚至不可避免地发生原告自由选择起诉法院的情况。当然从当事人寻求利益保护的角度来说，处于外国法院诉讼中的被告可以通过就同一争议事实，向内国法院提起另一诉讼，以对抗外国法院的判决，这不失为一种有效的救济手段。[1] 但从国际民事诉讼协调的角度来看，其结果必然将引起国际民事诉讼秩序的混乱，不利于规范的国际民商事诉讼秩序的建立。[2] 所以，就同一涉外民商事纠纷来说，尽管某国的法院对该案件具有合法的管辖根据，但为了防止或消除国际民事管辖权的积极冲突，受诉国法院基于对案件具体情况的考虑，如果审理该案件将有可能会加重被告的负担及给司法活动带来诸多不便，最终将导致司法不公和有关争议不能得到迅速有效的解决。在这种情况下，若存在对该案件具有同样管辖权的替代法院，那么原诉法院可明确以自己是诉讼的“不方便法院”为由，依职权或根据被告的请求作出自由裁量而拒绝行使管辖权，并以此为由中止诉讼，由另一个国家的替代法院行使对该案的管辖权。这就是不方便法院原则（forum non convenience doctrine）。荷兰法院通常采用其来自我抑制本国法院的管辖权，进而达到拒绝管辖的目的。

（一）不方便法院原则的法律依据

在国际民事诉讼中，荷兰法院在适用不方便法院原则时往往依据如下两种法律制度：其一来自于成文法，即国内立法和国际条约的规定。

（1）在国内立法方面，现行的《民事诉讼法》第429c条第15款即是对不方便法院原则的规定，经过三次修改条文内容有所增加，但都保留了

---

[1] 李旺：“国际诉讼竞合”，载《清华法律评论》第2辑，第254页。

[2] 在荷兰国际私法理论界及立法部门之间，曾就不方便法院原则的存废展开了激烈的争论。有的学者曾借民诉法的修订之契机，向立法机关提出废除不方便法院原则的建议。可是，有关民诉法的起草者则认为，如果在民诉法中废除该原则的话，将会给司法实践带来诸多不便，该建议遭到了立法者的反对。但在1993年4月荷兰司法部所颁布的《民事诉讼法草案》中没有规定不方便法院原则。可是，在1995年4月1日实施生效的现行民诉法第429c条第15款又增补了该项原则。

不方便法院原则。据此规定，有管辖权的荷兰法院在处理某一涉外民商事争议时，如果发现当事人的诉讼请求与荷兰的"法律领域"（legal sphere）并没有充足的联系，那么荷兰法院可以自身为不方便法院作为根据，依职权或被告的请求行使自由裁量而拒绝行使管辖权。

（2）在国际条约方面，不方便法院原则的规定主要体现在1968年欧共体订立于布鲁塞尔的《关于民商事管辖权及判决执行公约》（以下简称《布鲁塞尔公约》）和1988年欧共体与欧洲自由贸易联盟在卢加诺签署的《关于民商事管辖权及判决执行公约》（以下简称《卢加诺公约》）的有关规定中。应该指出的是，上述公约中有关不方便法院原则的规定仅涉及欧盟成员国范围内或欧盟成员国与欧洲自由贸易联盟成员国之间的管辖权冲突问题。

其二便是来源于判例法或"法官造法"（judge-made law）所确立的不方便法院原则的管辖规则。[1]

（二）不方便法院原则的适用范围

依《荷兰民事诉讼法》的规定，民事诉讼程序的开始是基于当事人向法院递呈诉状（petition）或对被告的传唤（summons）这两种诉讼方式。凡涉及亲属法领域的案件和其他一些民事争议的案件均属于诉状诉讼的范围。此外，则属于传唤诉讼的范围，也即传唤诉讼适用于诉状诉讼之外的其他民事争议案件。司法实践表明，凡是在涉及与涉外离婚有关的其他亲属法领域内的案件以及涉外继承案件中，荷兰法院则有较多的机会适用不方便法院原则来放弃或者拒绝本国法院的管辖。比如，因涉外离婚争议所引发的离婚后未成年子女的监护及其扶养等纠纷。而对其他与财产法有关的涉外民事案件而言，法院却很少有机会在解决有关纠纷时适用该原则。

《荷兰民事诉讼法》之所以将民事诉讼作出这两种不同的规定，这对法官在适用不方便法院原则行使自由裁量权是有着重要意义的。即荷兰法院通常在涉及以下涉外民事诉讼时才会采用不方便法院原则。

1. 诉状（petition）诉讼中的不方便法院原则

根据《荷兰民事诉讼法》第429c条之规定，如果当事人向法院呈递诉

[1] 从荷兰国际私法的渊源来看，在20世纪60年代之前判例法是该国国际私法的主要渊源。目前，判例法在国际私法中虽不占据主导地位，但仍不失为构成其国际私法的渊源之一。

状，法院因之获得对案件享有管辖权，于是民事诉讼程序开始进行。诉状诉讼主要适用于这样一些民商事案件：（1）涉及离婚以及与离婚有关的其他包括扶养和夫妻财产争议在内的所有亲属法领域内的纠纷；（2）涉及法人经营和管理的案件；（3）因租赁住宅所引起的租金纠纷；（4）涉及减轻运输责任和碰撞损失而提出的损害赔偿争议；（5）请求法院确认某人享有荷兰国籍的申请；（6）工会对劳动争议进行仲裁的请求等。对于以上争议，荷兰法院一般是依当事人向荷兰法院呈递请求书的这一请求事实来作为法院确定民事管辖权的根据的。即只要请求者（petitioner）即原告在荷兰有住所或实际居所，法院就对他享有管辖权。需要说明的是，如果请求者即原告在荷兰没有住所或实际居所，则由海牙地方法院作为替代法院对该案件行使管辖权。

另外，在这类诉讼中，尤其是对于涉外离婚案件或与离婚问题有关的争议，其管辖权原则与前述纠纷的管辖权原则完全不同。根据《荷兰民事诉讼法》第814条的规定，对于涉及亲属法领域的案件，荷兰法院必须根据本条规定来行使管辖权。该条几经修订，并于1993年1月1日起生效，即现行的《荷兰民事诉讼法》第814条第1款规定，荷兰法院在下列情况对当事人提起的离婚请求具有管辖权：（1）配偶双方都有荷兰国籍；（2）配偶一方在荷兰已住满1年；（3）配偶一方有荷兰国籍并在该国住满6个月。该条第2款规定，凡涉及离婚以及与离婚有关的诉讼请求均排除适用《荷兰民事诉讼法》第429c条第11款关于不方便法院原则的规定。对此，笔者认为，该款规定存在着立法上的缺陷。在某些情况下，尤其在与涉外离婚有关的亲属法争议中，有管辖权的荷兰法院可能根据《荷兰民事诉讼法》第821条对其第814条第1款采取临时措施（provisional measures），进而有可能适用不方便法院原则。这样就会与《荷兰民事诉讼法》第814条第2款的规定相抵触。依《荷兰民事诉讼法》第822条和第823条的规定：（1）离婚当事人基于离婚后婚姻住所的使用目的；（2）基于为了配偶一方或其子女的扶养而对另一方配偶可供使用的财产之目的；（3）基于子女的监护、探视权和扶养的目的。在这些情况下，当事人可以向申请采取临时措施的所在地或被告住所地的荷兰地方法院提出强制执行，由法院院长发布临时禁止令，决定是否采取保全措施。如果涉外离婚当事人向法院申请在荷兰境外的夫妻财产采取临时措施，荷兰法院则可援用不方便法院原则拒绝行使管辖权。对上述民诉法的有关规定，不知道什么原因立法者却故意把“不方便法院原则”从第 814 条第 2 款中删掉，难怪有的学者称之为立法上的倒退。[1] 同样，如果依照《荷兰民事诉讼法》第 827 条的规定，审理离婚诉讼请求的法院有权对夫妻财产的分割作出判决。法院可以根据《荷兰民事诉讼法》第 822 条需要时采取有关的附带措施（ancillary measures）时，也会碰到适用不方便法院原则的问题。但因立法并没有明确作出排除不方便法院原则的规定，于是产生了法院在司法实践中能否适用不方便法院原则的困惑。

2. 传唤（summons）诉讼中的不方便法院原则

与诉状诉讼不同的是原告将依法定形式草拟后的传票送达被告，通知其出庭应诉。传唤诉讼的管辖权根据并不是来源于国内法而是国际条约，即主要是 1968 年《布鲁塞尔公约》。荷兰法院在解决涉外民商事案件时，法院依照 1968 年《布鲁塞尔公约》行使管辖，就排除国内法关于国际民事管辖权制度的适用。1968 年《布鲁塞尔公约》是以这些连接点作为法院确定管辖权根据的：被告的住所地，合同的履行地，抚养债权人的住所，侵权损害地，不动产所在地，涉及公司、法人和社团的组织或解散争议的所在地等。在司法实践中，经常会遇到就同一争议而言，1968 年《布鲁塞尔公约》与其他公约都作出了相同的管辖权规定，荷兰法院究竟以哪一个国际条约的管辖权规定作为管辖权依据呢？比如，荷兰法院在处理涉外抚养争议时，由于荷兰不仅批准加入了欧共体通过的 1968 年《布鲁塞尔公约》，同时还缔结或参加了海牙国际私法会议通过的 1973 年《关于扶养义务法律适用公约》。法院应依据《布鲁塞尔公约》第 57 条来行使管辖权。

三、协议管辖中拒绝行使管辖权

尽管协议管辖起源可以追溯到古罗马法，它依然被公认为国际民事诉

[1] See D. Kokkini – Iatrdou, *Les clause d'exception en matiere de conflicts de lois et conflicts de juridictions*, Dordrecht 1994, p. 425.

讼法的一项管辖权制度，则是19世纪后半叶各国商业交往的结果。目前，意思自治原则作为传统的确定合同法律适用的首要原则，已经从合同领域逐渐扩展到侵权行为、婚姻家庭关系、仲裁等领域中。[1] 在国际民事诉讼中，由当事人的协议决定某些案件的管辖权原则，因它具有明显的优越性，而得到包括荷兰、日本以及我国在内的许多国家的广泛承认和运用。

应该说，按照荷兰现行的有关国际民事管辖权的国内法规定，法院是否对某一涉外民商事案件享有管辖权，首先取决于当事人协议选择的管辖权条款。即双方当事人可以在争议发生之前后，通过协议的方式来确定发生在他们之间的争议应由哪一个国家的法院来管辖。但在国际民事诉讼中，协议管辖得以承认则始于1985年最高法院对Piscator案件作出的判决。该案之所以引起人们的高度重视，首先，在于它突破了传统的荷兰法院只能基于国际条约或民诉法来行使民商事管辖权的一般原则，所以Piscator案件丰富和完善了国际民事管辖权制度。其次，该案不仅确立了国际民事管辖权中的协议管辖，而且还允许协议管辖中荷兰法院享有不方便法院原则的自由裁量权。也就是，尽管当事人协议选择了荷兰法院作为该争议的管辖法院，但如果争议与荷兰法院或当事人之间不存在实质有效的联系，那么荷兰法院依照不方便法院原则有权拒绝本国法院的管辖。Piscator案件是这样的[2]，马耳他一家越洋拖船公司与韩国某一公司（Hyundai Construction Co.）签订了从阿拉伯联合酋长国将一艘挖沙船拖到利比亚的合同。由于该船在拖拉过程中沉没于阿拉伯海，遂向荷兰法院起诉。值得注意的是，本案双方当事人都与荷兰没有任何联系，而且沉船事实发生地也不在荷兰。仅只因合同中间接地含有当事人愿意将他们之间的争议交由荷兰法院管辖的内容。因此，荷兰的一审法院和上诉法院都适用1940年最高法院所形成的判例，认为本案违反了国际民事管辖权中不允许协议管辖的规定，本案合同延期履行并不能成为当事人创设管辖权的根据。据此，两级法院对该案均不享有管辖权而没有受理。就在该案件作出既判力的裁定之后，最高法院的法律顾问针对该案存在的管辖权问题交由最高法院，并请最高法院对国

[1] 余先予主编：《国（区）际民商事法律适用法》，人民日报出版社1995年版，第179页；袁泉："荷兰意思自治原则及其发展"，载《法学杂志》1999年第2期。

[2] HR 1 February 1985, NJ 1985, 698 JCS, NILR 1989, p. 59.

际民事管辖权的国内法制度作出有关司法解释。为此，最高法院作出如下解释：有关荷兰法院管辖权的国内法或国际条约所规定的民商事争议，当事人可协议选择荷兰法院作为管辖法院，除非该争议与荷兰不存在合理的利益联系（reasonable interest）。在这里，但书部分与荷兰法院行使不方便法院原则有关。为了方便法院更好地运用该项原则，法院应判断涉外民商事争议是否与法院地存在着合理的利益关系。对此，最高法院的法律顾问列举出以下标准：（1）荷兰法院是否如同中立国家那样处于客观和中立的地位，它既没有与发生争议的法律关系有关联，也没有与争议的双方当事人有关系。（2）法院在鉴定自己取得的证据时需要适用荷兰法律。（3）争议事项需要法院来解决。（4）另一方当事人在荷兰境内有可供将来执行的财产。比如，在荷兰境内的银行担保。（5）荷兰法院作出的判决需要在外国得以承认与执行。（6）防止当事人挑选法院，增强法律的确定性。当然，荷兰最高法院最终采纳了以上建议，并用来确定某一涉外民商事争议是否与法院地存在着合理的利益关系。

从司法实践来看，协议管辖有当事人协议选择内国法院管辖抑或是外国法院管辖之别。前文着重对当事人协议选择荷兰法院，并适用不方便法院原则拒绝管辖的情况。同样，当事人协议选择外国法院管辖时，仍然存在荷兰法院依不方便法院原则拒绝行使管辖权的问题。如果法律已明确规定荷兰法院对某一涉外民商事案件具有管辖权，但是当事人协议选择外国法院为管辖法院时，当事人不得协议选择排除专属管辖以及 1980 年罗马法公约第 17 条对于特殊合同（保险合同、消费者合同）的法律适用的规定。

四、临时禁止令（interim injunction）中拒绝管辖

在某些涉外民商事案件中，如果在案情紧急或者必须采取临时措施时，债权人或申请人可向地方法院院长申请，由他决定是否发布临时禁止令，目的在于防止或者限制损害的发生。尽管临时禁止令是一种诉讼保全的临时措施，但是司法实践中 95% 的案件因此而结束了争议。由于临时禁止令具有强制力，并明确规定了期间，加之当事人在申请临时禁止令后则很少通过普通程序提起诉讼来寻求最终判决，所以大量的纯国内的民商事案件

便是通过地方法院院长发布的临时禁止令这种方式得以解决。但国际民事诉讼临时禁止令的申请，则是基于《布鲁塞尔公约》第 24 条的规定。[1] 针对涉外民商事案件具有跨国性的特点，荷兰法院通常是以案件情况并不紧急、事实还有问题、法律问题太复杂而很难在短时间内作出裁定等为由，拒绝行使荷兰法院的管辖权，达到对管辖权的限制的。但是，近年来的判例表明，地方法院院长在行使发布临时禁止令的权利时，呈现出荷兰法院适用不方便法院原则来拒绝行使管辖权的发展趋势。阿姆斯特丹地方法院院长在 1991 年 3 月 26 日发布临时禁止令时，使这种上升趋势得以改观。尽管其中一个被告在荷兰有住所，但是由于该临时禁止令主要是强制另一法国籍共同被告履行其争议行为，该法院院长不同意发布临时禁止令。[2]

五、未决诉讼原则（lis alibi pendens）

在国际民事诉讼中，对不属于专属管辖权范围但又没有被排除出内国法院管辖范围的任何一个涉外民商事案件，都属于平行管辖的范围。因为在平行管辖的案件中，既有内国法院管辖权的存在，同时又没有排除对于外国法院管辖权的承认，从而导致两个或两个以上法院对同一类涉外民事案件都有管辖权，产生管辖权的积极冲突。在荷兰的国际民事诉讼中，同样存在着平行管辖及平行诉讼的问题。为了避免诉累所产生的诉讼资源的浪费以及可能导致判决的相互抵触，荷兰通常采用未决诉讼原则来解决平行管辖的积极冲突。具体来说，荷兰法院在处理这类案件时区分为如下两种情况，分别采用不同的解决方法。

（一）条约中的未决诉讼问题

如果荷兰与其他国家有条约关系存在，荷兰法院则根据《布鲁塞尔公约》第 21 ~22 条作为重要的法律依据来解决未决诉讼问题。该公约第 21 条是用来处理发生在缔约国间的平行管辖问题的。即本条规定，相同当事人间就同一诉因在不同缔约国法院起诉时，首先受诉法院以外的其他法院应

---

[1] 该公约第 24 条规定，当事人得向一缔约国法院申请实施按照该国法律允许的临时措施，包括保护措施，即使依照该公约，另一缔约国法院对该事件的实质性问题有管辖权。

[2] President，RB，Amsterdam，26 Mar，1991（1991）KG 163.

主动放弃管辖权，让首先受诉法院受理。需放弃管辖权的法院，在其他法院的管辖权被提出异议时，得延期作出其决定。而第 22 条侧重于处理与平行诉讼有关的关联诉讼。该条规定，如果有关联的诉讼案件在不同的缔约国法院起诉时，除第一个受诉法院外，其他法院在诉讼尚在审理时，得延期作出其决定。首先受诉法院以外的法院，也得由于一方当事人的申请而放弃管辖权，如果该法院的法律允许有关联的诉讼案件合并审理，且首先受诉法院对两个诉讼都有管辖权时。就适用本条而言，如果几件诉讼案是如此紧密联系，以致为了避免由于分别审理而有导致相抵触的判决之虞，而适宜合并审理的，则应被视为是有关联的。

（二）民诉法中未决诉讼问题

如果荷兰与其他国家不存在条约关系，有关当事人又已经向另一法院提起同一诉讼或关联诉讼，荷兰法院并不负有因此而中止本国诉讼的义务。在这种情况下，《荷兰民事诉讼法》第 158 条和第 429 条对未决诉讼问题分别规定为：（1）对于诉状诉讼而言，荷兰法院可以依当事人一方的请求或法院自身的考虑而中止本地诉讼，将该案件移送给另一有管辖权的法院审理。（2）而对于传唤诉讼，法院只能基于被告方的请求中止本地诉讼，将该案件移送给另一有管辖权的法院审理。据此，对于国际民事诉讼相同的当事人基于相同事实以及相同目的在两个以上国家的法院进行诉讼而导致诉讼竞合问题，由首先受诉法院受理，除此以外的其他法院应主动放弃管辖权。对于关联诉讼案件，受理关联诉讼的法院享有自由裁量权，确定几个诉讼案件是否有着紧密联系，或者另一受诉法院已经进行的诉讼是否太早，从而决定几个关联的诉讼案件是否需要合并审理。

与此相关，荷兰法院在解决平行诉讼时，还会遇到外国法院判决需要在荷兰予以承认与执行的问题。法院对此所采用的法律依据有：（1）国际条约。在外国法院判决的承认与执行方面，荷兰缔结或参加了诸多国际条约。其中对荷兰的国际私法立法和司法实践有着重要影响的国际条约当属《布鲁塞尔公约》第 27 条、第 28 条和第 34 条。此外，还有其他一些多边或者双边条约。（2）司法判例。依《荷兰民事诉讼法》第 431 条的规定，荷兰一般是不承认与执行外国法院判决的，尤其对平行诉讼中，当内国法院判决与外国法院判决相抵触的情况并没有作出规定。所以，根据判例法的规定，除非国际条约和国内立法规定之外，外国法院判决要在荷兰得以承认与执行，至少应该具备以下三个条件：其一，外国法院即原判决国法院必须具有合格的管辖权；其二，外国法院严格遵守了正当程序；其三，外国法院判决的承认与执行不得违背荷兰的公共秩序。

六、国际商事仲裁中的拒绝管辖

经重新修订后的《仲裁法》于 1986 年 12 月 1 日生效施行，作为《荷兰民事诉讼法》的一个特殊的组成部分，该法的有关规定体现在《荷兰民事诉讼法》第四编中的第 1020 条至第 1076 条，它的颁布使得荷兰的仲裁法律制度发生了显著的变化。[1] 其中，按照该法第 1074 条关于国际商事仲裁管辖权的规定，一项有效的仲裁协议能够排除法院的管辖权。对荷兰法院来说，它不能受理一方当事人的起诉，或者在受理后应对方当事人的适时抗辩而拒绝管辖。事实上，近几年的司法实务表明，荷兰法院本不是严格按照《荷兰民事诉讼法》第 1074 条之规定来排除法院的管辖权。但是，仲裁协议并不能排除和妨碍当事人向法院申请对另一当事人的财产采取临时禁止令的请求。从 1992 年以来，基层法院获得与地方法院院长同样的权利，均可以发布临时禁止令。在这之前，只有地方法院院长才具有该项权利。

---

[1] 袁泉：《荷兰国际私法研究》，法律出版社 2000 年版，第 286 页以后。

船舶出口贸易中的“交船难”问题及其法律对策

■ 杨 斐[*] 韩展辉[**]

【内容提要】 船舶出口一直是我国重点扶持的优势出口项目，并在国际市场中占据着举足轻重的地位。在我国建立“海洋大国”的宏伟蓝图之下，关于船舶出口贸易中遇到的问题，更加需要通过完善法制来解决。本文仅就此行业最常见的同时又是最难解决的“交船难”问题予以探讨，通过分析当前的船舶出口现状，有针对性地对船舶贸易各个环节给出相应建议，丰富对船舶出口贸易风险的规避手段和方式。

【关键词】 船舶出口贸易 交船难 法律风险管理

一、我国船舶出口现状

船舶出口一直是我国对外贸易的重要组成部分，据英国克拉克松统计，中国近年来的造船完工量、新接订单量和手持订单量分别占世界市场份额的39.1%、44.2%和43.1%。❶ 但在2008年的全球金融危机之后，我国的船舶出口贸易出现了疲软。根据国家海关总署统计数据显示，2012年我国累计出口各类船舶361.2亿美元，比2011年同期下降13.5%❷，2013年1~6月，我国船舶进出口总额155.77亿美元，同比下降29.7%。6月当月，

* 杨斐，广东外语外贸大学法学院教授。

** 韩展辉，广东外语外贸大学法学院，国际经济法方向研究生。

❶ 张守淳：“船舶进出口下滑空前”，载 http://news.hexun.com/2013-08-08/156930120.html，2013年8月8日访问。

❷ “2012年中国船舶行业出口情况分析”，载 http://www.askci.com/news/201302/22/2211155561998.shtml，2013年12月22日访问。

我国船舶出口24.62亿美元，同比下降43.2%，是自2011年12月以来进口额最低的月份和进口额降幅最大的月份。[1]

造成这种结果的原因是多方面的，宏观上是源于国际金融危机的发生和持续，不景气的经济环境直接造成了航运市场的运力过剩，从而导致造价迭创新低、订单萎缩。受此影响造船市场“接单难、交船难、融资难、赢利难”问题的相互叠加，正演变成“生存难”的更大困局。同时，由于短期内诸多不利因素仍难改观，预计2014年船舶行业将更为艰难。

造船企业交船难、接单难、融资难和盈利难等问题是互相关联的，但又有各自的特点，解决这些问题，既需要统筹管理，也需要有所侧重。这既可能是企业自身的特点（如生产不同类型的船舶、出口到不同的地区，或者是所遇到的不同的船东等，都有很大的不同），也有船东本身的问题。在此，我们仅就造船企业所面临的交船难问题提出一点拙见。

二、应对“交船难”的内外部管理

对于“交船难”的风险，我们从内部管理和外部合同风险这两个角度进行分析。内部管理风险主要是指企业对船舶质量的把关，而外部合同风险则又可以根据合同签订、合同履行以及合同违约的时间顺序，细分为前期、中期和后期三个部分进行风险分析。

（一）内部管理与风险防范

造船业属于大型机械装备制造行业，具有技术密集型、资金密集型、劳动密集型的产业特点。造船生产具有工程营造特点：生产周期长、工序复杂、施工量大、工程节点多、施工难度大、需要多工程配合。在如此庞杂的生产流程下，船舶商品出口涉及造船企业内部管理的风险点多且分散，企业必须站在一定的高度统筹协调，做好内部管理风险分析和控制工作，在保证自身不出现重大失误的前提下为企业追求效益最大化。

在船舶商品出口业务中，主要程序是报价、签订意向书、签订合同、

---

[1] “2012年中国船舶行业出口情况分析”，载 http：//www.askci.com/news/201302/22/2211155561998.shtml，2013年12月22日访问。

船舶开工建造、收取中间节点进度款、完工交船、售后服务。整个流程下来，至少需要1~2年的时间，企业内部几乎所有的生产部门、技术部门和管理部门都要积极配合，如果内部管理制度不健全，彼此之间的工作关系不协调，难免会造成失误。特别是在质量监察这一块，必须严格按照合同的约定或者相关国际标准、行业标准进行验收，以免船东以某些瑕疵为借口，拖延交船的时间，使企业蒙受损失。

所以，在整个造船环节中，必须严抓质量，力求各项指标都符合合同约定或国际标准；在验收环节中，也要尽可能地做到细致，及时发现存在的瑕疵，避免给船东落下诟病的口实。当然，就算企业自身做得再好，船东也还是会有诸多挑剔的，特别是在一些“软性指标”“浮动性标准”上，就机会成本而言，船舶企业无法做到毫无瑕疵，也不可能把每个标准都按最高标准来执行。所以，船舶企业在自验自查的基础上，也要找好监理，从船舶的制造开始，就由良好的监理把关，对未来船舶的质量就有很好的保证，也可以避免不必要的矛盾与纠纷，从而最终加快交船的进度和资金的回收。

（二）外部合同风险

1. 前期风险管理

这里的“前期风险管理”，主要是指造船合同签订生效之前，船舶企业应该注意到的风险防范措施，具体可分为下列几个方面。

（1）进行严格而全面的调研和资信调查。在经济萧条时期，造船企业除了接相熟船东的订单以外，也必须出于经营战略的考虑选择新船东。面对新船东，为了避免接到“烂尾订单”，企业应更加强化风险意识，加强风险的防范。

在签订新船合同之前，应深入了解和研究该船东的资质、背景、公司实力和信用，尽早掌握船东的经营能力、造船目的和资产状况，提前摸清船东的资金流转情况。若遇到资信情况实在太糟糕的新船东，订单还是不接为好，以免日后出现“弃船”的风险；若是迫于情势接下的，也必须密切关注船东的动向与变化，以变应变，及时调整策略，积极应对风险。

（2）加大对船东的控制力度。任何企业都愿意与风险小的船东合作，但是面对激烈的市场竞争，难免会因为高额利润的诱惑或是为了突破长期无订单的困境，而承接有一定风险的造船合同。这时候，企业就要想方设法把风险降至最低。

首先，要设法控制合同生效期，缩短意向书到合同生效的期限。一般来说，签订意向书后，指定的船位就必须保留而不能再给其他船东，直至合同生效（一般为2 个月）。一旦合同没有生效，虽然能拿回一部分补偿金，但却会导致造船企业错失其他接船的好机会。缩短合同生效期限，可以有效降低风险，增加接到有效订单的机会。

其次，加大首付比例。一般说来，船市不好时新船订单首付仅为5%，而正常时约为20% 或更高。在当前船市欠佳的情况下，适当提高首付比例（高于5%，但低于20%），可以使得船东在有弃船意向的时候，不敢轻易决断。即使必须选择弃船，一般也会选择首付比例相对较低的订单。这种做法可以在一定程度上保护造船企业，但首付提高比例应控制在合理的范围内。

再次，加大付款保函占合同总价的比例。这种做法可以将实体经济的风险更多地转向金融领域，降低船舶出口贸易双方的风险，有利于新船建造合同的有效执行。

(3) 仔细审查合同。双方签订的合同书，是造船方和船东之间权利义务的集中体现，也是当纠纷产生时据以确定纠纷解决方式、赔偿计算方法及数额等问题的直接证据，其重要性不言而喻。在签订合同时，如果造船企业能直接提供格式合同文本自然是最好的，这样能在很大限度下规避风险。但如果迫于情势，必须要用船东的格式文本，或者双方重新签订一份新合同时，船舶企业就必须认真检查合同是否存在漏洞，有文意含糊或标定不清的地方，一定要及时与船东沟通协商，消除可能存在的风险，以免陷入买方恶意设置的商业陷阱之中。

当然，船舶企业一般都会有自己的格式合同文本，或者有相关机构的标准文本。但在实务中，这些格式文本不能一成不变，也应随着行情的变化而进行自我完善，消灭可能存在的风险点，并根据具体的情况衍生出数个可以适用不同群体的船东的版本。中国海事仲裁委员会针对船舶建造这一范畴，专门提供了“标准新造船合同（上海格式）”，船舶企业可以对照此标准合同，将自己的格式合同予以减损或完善，而当双方无法就格式合同达成一致时，亦可推荐对方使用由第三方（海事委）出具的标准格式合同。

而在合同当中，一般设有“争议解决和仲裁”条款，船舶企业应尽量争取使得该条款的规定符合自己的利益。当然，涉外船舶买卖中，仲裁地点一般会选择在英国伦敦，这是国际惯例；但如果对方没有特别要求，应推荐其在中国境内进行仲裁，或者在中国的香港地区、靠近中国的新加坡等地方进行仲裁，毕竟这两个地方都是华人聚居的地方，而且邻近大陆，会对最终的结果产生一定的影响。与此同时，在仲裁规则的选择过程中，也必须谨慎，尽量选择自己熟悉的或者经研究后对自己有利的规则，因为不同规则可能导致不同的判决结果。

2. 中期风险管理

（1）寻找长期战略合作伙伴。船舶制造因其有周期长、资金需求大等特点，“走单”“弃船”等买方违约行为对于企业的伤害会更加严重，所以在寻找合作伙伴时必须慎之又慎。一般而言，与一直有经济往来的船方进行交易时，可以省去不少沟通上的麻烦，并且双方已建立起了互相信任的基础，一般不会再有故意挑剔为难等情况的出现，而且也会少了直接弃船的违约风险。所以，船舶企业应努力寻找互信的长期战略合作伙伴，在内部形成一个“白名单”，并加强与这些合作伙伴的交流和合作，必要时对其提供帮助，实现共同发展。

（2）构建沟通、跟进平台。很多企业都有前期的风险防范，试图规避一切在签订合同时可能存在的风险，这是值得肯定的。但风险存在于合同履行的各个阶段，而对于中期的所谓“过程风险防范”，却是很多企业都忽视的，这种对船东的最新状况的不了解，很可能会让出口方在买方违约时束手无策。

一旦造船企业与买方签订了新船建造合同，就需要多层次、多角度地与船东进行积极沟通。在条件允许的情况下，当事人应互相走访，互通信息；企业中层管理人员与船东驻厂组的高层人员之间形成信息沟通机制，定期就合同执行情况进行磋商和非正式的业务交流；在履行过程中，若船方遇到了资金短缺等困难，更要弄清楚造成此种情况的原因，鼓励对方继续履行合同，并通过为其提供卖方信贷等方法施以援手，帮船方渡过难关。如若面临恶意撤单的，造船企业可以通过沟通及早发现，让自己有充足的时间提前搜集资料和证据，拿起法律武器维护自身利益。

3. 后期风险管理

（1）帮助船方融资或适当降低合同价款。上已述及，船舶买方和卖方是唇齿相依的两方，买方的资金周转等困难，会直接导致造船方无法顺利交船并收取合同款项。所以，在要交船的时候，如出现买方资金周转困难时，要给予一定的耐性，并尽力帮助其融资或提供融资渠道，在迫不得已的情况下，还可能要适当降低合同款项，尽可能地收回成本。当然，这些做法都是在船市低迷之下的无奈之举，却是最能维护船舶企业、保持其再生产能力的选择。

（2）封船与发送违约通知。当船舶企业达到交船状态后，应及时与船东签订封船协议，固定交船状态，以确保履行合同的完满状态，获取合同履行的积极主动地位，降低将来关于履约问题的败诉风险。

而当船东达到违约状态时，应及时向其发出违约通知，催告其尽快履行合同义务，并保留仲裁和诉讼的权利。此举与上述做法的作用一样，是为本方已完满履行合同留下证据，使自己处于相对有利的地位。

（3）积极行使仲裁与诉讼的权利。当船东出现可能违约的现象或直接表明违约意图时，应第一时间取得与对方的沟通，弄清楚对方违约的原因。如果双方的矛盾可以通过协商调解来解决的话，应尽最大的努力和诚意与对方协商，力求找到一种双方都满意的解决方案。

在协商的同时，也应该着手有关仲裁与诉讼的前置准备工作，尽早完成有关的案审证据和材料。一旦协商不成，就可以马上启动仲裁或诉讼程序。当然，如果有投保的，也应该同时准备好理赔的材料，尽最大的努力以最快的速度获得赔偿。

（4）船舶转卖、拍卖渠道的完善。船舶企业在船东弃船违约以后，可以把新造船舶进行转卖或拍卖。在日常的管理工作中，船舶企业管理层应完善好船舶转卖的渠道，熟悉船舶拍卖的流程，这些方面都是企业的具体做法，在此不再赘述。

总之，造船企业的交船难、接单难、融资难和赢利难等问题涉及国内外的因素。因此，风险的防范和减少也需要从国内和国外入手，重视各个环节，充分利用一切资源去规避风险，达到效益的最大化。

经验法则探析

■ 常廷彬* 臧 菁** 陈嘉慧***

【内容提要】 经验法则作为裁判的一种规则，有自己独有的特征。从不同角度，可以对经验法则进行相应的分类。适用经验法则进行裁判时应遵循一定的标准。但违反经验法则，应赋予一定的救济途径。

【关键词】 经验法则 裁判 救济

一、什么是经验法则

所谓经验法则，是指人们从生活经验中归纳获得的关于事物因果关系或属性状态的方法或知识。这里的“方法”是指一种通过人们的经验归纳的规律或定理，表示某种或某类事物的运动规则。即当一定条件得到满足时，人们可以期待发生或不发生某种结果的规律。经验法则包括从一般的生活常识，到关于一定职业、艺术、交易、技术或科学的为人们所共知的方法。作为诉讼认识前提和依据的经验法则具有以下特点。

第一，经验法则具有客观多样性。经验法则以客观事物为其认识对象，而客观事物是无限多样的，这决定了经验法则的多样性。同时，由于人们只有通过社会实践才能获得经验认识，实践的多样性也决定了经验法则种类和数量的多样性，使之因时间、地域、条件及认识主体能力之不同而显现出无限多样的特点。

第二，经验法则具有抽象性特点。经验法则是人们通过反复归纳总结

---

* 常廷彬，广东外语外贸大学法学院教授。

** 臧菁，广东外语外贸大学法律硕士研究生。

*** 陈嘉慧，广东外语外贸大学法学硕士研究生。

出来的知识，在表现形式上已经脱离具体事物而具有不同程度的抽象性特点。“天下乌鸦一般黑”这一经验命题就是人们通过对无数只乌鸦观察并归纳总结后得到的结论。这一结论超越每一只具体的乌鸦，聚集所有乌鸦之共性，已经上升为一般性、普遍性的知识。经验法则的抽象性特征，是其能够进入诉讼，成为法官认定案件事实或评价证据依据的一个重要原因。

第三，经验法则具有盖然性特征。诉讼中的经验法则本质上是人们的经验认识，就认识的最终来源而言，所有经验认识均来自对实践经验的归纳总结，而归纳不能得出必然结论，因为我们从个别推导出一般时，我们实际做了两个大的跳跃：从观察到的事例跳到了未观察到的事例，从过去、现在跳到了未来。而这两个跳跃都没有逻辑上的保证，因为适用于有限的不一定适用于无限，并且可能与过去和现在完全不同。因此，诉讼中经验法则的内容只能是人们通过长期实践积累并反复检验的，或多或少存在一定程度的盖然性的认识。经验法则不具有完全的确实性，诉讼中也并不要求经验法则具有绝对的或终极的真理性，但是为了保证诉讼认识的正确性，诉讼中运用经验法则时仍要求具有较高的盖然性，对于盖然性程度低，明显属于个别的、主观的经验法则，在诉讼中不能采纳为认识依据。

第四，经验法则具有规则性特征。经验法则的规则性是指诉讼认识中应遵循经验法则，不得作出与经验相违背的判断。这种规则性并不是以法律条文为载体规范诉讼认识，而是以其事实内容约束人们的认识，构成法官评价证据、认定案件事实及进行推理时的事实准据。经验法则的规则性建立在以下几个基础之上：一是客观性。经验法则的客观性特征决定其同时具有规则性特征，诉讼认识中不得违背作为反映客观事实的认识。二是普遍抽象性。抽象性特征决定了同一经验法则可以重复运用于不同具体诉讼，成为不同诉讼所共同遵循的规范。三是公认性。经验法则的内容为特定地域的公众所熟知并被普遍接受。除非有充分理由，公众对经验法则的态度决定了诉讼认识中不得明显违背这种经验法则。正因为经验法则具有规则性特征，因此诉讼中亦可能将其作为准法规对待，对违反经验法则认识事实或适用法律时，可以按照违法处理，对其予以纠正。

经验法则虽是人们各个个体的经验所得，但又不是个体经验，而是由各个个体经验抽象的结果，既存在于个体经验之中，又超越其个体经验。

通过单个个体的反复体验，最终上升为超越个体的对事物的规律性普遍认识，上升为一种社会常识，为一般人所理解和知晓。从这一角度讲，所谓“常理”也属于经验法则，没有必要加以证明，由法官依职权主动采纳，所以无须成为证明对象。至于极具个性化的经验，如个人经验等，并非经验法则，应当成为证明对象。当然，为获得或验证相关经验法则，法官可以采用任何合适的途径或方式。比如，向一般民众调查；查阅相关经验资料；对专门性的经验法则，向专业人士咨询，请专家讲解等。但是，这种调查方式无须遵循法定的正式证明程序。

生活用语中，对具体事实与经验法则是不加区分的。但是，不同于具体事实，经验法则具有抽象性。比如，“水往低处流”，生活用语中将其看作“事实”，但实际上是一条“经验法则”。再如，“人都会死的”，这是一条“经验法则”，而“甲已经死了”，则是具体“事实”。在法律和诉讼领域，区分具体事实和经验法则具有重要意义。首先，适用法律、查明事实、判断证据均需频繁运用经验法则。经验法则是以一种知识或者方法而存在，成为三段论的大前提，具体案件事实则为小前提，从而以小前提的事实适用于大前提的经验法则而推导出结论。其次，经验法则是人类正常的生活规律或自然方法，虽未成为法律规范，但因其具有高度的盖然性和广泛普遍性而为人们所重视。在诸多国家和地区，经验法则与自然法相似，被视为广义法律的一种。因此，在这些国家和地区，法院判决违背经验法则的，被视为违背法律，作为提起第三审的理由。最后，法官在运用经验法则得出相关结论方面是自由的，不受制于当事人的意志或看法。比如，在交通事故引起的诉讼中，法官根据被告所喝酒量及其精神状态，依据经验法则得出其已喝醉的结论。法官应否运用相关经验法则并得出已喝醉的结论，不受制于当事人不同的看法或陈述。

二、经验法则的分类

（1）依经验法则在诉讼中是否需要证明为标准，分为一般经验法则和特别经验法则。一般经验法则是人们从日常社会生活或者法律生活中所体验、感知的经验认识，其形成需通过长期的经验积累并逐渐感知，其内容为一般人所熟悉。如酒后开车通常影响驾驶员控制车辆安全行驶的能力；70岁的老人通常在精力上或体力上不及20岁的青年人等。由于一般经验法则经过了长期的反复验证，代表着一种类型事物发展的通常趋势或规律，且是以事实的盖然性为内容。由此而形成的规则，其本身自无证明的必要。因此，一般经验法则可不作为利用其他证据加以证明的对象，法官可依据一般经验直接认定事实或适用法律。特别经验法则属于一种专门知识，它是基于特别知识或经验所获得的认识，具有较强的理论性和客观性，通常不为一般人所熟悉。由于特别经验法则属于一种专门知识，因此在诉讼中一般不得径行作为认定事实的基础，而必须适用较为严格的证明程序，由其他证据加以证明或采取其他相应的证明方式如交付专家鉴定等，并为当事人提供质疑的机会。因此，就经验法则在与待证事实之间的关系上是否具有直接适用功能的价值而论，在证据证明上，经验法则常指一般经验法则。

（2）根据经验法则对法官拘束力的大小，分为一般有效的经验法则与非一般有效的经验法则。一般有效的经验法则对法官有较强的拘束力，这类经验法则尤其是自然科学上已经证实的经验法则，原则上具有拘束法官的效力。换言之，当事实建立在科学已经证实的知识之上时，法官不得再“自由”心证；依照某个学科专业知识公认的方法而得出的事实认定，纵使法官个人未必相信，也应将其作为裁判基础。例如，依照血型测试“排除”的生父关系，法官便不得做相反的认定。非一般有效的经验法则在规范上本来就不具有拘束自由心证的效力，诉讼中法官必须仔细审视具体个案的事实、情节等各种因素，才能参照该等经验法则透露出来的“高度或然性”，判断事实真伪。总之，如果不是一般有效的经验法则，法官就不能理所当然地加以援引；如果法官想要采信某个非一般有效的经验法则，应该予以论证，说明法官为什么认为该经验法则“可以”作为导出结论的基础。

（3）根据经验法则盖然性程度的高低进行分类。按照德国学者普维庭的区分，经验法则根据其盖然性程度分为四种情况：①生活规律。生活规律是在数学上可以证明的，或者符合逻辑的，或者不可能有例外的经验，其表达形式为“如果……总是”。这些规律符合人类的认知，没有这些认知规律，法官不可能形成心证。如自然规律，思维规律，每个人的指纹、血型、DNA与人的联系等。②经验基本原则。经验基本原则不排除例外的情形，但它必须具备高度的盖然性，其表达形式为“如果……则大多数情况下是”。该规则必须有共同的基础和可验证性，甚至如果有必要，可以经得起科学的检验。按照其特征，如果依据生活经验它具备高度的证明力，一般没有必要在具体情况下用科学数据验证。例如跨越铁路道口已放下的护栏而被列车撞击致伤，可认为是受害人的过错；医生在手术时把镊子、丝线或者药棉遗留在伤口内，可认定为医生的责任。③简单的经验法则。简单的经验法则的表达形式为“如果……则有时是”，它以较低的盖然性为标志，不能独立地帮助法官形成完全的心证，只是在法官没有形成完全的心证时起一种辅助作用，法官还要从其他各种证据、证明手段的综合联系中求得心证。在这种场合中，对方当事人完全可能提出简单的经验法则的反证的质疑，一旦质疑成立，原来的证明就可能被动摇，简单的经验法则便不被采纳。例如高速公路紧急停车道上停了一辆汽车，有时是汽车出现故障，有时则是司机由于身体方面的原因而停车。④纯粹的偏见。纯粹的偏见以“如果……则关系不成立”为表达形式，该规则不具备盖然性，在法官形成心证的过程中无任何价值。按照普维庭的意见，上述四类经验规则中，只有前三类才能作为诉讼认识中的经验法则运用于诉讼证明。

此外，有学者将经验法则分为五大类。第一类：自然方法或自然规律；第二类：逻辑（推理）方法；第三类：道德方法、商业交易习惯；第四类：日常生活经验法则；第五类：专门科学领域中的方法。第一类经验法则因为是以科学方法和手段反复验证所得到的规律性认识，这些方法反映事物客观规律。第二类主要是关于人们思维的方法，如逻辑中的排中律、矛盾律、充足理由律等。逻辑方法与其他日常生活经验法则相比具有绝对意义上的可靠性和妥当性。第三类主要是历史形成的，在某个领域内人们所普遍遵守的行为规范。其特点并非反映人们对某类事物知识性的认识，而是一种通过积淀形成的习惯。第四类是日常生活经验法则。即人们在日常生活中通过个体经验形成了一种为一般人所认识或理解的关于某种事物和现象的认识，但这些认识并非通过科学的方法和手段进行严格的验证。第五类是专门领域中的经验法则。这些经验法则的存在往往需要当事人主张和证明。区分这五类经验法则的意义在于便于人们在民事诉讼中正确地把握不同经验法则在认定事实和证据方面的不同作用。

三、经验法则的适用与救济

正确或合理地运用经验法则实际上包含两个方面：其一，如何保证对经验法则的判断符合人们的普遍认识方法；其二，如何防止法官擅断。这两个方面又是相互联系的。防止法官擅断与法官的道德素质有关，要求法官必须要有司法职业诚信，如果不能做到这一点，那么根本就谈不上正确、合理地运用经验法则。在保证法官的职业道德素质的基本前提下，要解决的是如何使得法官对经验法则的认识符合作为经验法则所具备的基本要求，保证法官能够正确、合理地运用经验法则。

（1）加强法官业务素质的培养，提升法官在运用经验法则方面的素质。通过对实务中运用经验法则判例的研讨和积累，不断增进法官对经验法则的正确认识；并通过判例的指引使得法官对经验法则形成相对统一的认识，以保证经验法则的合理性和防止其主观随意性。

（2）将经验法则类型化。经验法则虽然无以数计，但案件之间毕竟存在共性和相似性，在事实认定方面也会涉及相同的经验法则，如果能够将反复应用的、相同的经验法则类型化，并要求法官予以适用，也可以减少运用经验法则的主观随意性，对事实认定的客观化具有一定的意义。类型化的意义更重要的是程序正当化，即在相同情形下的事实认定也是相同的。但应当承认这种类型化的作用依然是非常有限的，将经验法则类型化的做法与经验法则的多样性和差异性的特性是背离的。

（3）对于双方有争议的经验法则，应当通过辩论程序加以明确，通过辩论由双方充分陈述是否应作为经验法则加以运用，防止经验法则适用的突袭性。

（4）法官对事实认定适用经验法则的，应当尽量公开和透明，充分予以说明。给予当事人对该经验法则的适用提出异议的机会，对当事人提出的异议，应当予以说明。

（5）对于专业领域中的经验法则应尽量通过鉴定制度加以解决，而不是由法官直接适用经验法则。因为法官毕竟不是相应专业领域的专门人才，鉴定作为一种证据方法，主要解决诉讼中某些涉及专门问题的事实认定。从本质上看，鉴定也是利用经验法则即人们所掌握的专业知识来实现对专门问题的事实认定，只不过这种经验法则的运用不是直接由法官进行，而是由具有相应专门知识的专业人员进行，以保证其可靠性。

违反或错误适用经验法则时，可以通过上诉予以救济，这在大陆法系的学界和实务界均已得到认可。在控诉审中，违反或错误适用经验法则涉及事实认定的问题，因此，控诉审法院在查明确有违反或错误适用经验法则的，可以废弃原判决。对于通过控诉审予以救济，学界和实务界争论不多。有争论或讨论比较多的主要是在上告审即法律审程序中当原审裁判违反或错误适用经验法则的法律救济问题。

在大陆法系国家和地区，如日本、德国、韩国和我国台湾地区，对于违反经验法则的直接法律后果可以将其作为上告的理由。日本民事诉讼法并没有直接规定当违反或错误适用经验法则时可提起上告，而是理解为属于违反《日本民事诉讼法》第 394 条中规定，即违背法令或者第 395 条规定的不具备理由或理由不成立。违反经验法则或错误适用经验法则即为违反自由心证原则，因此违反或错误适用经验法则也就被视为违反法令。在德国，违反（忽视或者明显错误地评判）经验法则时，也被认为属于违反自由心证原则，即违反《德国民事诉讼法》第 286 条，成为上告的理由。我国台湾地区的民事诉讼法虽然没有明确规定违反或错误适用经验法则可以作为控诉和上告的理由，但实务中和学理上均认为可以将此作为具体理由。

律师代理信访的法理思考

■ 杨 桦[*] 李 沅[**]

【内容提要】 信访制度，是畅通各级行政机关同公民进行信息沟通的桥梁。但近年来，各地的信访形势愈演愈烈，信息沟通的桥梁演变成了行政机关与公民矛盾最激烈的战场。信访中也出现了许多问题。为了有效解决这些问题，建立律师代理信访制度是可行且必要的。本文主要从法理的角度对律师代理信访的必要性和可行性进行思考，提出建立律师代理信访的建议。

【关键词】 信访 律师代理 法理 法治

自古以来，中国公民一直习惯于“进京告御状”，申诉冤情。在民间具有悠久历史的上访可谓是一种最传统、最接近市民社会的民意诉求机制，是维护自身利益的一种重要方式。1950 年年初，为了缓解最高领导人亲自批阅大量公民来信的压力，中共中央办公厅就成立了专门处理公民来信的秘书室。❶ 信访工作建立之初就承担了沟通与监督两项重要职能。2005 年，国务院制定的《信访条例》进一步明确了信访制度是为了保持各级行政机关同公民的密切联系，信访制度是畅通各级行政机关同公民信息沟通的桥梁。但是，近年来，各地的信访形势愈演愈烈，信息沟通的桥梁演变成了行政机关与公民矛盾最激烈的战场。实际上，信访制度在建设民主法治社会、维护社会长期稳定发展、维护公民的根本利益方面发挥着不可替代的作用。信访形势的恶化并非信访制度本身存在缺陷，而是信访这种宪法赋

---

* 杨桦，法学博士，广东外语外贸大学法学院副教授。

** 李沅，广东外语外贸大学法学院法律硕士。

❶ 刘刚：“信访制度的历史演进：一个功能论的视角”，载《宁夏党校学报》2011 年第 3 期。

予的公民权利不仅长期没有被真正纳入法治轨道，反而成了一种官方与民间沟通和博弈的边缘化的准制度性安排。因此，信访制度需要通过自身的完善和创新达到畅通信访渠道的效果，以便及时妥善地解决上访中反映的问题，从而提升社会秩序的“稳定系数”。

一、信访中存在的主要问题

（一）信“多”不信“少”

近年来，集体上访的问题日益突出。一方面，公民在强大的国家机器面前，倍感自身力量的弱小，他们觉得只有集群体之力，才能够引起社会和有关部门的重视，从而达到反映信息的目的。如2008年6月28日发生的贵州瓮安事件中，由于公安局对一起学生非正常死亡案件的处理过于草率，导致家属上访，后来演变成数万人的上访事件。❶ 另一方面，征地和拆迁关系到公民安居乐业的问题，其中涉及的行政机关以及各方法律关系十分复杂，是行政机关与公民矛盾的高发地，许多公民选择了集体上访来维护自身的合法权益。

（二）信“上”不信“下”

自古以来，公民仰仗“青天大老爷”为民做主、为民申冤。这种“清官清天”意识促使公民在遇到困难时首先想到找行政机关工作人员，特别是级别高的行政机关工作人员。而且公民陷入了“官越大越容易解决问题”的误区，一味地越级上访，认为找的公务员级别越高，行政机关的级别越高，问题就越好解决。❷ “分级负责，归口办理”是信访工作的基本原则，有些上访人员对基层部门缺乏信任，要求上级机关派人到基层处理问题，对上级机关将信访材料转到基层机关处理不满意，认为这是接访部门不负责任。

（三）信“闹”不信“理”

上访是公民的权利，但在上访中必须遵守有关法律规定。一些公民错

---

❶ “贵州瓮安平息‘6·28’事件　已确认有恶势力插手”，载 http://news.163.com/08/0702/11/4FRIJGH70001124J.html，2013年11月4日访问。

❷ 李岫：“当前公民信访存在四大特点”，载《珙县纪检监察信息》2008年第63期。

误地认为“大闹大解决，小闹小解决，不闹不解决”，只有把事情闹大，才会引来社会和相关机关的关注，从而使问题得到解决。于是，很多公民不是积极地配合有关部门解决问题，而是集体越级上访闹事。近年来，通过自焚、围堵国家机关等方式进行上访的事件屡见不鲜。2013 年 10 月 14 日，珠海市斗门区白蕉镇新马墩村一宋姓村民，因对其儿媳未能取得全额参与村集体分配不服，在镇综治信访维稳中心自焚。[1] 2013 年 5 月，19 名工人因工资被拖欠与该公司发生纠纷，采取静坐绝食的方式围在洪江市信访局要求解决问题。[2] 这样做不仅严重干扰了信访部门正常的工作秩序，也不利于问题的解决。

(四) 信“访”不信“法”

当人均 GDP 突破 3 000美元以后，我国开始进入“矛盾凸显期”。中国的经济结构需要一定的时期进行调整，在此期间，矛盾多发不可避免。[3] 同时，由于我国司法不独立和不公正现象没有得到有效扭转，当矛盾纠纷出现后，许多人并不信任司法，也不寻求司法途径解决问题，而是求助于行政途径，即通过上访寻求上级机关的公正裁决。许多涉及法律的问题，如财产纠纷、执法不当等，受害人理应拿起法律武器维护自己的合法权益，可有些人却到党政机关上访，希望得到有关机关的重视和某些领导同志的干预，认为只有这样才能使问题得到解决。甚至一部分案件在两审终审后，当事人仍然会踏上漫漫的信访征途。

二、建立律师代理信访制度的必要性

建立律师代理信访的制度是解决上述问题的思路之一。律师能够利用其专业知识，促进信访制度在建设民主法治社会的过程中充分发挥沟通与监督的职能，从而构建社会主义和谐社会。

---

[1] “村民不满分红在信访中心自焚”，载 http：//news. sina. com. cn/s/2013 - 10 - 16/034028443682. shtml，2013 年 10 月 16 日访问。

[2] 熊雪姗：“洪江市法援中心为 19 名工人讨薪 20. 5 万元”，载 http：//0745news. cn/2013/1012/177693. html，2013 年 10 月 12 日访问。

[3] 李百顺：“新时期我国信访的特点、成因及对策研究”，载《河南科技学院学报》2011 年第 3 期。

（一）律师代理信访有利于公民向信访机关提出合法诉求和依据

随着法制化进程的不断推进，我国的司法制度日臻完善，国家的民主化、文明化程度也在逐步提高，富强、民主、稳定、和谐的小康社会目标离我们越来越近。但是，人口十几亿的泱泱大国，政治、经济、社会等各方面管理非常复杂毕竟是现实，公民的诉求更是千差万别，有正当的、合理的，也有歪曲事实、违背法律、违背正义的，甚至出现了一些非合理的贪欲诉求。如果将这些诉求一股脑地全反映到信访机关，信访机关的压力可想而知。通过律师代理信访能够有效地解决这一问题。

代理制度的精髓就是代理人利用其专业知识为委托人谋取利益。律师作为信访人的代理人，并不是毫无主见、毫无作为的。面对信访人提出的各项诉求，律师会进行梳理、分类，选择合法、合理、属于信访机关主管的诉求向信访机关提出，其他合法、合理但不属于信访主管部门的诉求建议信访人通过其他途径解决，另外一些非合理的贪欲诉求，律师则通过与信访人沟通、交流，劝其放弃此类诉求。这样一来，律师在代理信访的前期就帮助信访机关过滤了一部分不合理诉求，有效保证了信访人提出的诉求和依据的合法性，从而减轻信访机关的工作压力，有力地化解社会矛盾，维护社会稳定。

（二）律师代理信访有利于建立信访的缓冲地带并实现理性信访

由于信访人大都对于信访问题的相关法律、法规、政策了解不够，理解不深，研究不透。同时再加上个别机关或部门对上访人的问题解答得不准确，工作中时常出现推诿、扯皮现象，致使上访人与基层机关矛盾激化，给信访接待工作造成阻力。[1] 一些不懂信访程序的上访人，甚至有时将信访工作人员也变成了对立面。信访工作中的正常接待解答也常常被诬蔑为“官官相护，天下乌鸦一般黑”。在这种情形下，很多信访人采取过激的行动，希望通过闹访的方式实现自身的利益。此时，律师代理信访显得尤为重要。

“距离产生美”，信访人通过其律师代理人与信访机关进行沟通，避免

---

[1] 任小军：“律师参与涉法信访工作的方式、方法与作用”，载 http：//www. lawtime. cn/article/lll3958218396331200030085，2013 年 10 月 13 日访问。

因对行政机关有关部门工作人员的抵触情绪和直接接触而导致矛盾激化。同时，律师能够利用其专业的法律知识和沟通技巧，在信访人与信访机关沟通的过程中起到润滑剂的作用，从而形成信访的一个缓冲地带。另一方面，律师懂法和代理人的身份，会使上访人有相对亲近感，有相对信任感。律师的依法咨询、引导解答，能有效地打消信访人采取过激行为，有效引导信访人按照国家法律法规政策的规定，按照正当的程序，合法、理性表达自身的诉求。

（三）律师代理信访有利于减少信访的数量及分流信访案件

一方面，对于非官方身份基础上的法律人员，容易与公民打成一片，因为对于公民来说，他们这些非官方身份更容易接近。[1] 虽然全国各地均陆续开展了律师参与接待信访的立法和实践，但是坐在接待室里的律师即使保持中立的态度，也无法改变公民视其为“行政机关帮手”的角色，从而大大降低公民对律师的信任程度。另一方面，对于一般信访案件，律师更明晰如何通过和解、调解、仲裁、行政复议和诉讼等纠纷解决方式为信访人员取得最小代价基础上的最大利益，从法律的角度为公民进行利害关系分析，为信访人员提供多种渠道解决问题。

因此，律师在接受信访代理的过程中，一方面通过与公民面对面地访谈交流，根据公民反映的问题进行文字记录，并写成相关信访规范材料。这种方式既保证了公民接受到最方便快捷的救济，也容易使相关矛盾纠纷在基层机关得以解决，一些无理的信访要求会在这个过程中消除，从而减少信访案件的数量。另一方面，律师在接受信访代理的过程中，利用其专业知识和专业判断，为公民寻求其他低成本、高效率的纠纷解决方式解决纠纷，从源头上实现诉访分离，减少信访数量，达到科学息访的效果。

（四）律师代理信访有利于督促提高信访工作人员的法律素养

信访工作人员是各级组织处理信访事件的具体组织者和实施者，信访工作人员素质的高低，直接影响到信访工作质量的高低，处理信访问题的关键在于信访工作人员，他们的素质高低在一定程度上决定了信访工作的

---

[1] 张炜：《公民的权利表达及其机制建构》，西南政法大学2008年博士学位论文。

成败。❶ 但是，信访人长期“孤军奋战”，信访工作人员凭借其国家机关工作人员的身份以及比一般信访人高的专业知识而“沾沾自喜”，怠于提高自身素质。律师作为信访人的代理人参与信访工作，一方面能督促信访工作人员提高自身法律素养以应对日益专业的信访工作，另一方面能通过信访工作人员与律师的理性交流，互相弥补自身知识的不足，共同进步。

因此，律师代理信访对于提高信访工作人员的法律素养也是大有裨益的。

三、建立律师代理信访制度的可行性

信访代理制度的种种优势说明了建立律师代理信访制度的必要性。同时，建立律师代理信访制度也有其法理、法律和实践的依据。

（一）信访是宪法赋予公民的权利

《中华人民共和国宪法》第41条规定：“中华人民共和国公民对于任何国家机关和国家工作人员，有提出批评和建议的权利；对于任何国家机关和国家工作人员的违法失职行为，有向有关国家机关提出申诉、控告或者检举的权利。对于公民的申诉、控告或者检举，有关国家机关必须查清事实，负责处理。任何人不得压制和打击报复。”由此可见，对国家机关及其工作人员提出批评、建议、申诉、控告和检举是宪法赋予公民的基本权利；阻挠、压制、剥夺公民这些权利，是违宪行为；而保障公民的宪法权利，制裁违宪行为则是法治国家必须实行的宪法原则。❷

2005年国务院制定的《信访条例》第2条规定：“信访，是指公民、法人或者其他组织采用书信、电子邮件、传真、电话、走访等形式，向各级行政机关工作部门反映情况，提出建议、意见或者投诉请求，依法由有关行政机关处理的活动。”《信访条例》将保障信访人权利作为出发点，体现了上述宪法原则的基本精神，其中关于信访的定义表明信访具有表达自由

---

❶ 王国垚：“加强信访维稳工作人员素质培养的思考”，载《现代企业文化·理论版》2011年第10期。

❷ 于建嵘：“保障信访权是一项宪法原则”，载《学习时报》2005年1月31日。

和政治参与两个属性[1]，而表达自由和政治参与正是我国宪法赋予公民的基本权利之一。因此，信访权的合宪性、合法性是毋庸置疑的。只要是具有中华人民共和国国籍的人，就依法享有信访的权利。

（二）信访权具有可委托性

有一些权利因为其特殊的人身权属性，与权利人本身联系紧密，不具有可委托性，如婚姻自由权、劳动权、受教育权等。法律法规中对这些权利必须亲自行使也有明确的规定。如《中华人民共和国婚姻法》第8条规定："要求结婚的男女双方必须亲自到婚姻登记机关进行结婚登记。"因此，任何人不能委托他人办理婚姻登记。

反观信访权，从其权利属性而言，无论是政治参与还是表达自由的属性，都不具有强烈的人身权属性。就国家的法律规定而言，我国法律法规并未禁止将信访权委托代理。就地方性法规而言，北京市允许信访代理[2]，湖南[3]、江苏[4]、湖北[5]、青海[6]等允许有限制的信访代理，天津、广西、甘肃、山东、上海、浙江、青海、湖南、重庆、安徽、广东、深圳等均允许信访人在信访听证的过程中委托代理人，特别是律师代理人参加听证。就各地的实践而言，宁波[7]、湖南[8]等地通过设立信访代理工作站、公民工作站等途径，接受信访人的信访委托，开展信访代理的工作，都取得了一定

---

[1] 张锐："浅谈信访的宪法依据和权利属性"，载《法制与经济（中旬）》2012年第9期。

[2] 《北京市信访条例》第27条规定："信访人可以委托代理人提出信访请求。代理人向有关国家机关提出信访请求时，应当出示授权委托书，在授权范围内行使代理权。委托人明确表示不再提出信访请求，代理人继续提出的，有关国家机关不再受理。"

[3] 《湖南省信访条例》第13条规定："因身体残疾不便于信访的，可以委托他人代理提出信访事项。需要采取应急预防措施或者强制隔离措施的传染病人、疑似传染病人，应当采用电话或者书面形式提出信访事项；确需采用走访形式的，应当委托他人代理提出信访事项。"

[4] 《江苏省信访条例》第21条规定："精神病患者、传染病患者以及生活不能自理的人需要走访的，应当由其监护人或者委托代理人代为提出。"

[5] 《湖北省信访条例》第39条规定："未成年人、精神病患者、传染病患者、无自理能力的其他重大疾病患者、伤残人员需要提出信访事项的，可以由其监护人或者委托代理人代为反映。"

[6] 《青海省信访条例》第22条规定："信访人因故不能直接向国家机关提出信访事项的，可以委托代理人提出。代理人应当如实反映信访人的真实意愿。"

[7] 思萍："'信访代理工作站'值得借鉴"，载 http：//news. sina. com. cn/o/2005－12－14/07347703782s. shtml，2013年10月16日访问。

[8] 雷振中："桂阳县设公民工作站 为公民代理信访事项683件"，载 http：//gov. rednet. cn/c/2011/08/01/2334919. htm，2013年10月18日访问。

的成绩。

因此，信访权是具有可委托性的权利，能够通过信访人的委托授权，由律师在委托授权的范围内代理信访人行使相应的权利。

（三）律师具有接受信访代理的资格和能力

从主体资格而言，中华人民共和国的律师具备中华人民共和国公民的身份，当然也享有中华人民共和国宪法赋予全体公民的信访权利，因此，律师具备代理信访的主体资格。

从律师的业务范围而言，《中华人民共和国律师法》第28条规定："律师可以从事下列业务：（一）接受自然人、法人或者其他组织的委托，担任法律顾问；（二）接受民事案件、行政案件当事人的委托，担任代理人，参加诉讼；（三）接受刑事案件犯罪嫌疑人的委托，为其提供法律咨询，代理申诉、控告，为被逮捕的犯罪嫌疑人申请取保候审，接受犯罪嫌疑人、被告人的委托或者人民法院的指定，担任辩护人，接受自诉案件自诉人、公诉案件被害人或者其近亲属的委托，担任代理人，参加诉讼；（四）接受委托，代理各类诉讼案件的申诉；（五）接受委托，参加调解、仲裁活动；（六）接受委托，提供非诉讼法律服务；（七）解答有关法律的询问、代写诉讼文书和有关法律事务的其他文书。"因此，接受信访委托符合《律师法》第28条第1款第（六）项的规定，属于律师的业务范围。

从律师的专业知识而言，律师具备丰富的法律知识和实践经验，能够利用自身的专业知识为代理人的利益进行信访活动，具备接受信访代理的能力。同时，各地广泛吸收律师参与信访接待工作的实践也表明，律师的专业知识能够促进信访工作的开展，促进和谐社会的建设，促进社会稳定、团结。

因此，律师具备接受信访代理的资格和能力，能够接受信访人的委托授权，代理信访人开展信访活动。

四、建立律师代理信访制度的建议

建立律师代理信访制度具有必要性和可行性，但许多地方经常通过内部文件等形式，阻挠律师代理信访的活动，[1] 因此，通过立法的方式，建立完善的律师代理信访制度，规范律师代理信访的行为刻不容缓。

（一）明确规定律师代理信访制度

为了切实保障信访人委托律师代理信访的权利，确认律师代理信访的合法性和法律依据，立法中，首先应当明确肯定信访人可以委托他人进行信访的权利，同时立法中还应当明确能够接受信访委托的人的范围，其中应当明确律师也属于可以接受信访委托的人的范围。

（二）制定律师代理信访的收费标准

立法中应当区分不同的情况，对不同类型的律师代理信访制定不同的收费标准。对于符合接受法律援助条件的，应当规定律师不得收取信访人的信访代理费用。对于不符合接受法律援助条件的，应当规定律师信访代理的计费方式、计费标准、参考价格等，防止律师在信访代理的过程中漫天要价，损害信访人的权利。

（三）明确非法代理信访的行为类型

《中共中央　国务院关于进一步加强新时期信访工作的意见》中规定："对非法代理上访牟利，或教唆、鼓动上访人非正常上访的，予以批评教育；情节严重或屡教不改的，依法严肃处理，建立规范有序的涉法涉诉信访秩序。"但国家并没有相关的规定明确非法代理上访行为的类型，使得实践中律师代理信访行为缺乏指引，执法部门规范律师代理信访行为缺乏依据。因此，通过立法的方式明确非法代理信访的行为类型及相应的法律责任是十分必要的。

总之，律师代理信访具有法理依据和实践价值，是切实保障公民信访权的有效途径，也是解决当前信访问题实现理性信访的一剂良方。但由于我国法律法规中缺乏对律师代理信访的相关规定，导致律师在代理信访的道路上障碍重重。因此，通过立法的形式建立律师代理信访制度，让律师代理信访有法可依、有法必依是非常必要的。

---

[1] "信访律师严禁接委托代理"，载 http：//www. ahlawyer. com. cn/show_ new. aspx? id = 1560。

略论我国确立违约精神损害赔偿制度的必要性
——以司法“公正”和“效率”为视角

■ 蔡锻炼*

【内容提要】 在现实生活中，不仅侵权行为可以对人们造成精神损害，违约行为同样可以造成精神损害。有的时候，违约行为给人们所造成的精神损害可能比侵权行为所造成的精神损害还要大。但是，对于在违约之诉中是否应当支持精神损害赔偿，在我国学界存在较大争议。本文认为，从司法“公正”和“效率”的角度考察，有必要在我国确立违约精神损害赔偿制度。确立违约精神赔偿制度是实现司法公正和效率目标的客观要求。

【关键词】 公正　效率　违约　精神损害赔偿

在现实生活中，不仅侵权行为可以对人们造成精神损害，违约行为同样可以造成精神损害。“这种精神损害主要表现为精神痛苦和精神利益的丧失或减损，它可以来自生理上的损害，也可以来自精神、心理上的损害，还可以来自于特定财产的损害。”❶ 有的时候，违约行为给人们所造成的精神损害可能比侵权行为所造成的精神损害还要大。但是，对于在违约之诉中是否应当支持精神损害赔偿这一问题，在我国学界尚存在较大争议。主流学说认为，根据《合同法》第122条规定❷，当事人完全可以通过提起侵

---

* 蔡锻炼，广东外语外贸大学法学院讲师。

❶ 王利明、杨立新：《人格权与新闻侵权》，中国方正出版社2000年版，第190页以下。

❷ 《合同法》第122条规定：“因当事人一方的违约行为，侵害对方人身、财产权益的，受损害方有权选择依照本法要求其承担违约责任或者依照其他法律要求其承担侵权责任。”

权之诉要求精神损害赔偿，没有必要在违约之诉中支持精神损害赔偿，这种观点直接影响到我国的立法和司法实践。

公正和效率是21世纪人民法院工作的主题，也是市场经济对民事诉讼的必然要求。[1] 本文认为，从司法“公正”和“效率”方面考察，在我国有必要确立违约精神损害赔偿制度。确立违约精神损害赔偿制度是实现司法公正和效率目标的客观要求。

一、确立违约精神损害赔偿制度是实现司法“公正”目标的要求

公正即正义、公平、公道。正义既是法律的首要价值之体现，也是法律的最高价值之体现。

有人认为，正义意味着各得其所。人是由不同的质料构成的，具有天然的品质、才能、地位，担负不同的职位，具有各自的分工。正义就在于根据每个人的品质、才能、地位、身份、贡献分配机会、财富和权利（权力），使人们各得其所。查士丁尼《民法大全》和古罗马的很多法学家就奉行这种正义观——“正义是给予每个人他应得的部分的这种坚定而永恒的愿望”。正义就是“使每个人获得其应得的东西的人类精神意向”。也有人认为，正义是指一种形式上的平等。也就是说，不管人们出于什么目的，在什么场合使用“正义”这个概念，正义总是意味着某种平等，即对同一范围或阶层的人应该给予同样的对待。[2]

从以上有关正义定义的阐述中，人们很容易得出“在侵权之诉中支持精神损害赔偿，而在违约之诉中不支持精神损害赔偿是不公正的”结论。一方面，在以旅游合同为代表的以获得精神利益为目的的合同中，旅游者以支付旅游费作为代价，以期通过旅行社所提供的服务获得精神上的享受。如果旅行社收取旅游费用以后，没有提供旅游合同约定的相应服务，那么旅游者订立合同的目的就会落空。不能实现双方当事人各得其所，所以不符合社会的公平正义。

---

[1] 曹建明：“《民事诉讼证据司法解释的理解与适用》序”，见黄松有主编：《民事诉讼证据司法解释的理解与适用》，中国法制出版社2002年版，第2页。

[2] 张文显主编：《法理学（第二版）》，高等教育出版社2003年版，第410页。

另一方面，“同样情况同样处理”是对公正最原始、最基本和最重要的诠释。有损害就应当得到相应的赔偿，这是民法的基本精神。从法理上讲，不管是财产损害还是精神损害，不管是侵犯人身权造成的精神损害还是侵犯某些特定的财产权造成的精神损害，即使是因为违约而造成的精神上的履行利益的损害都应当得到相应的赔偿。既然因侵权导致的精神损害可以赔偿，那么，违约所导致的精神损害也应当赔偿。如果同样是遭受精神损害的案件，仅仅因为受害人提起侵权之诉与违约之诉的区别，而出现不同的裁判结果；或者有的法院支持违约之诉中的精神损害赔偿请求，有的法院不支持违约之诉中的精神损害赔偿请求，这显然是不公正的。但这种“不公正”是由于法律没有对违约精神损害赔偿作出明确的规定所造成的，不能完全归咎于法院，因为法院的基本职能是“依法裁判”。正是由于我国法律和司法解释对违约中的精神损害问题一直没有明确的规定，才导致法官在面对当事人在某些合同纠纷中涉及精神损害赔偿的诉讼请求时常常出现两难选择：如果支持给予精神损害赔偿，往往被认为“法律依据不足”；如果不支持给予精神损害赔偿，则显得判决结果有失公平。尽管我国已经出现极少数支持违约精神损害赔偿的案例，但是其判决理由显得牵强附会，说服力不够。所以，绝大多数的法院都会以“在违约场合请求精神损害赔偿，于法无据”为由驳回当事人的诉讼请求。

从《合同法》第 122 条的适用条件看，不是所有因违约造成的精神损害赔偿都可以要求违约方承担责任。依照《合同法》第 122 条规定提起侵权之诉要求精神损害赔偿的前提是“当事人一方的违约行为，侵害对方人身、财产权益”，即存在违约行为和侵权行为的竞合。事实上，并不是所有违约行为造成对方精神损害的同时都侵害了对方人身、财产权益（存在违约行为和侵权行为的竞合）。有时一方当事人造成另一方当事人精神损害的行为只构成违约而不构成侵权。这种情形，受害方是不可能通过提起侵权之诉来要求违约方承担精神损害赔偿责任的。但是，其精神损害又确实存在，有时精神损害可能还是比较严重的。如果不允许该方当事人在违约之诉中要求精神损害赔偿，其合法权益将得不到法律的保护，这显然是不公平、不合理的。例如，在“汪习国诉李光枢因装潢工死于正在装修的新房中请求赔偿财产和精神损失案”[1] 中，原告（屋主）存在精神损害是显而易见的，但被告李光枢并没有侵权行为，原告不可能通过提起侵权之诉要求被告承担精神损害赔偿责任。同样，在婚庆合同中，婚礼承办者没有按照合同的约定向对方交付婚礼录像，对方因无法通过录像回味甜蜜幸福的场景而感到失望、痛苦和烦恼，但受害人也不可能依据《侵权责任法》第22条的规定请求精神损害赔偿。[2] 即使根据最高人民法院《关于确定民事侵权精神损害赔偿责任若干问题的解释》（法释［2001］7号）第4条的规定："具有人格象征意义的特定纪念物品，因侵权行为而永久性灭失或者毁损，物品所有人以侵权为由，向人民法院起诉请求赔偿精神损害的，人民法院应当依法予以受理。"但因为婚礼录像的物权并不归这对新婚夫妇所有，婚礼承办者只有违约行为，没有侵权行为，这对新婚夫妇无法通过侵权之诉要求婚礼承办者承担精神损害赔偿责任。所以，只有法律在一定条件下支持违约之诉中的精神损害赔偿，才能体现法律的公平正义。

如果法律本身就没有体现应有的公平正义，那么不可能实现司法公正。司法公正包括实体公正和程序公正，这里所讨论的司法公正是实体公正（不包括程序公正的问题）。所谓实体公正，是指立法在确认实体权利义务关系时所应遵循的正义标准以及司法判决适用实体法的结果。如果实体法所遵循的原则是公正的，法官在做出判决时，又坚持了"以事实为根据，以法律为准绳"的准则，那么实体公正的获得就等于实体法内容的实现。所以说，确立违约精神赔偿制度是实现司法公正、追求社会公平正义的需要。

二、确立违约精神损害赔偿制度是实现司法"效率"目标的要求

效率即是单位时间内完成的工作量。对于司法效率，除了工作量以外，还应当注重效益，也就是效果和利益（收益）。人们选择以诉讼的方式来解

---

[1] 最高人民法院中国应用法学研究所编：《人民法院案例选（第1辑）》，人民法院出版社2005年版，第255页以下。

[2] 谢鸿飞："精神损害赔偿的三个关键词"，载《法商研究》2010年第6期。《侵权责任法》第22条规定："侵害他人人身权益，造成他人严重精神损害的，被侵权人可以请求精神损害赔偿。"

决纠纷，除了当事人需要付出人力、物力的司法救济成本之外，法院同样要付出人力、物力的成本。只有当法院的裁判能够起到息讼止争、维护当事人的合法权益的效果时，才能实现司法效率的目标。

对于违约行为所造成的精神损害，直接通过违约之诉就能获得司法救济效率是最高的。如前所述，如果不存在违约行为与侵权行为竞合的情形，受害人既不能通过违约之诉来获取精神损害赔偿，也不能通过侵权之诉来实现精神损害赔偿，只能寻求其他的方式来救济。显然，这样的司法效率是低的。

即使存在违约行为与侵权行为的竞合，由于目前我国立法和司法上对违约行为引起的精神损害一般不根据违约责任予以赔偿。如果因违约行为导致物质损害和精神损害，对于物质损害当事人可以要求违约方承担违约责任，而对于精神损害当事人可以依法追究违约方的侵权责任而使自己的精神得到抚慰。[1] 本来可以一次合并处理的事情非要分开两次处理，确实给当事人和法院增加了负担。当事人有时还会受“一事不再理”的困扰，司法效率之低显而易见。

虽然在法庭审理过程中，法官会通过行使释明权[2]，询问或提醒当事人是否需要将违约之诉变更为侵权之诉。但是，一方面由于我国公民的法律知识普遍比较欠缺，更不要说法律专业术语，他们根本不清楚违约之诉与侵权之诉的区别；另一方面，即使当事人委托了律师参加诉讼，由于违约责任与侵权责任在归责原则、举证责任、构成要件等方面存在不同的规定，我们在司法实务中看到的情形是：在法官行使释明权之后，代理律师多数还是坚持提起违约之诉。笔者认为，他们主要是考虑到归责原则和举证责任的不同可能会增加败诉风险，得不偿失；或者不想增大诉讼成本，添加

---

[1] 江平主编：《中华人民共和国合同法精解》，中国政法大学出版社 1999 年版，第 101 页。

[2] 所谓释明权，属于法院的诉讼指挥权的范畴，是指在诉讼过程中，当事人主张或者陈述的意思不明确、不充分、不适当的情况下，法院对当事人进行询问、提醒，启发当事人把不明确的予以澄清，把不充分的予以补充，把不适当的予以排除、更正的职权。黄松有主编：《民事诉讼证据司法解释的理解与适用》，中国法制出版社 2002 年版，第 7 页。

诉累。[1] 笔者认为，为了讲究传统法律体系上的严谨而牺牲实务上的便利实在是得不偿失、没有必要。为了避免司法实务中法律适用的复杂化而导致司法效率低下，应当允许在违约之诉中请求精神损害赔偿。

三、结　论

英国哲学家埃德蒙·伯克说："法律的基础有两个，而且只有两个——公平和实用。"笔者认为，目前我国立法和司法实践中，只允许受害人在侵权场合中请求精神损害赔偿，而不允许其在违约场合中请求精神损害赔偿，该种纠纷的解决模式对当事人来讲既不实用，也不公平。既然违约责任与侵权责任竞合理论不能完全解决违约精神损害赔偿的问题，因此，在违约损害赔偿中不能一概排除精神损害赔偿。我国的立法和司法机关应当与时俱进[2]，通过法律或者司法解释明确规定，在违约之诉中可以请求精神损害赔偿。至少应当有条件地认可违约精神损害赔偿，即在某些特定类型的合同中，精神利益格外显著，甚至已经成为合同目的时，允许当事人请求精神损害赔偿。只有这样，才能更加全面地维护人们合法的精神利益，实现社会的公平和正义，有利于司法公正和效率目标的实现。

---

[1] 张民、崔建远："责任竞合的'收'与'放'——我国《合同法》第122条规定的解释与适用"，载《国家检察官学院学报》2011年第5期第19卷。崔建远："精神损害赔偿绝非侵权法所独有"，载《法学杂志》2012年第8期。

[2] 英国著名的法官Lord Denning M. R. 说得好："常有人认为在违反契约的情形，对精神痛苦不能给予损害赔偿……法院仅于原告受有身体不便时，始许其请求赔偿……此项限制已属落伍，不合时宜，在一适当案件，于契约亦得就精神痛苦请求损害赔偿，如同侵权行为得就精神震撼（Shock）请求损害赔偿一样。"转引自王泽鉴：《民法学说与判例研究（第7册）》，中国政法大学出版社1998年版，第144页。

略论中美新型大国关系构想的社会基础

■ 陈　勇*

【内容提要】“冷战”结束之后，随着中国政治经济力量的增强和美国实力的相对下滑，曾经因共同对抗苏联的需要而走近的中美关系在新的历史背景下应如何发展成为两国决策层和理论界高度关注的问题。是不可避免地落入“修昔底德陷阱”的“新冷战”，还是构建一种前所未有的大国关系？各种建议和设想纷纷提出。本文认为，尽管两国在意识形态、社会制度上存在着很大不同，然而，从中美关系的历史走向、全球化背景下的国家间相互依存关系、中美之间的共同利益和面临的共同挑战以及当代国际法能够提供的化解大国矛盾的空间来看，中美之间构建新型大国关系既有必要性，也具备一定的可能性，具有相当的社会基础。

【关键词】中美新型大国关系　必要性　现实性　可能性

2011 年 1 月胡锦涛主席访美期间，中美两国元首就建立相互尊重、互利共赢的合作伙伴关系达成共识；2012 年 2 月，习近平访美期间，就如何落实上述两国元首共识，进一步提出要构建“前无古人，但后启来者”的新型大国关系倡议。紧接着，美国前国务卿希拉里·克林顿在美国和平研究所、美国海军学院先后发表两次重要讲话，同样提到“中国不是苏联”“中美不应走向冷战”，中美要建立一种“在竞争与合作中实现最佳平衡”的大国关系，“而这是没有先例可循的”。2012 年 5 月，在北京召开的中美战略与经济对话期间，双方将构建中美“新型大国关系”作为主题，这一

* 陈勇，广东外语外贸大学法学院副教授。

概念被高调推出。此后，中美第三轮人文交流高层磋商、墨西哥二十国集团会议期间的“胡奥会”以及东盟地区论坛系列会议上的中美两国外长会谈，均把构建新型大国关系作为重要内容。凡此不仅彰显了中方的积极政治意愿，也体现了中美双方的默契与配合。❶ 奥巴马也多次表示，中国的崛起有利于美国，正如美国的繁荣有利于中国。2013 年 6 月 7～8 日，习近平与奥巴马在加州安纳伯格庄园会晤，双方决定努力建设新型大国关系。2014 年 14～15 日，美国国务卿克里第二次访华，美国国务院就此发表声明称，克里此行将向中方传达一个信息，即美国致力于寻求与中国建立一种积极、合作和全面的关系，并欢迎一个在世界事务中发挥积极作用的、和平与繁荣的中国崛起。

由此观之，中美两国高层不约而同地意识到，在当前时代，构建中美新型大国关系是破解历史上后兴大国与守成大国走向冲突这一难题的唯一选择。这是两国在全面总结 40 年关系正常化历史、冷静分析当前国际国内局势后得出的重要结论。❷ 尽管对于如何构建中美新型大国关系，两国还只是提出一些框架性构想，但致力于构建一种新型大国关系，两国是存在着共识的。

一、中美建立新型大国关系的必要性

大国关系是国际关系中最核心的层面。自中华人民共和国成立以来，中美两国关系经历了一个跌宕起伏、峰回路转的发展过程：20 世纪 50 年代直接兵戎相见，60 年代对立冲突，70 年代自尼克松访华之后，中美两国出于各自的战略需要又渐行渐近，形成所谓的中美苏战略三角关系，中美两国形成了一种非盟友的、间杂着对立冲突与合作的复杂关系。到了 90 年代冷战结束之后，苏联解体，两国曾经共同面对的苏联威胁消失，中美关系一度飘忽不定，被某些学者形容为“好也好不到哪去，坏也坏不到哪去”。

---

❶ “构建新型大国关系 中美应有新思考”，载 http://www.hkfe.hk/，2012 年 11 月 14 日访问。

❷ “新型大国关系 中美唯一选择”，载 http://zjrb.zjol.com.cn/html/2012－05/07/content_1495684.htm? div = －1，2013 年 3 月 4 日访问。

中美之间这种既合作又对抗的特殊关系的“外需”动因消失，但两国在七八十年代合作期间已经形成的某种程度上的共同利益已经演变成两国合作的“内需”动因[1]，使得中美关系既不可能马上转变成当年美苏之间的那种尖锐对抗关系，而两国意识形态、社会制度方面存在的巨大差异也不可能使两国演变为盟友关系。如此一来，中美两国构建何种大国关系就成为摆在两国决策层面前的难题。冷战结束后，双方都在试图寻找新的战略基础，但无论是面临的反恐还是经济合作，或者国际跨界问题，都难以起到像当年共同反对“苏联威胁”那样的凝聚作用，某些美国人自然而然地把中国视为战略对手。

自中国改革开放以来，尤其是进入21世纪以来，中国经济、社会得到了高速发展，并成功地取代日本成为世界第二大经济体。反观美国，“9·11”事件发生后，美国被迫将主要精力用于国际反恐，阿富汗和伊拉克两场战争打了10年，劳民伤财，消耗不少战略资源；而美国国内又在金融危机的打击下，迎来了“艰难时期”，美国国内有些舆论甚至认为21世纪的头10年是美国“失去的10年”。同时期中国经济、军事崛起的速度之飞快、规模之宏大，令美欧和亚洲国家（特别是中国周边国家）目不暇接，深感意外，既无法阻止，也不可抗拒，又难以适应，因而产生国家危机感，民族心理受挫感；从经济、政治、安全到心理、自尊都感觉受到强大崛起的“中国威胁”。尤其是美国举国上下都强烈意识到崛起的中国正在迎头赶上，甚至在一些领域已经超越美国，已经严重威胁到美国的全球利益，认为中国正在激烈挑战美国的世界领导地位，于是乎大造“中国威胁”“中国恐惧”的国际舆论，借以孤立中国、遏制中国。

就中国而言，经历了近代百年来的失败、屈辱，广大中国人民具有强烈的国家复兴愿望。然而，由于中国自身独特的历史文明、现实文明、发展文明，在本质和理念上都与历史上崛起的帝国例如英德美日帝国有着根本的区别，加之中国对自身先进的文明理念、发展理念、崛起理念，在文化宣传上严重滞后，在传播上严重落后，因而，虽然提出了“和平崛起”

---

[1] 阮宗泽：“习奥会将为中美十年定调”，载，http：//news. xinhuanet. com/world/2013－06/08/c_ 116081029. htm，2013年4月12日访问。

的口号，却难以得到发达国家的广泛认同和信任。此外，中国成为世界第二大经济体毕竟是近几年的事，而现存的国际政治经济秩序是建立在原有的国际政治力量对比基础之上的，话语权缺位，运用更是乏力，加上某些国家部分政客和舆论的推波助澜，因而面对“中国威胁论”“中国恐惧症”等国际言论，从理论到实际中国只是被动应对，破解无方，化解无力。[1]

综上，一方面西方某些政客出于各种原因故意极力渲染“中国威胁论”，甚至有的国家不怀好意地故意挑拨中美关系，另一方面，中国的“和平崛起”宣言并不能消除西方发达国家的顾虑，中美两国确实存在落入“修昔底德陷阱”而招致两败俱伤的历史宿命，从而给世界和平与发展带来难以弥补的损害。在中美两大国之间建立一种新型的大国关系，简称“中美新型大国关系”，这是中美战略关系的最新创意，相比于以前的所谓“全面战略伙伴关系”和甚嚣一时的“G2”，这一最新的创意看起来更贴近实际，更重要的是，与以往诸多创意只有一方认可不同，“中美新型大国关系”这一最新创意似乎也得到了美国的认可，也就是说，这是中美双方政府共同认同的战略架构。[2] 因此，结束中美两国战略地位摇摆的局面，构建新型的大国关系实为必要。

二、中美新型大国关系构想的现实性

客观地讲，对于中美两国构建新型大国关系不少人是心存疑虑的，原因就在于这是一个前无古人实践的命题。谈到传统国际关系中的大国关系，让人最容易联想到的是“修昔底德陷阱”。所谓“修昔底德陷阱”，是指一个新崛起的大国必然要挑战现存大国，而现存大国也必然会回应这种威胁，这样战争变得不可避免。此说法源自古希腊著名历史学家修昔底德的观点，这位历史学家认为，当一个崛起的大国与既有的统治霸主竞争时，双方面临的危险——正如公元前5世纪希腊人和19世纪末德国人面临的情况一样。

---

[1] “习近平‘避免陷入“修昔底德陷阱”’意义重大”，载 http://military.china.com/important/11132797/20140124/18313947.html，2013年3月14日访问。

[2] 张志坤：“2014年‘中美新型大国关系’能有多大进展”，载 http://zzk8888.blog.china.com/201401/12692800.html，2014年1月13日访问。

这种挑战多数以战争告终。公元前5世纪，雅典的急剧崛起震惊了陆地霸主斯巴达。双方之间的威胁和反威胁引发竞争，长达30年的战争结束后，两国均遭毁灭。中美两国能否打破这种历史宿命，当今国际社会对此主要存在着两种不同的观点。一种就是秉承传统思维，有代表性的就是美国等西方国家部分人极力渲染的所谓的"中国威胁论"，认为中国的崛起会影响和威胁到其本国的利益，应采用各种手段减缓中国的发展速度或在国际舞台中孤立中国。甚至某些国家的部分政客出于各种考量，提出拥有共同价值观的国家应采取共同行动孤立、打压甚至遏制中国。日本首相安倍晋三把当今中国类比为第一次世界大战前的德国即为其中的显证。第二种观点认为，中美之间应该有能力也有可能构建一种不同于传统大国关系的新型关系。如英国《金融时报》2013年8月28日发表评论文章指出，中国已经崛起为超级大国，并将在未来10年内取代美国成为世界最大的经济体，面对中国崛起给美国造成的压力，美国更应反思历史、接纳中国，适当作出调整和让步，若针锋相对则难免重蹈历史的覆辙。美国著名汉学家白鲁恂称，中国是一种文明。世界对中国的期待，就是对中华文明的期待。西方基督教文明在创造人类大量财富的同时，也以其二元对立观在世界制造了冲突、隔阂与对抗，陷入经济学家熊彼特所言"创造性毁灭"的怪圈。中国梦的实现过程，将是开创超越西方现代化模式、探索人类新文明的过程，这既是世界的期待，也是人类文明的期待。

三、构建中美新型大国关系的可能性

构建中美新型大国关系、破解历史宿命这一前无古人的重任无疑是相当艰巨的，需要各国尤其是中美两国的精英阶层和民众的真诚、持续的努力和政治智慧与眼光，应该说构建中美新型大国关系并非不可能，而且存在着相当的现实性和可能性。

其一在于中美两国存在着广泛的共同利益和共同使命，某些国际问题还必须要两国共同配合协作才能有效应对。

就像"修昔底德陷阱"揭示的那样，历史上的大国关系长期以来是以二元对立观为基础的。由于历史上的国际关系发育程度的有限性，大国之间没有形成多少共同利益，因此彼时的大国利益具有明显的排他性。为了求得本国利益的最大化，争夺在国际社会中的权威地位和影响力，争夺物质生存空间，既成大国就千方百计地力图维持自身地位，打压或遏制新兴大国；新兴大国则因自身力量的不断壮大，就要求取得与自身实力相称的地位，这种矛盾不可调和，大国最终不可避免地走向对抗与冲突。这样的场景在历史上不断上演，以致在某些人心中根深蒂固。即便是第二次世界大战之后，国际社会成立了联合国，制定了《联合国宪章》，但是大国之间的思维方式、行为模式也没有多少根本改变。其根本原因在于最重要的两个大国——美国与苏联之间的共同利益相当有限：经济上由于两个“平行市场”的存在使得东西方之间的经济联系不紧密；政治上各自组建自己的政治军事集团进行对抗，从而无可奈何地重演大国争霸的历史宿命。

然而，当今世界中美关系的社会基础已经发生了明显的变化，中美之间已经出现了相当一致的共同利益和共同使命，这种因素是中美有可能避免落入“修昔底德陷阱”的重要社会基础。诚然，中美之间意识形态、社会制度、文化传统存在着重大差异，但由于当年两国共同抗苏所导致两国接近、合作，中国的全面改革开放甚至是美国单方面设想的和平促变的战略，都导致自20世纪80年代以来中美两国形成了越来越紧密的经济关系、政治关系、文化关系。这种关系尽管很复杂，却是交叉融合的，与传统的排他性的大国关系全然不同。此外，自20世纪六七十年代加速发展的全球化浪潮对中美之间形成紧密的共同利益和共同使命也有正面影响：两国互为对方数一数二的经济合作伙伴；两国人民的交流更加频繁、深入；全球化带来的全球性问题不是传统的单一国家甚至是国家集团能够解决的，而必须通过国际合作加以解决。

构建中美新型大国关系的可能性与现实性的第二个依据就在于现代国际法的发展。可能有些人觉得这个依据比较牵强，因为在成体系的国际法形成之前，大国之间的博弈就久已存在，且国际法又是很多人心中的“弱法”。诚然，在国际法产生之前，大国甚至是普通国家之间基本上是适用丛林法则的，即便是国际法产生之后乃至今日，国际法仍然是受制于国际政治的。比如，直至《非战公约》出现以前，国际法仍然是承认国家的交战权的，亦即国家在政治外交手段不能达到自己的目的的情况下，可以使用战争作为推行自己国家政策之工具。但是，国际法对于构建大国（不限于中美之间）新型关系仍然是大有裨益的。国际法是受制于国际政治，但它同样可以反作用于国际政治。国际法不是道德体系，作为法的独立部门，它仍然是反映国际社会的政治力量对比关系的。大国实力强大，国际法规则中反映大国的国家意志的成分居多，这是毋庸讳言的。然而，国际法并非是哪一个单一大国意志的直白镜像，而是对国际政治力学的“合力”的综合反映。如前文所述，全球化时代的当今世界，各国利益交织在一起，还出现了许多超越国界的全球化问题，这些特点都必然反映到国际法上来，国际法本身是排斥“单边主义”的。现代国际法有一个很明显的特点：它并非都是对国际政治现实“滞后”的反映，在许多场合下，它甚至能作出“超前性”的框架性安排。然后，在这个框架下，通过成员之间的协商、协调、博弈，将其规则细化、落实。这种变化带给大国博弈的明显好处是，极大地减少了大国之间的直接尖锐对抗 。因为建立在国际政治力学基础上的国际框架已经在很大程度上反映了大国的意志（至少是它能够接受的），而且它还有充分的时间和空间与其他国家、国家集团协商、协调，从而达到自己的对外政策的目的，而不至于与其他大国或国家集团直接对抗造成两败俱伤的结果。传统大国关系恰恰是因为缺乏这种“合力”的牵制而使得大国或大国主导的国家集团之间缺乏回旋的空间与时间，容易导致彼此间的直接对抗甚至是诉诸惨烈的武力行为。所以，尽管中美两国对于新型大国关系还没有形成定型的表述，但两国政要都表达了同样的意愿。就是因为中美两国都不想出现双方直接对抗的结果，且当今国际体制保留有足够的时间与空间供两国通过和平方式、合作的方式解决彼此间的分歧与纠纷。

当然，即使存在相当的可能性和现实性，中美之间构建新型大国关系亦非易事。需要中美两国有识之士共同发挥其政治智慧，排除各种障碍，为中美两国甚至是全人类探索出一条前人从来没有走过的道路。

论“微时代”背景下高校学生的法制教育

■ 郭　媛* 　姚震乾**

【内容提要】 微传媒是传媒一种与时俱进的新形式，也是人与人社会交往的新平台。微时代下的信息传播，有着其他媒介所无可比拟的优势，也存在很多可被利用的漏洞。高校学生是微传媒的主要用户群体之一，如何通过法制教育引导高校学生正确使用这一网络工具，是时下的重要课题。

【关键词】 微传媒　微时代　高校学生　法制教育

一、前　言

微时代的到来，是历史发展的必然。信息社会人与人之间做得最多的一件事情，是信息交换，通过交换获取的信息，首先影响到一个人的决策，进而左右了思想的形成，再者对国家以及整个人类社会的态度发生改变；同时，信息社会通常也是效率型的社会，社会成员可支配的时间有限，常常期望在最短的时间里获取最多的信息。庞大的信息量很大一部分跟自己的切身利益没有关系，却维系个人社交以及保持对生活敏感度的必需。大量信息交换的需求，以及欠缺必要时间对繁杂的信息进行筛选处理，使得微时代下各种媒体和平台应运而生。

这样的媒体和平台是脱胎于旧事物的新事物，兼具了创新性和旧事物

* 郭媛，广东外语外贸大学法学院讲师。

** 姚震乾，广东外语外贸大学硕士研究生。

的优点，既扬弃集成了以往传播渠道的及时性、广泛性，也首次形成了新传播方式，在网络上独辟蹊径，吸引了一大批追随者乐此不疲。但事物的发展是不断前进中的螺旋上升，不可能一蹴而就，于是在微时代下各色平台和媒体在发展的过程中，也走过了一些倒退的路，值得深思。

2011年年底，国家互联网信息办公室开展整治网络淫秽色情和低俗信息专项行动❶，从中央政府的层面，表明了整治微时代网络乱象，特别是以微博客为首的网络平台上不实信息清理的决心，及严肃追则的态度。随后，《北京市微博客发展管理若干规定》出台❷，这是第一个剑指微博客的省部级法规，表明微时代下互联网出现的多种问题，已经触及法制社会的底线，需要用法律去强力规制。

二、微时代的特点

“微时代”是一个蕴含着文化传播、人际交往、社会心理、生活方式等多种复杂寓意的时代命题。❸ 宏观而言，微时代体现了一种时代潮流，越来越多的上网用户利用以微博客为代表的微型网络应用，自主却又无意识地开拓出一种以往所不可想象的传播方式，以及构建了一个全新的社交平台，用传统的传媒力量加上社交平台海量的信息存储互换，形成一个舆论窗口，并借助信息时代的技术，快速地占据舆论的主导位置；微观而言，微时代具有以下显著特点。

（一）信息传播的时效性强

微时代的信息传播，以微博客为主流工具。国内的微博，可以说是国外流行已久的“推特”的中国化产品：基于与博客相同的操作原理，博主在任意时间、地点，通过手机、电脑等数码终端，上传自己的所见所闻，可附带发表感想。所上传的信息来源，大部分为生活的第一手材料，在很

---

❶ “国家互联网信息办：206个微博客账号被依法关闭”，载 http：//news. xinhuanet. com/politics/2011－12/09/c_ 111231307. htm，2011年12月9日访问。

❷ “北京市微博客发展管理若干规定”，载 http：//www. people. com. cn/h/2011/1217/c25408－4171986580. html，2011年12月17日访问。

❸ 王倩、张立杰：“‘微时代’高校思想政治教育载体的发展和创新”，载《技术与创新管理》2012年第3期。

多时候甚至比新闻媒体从业者发布信息的速度还要快，因为博主在发布消息之前，既不需要对所发布内容的客观真实性进行严格甄别，也没必要对所发布的内容进行表达语法上的推敲，最重要的是无须通过新闻审查程序，简单率性的发布方式与都市生活的快节奏不谋而合，网友通过浏览微博各取所需，每每在微博上能够取得非常有价值的第一手消息。近年来，有不少利用微博时效性提高了办事的效率，从而促使事情解决的例子，典型的如“微博打拐”，利用微博公布被拐卖妇女儿童的图片以及相关身份特征信息及网友反馈回来的线索，为解救被拐卖的妇女儿童争取到宝贵的时间。可见微博的时效性极强。

（二）信息传播的受众面广

过往和网民相关的信息传播，都能笼统地称得上受众面广，并没有一个很直观具体的概念。论及微时代，以微博为例，2011 年，中国互联网中心（CNNIC）发布《中国互联网统计报告》，截至 2011 年年底，中国网民数量突破 5 亿人，其中微博使用人数达到 2.498 8亿人，比 2010 年同比增长 300%❶，同时，我国网民在各网站注册的微博账号约为 8 亿个，用户每天发布的信息数量约为 2 亿条。❷ 微博使用人数的迅速扩张，说明了两个问题，其一是以微博为首的微型传播工具符合社会发展的潮流，顺势而生；其二则是在数量众多的网民成为微博的用户，从而承担起微时代信息传播任务的同时，也成了微时代信息的受众，在共享中突破了物理的间隔，使得信息以不可预测的发展速度进行传播。传统媒体已经在受众面上感觉到劣势，人民日报社社长张研农在与复旦大学学生交流时毫不隐瞒自己的危机感，称：“微博女王”姚晨有粉丝 1 955万人，这意味着她每一次发言的受众，即便不算微博“转发”后的间接传播，比人民日报发行量还多出近 7 倍。❸ 央党报都如此感慨，微时代信息传播受众面之广可见一斑。

---

❶ “CNNIC 发布统计报告：中国微博用户一年暴增三倍”，载 http：//finance. qq. com/a/20120117/001963. htm，2012 年 1 月 17 日访问。

❷ “同集成我国微博用户日发信息约 2 亿条”，载 http：//tech. qq. com/a/20111221/000418. htm，2011 年 12 月 21 日访问。

❸ “人民日报社长：微博女王姚晨是我们的‘对手’”，载 http：//cul. sohu. com/20120502/n342145249. shtml，2012 年 5 月 2 日访问。

（三）信息传播网络舆情具有不可控性

所谓网络舆情，指的是群众在知悉一个社会事件，或者一个社会事件的其中一个方面之后，即对该事件进行评说，将自己对事件的感知通过微平台发表到网络，并由此引起网友的关注，迅速在网络传播后形成一种舆论导向的传媒现象。但凡谈到网络舆情，更多地涉及一些负面的评价，有研究认为❶，网友单一的情绪向度，特别是不满情绪主导下的网友评论，容易招致大部分网友的情绪感染，进而形成“立体化的感染机制”。这种全方位的感染往往反映了社会群众对某一个管理层的强烈不满，以小见大地通过一个个体事件表现出来，特别是微博信息的传播通过转发这一途径完成，在转发的过程中，很多情况下不是简单地复制粘贴，而是带有个人评议，“具有内容再造的特点”❷，少则数十次多则上万次的“信息再造”很难保证在传播的过程中信息仍能保持最初的性质，退一步讲，即便保存了最初的性质，信息的源头是否客观真实全面，也是不能百分百保证的。发布信息的简便以及转发的随意性，造成了网络舆情扩散迅速以及难以控制，形成了一种潜在的危机。各级党委及其宣传部门一般对此十分重视，并设有专门的舆情通报机制，各微博管理者也设有诸如“微博小秘书”“微博辟谣”等防止不良舆情扩散的组织，但就目前而言，网络舆情中虚假不良信息的扩散防治还存在滞后性，只能在舆情已经有了一定规模后才引起注意，这样的被动地位加大了控制舆情扩散的难度。

三、“微时代”背景下高校学生法制教育现状分析

微时代是以微博等新兴网络应用为主导的新型信息交换方式和潮流，自然受到年青一代的追捧。特别是高校学生，几乎人手拥有一个账号。拥有微博账号的起因可能不尽相同，重要的是每一位高校学生都在使用微博作为自己了解外界的一个重要窗口。现如今，高校学生使用微博已经不仅仅满足于发表心情感知和发布个人近况公告，而是越来越多地参与到社会

---

❶ 李彪：“网络舆情的传播机制研究”，载《国际新闻界》2009年第5期。

❷ 吕辛福：“微博客的新闻传播特征分析”，载《新兴媒体》2010年第8期。

事件的讨论中来。

这种现象具有普遍性，并且是容易理解的。能够进入高校学习的，本是同龄人中德智体美相对完备和全面发展的佼佼者，这样的学子除极个别外，都对社会良知有着自己正确而独到的认识，加上高校深层次的培养与自身努力的学习，高校学生的心中都有一种朴素的政治观念和社会价值观念，并且发自内心地愿意把这种观念应用到社会生活中去。但高校学生的社会实践平台主要在学校，而学校提供给每一位大学生实践自己政治观念的平台是无法满足学生要求的，在这样的情况下，高校学生急需选择一个出口来实现考验自己政治素养的愿望，微博作为一个时效性强、自由度高、受众面广的平台，受到了高校学生的青睐。

但在很多例证中，也不难发现由于对事件的把握不准确不完整，或者一味地跟风起哄，造成了舆论导向的偏差，并因为传播不良信息、不实信息而触犯法律，高校学生在这方面所接受的法制教育普遍空缺，法制观念没有深入人心。如国内某知名高校，校内学生表达了参政的良好心愿，自主提名竞选人大代表，并选择了微博作为自己竞选的宣传平台。在越来越多的关注者中，开始掺杂了许多不怀好意的推波助澜者，并且在声势浩大的支持声音里面，开始有国外背景复杂的财团介入。并且发表一些蛊惑性很强的言论，煽动网友转发，肆意攻击我国的选举制度，将高校学生推向前台，而不明势力则在后方操纵舆论，幸得网络监察部门通过技侦手段侦破，在不少参与其中的高校学生进一步犯错之前采取了果断的措施，才使得事态得以平息。

（一）微时代下高校学生法制教育领域趋于空白

依法治国是党和政府领导人民治理国家的基本方略，自依法治国被确立为基本国策以后，社会各界积极响应，在依法治国以下提出了依法治省、依法治市、依法治校的子课题，并建立了相关法律制度，开展了普法宣传，使得法制观念得到较好地贯彻，这是成绩，但不能说法制和教育没有盲点，其中高校学生微时代下如何遵纪守法的专题课程这一领域还基本空白。

造成这一领域趋于空白的原因有很多，其中主客观各有一个重要的因素。主观上，是对微时代下高校学生法制教育的重要性认识不足，微时代下的法制教育，本身就是整体法制教育下的一个分支，可以说，是针对性很高的一个细化的项目，而高校开展的法制教育属于通识教育，一般而言，如非十分必要，高校不会开设专门的课程予以指导，但有鉴于微时代下高校学生是主要用户群之一，并且高校学生自身满怀抱负以及对社会充满美好愿景的心理特点，容易被人加以利用形成网络舆论的恶势力，所以开展相关的法制教育，以规避这一情形还是十分必要的，对此高校普遍认识不足。客观上，是微时代下法律的滞后性需要一个缓冲期，专题法律法规还没有形成体系，给开展法制教育造成了“无源取水”的窘境。从表面上看，我国在维护互联网安全方面的立法力度是很大的，既有《互联网信息服务管理办法》这样的国务院法规，也有《最高人民法院、最高人民检察院关于办理利用互联网、移动通讯终端、声讯台制作、复制、出版、贩卖、传播淫秽电子信息刑事案件具体应用法律若干问题的解释》这样的司法解释，前一段时间的刑法第八修正案，也加大了对互联网信息交换安全的保护，但总体而言，这些都属于总括性的规定，对于新兴的微博而言，有许多特点以及违法犯罪方式，立法并未囊括，除北京出台了《微博客管理规定》外，全国各省市再无记录在案的与微时代各种应用工具相匹配的法律法规，缺乏法律法规的参照，给法制教育带来客观的困难。

（二）微时代下高校学生法制教育缺乏经验借鉴

微时代是由微博的兴起所引发的信息传播新潮流，其运行机制以及发展趋势尚在学术探讨的领域，没有一个确切的定论。这不仅仅是因为微时代本身是新事物，需要给予充分的时间，通过实践这一检验真理的唯一标准去探讨它的内在规律，也因为微时代所维系的信息传播已经成为时下民意的代名词，研究微时代的轨迹同时也是一部民心向背的编年史，是一个宏大的课题，没有深入的调查研究，不能妄加评议。

在这个基础上，给予微时代游戏规则的法律显得尤为谨慎，相关的立法规划虽然已经将规范微博等微时代网络先锋列入日程，也有首都北京先行先试出台了适用性强的管理规定，但从全国的整体大局来看，用以指导微时代的路标还是少见的。即便是已经进入试验田的北京市，也由于法规生效时日尚短，并不足以形成经验。

在这样的情形下，高校要在微时代条件下有针对性地开展法制教育显得捉襟见肘，由于微时代本身的独立性和特殊性，使得借鉴其他方向的法制教育来补充的方法不能奏效，以广东外语外贸大学为例，除新闻与传播学院在其新闻系开设的新闻法中有专章涉及网络舆情与微时代信息传播特点介绍以外，即便是法学院也未曾涉及这一专题，其他管理类、理工类、文史类学院则更不必谈及，微时代下的高校学生法制教育似乎陷入了“前无古人”的尴尬境地。

四、微时代下高校学生法制教育的一些思考

微时代是历史发展的必然，是人民群众喜闻乐见的新型媒体，顺应历史的发展，为微时代的发展创设良好的环境，是历史唯物主义的要求，也是加强高校学生在微时代下法制教育的初衷。在微时代下开展高校学生的专项法制教育，绝不能以限制学生使用微时代的各种网络应用为目的，高校学生是微时代的追随者，同时也是时代的接班人，社会始终是要由年青一代来开拓的，正因为无论如何将来都是属于年青一代的，社会在不断向前发展中创设了新时代，作为培养新时代弄潮儿的场所，高校应该秉承因势利导的良好心愿，使高校学生在运用微时代发展、锻炼自身，间接参与社会活动的时候，有着自身良好的判断力。

用法制教育来作为提高是非判断力的突破口，是由法律本身的条件决定的。法律是社会底线的道德，在微时代下运用各种微传媒，遵守法律是基于两方面的考虑。（1）法律是社会最基本的道德，这种基本道德维系着社会的秩序，社会运转唯有依靠秩序。如果没有程序正义，脱离秩序的轨道，肆意妄为，则必然引起社会的混乱，打破程序正义的原则，过分超前或严重滞后，则一定引发社会的动荡。如此，微时代下遵守法律，可以使之运行得健康有序。（2）法律所彰显的道德是社会的底线，只要守住了底线，其余都是自由，这对微时代称得上福音。先哲孟德斯鸠在其著作《论法的精神》中表示，唯有遵守底线的、有限制的自由，才是真正的自由，自由不是为所欲为。微时代的显著特性在于信息的海量传播与交换，在这个过程中需要极大的自由作为支持，而什么信息该传播，什么信息不该扩散，法律不会一一挑明，只是规定一条底线，底线以上，全部允许进行，给予微时代以充分的发展空间。如此，加强高校学生在微时代下的法制教

育，对微时代的发展进程举足轻重。

（一）高校主动进驻微传媒

微时代下，网络信息传播迅速，旗下的微传媒既具有传统传媒的特点，也超越了传统传媒的局限。在微时代应用工具的条件下，微传媒不再是传统传媒的定义，不一定是具有官方资本背景的兼具公益性质和营利性质的组织，而是大到民营资本，小到微博上一个关注人数有相当数量的名人，都可以发挥到传媒的作用。以新浪微博为例，往往一个加“V”的认真用户发出的一条信息，更为网友信任和转发。各色微传媒已经渐渐地展现了自己传播的魅力。

我国正处在社会转型的阵痛期，经济的快速发展与思想文化建设的略微滞后，导致了社会不和谐的情形时有发生，当地主管部门稍有处理方法上的不慎，就容易使得事件演变为网络舆情。自古防民之口甚于防川，网络舆情只能疏不能堵，堵住网络幽幽之口的方法也许有很多，比如删帖、将信息沉底，但各种方法无异于扬汤止沸。疏的方法只有一个，就是还原事实真相，及时通报处理结果，给民众一个满意的答复。放到高校这一具体情况而言，高校学生是网络舆情的热心追随者，高校官方组织主动出击，进驻各大微传媒，在学生群体有疑问并将这种疑问的情绪带到微平台上时，及时予以剖析原因、澄清事态、表达关注，并借机对网络法制规则进行宣传，善意提示学生群体要保持克制与冷静，相信党和政府的处理，并给予充分的耐心和时间，相信事件能够依法圆满解决。相信，每一次的高校作为官方组织主动进入微平台下的舆论中心，向关注自己的学生“粉丝”喊话表明态度，都能起到一定的正面效果，同时也考验了高校领导层的执政能力。能否在这样的考验中抓住机遇，在处理事件的过程中反映法制的精神，依法办事、以法律为准绳，在程序正义下坚决维护实体正义，并展示在关注自己的学生面前，是值得高校作为教书育人的场所，是帮助学生树立正确人生观世界观的重要方面。国内数所知名高校之中，北京大学、清华大学、上海交通大学、上海复旦大学、中山大学已经在新浪微博上开设以校名为账号名的加“V”认证微博，及时发布校园官方动态，并接受同学们对于热点事件的咨询并给予回复，促进了许多校园生活事件的解决，我校组织部、新闻社、校团委、就业指导中心等与学生息息相关的部门也主动开通了微博，这表明了高校正在对官方组织进入微平台，融入高校学生中，做出不懈的努力，这也对高校学生在微时代下的法制教育产生了积极的影响。

（二）完善微传媒的审查机制

传媒审查机制，在中国是个尴尬敏感的话题。大多数的新闻从业者对此十分抗拒，这样的机制大概相当于对新闻自由的一种控制。凤凰电视台著名记者、主持人闾丘露薇在她的新书签售会答读者问的时候，对“新闻审查”有独到的见解，她认为与其关注新闻审查的存在合理与否，倒不如去关注新闻媒体在报道的本身是否有遗漏什么，是否刻意隐瞒什么，或者当新闻媒体去赞扬或批评一种观点的时候，读者自身可以从反面去思考背后隐藏的另一种不同意见。闾丘露薇的看法可能跟新闻审查制度本身并不太相关，却给新闻审查制度留下了完善和改进的方向，那就是忠于事实，不带有偏向性地去隐瞒事件的因素，把评判的机会留给民众去分析。而不是通过审查筛选掉一种观点，把这种被筛选掉的反面观点作为“唯一”的观点展示出来，这不仅违反了新闻监督本身的意义，也违反了马克思主义哲学关于事物两面性的原理。无怪乎有学者对审查制度十分担忧，认为应防范其他权力过多地介入新闻业。

同样的道理，对于承担了一部分传媒机制的微平台而言，对适度的新闻审查是无可非议的，关键是如何在国家利益和新闻自由之间找到一个平衡点。哪些是危害国家利益的报道，评判标准是什么？现在我们无从找到一个标准的答案，但是可以确定的是，客观真实、还原事实，是新闻审查通用的要求。在新闻审查的过程中，及时对不良信息进行清理，发布相关清理数据、类型和消息，这不仅仅是一种对不法行为的取缔，也是一种净化网络环境的必需。

通过这样的信息审查制度，并开诚布公地把相关新闻审查制度的标准发布出来，对于从外围做好微时代下高校学生的法制化教育是有莫大帮助的，主要基于两个方面的考虑。第一，可以以法律法规为依据，结合具体的例子向高校学生释放友好的信号。高校学生是微平台的主要使用者之一，对于网络信息的传播起着不可替代的作用，同时高校学生也是崇尚自由和民主思想的主体，内心期望看到社会更为开放和发达，在这样的情况下对某些信息的清理，特别是涉及敏感政治的信息删除，对于高校学生这个群体而言，是与内心愿望相违背的，此时以事实为依据，以法律为准绳做好宣传，深入说明哪些信息是触犯法律的，清理的依据在哪里，从而争取高校学生群体的理解，对做好信息审查制度减少了不少工作上的阻力。第二，可以从根源上清除网络环境，使高校学生更为合理地使用微平台进行信息交流，促进社会的发展，避免高校学生陷入不必要的争端。高校学生固然是微平台的使用者之一，但是在很多时候这种使用是单方面的，也就是说，更多的高校学生是作为受众而存在的，大多数时候并非不良信息的制造者，而是不明真相的传播者。对于信息的来源，大多数高校学生是不会做深入考究的，一旦信息涉及违法，高校学生作为信息传播者，也是作为被动违法者存在的。出于保护学生的目的，也出于对高校学生进行法律框架内的保护，清理不实信息，净化网络环境，可以对高校学生健康地使用网络平台起到良好的推动作用，潜移默化地改善微平台也能对高校学生的法制教育起到辅助作用。

（三）调动高校学生发挥自我管理的积极性

微时代下的校园管理和秩序的建立，需要学生自身的积极响应和配合，有教育一线的专家研究指出，当代高校在微时代下，开展思想政治工作需要培养和在一定程度上依靠“脖领儿”队伍，即微博中的领袖人物，特别是党员学生干部要在微博中形成主流意见，引导舆论的正确方向。[1] 这个观点对于加强高校学生在微时代下的法制教育而言，十分具有启发性。

微时代下的各色网络应用是时代的产物，它的兴起是历史的选择，也是人民群众的选择，是为人民群众所喜闻乐见的。历史唯物主义的观点要求我们，但凡处理一个问题，要坚持走人民群众的路线，从群众中来，到群众中去。以这个思想路线为引导，不难发现，要加强高校学生应用微平台时的法制理念和意识，并对此加深教育，就应当从学生群体中挖掘立场坚定，法制理念牢固，以及对世界观人生观有正确认识的学生作为标杆，着力培养并鼓励一部分学生主动倾听整个学生群体的意见，一方面与高校管理者保持交流互动和及时沟通，另一方面要鼓励这部分学生在微平台，

[1] 张翼：“基于微博平台下大学生思想政治教育研究”，载《高教高职研究》2011 年第 79 期。

特别是微博中强化主流言论，带动整个群体的正确舆论导向。

这一部分群众基础好、个人能力突出的学生给法制教育所带来的推动力，是从内部发出的，是自身的发展和进步。法制教育不能只靠传授，还必须依靠实践，在实践中运用法制理念，才能真正使法制理念深入人心。鼓励高校学生发挥自我管理的积极性，一方面可以更容易为学生群体接受，来自于同龄人的思想相近与共鸣，往往比高校管理者以官方的姿态宣传思想来得平等；另一方面也可以及时地反馈出高校学生这个群体的思想动态，在一些诸如网络暴力的涉嫌违法的现象发生时，可以及时掌握情况，进行说服教育，防患于未然。

论比较法的定义与研究方法

■ 周新军*

【内容提要】 在比较法的发展中，学者们从比较法的目的或功能中，根据其与自己最重视的事物的联系对其加以定义，结果产生了多种多样的、而不是统一的比较法概念。本文通过对各种观点的分析，提出比较法作为一门法律学科，其研究对象是比较不同法律体系法律制度的相同点和不同点，在此基础上解释它们的来源，评价不同法律体系所使用的解决办法，划分不同的法律体系并研究与此相关的方法论问题的学科，并在此基础上对比较法的研究范围和研究方法提出了自己的看法。

【关键词】 比较法　研究范围　研究方法

比较法的发展依赖于世界不同国家法律制度的相互交往，在闭关锁国时代不可能存在比较法产生的条件。改革开放以来，我国比较法获得了较快的发展，随着经济全球化的进程，法学专业的学生有必要更多地了解世界其他国家的法律制度。

一、比较法定义的不同解读

“比较法”这一用语从 19 世纪末开始为人所知，最初曾经使用的是“比较立法”，然而，及至法学家们认识到制定法并不能涵盖法的一切之时，就不能不用更广义的“法”取代了“立法”一词。这一用语是在 1900 年巴黎国际比较法大会召开之后，而且是在 20 世纪后半叶才逐渐在世界范围广

* 周新军，广东外语外贸大学法学院教授。

泛普及的。[1]

在比较法的发展中，学者们从比较法的目的或功能中，根据其与自己最重视的事物的联系对其加以定义，结果产生了多种多样的、而不是统一的比较法概念。有影响力的比较法学家格特里奇和达维德把比较法视为比较方法[2]，英国法学家沃森（A. Watson）认为，比较法是对法制史和法理学的研究。[3] 德国比较法学家茨威格特（K. Zweigert）和克茨（H. Koetz）认为，比较法是指一方面以法律为其对象，另一面以比较为内容的一种思维活动。[4]

既然比较法一词的含义是法的比较，那么接下来的问题就是：是否任何法的比较都是比较法？比较法的范围有多大？在中外诸多比较法学家的论著中，对比较法的研究范围有不同角度的阐释，其中有许多一致的认识，但也对某些问题有不同的理解。例如，比较法的范围是否包括国内法的比较？比较法的范围是否包括外国法？比较法的范围是否包括历史的比较？

在国内法的各学科中都广泛应用了比较的方法，如民事主体的研究中公司与合伙的比较，刑法中对盗窃与抢劫罪的比较，等等。这是法学教育、研究和法律实践中经常运用的方法。人们在作出判决和得出理论结论之前，往往需要对有关的规则进行比较。有些学者认为，这也是比较法的范围。但是，也有学者认为，因为一国法律之间的比较属于本国各有关部门法的比较，是本国法学家的日常任务，如果将它们列为比较法范围，那就使比较法的特殊性不再存在。[5]

在国内法的比较中，还有另一种意义上的比较，即对一国内不同历史时期的法律制度的比较，比如对中国不同朝代的法律制度所进行的比较。对这类比较是否属于比较法的研究范围，国内的学者有不同意见。有的学者认为，这类比较属于比较法的范围。[6] 但也有学者认为，这类历史的比较没有超过同一国家法律制度的范围，因此不能算作比较法。

---

[1] ［日］大木雅夫著，范愉译：《比较法》，法律出版社1999年版，第59页。
[2] 同上。
[3] 刘兆兴：《比较法学》，社会科学文献出版社2004年版，第3页。
[4] ［德］K. 茨威格特、H. 克茨，米健等译：《比较法总论》，法律出版社2003年版，第3页。
[5] 沈宗灵：《比较法总论》，北京大学出版社1998年版，第5页。
[6] 同上书，第26页。

关于比较法的范围是否包括外国法研究的问题，有两种不同的意见。一种意见认为，外国法研究应属于比较法，其主要理由是：比较法的一个主要内容是外国法，外国法是基础性研究，只有做好基础性研究才能进一步研究。❶ 另一种观点则认为，比较法研究离不开外国法，但是研究特定的外国法并不是完全意义上的比较法，只有对本国法与外国法之间或者对外国法之间进行比较研究，才是真正意义上的比较法。正如英国苏格兰的法律史学家沃森指出的，比较法不是对一个外国法律制度或一个外国法律制度中的某一部分的研究，不是对各个法律体系的各种“家族”的初步叙述，而是对世界各个法系的一种综合观察，或者对作为两个或更多法系之间的个别规则或法律部门的比较。

对于上述问题，我们认为，在国内法的各学科或国内法不同历史时期的法律制度的研究中，它们虽然运用了比较的方法，但不能算作比较法，因为比较法所比较的法属于不同法律体系，或拥有不同管辖权的法律体系，而不是同一法律体系中的不同制度或规则。正如德国比较法学家茨威格特和克茨所说“这种比较不是指在同一个国家的法律秩序之内的不同的规则之间进行的比较，而是指世界上各种不同的法律秩序的相互比较”❷。我国学者也认为，比较法是指对不同国家或地区的法律及其制度的比较。关于比较法的范围是否包括外国法研究的问题，两种意见的分歧在于，一种主张叙述是比较和评价的基础，外国法的叙述已经是比较法；而另一种观点主张，只是叙述而没有比较和评价，不是比较法。我们认为，比较法必须建立在比较和评价的基础上，只是叙述外国法的应属于外国法制史研究的范围。

比较法的研究范围应该包括以下几个方面。

（一）比较法的研究范围是对两个以上国家的法律体系的比较研究

对两个以上国家的法律体系的比较研究，通过把本国的法律及其制度与被比较的外国法律及其制度进行比较，能够揭示出不同的法律的各类概念、调整方法，以及它们之间的相同点、相近点或不同点，以至对立点。

---

❶ 朱景文：《比较法总论》，中国人民大学出版社2008年版，第6页。

❷ ［德］K. 茨威格特、H. 克茨著，米健等译：《比较法总论》，法律出版社2003年版，第3页。

在对两个以上国家的法律制度进行比较研究时，比较研究的对象既可能是同一类型的法律制度，也可能是社会经济基础不同类型的法律制度。在前者，比较研究是侧重于归纳它们之间的共同点，进而总结出具有规律性的东西；而在后者，主要是对比和揭示出它们之间的不同点。

（二）比较法的研究范围包括对同一国家的不同法律体系的比较研究

对同一国家的不同法律体系的比较，同样是比较法研究的范围。无论是在联邦制国家还是在一些单一制国家中，往往在一国内存在着不同的法律体系，或者存在着不同法系的法律制度。特别是在联邦制国家，例如，加拿大的一些比较法学家，经常将本国属于大陆法系的魁北克省的法律与属于英美法系的其他省的法律进行比较研究。

在当代中国，在香港、澳门回归祖国，从而实现了“一国两制”以后，中国内地的法律与香港、澳门地区的法律之间的比较；或者海峡两岸“法律”之间的比较，都属于比较法研究的范围。这是因为，按照社会制度性质的不同，中国内地实行的是社会主义法律体系，港澳台地区实行的是资本主义法律体系，在同一个国家存在两种以上的法律体系时，对它们之间的比较研究当然也就成为比较法的研究范围。

如果在同一国家内实行的是一种法律体系，那么，对属于同一法律体系的不同的具体法律制度、不同的规则之间的比较，尽管也运用比较的方法，但是这不属于比较法的范围，而只是“比较法”一词的表面含义。

（三）比较法的研究范围包括对本国法与外国法、国际条约或不同的外国法之间的比较研究

有的学者认为，比较法的研究范围应当包括对外国法的研究或叙述，其理由是：比较法的一个主要内容是外国法，而外国法是比较法的基础性研究；任何人研究外国法都持有本国法的观点；比较法不以对不同法律体系做出评价为必要条件，可以进行价值判断，也可以只是叙述。

对此，德国法学家茨威格特和克茨指出：“对外国法研究本身并不意味着比较法。例如，在1937年国际联盟所编制的关于世界妇女地位的出版物，纯粹是各国报告种种不同的各国法规，缺乏真正的比较，因此我们最多只能够称之为叙述的比较法。只有在探讨作为具体研究对象的问题的过程中进行特殊的比较考察时，才能够称之为真正的比较法。经验表明，比较法最后是这样进行的：作者首先在各国报告中说明外国法的主要资料，然后用这些资料作为研究的真正核心继续进行深入的比较，最后作为此种比较的结果，进行批判性的法律政策的考察或者得出关于本国法律的解释的结论。”❶

笔者认为，关于这个问题的答案必须与比较法的目的联系起来加以考虑，比较法的一个重要目的是通过对不同国家法律的比较研究，既加深对外国法律的认识，也有助于对本国法律的进一步了解和改进。要实现这一目的，就必须对不同的法律秩序进行分析和比较。从这一角度看，对外国法的研究，不是真正的比较法的范围，而只是比较法研究的基础。单纯地研究外国法或国际条约并不是比较法，只有对被探讨的特定对象之间进行比较并以此为根据得出相应的见解或结果，才真正属于比较法研究的范围。

综上所述，比较法作为一门法律学科，其研究对象是比较不同法律体系法律制度的相同点和不同点，在此基础上解释它们的来源，评价不同法律体系所使用的解决办法，划分不同的法律体系并研究与此相关的方法论问题的学科。

就一个国家在一定时期的法学而论，它总是以研究本国现行法律为重点的。但这决不意味一国的法律教育或法学研究仅以本国现行法律为限。在现代世界，如果采用闭关自守的政策，不仅是愚蠢的，其后果也是很不利的。

比较法学有助于本国法律教育和法学研究的发展。它引导法律教育和法学研究工作者进入一个新的境界——本国法以外的广阔领域，即比较法的丰富知识，不仅是外国法和外国法之间的比较研究，而且也包括本国法和外国法之间的比较研究。这种新境界表现在：尊重其他各民族的独特的法律文化，加深对本国法的理解，为完善本国法介绍批判准则，认识法律规范受社会学的制约和透视各种法律制度形态的形成。在这种情况下，实际工作能力也同时产生了，这是来自全部学术修养远距离发生作用的结果。比较法作为实证主义、教条主义和狭隘民族主义的对立面，指出法律传播的价值和法学的普遍性。它在更大的视野中进行全面的法律思考，由此克

❶ [德] K. 茨威格特，H. 克茨，米健等译：《比较法总论》，法律出版社2003年版，第9页。

服了偏重技术的专家意识，具有批判性的理解力，可以随时使用一个世界规模的“各种解决办法的仓库”。

与此相对，比较法在今天大学教育中所占的地位依然是相对低微的，它被视为给精神上特别丰富的人们提供的高级课程，而不是普通大学生所能够问津的。而为了使年轻人能够很早就业，尽可能缩短学程，这就使得我们的法学教育干巴巴地沦为一种技术学校教育，把单纯的“法律技术人员”当作法律专家输送到职业行列里去。在这种法学教育中，由于本国实在法素材的狭隘性，使自己坐井观天，看不见几乎每一个法律问题都会有大量的可能存在的解决办法，从而使人们没有能力从内心投入并且运用批判态度对待法律现象。这种实证主义的训练，产生的是一种缺乏独立思考的法律技术人员，他们贫乏的价值体系是无法适应错综复杂的社会现实的。

如今，现代的比较法，在横向的比较中，能够非常生动明了地阐明现代各种法律秩序已经发展的关于具体问题的各种类型的解决办法，同时为了批判性地观察这些解决办法，并且为了将本国的解决办法同它们进行比较估量而提供工具。比较法研究的成果同国内法学教育的一体化将不仅使我们获得本国法律上占统治地位的现实的解决办法的整个轮廓，同时还加强了人们改革与完善法律的思想意识并且树立责任感。

综上所述，比较法不应当是给学生们塞满附加的外国法律资料，而应当是向他们提供“诸种观点方法”和批判性的论证，为了有效地实现法的目的，法学教育应该重视比较法。

二、比较法研究方法的考察

比较法的方法，不仅是思想方法，而且是工作方法，这种方法的掌握，可以使得初学者不至于漫无目的地工作或者走弯路。

比较法学家对比较法研究的方法，即它的方法论有多种理解。这里着重阐述以下有代表性的几种方法。

（一）宏观比较和微观比较

宏观比较和微观比较是根据比较的范围来区分的，但是对它们的含义法学家们有不同的理解，二者的含义并不十分确定。

勒内·达维德所区分的微观比较和宏观比较是以法系的划分为前提的，他认为，微观比较是指同一法系的法律的比较，宏观比较是对不同法系的法律的比较。一般法学家主要关心法律具体问题，微观比较对他们有吸引力。与此不同，法律哲学家和政治科学家则注意宏观比较，他们认为法律属于社会科学研究领域，主要应研究法律在政府治理和组织中的作用。[1] 有的比较法学家对微观比较与宏观比较的含义和范围有不同看法，它们认为，微观比较与宏观比较的区别在于比较的是法律的整体还是部分，宏观比较的范围不仅限于法系之间的比较。如莱因斯坦（M. Rheinstein）认为，宏观比较是对整个法律制度的比较（例如英美的普通法和所谓民法，或在民法内，以法德两国法律为典范的所谓罗马化法系），微观比较是对具体法律规则和制度的比较。瑞典比较法学家波格旦（M. Bogden）认为，宏观比较包括法律制度整体之间的或整个法系之间的比较，微观比较是特定法律规则或制度之间的比较。他还认为，微观比较注重的是法律规则的内容，宏观比较则集中在对法律制度形式的比较上，如法律结构和渊源等方面的比较。[2] 因此，微观比较和宏观比较又可称为实体比较和形式比较。可见，各国学者对宏观比较与微观比较的理解及表述各具特色，其中有同有异，但大体上都认为宏观比较是对不同法系或不同社会制度法律之间整体的比较，而微观比较是对具体法律规则或制度的比较。

关于宏观比较和微观比较两种方法之间的关系，有的学者在论述两种比较方法时也有说明。比如，波格旦指出，这两种方法是互相交错的，特别是在法律程序和法律思想方面。有的学者还进一步论述了它们之间的相互作用："宏观比较和微观比较当然会互相转变，因为微观比较为法律体系的研究提供了例子和验证的工具，而法律体系的知识又为特殊问题的研究提供了不可分割的内容。"[3]

（二）叙述的比较和评价的比较

从比较法的目的角度，可以分为叙述的比较和评价的比较。叙述的比

---

[1] 沈宗灵：《比较法总论》，北京大学出版社 1998 年版，第 38 页。

[2] 同上书，第 39 页。

[3] ［美］格伦顿、戈登、奥萨魁著，米健等译：《比较法律传统》，贵州人民出版社 1992 年版，第 12 页。

较是在对不同国家的法律进行比较时，只是客观地描述各国法的特点，不作任何评价，仅以取得有关外国法的信息为目的；评价的比较则是在了解各国法的特点的基础上，分析不同的法律制度的政策以及它们的相对价值，对进行比较研究的法律规范进行评价。也有人据此将比较方法分为"叙述的比较"和"应用的比较"，与以取得外国法的信息为唯一目的的"叙述比较法"不同，"应用比较法"既有充实完善立法的目的，又有充实法律科学的目的。

（三）规范比较与功能比较

规范比较又称为概念比较、结构比较、立法比较等。规范比较主要是指对不同国家的具体法律规范的比较，比如，"在各国法律中对买卖合同有什么形式要求？"这种比较不同国家同一法律部门中各种法律制度、规则的异同就属于规范的比较。这种比较方法突出的优点是简便易行，只要搜集不同国家的相同法律文件，将要比较的法律制度或规则一一加以对比，分析其异同，即可达到预期的目的。但是这种比较的进行及获得成功，需要同时具备两个条件：第一，被比较的法律具有相同的结构、相同的概念，运用相同的技术，使待比较的各种规则和制度之间有明确的一一对应关系，能够进行一一对比；第二，被比较的法律制度、规则具有相同的社会功能，使对法律制度、规则的一一对比有实际意义。这两个条件使规范比较有较大的局限性。如果被比较的国家法律的社会功能相同而法律结构不同，或者法律结构相同而社会功能不同时，就不具有可比性，也就不能进行规范比较。除此之外还存在其他局限性，规范比较仅注重文本上的法律而忽视法律产生的社会条件及其在社会中的实际功能，这种比较往往容易得出教条主义的结论；另外规范比较往往是从本国法律概念、法律结构、法律制度以及法律方式出发，对其他国家的法律及其制度进行比较，这也很容易产生狭隘的民族中心主义。在传统的比较法研究中，通常采取规范比较的方法。

功能比较则突破了规范比较的局限性。功能比较是对同一社会需要及其产生的社会冲突问题，不同国家是怎样调整的或不同国家的法律的解决手段如何进行的比较，也称为问题比较。在西方比较法学家中，19 世纪后期德国的一些法学家，如耶林（J. Jhering）和拉贝尔（E. Rabel）等都已倾向对比较法进行功能研究。在现代比较法学家中，提倡这种研究方法的人有德国的茨威格特与克茨。他们认为，“人们不能够对不可能比较的事物作出有意义的比较，而在法律上只有那些完成相同任务、相同功能的事物才是可以比较的。”“每个社会的法律在实质上都面临同样的问题，但是各种不同的法律制度以极不相同的方法解决这些问题，虽然最终的结果是相同的。因此，任何比较法研究作为出发点的问题必须从纯粹功能的角度提出，应探讨的问题在表述时必须不受本国法律制度体系上的各种概念所拘束。”如果使用规范比较，人们往往在比较后会下结论说，关于某一问题在外国法律制度中找不到任何东西，因为他们无意识地带着本国法律制度的眼镜看待事实问题，并且因此按照他们自己的法律制度的经验估计在外国法中一项有关的规则就在该体系的一定的地方，他们只在这里寻找。而功能主义方法可以防止这样的事情出现。功能比较的最突出特点是研究中心的转换，大大扩展了比较研究的范围。功能比较不是以规则为中心，而是以问题为中心，只要各国有相同的或类似的问题，就可以对它们的对该问题的不同解决办法进行比较，通过“问题”这一中心就将原来以规则为中心的不可比因素转换为可比的，大大扩展了比较研究的范围，它架起了大陆法系和英美法系之间的桥梁，打破了资本主义和社会主义法之间的壁垒，把宗教法和习惯法都纳入比较研究的范围中，使得全世界的法律都成为比较研究的对象，它适应时代发展的需要，促进了比较法的发展。

对功能比较和规范比较的关系，它们各自的地位问题，学者们也有不同的主张。有的学者将它们对立起来，采取非此即彼的态度，如茨威格特等，也有的比较法学家反对将两种方法对立起来，主张在广泛而复杂的比较法研究中，仅有一种方法是远不够的，规范比较也有其特有的作用，两种方法是可以相互协调的。

笔者认为，在不同的比较范围中，两种方法各有千秋。当比较的对象存在相同或相同的概念、体系时，运用规范比较能够容易发现彼此的异同，当比较的对象通过规范比较发现没有可比性时，则可运用功能比较的方法。因此，应当看到规范比较与功能比较是两种基本的比较方法，各有其优势和适用范围，要根据比较研究的目的和任务，正确选择比较方法，并把二者有机地统一起来，充分发挥它们的作用，完成我们的比较任务。

上述方法仅是比较研究中较重要或较常用的方法，除此之外，还有动态比较和静态比较、法律比较和文化比较等。这些方法，值得我们认真地研究。比较法的发展也表现在不断发现和利用新方法。新方法的不断发现、总结，丰富着方法体系，促进着方法自身和比较法的完善。

意大利比较法学家卡佩莱蒂将比较法教学和研究方法划分为六个步骤或阶段。

第一步或第一阶段，是在涉及比较分析的两个或两个以上国家中，找出人们共同遇到的社会问题或需要。

第二步，是研究一定的法律制度对那些被我称为“共同起点”的社会问题或需要所作的法律解决办法。在此阶段，比较法学家的任务是找出那些处理共同社会问题或社会需要的法律制度所采用的法律规范、程序和制度。……由此，比较法学家可能会感到设计不同解决办法模式是很有用的。

第三步，是对有关国家采用的法律解决的相同性质或相异性的理由进行探索性研究。这些理由可能根植于历史和传统，或者也可能在于社会学的、伦理的、意识形态的、文化的相同或相异。

比较分析的第四步，是第三步以某种方式的继续。在这一步中，比较法学家的挑战性任务是发现可能的趋势，无论这种趋势是集中的还是分散的。

第五步，或许是最具挑战性的一步。在这一步骤中，比较法学家要对比较研究中包括的国家为解决共同社会问题所采取的法律解决办法进行评估。这种评估不是依据“好”或“坏”，“对”或“错”之类抽象的绝对标准，相反地，是依据特定解决办法满足社会需要、解决社会问题的效能这样一种客观标准的相对评价，这些社会需要和社会问题是我们比较分析程序的起点。

在我们比较法学家的努力中，还可以有选择性地进行第六步。……基于所有积累起来的资料，比较法学家可以进行如下推论：根据既定的社会存在和迫切需要和某种解决办法的既定的实际影响，也根据具体领域中的某些趋势，比较法学家可以合理地——如果大胆的话——试图预测未来的发展。[1]

这个描述，是按照比较法研究各个步骤的顺序平铺直叙地罗列的，比较详细地说明了一个典型的比较法分析过程的各个细节。

[1] ［意］毛罗·卡佩莱蒂：《比较法教学与研究：方法与目的》，见沈宗灵、王晨光主编，王洪林译：《比较法学的新动向》，北京大学出版社1993年版，第15页以后。

论法科学生核心能力的构建

■ 卢海清*

【内容提要】 近年来，法科学生就业问题日益严峻，如何构建和提高法科学生的就业竞争力成为法学教育迫切的任务。通过围绕“学习、能力、就业”培养主线构建法科学生的核心竞争力，能有效提升法科学生的综合素质和就业竞争力。

【关键词】 法学教育　核心能力　构建

中国的法学教育从恢复至今已30多年，为中国特色的社会主义现代化建设培养了大批符合社会发展的法律人才。但是法科学生的毕业生就业率连续多年低迷。根据2009年中国法治蓝皮书《中国法治发展报告No.7(2009)》的资料显示，法学学科毕业生就业率列当年文科专业毕业生最低。从就业蓝皮书提供的2009～2012届主要专业门类本科毕业半年后的就业率来看，法学专业分别为82.3%、86.7%、86.8%、87.2%，连续4年垫底。这固然与对法学专业毕业生供过于求有关，但更主要的是与法科学生的法学教育与实践脱节，法科学生的核心能力不突出有关。下面，本文主要阐述什么是法科学生的核心能力，及如何构建法科学生的核心竞争能力这两个问题。

一、法科学生的核心能力（Core Capability）是什么

1990年，普拉哈拉德（Prahalad）和哈莫（Hamel）在《哈佛商业评

* 卢海清，广东外语外贸大学法学院党委组织部书记。

论》中首先提出“核心能力”的概念，也称核心竞争能力。是指企业或人才在竞争中处于优势地位的强项，是其他对手很难达到或者无法具备的一种能力。按照核心竞争能力的理论，法科学生的核心竞争能力应该具有以下几个特点：（1）价值性，即法学教育给学生所带来的核心竞争力是有价值的，它能为学生将来职业生涯带来长期性的关键性利益，为每一位法科学生在职业生涯中创造长期性的竞争主动权；（2）独特性，这种基于学科的核心竞争力为法科专业学生所独有的，是其他学科学生所难以模仿和不可替代的；（3）延展性，即法科学生的核心能力能有力支持学生向更有生命力的新事业拓展。这种能力是一种应变能力，是一种适应未来不断变化的能力；（4）长期性，学生核心竞争力的培育，在于学校经过长期学习积累，需要一个漫长的过程，不可能是一蹴而就的。结合普拉哈拉德的核心能力的观点，法学教育是培养正义守护者的事业。通过所受的教育，对公平正义有正确的理解，并能够身体力行维护公平正义，就是法科学生的核心能力的价值性所在。作为正义的守护者，要求这种从业者能够分辨正义与非正义。对公平正义的理解与坚持，是法科学生的独特性与职业发展的延展性、长期性的体现。要能够具备对公平与正义的正确理解，就需要学生培养出以下几方面的能力。

（一）深厚的人文素养

人文素养，可以理解为对人文科学的研究能力和知识水平，以及人文科学体现出来的以人为对象、以人为中心的精神——人的内在品质。按照百度百科的解释，人文素养[1]的灵魂，不是“能力”，而是“以人为对象、以人为中心的精神”，其核心内容是对人类生存意义和价值的关怀，这就是“人文精神”。“人文”，在这里当为确定的“人文科学”（如政治学、经济学、历史、哲学、文学、法学、音乐等）；而“素养”肯定是由“能力要素”和“精神要素”组合而成的。法科作为社会科学的一大门类，应该体现人类的人文追求，关注人的思想，对人的存在、人的价值、人的生存意义进行思考，对人类命运、人类痛苦与解脱进行探索。法学要最终体现出人类对真善美——公平正义的永恒追求，法律人应实践出这一人文理想。

---

[1] http://baike.baidu.com/view/211860.htm，2013年11月23日访问。

（二）职业素养

法科学生核心能力的独特性是指法科学生对其应具备的法律职业从业技术和知识进行整合，从而产生在这一行业中的胜任能力和在竞争中的优势。这种竞争优势是基于接受长期法学专业教育及实践中习得的为维护社会正义的法律职业从业人员的基本素质和技能。关于法律职业素养，不论是大陆法系国家还是英美法系国家，都有相应制度化的规范要求。随着社会现代化的推进及经济全球化、法律国际化的趋势，法律行业对法科专业人才素养及技能提出了更高的要求。法科学生职业素养应包括以下几个方面。

（1）掌握法律文化的精粹。法律文化，是指一定社会物质生活条件下的法律规范、法律制度或者人们关于法律现象的态度、价值、信念、感情、习惯，以及学说理论的全部。社会进步使法治为核心的法律文化，成为社会系统满足社会需求的必要部分。法律文化不仅能为法律实施创造良好的社会氛围和环境，有助于人民群众法律意识的养成，还有助于法律主体建立对法治的信仰。信仰法律、拥有法律职业从业所需法律意识便是法科学生的核心竞争能力。

（2）法律语言。法律职业的语言是一种特殊的语言，其术语由两部分组成，一是来自法律制度规定的法律术语，二是来自法学理论的法学术语。法律是一种专业技术知识，而法律术语又是法律专业的基本要素。法律职业的语言特征，就是法律人才能够娴熟地运用法律术语和法学术语进行观察、思考和判断，并得出正确的结论。法律正是通过法律人专业的法律语言、法律术语，向公众语言转化，继而成为法治生活方式的规则。司法诉讼活动也以其纯正的法律语言、法律术语展示司法公正和司法中立，并注重维护当事人的合法权益，以凸显现代法治文明和回归法律本位。作为学习法律的学生，掌握“法言法语”无疑是一种专业素养的体现。

（3）法律思维。法律思维是法律职业者的特定从业思维方式，是法律人在决策过程中按照法律的逻辑，来思考、分析、解决问题的思考模式，或叫思维方式。法律职业的思维特征具有很强的特殊性，大众思维在法律领域中并不是通用的。比如，一位普通人看到钟表不走了，可能会说“这只钟表坏了”，但一位法官或律师看到钟表不走了，只会说“这只表不走了”，绝不会说“这只表坏了”。这就是普通人与法律人思维的不同。法律人之所以成为法律人，其思维方式、思维品质和思维范式起着关键作用。

（4）法律技术。法律职业技术是一种专门化的技术，包括法律解释技术、法律推理技术、法律程序技术、证据运用技术、法庭辩论技术、法律文书制作技术等。法律技术不同于大众技术和其他职业技术，非经法律教育和法律实践经验的长期训练，是无法熟练掌握和正确运用的。法律解释技术，是指法律职业运用专门的多种方法来阐释法律文本及规则，包括按照法律规则或原则来解释法律现象。法律推理技术，是关于法律依据选择与适用的一种基本方法和要求。法律程序技术，是指法律程序的组织、展开和运用的技术。证据运用技术是指掌握证据的原理、特性和规律，运用证据法规则来审查判断证据并在程序中证明案件真实的各种方法。法庭辩论技术是指律师在诉讼程序中综合运用法律专业语言词汇、法律专业知识和法律职业思维，根据案件事实进行论辩的技术。法律文书制作技术，是司法官制作司法裁判文书，律师制作业务文书、诉状等文书的重要技术。

二、如何构建法科学生的核心能力

围绕“学习、能力、就业”培养主线构建法科学生的核心竞争力。具体可从三个方面来构建。

（一）树立全球视野，用先进的法律理念武装头脑

随着经济全球化进程的加快，法律理论、法律制度、法律等也在不断融合。经济的全球化首先意味着各国法律都要向全世界开放，这就要求增加法律的透明性、可预测性、可计算性。其次意味着法律超越国界、国内法与国际法的界限，特别是涉及商务、金融、知识产权等方面的法律界限将日益缩小和淡化，法律必须与 WTO 等国际准则衔接和融合。法学教育要树立国际化的理念，也是深化非经济领域的国际交流与合作的需要。诸如人权保护、环境保护、惩治犯罪、打击恐怖行为、维和运动等方面的国际合作，进而使许多非经济性的法律越来越具有涉外性和跨国性。这将促使非经济性法律的互动与接轨，使法律在国际关系和国际事务中发挥日益重要和广泛的作用。所以说，树立法学教育要有国际化的办学理念。法科学

生在平时的学习和成长中，也要以国际化人才的标准要求自己，努力提高外语水平，增强计算机技能等，力求成为国际化的人才。

（二）加强德育教育，树立正确的法律信仰

苏格拉底说："当我对一个制度不满时，我有两条路：或者离开这个国家，或者循合法途径改变这个制度；但我没有权利以反抗的方式去破坏它。"于是，当雅典政府以违反城邦宗教、渎神和腐化青年等罪判处苏格拉底死刑时，他虽然认为判决不合理，但却在有机会逃走的情况下选择了遵从裁判，饮毒自尽。这反映出来的就是苏格拉底的法律信仰。法律信仰，是法科学生德育教育不可或缺的内容。对法科学生进行德育教育，首先，要在专业课程讲授中树立学生的法律信仰，同时在德育工作中深入。在学生的日常管理、第二课堂活动、实践教学、思想政治教育等方方面面强化"法治观念"。法律必须被法律人信仰，否则法将不法，形同虚设。对法科学生德育教育不能忽视的是，只有法律才是法律人行为的唯一准则，只有正义才是法律人追求的唯一精神。正如培根在《论司法》中说：法律所在之处，乃是一种神圣的地方。其次，对法科学生进行德育教育应注重优秀的传统伦理文化熏陶。缺乏了优秀的伦理文化，法律人不可能建立起行之有效的惩治机制，对违法行为的惩戒只能是望标而治，达不到根除违法犯罪行为的目的。再次，是要对法科学生在德育中重视智商与情商培养，真正做到德才兼备。

（三）完善教学环节，多角度加强法律职业素养

在法科学生的核心竞争力中，法律的职业素养尤为直接，而法律职业素质的养成则来自于教学与实践。首先，要建立一支具有理论研究和实践操作能力的师资队伍。其次，应该在教学中安排更多的实操课目。按目前的情况来看，在法学院系的教学计划中，实践课程占整个教学计划的比重较小，所以法学院系应当增加学生参加法律实践的机会，以使学生能够更多地增加参与法律实践的机会，以使学生能够更多地接触实际的法律事务，培养实践能力和促进学习的主动性和积极性。在多角度加强法律职业培养方面，可从以下几方面来着手：（1）多渠道聘请教师。法学是一门高度实践性的社会科学，书本上的法律知识和现实中的法律事务之间存在着一定的差异，法学教师应当具备很强的实操能力，高等院校有必要多渠道聘请教师，引入法官、检察官、律师等到学校任教，或者创造制度使法学理论教师也能够到法律实务的工作岗位上接触最新的法律实证技术等。(2) 实行实验教学、仿真教学。法学教育应充分利用现代教育技术，调动学生的积极性，培养学生的创新能力。法学教育应该告别靠一本书、老师一张嘴、一支粉笔就能完成教育的年代。建立起法学专业实验室，如物证实验室、法医实验室等，提高学生的学习能动性，巩固课堂教学内容的传授效果。仿真教学，是以真实或虚拟的案例为素材，构建公检法律师事务所等部门，以学生为主体，教师参与指导，模拟立案、侦查、审判、执行等司法全过程的实践教学模式。司法仿真教学具备很多优势：第一，教学目标能针对各种人才需求进行有针对性的培养，训练学生作为法官、检察官、警察、律师等不同司法人员角色的职业技能。第二，仿真模拟教学的内容全面系统。仿真教学以真实或虚拟的案例为素材，模拟公检法、律师事务所等部门立案、侦查、审判、执行等司法全过程，有助于学生熟悉各个过程中可能存在的问题及各环节之间的关联。第三，通过仿真模拟系统，实现对学生的常规训练。仿真模拟教学通过在校内设立实践基地，模拟法院、仲裁庭、检察院、律师事务所等进行教学。以模拟法庭为例，通过教师组织学生对诉讼过程进行模拟实践，教师分配角色，学生通过角色投入，开展庭审的各项准备工作，从而提高学生的操作能力。组织模拟法庭实践教学一般包括准备工作、组织开庭、总结三个阶段。在准备阶段，主要是选择案例，指导学生熟悉案情、法律程序等。在开庭阶段，要求学生精益求精，严格按照实务部门的工作要求来开展，使学生进入“实战”状态，尽量让学生有交锋、法庭辩论，避免“背稿子”的现象。在总结阶段，教师进行点评和总结，有条件的可以请法官、检察官、仲裁员、律师进行专业点评总结。(3) 建立诊所式教学与法律援助结合的实践体系。诊所法律教育是20世纪60年代在美国法学院兴起的一种法学教育新模式，旨在帮助学生学会如何从实践中学习法律知识、办案经验、综合处理疑难问题的技能。采取诊所式教学时，教师通过给学生讲述案例或提供阅读材料，由学生站在不同的角度上去分析、理解或就不同角色的扮演及思辨，激发灵感，鼓励创造性的观点，最后由教师进行综合评价。利用这种教学方法，教师可以针对学生的发展能力或单个学生的特殊需要，或可以为最理想的教育目的来设计学生的活动，明确他们应该掌握的知识结构和实践技能，从而加深对法学理论和法律制度的理解，培养和提高他们的法律实践能力。另外，把学生的坐堂听诊与法律援助结合，在法学院的学生中建立起大学生法律援助组织，面向社会，无偿为公众服务，对培养法律后备人才和解决法律援助供需矛盾起着极其重要的作用。从我国的法律援助现状来看，社会对法律援助的需求很大，法律援助供给严重不足。大力发展以法学院系大学生为基础的法律援助，从人力资源上解决法律援助供需矛盾是十分可行的。另外一方面，发展以法学院系大学生为基础的法律援助，对法科学生来说也是一种十分有益处的锻炼，不仅帮助了有需要的人，更是将学到的知识运用到了实处，贯彻了“以我所学，服务大众”的宗旨。所以，在实际情况允许的条件下，应当适当鼓励和引导法科学生创立并运行大学生法律援助中心。（4）丰富第二课堂活动，推动法科学生的自主学习。第二课堂是相对第一课堂而言的，是指教师和学生有计划、有目的组织的，在教学计划安排的课堂教学或者专业教学以外的各种学习实践活动的总称，是第一课堂的延伸和发展。通过开展贯穿本科四年“学习、能力、就业”的专业指引、人生规划教育和就业指导工作。让全体学生从进入法学院开始学习法律时就要明白，未来四年要学什么、怎么学、最终达到什么目标。然后，通过培养学生的职业生涯规划能力、调查研究能力、撰写学术论文、辩论演讲、运用英语这五大能力，来锻造法科学生的核心竞争能力。与之相对应的具体做法可以以大一学生为主开展职业规划大赛，以大二学生为主开展调研大赛，以大三学生为主开展学术论文大赛。同时大力开展专业英语比赛或模拟国际法庭辩论赛（全英文的活动），形成一股学英语用英语的氛围。在法科学生的核心能力中，辩论演讲是不可或缺的，这方面可以通过开展辩论赛、时政演讲辩论会、举办“法学论坛”等形式多样的活动，给学生提供丰富多彩的展现才华的平台，促进学生对专业的学习兴趣与能力的提高。

三、结　论

中国法学教育经过30多年的发展，经历了法学教育的繁荣与就业的瓶颈之后，暴露出各种矛盾，法学从“显学”走向大众教育。法科学生要正确对待法学这一学科及职业的变化，不能待价而沽，坐等用人单位上门。社会也要重新调整对法科学生、法学教育的期望。法学教育是否成功的关键在于法科学生的竞争能力，尤其是法科学生的核心竞争能力的培养。法科学生只有认真构建培育自身的核心能力，才能最终为市场所接受，成为维护社会公平正义、促进社会建设进步的中坚力量。

论自由、罪与罚的辩证逻辑关系

■ 程　刚*

【内容提要】 人的自由就是服从自己的群体共同法则，但这个共同法则不是先天存在的，而必须由人自己把它发展创造出来。在人尚未创造出其共同法则时，所有人都是无法可依的，并因此被认为是有罪的。只有通过无法者之间的斗争，共同法则才能被创造出来，这个斗争就是“罚”。因此，“罚”是克服和否定人的“罪”，并创建人的自由的内在步骤与环节。

【关键词】 自由　罪　罚　共同法则

自由与罪之间具有既对立又统一的辩证逻辑关系，就如正与反的辩证统一性。罪是自由的反面，但自由又是从罪中发展而来的。不过要懂得什么是罪，须得先懂得什么是自由。

一、什么是自由

（一）自由的含义

自由就是“自己服从自己”，它的含义可分为两层，第一层意思是“自己决定自己”，叫做自决；第二层意思是“自己服从自己的决定”，叫做自律。自律中已经包含了自决（没有自决的服从是他律），所以我们可以径直说，自由就是“自律”。“自己服从自己的决定”也可表述为“自己服从自己的法”，因此，自由的另一种说法就是“守法”，或者说，“自律”就等于“守法”。

---

* 程刚，广东外语外贸大学法学院讲师。

（二）人的自由就是服从其群体法则

既然自由就是守法，那么人的自由就遵守“人自己的法”。现在的问题是，什么是“人的法”？

要理解什么是“人的法”，先得说说什么是“人”。人本质上是群体性的存在物，也就是说，人必须以复数的形态，在彼此联系中作为一个群体存在。这就是人的群体性，也叫社会性。任何脱离、隔绝于这种联系的人，都丧失了人的本质存在形态。比如一只手掌乃是作为身体（整体）的一部分，在整体中彼此联系地存在。脱离了与其他部位的联系，它就不是手掌而是一块腐肉了，换句话说，它就不是真正的存在而是腐败和消亡。人也一样，如果脱离了彼此联系，比如一个脱离了群体联系的个体[1]，或者虽有多个个体但彼此孤立隔绝（两者其实是一回事），那么这种状态与其说是人的存在形态，不如说是人的灭亡形态。这就叫做，人是群体性的存在物。严格地说，世界上只存在一群一群的人，不存在一个一个的人。

正因为人是群体性的存在物，“人的法”就只能是群体的，或者说共同的法，而不存在什么“个人的法”。所以，人的自由就是服从其群体共同法则，违背群体法则而只听凭个体自己的喜好，那叫做“任性”而非自由。

（三）人的群体法则是互利法则

那么，人的群体法则是一种什么样的法则，以及人为什么要遵守他的群体法则呢？要更进一步理解自由就得回答这个问题。

所谓群体法则，其内容讲的就是群体成员之间的关系——群体关系，法则（规则）无非就是对某种关系的表述和确立。人的根本意志和欲求就是追求自身的存在与发展——追求自身利益，简称“自利”。从逻辑上说，任何事物都必须如此，不追求这一点的事物早就消失了。因此，人的群体关系就是该群体成员的自利欲求之间的关系。在一个人人都追求自利的群体中，人与人的关系要么是互利的，要么是互害的。而后者是不可能的，互害只能导致同归于尽。因此，人的群体关系就必须是一种互利关系。事

[1] 有些人觉得那些避世离俗、独居荒野的“隐士”可以算是脱离群体联系、孤立存在的个人，但实际上所谓“隐士”并没有真正意义上脱离隔绝社会联系，只能说他所保持的社会联系较少罢了。如果一个人真的完全脱离了社会联系，那我们将完全不知道他的存在。这样的人存在还是不存在，都是一回事。

实上，“群体”这个词就决定了其关系的互利性，群体的含义是“共存”（相容），而共存就意味着只能互利，互害的东西是不能共存的。

那么，人能否以一种既非互利又非互害的关系共存呢？这是不可能的。既非互利又非互害实际上就是没有关系，而人的本质属性就是群体性，群体的意思不仅是“共存”，还意味着共存者之间必须是相互联系（关系）的。因此，设想人以既非互利又非互害的关系共存，那是不懂得人是群体性的存在物。正如前面所说，处在孤立隔绝、毫无联系状态下的人，是人的灭亡形态，这种状态下哪怕有1 000个人也等于仅存一个人。

由此可知，人要想存在，他们的彼此关系（群体关系）就必须是互利关系，这就决定了人的群体法则必然是一种互利法则。正因为人的群体法则是互利的，人对法则的服从，归根到底是对自己（利益）的服从，这就是人服从其群体法则的根本原因所在。

综上所述，人的“自由”就是对群体互利法则的遵循和服从。“自由”，从形式上说，就是“守法”；从实质上说，就是“互利”。“互利”的根本含义，就是所有的自利都得到实现，因此也叫“共利”。自由因其互利性，而可以被称为“善”。“善”的本意，其实就是“互利”二字。❶

早在法国大革命时的《人权宣言》中就指出：“自由就是指有权从事一切无害于他人的行为”，这讲的就是消极意义上的互利。只有彼此无害于对方，双方的利益才都能实现，因此，不去侵害他人利益——“无害于他人”——其实就已经是“互利”了。❷ 而从更积极的意义上说，互利则指通过帮助他人实现其利益来实现自身的利益——互助。当然，如果更广义地理解，“无害于他人”本身就包括不侵害他人和有益于他人两种情况。在此我们就更能理解，人的群体关系要么是互利的，要么是互害的，非互害就是互利，非互利则是互害。而既非互利又非互害，正如上文所述，那是没有关系。

---

❶ 关于“善”，人们常常片面强调其“利他”的一面，这并不妥当。“利他”必须是共同的、相互的，才是真正的“善”。而相互的“利他”实际上就是“互利”的翻版罢了。因此，“善”真正的重点在于“互利”而非“利他”，那些忽略乃至抹煞了交互性的“利他”——“毫不利己专门利人”——不如说是一种不公正的愚行。

❷ 在此指出一点，“无害于他人”可不是简单易行的事情，虽说这是从消极意义上表述的自由，但实现这种自由可是要采取积极的自我克制和互相尊重的行为的。

人的群体互利关系，其存在和表现形态就是“群体法则”；反过来也可以说，任何“群体法则”所体现的，都是一种群体互利关系。虽说人的群体关系要么是互利的，要么是互害的，但是，互害关系事实上并不是真正意义上的人类群体关系。互害关系乃是否定和消灭群体之存在的关系，换句话说，它是一种自己否定自己、自己消灭自己的关系。因此从逻辑上说，只有互利法则才是真实的、存在的，而互害法则是虚假的、不存在的。互害法则的唯一逻辑命运，就是以消灭信奉该法则之群体的方式消灭自身之存在。❶ 正因如此，只有互利法则才可以被称为“法”，而处在互害关系中的人类群体，则应该叫做“无法”状态。这就是我们说“自由就是守法”这句话的根本逻辑基础所在。

最后也必须补充一点，虽说人的群体法则都是互利法则，但不同法则的互利程度则有高有低，因此自由有“质”和“量”两个层面的规定性。从质的方面说，相对于无法（互害）而言，任何法则都意味着自由（互利）；从量的方面说，根据其互利程度，不同种类的法则在自由度上有高有低。比如说，从量的角度而言，资本主义制度（法则）比奴隶制度当然要自由（互利）得多❷；从质的角度而言，比起无法状态，任何一种法律制度，哪怕是最残暴的奴隶制都意味着某种程度的自由。

二、什么是“罪”

“罪”是自由的反面，即不遵守法则，简称“不法”。“不法”又分为两种，一种是没有法则时的不法，即“无法”；另一种则是法则已创立后的不法，即“违法”。前者可称“原罪”，后者则可称“犯罪”。

法是一种互利关系，不法就是对互利性的背离，因此是一种互害关系。

---

❶ “互害关系（法则）”就是互相损害互相消灭的关系，从逻辑上，不能说互害关系是存在的，而只能说它是不存在、或者说是不能存在的，因为它追求的就是自身的不存在。说互害关系能够存在，就好像说能够通过自杀实现自己生存一样，是逻辑荒谬的。

❷ 就人类发展的历史而言，衡量人类群体法则自由（互利）程度的标准目前看来是——平等性。一般说来，关系（或者说法则）的互利程度总是跟它的平等程度相关，越是平等的关系越能释放更多主体追求自身利益的积极性，从而有利于更多人的“自利”，这就意味着互利（共利）程度越高。因此自由和平等总是密切相关的。

当一个人以有害于他人利益的方式追求自身利益时，必定会遭到对方的抵抗和反击，因此他非但损害了他人的利益，而且也绝不能实现自身利益，反而会走向自身利益的反面和否定——损人者，人恒损之。这就是罪的本性，即害人害己的互害性。由此可见，“罪”从形式上说，就是“不法”；从实质上说，就是“互害”。由于其互害性，罪又被称为“恶”。“恶”的本意就是互害，正如“善”的本意就是互利一样。

“罪”也叫“任性”。从字面意思讲，任性就是随心所欲。不过严格地说，随心所欲并不都是任性，人的守法行为也是一种随心所欲，但它却是一种自由，孔子说的“从心所欲而不逾矩”，就是一种高度自觉的自由。任性与自由的本质区别在于是否遵循法则，而不在于是否随心所欲。因此，任性的准确表述应该是：“不法任性”，去掉了“不法”这个定语，则应该称之为自由而非任性。

“罪”，或者说“任性”，仅限于人的行为而非思想。从辩证角度说，一个人心中无论有多少“恶念（善念也一样）”，只要没有转化为现实行为，那只能算是虚假的东西，充其量不过是些臆想和梦呓罢了，当不得真。

三、“罚”是创造并维护共同法则的手段与过程

既然自由就是“守法”，那么“法”从何而来呢？

“法”绝不能是从天而降或者神仙赐予的东西，而必须是人自己将其创造出来的东西，否则它就不能算是“人的法”，人对它的服从就不是“自律”而是“他律”，遵守这样的“法”也绝不是“自由”。[1]

既然法必须是人自己创造出来的东西，那它就不是一开始便存在的。因此，人天生是无法的、有罪的，这就是“原罪”。在无法的原罪状态下，人都是任性的，除了自己的欲求外不服从任何东西，也没有什么东西可供服从。但这不是什么自由，而是极端的罪恶和野蛮。只要发生接触，不法任性之间天然是彼此矛盾和互相侵害的，正如康德所言，农人田埂上的篱

---

[1] 本文讲的“自由”是社会意义上的自由，而非自然意义上的自由，因此这里的法则仅指人的社会法则，而非自然规律。人在自然意义上的自由在于对自然法则的认识、掌握和为己所用，而非创造。

笆天然就是对牧人的侵犯。[1] 西方学者把这种人人随心所欲、无法任性的原初状态称作"自然状态"，在这种状态中，正如霍布斯所说：存在着人反对人的战争，每个人之于他人是一只狼。[2]

在无法任性状态中，所有人的自利欲求都得不到实现，而只会走向相互毁灭，任性状态下的自利与其说是自利不如说是自杀。因此，要想真正实现自利，就必须克服任性，给所有的自利设定一个范围和界限。只有界定了彼此的范围和界限，各个自利之间的互相危害性才能被克服和消除。毕竟，如果连各自的利益范围都不清楚，那就算不想冒犯他人利益，也是无法做到的。

而这个界定了各自利益范围从而保障所有自利得以实现的东西，就是法。那么，它是怎么产生的呢？人与人之间各自的利益到底该如何划分与界定不可能是先天注定的，没有人天生就该拥有或不得拥有某种利益。如何界定彼此的利益，归根到底必须由利益冲突方在斗争和博弈中加以创造和确立。这就好比市场上的交易，买卖双方的成交价不是事先存在的东西，必须通过讨价还价的斗争和博弈才能把它创造出来。因此，"法"是人们在互相斗争中创造出来的东西，也唯其如此，才可被称作是"人的法"。从另一方面来讲，人也只能在斗争中创造他们的"法"，因为在无法任性的人们之间，除了斗争也没有别的。切不可认为人天生是良善的，毕竟人是从兽类，而非由天使演化而来的。且从逻辑上说，"善"也必须是人凭借后天的行为自己创造出来的东西，否则就不能算是"人的"。

创造了法则的斗争，就是"罚"，"罚"就是人与人的斗争。"罚"可能是残酷流血的，比如战争，也可能是相对平和的，比如协商博弈，但它注定是艰难困苦的。创立法则绝非轻易之事，艰苦的斗争是它的必经过程和必付代价，好东西永远不可能从天而降。此外，"罚"（斗争）不仅是在无法状态下创造出法则的手段，也是在有法状态下创造出互利程度更高法

---

[1] 康德原话为：农人需要居室和土地所有权，而牧人却憎恨这种限制了他们放牧自由的所有权。对农人而言，只要牧人继续是他的邻居，就会使他感到非常厌恶。何兆武主编：《历史理论与史学理论》，商务印书馆 1999 年版，第 122 页以后。

[2] ［德］阿图尔·考夫曼、温弗里德·哈斯默尔，郑永流译：《当代法哲学和法律理论导论》，法律出版社 2001 年版，第 80 页。

则的手段[1]，因此我们也可以说，斗争是创造和发展互利共存法则的手段。由于“罚”是创造法则的过程和手段，因此，哪怕血腥残酷的“罚”也不是“恶”的东西，相反，它是克服“恶”——任性——的东西。

共同法则创立后，并非就此万事大吉、一劳永逸了。因为“任性”依然存在，并以违法的面目出现。法被创立出来之后，其存续就取决于能否克服否定违法之任性（犯罪），如不能克服，这个法就算是白创了。克服和否定犯罪，维护法之存续的东西就是第二种“罚”。为区别起见，我们可以把创造法的“罚（斗争）”叫做“惩罚”，把维护法之存续的“罚”叫作“刑罚”，前者克服的是无法任性（原罪），而后者克服的是违法任性（犯罪）。

总的来说，人天生是任性的——这在人类婴儿身上体现得淋漓尽致，他的自由（守法）反而是后天创造和习得的，而“罚”正是人克服其任性实现自由的手段与过程。

四、“罚”的内在性和矫正性

在“自由”“罪”与“罚”的辩证逻辑关系中，“罚”是其中积极的、能动的环节。“罪”和“自由”无非是起点与目标，而“罚”则是把它们连接起来的手段，或者说，“罚”就是从“罪”到“自由”发展过渡的过程。因此有必要进一步考察“罚”的性质。“罚”的属性可归纳为内在性和矫正性，以下分别从“惩罚”和“刑罚”的角度加以阐释。

（一）“惩罚”的内在性和矫正性

“惩罚”的内在性是指，它对人而言不是外在的、异己的东西，而是完全属于人自己的。换句话说，人与人的斗争不是什么非人之物（比如神）外来强加的，而是人自己追求和自己需要的东西。如果人类的斗争是外来某物强加的，而人类却不加反抗的话，那他们就是没有希望的。同时，正因为“惩罚”是人类自己的行为，由此创造的法才能被视为人自己的法。

[1] 从某种意义上说，后者是前者的一种变形。在互利程度更高的法则被创立出来之前，也可说是一种（相对该法则而言的）无法状态。

"惩罚"的矫正性则是指，斗争归根到底是手段，其目的是创造双方的共同法则，以实现更好（互利）的共存。斗争不是为了斗争而斗争，更不是为了两败俱伤乃至同归于尽而斗争，斗争的唯一目的就是结束斗争，实现"不斗"——这就是"止戈为武"。而"不斗"的结果不能通过彻底消灭矛盾一方来实现，只能在矛盾双方共存的情况下实现，因此不斗必须是共存状态下的不斗。❶ 既然斗争之结果必须是双方共存，那它的唯一正当目的就只能是创立一种有利于、或者更有利于双方共存的法则（关系）。否则，斗争下来双方矛盾依然如故，甚至更趋恶化，那斗争还有什么意义呢？由此亦可产生出衡量评判斗争之辩证标准，凡符合上述目的的斗争就是有价值的，否则就是无价值或负价值的，不过是无谓的牺牲罢了。❷

正因为"惩罚（斗争）"的矫正性，它才能成为人的内在所需，这就是惩罚内在性和矫正性的统一。人类的斗争不是恶的东西，相反，它是克服任性（恶），创造人类之法则和自由的"善"的东西，这就是常说的"矛盾（斗争）是推动社会发展的动力"❸。

（二）"刑罚"的内在性和矫正性

"刑罚"的内在性是指，刑罚不是守法者或执法者从外面强加给犯罪者，而是犯罪者自己选择的东西——在他选择犯罪的时候。罪与罚不是两物，而是一物的两种说法，有罪的就是受罚的，无罚则为非罪，因此与其说犯罪者选择了有罪的行为，不如说他选择了受罚的行为。对此黑格尔有一个十分深刻的论断："刑罚是犯人自己的法，所以处罚他，正是尊敬他是

---

❶ 斗争可以通过消灭斗争一方的方式实现其终结，也可以在保持双方共存的情况下实现其终结。但是，前者只是在极其特殊、偶然和极端的情况下才能采用的结束斗争方法，如果在所有情况下都采用这种方法则是纯粹的自杀。因此，普遍、全局和根本的终结斗争方式只能是后者，这就叫做：解决矛盾的根本之道在于求统一、求共存。

❷ 从实践层面说，衡量斗争是否有价值最终取决于结果。只要斗争的结果是斗争之终结，就属于创立了更好的彼此关系，哪怕是极其冷淡的和平也比互斗（互害）好。反之，如果每一次斗争都不过是开启下一次斗争的钥匙，正如我们常说的"冤冤相报"，那就是毫无意义的斗争。

❸ 在此必须指出一点，斗争是人类克服其恶、创造法则，从而实现自由的手段，但它也只是人类实现自由的一个方面。人的自由无非就是每个人追求自身利益的自由，但人不可能孤立地仅凭自身就能实现其利益，而必须在群体中，借助群体合作的力量实现自己利益，孤立无助的个体连起码的生存能力都没有。然而，人要想合作则必须先确立各自的利益划分和界限，斗争的目的就是要创造这个规则。因此，人实现其自由（自利）实际上既需要斗争又需要合作，斗争的目的其实就是（也必须是）为了合作。本文的角度主要侧重于前者，但并非否定后者。

理性的存在。”[1] 切不可认为犯罪者只选择了犯罪却摒弃了刑罚，那就跟一个人只要“光”却不要“明”一样在逻辑上是荒谬的。因此，绝不能把刑罚看成是违背犯罪者意志强加给他的东西，那就太不尊敬犯罪者是一个“理性的存在物”了。[2] “刑罚”的矫正性则是指，刑罚的目的是克服和消除犯罪者的任性，将他改造为守法的人。犯罪者的罪行表明了他的任性，前已指出，任性不仅有害他人更有害自身。因此，消除其任性乃是为了犯罪者的好，正如用责罚消除孩童的恶习是为了他的利益。绝不应把刑罚看成是报复性的东西，如果刑罚着眼于报复而非消除犯罪者的任性，那刑罚的结束就是新的犯罪的开始，因为犯罪者仍处在任性状态，这样的刑罚毫无意义。也正因为刑罚的矫正属性，我们才可以根据犯罪者的矫正情况减免刑罚，这就是假释和减刑这种现象得以存在的逻辑基础。如果我们把刑罚看成是报复的话，那就不能允许丝毫的减免，否则就构成报复的不足，从而对复仇者不公。

由于刑罚的矫正乃是有益于犯罪者的事物，它才能成为犯罪者的内在需要，这就是刑罚内在性和矫正性的统一。与惩罚一样，刑罚也是克服任性，创造自由的“善”的东西，当然，惩罚创造的是群体的自由，刑罚创造的则是个体（犯罪者）的自由。

五、结　语

综上所述，可对“罪”“罚”“自由”的辩证关系作一大致的总结。罪是人类尚未建立起或违背自身共同法则的任性的、不自由的状态，也叫做恶，而罚则是克服、否定罪，缔造并维护人类共同法则的手段和过程，它创造了人类的自由，把人类从恶发展为善。

人的自由（善）非生而就有的，人之所以是自由的，完全是因为他自己创造了自己的自由。唯其如此，自由才是真正属于人的自由。

---

[1] ［德］黑格尔，范扬、张企泰译：《法哲学原理》，商务印书馆1961版，第103页。

[2] 当然，有些犯罪者面对刑罚表现出抗拒排斥之意，比如在绞索前颤抖挣扎的死囚，但那不过是非理性的动物本能罢了。对此无须重视和尊重，更不能用同样非理性的处置方式来对待，否则不仅是对犯罪者理性尊严的践踏，也是对所有人理性尊严的贬污。

论高校章程的有关法律问题

■ 张永华*

【内容提要】 大学章程是建立现代大学制度的基础。在我国，制定公立高校章程是历史遗留的法律问题。章程是高等学校成立的法定要件、组织规则、行为基本准则、与政府的契约，是由政府代表国家确认的行为规范论。章程的核准，是行政机关实施高等学校设立许可程序的一部分，目前我国地方公立高校章程的核准主体还有待进一步完善。

【关键词】 高校章程　法律地位　规范性　章程核准

大学章程，即高等学校章程，简称高校章程，是现代大学制度的基础。本文从行政法角度，探讨我国公立高校章程的有关问题。

一、制定公立高校章程是历史遗留的法律问题

高校章程，原本是西方大学教育机构挣脱教会控制的法律形式，以后又是经典大学向现代大学发展的基础，这方面著述颇丰，本文不再赘述。在我国，清末新学兴起，学校设立均需有章程，大中小学校未有例外。其中公立高校章程由政府制定并由政府颁布，如京师大学堂章程等。学校章程是在学校设立时由举办者制定当无疑问。

新中国成立后，20 世纪 50 年代初期国家实行教育改革，我国大陆学校按照国家教育规划调整重组，私立学校被合并到公立学校，全国学校均成为公立学校。新的公立学校皆无章程，而旧的公立学校的章程，皆因社会

* 张永华，广东外语外贸大学法学院教授，硕士生导师。

制度性质的改变而被终止了。直到1995年《教育法》颁布前，我国大陆地区公立大中小学校均无学校章程，这与当时国家实行的政事（校）不分的管理体制是相适应的。学校实际上是政府的一部分，许多政府职能部门负责人兼任学校负责人。1978年兴起的改革开放，办学体制发生变化，民办学校风起云涌。1994年年底全国人大常委会公布《中华人民共和国教育法》（以下简称《教育法》），我国公立学校的办学体制实行政事（校）分离，学校依法从政府剥离出来成为独立的法人实体。由于学校的办学行为对社会各方面的影响很大，《教育法》设置了学校许可，章程是学校许可的条件之一。1998年全国人大公布《中华人民共和国高等教育法》（以下简称《高教法》），该法同样设置了高等学校设置许可，章程也是申请许可的必备条件之一。从此，我国民办大中小学校无一例外都由举办者起草学校章程，许可机关审核批准，并作为许可机关对民办学校进行年检的基本依据。学校成为依法设立，承担传授知识、培养能力等专门教育教学任务的社会组织。❶

在这个过程中，公立学校的改革也在逐渐推进，改革的目标之一就是由经典学校向现代学校制度转变。2000年以后建立现代学校制度章程尤其是公立高等学校的章程逐步被提上日程。现代学校制度的特点是，学校作为独立的法人办学主体，享有相应的权利并承担相应的义务，依法按照学校章程自主办学，依法接受国家和社会监督。2003年教育部印发《教育部关于加强依法治校工作的若干意见》，明确提出“形成教育行政部门依法行政，学校依法自主办学、依法接受监督的格局”。要求公立“学校要依据法律法规制定和完善学校章程，经主管教育行政部门审核后，作为学校办学活动的重要依据”。文件发出后，教育部在全国开展依法示范校的工作，参加申报示范校的所有学校包括公立学校，必须要制定学校章程。以创建依法治校示范校为契机，申报示范校的几十所中央直属的和地方管理的高校相继制定了大学章程。

2010年7月中共中央、国务院印发《国家中长期教育改革和发展规划

---

❶ 教育部全国教育普法领导小组办公室编著：《新编教师法治教育读本》，教育科学出版社2001年版，第200页。

纲要（2010～2020年）》（以下简称《规划纲要》），提出“完善中国特色现代大学制度”，要求“各类高校应依法制定章程，依照章程规定管理学校”。由此，高校章程与现代大学制度正式挂钩，高校章程成为所有公立高校必须解决的法律问题。由此，制定公立高校章程成为新中国高等教育历史遗留的一个重要的法律问题。

《高教法》规定由学校举办者起草章程。我国公立学校的举办者是中央人民政府或地方各个省级人民政府。2012年我国普通高等学校为2 442所，其中民办高校707所❶，由作为举办者的政府为1 735所各类公立高校起草章程显然是不现实的。基于此，《规划纲要》对高校章程的起草主体作了规定，“由各类高校依法自主起草”❷。

2011年7月，教育部公布《高等学校章程制定暂行办法》（以下简称《暂行办法》），首次用法律性文件规范高等学校章程的基本内容。教育部并于2013年依法正式核准了六所教育部直属高校章程，作为这些学校依法自主办学的依据。

二、高校章程的法律地位

有些学者认为，高校章程是大学自治的法律基础，是大学治理的制度保障，是大学成员行为的基本规范，同时也是社会监督大学的重要依据。❸高校章程究竟具有何种法律地位，可从以下四个方面进行分析。

（1）从高校设立许可的维度，章程是高等学校成立的法定要件。《高教法》有3个条款涉及大学章程。第27条第（2）项规定高校章程是高校的举办者申请设立学校的独立的法定条件。第28条全面规定了章程的基本内容。第29条第3款规定章程内容的变更“应当报原审批机关核准”。这些规定的内容表明高校章程是高等学校设立的法定要件，高等学校章程的基

❶ http://www.moe.gov.cn/publicfiles/business/htmlfiles/moe/s7567/index.html.

❷ “国家中长期教育改革和发展规划纲要（2010～2020年）”，载《教育部公报》2010年第9号。

❸ 黄兴胜、舒刚波、翟刚学：“大学章程与大学内部治理——基于英国、意大利大学章程建设的考察报告”，载《中国高教研究》2014年第1期。

本内容是法定的，高校章程内容的变更也是法定的许可项目。依据法律的规定，高校章程是一份重要的法律文件，受专门的法律调整而不是一份事实文件。没有章程，学校举办者的申请不符合法定形式要件，不能通过许可机关的形式审查，遑论进入实质。经过批准的高校章程具有相应的法律效力，对学校办学行为具有约束力。

（2）从《高教法》对章程内容的规定看，章程是高等学校的组织规则。章程规定了学校的存在空间、名称、办学形式和范围、办学内容、管理体制、举办者和学校的关系及其办学经费来源。经审批机关核准后，举办者按照章程组织学校法人机构和教学机构，按照章程行使其权利和履行相应义务，学校管理机构按照章程确定的制度和运行机制组织和实施以人才培养为核心的办学活动。学校主管机关可以依据章程对学校进行监督检查和年检。外界则可以据此判断学校的类型、办学层次、学校的权利义务和学校机构构成等。依此观之，高等学校章程是法定的高等学校的组织规则，类似《公司法》确立的公司章程的法律地位。

（3）从学校的办学角度看，章程是高等学校办学行为的“基本准则”❶。《高教法》第28条第10项指出，除了第（1）~（9）项列举的内容，还有“其他必须由章程规定的事项”。这是一项概括性规定，法学上称为“兜底”条款，其法律意义是扩大法律的适用范围，防止挂一漏万。根据该项规定，2011年教育部基于“完善中国特色现代大学制度”的目的，制定了《暂行办法》，并以教育部规章的形式公布。该办法作为部门规章具有法律效力，不仅规定了高等学校章程的制定程序，还增加了其他必须由章程规定的9个方面的事项，是对《高教法》的具体补充。这9个方面的事项概括如下：学校自主权行使、学校自主权监督、党委领导校长负责的制度、学校内部治理结构（组织框架）、学术组织制度、学校民主管理机制、学校与社会关系、教育质量保障制度、师生的权益救济机制。这些事项指向高校办学行为或管理行为，极大地丰富了章程内容，超越了学校的组织规则的范畴，使得章程具有了类似“宪章”的地位。如果说宪法规定了国家的基本制度、国家公权力和公民的基本权利，因而是国家的根本大

❶ 《高等学校章程制定暂行办法》第3条。

法，那么，章程规定了高等学校的基本制度、高等学校自主办学权、教师和学生基于身份所享有的特殊权利，因而成为高等学校运行的基本准则。在这个意义上，也可以说，章程是大学自治的法律基础，是大学治理的制度保障，是高校成员行为的基本规范。

（4）从政府与学校的关系看，章程是政府和高等学校之间的权力（利）义务的契约。公立高校与政府的关系，在世界范围看有两种方式，一种是政府依靠财政拨款间接干预学校办学，一种是政府依法通过行政措施直接干预学校办学。[1] 但无论哪一种方式，章程都必须规定学校与政府之间的权利义务关系，一般而言学校的权利即政府的义务，学校的义务即政府的权力。政府对于公立学校的义务集中体现为财政支持和安全保障，其权力则体现为监督学校实现政府举办高等学校的目的。在我国，《高教法》和教育部的《暂行办法》规定的高校章程内容，深刻地体现了政府与公立高等学校之间的权利义务关系。因而，章程已经核准就视为政府认可其与特定高等学校之间权力（利）边界的划分。政府必须尊重高校章程，履行举办人的出资义务，同时享有依照章程监督学校办学的义务。在权力边界之内，学校有依法按照章程自主办学权，即所谓“大学自治”，同时学校必须履行不得越出自治界限的义务。

由此可知，高校章程的法律地位不是单一的而是多元的，章程是高等学校成立的法定要件，是高等学校的组织规则，是高等学校办学行为的基本准则，是政府和高等学校之间的权力（利）义务的契约。

三、高校章程的规范性

规范是指约定俗成或明文规定的标准。[2] 在规范语境中，有法律规范、道德规范之分。高校章程呈现的行为准则，其约束力并非通过人们的内心评价和社会舆论而形成，而是通过国家意志而形成的。但是，高校章程的

---

[1] 黄兴胜、舒刚波、翟刚学：“大学章程与大学内部治理——基于英国、意大利大学章程建设的考察报告”，载《中国高教研究》2014 年第 1 期。

[2] 中国社会科学院语言研究所词典编辑室编：《现代汉语词典（第 5 版）》，商务印书馆 2008 年版，第 513 页。

规范性不能等同于法律规范。所谓法律规范，是指由国家制定或认可，并由国家强制力保证实施的行为规则。高校章程是法人的组织和运行规则，不是由国家立法机关制定的，不是法律规范。然而，高校章程确实是由政府代表国家确认的行为规范，倘若章程内容不能体现国家意志，政府就不予核准，在这个意义上高校章程作为规范的确反映了国家意志。

高校章程的规范性还可以从章程实施的过程予以明晰。高校实施章程法律并没有明确规定国家以强制力直接实施，但在实践中，国家通过两个制度予以保障。一是教育等行政机关通过对高等学校的监督检查，对不符合或者违反章程的办学行为给予行政处罚；二是通过人民法院进行司法审查，对高等学校违反章程的行为以个案裁判的方式给予否定性的评价，依此纠正或制裁学校的违章行为。这两种方式都是国家以强制力间接地保障实现被国家所确认的高校章程的规范效力。

高等学校在办学活动中不是单纯的民事主体，它还具有实施管理和履行公共职能的行为，在学生学籍和学位管理领域是法律法规授权的行政主体，其行使公权力的行为会影响学生的权利义务。因此，经国家行政机关认可的高校章程应该而且必须具有规范性，唯其如此才能规制学校的办学行为，保护师生的合法权益。

目前，由于种种原因，高校章程的规范性显得还不充分。从我国已经制定章程的高等学校的实践看，章程的规范性尚未得到广泛认同。有学者甚至认为，对于高校章程“人们长期纠结的问题主要有三个”，其中一个就是“大学章程的法律效力问题”。“解决不好，大学章程制定和颁布的实际价值就会有限，可能沦为新的‘形式主义’。”❶ 高校章程的规范性之所以不被认同，主要原因是国家行政主管机关尚未树立依据章程对高等学校进行监管的意识和制定相应的行政规则。行政机关既不重视也不尊重高校章程，依然故我地沿袭命令式管理方式干预高等学校的办学行为，就在事实上湮没了章程的规范价值，使得高校章程的规范性处于休眠状态。要唤醒高校章程的规范效力，各级政府及其职能部门必须树立高校章程意识，制定相应的约束行政管理的行政规范，并将其纳入依法治校的轨道，否则，高校

❶ 叶雷：“大学章程需破解三个现实纠结”，载《教育与职业》2014 年第 7 期。

章程的规范性将始终游走在理论层面而不能真正实现。

四、高校章程的核准主体

章程是高等学校依法自主办学，制定内部管理制度及规范性文件、实施办学和管理活动、开展社会合作的依据。按照《高教法》的制度设计，章程的核准是行政许可机关实施高等学校设立许可程序的一部分。《高教法》明确规定了高等学校设立的许可机关。“设立高等学校由国务院教育行政部门审批，其中设立实施专科教育的高等学校，经国务院授权，也可以由省、自治区、直辖市人民政府审批。”[1] 依法规定，高校章程的核准机关是教育部或者是由国务院授权的省、自治区、直辖市人民政府。我国目前对高等学校实行中央和省、自治区、直辖市两级管理的原则。教育部代表国务院管理的高等学校依法由教育部核准章程。地方高等学校依法应由所在地的省、自治区和直辖市人民政府核准其章程。然而，教育部《暂行办法》则规定“地方政府举办的高等学校的章程由省级教育行政部门核准”[2]，显然《暂行办法》与《高教法》的规定不一致。《暂行办法》变更了章程的核准主体的层级，这虽然可以提高行政效率，便利高校章程的核准工作，但其带来的负面影响是弱化了地方高校章程的规范性。

高校章程是法定的经国家认可的法律性文件。只有经过法定许可机关确认章程的合法性与合理性，章程的规范性才能依法得以确立。在我国，公立高等学校的章程绝大部分是学校设立之后由学校制定的，章程的内容涉及政府包括教育部门在内的政府职能部门的职权。公立高等学校的招生计划、办学经费、教职工招聘等均纳入国家和地方发展规划和计划，分别由政府发展改革、财政、人事、教育等部门控制。高校章程规定的办学自主权涉及的这些事项，须由这些政府职能部门分别审核并作出是否准予的决定。

《高教法》规定的地方高校章程核准权的行使主体是省、自治区和直辖

---

[1] 《中华人民共和国高等教育法》第 29 条。

[2] 《高等学校章程制定暂行办法》第 23 条。

市人民政府。由省级教育厅核准高等学校章程，不仅缺乏权威性，也存在越权之嫌。尽管《暂行办法》要求高校“在起草章程，涉及与举办者权利关系的内容，高等学校应当与举办者、主管教育行政部门及其他相关部门充分沟通、协商”[1]。然而，由于缺乏法律依据，作为被管理者的高等学校要求与作为管理者的政府部门就政府管理权进行沟通和协商，在实务中缺乏可操作性，多数地方高校的章程在核准之前一般未与政府有关部门沟通和协商，因而，经省级教育部门核准公布的高校章程难以对政府其他部门产生约束力。我国高校自主权实施的实践已经证明，高校自主权并非教育部门一家之力就能实现，而需要举政府各部门之力才能落实。

解决地方公立高校章程核准这个历史遗留的法律问题，至少要由国务院的行政规范性文件来规范核准主体及其核准程序。在不违背法律规定的前提下，可以规定由省级人民政府授权省级教育部门作为地方高校章程核准牵头部门，政府其他相关部门依照职权对章程的事项分别审核，部门审核意见汇总到教育部门，再由教育部门送法定省级核准机关作出核准决定。如此核准的章程才能受到政府有关部门的尊重，政府有关部门才能保障高等学校依法按照章程自主办学，才能依据章程对高等学校实施依法监督。政府尊重高校章程的行为必然产生示范效应，转化为高等学校负责人及其教职工自觉地接受章程的约束，依法按照章程自主办学，由此困扰高等学校的章程法律效力的问题也就迎刃而解了。

---

[1] 《高等学校章程制定暂行办法》第19条。

论“公共利益”与专利强制许可

■ 黄丽萍*

【内容提要】 公共利益与专利强制许可的关系，是目的和手段的关系。维护公共利益是专利法立法的指导思想和追求目标，而专利强制许可制度是实现这一目标的重要手段。公共利益是一个极具抽象意义和包容性的概念，在不同的语境下可以对其做不同的理解。在专利法语境下的“公共利益”是公众能够接触和利用专利技术和产品。各国对公共利益是颁发强制许可的最重要理由和依据的看法是一致的，但处理方式各有不同。笔者认为，应该将公共利益作为所有适用专利强制许可的前提条件，而不宜将之作为强制许可事由之一。

【关键词】 公共利益　专利强制许可　影响

专利制度是最早被立法者所认可并建立的一项知识产权制度，从其产生之时起就被赋予了这样的双重使命：既要保护专利权人的利益，以达到激励技术创新的目的，又要保护广大社会公众利用专利产品的自由空间，以维护社会公共利益。美国最高法院在近 200 年前的一份判决中就指出：“尽管公众有义务为发明创造者提供回报，但是必须公平对待和有效保护社会公众的权利和利益，绝不允许对个人的回报损害公众的利益。”[1] 为此，专利法作了这样的制度安排：通过对私权的保护建立了一种利益驱动机制，通过权利限制制度建立了一种以公共利益为目标的利益平衡机制。[2] 专利强制许可制度作为一种专利权限制制度，其立法目的是为了促进专利权人利

---

* 黄丽萍，广东外语外贸大学法学院副教授。

[1] Pennock v. Dialogue，(1829)，27 U.S.（2 Pet）1，19.

[2] 冯晓青：《知识产权法利益平衡理论》，中国政法大学出版社 2006 年版，第 313 页。

益与公共利益之间的平衡，并以确保公共利益为最终目标。因此，专利强制许可与公共利益的关系，应该是一种手段和目的的关系。维护公共利益是专利法立法的指导思想和追求目标，而专利强制许可制度是实现这一理想或目标的有效途径。

一、公共利益的含义

尽管多年来学者们对什么是公共利益做了不少研究，仍然未能给它下一个完整的、准确的定义。正如边沁所指出的："它不属于任何更广泛的逻辑种类的词汇之一，无法以通常的方式来定义。……共同体的利益是道德术语中所能有的最笼统的用语之一，因而它往往失去意义。但它确有意义时，它如下述：共同体是个虚构体，由那些被认为可以说构成其成员的个人组成。那么共同体的利益是什么呢？是组成共同体的若干成员的利益总和。"❶ 公共利益作为与个人利益相对应的平行概念，是指一个特定社会群体存在和发展所必需的、该社会群体中不确定的个人都可以享有的利益。公共利益面向的是社会上所有的人，而不是个别或少数成员，它是不特定的个人都可以同时享有的一种权利。公共利益代表了大多数人的利益，但并非是大多数人的个人利益的简单相加。卢梭曾指出，公共的利害"不仅仅是个人利害的总和，它会大于那部分之和"❷。同时，公共利益也不是游离于个人利益之上的利益，而是存在于个人利益之中，由个人利益组成的某种派生性的复合利益。❸ 德国学者 Leisener 主张，有三种私人利益可以成为公共利益：一是不确定多数人的利益，这符合现代民主原则；二是某些性质的私人利益，如个体的生命、自由、财产，这些利益之所以符合公共利益，是因为对这些利益的保护是一个文明社会存在的基本条件；三是可以通过民主程序，使某些居于少数的一定数量的私人利益成为公共利益。❹

公共利益和个人利益是一对矛盾体，既具有一致性，也时常会发生冲

❶ 边沁，时殷弘译：《道德与立法原理导论》，商务印书馆 2000 年版，第 58 页。

❷ 卢梭，何兆武译：《社会契约论》，商务印书馆 1982 年版，第 9 页。

❸ 彭礼堂：《公共利益论域中的知识产权限制》，知识产权出版社 2008 年版，第 114 页。

❹ 陈新民：《德国公法学基础理论》，山东人民出版社 2001 年版，第 200 页。

突。个人在追求自身利益时，难免会与社会整体的公共利益发生冲突。保持社会成员的私人利益与社会公共利益的平衡和协调，既是为了满足整个社会公共利益目标实现的需要，也是为了社会成员的个体利益最终实现的需要。这种协调一方面要求对个体利益的追求应有所限制，不能以损害公共利益的方式来实现。正如博登海默所指出的一样："现代社会权利义务双重本位和社会个人双向本位的价值体系模式，要求人们在主张自己的权利和行使自己的权利时，注意'度'的限制和约束，顾及他人利益和社会公共利益。"❶ 另一方面，社会公共利益的实现也不能以损害个人利益为基础，而应限制在一定的范围内，以免打破个人利益和公共利益之间的平衡关系。两者之间不存在根本矛盾，因为社会是由每一个个体成员组成的。离开对个人利益的保障，公共利益将失去依托和目标。同时，公共利益不是个人利益的简单叠加，也不是表现为社会部分成员的享有和占用，而是全体社会成员从社会整体的繁荣和进步中受惠。❷

公共利益是一个极具抽象意义和包容性的概念，在不同的语境下可以对其做不同的理解。那么，对专利法语境下的"公共利益"应该作怎样的理解呢？专利法的立法目的是具有双重性的：一是为充分保护专利权人权益；二是为维护社会公共利益。促进技术广泛传播和推动社会文明进步是专利法的重要目的，为了促进技术传播和推动社会进步，专利法建立了一种激励人们创造和利用技术的机制——保护专利权人权益；而对专利法维护公共利益的分析则表明，专利法的正当性也体现在对基于公众接触和利用专利技术和产品的公共利益的保障上。不管是为激励人们创造和利用知识产品而充分保护知识产权人权益，还是维护公共利益保障公众接近知识和信息，两者有着同一个目的——维护公共利益。❸ 为了维护社会公共利益是所有知识产权限制制度，乃至整个知识产权法立法的目的和宗旨。

---

❶ [美] E. 博登海默著，邓正来译：《法理学——法律哲学与法律方法》，中国政法大学出版社 1999 年版，第 297 页。

❷ 冯晓青：《知识产权法利益平衡理论》，中国政法大学出版社 2006 年版，第 27 页。

❸ 王先林等：《知识产权滥用及其法律规制》，中国法制出版社 2008 年版，第 283 页。

二、公共利益因素在各国专利强制许可立法中的体现

我国《专利法》第49条规定："在国家出现紧急状态或者非常情况时，或者为了公共利益的目的，国务院专利行政部门可以给予实施发明专利或者实用新型专利的强制许可。"可见，我国专利法将为了公共利益的目的与国家出现紧急状态或者非常情况并列，同样作为颁发强制许可的事由。但是，这样的安排是否得当呢？"公共利益需要"与专利强制许可的关系究竟如何，它应该是整个专利强制许可制度追求的价值目标，还是仅仅作为颁发强制许可的事由之一？

对此学界有不同看法，各国的立法也不一致。有的学者认为，公共利益需要是国际上普遍认可的实行专利强制许可的理由之一，并指出瑞士、荷兰、奥地利、法国等国的立法都将公共利益规定为专利强制许可的理由。[1] 虽然TRIPs第31条没有直接使用"公共利益"的字眼，但是结合TRIPs第8条的规定，"公共利益"可以成为实行强制许可的理由。TRIPs第8条规定了TRIPs的基本原则，它授权成员国在制定或者修订法律、法规时，可以采取必要的措施保护公共健康和营养，促进对该国的社会、经济和技术发展具有重要意义的关键部门的公共利益。[2] 有的学者则认为，直接将公共利益需要作为一种事由并不合适，其理由有：一是TRIPs协议第31条并没有将公共利益需要列入专利强制许可事由，多哈宣言明确指出，公共健康危机构成TRIPs协议第31条（b）中的国家紧急情况或者非常情况，而且规定成员国可以自由确定国家紧急情况或者非常情况的条件，但是并没有授权成员国可以直接将公共利益需要列为专利强制许可事由；二是"公共利益需要"是个弹性很大的表述，可操作性差，不利于有效适用；三是在国家出现紧急状态或者非常情况时颁发专利强制许可也是为了公共利益需要，这是一个包含关系，不应该将两者并列；四是有的国家立法也不

---

[1] S. Ladas, Patents, *Trademarks and Related Rights—National and International Protection*, Cambridge: Harvard University Press, 1975, p. 424.

[2] 林秀芹：《TRIPs体制下的专利强制许可制度研究》，法律出版社2006年版，第240页以后。

采用这种做法，例如印度专利法2002年修订后的第92条对什么是属于公共利益需要作出了与TRIPs协议相协调的更为具体的规定，即三种情形：国家紧急状态、特别危急状态和公共的非商业使用；《德国专利法》中，公共利益需要作为颁发专利强制许可的前提条件，在公共利益需要的大前提下进一步明确了专利强制许可的依据，比如不实施、交叉专利等。❶

在TRIPs协议的谈判过程中，曾经考虑将“公共利益需要”作为颁发专利强制许可的事由之一，1990年7月23日的TRIPs“主席草案”中规定：“当实施专利发明为重要的公共利益所必需，或者政府及其授权的第三人需要使用专利发明时”，可以颁发专利强制许可。但是后来的“布鲁塞尔草案”改变了强制许可条款的立法方式，也删除了有关“公共利益需要”的规定。TRIPs协议最后文本的强制许可条款采用“布鲁塞尔草案”的做法，没有直接规定“公共利益需要”是颁发专利强制许可的一种事由。不过，TRIPs协议第8条规定：“成员国在制定或者修订法律、法规时，可以采取必要的措施保护公共健康和营养、促进对该国的社会经济和技术发展具有重要意义的关键部门的公共利益，但有关措施必须符合TRIPs的规定。”这里的“必要的措施”应该理解为包括TRIPs协议第30条、第31条和第40条规定的措施，也就是说可以适用于专利强制许可措施。

有些国家的专利法直接将“公共利益需要”作为颁发专利强制许可的事由，例如《日本专利法》第93条和《日本实用新型法》第23条规定：“为了公共利益的需要，可以对专利发明和实用新型请求裁定强制许可。”《巴西工业产权法》第71条规定：“在联邦行政机关决定宣布发生国家紧急状态或公共利益需要的情形下，可以就实施该专利颁发一个临时的非独占的强制许可。”我国《专利法》第49条规定：“在国家出现紧急状态或者非常情况时，或者为了公共利益的目的，国务院专利行政部门可以给予实施发明专利或者实用新型专利的强制许可。”但是，有些国家则不直接将“公共利益需要”作为颁发强制许可的事由，而是将与公共利益需要关系密切的具体情形，如国家紧急状态、特别危急状态和公共的非商业使用等，规

❶ 张韬略、张伟君：“公共健康危机下的专利强制许可——对我国《专利法》第49条的修改建议”，载《电子知识产权》2008年第5期。

定为颁发强制许可的事由，2002 年修订后的印度专利法就采用这种方式。还有的国家将公共利益需要作为颁发专利强制许可的前提条件，在公共利益需要的大前提下进一步明确了强制许可的依据，比如不实施、交叉专利等，德国专利法采用的是这种模式。《法国知识产权法典》则针对公共健康利益需要和国防需要，专门规定了非常类似强制许可制度的征用许可制度。

三、公共利益因素对各国专利强制许可实践的影响

（一）公共利益因素对政府颁发专利强制许可令的影响

根据世界卫生组织的报告，全球每年有 1 700万人死于传染性疾病，其中 90% 以上发生在非洲、亚洲和南美洲。而艾滋病、呼吸道传染、疟疾和结核病等是最主要的致死性传染疾病。造成发展中国家公共健康危机的原因虽然有很多，但是发展中国家人民没有能力支付昂贵的药品费用无疑是其中最重要的原因。在各国签订 TRIPs 协议以前，没有国际条约规定必须对医药产品和方法授予专利，许多发展中国家和最不发达国家可以通过制造和进口仿制药品的方式向其国民提供廉价药品。而 TRIPs 协议将专利权保护客体的范围扩大到包括医药产品和方法在内的一切技术领域的发明创造，导致广大发展中国家和最不发达国家的人民无法继续获得廉价的药品，生命健康安全受到极大威胁。因此，越来越多的发展中国家针对治疗严重影响公共健康的流行性疾病的专利药品启动强制许可。

南非是 TRIPs 协议生效后第一个启动紧急状态强制许可的国家。南非的艾滋病感染率高居世界首位，超过 10% 的公民感染艾滋病病毒。而大量治疗艾滋病的药品受专利保护，价格高昂，普通病人根本负担不起药费。针对国家面临的这一严重公共健康危机，南非总统曼德拉在 1997 年签署了《药品和相关物质控制法案》，该法案第 15 条规定：“在一定情况下为保护公共健康，南非政府有权采取强制许可和平行进口等措施，降低药价，向公众提供急需的药品。”泰国也早在 1999 年修订 2522 专利条例时，就规定了政府为缓解食品、药品、其他消费品的短缺，或对保卫国家具有至关重要性，以及为保护自然资源或环境的目的，可颁发专利强制许可。2006 年

11 月，泰国卫生部发出第一张专利强制许可令，允许该国从印度进口以及本地生产默克公司拥有专利的抗艾滋病药依法韦伦（Efavirenz）。此外，马来西亚、印度尼西亚、菲律宾、莫桑比克、赞比亚等发展中国家也曾以紧急状态、公共利益等事由颁发过专利强制许可令。这些国家颁发的专利强制许可令引起专利权人和相关发达国家的不满，但是，也得到了许多发展中国家、国际组织和慈善机构的支持。

发达国家因公共健康危机启动专利强制许可的案例较少。加拿大在1993 年废止执行 20 多年的特别强制许可制度之前，曾在药品领域广泛地采用授予强制许可的做法。在废止了特别强制许可制度后，加拿大仍为解决公共健康危机的强制许可留有必要途径，即名为“实施国际人道主义，为解决公共健康问题利用专利”的 C-56 号议案。2007 年 9 月，加拿大针对治疗艾滋病专利药物 TriAvir 颁发了强制许可，授权其国内药厂 Apotex 生产 Apo-TriAvir，并将该药品全部出口到卢旺达。此外，在“9·11”事件后，美国和加拿大都遭受了炭疽病袭击的威胁，而对抗炭疽病毒的西普罗（Cipro）抗菌素是德国拜耳公司的专利药品。面对可能发生的公共健康危机，加拿大政府向加拿大的制药公司发出了制造数百万片仿制药品的订单，并通过中间人与拜耳公司就以大幅降低的价格购买西普罗进行磋商，最终迫使拜耳公司大大降低了西普罗的政府采购价，以避免可能发生的诉讼。美国虽然没有真正启动药品专利强制许可，但是美国政府也以动用“紧急状态”条款采购廉价仿制品为武器，迫使拜耳公司把“西普罗”的价格从每片 5~7美元降至每片 1 美元以下。由此可见，即使是发达国家，当其面对严重的公共健康问题时，以国家出现紧急状态事由启动药品专利强制许可仍然是解决问题的重要途径。

（二）公共利益因素对法院在专利侵权诉讼中进行司法强制许可的影响

虽然各国专利法都规定了强制许可制度，赋予专利主管机关在符合法律规定的条件和程序时可以实施专利强制许可。但是，由于启动强制许可的行政程序复杂，而且容易引发争议，因此，通过行政程序启动专利强制许可并不容易，我国建立专利强制许可制度 20 多年了，至今没有一个实施案例。因此，有些国家允许法院在处理专利侵权诉讼中，为了维护社会公共利益，可以作出不适用停止侵害责任，只给予金钱补偿的判决，从而使侵权人取得了继续使用有关专利技术的权利，这实际上是变相地由司法机关作出强制许可。

美国是专利司法强制许可实践较多的国家，它甚至没有建立专利行政强制许可制度，主要依靠司法强制许可来调节专利权人和社会公众之间的利益平衡。司法强制许可在美国法上表现为“禁令救济的适用例外”。美国法院在处理专利侵权纠纷中会慎重地考量每一案件中签发永久禁令是否有正当理由、是否会对公共利益造成损害，以及不签发永久禁令，采用其他救济方式是否能够适当地补偿专利权人的损失。如果法院认为签发永久禁令会损害公共利益，而且采用其他救济方式可以适当地补偿专利权人的损失，就可以不签发永久禁令。例如在 Z4 公司诉微软案[1]中，尽管法院认定微软公司侵犯了 Z4 科技公司拥有的几项反盗版专利技术，但拒绝签发永久禁令，其理由之一就是：由于微软公司的 Windows 和 Office 软件产品的市场普及性，对其签发永久禁令可能会损害众多电脑系统生产厂商、软件零售商以及用户等的公众利益。

我国最高人民法院常务副院长曹建明在第二次全国法院知识产权审判工作会议上也明确指出：“人民法院要根据案件具体情况，合理平衡当事人之间以及社会公共利益，如果停止侵权会造成当事人之间利益的极大失衡，或者不符合社会公共利益，或者实际难以实际执行，可以根据案件具体情况进行利益衡量，在采取充分切实的全面赔偿或支付经济补偿等替代性措施的前提下，可不判决停止侵权行为。”近年来，我国司法实践中也已经出现了少数停止侵害适用例外的个案，例如在广州新白云机场幕墙专利侵权纠纷案[2]中，原告晶艺公司拥有一项名为“一种幕墙活动连接装置”的实用新型专利，被告三鑫公司未经原告许可，在广州新白云国际机场航站楼玻璃幕墙工程的设计、施工当中制造、销售、使用原告的专利产品。法院认定原告的专利有效存续，依法应当受法律保护，而且被控侵权产品的全部结构特征已经落入原告专利的保护范围。但是，法院考虑到白云机场是我国三大航空枢纽之一，如果拆除有关连接装置，将使玻璃幕墙无法使用，

[1] 434 F. Supp. 2d 437.

[2] 广州市中级人民法院（2004）穗中法民三知初字第 581 号民事判决书。

导致机场的正常运营受到影响，甚至一定时间内要暂停运营，判令停止使用被控侵权产品不符合社会公共利益，因此判决被告白云机场股份公司可继续使用被控侵权产品，但应当适当支付使用费。

由此可见，各国对公共利益需要是颁发强制许可的最重要理由和依据的看法是一致的，只是在具体立法上采取不同的处理方式，有的是直接将“公共利益需要”规定为颁发强制许可的事由之一，有的则是将它作为颁发强制许可的基本前提，然后在“公共利益需要”概念之下细分若干种情形作为颁发强制许可的事由。无论采取何种方式，都不影响“公共利益需要”这一概念在专利强制许可制度中不可替代的重要作用。不过，笔者认为，为了维护公共利益是专利权限制制度，乃至整个专利法立法的目的和宗旨，将之与未实施（或未完全实施）、国家紧急状态、救济反竞争行为需要、依赖性专利等并列为颁发专利强制许可的事由，非但不能提升公共利益需要在专利强制许可制度中的作用，反而是降低了其地位和重要性，而且造成逻辑上的混乱，因此，应该将之作为所有适用专利强制许可的前提条件，在其之下才是各个具体的强制许可事由，而不宜将之作为强制许可事由之一。

论美国产品责任的归责原则

■ 刘晓蔚*

【内容提要】 产品责任的归责原则体现法律的价值取向，适当的归责原则既有利于保护消费者的合法权益，又有利于促进生产者提高产品质量，本文通过对美国产品责任归责原则的历史和现实介绍，期望在经济高速发展的今天，能为我国产品责任法提供有益的启示。

【关键词】 产品责任 归责原则 严格责任

在相当长的时期内，由于当时生产力水平低下，产品缺陷容易被发现，商品销售的方式基本采用“货离柜台，概不负责”的传统做法，产品责任在19世纪才作为一个法律问题出现。早期的产品责任归责原则是在契约理论下产生的合同责任原则。随着生产力水平不断提高，生产的技术化加强，产品的内在危险性和致害性的可能性大大增加。产品销售由批发、零售等环节组成，消费者很少可能和生产者直接进行交易，消费者受损的可能性加大了。现代社会产品信息的广告化，使消费者面对大量宣传无法正确判断而盲目迷信，常常作出被动选择，致使其利益受损，产品责任归责原则也从合同责任到过错责任，再到现在世界各国普遍承认和适用的严格责任。

一、产品责任的性质

如前所述，产品责任实际上是一种产品缺陷责任，是因为产品存在不合理危险，造成他人人身、财产损害而由生产者、销售者承担的一种责任。

* 刘晓蔚，广东外语外贸大学法学院副教授。

从民法理论上来讲，产品责任是一种民事责任，但属于合同责任还是侵权责任，还存在争议。一些国家的学者认为应属于民事责任中的合同责任；另一些学者认为属于侵权责任；还有一部分学者认为属于请求权竞合（双重责任）。实际上，产品责任从性质上来讲属于侵权责任，下面具体分析几种观点。

（一）产品责任属于合同责任

按照英美法国家“没有合同就没有责任”的原则，即产品责任只存在于有着直接合同关系的买卖双方当事人之间，在没有合同关系的当事人之间，如旁观者、家庭成员或者朋友等则不存在产品责任，这样使得没有合同关系的受害人权利无法得到保护。这一理论在产品责任的早期占主流地位，但随着经济的发展，它已经不能切实保护消费者的利益。虽然美国的一些州发展了合同责任中的默示担保责任来补充其不足，但仍无法全面保护消费者利益，随着世界各国产品责任方面法律的完善，合同责任的作用逐渐减少，甚至被取代。

（二）产品责任属于侵权责任

在侵权责任中双方的主体资格不会受到限制，这就解决了非直接合同关系受害人因使用有缺陷产品而遭受人身、财产和生命的损失，从而使所有因缺陷产品而受到损害的人的民事权利得到应有的保护。但是按照一般的侵权责任要求，要由受损害的一方即原告来承担举证责任，这就相应地限制了受损害一方的权利。在现代大机械化生产的前提下，受损害一方即原告方不知道也不可能知道，或不具有相应的专业知识来举证证明，究竟是由于产品的什么缺陷导致了损害的发生，由于举证不能，消费者的合法权利无法获得应有的保护。

随着经济飞速发展，作为上层建筑的法律也在发生相应的变化，侵权责任法也随之有了质的飞跃，特殊侵权行为法出现，使得这一问题得到解决，产品责任、环境污染等新型侵权行为被认为属于特殊侵权行为，其举证责任主要由被告方即产品的生产者、销售者来承担，从而减轻了受损害即原告一方的举证责任，有效地保护了受害者的合法权益。

（三）产品责任属于请求权竞合

这种学说认为产品责任既可以是侵权责任，也可以是合同责任，属于侵权责任和合同责任的竞合，由受损害的当事人即原告自己来选择采取哪一种方法追究另一方当事人的责任。从实践来讲，侵权责任更有利于受损害的消费者一方保护自己的合法权利，在侵权责任中，对于当事人双方是否有合同关系不作特别要求，而合同责任则要求当事人双方存在合同关系，从主体上合同责任的限制比侵权责任更多。除此之外，在合同责任中受损害的一方只能就自己的损失提出赔偿要求，而侵权责任中的赔偿范围就不仅仅限于受损害一方的实际损失，还包括精神损害赔偿。因此，侵权责任对产品责任中受损害的一方更为有利，而合同责任在产品责任中的作用就显得有限了。

综上所述，产品责任从性质上来讲，属于侵权责任的特殊侵权责任。

二、美国产品责任归责原则

产品责任的归责原则，就是指缺陷产品的生产者或销售者就缺陷产品造成他人人身伤害或财产损失应当承担何种形式的法律责任，它决定着产品责任的构成要件、举证责任的分配以及免责事由的设定。❶美国产品责任法起初沿袭了19世纪中期英国的“温特博特姆诉怀特案”确立的原则。这种基于合同相对性的传统规则作出的判决，确立了合同关系的“非合同即非责任原则”，并被解释为：无契约关系的第三人因产品缺陷而受损害，制造者或卖主既无契约责任也无侵权责任，这一规则保护了处于初级发展阶段的制造商的利益。直到20世纪60年代，美国才形成相对独立的产品责任法，在这期间美国的产品责任法经历了由合同责任向侵权严格责任的巨大发展，先后形成了合同责任、疏忽责任、担保责任和严格责任四种归责原则。

（一）归责与归责原则

1. 归责与归责原则的定义

归责，顾名思义，就是法律责任的归结。在侵权法上，归责是指确认和追究侵权行为人的民事责任。归责原则是指以何种依据确认和追究侵权

❶ 吴明生：《论产品责任之归责原则》，郑州大学2004年硕士毕业论文。

行为人的民事责任，它所解决的是侵权的民事责任之基础问题。归责是一个复杂的责任判断过程，这一过程必须遵循一定的原则。这一原则不同于但又必须体现民法的基本原则，尤其是平等、公平、诚实信用以及民事权益受法律保护原则。

2. 归责原则研究的重要性

产品责任归责原则在产品责任法律制度中具有重要意义，是处理产品责任纠纷所应遵循的基本准则。对当事人而言，明确自己的案件适用何种归责原则，有利于搜集对自己有利的证据，正确行使诉讼权利和履行诉讼义务，提出合理的诉讼请求。对司法人员而言，明确归责原则也有利于作出公正的判决，同时还有助于对产品责任理论的研究。

（二）美国不同产品责任归责原则比较研究

1. 合同责任原则

（1）合同责任原则。美国产品责任的合同责任源于1842年英国的“温特博姆诉怀特”一案的判决。该案的原告是受雇于驿站站长的马车夫，因驾驶雇主从被告那里买来的有缺陷的马车而受伤，遂向被告提起赔偿诉讼。被告辩称原告与他无直接合同关系，不应赔偿。结果法院认可了被告的理由，判其胜诉。法院认为，被告保证马车处于良好状态的责任是向第一契约方即驿站站长承担的契约责任，被告无须对原告负责。审理此案的法官还指出：“如果责任要扩展到没有契约关系的人，那就会出现最荒谬和最可悲的后果，而对此后果尚看不到任何限制的可能。”❶

（2）合同责任原则确立的社会历史背景。18世纪末，工业革命首先在英国兴起，机器生产开始代替手工操作，但当时生产力水平相对低下。为促进资本的积累和推动自由资本主义的发展，侧重保护生产经营者的利益。同时当时提倡合同自由原则，生产的专业化和社会化程度不是很高，生产者和消费者的地位基本平等，能够依据合同确定责任的归属和范围。

（3）合同责任的局限性。合同责任对产品责任法的发展产生了重要影响，但随着社会的发展，其局限性也日益显现出来：①无论是权利主体还是义务主体都只局限于合同的一方当事人，其他第三人若因该产品缺陷而

---

❶ ［英］L. 蒲若瑟、W. 维德：《侵权案例与资料》，1988年英文版，第444页。

受到损害则得不到赔偿。若无直接合同关系，即使给他人造成损害，生产经营者也不承担损害赔偿责任。②合同责任原则，讲求意识自治，在不违反公序良俗的前提下，如何约定由当事人自由决定。这就使生产经营者可以凭借自身的优势制定格式合同，规定对自己有利的条件和不合理的免责条款，以逃避责任。

为保证受害人在受到商品损害时能够获得补偿，提出了合同担保理论，一般通过合同的明示或默示条款予以保证。卖方必须保证其出售的商品符合买方购买该商品的一般目的和特定目的，即产品的“适销性”和“适用性”，违反保证可以引起损害赔偿的请求权。[1] 担保责任虽然解决了一些问题，但始终无法摆脱合同关系的限制。随着经济的发展，产品责任问题不断增多，合同责任对于公平处理产品责任纠纷已经越来越不适应。

2. 疏忽责任原则

疏忽，又称过失，是指产品的生产者或销售者有疏忽之处，致使产品有缺陷，而且这种缺陷致使消费者的人身或财产遭到损害，对此，该产品的生产者或销售者应承担责任。这一定义和“近迫的危险性”有相似之处，许多法院把“近迫的危险性”的概念扩大到因疏忽而制造的产品上。

（1）疏忽责任原则的确立。在美国，过错责任原则起源于1851年“郎迈德诉霍利德”[2] 一案和1852年“托马斯诉温彻斯特案”[3] 的判决根据，正式确立于1916年美国纽约上诉法院审理的“麦克弗森诉别克汽车公司案”。该案案情为：原告从零售商处购买了一辆由被告制造的汽车，当他驾车行驶时，因车轮破裂，汽车突然翻覆，原告被抛在外而受伤，遂向被告提起求偿诉讼。被告引英国合同责任判例作为抗辩。卡多佐法官代表上诉

---

❶ 徐睿：《中美产品法律问题研究》，哈尔滨工程大学2004年硕士毕业论文。

❷ 原告被其丈夫所购买的一盏灯发生的爆炸致伤，由于在原被告之间没有契约关系，法院否决了原告的追索权，但已经认识到并且在判决中表示：如果有缺陷的物品是具有危险性的，那么原告理应获得补偿以作为契约关系的例外。

❸ 1852年，托马斯去批发商温彻斯特处购买蒲公英制剂，批发商由于疏忽把“颠茄”错标为“蒲公英”制剂而出售，托马斯在使用该种制剂过程中受到伤害。托马斯起诉到法院，法院判决批发商温彻斯特应对最后的消费者负赔偿责任。纽约州最高法院认为，尽管原、被告之间没有合同关系，由于出售的商品对生命和健康具有“近迫的危险”，有过失的制造商或销售者仍应对此负赔偿责任。

法院多数意见表示拒绝接受英国判例的约束，因为“它不适用于今天的旅行条件”。他还指出：“‘托马斯诉温彻斯特案’的原则并非局限于毒物、爆炸物及具备同等性质的物质”，还包括其他危险品。他进一步指出：“制造者如果知道该项物品将由买受者以外的第三者未经检查而使用的。则无论有无契约关系，制造者对该项危险的制造，均负有注意义务。制造者未尽注意的，就所产生的损害，应负赔偿责任。”最后，法院判决被告败诉。

此后的半个多世纪里，疏忽责任原则一直被适用于产品有关的损害案件中。美国认为疏忽责任属于一种侵权责任，在以疏忽为理由进行诉讼时，不需要原被告之间有直接的合同关系，但当原告以疏忽为理由向法院起诉被告要求其承担赔偿责任时，举证的责任在原告。原告必须证明：① 被告没有尽到“合理的注意”，也就是说被告有疏忽之处；② 由于被告的疏忽直接造成原告的损失。

（2）过错责任原则产生的历史背景。资本主义商品经济迅速发展，法律的责任是在最大限度保护生产经营者主动性和创造性的前提下平衡社会生活秩序。在近代社会，社会生活的复杂程度相对较低，在刚刚开始的时候加害行为一般都是因为有过错的存在，证明也不是很困难，采取过错责任原则，能够平衡生产经营者和消费者的利益。

（3）过错责任原则的优势与局限。过错责任原则的确立，将产品责任纳入侵权行为的范畴。依据该原则，可以请求救济的权利主体扩大到合同以外的第三人。义务主体也不限于合同一方当事人，如果生产者预见到危险却不加以防范而致人损害，生产者就对此负有责任。同时也扩大了产品的范围，不局限于本身具有危险属性的产品，对人有危险的产品均包括在内。

当受害人对生产经营者提起过错侵权之诉时，必须证明：①被告对产品的缺陷负有注意义务；②被告违反了这一注意义务；③原告因此受到了损害；④违反义务是造成损害的原因。原告举证成功后才能获得赔偿，但在许多情况下，原告要证明被告有注意义务且违反了该注意义务很困难。

美国采用“事实自证”规则来减轻原告的举证责任。该规则认为在很多情况下，事故的发生作为一个事实，本身就证明过错的存在，除非被告有充分的理由证明自己没有过错，否则就应承担责任。

因为产品从设计到制造都受控于生产者，在现代化大生产的条件下，原告多受自身专业技能、知识水平的限制，对产品的设计制作过程不甚了解。对一般的消费者来说，要举证明白十分困难甚至不可能。如果在被告并没有过错、原告也没有过错的情况下，依据过错责任原则，原告无法获得赔偿，被告也无须承担责任。该原则在保护消费者利益方面大打折扣。

3. 担保责任

（1）担保责任的确立。美国的担保责任确立于"巴斯克特诉福特汽车公司"❶一案，法院认为，由于制造商借广告向消费者作广泛陈述，如果它的虚伪陈述导致消费者受损，则基于公序良俗和诚实信用原则，制造商应承担明示担保责任，因为原告信任了被告在广告中的说明。

此后，美国的一些州法院在审判中逐步放宽了对合同关系的要求，即无须原、被告双方有合同关系。但原告在起诉时必须证明：① 被告所作的担保；② 原告相信了这个担保；③ 伤害是由于产品不符合被告所作的担保而引起的。

《美国统一商法典》第2—314条第2款规定："除非不予适用或加以修改，如果出售人是出售这种商品的商人，则合同应默示保证该商品适合销售。"一般情况下称为"商销性默示担保"。《美国统一商法典》第2—315条规定："如果卖方在订立合同时，有理由知道买方对货物所要求的特定用途，而且买方信赖卖方的技能和判断能力来挑选适合的货物，则卖方就承担了货物必须适合这种特定用途的默示担保责任。"我们把这种担保称为"适合特定用途的默示担保"。和明示担保相比较，默示担保在产品责任法领域的发展更为重要。1913年"梅泽特诉阿穆尔公司案"使得默示担保责任的范围扩大到食品。在该案中，原告购买了一盆被告生产的烧舌肉，但舌肉严重变质，致使不幸的消费者吃了一口就从椅子上跳了起来。法院判

---

❶ 被告福特汽车公司在卖车的广告中表示，其生产的双层挡风玻璃不易破碎，原告巴斯克特信赖被告在广告中对质量的保证，从销售商处购买了一辆福特牌汽车，但原告在正常驾车行驶时，一辆与其并行的汽车弹起一块石头，打碎了原告的福特汽车的挡风玻璃，使巴斯克特眼睛受伤并致残。原告巴斯克特为此上诉法院，认为福特牌汽车的产品性能与其广告宣传中的承诺不符，福特汽车公司在广告中曾对加层玻璃的安全性大肆渲染，而事实表明该公司违反了担保责任。因此，原告向无合同关系的福特汽车公司提起违反明示担保的诉讼，华盛顿最高法院受理此案后支持巴斯克特的请求。

决认为：食品生产者在现代情况下，默示担保其原装销售食品的安全性，此项担保适用于任何在交易过程中使用的人。根据这个默示担保的案例，产生了使食品制造商作为保证人对最后消费者承担责任，形成了“食品案件”的类型。1960 年，新泽西州最高法院使默示担保从食品类向其他产品发展。

（2）严格责任确立的社会历史背景。美国把原来存在的同意商法典中的担保责任适用在产品责任法中，担保责任是指生产者或销售者因违反了产品的明示或默示担保而应承担的责任。《美国统一商法典》第 2～313 条明确规定，明示担保产生的方式有：① 卖方向买方所做的有关货物的声明和允诺如果构成合同组成部分，则该允诺构成明示担保；② 货物的说明若是达成交易的基础则构成明示担保，即保证货物将与说明相符；③ 样品和模型若是达成交易的基础则构成明示担保，即保证货物将与样品和模型相符。

（3）担保责任原则的优势与局限性。以明示担保责任提起诉讼虽然比疏忽责任获得胜诉的机会大，但由于它仅限于原、被告双方存在直接的合同关系，才可以以此理由进行诉讼，它的发展在一定程度上受到制约。为了加强对原告方的保护，美国后来对明示担保责任也进行了重大的突破。

4. 严格责任原则

（1）严格责任原则的确立。在美国，从过错责任到严格责任，担保理论起着桥梁的作用。而在英国担保理论在合同责任之后就产生了。在美国产品责任法中，担保责任与英国类似，但并没有从根本上解决充分保护广大消费者的权益的问题。在 1944 年美国加利福尼亚州最高法院审理的“埃斯科勒诉可口可乐瓶装公司案”[1] 最早提出严格责任的思想。正式确立严格责任则是 1963 年加利福尼亚州最高法院审理的“格林曼诉尤巴电器公司

[1] 该案原告在一家餐厅打工，当他将可口可乐放进冰箱时，可乐瓶爆炸致其受伤，原告提起诉讼要求被告赔偿，但无法举证证明被告有过错。法院依据“事实自证”规则，认定被告有过错，判决原告胜诉。

案”[1]。特雷诺法官在判决中指出：“只要制造商将其产品投放市场，又明知使用者对产品不经检验就使用，只要证明该产品的缺陷对人造成了伤害，则制造商就应对损害承担严格责任。”

美国法院通过判例创立了“格林曼规则”，即严格责任，该规则标志着严格责任在产品责任领域被正式予以确认。把对案件审查的重点从制造商的过失转移到产品的性能上，也就是说，原告无须证明被告有疏忽，而只需证明产品有缺陷，减轻了原告的举证责任，从而充分保护消费者利益。1965年，美国法学会出版的《第二次侵权法重述》确认了这一来自判例的原则，从而使产品责任有了明确的依据，其402A条规定：① 凡出售任何有缺陷的产品，对使用者或消费者或其财产带来不合理危险的人，对于由此所造成使用者或消费者的人身伤害或财产损失应承担责任。② 只要出售者是从事经营出售此种产品的人，即使使用者或消费者并没有从出售者手中购买该产品，即使同出售者无任何合同关系，上述规则仍然适用，出售者仍需承担责任。以上规定遵循了格林曼规则，以严格责任为依据起诉对原告最为有利，因为严格责任是一种侵权之诉，不需要原告、被告之间有直接合同关系。原告起诉时，无须承担证明被告有疏忽的举证责任，它要求被告在无过失的情况下也需承担责任。在这种情况下，原告的举证责任仅限于：① 产品存在缺陷；② 产品的缺陷是在投入市场时就有的；③ 损害是由产品缺陷造成的。

（2）严格责任确立的社会历史背景。进入20世纪以后，市场经济已经发展到相当发达的程度，产品的设计和制造对科技的依赖性越来越强，社会分工越来越细，企业通过生产获得了丰厚的利润。同时企业相对于个体消费者的绝对优势越来越明显，消费者个人显得非常弱小。消费者个体权利的保障得到前所未有的重视。

（3）严格责任原则的优势与局限性。严格责任注重的是产品本身的缺陷，较过错责任相比具有更强的客观性，具有较强的赔偿功能，同时严格

---

[1] 1955年圣诞节，格林曼夫人购买了尤巴电器公司的一种电动工具，送给丈夫作为圣诞节礼物，该工具可以连接使用。为此，1957年，原告格林曼先生又买了一个连接装置作为配件使用。一天，当他加工一大块木头并按照说明书进行操作时，被电动工具飞射的木片击中头部而受伤，原告以违反担保为由提起诉讼。

责任还具有提高效益和实现公平的功能。相对于合同责任而言，适用于一切产品的购买者和使用者，并赋予了他们合法的诉权；相对于过错责任而言，大大减轻了受害人的举证责任；相对于担保责任而言，不要求产品的制造商或销售商对产品作出明示或默示的担保。严格责任能够鼓励和促进生产者改进产品的安全性。

随着时代的发展，严格责任原则并非完美无缺，有时对被告过于严格，其可抗辩事由会越来越少。在实行惩罚性赔偿的国家，出现了案件逐年成倍增长，赔偿数额日趋高额化，以及保险业的危机等诸多问题，不少人提出这样对生产者是不公平的。正如学者所指出的："绝对的严格责任对产品制造者似乎有失公正，但绝对的公正从来都不存在。"

三、结　　语

产品责任归责原则由合同责任原则、过错责任原则发展到严格责任原则，从根本上说，是与所处的社会经济条件和历史背景密切相关的。随着社会的发展，产品越来越丰富，各国不断地发展和完善产品责任法律制度来应对产品缺陷引起的侵权责任，产品责任法也成为商品经济社会的一项重要法律制度。本文通过分析各种归责原则确立的历史背景和条件，进一步分析了各种归责原则的优劣，根据我国目前构建和谐社会的主旋律，保护权利的呼声等新形势，提出了实行以严格责任为主、过错推定责任为辅的归责原则，以平衡消费者和生产经营者之间的利益。该原则有利于提高生产经营者的积极性，增强社会责任意识，同时能够最大限度减轻消费者的负担，保护弱者的合法权益，最终的目的则是促进经济发展，维护社会稳定。对于消费者来说，要依据哪种归责原则起诉，有自主选择权，消费者可以依据具体的情况，选择对自己最有利的方式起诉。社会在发展，市场经济也在发展，产品责任法律制度无疑也将继续发展，期待着我国产品责任制度进一步完善。

论区域府际合作的法律治理模式与机制构建

■ 石佑启*

【内容提要】 随着经济全球化和区域经济一体化两大潮流日益深化，合作与发展成为当今世界的主流。加强区域府际合作，推进区域一体化进程，需要加强法治保障，构建软法与硬法相结合的混合法律治理模式，建立健全相应的机制，着力解决区域府际合作中的制度供给和机制设计与运行的问题，实现区域经济协调发展与合作各方互利共赢。

【关键词】 区域经济一体化　府际合作　法律治理模式　机制建构

环顾当今世界，经济全球化和区域一体化的潮流风起云涌，区域合作方兴未艾。各地方政府深刻意识到只有顺应经济全球化、区域经济一体化的发展趋势，积极推进区域合作，消除行政壁垒，实现产品和要素自由流动，充分发挥区域内不同地区的比较优势，形成合理的分工格局，达到资源在区域内优化配置，才能保持持续健康发展的态势，从而提升区域的整体竞争力，达到互利共赢的局面。随着区域经济一体化的不断推进，跨行政区划的区域公共问题大量涌现，如跨行政区划的环保问题、人口与资源问题、流域治理问题、基础设施建设问题、地区稳定问题、流行病防治问题、区域发展问题，等等。这些问题依靠单个地方政府的力量已无法解决，必须寻求各地政府的合作治理，促进地区之间的分工与协作，发挥整体联动效应，增强整个区域的竞争优势和发展后劲，并要建立有效的制度与机制予以引导与保障，减少合作中的交易成本，增强合作的效能。这是为回

* 石佑启，法学博士，广东外语外贸大学法学院教授。

应“行政区经济”向“区域经济”转型中政府治理的变革之道。

一、区域府际合作：区域经济一体化的客观要求

随着我国融入全球化程度的不断加深、市场化改革和社会主义民主政治建设的进一步推进，地方政府面临着越来越大的挑战。地方政府应基于互利共赢的理念，通过理性的合作与良性的竞争推动区域经济一体化的进程，这成为当下区域经济一体化与政府治理必须面对的关键性问题。

（一）“行政区行政”的局限性

建立在“行政区经济”基础上受行政区划为刚性约束的“行政区行政”不可能脱离“行政区经济”的要求而存在，必然反映并体现“行政区经济”的要求。学者们对“行政区行政”的已有研究揭示并反映了两者的这种关系：有学者认为，“行政区行政”是指民族国家或国家内部的地方政府基于单位行政区域界限的刚性约束，在一种闭合的状态下形成的对社会公共事务的管理；[1] 另有学者认为，“行政区行政”以垄断性、封闭性和机械性为显著特征，是特定经济区域的地方政府基于行政区划的刚性界限，以行政命令的方式对行政区内的公共事务进行的管理。[2] 从学界对“行政区行政”已有的研究来看，尽管学者们对行政区行政的理解和阐述不尽相同，然而对“行政区行政”严格的地域要求、封闭的管辖状态及辖区内的权力垄断都持肯定态度。具体来说，行政区行政具有如下局限性。

（1）行政区行政的“自利性”割裂了区域经济的协调发展，构成区域经济一体化的障碍。区域经济一体化要求突破行政区划的刚性束缚，实现区域内经济交流与生产要素的自由流动。而行政区行政谋求的是行政区划疆界内的治理与发展，与区域经济一体化具有天然的冲突性。尽管在政府职能转变的要求下，地方政府行政管理的模式、手段、方式较以往已有较大的进步和改变，地方政府作为“政治人”与“经济人”的特性都始终存

[1] 杨爱平、陈瑞莲：“从‘行政区行政’到‘区域公共管理’——政府治理形态嬗变的一种比较分析”，载《江西社会科学》2004 年第 11 期。

[2] 金太军：“从行政区行政到区域公共管理——政府治理形态嬗变的博弈分析”，载《中国社会科学》2007 年第 6 期。

在，只要地区间差异存在，各地方政府必然本能地选择自利而非利他，优先满足并实现本行政区发展，即使这种选择可能对经济的整体性和持续性发展有损害。在现行的行政管理体制、评价机制与权力运行机制下，一方面基于利益的需求，地方政府很难放弃已有的权力和利益，经济管理的权限仍然较多地掌握在地方政府手中；另一方面，市场机制仍不健全，市场对资源配置的主导作用仍待加强，区域经济一体化的障碍更多的是源自地方政府以行政区划为疆界的封闭式与排他式管理，区域经济一体化要求行政区行政的范式变革。

（2）行政区行政的“地域限制性”导致跨区公共事务管理的缺位，制约了区域经济的一体化发展。区域经济一体化以经济的跨行政区发展区别于传统的以行政区划为疆界的行政区经济，区域内的经济获得了更为广阔的发展空间，在有利于区域经济以区域的整体性发展为目标和规划的同时，也带来了对区域行政管理的挑战。传统的行政区行政以行政区划为疆界，对本行政区的公共事务进行管理，地域范畴明确，公共事务的种类及性质较为单一，我国《地方各级人民代表大会和地方各级人民政府组织法》对此有较为明确的规定。区域经济一体化带来了跨区公共决策、跨区行政执法、跨区环境治理等超越特定行政区划的跨区公共事务，这些跨区公共事务的管辖问题现行法律尚无规定，处于空白或模糊状态，随着一体化程度的加深，跨区公共事务必然越来越多，也越来越复杂。在目前以行政区行政为主导的行政管理模式下，地方政府愿意关注和需要负责的仅限于本地方的局部利益，对区域性公共事务不作为，基于“搭便车”（free-rider）的心理与可能，各地方政府当然首先选择坐享治理的成果，其结果必然导致区域公共事务治理失灵。如何实现对跨区公共事务的治理，成为行政区行政仍为主导的管理模式下区域经济一体化亟待解决的难题。

（3）行政区行政的“权力垄断性”排斥了其他社会主体对公共行政的管理与参与，这与区域经济一体化的要求相悖。市场经济本质上是一种权利经济，[1] 市场主体、社会主体在经济发展与公共治理中的地位应当得到尊重与保障。行政区行政在当然的自利性、严格的地域限制性之外的一个突

[1] 方世荣主编：《行政法与行政诉讼法》，中国政法大学出版社2011年第2版，第12页。

出弊端就是行政权力的主导性与垄断性，由于对行政权力有效的监督、制约机制仍有待完善，作为权力本源的权利依附于权力，难以实现自身的价值，难以发挥对权力应有的作用，政府以外的社会主体在公共管理中的地位与作用难以保障，权力的全能性与政府能力的有限性之间的矛盾日趋激烈。一方面，权力几乎无所不能，权力寻租的现象非常严重，权力的自利性、扩张性、膨胀性难以遏制，社会主体生存和发展的空间受到挤压；另一方面，政府的人员构成、管理能力等都是有限的，难以也不可能承揽所有社会公共事务，因而经常陷入“不该管、管不好、管不了”的事情都在管，而“应该管、管得了”的事情却管不好或管不过来的困境。这种状况在区域经济一体化的过程中将变得更为突出和激烈，需要对行政权力的主导性、垄断性及管理的有限性等弊端加以克服。

（二）从“行政区行政”到“区域府际合作”转型的必然性

区域府际合作是推进区域经济一体化、解决区域经济一体化进程中治理难题的必然选择。所谓区域府际合作，是指一定区域内不具有隶属关系的地方政府以一定的制度形式就区域共同利益达成共识，通过区域内资源的优化组合，实现区域内经济协调与利益共赢的活动。它包括以下内容：(1) 区域府际合作的组织形式包括高层联席会议、城市政府联合体、政府倡导下的非政府组织合作论坛、跨经济区的地方政府联合、区域一体化发展咨询委员会、区域协调联合会、区域一体化促进会等组织。其中，成效显著的地方政府间合作组织主要有粤港澳合作联席会议、长江三角洲经济合作区等。(2) 区域府际合作是区域内的地方政府在平等、自愿的基础上，经过磋商沟通，形成合作协议作为行为依据。(3) 区域府际合作的目标是实现区域间的经济效益和社会效益的最大化。(4) 区域府际合作在本质上是对地方政府之间关系的一种调整，其核心在于利益共赢。加强区域府际合作，有利于打破区域内部各地区之间的贸易壁垒，强化区域整体发展观念，使区域内不同地区的生产要素能自由流动，以形成区域内统一大市场，实现经济利益上的互惠共荣。区域府际合作也是协调地方政府间利益冲突、走出“公地悲剧”和“囚徒困境”的必然选择。一个内部经济发展协调的区域可以使区位、生产要素和产业结构不同的各级各类城市通过合理分工、相互协作而承担不同的经济职能，克服单个地方在资源、空间等方面的不足，形成规模经济和集聚效应，优化资源配置，实现共同发展。

区域府际合作的价值在于其并不排斥和否定行政区划的作用，而是在尊重行政区划的基础上进行管理创新。这种创新以区域整体利益为目标指向，以行政区划为基础但又摆脱了行政区划对区域行政管理的刚性束缚，寻求一种超越行政区划限制的政府间的理性合作，强调政府的管理职能但又不否定和排斥其他社会主体对公共行政事务的管理与参与，以求与不同政府间、不同主体间的合作实现行政区划内与行政区划之间经济的协调发展与公共事务的有效治理。行政区划是实现国家治理的基本方式，行政区行政的弊端并非在于行政区划本身，而是在于行政区行政过度强调了行政区划的限制，以行政区的界限为樊篱实施权力主导与权力垄断的割裂式行政管理，忽视及排斥不同行政区之间的沟通与合作，强调政府的权力垄断与主导作用而忽略及挤压了其他社会主体在治理中的地位与作用，导致发展的自闭性与有限性。行政区行政以“行政区经济”为基础并加剧了行政区经济现象，构成对区域经济一体化的障碍，区域经济一体化要求克服行政区行政的弊端，走出行政区行政的困境，实现区域经济的协调发展，这就需要从行政区行政的本质出发，寻求根本性的解决方法。有学者提出了调整行政区划、设置跨区政府等建议，实践中也有调整行政区划的实际举措。但调整行政区划或者设置跨区政府等建议或举措并不能从根本上解决行政区行政封闭、自利、权力垄断这些本质性的缺陷，行政区划调整之后仍然可能产生新的行政区划之间的行政区行政的问题。解决行政区行政问题，需要寻求更为有效的方式。

以问题为导向的区域府际合作立足于区域经济一体化的现实，正视行政区行政所导致的公共行政管理的缺陷和弊端，在协调行政区利益与区域整体利益的基本原则下，以合作而非对立、以作为而非放任的理性态度处理和解决本行政区以及行政区之间的公共事务，尊重并认可政府以外的其他社会主体在治理公共事务中的地位和作用。唯其如此，才有助于真正解决行政区行政“利己性”“地域限制性”“权力垄断性”导致的矛盾和困境。区域府际合作不仅有助于解决已有的行政区行政的缺陷和弊端，而且能够及于将来，即使行政区划调整，或者设置新的区域治理的机构，仍然需要政府间的合作与协调，离开府际合作的区域经济一体化是不可想象的。

要推进区域经济一体化，必须打破传统“行政区行政”的樊篱，实现区域治理的范式变革，区域府际合作作为一项新型的区域公共管理模式应运而生，登上了历史舞台，沟通、协商、交流与合作逐渐成为地方政府主动的行为选择，共同的利益构成了府际合作的基础。从以行政区划为樊篱的行政区行政到以行政区划为基础但又不囿于行政区划的区域府际合作，成为区域经济一体化下府际关系的最优选择。

有学者认为，研究现阶段我国的区域经济发展与区域合作，需要从政治经济学的维度切入，通过对政府结构、政府的决策程序及其微观基础的考察和审视，推进问题的解决。因为实现区域经济一体化的主要障碍，即地方保护主义的根源在于现行的体制和结构。在市场机制尚不完善、法治还不健全的情况下，仅仅依靠民间经济交往这一自下而上的市场力量，显然难以冲破这一体制性障碍。而依靠政府间的合作积极推动区域经济一体化，是在现行体制下实现我国区域经济一体化发展的理性选择。[1] 在日益激烈的市场化竞争中，我国要在国际经济舞台上胜出，必须走区域合作的道路，凭借整体的力量、依靠区域综合优势参与全球经济竞争，而不是“单打独斗”。事实上，由于资源禀赋的差异和越来越多的跨区域公共问题的凸显，各地区之间通过互利合作来实现利益最大化的需求也越来越迫切。目前，我国在实践中已探索出了一些区域公共治理的模式，但治理工具比较单一，治理的内容主要局限在经济发展方面，较少关注和涉及其他区域公共事务和公共问题，区域公共协调机制尚不健全而且缺乏制度化，区域的无缝隙衔接也缺乏制度的配套。[2]

二、法治：区域府际合作的有力保障

推进区域府际合作，取决于能否建构起良好的制度环境、合理的组织安排和完善的合作机制。如果没有制度、组织与机制的支撑，就无法在区

---

[1] 牵文星、蒋瑛：“简论我国地方政府间的跨区域合作治理”，载《西南民族大学学报（人文社科版）》2005 年第 1 期。

[2] 王先锋：“论我国区域经济一体化背景下的政府区域公共治理”，载《党政干部学刊》2007 年第 5 期。

域范围内协调各地方政府的行为，无法实现区域内资源的有效配置。因此，区域内各地方政府应遵循统一的非歧视原则、市场准入原则、透明度原则、公平贸易原则，积极清理各类法规文件，加强区域立法，并要吸纳政府、非政府组织、社会公众等多元主体共同参与，创建区域合作规则，形成多中心、自主治理的合作机制。这表明，实现区域合作，离不开法治的保障。法律是利益关系的调节器，是协调府际利益关系的最佳途径。如有学者指出的，法律是市场交易的准则，投资安全的保障，政府行为的尺度，[1] 要保障区域经济一体化中政府合作的连续性、稳定性并取得预期的成效，必须将这种合作纳入法治轨道，必须加强区域法治建设，建构起合理的组织安排，健全合作的制度与机制，创新合作的形式，推进区域法制一体化，从而对区域经济一体化中政府合作行为的实施与规范起到基础性和根本性的作用，为实现区域经济协调发展的目标提供良好的法制环境和有力的法治保障。

目前我国区域府际合作的法治化程度还不高，仍然面临一系列的体制、机制与制度缺陷，必须以府际利益关系为基点、以法治为保障展开对府际合作及其存在问题的深入研究，将府际合作纳入法治化的轨道，满足府际合作从合作的前提、合作的依据到合作的实现全程性的法治化要求。在这一过程中，域外已有的府际合作的成功经验能够为推进中的区域府际合作提供参考和借鉴，需要结合我国府际合作的实际情况予以扬弃，以法治推进区域府际合作的有序开展。

我国可按照“全面实施依法治国，着力构建法治政府”的要求，在国家法制和地方法制建设两个层面做好立法工作，废除与一体化有冲突的地方性法规、政策，建立健全与区域一体化有关的法律法规，为区域经济一体化提供法制保障，实现从“依靠政策推进一体化”向“依靠法律推进一体化”转变。具体可从几个方面进行改善：（1）制定和完善区域法律体系。①制定全国统一的区域关系的法律法规。区域的协调发展必须有完善的制度作支撑，中央应及时制定相应的法律法规，以协调区域合作的平衡发展，规范各类地区经济合作组织的活动。如何从区域协调上升到国家协调，目

---

[1] 夏勇：“论西部大开发的法治保障”，载《法学研究》2001 年第 2 期。

前学界的主张大致有三种：一是主张制定统一的国家政策；二是主张将“国内区域合作”入宪，为相关的立法提供宪法依据；三是主张制定区域关系单行法。②要进一步完善行政协议机制。主要方式有区域内协议主体的多元化、改善行政协议的程序和完善行政协议的内容。促进行政协议缔结程序的科学化和民主化，除了要强调政府的制度导向外，还应重视公众或有关市场主体的参与，应尽快建立听证会、意见征求会等渠道，广泛收集公众和市场主体的意见和建议，使行政协议更好地体现区际民意。③加强立法合作，减少立法冲突。区域关系中的各个主体在制定立法计划时，要充分交流，相互了解。及时清理和修改过时的法律。区域内各立法主体共同对已出台的地方性法规和规章进行认真清理，对违反上位法，不符合市场经济原则，有违区域合作精神的，应予以修改或废止。以创新的精神，加快制定一批急需的相关法律。（2）坚持依法行政，严格区域行政执法，建立执法长效机制。区域行政执法状况如何，直接关系到区域关系立法目的能否实现，关系到区域内所有公民直接利益和区域管理水平的提高。应当完善执法体制，包括明确执法队伍及执法权限，规范执法任务和内容，加强执法协调，提高执法人员素质，做到严格、规范、公正、文明执法。建立健全行政执法合作机制。加强中央政府的协调能力，设立专门的区域执法协调管理机构，对区域合作中的行政执法问题进行宏观指导，解决区域成员之间、区域成员与中央政府之间在行政执法过程中的矛盾与冲突，维护区域行政执法的公正与效率。（3）加强法制宣传，提高区域内法治意识。区域建设和发展离不开区域内各个主体的参与。一方面，区域内各个主体应熟悉调整区域关系的法律规范，了解法律法规赋予其的各项权利和义务；另一方面，培育区域内各个主体的守法意识。区域内各个主体法治意识的增强，不仅可以消除和减少违法现象，更有助于做到自觉依法办事，依法实施民主管理。第四，加大监督力度，扩展监督途径。为了保证区域内各主体始终做到依法办事，就必须加强对区域府际合作行为的有效监督。因此，进行监督的主体，除了政府自身的监督部门外，还应该包括权力机关、司法机关、社会公众等，要完善民主监督、法律监督的形式，增强监督的实效。

经过多年的努力，我国的区域合作初显成效，整体上呈稳步推进的态势，已基本形成功能各异、协作关系较密切、逐步实现经济融合的区域经济。区域协调发展不仅需要政府部门协商等非制度手段来推动，更需要通过完善立法、执法协作机制等法律手段来加以保障。在新的发展阶段，要推动区域经济一体化向纵深方向发展，真正实现合作互动、优势互补、互利共赢、共同发展的格局，必须整合现有的制度资源，加强区域的法治建设，构建促进区域经济发展的法治框架，使府际合作由目前主要靠政策合作机制向法治合作机制转变，逐步形成区域一体化运作的“游戏规则”，通过法制的协作化与一体化，实现政府管理的协调化和经济社会的一体化。

三、软硬结合的混合治理：区域府际合作法律治理模式的积极探索

根据法律治理中对软法与硬法的侧重不同，区域经济一体化法律治理大致可概括为三种类型：硬法治理模式、软法治理模式和混合治理模式。有学者指出：硬法治理是美国州际合作的制度基础，软法治理是粤港澳经济一体化的次优选择，混合治理是欧洲一体化的成功保证。区域一体化没有统一的法律治理模式。各地区域一体化法律治理应该在合法、平等互利、公开参与的基础上，从区域实际情况和需要出发，选择适合本区域区情的法律治理模式。[1]

（一）硬法治理模式

硬法是指国家权力主体制定或认可的，并由国家权力保证实施的行为规则的总和。国家运用权力保障法律实施，并不意味着国家总是使用强制来实施法律。强制不是法律目的，而是保障法律实施的手段，且不是唯一手段。

硬法治理模式以美国为代表。在美国，联邦与州、州与州之间在法律地位上完全平等，除联邦宪法与法律外，各州都有独立的宪法与法律。因此，美国州际法律冲突更为明显，历史上各州曾“因为利益冲突而出现各

---

[1] 朱最新：“区域一体化法律治理模式初探”，载《广东行政学院学报》2011年第3期。

种矛盾，如各州为了维护自己的利益，纷纷筑起各种形式的贸易壁垒”。[1]然而，美国州际合作的发展和全美经济一体化的趋势，迫切需要消除州与州之间的法律冲突与经济壁垒。为此，各州通过三种方式来实现：（1）订立州际契约。据统计，现在美国州政府间州际契约达到近百项，涉及的领域非常广泛，如供水、自然资源保护、防洪、州际高速公路的征税等。[2]州际契约一般由州长派代表签署，州议会批准后，要通知州长，作为正式法律，即硬法在本州公布，编入本州法典和联邦法典。但是，州际契约的内容必须遵守宪法保留和国会立法权保留原则，不能侵犯联邦的立法权和管理权。（2）制定统一的州法律。为避免各州立法的矛盾与冲突，1892 年美国成立了由各州州长任命代表组成的全国统一州法律委员会。（3）设立其州政府代表会议之类的州际组织。1952 年，由美国各州设立的州际合作委员会组成了州政府代表会议。州政府代表会议除了具体事务的协调外，其重要任务之一就是草拟法律草案，经讨论交州政府代表会议理事会核准，然后再列入专门的立法建议报告，并分送各州州长、各州总检察长及各州其他官员。[3]从这三种方式来看，美国区域一体化主要是通过享有立法权的州议会以批准方式制定硬法来推动和实现的，其实践效果是相对满意的。用美国人的话说，就是“我们的制度能够运作，也的确在运作，并且能够运作得更好”。[4]

（二）软法治理模式

法国学者弗朗西斯·斯奈德（Francis Snyder）对软法作了如下界定：“软法是原则上没有法律约束力但有实际效力的行为规则。”[5]软法（Soft Law）是相对于硬法（Hard Law）而言的，是由一定人类共同体通过其成员

---

[1] 张紧跟：《当代中国地方政府间横向关系协调研究》，中国社会科学出版社 2006 年版，第 161 页。

[2] 王川兰：《竞争与依存中的区域合作行政》，复旦大学出版社 2008 年版，第 131 页。

[3] 李昌道：《美国宪法史稿》，法律出版社 1986 年版，第 326 页。

[4] ［美］戴维·H. 罗森布鲁姆等，张成福译：《公共行政学：管理、政治和法律的途径》，中国人民大学出版社 2002 年版，第 145 页。

[5] Francis Suvdey, “Soft Law and Institutional Practice in the European Community”, Steve Martin ed., *The Construc-tion of Europe*: *Essays in Honour of Emile Noel*, Kluwer Academic Publishers, 1994, p. 198.

参与、协商等方式制定或认可的规则，一般是共同体内的成员自愿达成的契约、协议。它不具有国家强制力，不由国家强制力保障实施。当然，软法不具有国家强制力并不等于其没有约束力，软法一经形成，相应共同体成员必须遵守。如果违反，则会遭到舆论的谴责、纪律的制裁，甚至被共同体孤立、开除。可见，软法通常是由人们的承诺、诚信、舆论或纪律保障实施的。[1] 软法是伴随着硬法立法滞后、协商民主思维兴起而发展起来的。它在公共治理中起着增强公民的主体意识与促进社会自治、弥补硬法不足、降低立法与执法成本、创新管理方式、防止公权力滥用的积极作用。有学者认为，在当代社会，"软法"因"公共治理"的兴起而大规模涌现，它是"公共治理"的主要根据。"公共治理"主要是"软法"治理。[2]

我国正处于经济与社会的转型期，各种新的社会关系都迫切需要法律调整，而硬法的供给严重不足，为了填补硬法在这些方面的空白，提高法对社会发展变化的适应性，软法应运而生，并得到快速发展。经过协商、论证与合意而形成的软法能够回应多元利益诉求，其实施并不依赖于国家强制力的保证，而主要运用一种自律机制或者是利益诱导下的自愿服从。这有利于建构起内在利益平衡下和谐共治的秩序，优化资源配置，弘扬法治精神，催生行政民主，完善社会自治。

软法治理是一种治理模式上的转型。现代治理模式是一种公共治理或合作治理模式，强调更多的协商与沟通、更少的命令与强制、更高的自由与自主。与传统的国家管理模式不同的是，公共治理不可能纯粹地建构在硬法之上，只能软硬兼施、刚柔相济。在区域经济一体化的进程中，区域间的政府通过协商、沟通，在尊重各地区利益的基础上达成共识，主要通过合作、协调、谈判、伙伴关系、确立集体行动的目标等方式实施对区域公共事务的共同治理。这与传统的命令强制及被迫服从的单向度的统治模式不同，是一种平等协商、互信互利、自愿遵从的双向互动的治理模式，体现出治理模式上的转型，这种治理实质上就是一种柔性治理、软法治理。民主协商性在这种治理过程中得到更为充分的体现。

---

[1] 姜明安："软法的兴起与软法之治"，载《中国法学》2006 年第 2 期。

[2] 翟小波："'软法'及其概念之证成——以公共治理为背景"，载《法律科学》2007 年第 2 期。

软法治理的主要表现形式——区域合作协议。区域合作协议是一定区域内的各地方政府为协调相互间的行政合作事宜、实现区域的共同发展，经协商而形成的对各自行政管理活动进行规制的协议。它是地方政府间开展合作的行为依据。随着现代经济社会的发展，地区之间的合作越来越广泛，对此，各地区之间签订了大量的行政协议，其法治基础在于不具有隶属关系的地方政府间平等、互信、互利的原则；缔结主体是地方政府或其职能部门；缔结方式往往是行政首长联席会议；表现形式多为“宣言”“协议”“协定”“议定书”“备忘录”“纲要”“意向（见）书”“倡议书”“（实施）意见”“章程”“纪要”“方案”“计划”以及“共识”，等等，其中以“宣言”和“协议”这两种形式使用频率最高；签订协议的目的在于通过政府之间的合作，消除经济发展的种种障碍，促进区域经济的健康有序发展。在我国区域合作的实践中，成员之间大多采用了政府首长联席会议的方式，在平等自愿的基础上签订政府间的合作协议，明确合作的内容和形式，规范各方的行为。实践中，区域内的地方政府签订了数量众多、涉及面广的合作协议。区域合作协议不是一方对另一方的强制命令，而是缔结协议的地方政府对其所享有的行政权力的一种自我约束与激励，也是地方政府运用行政权力的一种新方式，是经过自愿、协商而形成的对区域内的各地方政府有约束力的行为规则。其正当性是区域内的各地方政府在平等的基础上通过对话、沟通、磋商、普遍认同的方式获得的。目前我国区域合作协议在内容方面涉及基础设施（能源、交通等）、产业投资、商贸、旅游、科技、人事、金融、信息化建设、环境保护等诸多领域。

区域内的地方政府之所以要签订合作协议，就是要通过明确的合意条款来引导各方按照协议内容相互支持和配合，以实现区域共同发展。区域合作协议的实施有赖于各成员方对共同体的责任感和自觉性，从利益追求的角度看，签订区域合作协议的各方会受到来自作为一个理性经济人的利益追求所产生的自我约束的制约。在实践中，一旦签订区域合作协议一方违约，其他各方可以依据自我救济机制通过采取共同行动来保证协议效力得到尊重，使违约方迫于区域合作中被孤立的压力而遵守约定。“社会性使人们害怕孤立，希望得到尊重和喜爱”，“只有假定了人们对孤立的极端恐惧时，我们才能解释人类为什么至少在集体中能取得伟大成就”。[1] 可见，区域合作协议中违约责任的具体形式不是一种严格意义上的制裁，而是某种合作的停止、某种优惠的取消，也即违约方因为不履行义务而不能享受其权利与利益。因为区域合作协议的各方在合作中所能获得的各种权益需要相对方的配合或给予特定的资格，这样就存在理论上的可行性，即区域合作协议中的守约方通过某种合作的停止或某种优惠的取消来迫使违约方遵守协议或采取补救措施，从而实现对违约方的制约。

（三）混合治理模式

混合治理模式，是指在区域一体化中通过软硬兼施、刚柔并济的混合法机制来进行公共治理的模式。“法律作为一种社会关系的调节器，应当根据不同社会关系秩序化的难易程度来选择不同刚性程度的法去规范调整，否则会造成法治资源的浪费”。[2] 从实践来看，各国法律治理基本上不存在单纯依靠硬法或软法进行治理的情况，而是软硬“并行不悖”，“各展其长、各得其所”。[3] 公域之治的转型过程，在很大程度上就表现为一种由单一僵化的硬法体系向软硬交错的混合法体系进化的过程。

以欧盟为例，欧盟区域一体化法律治理，既不是单纯的硬法治理模式，也不是纯粹的法治理模式，而是软硬兼施、刚柔并济的混合治理模式。这种模式大大推动了一个强调共性、彼此相互尊重，且共享共同利益和发展成果的欧盟的形成。

第二次世界大战以来，欧洲国家日渐走向一体化，其历程大致为两个阶段：欧共体时期和欧盟时期。欧共体成立是法、德等六国通过签订《建立欧洲煤钢共同体条约》等国际条约实现的，欧共体扩大也是通过签订国际条约来实现的。而欧盟也是因为《欧洲联盟条约》的生效而成立的。通过一系列条约，欧盟已经构建了多层次、网络状的组织体系：欧洲理事会是欧盟事实上的最高决策机构，由成员国元首或政府首脑与欧盟主席组成，担负着协调成员国立场、决定欧盟的大政方针的主要立法机构和决策机构，

---

[1] 叶必丰：“长三角经济一体化背景下的法制协调”，载《上海交通大学学报（哲学社会科学版）》2004 年第 6 期。

[2] 罗豪才：“直面软法”，载《人民日报》2009 年 7 月 8 日，第 8 版。

[3] 罗豪才：“人民政协与软法之治”，载《中国人民政协理论研究会会刊》2009 年第 1 期。

并负责欧盟共同外交等政府间合作事宜，由各成员国外长组成；欧洲委员会是常设执行机构，其主要职责是实施欧盟条约和部长理事会决定，向理事会和欧洲议会提交报告和决议草案，处理日常事务等；欧洲议会除和部长理事会共享立法权外，还有民主监督权、咨询权及预算决定权；欧洲法院是欧盟仲裁机构，其职责是保证欧盟的法律得以遵守。从以上分析可知，这时的欧盟区域一体化治理模式是一种硬法治理模式，即强调条约和法律约束力，要求成员国严格遵守条约和法律，并允许对不遵守条约和法律的行为诉至法院，必要时予以惩处，从而使一体化得到法律化、制度化的保证。

然而，随着欧盟扩大，欧盟整合从经济走向社会，欧盟一体化的硬法治理模式难以发挥应有成效，日现弊端：（1）难以平衡成员国的多样性与遵循共同体决议间的矛盾；（2）解决不了欧盟层面的民主危机和合法性危机。[1] 为克服弊端，20 世纪 90 年代后，欧盟开始运用开放协调机制。开放协调机制包含基准设定、最佳实践、定期评价和共同学习四个基本要素，大致遵循以下步骤：在欧盟层面设立共同指导方针、目标和评价基准；为达到目标，成员国根据欧盟指导方针在国内制订各自的年度行动计划，通常由常设机构进行过程监督并作出相应评估；在定期同行评价程序中，对这些计划执行情况进行评价；最后，对指导方针和总体结果进行回顾，评出最佳实践，倡导其他成员国共同学习。如果必要，欧洲委员会对指导方针做出适当调整，并对各成员国提出相应政策建议，以推动下一年度的循环执行。[2]

总之，软法与硬法，正在发展成为现代法的两种基本表现形式，适应区域经济一体化发展的需要和公共治理的转型，法治也将是“软硬并举、一元多样”的混合法治。

四、多元机制构建：彰显法律治理功效的明智选择

要保障区域府际合作目标的实现，彰显法律治理的功效，需要有很多

---

[1] 罗豪才：《软法的理论与实践》，北京大学出版社 2010 年版，第 313 页。

[2] 同上书，第 405 页以后。

配套的条件，诸如观念转变、体制改革、机制创新、制度完善等。区域内的地方政府要转变“行政区经济”的观念，克服”本位主义”，以整体利益为重，树立“合作共赢”“协调发展”和“统一大市场”的观念，以制度合作为切入点，加强相应的机制建设，推动区域合作取得良好效果。

（一）法制协调机制

有效的法制协调机制将加强区域合作各方在立法、行政和司法领域的协商沟通，统一立法、执法和司法标准，减少法律冲突，确保法制统一性和法律适用的平等、一致性，实现区域法制环境的无差异性，从而推动区域协调发展。应当以科学发展观为指导，建立规范有效的联席会议、磋商沟通、行政协议等法制协调机制，消除区域之间的政策与法律壁垒，将地方保护主义发生的可能性减小到最低，为区域合作与社会经济的协调发展提供有效的法制保障。

当前迫切需要通过立法协调，打破自成一体的行政格局导致的政策壁垒，扫清推进区域一体化的主要障碍。区域经济一体化的发展对地方立法的主体、对象、目的、内容、要求与适用范围、冲突机制等均提出了挑战，要求地方立法从传统意义上的本地立法走向区域立法，从“闭门造法”走向“合作立法”，以形成公平合理的法律规则；立法的价值取向从本地发展走向区域协调发展；立法的调整对象从本地公共事务走向跨域公共事务。因此，法制协调变得尤为重要。一方面，要清理、废除与区域一体化相冲突的地方性法规、规章、其他规范性文件及相关政策，破除区域一体化的障碍；另一方面，要实现法律与政策及其他规范性文件、地方立法与区域立法、各地方之间的地方立法以及地方立法与统一立法之间的协调，形成统一、协调、完备的地方立法体系，推动区域的协调发展，这一过程必将促进地方立法的不断完善与法制协调理论的深度发展。

（二）利益调节机制

马克思曾指出：“人们为之奋斗的一切，都同他们的利益有关。”[1] 利益是社会联系的纽带，所有社会矛盾和社会冲突的根源均存在于人们的利益关系之中。利益关系是政府之间关系中最本质的关系。“区域合作和区域一

---

[1] 《马克思恩格斯全集（第 1 卷）》，人民出版社 1995 年版，第 187 页。

体化的过程，实际上就是区域成员主体间利益不断冲突、妥协、博弈和协调的过程”。[1]

当利益调节机制运作良好时，地方政府间关系发展就比较顺利；反之，当利益调节机制失灵或激励乏力时，地方政府间关系发展就比较缓慢，还可能停滞不前甚至倒退。

在区域经济一体化进程中，各地政府是作为地方利益的代表而存在的，政府间关系“首先是利益关系，然后才是权力关系、财政关系、公共行政关系”。[2] 一方面，利益分配问题是区域经济协调发展的核心问题，也是重复建设和地方保护主义顽症久治不愈的根源所在；另一方面，还存在一个利益创造问题，即如何通过区域经济一化增强区域整体竞争力，迎接经济全球化的挑战，推动区域经济健康快速发展，创造出更大的区域整体利益，并在此基础上分享合作带来的收益。[3] 原广东省委书记汪洋在讲到珠三角区域一体化时曾指出，在实际操作中，不应该出现“人人都觉得从长远来说同城化好，但是一涉及到自身的利益，个个又都不愿意舍弃”[4] 的现象。

区域经济一体化的关键，是如何协调各地间的利益关系。各地方政府通过合作来共享整体利益，打破传统“小而全”“大而全”的产业体系，重新调整各地的产业结构，形成合理的产业布局和产业分工体系是区域合作的题中应有之义。但合作过程中会有一方处于优势而另一方处于劣势的情形出现，于是便会产生地区利益从劣势一方流向优势一方的问题。这就需要优势一方给劣势一方以相应的利益补偿，构建这一制度变迁机制，改变原博弈格局下的“囚徒”困境，让“合作”成为区域内地方政府的理性选择，使区域内所有的地区都共享合作的收益。因此，区域合作能否取得应有的成效，取决于能否达致各方利益的平衡与共进，这就需要建立一个与之相适应的“区域利益分享和补偿机制”。所谓区域利益分享和补偿机制，

---

[1] 汪伟全：“区域合作中地方利益冲突的治理模式：比较与启示”，载《政治学研究》2012 年第 2 期。

[2] 谢庆奎：“中国政府的府际关系研究”，载《北京大学学报（哲学社会科学版）》2000 年第 1 期。

[3] 李庆华：“长三角地区经济一体化制度建设——基于政府间磋商机制的研究”，载《现代管理科学》2007 年第 4 期。

[4] 汪洋：“欧盟都能协调，何况一省中的九市”，载《南方日报》2009 年 2 月 3 日。

指的是各地方政府在平等、互利、协作的前提下，通过规范的制度建设来实现地方与地方之间的利益转移，从而来实现各种利益在地区间的合理分配。当然，在这一机制中，中央政府的协调作用是不可或缺的，尤其是涉及财政转移支付方面，更离不开中央政府的宏观调控。

（三）信息交互机制

区域府际合作的风险主要来自利益不对称与信息不对称。实现区域府际合作，除建立利益调节机制外，还要通过制度化的设计，建立信息交互机制，加强各方的信息交流与沟通，消除彼此之间的不信任和信息不对称问题，避免地方政府间的集体非理性结局。[1] 信息是一种资源，对信息的占有就意味着对资源的控制。信息不对称容易导致地方政府间不信任，从而使其交往受到阻碍，使得原本应该合作无间的府际互动过程出现偏差，进而影响到跨区域合作治理的效果。同时，由于信息不对称，地方政府的思维容易局限于本地区，难以从整个区域全局来思考，支持跨区域公共事务的治理，使得区域合作治理流于形式。因而，信息的交流与共享就显得极为重要。

在推进区域经济一体化的进程中，区域内的各方应突破地区、部门、行业界限和体制性障碍，加大信息基础设施建设力度，统筹规划信息基础网络，统一信息交换标准和规范，打造跨区域合作治理信息平台，建立区域合作信息通报与传递制度，共建共享公共信息数据库，建设数字化城市和数字化区域，建立企业信用信息共享机制、联合执法信息机制、维权信息联动机制和检测结果信息互认机制等，实现区域公共信息管理一体化。[2]

（四）绩效评价机制

我国现行干部考核制度特别是对地方政府领导的政绩考核体系往往是以 GDP、财政收入多少为标准进行简单的量化和比较。这种方式诱导地方政府片面追求 GDP 和财政收入增长，必然导致各行政区首脑强化资源配置本地化和保护本地利益。地方政府及其官员往往会为了自身利益的最大化而忽视全局利益，以致地方政府行为呈现出异化特征，从而导致地方政府

---

[1] 高新才："论区域经济合作与区域政策创新"，载《学习论坛》2004 年第 7 期。

[2] 陈瑞莲："欧盟经验对珠三角区域一体化的启示"，载《学术研究》2009 年第 9 期。

间利益关系不协调、地方保护主义和地方市场分割盛行。因此，必须建立科学的地方政府及其官员绩效评价机制，通过其正确的方向引导、规范政府官员的价值取向和行为选择，从而达到协调和改善政府间利益关系的目的。

科学的地方政府及其官员绩效评价机制的建立可从以下几个方面着手：(1) 对地方政府的绩效评价应该把该地方经济社会发展与其历史状况及长远发展有机结合起来，尤其要注重该地方可持续发展的能力；应该把该地方经济社会发展与促进区域经济社会发展的贡献结合起来；应该把该地方在治理公共事务过程中的成本与收益结合起来。(2) 对地方政府官员的考评应当设计一套科学、规范、可量化的绩效考核指标体系，而不应仅仅局限于发展经济的能力。其中不仅要有经济数量、增长速度指标，更要关注经济增长的质量指标、社会效益指标和生态环保指标；不仅要考察干部在促进当地经济社会发展方面的政绩，也要关注其在遵守法律法规和履行区域合作协议方面的表现；不仅要考核干部对本地区的业绩贡献，还要考虑由于本地区发展而对相邻地区带来的正、负效应；不仅要关注效率，还要关注社会公众的满意度，要把其发展经济的能力同提高社会效益的能力有机结合起来。(3) 要建立规范的考核机制，如要建立公开、公平和公正的考核程序和监督办法。(4) 要有激励机制和明确的奖惩措施，严格按照考核结果兑现。只有这样，才能促使地方政府及其官员树立正确的政绩观，树立全局和长远意识，力避“数字出政绩、眼光只在本地、谋事只顾眼前”的现象发生，以为地方政府合作治理跨地区公共事务与实现区域协调发展提供足够的动力。

（五）激励约束机制

区域府际合作一是要有合作的动力，二是要有对非合作行为的约束。即要为合作行为提供足够的激励，对违反“合作规则”者要给予相应的惩戒。区域合作主体的积极性是受利益驱动与诱导的，各地方政府推动区域合作除了获取区域利益之外，还希望得到认可。因此要运用相应的手段对区域合作给予鼓励和支持，如对区域合作项目的投资给予政策倾斜，对跨区域产业给予目标性政策扶持，对跨区域企业给予工具性政策优惠，对跨区域合作开发给予制度性政策肯定，对积极推进区域合作的部门和领导的政绩评价通过量化指标予以认可等，这些都可成为区域合作的有效激励。同时，区域经济一体化与区域合作对每个成员来说都有一种责任或约束。“共同体的每个成员所负有的一项义务就是使共同体的利益优先于他的自我利益，不论两者在什么时候发生冲突都一样。……这就是社会责任原则。社会责任并不要求人们放弃对个人自我利益的追求。但他们必须用与共同体利益相一致的方式去追求”。[1] 这就意味着容忍和妥协。区域合作协议对签订协议的各方来说是一种对等性行政契约，其约束力主要体现为成员方基于对共同体的责任和有诺必践原则所产生的自我拘束力，这属于软约束。在软约束下，当协议的一方违约时，其惩戒可能不是严格意义上的制裁，而是某种合作的停止、某种优惠的取消，或被其他成员方所孤立以及声誉上受到影响。

为了防止区域合作中的机会主义行为，维系区域之间合作的稳定性，还需要建立外在约束机制，或者称为硬约束机制。该机制可包括以下内容：明确区域合作协议中的行为规则条款，规定区域合作各方在合作关系中应遵守的规则，以及违反区域合作条款而应承担的责任；建立一种区域合作冲突的协调组织，负责对区域合作中的矛盾和冲突予以裁决；中央政府或上级政府通过相关的政策和法规对区域合作关系进行规范，对区域合作中的非规范行为作出惩罚性的制度安排。

（六）争议解决机制

在区域府际合作中，区域内政府间争议的发生是不可避免的，故应建立健全争议解决机制。一般来说，区域合作中的各方如果发生争议，可以选择自主协商和解的方式解决争议。这是一种温和的解决争议的方式，有利于维护各方关系的和谐。但这种方式并非在任何时候都能奏效，当争议双方在自主协商和解不成的情况下，可以选择请求上级行政机关裁决，由上一级行政机关行使裁决权，作出决定解决争议。这是一种具有权威性和可行性的解决争议的方式。上述两种方式均是在行政系统内部解决争议。能否在行政系统之外通过诉讼的途径解决区域合作中的争议呢？在西班牙，对区域政

---

[1] ［英］米尔恩，夏勇等译：《人的权利与人的多样性——人权哲学》，中国大百科全书出版社 1995 年版，第 49 页、第 52 页、第 45 页。

府在行政协议履行中发生的纠纷可以通过行政诉讼和宪法诉讼的途径解决。在美国，因州际协定在实施中引起的争议可在美国联邦最高法院进行诉讼，如缔结州际协定的一成员州擅自违反协定的规则，对另一成员州造成损害，受害的州有权向联邦最高法院提起要求赔偿的诉讼。[1] 在我国，虽然从目前的状况来看，近期将区域合作中产生的争议纳入诉讼程序，在行政裁决机制之外设计一套司法裁决制度来解决有一定困难，但从长远的发展与制度设想来看，将区域合作中产生的争议纳入诉讼程序，使司法救济成为区域合作的最终保障途径是必要且合理的。[2]

五、结　　语

总之，第二次世界大战以后，特别是进入21世纪以来，区域经济一体化迅速发展成为全球经济发展的主流之一，且正在重塑着民族国家和地方政府所面对的经济社会环境，进而对“行政区经济”和政府传统的行政管理模式带来严峻的冲击与挑战，迫切呼唤着一种新的治理模式与制度安排，实现区域治理的范式变革与制度创新。区域府际合作作为一项新的公共治理模式应运而生。促进区域府际合作，实现区域经济社会的协调、有序发展，需要有良好的体制、机制和制度保障。美国法与社会变迁研究的先驱弗里德曼教授曾经指出：相对于社会变迁而言，法既是反应装置，又是推动装置；在这两种功能中，尽管法对社会的被动反应得到了更普遍的认知，法对社会的积极推动作用却正在逐步加强。[3] 法有硬法与软法之分，硬法在区域一体化中发挥重要的规范和调整作用，软法在区域一体化进程中也扮演着重要的角色，具有不可替代的地位和作用。与区域府际合作相匹配的笑　软硬结合的混合法治模式。为保障区域府际合作治理的连续性、稳定性并取得预期的成效，必须以制度建设为立足点，打破原有行政区行政的制度安排，加强区域法治建设，促进软法与硬法的优势互补，充分发挥其作为反应装置与推动装置的作用，引导和推动区域内的各方消除政策的差

[1] 叶必丰：“我国区域经济一体化背景下的行政协议”，载《法学研究》2006年第2期。

[2] 石佑启：“论区域合作与软法治理”，载《学术研究》2011年第6期。

[3] W. Friedman, *Law in a Changing Society*, Columbia University Press, 1972, p. 11.

异和限制商品、资本劳务、技术和信息自由流动的壁垒，制定科学合理的统一发展战略，深化产业分工，加快产业整合，增强区域综合竞争力，以应对发展的外在压力，激发发展的内在动力，促进区域协调发展，实现互利共赢、效益最优的目标。

论区域经济一体化中政府合作的执法协调原则

■ 潘高峰*

【内容提要】 区域经济一体化中政府合作的执法协调是区域法制协调的重要内容，它应遵循合法性原则、统一性原则、连续性原则、及时性原则、互利性原则、灵活性原则等基本原则。这些原则从不同的方面对政府合作的执法协调提出了不同的要求，指明了方向，以确保执法协调能够达到预期的目的。

【关键词】 区域经济一体化　政府合作　执法协调　原则　区域法治

政府在区域经济一体化中发挥着重要的作用，政府合作能够更好地解决区域经济一体化中遇到的各种复杂问题，促进区域经济一体化健康快速发展。政府间的执法合作是政府合作的重要组成部分。政府合作的执法协调具有协调各方利益、明确主体权责、减少执法冲突、提高执法效能、促进执法标准统一的功用。政府合作的执法协调原则是政府合作中开展协调的基本要求和所应遵循的基本准则，它为政府开展执法协调活动指明了方向，引导政府执法协调朝着统一区域法制、提升执法效能的方向发展。在区域经济一体化中，政府合作的执法协调应遵循合法性原则、统一性原则、连续性原则、及时性原则、互利性原则、灵活性原则等基本原则。

* 潘高峰，广东外语外贸大学副教授。

一、合法性原则

合法性原则是政府合作的执法协调所要遵循的最基本的原则，它是执法协调其他原则的基础。合法性原则要求做到职权法定、内容法定、条件法定、程序法定。

（一）职权法定

职权法定是执法协调的重要前提。没有法定的职权，主体的协调活动就失去了合法性基础。职权法定要求“行政主体行使职权的行为自始至终有法律依据，没有法律授权均不可为”。[1]

行政执法协调中，虽然我国现行法律法规和规章中没有对执法协调的主体及其权限作出专门规定，但从行政机关行政权的行使来讲，应有法定的授权。如果没有法定的授权，行政机关就不能实施行政管理活动。从区域发展来讲，区域法制是个新鲜事物，在当前没有更多法律规范对执法协调的职权予以规定的情况下，凡是符合现行法律主旨的、符合区域法制发展的职权行为都应该认为是合法的职权行为。应当说，随着我国法制的不断完善，哪些主体可以进行执法协调，怎样进行执法协调，协调的权限、内容、程序等问题都应通过法律规范予以明确。

根据行政机关的职能及其开展协调的可能性，一般情况下，县级以上的人民政府及其法制工作部门、地市级以上的政府执法部门可以作为其下属机关或相关执法部门间执法协调的法定机关。

（二）内容法定

内容法定是合法性原则对执法协调在内容上的基本要求，它强调协调主体开展协调活动时要按照法定的范围和事项进行协调，而不能随意展开协调。通常情况下，协调主体开展协调活动，协调的内容应该与其职权相一致，既不能超越职权进行协调，也不能超越法定的范围和事项进行协调。

由于职权不同，各个主体能够协调的内容也应有所不同。政府作为一级行政事务的综合管理机关，它可以协调自身主管范围内的各类执法事项，

---

[1] 任进：“论职权法定与法治政府建设”，载《人民论坛》2012 年第 14 期。

对其出台的规范性文件相关问题可以在自身范围内与其他相应的政府机关展开协调。对所属工作部门或下级政府的执法问题，可以在自身范围内进行处理或督促解决。对同级人大或者上级政府颁布的规范性文件、执法标准等需要调整修订的，该政府可以提请同级人大或者上级政府来解决。对上级人大颁布的规范性文件认为需要作出调整的，可以报请上级政府，由上级政府向人大提出建议案。县级以上的政府法制部门可以在自身职权范围内协调本级政府执法部门的执法问题。对属于本级政府协调解决的执法事项，政府法制部门可以经过初步协调后交由本级政府确认，或直接协助本级政府开展协调活动。对地市级以上的政府部门而言，可以就其所管辖的执法领域内的事项进行协调。

（三）条件法定

条件法定要求区域执法协调不可随意开展，只有达到一定条件，才可以启动。这是提高协调效率和协调针对性的根本需要，也是把握协调时机的基本要求。通常需要执法协调的情形有：（1）行政相对人或其他社会主体对区域间有关执法依据的公平公正性产生怀疑，要求调整执法依据，行政机关也认为该执法依据确实需要调整的；（2）执法标准存在较大差异乃至冲突明显时，相关机关认为如不调整会使社会主体因此受到严重不公平对待的；（3）社会关系发生了较大变化，原有的执法标准已经不能适应现实的发展变化，执法标准需要通过协调来调整的；（4）区域间开展执法人员培训、执法活动合作、执法业务交流等活动需要协调的。

（四）程序法定

"行政机关行使行政权力时，必须依据法定程序"。[1] 强调程序法定有利于协调活动朝着规范化、科学化、常态化的方向发展。执法协调在程序上可大致分为执法协调的信息收集及建议案的提出、相关问题的协商与研讨、协调内容的草拟与意见征集、协调主体会议审议、决定的发布实施等几个阶段。以政府法制部门为主导的协调为例，其基本程序是：（1）执法协调的信息收集及建议案的提出。信息的收集及建议案的提出是执法协调活动得以开展的前提。各地执法标准是不是一致、有没有存在较大的执法冲突

---

[1] 应松年："依法行政论纲"，载《中国法学》1997 年第 1 期。

问题，社会主体和执法人员在执法活动中会有直接的感受，他们的意见和建议通常会成为决定是否开展执法协调的主要信息来源。社会公众和执法机构可以根据现实情况对是否需要执法协调提出自己的意见和建议。(2) 对收集到的信息进行分析、整理，对建议案进行处理。法制办在对相关信息汇总、分析、对建议案进行初步研究的基础上决定是否展开相关协调活动，如果认为需要开展协调活动，则成立专门小组负责协商起草有关协调方案，如果认为不需要协调，则把不协调处理的相关决定回复给提出建议案的单位或者个人。(3) 对相关问题开展协商研讨。专门小组组织专家学者对相关问题展开研究，形成初步的协调草案。在听取各方关于草案的意见建议后，形成正式文稿提请有关会议审议决定。(4) 协调主体召开会议对草案进行审议。政府法制部门可以根据具体情况提交草案到区际人大、政府等单位召开的联席会议上进行审议。(5) 通过的执法协调决定在相关区域内发布实施。

二、统一性原则

统一性原则要求执法协调活动不能随意开展，而必须根据国家的法律规范、大政方针，且不与法律法规，党和国家的政策相冲突、相抵触。它是对执法协调在内容、目标、遵守原则上的根本要求。根据区域执法协调的现实情况，统一性原则又可以延伸出以下几项原则。

(一) 法制统一原则

法制统一原则是指执法协调主体在开展执法协调活动时，协调的内容、过程、目标等必须与国家的法律法规相适应，不得有超越法律法规的情形，否则该协调活动自始无效。法制统一原则要求执法协调必须在国家统一法律体系之下开展相关协调活动，不能不顾相关法律的规定而随意开展活动。这一原则也是建设法治国家、法治社会在执法协调领域中的具体体现。

(二) 与党和国家政策相统一原则

党和国家的政策虽说没有像法律法规那样具有法律约束力，但政策在我国社会生活中的作用不可小觑。执法工作中，除了法律外，党和国家的政策也起着重要的指导作用，[1] 有时某一法律文件可能已经发生重大变动，而与之关联的政策却仍然发挥着重要的引导作用。在缺少法律法规作为行政行为直接依据的情况下，党和国家的政策往往成为政府开展行政管理活动的具体指导。

协调活动既要强调协调内容与法律法规保持一致，也要强调与党和国家的政策尽可能地保持一致。在政策不与法律法规冲突的情况下，尽可能地使执法协调的内容与政策相统一。

（三）与上级人大和政府规定相统一原则

在执法活动中，执法机关拥有一定的行政裁量权。行政裁量权的行使使执法主体有更灵便的措施去纠正违法行为、保障合法行为。在自由裁量的幅度内，选定哪一档次作为执法裁量结果都应当符合法律的本意和规定。现实中，由于执法的情形千差万别，法律不可能为具体的执法行为规定得非常详细，而相对宽泛的规定，又使执法部门面对相对复杂问题往往难以下手，同时也为一些执法者牟取私利留下了缺口。为了尽可能地细化执法裁量标准、确保执法定性定量准确、避免执法腐败和不公，在执法标准、程序、队伍管理、作风建设等方面，由各级人大和政府机关颁布文件对执法行为提出具体要求就显得较为必要。在区域经济一体化背景下，区域间各级人大和政府发布的有关执法的规范性文件，尽管文件制定主体差异很大，所涉及的执法标准也可能有很大不同，这些文件规定却多是根据本地的执法实际情况而确定的，具有较强的针对性和地方特点，内容往往更符合本地的执法现状和实际需要，依此开展的执法活动也会更接地气和更具有生命力。相应地，执法协调如果能尊重这些规定的地方性特点，那么协调的结果也就容易能够被协调各方所接受。因此，执法协调应尽可能在尊重地方人大和政府颁布的各类执法性文件的基础上开展相关活动，使区域执法协调的结果尽可能地与地方人大和政府颁布的文件相统一，尽可能地在尊重地方规定的基础上实现执法标准的统一，以此增强区域行政执法的实效。

（四）与协调主体自身职责相统一原则

与协调主体自身职责相统一原则是指执法协调主体在开展执法协调活

[1] 潘高峰："试论构建我国服务型社会的法治保障"，载《法学杂志》2011 年第 8 期。

动时，应按照职权法定的基本要求，从事与其自身职责相统一的活动，而不滥用职权或超越职权。

执法协调中，协调主体只能在自身的职权范围内参与执法协调活动，而不能滥用职权或超越职权进行协调。对人大机关而言，通过协调制定有关执法的文件，它必须在自身现有的法定职权范围内对执法问题进行协调后再出台相关规定；对政府及其部门开展协调活动而言，其也须在政府机关及其部门所能从事活动的职权范围内进行协调和出台相关规定，而不能从事其他机关或者上级机关职权范围内的活动。

三、连续性原则

连续性原则是对执法协调主体开展执法协调活动的一种行为连贯性的要求，是指执法协调主体开展执法协调行为要具有延续性、稳定性，形成长期的协调状态。

在行政执法协调中，连续性原则要求如下。

（一）强调协调活动之间的密切联系，协调活动层次的提升和协调内容的完备

执法活动开展、业务培训、执法队伍和作风建设、执法标准统一等都需要通过开展协调活动来推进。参与协调的主体之间良好的关系，是决定协调成果能够保持连续性、一致性的关键因素。如果对同一执法行为，协调主体之间没有形成良好的协调关系，那么就很难在更高层次和范围内使所有的执法协调活动保持为和谐统一连贯的整体。

执法协调时需要注意两方面的关系：（1）注意前期协调与后期协调的呼应关系。协调主体在开展执法协调时不能仅仅考虑单次协调的成效，而应把前期协调的成果和后期协调的成果结合起来，注重执法协调的整体效应，强化执法协调的整体效果；（2）注意上下级主体协调的衔接关系。执法协调解决的是执法中遇到的相关问题，上级主体协调的结果直接影响到下级执法的成效，如果上下级主体之间在协调内容上没有做到相应的衔接，则势必会造成因协调结果不同而产生新的执法冲突问题，因而进行协调时，需要上下级协调主体在协调内容上尽量保持一定的对应性、连续性，使各

主体间协调能够相互衔接。

（二）强调长期区域执法协调机制的形成和完善

区域法制建设是区域发展中长期性、经常性的工作。积极主动地开展执法协调有助于为区域发展营造良好的执法环境和氛围。建立长期区域执法协调机制有利于把执法协调活动不断推向新的高度，促进协调工作的常规化、专业化、科学化发展。[1] 区域执法协调机制可以把区域执法协调放在一个共有平台上，通过设立专门的协调途径、协调程序、协调办法，依托专门协调人员，适时地开展协调活动，把单一的、临时的协调活动与多个协调活动连接起来，形成协调活动间密切的联系与逻辑关系。

（三）反对开展一时性、随意性的协调活动

区域性执法协调是区域执法中需要长期开展的工作。执法中随时出现的矛盾和问题，是执法工作必须及时面对和解决的。简单的矛盾和问题比较容易解决，但长期、复杂、区域性的执法问题仅靠一般性的解决办法很难奏效。开展区域执法协调活动则为这些问题的解决提供了一种新的方式和途径。随着各项事业的发展，区域性的执法问题会越来越多，区域间亟须协调解决的执法活动也会不时出现。面对区域执法问题，有些需要协调才能处理，有些则可借鉴先例。因此，把前后多次协调的成果、经验充分联系总结归纳起来，进行借鉴和参考是解决长期性、复杂性执法矛盾的必然要求。需要看到，协调主体每次在开展协调活动时，要投入大量的人力、财力、时间和精力等成本，在开展协调活动时，仅仅把协调活动的开展着眼于一时性或随意性开展的活动，从执法协调的本意和成本来讲显然是不适合的，也是不现实的。协调活动的开展要从协调的成效、影响以及区域执法问题的解决、优良执法环境的营造上来考虑，以便促进各类执法协调活动的良性互动。

四、及时性原则

及时性原则是对执法协调时间上和期限上的要求，它是指执法协调活

---

[1] 石佑启、杨治坤："中部地区法制协调机制的建构"，载《江汉论坛》2007年第11期。

动开展在时间上要及时、期限上要紧凑，因时因事及时开展，避免出现因执法问题未能及时解决而产生更大矛盾与冲突的状况。“及时是过快与过慢之间的一种中间状态。行政程序过慢，也会损害程序的正义，称所谓迟来的正义为非正义”。[1]

及时性原则要求区域执法协调主体在开展执法协调活动时要抓住协调的时机，发现问题及时协调解决，避免因执法问题久拖不决而引起更多的问题。及时性原则在时间上的要求是，当出现不通过协调难以解决的区域性执法问题时，应由相关机关随即展开执法协调活动。及时性原则在期限上的要求是，当区域性执法问题需要协调来解决时，协调应遵循一定的期限，在期限内按时完成，避免拖延。

强调执法协调的及时性取决于以下因素。

（一）区域性突发事件的频发需要通过执法协调及时防范与化解

区域性突发事件具有社会影响大、涉及面广、时间紧急、危害后果难判的特点。当突发性事件发生后，是否能够迅速及时地控制局面、避免灾害的进一步发展，是考验政府社会管理能力的重要尺度。“政府机构的作为及执法行为表现直接决定着风险控制的成效”。[2]突发性事件因其难预料、难防范，所以对其发生也常常难以判断和处理，而区域性的突发事件由于其波及区域更广、领域更宽，所以其产生的影响也更加难以判断和处理。有时区域性突发事件处理不好可能会引起更大程度和范围的连锁反应。通过执法协调对突发性事件发生的成因、机理、发展趋势、防控措施等进行研判和协调，有利于从根本上和整体上发现导致突发性事件发生的关键因素，把握突发性事件的发展动向，避免不利因素的继续发酵，引导事件向着有利的方向发展。

（二）执法活动自身的特点要求执法协调的开展要及时有效

行政执法活动具有单向性、主动性、及时性的特点，执法主体自觉、主动、及时地开展执法活动是维护法律权威、稳定社会秩序、确保社会公平的必然要求。执法机关积极有效地开展执法活动能够及时防范违法行为

---

[1] 应松年：“中国行政程序立法展望”，载《中国法学》2010年第2期。

[2] 刘旭：“当代中国社会稳定风险的法治对策探讨”，载《郑州大学学报（哲学社会科学版）》2013年第5期。

的发生，减少和避免各类社会事件的出现，保障社会主体的合法权益。但如果执法主体面对危害社会的行为时，该作为不作为，该履职不履职，势必会使违法行为得不到及时的纠正和防范，“不仅使公民、法人和其他组织的合法权益得不到保障，而且也有碍于社会公共利益的实现，激化了党群矛盾，加剧了干群冲突，严重影响了政府的形象和信誉”。[1] 因此，执法活动自身的特点要求，执法中无论大小问题，能够及时处理的，就及时处理；需要协调解决的，就及时协调解决，避免相关问题久拖不决。

（三）行政权自身的本质要求执法协调活动要及时有效

行政权作为重要的国家权力，其自身的本质属性要求权力的行使要根据社会发展状况和现实需要积极主动地去作为，“主动为公众谋福利，对公民的关怀从‘摇篮到坟墓’”，[2] 对权力行使中遇到的问题，要及时调整相关政策和措施，主动履行职责、解决问题。在区域社会管理中，对需要在行政主体间进行协调的事项，要主动去协调。对依靠一方力量难以完成，需要整合多方力量才得以完成的工作，要积极主动地沟通、整合。对突发性、紧急性的问题需要快速、果断处理的，要快速协调、及时果断处理。

五、互利性原则

互利性原则是从利益的角度上强调行政执法协调要坚持互惠互利的基本原则。它是指行政执法协调要建立在双方或多方互惠互利的基础上来开展相关活动，不能仅仅强调单方利益，忽视或否定他方利益。

在执法协调中，利益问题是首要关注的问题。关于协调什么，如何协调的问题，无论是在执法标准、执法行为规制上还是在执法队伍管理、人员培训、执法环境优化上，最终都离不开各方利益的平衡。可以说，执法协调最终解决的主要还是相关主体的利益安排问题。

在区域执法中，常常会出现区域性执法成本的承担问题，甚至出现不主动执法可以节省经费开支、主动执法却增加经费支出的问题。特别是对

---

[1] 张忠：“试论行政执法不作为”，载《西北民族大学学报（哲学社会科学版）》2007 年第 2 期。

[2] 郭道晖：“法治行政与行政权发展”，载《现代法学》1999 年第 1 期。

跨区域违法行为的查处，违法行为发生地和结果发生地往往不在一个区域，因危害结果没有出现在行为发生地，从而使行为发生地的执法主体可能基于经费等因素的考虑不愿去查处违法行为，甚至在一些领域和地区，基于利益上的需要，执法主体不仅不去查处违法行为，反而成了违法犯罪者的保护伞，一定程度上纵容了违法行为的发生。

如交通执法中的超员转运执法问题。执法机关在面对客车超员的问题时，它通常选择罚款了事或者对其视而不见，而不对超员人员进行转运。选择罚款或者视而不见，对执法机关来说没有利益损失，反而可能会有不少好处。而选择超员转运，则执法机关很有可能还要为此承担一笔不菲的转运费用。由此来看，从现实的角度上，执法主体与其选择一项执法成本大且较麻烦的行为方式，还不如选择一个成本较少的执法方式更为实际。如此，在长途运输中一辆大客车长时间超载，而沿途的各地执法机关则可能更多选择的是罚款放行或视而不见，而较少会选择超员转运，以致结果是，虽然驾驶人的违法超载行为得到了查处，但危害结果却无法避免，甚至导致了重大或特大交通事故的发生。

在现实情形中，利益问题总是绕不开的节，区域执法中利益之争也在所难免。若使相关主体愿意主动参与协调活动，就要保证该主体或者从该协调中获得相关益处，或者至少不能因为参与协调活动而利益受损，或者本次做出让步，下次得到补偿，“实现区域利益的协调均衡状态”。[1]

建立“规范的利益补偿机制”和“良善互动的利益协调机制”，[2]让协调各方通过协调活动都能实现互惠互利，都能从执法的协助与合作中受益，才能为区域执法的顺利合作打下良好的基础。在上述交通执法中超员转运的问题上，如果通过执法协调，各方都认为客车超员是属于上客地执法部门没有尽到监管责任而应承担转运费用或者由其先承担转运费用而后再向违法驾驶人追偿的话，那么道路交通执法主体则可以及时制止违法行为就地进行超员转运，而无后顾之忧了。

---

[1] 陈书笋：“论区域利益协调机制的法律建构”，载《湖北社会科学》2011年第3期。

[2] 石佑启、朱最新：《珠三角一体化的政府法律问题研究》，北京人民出版社2012年版，第82页。

六、灵活性原则

灵活性原则是指在开展区域执法协调时协调的依据、内容、方式方法要灵活、机动，具体情况具体处理。灵活性原则克服了在区域法制不健全、协调没有固定成熟模式可供参考的情况下，谋求执法协调取得成效的一种方法和策略。

在区域执法协调中，灵活性原则的应用具体体现在以下几个方面。

（一）协调依据灵活

协调依据灵活是指区域执法协调时，协调所使用的相关依据灵活多样，既可以是宪法、法律、行政法规，也可以是地方性法规和规章；既可以是具有法律意义的规范性文件，也可以是人大或政府的相关决定、命令；既可以是硬法，也可以是软法。可以说，在不违反国家法治统一的前提下，一切有效的规定、办法、协议都可以作为协调的依据。协调依据灵活与协调依据法定并不具有必然的冲突。协调依据灵活是协调依据法定在现实情况下的一种灵活处理，其不能脱离协调依据法定的基本要求。

（二）协调内容灵活

协调内容灵活是指区域执法协调在不违反法律强制性规定、不损害社会公共利益和不违背职权法定的前提下，可以对相关执法内容灵活地协调处理。它强调了协调主体发挥主观能动性，主动根据现实需要灵活处理相关问题的基本特性。协调内容灵活与协调内容法定也没有必然的冲突。协调内容法定强调有什么样的职权就从事什么内容的活动，协调主体不能越权行事，而协调内容灵活则更多强调的是协调主体在协调内容上主观能动性的发挥。

（三）协调方式灵活

在遵循法制统一原则的前提下，执法协调的方式可以灵活多样。协调既可以在同级同类机关之间进行，也可以在不同级同类机关之间进行；既可以在区域间同级不同类主体间展开，也可以在不同级不同类主体间展开。协调既可以采用协调主体联合会议、协调工作座谈会、协调小组会议、现场办公会、论证会等形式，也可以采用联合执法、行政协助、执法争议协调、执法联合评议等方式。

（四）协调时间灵活

执法协调可以根据实际情况定期或不定期开展。[1] 定期协调可以以年度、半年度、季度为单位开展，也可以以执法项目类别为单位定期开展。不定期协调则可以根据执法状况临时来安排。当遇到突发性事件，如，自然灾害——地震、台风、洪水、森林大火、大气污染等，社会事件——动乱、罢工、食物中毒、食品安全、水污染、传染病控制、矿难、交通事故等，相关主体可以在执法协调应急处理机制的基础上根据自然灾害和社会事件发生的时间、性质、社会危害程度、采取的措施等适时灵活地开展协调协助活动。对一些社会影响面大、波及范围广、危害严重的自然灾害和社会突发事件，协调主体可以保持随时协调状态，直至相关事件平息、影响消除。

（五）协调结果灵活

协调可能会有结果，也可能会无果而终。协调的结果可能是整个环节进行完毕，也可能是半途而止。在执法协调中，主体间平权型的对等关系决定了它们之间地位没有高低，也没有谁要服从于谁的问题，主体可根据自身的意愿和利益诉求来决定是否参与协调，对如何进行协调以及达到怎样的状态和成效，不设预定目标和要求。这种协调结果的多种可能性有利于尊重各方的协调意愿，更好地推动协调活动的开展。

---

[1] 吕建华："论我国海洋区域执法的协调机制的建构"，载《中国海洋大学学报（社会科学版）》2011 年第 5 期。

Who Should Be Awarded the Ownership of the Found Ebony, Finder or State?

—— A Comparative Analysis

■ 李 研[*] 韩展辉[**]

【Abstract】 First occupancy rule is one of the fundamental theories in property law all over the world. It mainly deals with finder's right, which is a typical pattern to obtain the title of an object. This article focuses on the necessity of the adoption of the first occupancy rule in PRC through a comparative case study, filling the legal blank and perfecting the civil legislation. What's more, striving for a balance between private rights and public rights would be the dominating aim of this study.

【Key words】 the ebony finder's rights comparative study first occupancy rule

Finder's right is a basic and crucial concept in civil law that it has a close relationship with abandoned property, lost property and buried property. Finder's rights are varied in accordance with the categories these properties fit into. However, in mainland China, there is no such concept of finder's rights and many disputes arise from the absence of clear and distinct rules. Here's a typical example.

Early in 2012, Wu Gaoliang, a farmer in Pengzhou, Sichuan Province,

---

* 李研，广东外语外贸大学法学院副教授。

** 韩展辉，广东外语外贸大学法学院 2012 级国际法学在读研究生。

discovered several pieces of ebony in his own contracted land. After having been evaluated, the said ebony is worth approximately millions of Yuan (RMB). But when Wu was excavating this "treasure", the local town government claimed that the ownership of the found ebony should be awarded by the State, only giving Wu 70 000 Yuan as reward. [1] Then Wu brought a lawsuit against the local town government, claiming that even though the ownership thereof belongs to the State, he should get 4 million Yuan as money award of finding the ebony, that is the 20% of the found ebony's value. The trial court dismissed his claim in June, 2013. But the Supreme Court intervened in this case that it might still have a favorable turn. Nowadays, this event is under hot discussion. Who should be awarded the ownership of this buried "treasure" is the main issue of this case, which caused great concern not only from the legal scholars but also from the common people. They also expressed their own opinions on this case. Among the legal scholars there exist the different views thereof. Some hold that the ownership thereof should go to the finder, but the others argue that it should belong to the State.

Subsequently, the research questions may be: Is there any provision protecting finder's rights in Chinese law? When taking comparative study, how will this case be settled if it occurs in other countries (typically in America)? Furthermore, the first occupancy rule, which is an important supplement to address these disputes as the jurisprudential foundation, is as well not set in Chinese civil legislation structure. Therefore, the current legislation fails in categorizing some special objects into certain kinds of classification and giving an equitable and reasonable judgment to relevant disputes. It is urgent to decide what finder's right should be and to perfect our civil legislation by introducing the first occupancy rule.

This article aims to compare the different legal solution of the similar case between China and America and to find enlightenment and implication to perfect our civil law legislation in protecting finder's rights through comparative law study.

---

[1] See "the dispute arising from the ebony with sky-high value", Pan Qi, Weekend of the law of rules, also can be seen at http://www.legalweekly.cn/index.php/Index/article/id/27.

1. The definition and constitutive requirement of a finder

A finder is the first person who takes possession of lost or unclaimed personal property. And finding is more than the act of physical appropriation; it requires a higher degree of probability that the item being claimed have no immediately ascertainable owner. [1] In the meantime, a finder must have intent to claim the object as well as a certain physical control on it. If the object is under the control of others or someone who lacks the requisite intent to control the object, no finder will exist in the above-mentioned situation.

To sum up, a finder requires both intent to control the property and an act of actual control. But his intent and act must be based on a reasonable belief that the object is open to appropriation and it is reduced to undisputed possession. The finder's possession of the object must not be subject to an apparent and obviously better claim. [2]In other word, finder's rights can only exist in ownerless items or relevant items with uncertain ownership. Hence it cannot be "found" in any sense that the law will not credit.

In current Chinese civil law legislation, there is no clear definition of "what is a finder" or the constitutive requirement of a finder. But there exist several legal provisions to deal with the lost property, buried property and other relevant unclaimed personal property in "General Principles of the Civil Law of the People's Republic of China"[3] (hereinafter "General Principles of Civil Law") and "Property Law of the People's Republic of China" (hereinafter "Property Law"). [4] However, in the law mentioned above, objects discovered by someone at the fist time are seldom awarded to the so called "finder". In these situations, items dis-

---

[1] See Grafstein V. Holme and Freeman, 12 D. L. R. 2d 727, 732; Tay 2, supra note 17, at 236.

[2] Cesarini v. United States, 296 F. Supp. 3, 7 (N. D. Ohio 1969), aff'd, 428 F. 2d 812 (6th Cir. 1970).

[3] Adopted at the Fourth Session of the Sixth National People's Congress, promulgated on April 12, 1986, and effective as of January 1, 1987.

[4] Adopted at the Fifth Session of the Tenth National People's Congress on March 16, 2007. Now there is no official English version for this law in China, some translate it into English as Real Right Law of the People's Republic of China, but we prefer to employ the expression "Property Law".

covered by the "finder" actually can not fall into any categories of the legislation. Therefore, what follows in this passage will introduce the category of "found" property in American and Chinese law, trying to find out the distribution rules of the ownership in terms of different kinds of unclaimed property.

2. The categories of "found" property

The legal tradition of China and America is completely distinguished—China belongs to civil law system while America adopts case law. The main difference regarding the ownership between these two legal systems is that the acquisition of the property in America is not requisite based on the so call "ownership". [1] Therefore, the form which the categories are settled in the law is somewhat different. The categories of "found" property in American law are not settled in a unified code but in scattered cases. Besides, in China, the notion of private property and so called "finder's rights" are absent in legislation before the reform and opening up to the outside world in 1980s. Deeply influenced by the establishment of public ownership as for property ownership for years, the notion of private ownership doesn't run deep in China. Therefore, the categories of "found" property of Chinese civil legislation are still under perfection, and judicial practice as well needs a refreshment of such advanced civil theory.

2.1 The categories of "found" property in American case law

There are four traditional categories of "found" property in American case law, including a category called "treasure trove" recognized from English law. The rights of a finder and other claimants basically settled on which of the four categories the "found" object falls into. Here's the classification in American Property Law.

[A] Abandoned property

An object becomes abandoned property when the owner intentionally and voluntarily relinquishes all right, title, and interest in it. [2] For instance, when we drop something as rubbish, the object becomes an abandoned property since the o-

[1] American Property Law, Li Yahong, Law Press, Beijing, 1st version of January 1999, p. 29.

[2] See Ritz v. Selma United Methodist Church, "northwest case assembly", volume 52, p. 1124.

riginal owner has voluntarily given up all his interests on it. And pursuant to the first occupancy theory settled in American property law, the first person to take occupancy or possession of something owns it. Therefore, when the abandoned property becomes an ownerless object and it is open to appropriation, the first occupancy theory can be applied. The first person who first occupies or possesses the abandoned property can obtain the ownership of the item.

[B] Lost property

Property is deemed lost when the owner unintentionally and involuntarily parts with it through neglect or inadvertence and does not know where it is. [1] So the subjective intention towards the property distinguishes abandoned property, lost property and under-mentioned mislaid property. Currently, many states have promulgated statues governing rights in "found" property. Generally, these statutes require the finder turn over the item to the local police station; the find is then advertised and true owner has a set period (ranging from 90 days to 1 year) to file a claim. If no claim is made within the settled period, the title thereof is awarded to the finder. And if the true owner makes a timely claim, in practice, he is likely to be required to pay a reward to finder.

[C] Mislaid property

Property is considered mislaid when the owner voluntarily puts it in a particular place, intending to retain ownership, but then fails to reclaim it or forgets where it is. For instance, if someone puts an umbrella in the checkroom and forgets to take it back, the item left behind is a mislaid property. In protecting the true owner, the mislaid property is generally awarded to the owner of the locus in quo (if no one take the item back for a set period), it being thought that this will better protect the true owner, who may recall where he set the property down and later return to claim them. Many states legislate that the owner of the locus in quo will get the title of unclaimed property after a set period, which is similar to the rule of lost property. If the owner reclaims the mislaid item during the set period,

---

[1] Benjamin v. Lindner Aviation, Inc., 534 N.W. 2d 400 (1995).

the owner of the locus in quo can not retain the possession or the presumptive ownership any more.

[D] Treasure trove

Treasure trove is the property intentionally concealed in the distant past by an unknown owner for safekeeping in a secret location. And this property consists of gold, silver, currency, etc. It just like the definition stated by a court that "treasure trove means antique". [1] Originally, the concept of treasure trove is transplanted from English law, but American courts declines to accept the traditional English rule that all the ownerless treasure trove should award to the queen. Recently, there is an increasingly prevalent practice that courts tend to award it to the owner of private land, considering the item to be a part of the land or mislaid property. [2] Certainly, if the finder and the owner of private land are not the same subject, the finder could get some award form the owner in respecting his finding.

The traditional categories of "found" property of American case law has settled a quite sophisticated system to protect finder's rights, but there also exist some problems in implementing the rules. For example, it has been long criticized the distinction between lost and mislaid property is not clear, which is difficult to distinguish A form B. As is stated above, different categories will fit into different solution and settlement of the "found" property. So the puzzle is that it would be difficult to figure out the subjective intention of the true owner and subsequently similar cases will produce totally different judgment, which causes continued confusion and unpredictability in court decision. Lately, the statues made by states to define rights of finders, which supersede the confusing common law, may be a workable solution to unify the American case law practice.

2.2 The categories of "found" property in Chinese law

Although China is a written-law system country, the categories of "found"

[1] Ritz v. Searle horse united Methodist church, Inc., 467N. W. 2d 266 ~ 267 (1991).

[2] See Morgan v. Wiser, Inc., 711S. W. 2d 220, 223 (1985).

property do not systematically fall into a single code. In the "Property Law" and "General Principles of the Civil Law", four categories are mentioned and settled, which contain the lost property, the drifting property, the buried property and the hidden property. This kind of category is somewhat different from the American categories, where the abandoned property, the mislaid property and treasure trove are not included. Meanwhile, the definition and the rules to deal with these objects are not consistent with the American case law.

[A] Lost property

The present Chinese property law mainly deals with the lost property, where this kind of civil disputes frequently occur. Detailed provision is given in Chapter 9 of the "Property Law", the special regulations pertaining to attainment of the ownership, which provides that the finder should return the object to the true owner or take it to the police apartment if the owner is unknown. The find is then advertised and the true owner has 6 months to file a claim. If no claim is made within this period, the item belongs to the State. This regulation is originated from the "state ownership" theory, and the finder could not obtain the title of lost property in any circumstances.

[B] Drifting property, buried property and hidden property

The drifting property, buried property and hidden property can be discussed together in Chinese legislation. It is stated in Article 114 of the Chinese Property Law that "where items are picked up from drift, buried or the hidden are discovered, relevant regulations with regard to picking up of the lost property shall apply". We can comprehend that all the unclaimed properties, which fit into the above-mentioned classification, belong to the state of PRC.

3. Different solutions to this case between Chinese and American law

When the categories of both America and China have been make clear, we can realize the different legal tradition more or less. Then it makes sense to talk about the legal solution based on the categories respectively.

3.1 The legal solution to the case in America

When we talk about the legal solution in American case law, it only means the prevalent practice in this country since case law would be different among different states. But one thing we can make sure is that the legal solution would be somewhat different from our Chinese practice.

Initially, the nature of ebony should be made clear. As what has introduced above, ebony is not a fossil or mineral, and it is a formation resulting from the nature force like earthquake, flood and volcanic explosion. Therefore, ebony can not be classified to abandoned property, lost property or mislaid property since nobody obtains the title thereof beforehand and no claims are legally settled on the item. It might fall into the category of treasure trove that they share the similarity of concealing in a secret location, but treasure trove is generally a formation of man-made acts rather than the pure nature force. So it would be appropriate to consider the ebony as a bona vacatia (ownerless goods) which is open to appropriation without any immediately ascertainable owner. In this situation, the first occupancy rule settled in American civil law could be taken into application that the first person to take occupancy or possession of the ebony can obtain the title. That is to say, Wu can obtain the title of the ebony by his first discovery under the theory of first occupancy in case that the event occurs in America. The jurisprudential foundation of the first occupancy rule would prefer the protection and encouragement of every positive behavior in terms of the discovery or creation of certain property. The private rights are highly emphasized in American that citizens and the government have the equal chances and rights to discover and obtain certain kinds of property in their vast territory, except some kinds of rare and precious resources which are generally considered to be state-owned automatically.

3.2 The legal solution to the case in China

Now the case occurs in China, the situation is totally different from American. Since there are no clear and systematic rules about finder's rights, the legal solution of this case is not subject to any regulation in Chinese legislation. Therefore, the solution of this case becomes much more complicated and sophisticated. And many legal scholars have expressed their views in dealing with the so called "legal blank". Generally speaking, there exist two major standpoints towards this issue among the Chinese legal scholars. Some stand that the ebony should belong to the State of PRC, while others claim that the ebony should be awarded to the finder. So the focus of this case should change to "Who should be awarded the ownership of the ebony—the state or the finder"?

Some scholars claims that the ebony belongs to the State, this view is based on Article 49 in "Property Law", holding "such wild animals and plants as belong to the State according to law shall be owned by the State". But the citation of this article might be inappropriate. Firstly, just like what is stated above, ebony is not fossil, antique, mineral, or wild plant. It can not fall into the governing scope of the law about preservation of cultural relics, mineral mining and wild plant protection. Secondly, ebony is out of the list of the "such wild plants belong to the State according to law". The introduction of this article would be an extensive interpretation of the original meaning, causing the unpredictability of the written law.

Some other scholars consider that the ebony is a fructus (natural benefits) and it belongs to the State, who is the owner of the land. This view is not completely right. Firstly, natural benefits are originated from the original. It may be nonsense to discuss whether ebony is a fructus (natural benefits) or not before the original has been actually determined. Secondly, even if the ebony is the natural benefits from the land, the legislation is in favor of the farmer. Article 116 of the "Property Law" states, "Where there are both the title holder and owner of the usufructuary right to the natural benefits, the property shall be owned by the owner of the usufructuary right". In this case, Wu, the farmer rather than the State should be the owner of the usufructuary, and then Wu should be awarded the ownership under the settled rule.

Lastly, some scholars hold the point of view that this case can be applied pursuant to article 79 in "General Principles of the Civil Law", which provides that if the owner of a buried or concealed object is unknown, the object shall belong to the State. The reason why they want to apply this provision is that they category ebony to a buried property. But their prospective can not receive comprehensive recognition that there is no certainty on the definition of buried property. Some hold that the buried property can be simply comprehended as something buried under the land, despite the formation of the item or the personal intent beforehand. While others argue that the buried property should be something buried by the original owner with man-made acts and it must belong to certain owner before it is buried. Now that the ebony is the formation of the nature force without an original owner, it does not strictly constitute a buried property stated in the legislation. These two opinions are all making sense to some extent; it is not easy to make an absolutely correct and equitable judgment in deciding which is more reasonable.

Deeply influenced by the theory of public ownership, the mainstream view among legal scholarship towards this case is in favor of the ownership of the State. They generally consider the ebony as a buried property. The only disagreement is that which law shall be applied to this case—the "General Principles of the Civil Law" or the "Property Law" . The newly promulgated "Property Law" provides that the find of the ownerless buried property should be taken to the police station and advertised to the public. If no claim is made within 6 months, the item belongs to the State. [1] But actually, this disagreement would not be an obstacle in court decision since both of them are in favor of the ownership of the State. Subsequently, the case now has produced a final decision after the second trial in the High Court of Sichuan Province in 2013 that it made a decision in favor of the town government. However, this case is very likely to be continued and probably being reviewed by the Supreme Court. We still can look forward to the decision make by the highest judicial organs in China.

[1] See "Property Law of the People's Republic of China", article 109, 110, 113, 114.

4. The legal issues reflected from the case and the necessity to introduce the first occupancy theory

Presumably, there would not exist any suspense of the legal solution of the case just like what is demonstrated above, but the opinion held by the ordinary citizens towards this case is almost one-sided and opposite to the view that the ebony should belong to the State. In a latest web survey among the cyber citizens, it is estimated that over 80 percent of them hold that the item should be awarded to the finder based on their simple legal consciousness. In their prospective, they are more likely to believe that an unclaimed property could be awarded to the first finder rather than the State, which is similar to the civil theory "first occupancy" adopted by most of the states all over the world. Why the opinion held by citizens and the rules settled in the legislation seems dramatically contrary?

Superficially, the reason of such phenomenon lies in the specificity of the item that the determination on its nature is unclear, which can not fit into any kind of categories of "found" property and can not apply to the relevant legal rules. In another word, there exists a so called "law blank" in dealing with such kind of special object. Generally speaking, when the specific legal rules can not cover the dispute and offer an appropriate solution, the general legal rules or theories will be applied as supplement. So the case can be easily settled in America with the first occupancy rule despite the absence or ambiguity of the specific legal rules. But in China, the case becomes so difficult to settle that both specific rules and general rules are not available. Substantially, the lack of the basic civil theory on jurisprudential foundation in legislation shall be the root cause of this chaotic situation. The adoption of the first occupancy theory would be an equitable and appropriate method to give a lawful solution to similar cases.

First occupancy theory (aka first possession, and it is named preemption in the continental law system), which is a basic and fundamental concept in civil jurisprudential foundation, adopted by nearly all the countries around the world. It reflects the familiar concept of "first-in-time" that the first person to take occupancy or possession of ownerless or unclaimed property owns it. The value of the system of "possession in advance" lies in the realization of the belonging to properties so that social properties will be used fully. [1] Clearly, it is so important a rule to deal with ownership disputes and make good use of the property.

Currently, there are no relevant rules about the ownerless property settled in Chinese civil law legislation, not to mention the adoption of the first occupancy rule. The absence of this basic civil rule does not originate from the inexistence of the ownerless property. Actually, ownerless property still exists on a large scale in our society out of the scope of the legislation. The typical example is the abandoned rubbish, which is quite common in urban area. And in the rural area, the wild flora and fauna out of scope of the ownership of the State and the Collective are generally considered as ownerless property. In practice, the first person to discover and take possession of the rubbish, wild flora and fauna like fish or flower, will attain the ownership of it. Although the legality of above-mentioned practice is not confirmed in the legislation, there are no obstacles to deal with such ownerless property applying to first occupancy rule in practice.

But if the generally accepted rules in practice could not receive the confirmation from legislation, disputes resulted from the contradiction between the practice and the legislation will witness a dilemma in seeking a lawful and equitable solution. To fill this legal blank, it is necessary to adopt the first occupancy rule. Otherwise, the ownership of certain property will be in an unstable condition over a long period of time, which will cause potential risks in transaction security and the predictability of civil legislation as well as judiciary.

The introduction of the first occupancy rule in our civil legislation has its theoretical basis and practical support. Firstly, the State lacks of the rights and the necessity to obtain the ownership of all ownerless properties without any exception. In the existing law, many objects have been automatically awarded to the State, like the antique, rare plants and animals and other important natural resources. The

---

[1] Ancient Law, Henry Sumner Maine, Http: //www. literaturecollecction, com/a/henry _ sumner_ maine/anciet_ law/i/.

other objects out of the scope of the belonging of the State, which are not falling into the classification of public interest, should be presumed to be open to appropriation. Secondly, the practice of the first occupancy rule in social life is common and it receives popular approval. Subsequently, the adoption of this rule in civil legislation is just the reflection of the positive practice of the society. The introduction and establishment of the first occupancy rule is both theoretically and practically feasible. It would be a positive perfection of our civil theory and legislation that it will produce fundamental and profound influence on the development of Chinese legal process.

5. Conclusion

Superficially, the ebony case is resulted from the so called "law blank" in our civil legislation, where the determination of the nature of the object is unclear and the application of the settled provision is disputed. The court only can make a decision in favor of the defendant by means of extending interpretation of the specific rules, but it would definitely far from the public opinion and an equitable solution. The justified solution of the case should lie in the introduction of the first occupancy rule, which enable the first finder to obtain the ownership of an unclaimed property without any lawful claims. And substantially, the perfection of the basic civil jurisprudential foundation should be the key process to fill the law blank.

From another prospective, this dispute is a struggle between the public rights and private rights. The idea of "State interests first" will constitute an ignorance of the justified rights of the first finder, which subsequently draws an unbalance between the public rights and private rights. The over-reaching hand of the government is not only the challenge to the idea of "market economy" and the notion of "rule the country by law", but it also puts an obstacle on the construction of a "limited government" and the protection of private rights. A reasonable and equitable division between public rights and private rights would be still a long way off.

论我国消费者知情权

■ 杨嵩棱*

【内容提要】 消费者知情权保护问题可以说在世界范围内都得到充分关注，因此如何更好地在我国保护消费者知情权也就成了法学界所共同关心的问题。本文运用价值判断法、现实分析法、比较法和归纳法等多种手段，对我国消费者知情权设立的理论基础、法律保护现状及其完善思路进行了全面的分析与论述，希望对未来该制度的改进有一定的参考作用。

【关键词】 消费者知情权 信息不对称 立法 普法

一、引 言

正如美国前总统罗斯福在 1932 年预测的那样："我相信我们正开始根本性的转变我们所倡导的经济观念，那就是在将来，我们将更重视消费者的利益，而不是生产者。"❶ 消费者权利正逐渐在各国得到发展和重视。消费者权益保护立法的状况如何，已经成为衡量一个国家社会文明发展的程度和法制建设完善程度的一个重要标志。❷ 这一方面源于公民的政治权利和经济权利越来越受到各国政府的尊重，另一方面则是因为经济活动已经渗透到日常生活的各个角落，而消费作为人类所不可避免的经济活动，与我们的生活息息相关。就像美国前总统肯尼迪说的那样，"人人都是消费者"。

---

* 杨嵩棱，广东外语外贸大学讲师。

❶ James Q. Whitman, "Consumerism Versus Producerism: A Study in Comparative Law", *The Yale Law Journal December*, Vol 117, No. 3, 2007, p. 340.

❷ 李昌麒、许明月：《消费者保护法》，法律出版社 1997 年版，第 24 页。

在这样的背景下，探讨消费者知情权是十分有意义的，因为消费者知情权作为消费者保护的核心，不单对于消费者权益保护，甚至对于公民经济权利的保护也发挥着十分重要的作用。

虽然我国对消费者合法权益的保护，已有《消费者权益保护法》《反不正当竞争法》《广告法》《产品质量法》等多部法律法规，已基本构成一个法律保护体系。但是对于消费者知情权的保护，法学界至今仍未构造出一个统一的关于消费者知情权的一般概念，立法体系也还不够系统和科学。从雀巢奶粉被诉转基因案件到哈尔滨550万元天价医疗费官司再到东航"返航门"事件，可以反映出消费者知情权的保护在我国仍然存在疏漏。本文正是针对我国消费者知情权中存在的问题，先从我国消费者设立原因的基础理论分析起，再联系我国消费者知情权保护的现状和其中的弊端，提出一些完善消费者知情权保护的建议，希望能对消费者知情权在我国的具体运用有所助益。

二、消费者知情权概述

（一）消费者知情权的沿革

1. 古代消费者知情权

说到消费者知情权的起源，可以追溯到公元前18世纪古巴比伦石柱上的《汉谟拉比法典》和公元前2世纪到公元2世纪的古印度《摩奴法典》。"与当时简单的商品交易关系相适应，这些早期法律在买卖契约中就规定出卖人应告知买受人所要出卖之物，以使买方掌握必要的情况"。[1] 这就是最早的消费者知情权的相关状况。

消费者知情权在我国法律之中得到重视，则可追溯到唐宋时期。在该时期，民事法律贯穿诚实信用原则，将买方的知情权作为重要保护内容之一。《唐律·杂律》对瑕疵担保责任有这样的规定："买卖奴隶、牛、马、驼、骡、驴立卷以后，如有旧病者，三日内听悔，无病欺者，市如法。"[2]

---

[1] 林榕平：《外国法制史新编》，群众出版社1994年版，第128页。

[2] 张晋藩：《中国法律的传统与近代转型》，法律出版社1997年版，第69页。

可见消费者知情权在我国也是自古有之。从这也可以看出消费者知情权对商品交易的重要性。

2. 现代消费者知情权

现代意义上的知情权不是一开始就出现在经济法的领域内，“知情权”（the right to know）作为一个确定的概念最早出现于美国肯特·库柏在1945年1月23日的一次演讲，他主张用“知情权”这一个新型权利取代宪法中的“新闻自由”，并呼吁，“公民应当享有更加广泛的知情权”，“不尊重知情权，在一个国家及至世界上便无政治自由可言”。[1] 其基本内涵是：公民有权知道他应该知道的事情，国家应最大限度地确认和保障公民知悉、获取信息尤其是政务信息的权利。[2]

现代意义上消费者知情权的概念最先出现于美国总统肯尼迪1962年3月15日提出的“消费者权利咨文”，当时被叫做“受告知权”。其内容是“对于欺诈、暧昧、夸大不实的广告或商标、说明书为虚伪的陈述者，消费者有权要求调查及明了事实真相”。[3] 可以看出，现代意义上的消费者知情权是政治上的知情权的一个子概念。这也说明了消费者知情权不仅仅是商品交易中的一种权利，而且也是国家对公民权利重视的一种体现。

（二）消费者知情权的定义和特征

1. 消费者知情权的定义

有学者将知情权作出狭义和广义之分，狭义的知情权即所谓的“知政权”，是指公民、法人及其他组织依法对国家机关要求公开某些信息的权利和不受妨害地获得国家机关公开的信息的自由，是典型意义上的公权利；广义的知情权，是指公民、法人及其他组织依法所享有的对于国家机关、公共机构或者其他公民、法人、非法人组织要求公开信息的权利，以及在法律不禁止的范围内不受妨害地获得各类信息的自由。[4] 我们通常所说的消费者知情权属广义上的知情权。概括而言，消费者知情权是“指消费者享

---

[1] 宋小卫：“美国《情报自由法》的立法历程”，载《新闻与传播研究》1994年第2期，第80页以下。

[2] 谢鹏程：《公民的基本权利》，中国社会科学出版社1999年版，第26页。

[3] 张严方：《消费者保护法研究》，法律出版社2003年版，第113页以后。

[4] 刘杰：《知情权与信息公开法》，清华大学出版社2005年版，第48页以后。

有的知悉其购买、使用的商品或者接受的服务的真实、充分、准确、适当信息的权利”。[1]

2. 消费者知情权的特征

消费者知情权通说具有四个特征：（1）消费者知情权主体的特定性，即在我国是指生活消费者；（2）消费者知情权的权利义务主体之间在法律地位上是平等的，但是在信息资源控制关系中又是不平等的，即形式平等而实质却不平等；（3）消费者知情权的客体是真实、充分、及时的信息，信息是知情权中最重要的标的；（4）消费者知情权的内容包括被告知与获知两个层面，既有买方的权利也有买方的义务。

从消费者知情权演进的简略过程中可以得知，消费者知情权自古有之。它既是国家对消费者权益的保护，也体现出国家对公民权利的一种尊重。而它特征的多重性则反映出它实现机制的复杂性。因此，对我国消费者知情权的探讨也必须是多方位的。

三、消费者知情权在我国设立的相关理论基础

“法者，理之所现耳”，任何法律规范之制定皆以理为基础，无理则无法。因此，要对我国的消费者知情权进行分析，首先必须了解设立消费者知情权的相关理论基础。笔者通过梳理这些基础理论，系统分析总结出在我国设立消费者知情权的理论基础，这些理论恰恰也说明消费者知情权在我国需要完善的必要性。具体而言，笔者认为在我国设立消费者知情权有以下几个相关理论。

（一）信息不对称

笔者认为信息不对称是消费者知情权产生的最主要原因。信息不对称的起源我们可以追溯到工业革命后期，从19世纪末开始，人类社会经济生活就发生了深刻的变化：（1）生产组织形式发生巨大变革，现代化的大企业、大公司代替手工业者和小作坊主成为生产者，他们拥有强大的经济实力，在商品交换中处于显著优势地位。（2）生产过程、生产技术随着科学

[1] 鲁晓明：“论消费者知情权的法律保护”，载《消费经济》2004年第3期，第42页以后。

技术的发展高度复杂化，消费者在购买商品时很难判断其品质。(3) 推销商品和服务过程中商家所使用的各种广告和宣传手段，使普通消费者在选择商品接受服务的过程中实际上处于盲目状态，只能任凭商家摆布。(4) 商品的购买者、使用者与商品制造者之间一般没有直接的契约关系，这是由于商品从生产者流通到消费者须经过复杂的、多层的流通环节。正是信息不对称加剧了生产者和消费者之间的地位差距，这种差距造成了生产者和消费者之间形式上平等而实际上不平等的状况愈演愈烈。

同时，消费者投入单个消费关系中的时间、精力都是有限的。加之资源和信息的有限性，消费者虽然会尽力寻找尽可能多的信息作为决策依据，但一般也只能在不完全的信息或分析的基础上做出决策。❶ 因此，单从消费者的角度，想要凭借一己之力来扭转这种信息不对称是十分困难的。

因此看来，在信息不对称的条件下，消费者受到侵害的几率大为增加，但当消费者需求救济时，其道路也是无比艰难。“考虑到庭审法官、律师、陪审员的精明程度，证据开示过程中的偶然事件，证人的不可预知性，以及法律不可避免的模糊性，我们就不会感到奇怪：当事人各方认为，赢得一场违约诉讼的几率是相当偶然的”。❷ 并且，当消费者获得救济时，其实际获得补偿的几率是十分渺茫的或者得付出更大的代价以对抗买方，这就是我们所说的“寻求补偿能力的不足”。❸

综上所述，信息的获取不对称将会带来买方和卖方实质地位的不平等，消费者要么在购买商品或接受服务时付出更多的成本来获取足量的信息以避免受到侵害或者在受到侵害时付出更多的成本来寻求救济。这种世界性的趋势使得信息不对称发生在所有存在商品交易的地方。随着我国加入WTO，市场经济得到完善，经济市场化程度得到更大的提升，越来越多来有高科技背景的产品出现在我们的生活之中，再加上我国是一个拥有9.4亿农民的大国，这种信息不对称更加凸显出来。因此，消费者知情权对于扭转这种不对称具有重大的实际意义。

---

❶ [美] 保罗·萨缪尔森、威廉·诺德豪斯：《微观经济学（第十七版）》，人民邮电出版社2004年版，第165页。

❷ [美] 埃里克·波斯纳：《法律与社会规范》，中国政法大学出版社2004年版，第231页。

❸ 王宁：《消费社会学》，社会科学文献出版社2001年版，第31页。

（二）逆向选择

由于信息不对称的存在，“逆向选择”和“道德风险”可能会分别发生在市场交易的前后，从而导致市场机制的运行结果缺乏效率甚至可能是市场的不存在。我们首先来谈谈逆向选择的问题，它是在信息不对称的条件下最容易产生的后果。

可由阿克洛夫（Akorlaf）提出的旧车市场模型加以阐释什么是逆向选择：“在旧车市场，卖主知道车的真实质量，而买者并不知情。买者只愿意根据旧车平均质量支付车价。”[1] 这样的结果是：旧车质量高于平均质量的车主退出市场，而低于平均质量的车主进入市场，市场上剩下的都是劣质车，劣质车驱逐优质车的现象发生。如此循环，市场上的旧车质量越来越差，价格越来越低，交易量也越来越少。而且这种现象在商品交易市场具有普遍性。经营者基于信息的优势，为了追求利益最大化，有可能隐藏信息。消费者依据平均质量的价格购买，则那些因成本高而造成高价的优质产品反而会失去市场，市场逐渐被劣质产品所充斥。在不同质量等级的产品处于平均分布状态的情况下，类似的状况会逐级发生，质量最差的汽车在将质量最好的汽车逐出市场后会将质量较好、质量中等和质量再稍差一些的汽车依次逐出市场。最后的结果是二手车交易市场逐渐萎缩，甚至根本无法存在。[2] 当然在另一些情况下，能够隐藏信息的是买主而不是卖主，保险市场和银行贷款就是这种情况。[3]

目前我国由于处于市场经济的形成初期，相关的制度并不完善，在该种背景下，“劣药驱逐良药”的现象时有发生。并且很可能导致那些原来的生产优质产品的商人也会在利益的驱使下去生产不合格的产品。基于该种状况的存在，买卖双方都会存在自愿告知的内在激励，表现在卖方就是他们乐意把自己商品的详细信息透露给买方，并逐渐形成一种市场规矩。买方就因此获得了一种了解对方的商品或者服务的权利。这就是我们所说的消费者的知情权。

---

[1] 马永清：“中国保险业中逆向选择的社会学分析”，载《兰州学刊》2006年第6期。

[2] ［美］阿克洛夫：“柠檬市场质量不确定性与市场机制”，见《谢康、乌家培、阿克洛夫、斯彭斯和斯蒂格利茨论文精选》，商务印书馆2002年版，第3页以后。

[3] 陶长琪：《信息经济学》，经济科学出版社2001年版，第19页。

（三）道德风险

阐述信息不对称条件下产生的另外一种明显现象即道德风险。道德风险最早是保险学上的概念，“主要是指投保人投保后，由于利益得到了保障，所以对其保险标的注意程度和保护度会降低，从而增大保险标的风险程度”。[1] 经济学上所普遍指的道德风险是指，由于信息不对称造成交易双方的地位不平等，而经济人自身利益最大化的原则决定了信息优势方利用其优势地位，千方百计地藏匿有关信息，转嫁本应由自己承担的成本风险，牟取不正当利益，从而产生了经济理论所谓的“道德风险”。[2] 道德风险如果表现在卖方身上，就是卖方会表现出欺诈的行为来侵害消费者的正当利益。因此，避免道德风险就客观上要求当事人相互之间拥有知情权。

诚信问题成为我国这几年来商品交易中比较突出的问题，因此在这种背景下，不可能期待国人用道德来进行自我约束，必须由法律来给这种“道德”设立个底线，即用消费者的知情权来规定卖方对信息的透露程度，进而促进我国市场经济更加有序发展。

（四）市场非伦理性

再看消费者知情权产生的市场背景。古典自由主义经济学自亚当·斯密始，便有“经济人”的假设。人类的本性被认为是利己的，每一个人在利己心的支配下尽力追求个人利益，每个人都是自己经济利益的最佳判断者。[3] 因此，在当今的非熟人社会之中，正如韦伯所说，市场中没有什么兄弟之间或复仇的义务，也不存在任何来自内在的个人共同体的人际关系。[4]“自由”的市场，是不受伦理规范制约的，它是各种利益碰撞及讨价还价的场所，市场的非人格化是一个事实。[5] 但也应该区分的是，市场的非伦理性并不等于反伦理性。非伦理性本来是为确立商品的等价交换的自由的需要，从以前的伦理当中解放出来而已。[6]

---

[1] 应飞虎：《信息失灵的制度克服研究》，法律出版社2004年版，第10页。

[2] 董成惠：“从信息不对称看消费者知情权”，载《海南大学学报》2006年第1期。

[3] 傅殷才、颜鹏飞：《自由经营还是国家干预》，经济科学出版社1995年版，第95页。

[4] ［德］马克斯·韦伯著，张乃根译：《论经济与社会中的法律》，中国大百科全书出版社1998年版，第162页。

[5] 同上书，第164页。

[6] ［日］川岛武宜：《现代化与法》，中国政法大学出版社1994年版，第30页。

所以当今的市场是一个非伦理性的市场、一个商品市场，而这使得通过自愿交易来达到信息均衡需要相当长的时间。因为市场中的每一个参与者都十分重视自身利益，不会轻易将自己的交易信息完全透露给自己的竞争者和交易相对方。就如美国经济学家阿罗（K. J. Arrow）所言，在自主而平等的市场体制下，个人利益的被满足并不意味着整个社会利益也被满足：社会的整体利益，是不能由自主平等的市场主体的行为自身来满足的，因此，应当有一个超越市场主体的“裁决者”来识别和确定社会利益。[1] 而消费者知情权作为一种正式规则，可以如同美国的学者所称的那样：“法律及其所赋予的保障亦可在某种程度上为交易者减少他们从交易中可能遭受的损失。”[2] 而且也能促进交易的速度。

我国现在的市场经济已经步入正轨，整个市场的交易行为正逐步按照价值规律的要求进行，如越来越多的人选择到超市购买商品而不是去熟悉的小店。这完全符合了当今市场是一个非伦理性市场的理论判断。因此，市场的非伦理性就要求我国通过法律规定消费者知情权对市场交易加以支持，以维持市场交易的顺利进行。

（五）信誉

从宏观的层面谈完后，再转向涉及交易双方内心状态的微观层面。“信誉”是商品交易发生的前提和交易双方之间的内心确认，同时也是消费者知情权的一个价值取向。“信誉”是一个表意丰富、内涵深厚的词。它源于拉丁语“integritm”，意思是全体或纯洁，常等同于诚实、可靠和公平交易等品质，也意味着一般意义上的责任、一系列义务和自制能力。在市场交换中，信誉的核心价值观表现为责任感、诚实、可靠和公平。阿罗指出：信誉是社会系统赖以运行的重要润滑剂，它非常有效，省去了许多麻烦，使人们可以对他人给予一定的信赖。信誉及其类似的价值观、忠诚、讲真话等等都是商品，它具有真正的经济价值。它提高了制度的运行效率，从

---

[1] ［美］肯尼斯·约瑟夫·阿罗：《社会选择：个性与多准则》，首都经济贸易大学出版社2000年版，第98页。

[2] ［美］道格拉斯·诺斯：《经济史中的结构与变迁》，上海人民出版社1994年版，第226页。

而使人们能够生产更多的产品或任何人都重视的东西。[1] 从表面上来说，消费者知情权的指向看起来仅仅是商品或服务的真实情况，深层次上却包括了经营者的“信誉”，只有当消费者对商家有足够的信任时，一个契约关系才能真正建立起来。

在当今的流动社会之中，以前靠“熟人社会”获得的信任感在当今的买卖之中是很难出现的，靠道德维护的熟人社会的规则也已经不复存在，现代的经营者也没有时间靠长期和稳定的交易来建立起信誉。因此，需要一种制度来迅速建立起这种原来存在的信誉。随之而来的则是一些市场通用的规则，这些规则构成了另一种与小社群的“自然道德”完全不同的大社会的新道德。[2] 也就是平常所说的市场秩序。这些市场规则的核心就是消费者的知情权。在消费者对经营者及其商品的相关信息有细致了解的情况下，商家的信誉就会很快在消费者内心之中建立起来。并且这种信誉是有法律保障的，因为法律的强行规定很可能在商人没有得到当事人追惩时，而强行要求商人履行相应的义务，这样“以牙还牙，以眼还眼”地寻求惩罚的行为不仅不过分，而且是“维持社会信用制度的必不可少的条件”。[3]

我国幅员辽阔，通过一定范围内的熟人社会来建立起相互之间的信誉是一件很难办到的事。再加上我国现在对外贸易的增加和人们流动性的增强，买主和卖主之间的交易更多的是一种陌生人之间的交易。在此背景之下，非正式的社会规范的形成总是要经过一个比较长的时间，而法律可以通过加快信息传递使人们更多更准确地获得信息。同时法律的强制性也使得人们更容易形成一致的预期，减少冲突。[4] 因此，需要通过法律规定的消费者知情权来建立一种新型的信誉来取代过去传统意义上存在于“熟人社会”之中的信誉，以保证商品交易的顺利进行。

（六）诚实信用原则

诚实信用一直是我国民法的帝王条款，它指导着民商事活动的各个方

---

[1] ［美］林思·夏普·佩因著，韩经纶等译：《领导、伦理与组织信誉案例》，东北财经大学出版社 1999 年版，第 115 页。

[2] ［英］哈耶克：《致命的自负》，中国社会科学出版社 2000 年版，第 8 页。

[3] 张维迎：《信息、法律与信任》，生活·读书·新知三联书店 2003 年版，第 39 页。

[4] 张维迎：《产权、政府与信誉》，生活·读书·新知三联书店 2003 年版，第 54 页。

面。我国著名民法学者梁慧星先生认为："在市场经济条件下，方才发生交易双方利益冲突及双方与社会公共利益冲突的问题，诚实信用原则意在谋求利益的公平，而公平亦即市场交易中的道德"[1]。可见诚实信用原则在民事法律之中的基础地位。而消费者与商家的交易活动又是一种民事交易活动，而且诚实信用原则强调民事主体在从事民事活动时应诚实守信，以善意的方式履行其义务，不得滥用权利及规避法律或合同规定的义务，因此，诚实信用原则必然成为消费者知情权的理论基础。

诚信原则在三个层面上发挥着作用：（1）它是对当事人进行民事活动时必须具备诚实的内心状态的要求，它对当事人进行民事活动起指导作用，其要求商人在交易过程中以善意的方式透露自己的商品信息。（2）"它是对法官自由裁量权的授予"。[2]"正是诚信原则内涵及外延的不确定性赋予法官可以进行创造性的司法活动的权力"。[3] 这也是判断知情权中所知的"情"的多少的一个依据。（3）诚信原则要求民事主体在民事活动中维持双方的利益平衡及当事人利益与社会利益的平衡，"这是立法者实现上述三方利益平衡的要求，目的在于保持社会的稳定与和谐发展"。[4] 这就能很好地平衡商人的隐私权和消费者的知情权之间的冲突。

因此，诚实信用原则给消费者知情权在社会生活中实际运用提供了内心的确信，并给了消费者知情权一个较为广阔的判断维度，以便法官能够充分考虑到各种状况，来判断一个知情权是否适当和考虑与平衡各方的利益。在我国这样一个德法并重的国家，诚实信用应该成为商品交易活动之中的价值取向。在我国法律制度并不完善的背景下，诚实信用原则将会给国家工作人员在司法与执法过程中，以及生产者、销售者和服务的提供者在提供商品和劳务的过程中，如何具体适用消费者知情权这个制度提供理论层面的支持。

（七）基本人权理论

在现代信息社会之中知情权是基本人权的一个分支。"无论信息与思想

---

[1] 马俊军："试论民事诉讼中诚实信用原则的适用"，载《岭南学刊》2006年第5期。

[2] 徐国栋：《诚实信用原则研究》，中国人民大学出版社2002年版，第3页。

[3] 焦宫民："论诚实信用原则和合同义务的扩张"，载《扬州大学学报》2001年第2期。

[4] 陈年冰："论诚实信用原则在规范市场交易中的功能"，载《广东社会科学》2004年第6期。

的社会价值多么低下，对于自由的社会而言，获取信息的权利都是最基本的。因此，知情权是人之所成为人的保障”。[1] 因此，在经济浪潮遍布全球的背景下，消费者的知情权无疑也是现代人的基本经济权利之一。它对于扭转当今企业和消费者之间在产品信息上的巨大不平等有着举足轻重的作用。说到底，“知情权是一种信息实质不平等的法律主体之间的、处于劣势地位的公民要求通过行使公开信息的请求权以实现利害双方得有信息基本平等的权利样态”。[2] 它体现了现代人对平等的追求。

基本人权理论对消费者知情权的支持还体现在：一方面，“对它的保护迎合了作为一个‘自主’的人的需要”。[3] 保护了平等这一当今国际上通行的价值观。另一方面，消费者的知情权让消费者在经济交往中获得了一种安全感。而安全感是人类本性上希望具有的感受。它在人类社会的发展中发挥了巨大的维系作用。“安全有助于人们使诸如生命、财产、自由、平等以及其他价值稳定化尽可能地维持下去”。[4] 它能消除人由于无知而产生的恐惧感。

我国在2004年修改宪法时首次将人权条款写入宪法——“国家尊重和保障人权”。在此，对消费者知情权的保护无疑将为该宪法条款提供强有力的支持，因为商品交易关系是当今经济全球化背景下最为基础的社会关系，现在可以毫不夸张地说，人人都是消费者。所以对处于该交易关系中的消费者的保护，就是对我国宪法精神的贯彻实施，就是对我国人权的最好保护。

由此看来，消费者知情权在我国的设立完全是必要且急需的。信息不对称，逆向选择，道德风险和市场非伦理性从社会背景的角度说明了我国是有设立知情权的社会基础的，信誉则阐述了拥有知情权是消费者的普遍心理状态，诚实信用和基本人权理论强调了消费者知情权的设立符合我国构建社会主义法律体系的目标。而这也恰恰说明了对我国消费者知情权的继续完善是完全有必要的。

---

[1] 莫江平、陆幸福：“知情权名称厘定与性质分析”，载《郑州大学学报》2006年第4期。
[2] 侯健：《典论监份与名誉权问提研究》，北京大学出版社2002年版，第19页。
[3] ［英］史蒂办卢克斯，阁克文译：《个人主义》，江苏人民出版社2001年版，第51页。
[4] 王大为：“关于安全的几个基本理论问题”，载《中国人民公安大学学报》2004年第3期。

四、我国关于消费者知情权的保护现状及完善

在上文讨论了消费者知情权在我国设立的理论基础之后，本部分着重讨论消费者知情权在我国的实施现状及其存在的缺陷和不足，并在联系第二大点的基础之上总结出完善我国消费者知情权的相关措施，以达到对我国消费者知情权构建的全面认识。笔者认为可以从立法、执法、司法和普法这四个相互关联的方面展开探讨。

（一）关于我国消费者知情权的立法

“法定权利体系不完备，现实权利也会残缺不全”。[1] 因此，要提高消费者知情权的地位和作用，就必须从最基础的立法开始，尤其是在我国这样一个开始法制建设不足30年的国家之中。所以笔者就从消费者知情权在立法方面的问题谈起，它也是其他方面得以改进的基础。

1. 立法现状

我国对消费者知情权的保护已基本构成一个不甚严密的法律保护体系。在这个体系中，处于基本法地位的是《中华人民共和国消费者权益保护法》(以下简称《消法》)。对消费者知情权，《消法》第8条作了如下明确规定：“消费者享有知悉其购买、使用的商品或者接受服务的真实情况的权利”；“消费者有权根据商品或者服务的不同情况，要求经营者提供商品的价格、产地、生产者、用途、性能、规格、等级、主要成分、生产日期、有效期限、检验合格证明、使用方法说明书、售后服务或服务内容费用等有关情况”。《消法》第19条规定：“经营者应当向消费者提供有关商品或者服务的真实信息，不得作引人误解的虚假宣传。经营者对消费者就其提供的商品或者服务的质量和使用方法等问题提出的询问，应当做出真实、明确的答复。商店提供商品应当明码标价。”其中第8条是有关消费者知情权保护的总括性规定，第19条是经营者提供商品或服务真实信息义务的规定。同时《消法》第18条规定：“经营者应当保证其提供的商品或者服务符合保障人身、财产安全的要求。对可能危及人身、财产安全的商品和服务，应

[1] 程燎原、王人博：《权利及其救济》，山东人民出版社2004年版，第337页。

当向消费者作出真实的说明和明确的警示，并说明和标明正确使用商品或者接受服务的方法以及防止危害发生的方法。经营者发现其提供的商品或者服务存在严重缺陷，即使正确使用商品或者接受服务仍然可能对人身、财产安全造成危害的，应当立即向有关行政部门报告和告知消费者，并采取防止危害发生的措施。”第 20 条规定：“经营者应当标明其真实名称和标记的义务。”我国消费知情权保护的法律体系，除了《消法》中的总括性规定外，还包括有关消费品安全、卫生方面的法规，如《食品卫生法》《药品管理法》《化妆品卫生监督条例》等；有关商品质量方面的法规如《产品质量法》《进出口商品检验法》等；有关商品标示宣传方面的法规如《商标法》《广告法》等；在这些法规和文件中都有相关消费者知情权保护的具体明确的规定。[1]

《消法》中还有关于消费者知情权受损害救济的实体性法律规定。《消法》第 39 条规定：“消费者因经营者用虚假广告提供商品或者服务，其合法利益受到损害的，可以向经营者要求赔偿。”第 49 条规定：“经营者提供商品或者服务有欺诈行为的，应当按照消费者的要求增加赔偿其受到的损失，增加赔偿的金额为消费者买商品或者接受服务的费用的一倍。”第 50 条规定：“经营者对商品或者服务作引人误解的虚假宣传的，可由工商行政管理部门责令改正，可以根据情节单处或者并处警告、没收违法所得、罚款、责令停止营业、吊销执照等。”

《消法》还规定有消费者权益受到侵害时的救济措施。《消法》第 34 条规定：“消费者和经营者发生消费者权益争议的，可以通过下列途径解决：第一，与经营者协商解决；第二，请求消费者协会调解；第三，向有关行政部门申诉；第四，根据与经营者达成的仲裁协议提请仲裁机构仲裁；第五，向人民法院提起诉讼。”

2. 存在的缺陷

（1）从立法来看，并未形成完整的权利体系。知情权性质上属于基本人权，理应由宪法或宪法性法律予以明确规定。然而，目前我国知情权尚未作为公民基本权利得到确认，消费者的知情权也没有作为一项基本的权

---

[1] 黄建中：《消费者权益保护法新释与例解》，同心出版社 2000 年版，第 152 页。

利出现在我国的任何一部民商事法律之中。而且我国关于消费者知情权的立法也过于分散，不利于突出消费者知情权的地位和作用。

(2) 随着时代的发展，互联网也在交易中扮演着越来越重要的角色，网上银行、网上商店、网上订餐已经成为很多人生活中不可缺少的一部分，而传统的消费者知情权显然不能满足网络知情权的需要，“因特网时代的消费者知情权除了具有传统知情权的内容以外，还应反映出因特网自身的特点”。[1]“而消费者知情权也应区分传统消费者知情权与虚拟消费者知情权”。[2] 现代知情权应该有着比传统知情权更加先进和全面的构造才能满足现代社会的发展需求。

(3) 没有关于认证制度的完整立法。由于社会分工的日益精细化，很多争端和瑕疵并不是消费者甚至法官凭自己的能力就能作出判断的，这时就需要由一个其他机构或者个人作出认证。“认证是由第三方对产品过程或服务满足规定要求给出书面证明的程序”。[3] 认证制度是克服信息不对称消极影响的一种很好的制度。1991 年 5 月，国务院颁发《中华人民共和国产品质量认证管理条例》，标志着我国产品质量认证工作步入法制轨道。随着社会经济的发展，我国的管理条例仍只局限于对产品质量的审查，而国际上的认证认可制度已扩展到服务质量、管理体系等多方面。因此，我国急需制定更为广泛适用的认证规则。

(4)《消法》第 49 条对行为人有欺诈行为时认可了有限的惩罚性损害赔偿，但对那些并非欺诈而以其他恶意或因重大过失实施侵权行为的人却网开一面，即使是在获得双倍赔偿的状况下，也低于行政机关的 1 ~ 5 倍的罚款，这种主次颠倒的现象不利于消费者知情权的贯彻实施。

(5) 目前，消费诉讼主要是由消费者个人提起，而且没有适用于消费者团体提起群体诉讼的程序，这种诉讼制度已经不适应消费者维权的实际需要。因为对消费者知情权的侵犯往往是某一类群体，如果没有相应的起诉制度，将会造成该群体的权利无法得到及时有效的保护。

---

[1] 孙麟：“论网络消费者知情权的法律保护”，载《法制与社会》2006 年第 3 期。

[2] 陈建芬：“中介机构改革六年之痛”，载《小康》2006 年第 5 期。

[3] 赵斌：“建立企业标准体系的意义”，载《石油工业技术监督》2006 年第 9 期。

3. 完善措施

对于我国目前的立法现状和以上存在的问题，笔者认为有以下几点针对性的措施。

（1）应该集中立法以突出消费者知情权的地位。首先，虽然是否在宪法上规定知情权还没有定论，但私法的知情权则可以作为一项基本的民事权利规定在我国的民事法律之中，以指导其他法律规则的适用。其次，我国对有关于消费者知情权保护的立法分散。《消法》第8条和第19条与其他单行法的部分条文一起构成我国目前的消费者知情权保护制度的总体框架，虽然如此，立法也有其好处，如不同法律可以针对不同的事项和情况进行规制，可以更好地发挥法律的整体效应，但缺点也是显而易见的：本来就不多的条文分散在法律的各个角落，给普通消费者的维权带来了不便，不同法律中的相关规定难免有重叠之处，实际上是对立法资源的浪费。[1] 应该把规定消费者知情权的定义、运用，对该权利进行救济的法律集中到专门的一章之中，以有利于消费者对该权利的了解和国家机关的执行。

（2）针对当今社会上的商品和服务花样繁多，而且又出现了网上交易这类新型的交易途径的情况，法律应该明示一些特殊信息的披露义务，而不仅限于传统的消费者知情权的框架之内。因为在新的社会背景之下，这些知情权直接关系到消费者的重大切身利益，但往往正是这些权利容易被企业利用信息优势和技术手段给忽略掉。比如，法律应明确规定经营者在以下四种情况下负有强制信息披露义务："一、有可能涉及消费者的安全、生命健康权的商品和服务的相关信息；二、垄断性行业或处于强势地位的经营者提供商品或服务的相关信息；三、一次性交易中商品或服务的相关信息；四、法律法规、行政规章、国家标准、行业规则和行业惯例规定经营者必须披露的相关信息。并规定经营者不履行上述强制性信息披露义务的相应法律责任。"[2] 同时，法律还应该明确商品标签标记的含义及使用方法，形成完善的商品标签标记制度。让消费者能够顺利地从标签标记中了解到商品的相关信息。

---

[1] 孙儒婕："消费者知情权法律保护研究"，载 http：//210. 36. 19. 226/cddbn/cddbn. Articles/Y889610/PDF/index. htm。

[2] 钱玉文："试论消费者知情权的实现方式"，载《前沿》2005 年第 6 期。

（3）在认证制度上，应该学习国际上的先进经验，将认证认可制度扩展到服务质量、管理体系等多方面，并与国际接轨，建立统一的认证标准。并且产品认证认可工作统一应该纳入认监委（中国国家认证认可监督管理委员会），打破部门分割，提高效率和质量。最后，应该加大认证机构的法律责任，比如可以规定：认证机构如有“作假”将“一次性死亡”。

（4）如前所述，法律应对侵害消费者知情权的行为规定惩罚性赔偿制度，而不像现在，消费者知情权受到非欺诈性的侵害时最多只是可以退货而已。可以借鉴国外的经验规定高于实际损失的赔偿金，以防止经营者重新作恶。“实施惩罚性损害赔偿制度的目的，在英美法系国家一般认为有三项：其一是削弱侵权行为人的经济基础，防止他们重新作恶，以及防止社会上的其他人模仿侵权行为人的行为；其二是鼓励受害人对不守法的侵权行为人提起诉讼，激发他们同不法行为作斗争的积极性；其三是对原告（受害人）遭受侵害的精神进行感情方面的损害赔偿”。[1]

（5）完善我国的诉讼代表人制度和共同诉讼制度，形成健全的群体诉讼制度。“所谓群体诉讼，是指当事人一方或者双方人数众多，由该群体中的一人或数人代表群体起诉或应诉，法院所作判决对该群体所有成员均有约束力的诉讼”。[2] 还应该赋予消费者团体和消费者协会提起诉讼的权利，因为每一样商品面对的绝对不是一名或数名消费者，由消费者团体或消费者协会提起群体诉讼更有利于提高诉讼的成功率，也可以降低成本，让更多的消费者获益。

（二）关于消费者知情权的执法

执法是立法目的得到实现的一条重要途径，只有通过法的实施才能将法律规定的权利化为现实的权利。而执法无疑是消费者知情权的现实保障。

1. 执法现状

现行《消法》体现行政保护的制度主要涉及：第28条“各级人民政府工商行政管理部门和其他有关部门应当依照法律、法规规定，在各自的职

[1] 转引自宋学军、翁建敏：“关于完善我国消费者索赔权的几点建议”，载《中国工商管理研究》2003年第11期第1卷。

[2] ［美］杰弗里·C. 哈泽德、米歇尔·塔鲁伊著，张茂译：《美国民事诉讼法导论》，中国政法大学出版社1998年版，第168页。

责范围内，采取措施，保护消费者合法权益……”的规定；第34条“消费者和经营者发生消费者权益争议的，可以通过下列途径解决：……（三）向有关行政部门申诉；……”的规定；第50条“……法律、法规未作规定的，由工商行政管理部门责令改正，可以根据情节单处或者并处警告、没收违法所得、处以违法所得1倍以上5倍以下的罚款，没收违法所得的，处以1万元以下的罚款；情节严重的，责令停业整顿、吊销营业执照：……”的规定。

我国目前跟消费者知情权有关的行政监督管理机构有工商行政管理机关、技术监督机关、卫生监督机关、环境保护机关、进出口商品检验检疫机关、各行业主管部门等。它们都在一定的领域内发挥了各自的作用，体现了在各级政府领导下，以工商部门为主，其他多部门各司其职、相互配合的行政框架。

2. 存在的缺陷

（1）行政执法主体多元，行政保护体制失衡。现行的消费者权益保护机构有工商、物价、商检、卫生、质量技术监督等政府职能部门，缺乏统一的协调部门，不利于消费者知情权的统一执行。这种状况容易造成踢皮球的现象，不利于消费者知情权的迅速解决。并且有时还会引发部门之间的利益摩擦与冲突。

（2）我国现在地方保护主义盛行，地方过于注重自己的经济利益而不是公民的真正权利。有些地方政府甚至在当地企业的商品出现了严重的质量问题时，不仅不进行处罚，而且还四处封锁消息，更不用说问责制度了。而且即使追究责任，其后果也不严重，致使经营者有恃无恐，一犯再犯。同时，在消费者争议的解决上我国的消费者协会、行政部门及司法机关有时不能考虑到消费者和经营者的实际情况，对于一些高额的责任赔偿或是精神损害赔偿难以裁决或不能“执法必严”。❶

（3）执法过度依赖政府。政府没有授权于其他组织来辅助其执法。政府毕竟人力物力十分有限，因此，过度依赖政府会造成执法的范围受到一定的限制。特别是商品和服务数量及品种众多，不利于消费者知情的具体

---

❶ 蒋辉：“论我国消费者知情权的法律保护”，载《北方经济》2006年第12期。

保护。

3. **完善措施**

（1）我国必须建立统一的消费者保护机构，且该机构应该还承担信息披露的义务。在韩国，政府部门就设置消费者局作为专门的执法机关。[1] 我国应设立消费者局，由具有工商、行政管理、消费者权益保护等方面经验的人员组成。许多国家和地区对规定了政府与公益性团体对消费者的信息提供义务，如《日本消费者保护基本法》第12条的规定、我国台湾地区于1976年通过的行政院消费者保护方案中的规定等。《联合国消费者保护指南》第21条、第24条也有类似明确的规定。我国的上海市也以条例的形式规定了消费者协会的信息披露、行业调查评议和投诉披露三项制度。[2] 我国的行政机关可以借鉴国外的经验，对于一些消费者容易忽略的重要信息进行披露。

（2）消除地方保护的色彩。其主要途径就是必须规定行政执法程序。程序具有自己独立的价值，可以遏制权力滥用保障实体的公正，而我国目前有关行政程序的制度分散于《行政复议法》《行政处罚法》和《行政许可法》等法律法规当中，并没有统一的行政程序法，为保障公民知情权实现的程序制度，建议在正在酝酿的《行政程序法》中，形成行政行为中一项普遍的强制性制度。[3] 同时还可以通过加强问责制度来消除地方保护的色彩。

（3）政府应该借助社会中间层主体来辅助执法。在日本，消费者组织众多，并且都得到了日本政府的大力支持，大多由政府负担经费。由于这些民间消费者组织在政治上不依存于任何政党，在经济上也不靠任何企业资助，因而它们在活动上不受政党和企业干预，在保护消费者权益事业中发挥了巨大作用。消费者组织的经费不仅可以来自于政府，还可以来自消费者自身，这样还可以大大减轻政府的财政压力。美国的消费者联盟经费来源包括消费者个人捐款、客户订阅《消费者报告》杂志和测试报告的费

---

[1] 鲁晓明："论消费者知情权的法律保护"，载《消费经济》2004年第3期。

[2] 钱玉文："试论消费者知情权的实现方式"，载《前沿》2005年第6期。

[3] 濮恒学：《论知情权及其立法保障》，载 http://210.36.19.226/cddbn/cddbn.Articles/Y783111/PDF/index.htm。

用、消费者联盟会员会费。消费者联盟不断呼吁消费者捐款资助这个机构的日常运行，但拒绝所有商业捐款和所有商业测试费用。据悉，消费者联盟每年收到的捐款和各种费用达到上亿美元。[1] 同理，这些社会中间层主体也会在督促商家贯彻落实对消费者的告知义务的过程中发挥巨大的作用。

（三）关于消费者知情权的司法

司法是权利受到侵害后寻求救济的最后一道门槛，也是成本最高的一个环节，需要予以足够重视，因为它是权利保护的最后一道屏障。如果侵犯消费者知情权的行为在执法过程中不能纠正和解决，司法无疑是消费者可以寻求的另一条解决途径，也可以形成对行政机关执法活动的监督。加强司法保护，主要是指在程序上给予消费者足够的便利。

1. 司法现状

《消法》第29条规定："有关国家机关应当依照法律、法规的规定，惩处经营者在提供商品和服务中侵害消费者合法权益的违法犯罪行为。"并且，现在《消法》也规定，人民法院有义务采取措施，方便消费者的起诉。我国现行《民事诉讼法》规定了共同诉讼制度和代表人诉讼制度，方便消费者在自己的知情权受到侵害时能及时拿起法律武器予以还击。对已受理的消费者知情权侵害案件，人民法院会及时审理。同时，人民法院审理案件，还可根据需要巡回审判，就地办案，这都为人民法院受理案件后及时审理提供了法律保障，也为消费者节省了时间。

2. 存在的缺陷

（1）消费者举证困难。按照我国现行的法律，侵犯消费者知情权还得消费者自己举证。在当今分工日益精细化、产品更加高科技化的今天，让消费者承担过多的举证责任显然是不合理也不必要的，因为消费者本身很难找到因为缺乏相应的信息而造成自己的权利受到侵害的证据。

（2）在实践中，消费者知情权法律边界的规定模糊、笼统与缺位的问题，困扰着司法机关的审判。在很多情况下，法官无法把消费者的知情权和商家的隐私权（比如某些商家的技术秘密）区分开来。

---

[1] ［美］"商家都怕《消费者报告》"（海外传真），载http：//www.people.com，2013年12月10日访问。

（3）对于一些简单、损害不大的、明显地侵犯消费者知情权的案件，我国诉讼法律规定的处理手段过于烦琐，因为其最为简单的途径还是得通过简易程序的诉讼途径，这将不仅不利于这一些纠纷的快速解决，也将大大降低消费者的积极性，不利于形成良好的权利观念。

3. 完善措施

（1）法官在判案进行举证责任分配时，应该加强商家的举证责任，扩大举证责任倒置的适用范围。据悉，2005年福建省新修订的《福建省实施〈消费者权益保护法〉办法》首次将“举证倒置”原则应用到消费纠纷解决机制中，规定商品和服务质量难以检测、鉴定的，经营者应当提供能证明该商品和服务无质量问题的证据，经营者无法提供证据的，应当承担相应的责任。[1] 这项举措在一定程度上打消了消费者提起诉讼时的顾虑，提高了他们维护自身权利的积极性。法官可以在这方面进行借鉴和吸收。

（2）在确定消费者知情权的保护范围时，既要对消费者的知情权加以倾斜保护，也要注意维持经营者与消费者利益之间的动态、合理的平衡，法官可根据具体情况进行把握，力求做到既能切实保护消费者的知情权，保护和促进消费需求，同时又能维持经营者的合法权益，给经营者以信心与合理的利润，促进经济有序、协调、可持续发展。[2]

（3）建议设立小额纠纷处理法庭。设立小额纠纷处理法庭，降低消费诉讼门槛，通过简便程序、低费用、处理结果及时等优点为消费者权利的司法救济提供合适途径，将会为消费者利益保护制度注入新的活力。[3] 对于一些简单、明显、危害不大的侵犯消费者知情权的案件，小额纠纷处理法庭不仅可以节省消费者和经营者双方的时间和成本，还可以尽快要求经营者予以纠正，以避免造成更严重的后果以致演变成群体诉讼。一些国家通过小额索赔法院以及集团诉讼制度建立了迅速解决消费者权益受损纠纷的机制。[4]

---

[1] “福建消费纠纷适用‘举证倒置’原则”载 http：//www. bz315. cn，2013年12月12日访问。

[2] 钱玉文、沈路峰：“权利冲突与消费者知情权的法律边界”，载《江苏工业学院学报》2006年第1期。

[3] 程燎原、王人博：《权利及其救济》，山东人民出版社2004年版，第24页。

[4] 颜运秋：《公益诉讼理念研究》，中国检察出版社2002年版，第42页。

（四）关于消费者知情权的普法

从法律实施角度来看，法律意识是和法律制度本身同等重要的因素。“存在法律，而没有形成法律意识，心中无法，行为便不会受到法律的约束，法律规则仍然是一种异己的规则”。❶ 因此，提高消费者和经营者的法律意识对于我国消费者知情权的保护具有更加本源性的作用，并且消费者本身权利意识的提高，也可以进一步促进立法活动的进行。因此，普法与我们前面谈到的立法是相辅相成的。

1. 普法现状

《（消费者权益保护法）十年中国城镇消费者权益保护状况调查报告》显示，“97.6%的被访者知晓《消费者权益保护法》，58.4%的被访者对其作用给予了积极评价”，然而，对于农村消费者来说，尽管我国《消费者权益保护法》实施已有10多年了，仍有大量的消费者不知道有该法，就算知道，也不一定了解消费者有哪些基本权利。❷ 这几年，政府也通过各个渠道进行消费者权益保护方面的宣传，新闻媒体也加大宣传的广度和深度，让社会各个层次的民众都了解到消费者的知情权在他们的日常交易中的重要性。例如，2004年中国农业银行、中国工商银行、中国建设银行等国有银行单方面决定对银行卡开收10元钱的年费，而当初消费者办卡的时候并没有获得有关告知，这项措施激起了消费者的强烈反响。对北京、广州、上海三地部分消费者进行的一项调查显示：在认为银行卡收费不合理的被访者中，43.5%的人表示，银行的做法是对顾客知情权的不尊重，其中认为银行卡收费使顾客“知情权未得到充分尊重”的北京人达到了64.8%；但是大部分人也表示不会因此退掉银行卡或拒绝到上述银行接受服务，原因就在于没有更多合适的选择。❸ 在法制宣传的背景下，各个企业也逐渐开始认识到增加自己产品信息透明度的重要性。

2. 存在的缺陷

（1）我国公民对消费者知情权的认识很不透彻，例如，江苏省消协在

---

❶ 李昌麒、许明月：“论消费者保护意识”，见《寻求经济法真谛之路》，法律出版社2003年版，第307页。

❷ “（消法）十年中国城镇消费者权益保护状况调查报告”，载 http：//china. com. cn。

❸ “银行卡收费京沪穗三地调查：有多少卡还能留下?”，载 www. 1n. xinhuanet. com。

一次问卷调查时发现，消费者对知情权（或称“获知权”）“十分清楚”的只有23%，“知道一点儿”的占到61%，“听说过”或“不知道”的占16%。[1] 一项调查中，有74%的被访者表示曾在购买商品或接受服务中受到过损害，但仅有2%的被访者表示“会直接选择对簿公堂”。[2] 造成该种现象既有实体法和程序法上的原因，也有消费者自身法律意识淡薄，根本没有意识到消费者知情权在他们生活之中的重要地位的原因。

（2）作为知识普及的大众传媒，也没有起到一种宣传和普及工作，很多记者可能都并不太关注消费者知情权。而在海外，很多消费者十分乐意从相关媒体中获取相关消费知识和信息。正因如此，《消费者报告》在消费者心中很具权威地位，在美国赢得了410万订户，成为全美十大最畅销杂志之一，堪称消费者的“行动指南”。[3]

（3）消费者是上帝在一些商家之中仍然是一句空话，虽然很多企业在表面上给予消费者许多便利，但其中还有很大一部分没有意识到知情权对消费者的重要性。在他们眼里，利益最大化才是最重要的。

（4）当前，我国消费者协会对保护消费者权益活动的宣传大都集中在对伪劣商品的投诉、识别和处理上，很少进行消费者权利义务的教育、消费者权益保护的教育，而后者恰是我们急待解决的问题。而且我国大部分地区仅有的宣传还常常限于“3·15”前后，这样短暂的时间是远远不够的。因此，消费者很难通过消费者协会的普法活动获取关于知情权的有关知识。

3. 完善措施

（1）消费者也应该积极履行自己的义务。消费者自己去主动收集、了解信息，有利于激励消费者运用自身的力量去改变信息劣势，提高消费者的自我保护意识。[4] 每个人对自己权利的关心程度应该大于他人，因此消费者应该提高自己的主动性，努力提高自己的维权意识以适应时代的发展。特别是在一些中小城市和农村，消费者知识及其他方面的综合素质还是有

---

[1] “七成消费者不晓‘知情权’”，载 http：//www. people. com. cn。
[2] “5种维权途径难掩维权尴尬，小额消费维权难”，载 http：//www. shm. com. cn。
[3] “美商家都怕《消费者报告》”（海外传真），载 http：//www. people. com。
[4] 钱玉文：“试论消费者知情权的实现方式”，载《前沿》2005年第5期。

待提高的。政府部门应该积极运用大众传媒的优势，积极宣传消费者知情权的作用和受侵害后的救济方法等信息。

（2）大众传媒包括报纸杂志、广播、网络、电视等，要充分利用其自身传播速度快、影响范围广的特点，要对损害消费者知情权的行为给予曝光和批评，进行舆论谴责，进而促使经营者提高认识，尊重消费者合法权益，纠正违法行为。并在此基础上进一步宣传消费者知情权，让更多的消费者认识到他们拥有这么一项重要的权利。

（3）当然，经营者也应该提高自己的法律意识，自觉维护消费者的知情权。经营者应该自觉树立“消费者是上帝”的观念，如果经营者有侵害消费者知情权的不法经营行为，“不法经营行为侵害的是整个社会的正常商业秩序与交易安全，是消费者的整体利益，其中就包含了每一位消费者（不管是现实的还是将来的）的切身利益”。[1] 当消费者的自身利益受到侵害时，消费者很可能会选择其他的同类产品或者服务的经营者，不法经营者最终丧失的还是自身利益。所以，在当今竞争如此激烈的市场中，经营者也应该积极提高自己的法律意识，转变自己的经营思路。例如，20 世纪 60 年代，美国最大的 30 家公司都制订了消费者取向的经营政策或方案，强化公司对于消费者的责任。一些企业承担了向消费者进行教育的责任，一些则保证使受损害的消费者可以得到迅速、合理的赔偿。还有一些企业则对商品服务的安全作出更高的承诺。[2]

（4）各级消费者协会应该因地制宜，采取各种类型的宣传途径，经常性、持续性地与广大消费者保持密切联系，针对消费者对于知情权的各种疑难困惑予以解答，帮助消费者用正确的方法和手段对待侵权和维权。我们还可以借鉴一些他国的经验，例如，英国于 1957 年成立消费者协会，迄今有 70 万人，成为英国最大的消费者组织，其所发行的以产品比较检验为中心的刊物叫“*WHICH?*”，是消费者的必读刊物，在英国有很大影响。[3] 如果我国也有类似的刊物，并且能像一些主流报纸一样广泛发行，相信消费

---

[1] 颜运秋：《公益诉讼理念研究》，中国检察出版社 2002 年版，第 236 页。

[2] 张为华：《美国消费者权益保护法》，中国法制出版社 2001 年，第 512 页。

[3] 周静玲：“关于我国消费者协会完善的几点建议”，载《江西教育学院学报》2004 年第 6 期。

者知情权会很快深入人心。

我国消费者知情权确实有很多地方尚待完善，但从上述分析可以看出，其中最为重要是的立法和普法两个方面。它们在消费者知情权建构的过程中处于基础性的地位。立法除了可以对消费者知情权做出更为具体详细的规定外，还可以直接规制执法和司法中国家机关工作人员的行为，为其设立行为准则。普法则可以全方位提高社会成员的权利观念，促进社会各个阶层（从普通公民到政府官员）自觉维护消费者知情权，并进一步推动立法的进程。

五、结 语

综上所述，消费者知情权在我国是一种新兴的权利类型，仍处于形成与完备阶段。无论从宏观角度还是从微观角度，无论从社会整体还是从消费者个人，消费者知情权都已经具备了在我国成熟与完善的基本条件。并且它在我国的成熟与完善也完全符合我国当前的基本国情，对于健全我国社会主义法制体系具有十分重要的地位。保障消费者知情权的实现有利于保护消费者的基本权益，有利于维护交易公平、建构市场诚信体系，有利于营造和谐的消费氛围。因而消费者知情权具有较高的研究价值。

然而目前消费者知情权在我国实践中存在着从立法到执法，再到司法和普法的一系列问题，笔者认为在这些问题之中，立法和普法首当其冲。因为立法的完备意味着国家对该问题的关注和保护。我们不难从上面分析看出，不管是执法还是司法，他们的改良都得以立法为基础，这是法制的根本要求。普法的改善则是提高消费者自身的权利意识。而公民的权利意识的提高又可以促进立法的进行（比如根据公民的意愿创制新法）。这对于消费者知情权这类兼具公私法性质的权利的建构来说是十分重要的，同时这也符合了消费者知情权在我国设立的基础理论。

美国外汇保证金交易制度对中国的借鉴

■ 孙晓萍*

【内容提要】 外汇保证金交易作为金融衍生产品的一种，已成为一种重要的金融理财产品。而在我国，外汇保证金交易至今仍然处于灰色地带，由于各种原因，外汇保证金交易几经波折至今依旧没有合法化，没有相关的法律法规对外汇保证金交易行业进行规制，也没有相应的监管措施，投资者权益无法得到保护，国内的整个外汇保证金行业一直处于盲目和混乱的发展状态。国内金融产品创新不足、投资理财产品和渠道十分有限、外汇理财产品方面十分匮乏以及金融市场的发展及完善需要等各种原因，使得我国开展外汇保证金业务成为一种必要；我国金融行业近年来的发展成绩显著，有了一定的原始积累，使得外汇保证金业务在我国开展具有相当的可能性。

【关键词】 外汇保证金　金融业　金融衍生品

一、中国外汇保证金交易乱象丛生

外汇保证金交易在我国的萌芽可以追溯到20世纪80年代，整个发展过程呈现出盲目发展的特点。在相关立法缺失、市场监管不完善的情况下，当时多家香港和台湾的外汇经纪公司在国内开展外汇保证金业务。当时的国内投资者由于盲目参与，绝大部分产生了巨额亏损，其中包括大量国有企业也出现巨额亏损。于是，1994年8月，中国证监会等四部委联合发文，

---

* 孙晓萍，广东外语外贸大学法学院教授。

全面取缔外汇期货交易和外汇保证金交易。此后，管理部门对境内外汇保证金交易一直持否定和严厉打击的态度。

2000 年以后，随着信息技术的发展，网络在线外汇保证金交易在全世界逐渐兴起。因为看到了在外汇管制政策下中国存在巨大的个人持汇群体的投资需求，一些境外金融和非金融机构在未取得国内管理部门经营许可的情况下开始在中国境内招募网络在线外汇保证金交易客户。正是看到了全球虚拟金融市场大发展的历史趋势，2004 年 2 月，银监会发布《金融机构衍生产品交易业务管理暂行办法》。该办法对金融衍生产品也有了更明确的定义，即金融衍生产品是一种金融合约，其价值取决于一种或多种资产或指数，合约的基本种类包括远期、期货、掉期（互换）和期权，并对金融衍生产品交易的市场准入、风险管理等提出了明确要求，即拥有衍生品交易资格的银行可以开展新的金融衍生品业务，不需要额外批准。之后截至 2007 年年底共有 69 家中外资银行取得金融衍生品交易资格，并且境内多家商业银行在开放国内外汇保证市场的众多客户呼吁声中推出了多种金融衍生产品。[1] 同时，在法律法规层面虽还未明文解除 1994 年取缔外汇交易的禁令，但为鼓励金融机构进行金融创新并规范金融创新活动，中国银行业监督管理委员会于 2006 年发布《商业银行创新指引》。根据该指引内容，商业银行为适应经济发展要求，可通过引入新技术、采取新办法、开辟新市场、构建新组织，在战略决策、制度安排、机构设置、人员管理、管理模式、业务流程和金融产品等方面开展各项新的活动，最终体现为银行风险管理能力的不断提高，以及为客户提供的服务产品和服务方式的创新。但该指引同时要求商业银行开展金融创新活动，应做到“认识你的业务、认识你的风险、认识你的客户、认识你的交易对手”。

于是，2006 年 6 月，中国建设银行上海分行首先推出面向个人投资者的带杠杆的个人远期外汇买卖业务，开启了中国境内外汇保证金交易和网络炒汇阳光化的大门；2006 年 9 月，交通银行在部分城市推出了 5 倍杠杆的外汇保证金业务。与此同时，中国银行、民生银行、招商银行也先后推出外汇保证金业务，其杠杆比率最低 10 倍，最高 30 倍。2006 年 10 月，招

---

[1] 于海静：《中国外汇保证金发展的研究》，北京交通大学 2009 年硕士学位论文，第 13 页。

商银行推出针对国内市场的外汇保证金业务；2007 年 2 月，中国银行在其部分分行试点开办外汇保证金业务；而民生银行也不甘落后，于 2008 年 2 月提出了自己全新模式的外汇保证金业务，外汇保证金业务在国内大发展的时期似乎已经到来。

但时隔不久，外汇保证金交易又被再度叫停，并至今没有松动。2008 年 6 月 6 日，中国银监会发布银监办〔2008〕100 号文件《中国银监会办公厅关于银行业金融机构开办外汇保证金交易有关问题的通知》，明令指出禁止银行业金融机构开办或变相开办外汇保证金交易业务。但是，自 2000 年以来尤其是自 2005 年汇率体制改革以来，随着人民币升值预期的提高以及国内外汇体制改革的深入，很多外资银行、金融机构和外汇交易商在国内中心城市和经济发达地区设立分支机构、办事处或代表处，抢滩国内外汇保证金交易市场。为逃避监管，他们招揽客户后，约定客户资金通过其海外账户交易，日常交易和结算主要通过其网络交易平台进行。由于国内大量外汇投资需求的存在，非法外汇中介行业以及非法炒汇也应运而生和不断膨胀。尽管国家有关部门出台了严厉措施，禁止和打击投机性金融衍生交易，但以笔者之见，中国在不久的将来必定会适时开放外汇保证金交易，以迎合国内对这一金融产品切实强烈的需求。

进入 21 世纪以来，外汇保证金交易公司开始进入国内，这一高风险高收益的金融产品被更多的投资者接受。首先，境外专门从事外汇保证金交易的金融公司，向我国境内居民提供网络交易平台的方式，在互联网上开展在线外汇保证金交易；或者向境内委派代理机构、雇用外汇经纪人的方式，在炒汇人群中直接开展地下交易，使得我国从事外汇保证金交易的投资者正在成倍地快速增长。其次，2006～2008 年间，国内商业银行也开始涉足面向个人投资者的外汇保证金业务，各种外汇保证金交易在国内金融市场变得越来越多样化，并且被人们熟知。但是，2008 年外汇保证金交易在国内的发展刚刚步入正轨，监管部门突然再次发文，叫停国内外汇保证金交易。探究深层次的原因，主要是我国的外汇保证金交易存在以下各方面的问题。

虽然相关部门一再叫停外汇保证金交易，但这并不能阻止外汇保证金在我国继续存在并迅猛发展。由于目前我国尚未构建关于外汇保证金交易的法律规制体系，所导致的后果是：一方面，国内没有相关的立法对外汇保证金市场进行规范和引导，也没有相关的法律来确认外汇保证金交易的合法地位，导致外汇保证金行业至今仍然处于游走于法律边缘的灰色地带，至今没有被合法化；另一方面，我国金融方面的立法以及相关金融法制的发展也因此而落后于国外的一些国家，特别是西方的一些发达国家如美国、英国和德国，以及亚洲国家如新加坡和日本等。

国内管理层在发展金融业方面的观念和做法比较保守，曾数次叫停外汇保证金交易并至今没有放开。但是外汇保证金交易并没有因为管理层的叫停在国内消失绝迹，而是一直存在和迅猛发展，其根本原因是国内对这一金融产品的强烈需求。目前，在国内开展外汇保证金交易业务的公司绝大部分是国外的外汇保证金公司，这些公司为了吸引我国国内客户从事外汇保证金交易，绝大部分对客户开出的条件都很优厚，比起国内的机构来说这是不可比拟的优势。尽管条件优厚，却有很多风险存在。[1] 许多在境外有保证金交易资格的公司在中国各地设立办事处或者直接就招募办事人员，因为外汇保证金在我国仍处于灰色地带，不能大肆公开宣传，他们就以讲座的名义吸引汇民们参加，在讲座中进行推广和开发客户。而客户的资金都需汇往境外的账户，客户仅用身份证签约，开户后客户的资金去向何处，账户是否有第三方监管，出了问题是否受境外法律保护等一系列问题都没有明确的答案。由于境外不能主动给汇款人回执，因此对此类保证金客户的知情权造成了一定侵害，资金安全存在很大风险。这些客户将资金汇至离岸机构操作上违反外管局规定，也存在法律风险。同时尽管这些公司提供的点差（交易成本）很小，滑点现象却普遍存在，客户的利益得不到切实的保障。由于这些境外公司都不受中国的法律约束，因此客户的损失也只能自己承担，权益得不到保障。

另外，为获取更多的代理费或点差收益，这些国外开展外汇保证金交易业务的公司及其代理往往刻意弱化交易的风险，极力怂恿客户进行高频率的重仓交易，而不管市场是否剧烈波动。即使是遵从监管机构管理的国

[1] “国外外汇保证金交易平台在天津拓展业务，交易风险大”，载 http://news.163.com/11/1114/11/7IQL562A00014JB6.html，2013 年 1 月 5 日访问。

内商业银行，在初期向监管机构申请外汇保证金交易资格时，也是利用监管机构在制定政策办法时对金融衍生产品定义上的不清晰，或套用理财产品、概念，或借用衍生产品名义开展外汇保证金业务，在定义或推广其产品时，极力回避外汇保证金这样的概念说法，严重损害投资者的知情权和以知情权为基础的其他权益。

二、美国外汇保证金交易制度

（一）外汇保证金交易的市场准入方面

外汇保证金交易市场的参与者根据其参与外汇保证金交易市场的目的不同，可以分为投资者和交易商两种。

投资者参与外汇保证金交易一般是为了规避风险、降低筹资成本以及在交易过程中投机营利等，有很大部分的投资者参与外汇保证金交易是为了投机获利，最终投资者包括银行、证券公司、保险公司、政府、投资基金、商业企业以及个人等。投资者是外汇保证金交易的最终参与者和风险及损失承担者，投资者可以利用外汇保证金交易进行套利活动，获得经济利益；可以利用外汇保证金交易进行套期保值等避险行为，获得经营中的利益。但是，他们并不能成为撮合衍生金融工具交易或者做市的主体。外汇保证金交易活动本质上是一种合同行为，从缔结合同的角度，只要具有缔约能力的自然人、法人和其他组织都可以成为最终投资者。但是由于外汇保证金交易是高风险高杠杆的金融产品，因此，在实际的市场准入制度中，还会着重考虑投资者的风险承受能力以及投资者的投资经验等方面的因素，如果投资者的风险承受能力太弱、投资经验不足，将会被拒之门外没法进行外汇保证金交易投资，这也是出于保护投资者利益的考虑。

除了投资者之外，外汇保证金交易的参与主体还有外汇保证金交易的经营主体。外汇保证金交易的经营主体即经纪商，指的是向投资者提供报价或代理买卖衍生交易的金融机构，也叫外汇经纪商。外汇保证金交易的经营主体包括有资格开展外汇保证金交易的银行和提供中介服务的经纪商以及做市商。交易商是外汇保证金交易的撮合者，交易商向用户提供外汇报价的同时，吸引、撮合其完成外汇保证金交易，并收取一定的费用。在外汇交易市场中，那些有实力有信誉的银行不断向外汇市场报出不同货币的买进价和卖出价，并承诺按照所报价格从事交易，同时承担交易的汇率风险。交易商通常向银行询问所能提供的汇率，并提供给投资者，供投资者进行买卖交易决策。

经纪公司要获得外汇保证金交易商资格，（1）必须满足其形式要件。就形式要件来说经纪公司必须具有从事外汇保证金交易经纪业务的资格，即应经过有效批准，并已在监管部门登记注册，同时要与其被核准的经营范围相适应。凡未经批准没有办理登记注册手续或超越经营范围而从事外汇保证金交易经济业务的，均属不具备形式要件的非法经营。（2）经纪公司必须具备从事外汇保证金交易经纪业务的行为能力。就实质要件而言，其实质要件主要包括以下方面：①经纪公司能否承担其应该承担的最终用户非交易损失，如最终用户因经纪公司破产而遭受的损失；②是否签订了关于从事外汇保证金交易经纪业务的有效协议；③由于外汇保证金交易是场外交易，经纪公司应具有符合国际惯例的外汇交易通信系统及设备，并与境外代理机构设立热线电话或热线传真线路等，具备通畅的实际下单通道。如果其不具备以上条件，则属不具备实质要件的非法经营。

在美国，正规外汇保证金交易商必须要在美国商品期货交易委员会（CFTC）注册为交易商，同时要成为美国期货协会（NFA）的会员。根据《美国商品期货现代化法案》，外汇交易商必须在 CFTC 注册，成为期货佣金商（Futures Commission Merchant，以下简称 FCM）类别下的外汇交易商成员。然后，CFTC 通过国家期货协会（US National Futures Association，以下简称 NFA，期货行业自律组织）发布和实施监管，在期限内不符合资格或没有被核准的外汇从业者将被勒令停止营业。

2008 年《美国再授权法案》通过后，CFTC 和 NFA 即将资金风险和经纪商破产风险防范作为外汇保证金政策研究重点。2009 年以来，这两大机构不断调整政策，比如要求外汇经纪商必须具有 2 000万美元的调整净资本，如果提供的保证金杠杆超过 100 : 1，提供此项服务的外汇经纪商的净资本必须达到 4 000万美元。要求外汇经纪商拥有自己的交易平台，经常与国际外汇市场清算头寸的大型经纪商的净资本必须超出 7 000万美元。2009 年年底，CFTC 提出了关于限制外汇保证金比例到 10 倍的新条例，通过降低杠

杆比例降低投资者风险。❶

（二）外汇保证金交易的监管

外汇保证金交易的发展历史虽然不长，但其市场发展却快速而迅猛，极大地推动了世界金融蓬勃发展的同时也带来了多次大规模的金融动荡。外汇保证金产品属于金融衍生品中的场外交易品种，外汇保证金交易的高风险性是对外汇保证金交易进行严格的法律规制和监管的主要理论依据和实践动因，大多数国家或地区对包括外汇保证金交易在内的场外市场交易产品，主要采取统一监管或分业监管两种模式。金融业的混业经营及场外衍生品的迅速发展和相对不定型的特点，使得分业监管渐显弊端，各监管机构之间难以形成合力，往往成为监管缺失的根源。目前，统一监管和混合监管渐成趋势。在这一趋势下，在宏观方面，通过立法，逐步形成综合化监管模式或基于分业监管体制的金融监管协调机制，从机构监管向功能监管转变。微观方面，净化和规范现有市场；明确限定交易机构准入门槛；提高机构风险管控能力和服务能力；严格规范信息披露，执行定期报告和审计制度。这些方面，在美国和英国已经有成熟的经验可供借鉴。

美国1974年的《商品期货交易委员会法案》以及《2000年商品期货现代化法案》最终确定了对衍生市场的政府监管、行业协会自律和交易所自我管理三位一体的监管体制。这种体制以政府监管为主，行业协会和交易所起协助作用。政府强调立法监管的重要性，对外汇保证金交易监管建立了系统完整的法律体系，政府相关机构根据法律规定，按其各自履行的基本监管职能，分别对外汇保证金交易和交易市场进行监管。

美国对外汇保证金交易的政府监管机构是商品期货交易委员会。美国商品期货交易委员会是为了适应市场的发展要求，根据1974年的《商品期货交易委员会法案》成立的，主要负责对美国期货市场的监管。这是一个完全独立于一般行政部门之外的机构，由国会直接授权，向国会汇报工作，接受国会而不是总统或其他行政部门的监管，除具有独立的行政权外，还具有准立法权和准司法权。除了传统的农产品期货外，1978年的期货交易

---

❶ “外汇投资者谁来保障你的资金安全”，载 http：//forex. hexun. com/2008 - 10 - 31/110737304. html，2013年1月15日访问。

法修订使商品期货交易委员会的监管权限扩大到金融期货商品和金融期货合约。此后，外汇保证金交易也依法受商品期货交易委员会监管。

商品期货交易委员会的职责是规范期货交易，包括对期货商及其从业人员的注册登记、对期货交易所规则的核准、对期货交易以及国家期货协会的运作进行监督等。这其中最主要的是防止期货市场交易的垄断，制止有关商品交易的虚假信息或有错误导向信息的传播，保护市场参与者的利益。

美国国家期货协会是美国期货行业的自律性组织，是根据美国《商品期货交易委员会法案》第17节的规定于1976年组建的期货行业自律组织，属非营利性会员制组织。1981年9月22日，美国商品期货交易委员会接受NFA成为正式注册期货协会，1982年10月1日，NFA正式开始运作，负责对在美国注册的金融公司的监管。NFA主要致力于制订交易规章和计划、提供完善的服务、保护市场一体化及投资者的利益，并帮助其会员的营业规范满足规章制度的要求。❶

NFA履行的主要监管职责包括：（1）审核和监督会员必须符合NFA的财务要求；（2）制订并强制执行保护客户利益的规则和标准；（3）对与期货相关的纠纷进行仲裁；（4）审批NFA会员资格，期货代理商、介绍经纪人、商品交易顾问和商品合资基金经理都可以成为NFA的会员。❷

三、中国应当建立健全外汇保证金交易规则

（一）构建完善的监管体制

在全球化背景下，金融全球化的趋势不可逆转，分业模式必定会向混业模式转变，这是由一国的经济发展水平决定的。虽然我国金融行业一直实行分业经营和分业监管的模式，但我国的这种分业经营格局迟早要被打破，因此，我国在对外汇保证金交易进行有关立法时，一定要对此作出具有预见性的规定。

---

❶ 外汇通：《美国全国期货协会——NFA》，载 http：//www. forex. com. cn/html/c329/2011 - 11/2230710. htm，2013年1月16日访问。

❷ 同上。

世界各国对外汇保证金交易的监管主要采取政府监管模式和自律监管模式。在政府监管模式下，政府制定专门监管法规，设立统一监管机构，政府监管机构占主导地位。它的管理尺度统一，交易活动有法可依，管理权具有法定性，但容易导致行政权力过大、监管滞后等问题。以美国为代表的多数国家和地区，在法定监管与行业自律并重的基础上，更注重政府监管。一方面，国家通过不断的立法，将国家监管机构、行业自律组织，外汇保证金交易主体的市场准入、地位与职能等纳入国家法律管理框架，并对外汇保证金交易制定较详细的规范；另一方面，政府监管机构被赋予相当大的监管职责和权力。

我国证监会在对证券市场进行监管的同时，也对期货市场进行监管。对于我国外汇保证金交易的监管体制，在监管模式的选择上，可以选择政府监管与自律监管并存、以自律监管为主的监管模式。在监管机构的确立方面，可以将外汇保证金交易纳入证监会的监管范围，由证监会对国内的证券、期货和包括外汇保证金交易在内的金融衍生品统一进行监管。

（二）建立投资者权益保护机制

近年来，投资者权益保护的问题成为学界研究的一个热点，许多学者和投资者也一直强烈呼吁出台专门的“投资者权益保护法”。为了很好地保障和维护我国从事外汇保证金交易的投资者权益，有必要在对外汇保证金进行相关立法时，将投资者保护机制作为一个重要的方面予以考虑和落实，首先从制度层面上对我国从事外汇保证金交易的投资者权益予以确认，并配以完善的保护机制和措施，以便在实践层面也能切实有效地保护我国从事外汇保证金交易的投资者权益。一方面，可以通过综合评估投资者的风险承受能力以最终决定该投资者是否有资格开设外汇保证金交易账户并进行外汇保证金交易，以保护投资经验不足、抗风险能力不强的投资者；另一方面，可以创建金融衍生交易投资者保护基金，并配套建立金融衍生交易投资者权益保险制度，以全方位地保护外汇保证金交易投资者的权益。

论我国检察权监督制约机制的完善

■ 杜晓君*

【内容提要】 根据宪法规定，检察机关是我国的法律监督机关。为了防止检察权的滥用，其权力的运作也必然要受到监督、制约。虽然我国宪法和其他法律规定了对检察权的内部制约机制和外部制约机制，但仍然需要进一步完善，以保证检察权在阳光下运行。

【关键词】 检察权　内部监督　外部监督　检务公开

《宪法》第131条规定："人民检察院依照法律规定独立行使检察权，不受行政机关、社会团体和个人的干涉。"这是以根本大法的形式，确立了人民检察院依法独立行使检察权的宪法原则。为了强调检察机关依法独立行使检察权的重要性，《人民检察院组织法》《刑事诉讼法》和《检察官法》都重申了依法独立行使检察权的宪法原则。检察权独立行使的原则建立在检察权的性质上，《宪法》第129条规定："中华人民共和国人民检察院是国家的法律监督机关。"检察权是从统一的国家权力中分离出来的一个相对独立的国家权力。检察权不同于人民代表大会所享有的统一的国家权力，不具有国家权力的终极性，但它是从人民代表大会享有的统一的国家权力中派生出来的法律监督权。根据权力制衡的原则，任何权力都必须受到监督，否则势必会被滥用。因此作为监督者的检察机关也应受到监督。那么谁来对检察机关的活动进行监督呢？从我国现有法律规定看，对检察权的监督可以分为外部监督和内部监督两个体系。外部的监督主要是指人民代表大会及其常务委员会对检察权的监督以及公检法之间的相互配合和

* 杜小君，法学博士，广东外语外贸大学副教授。

制约。而内部的监督则是指检察机关内部设置的机构对检察人员的监督以及上级检察机关对下级检察机关的检察活动进行的监督。从效果上看，对检察权的内外部监督确保检察权在阳光下运行，对于防止检察权的滥用、发挥检察机关法律监督职能作用、维护法制的统一起到了十分重要的作用。但是这些监督机制普遍而言，操作性不强，有时甚至难以落实。如果这些问题不加以解决，那么对检察权的内外监督都还是一句空话。

一、当前对检察权监督机制中存在的主要问题

对当前检察权监督的内外机制中存在的问题可以总结为：人大监督流于形式、群众监督无从下手、制度监督不成体系的现状。

（一）在对检察权的外部监督上存在以下问题

1. 权力机关对检察权的监督缺少刚性规定

按照我国《宪法》第133条和《人民检察院组织法》第10条的规定，检察机关应当对本级人民代表大会和本级人民代表大会常务委员会负责并报告工作。因此，人民代表大会及其常务委员会对检察权具有监督的权力。2006年颁布的《监督法》对人大监督的范围、方式方法、原则等方面作了原则性规定。从现有法律规定看，权力机关对检察权的监督是全方位的，但是同时也应当看到这些规定多是原则性的，只是明确了检察权要接受监督制约的理念问题，而实际操作过程中还缺乏合适的切入点。这种原则性的监督一般不能涉及个案监督，而仅能进行宏观的监督，因此对具体的问题缺乏同步性和一贯性。同时整个权力机关的监督还主要是事后监督、被动监督，且大多需要依赖被监督者自身去纠正，这些都极大地影响了监督的效果。

2. 公安机关和审判机关与检察机关配合有余而监督不足

按照宪法规定，法院、人民检察院和公安机关办理刑事案件，应当分工负责、互相配合、互相制约，以保证准确有效地执行法律。但是司法实践中，因为公、检、法三机关是刑事诉讼的三个主体，出于刑事诉讼的共同利益考虑，三机关是配合有余而监督不足，更多体现的是检察机关对公安机关和审判机关刑事诉讼活动的监督，而公安机关和审判机关对检察机

关的刑事诉讼活动监督较少。比如检察机关对自侦案件享有完全的强制措施决定权，不受公安机关和人民法院的制约。检察机关对公诉案件进行审查决定是否起诉时，其裁量权虽然受到公安机关的制约（公安机关可以提起复议、复核），但最终的决定权仍掌握在检察机关，法院对此也没有任何制约手段。在庭前程序中，法官都无权介入检察机关的侦查活动和审查起诉活动，也不存在任何司法审查机制和程序裁判活动，即使检察机关实行非法的追诉活动，犯罪嫌疑人也无法从法院获得相应的司法救济。对于检察机关提起的公诉案件，法院没有进行实质性审查的权力，只要起诉符合法律规定的形式要件，法院都必须开庭审理。在审判过程中，检察机关对于变更、追加、撤回公诉的权力几乎不受法院的制约。案件审结后，只要检察机关认为法院的生效裁判在认定事实和适用法律上确有错误，都可以通过抗诉启动审判监督程序，不论抗诉是否符合法律规定，法院必须进行再审。

3. 刑事诉讼法赋予犯罪嫌疑人、被告人和被害人的权利难以对检察权形成有效制约

检察机关在刑事诉讼中代表国家参加诉讼，面对强大的国家机器，即使是罪大恶极的犯罪嫌疑人或者被告人，也变得非常渺小。为了防止检察权被滥用，我国法律赋予犯罪嫌疑人和被告人一系列的权利。这些权利在制约检察权的效果上是明显的。但由于制度设计的不完善，这些权利难以充分行使。如刑事被告人只有到审判阶段才能行使刑事辩护权，难以形成对检察权的有效制约。

此外，被害人有时面对检察院作出的不起诉决定，权利救济存在障碍。自国家公诉制度产生以来，国家垄断起诉权，检察官取代了被害人的位置，成为刑事诉讼中的原告，承担起追究和控诉犯罪的职责。因此作为刑事诉讼的当事人的被害人与检察机关的关系从本质上讲应当是一致的。检察官通过刑事诉讼如果能维护国家和社会利益，自然也就实现了被害人的个体正义。但是这二者的利益并非永远一致，特别是当检察机关对被告人作出不起诉的决定时，被害人往往不服。当然，刑事诉讼法也规定了被害人的救济途径。其中，被害人对不起诉决定的两种救济方式，不仅是对自己权益的积极维护，也是对不起诉的一种制约。显然，这样的制约是不够的：

首先，变公诉案件为自诉案件；其次，只有自己的人身、财产权利受到被告人侵犯的案件，才可以转为向人民法院提起自诉。

4. 群众监督无从下手

我国宪法规定了人民主权原则，其核心意思就是人民是国家的主人，一切权利属于人民，人民具有管理国家事务的权利。因此，检察权的行使应当受到人民的监督。当然人大及其常务委员会是人民对检察权监督的主要形式。但人大及其常务委员会的监督的特点，决定了这样的监督只能是宏观上的一种监督，所以人民对检察权的监督还需要有其他的方式来补充。如舆论监督、人民监督员等对检察权的监督等。但是这些监督普遍存在监督不到位的情况。如从目前实践的情况看，人民监督员制度只是一个咨询程序，人民监督员的意见没有诉讼程序意义上的发动、变更和终止功能，也没有实体功能，只有建议权，没有决定权。监督程序的刚性不够，效力不充分。

（二）在检察权的内部监督上也存在监督不到位的问题

1. 上级检察机关对下级检察机关的监督十分薄弱

《宪法》和《人民检察院组织法》规定，上级检察机关和下级检察机关具有领导关系，其表现为上级检察机关对下级检察机关具有指令权，包括指挥监督权和决定权；而下级检察机关则是相应的报告和服从义务。但上级检察机关如何监督下级检察机关以及监督不当的责任，法律都未作规定。从目前的司法实践看，上级检察机关的监督往往只限于单纯的业务上的领导，而且缺乏主动性。因此未能形成一种有效的监督机制。

2. 检察机关的内部监督机制显得力不从心

检察机关内部以分权的形式将立案、侦查、批捕和起诉权力分散于不同的部门行使。这本身就是一种制衡机制。实践中，立案、侦查、批捕和起诉这些部门是专门的业务部门而非专门的监督部门，因此各职能部门在履行职能时，协调配合有余，忽视了相互监督与制约。尤其是在检察院自侦案件上，职能部门更是配合有余而监督不足。至于专门的监督机构纪检部门，由于不熟悉办案业务而不能及时监督，只有出现问题后才介入，因此这样的监督具有明显的滞后性。而检察院内部层层把关的监督机制也未能充分发挥作用。而检察委员会作为检察机关的决策机构，对有效地防止检察长个人决定问题可能发生的偏差，比其他监督制约方式具有无法相提并论的地位和作用。目前，检察委员会自身存在议事范围不明、工作流程不规范、决策效率不高、督办机制不健全、检察长与检察委员会的职责划分不明等问题，影响了检察委员会在检察权行使上的内部监督作用。

二、改善对检察权的监督的对策

（一）在保证检察权独立行使的前提下，强化权力机关对检察工作的监督

人大监督是法律意义上的国家监督形式，具有最高的法律效力。从本质上讲，人大对司法的监督是以一种公权力制约另一种公权力，以保证检察权严格依照法律的规定组织运行。权力机关除了要认真听取和审议检察院的工作报告、检查检察院的执法情况、督促执法责任制和错案追究的落实等之外，还要改善对检察权监督的薄弱环节，将监督的内容范围、程序方式、处置方式等作出规定，规范监督程序，强化监督措施，把监督纳入程序化、规范化、制度化轨道。加强对人民检察院检察长的选举、罢免权和对检察员的任免权的切实行使，严把检察官的入口关，以确保符合检察官法资质要求的人员进入检察官队伍，并通过建立统一严格、科学的检察官弹劾、惩戒机制，监督检察官在执法中的职务违法犯罪行为。尤其要强化对检察环节个案的监督，进一步完善《个案监督法》，明确个案监督的范围、提起程序、处理办法，把个案监督提起权交给权力机关。

（二）切实落实宪法刑事诉讼法和其他法律规定了公检法三机关要分工负责、互相配合、互相制约的精神，加强公安、法院对检察院的监督

这是公平正义的要求，也是保证人权的要求。在刑事诉讼中，公、检、法三机关分处侦查、起诉和审判三个阶段，这既是三机关各司其职的表现，也是保障人权、防止冤假错案的基础。因此要摒弃所谓的三机关联合办案的做法。特别是检察院自侦的案件，将案件的立案、侦查、起诉都集于检察机关一身，长期以来实务界和理论界都对如何防范自侦案件中检察机关职权被滥用进行过探讨，如有人提出将审、辩、检的三面构造提前介入侦

查程序，将逮捕等强制处分权交给法院行使。[1] 但是这个问题涉及职权的配置，在这样的体制下，除了检察机关内部的监督之外，其他监督都显得力不从心。笔者认为，检察机关是国家的法律监督机关，隶属于检察院对部分经济犯罪和职务犯罪案件享有侦查权的反贪局和渎职局，应该将被彻底分离出去，摆正检察院宪法所赋予专职法律监督之职能，原有的侦查职能将由公安部门或新设的政法机关来行使。只有这样才符合公、检、法分工负责、互相制约的要求。分离出去的反贪局可以查处检察院的贪污受贿犯罪，检察院也可以对分离出去的反贪局的侦查行为、工作人员违法行为进行法律监督，变以前的管理被管理关系到监督被监督和查处被查出的关系，理顺了司法体系，限制了失衡的特权，利弊对比显著。

（三）强化刑事诉讼参与人的权利，尤其要强化对犯罪嫌疑人的权利保障，增强权利对检察权的对抗能力

如在侦查阶段，全面实施当事人告知义务制度以及律师的参与权利，这种机制可以有效防止检察人员在侦查阶段采用刑讯逼供等非法手段获取口供。只有保证犯罪嫌疑人、被告人和被害人等当事人以及其他诉讼参与人的诉讼权利得到充分的尊重和行使，才能形成对检察权的监督，从而保证有罪的人得到公正的惩罚、无罪的人不受刑事追究和惩罚。

（四）真正将群众监督落实到位，避免形式主义

最高人民检察院于2004年颁布的《最高人民检察院关于实行人民监督员制度的规定（试行）》目的在于，增强检察工作的透明度，提高检察权行使的科学性和准确性，规范检察权的运作。这项制度的建立，是我国检察工作中司法民主的体现，保证检察官免受法律以外因素的影响，从而实现办理案件的独立性、公正性。但自从人民监督员制度实行以来，虽然从“三类案件”监督扩大到对“五种情形”的监督，但浅层次的较多、形式主义现象的较多。这在很大程度上制约了人民监督员制度效果的发挥，因此必须对造成人民监督制度执行不利的因素加以纠正。（1）应将人民监督员制度法律化。目前规定人民监督员制度的只是由高检院颁布的《关于实行人民监督员制度的规定（试行）》《关于人民监督员制度试点工作若干具体

---

[1] 郭立新、张红梅：“检察权的外部监督制约机制研究”，载《河北法学》2007年第2期。

问题的意见》和《关于人民监督员制度试点工作若干具体问题的意见（二）》等规范性文件，这些文件均属于高检院的内部文件，而刑事诉讼法与其他法律都没有作出规定。建议在《人民检察院组织法》中对此加以规定。（2）改革人民监督员的选人与管理模式。在人民监督员的选人上，现在的一般做法是检察机关和人民监督员候选人所在单位协商后确定人选、颁发证书并组织监督评议。这就使得人民监督员的监督权来源于检察院的授权，导致人民监督员的中立性受到质疑。因此人民监督员的选任与管理、履行职责的补偿费用与被监督的检察机关脱钩。（3）加强人民监督员决定的法律拘束力。目前我国人民监督员的表决意见对检察院来说仅具有“建设性”作用。既然人民监督员所作的决定是“直接民主”的一种方式，就应赋予其以法律效力。

（五）深化检察机关内部监督，实行阳光检务

虽然在我国已经具有对检察权的外部制约与内部制约体制，但是外部制约最终要通过检察机关的内部机制才能发挥作用，因此检察机关的内部制约更为重要。笔者认为应当对这些内部监督措施进行完善，主要包括以下几点。

1. 完善上级检察机关对下级检察机关的监督机制

（1）加强上级检察机关对下级检察机关的业务监督，使上级检察机关真正成为下级检察机关的领导。上级检察机关应当对下级检察机关的工作展开经常性的调查研究，发现问题及时解决。尤其要加强对下级检察机关直接受理案件的监督。（2）将上级检察机关对下级检察机关的监督制度化。下级检察机关应当将一定时期的检查工作状况以及计划向上级检察机关报告，由上级检察机关对下级的检察工作作出评判。（3）健全上级检察机关对下级检察机关的请示答复制度。对于下级检察机关向上级检察机关申请复核或者疑难案件的请示答复情况作出具体规定，包括请示的范围、程序、内容和要求以及答复的期限、方式等。下级检察机关对上级检察机关的决定必须执行，并将执行情况向上级报告。

2. 改革检委会的运行机制，真正发挥检委会的监督作用

检察委员会是检察机关讨论重大案件和有关检察业务工作中重大问题的最高业务决策机构，具有重要作用。为了使检委会成为一个规范化、高效化和科技化的议事机构，从而为公正司法建立基础。目前需要对检委会的工作做如下改革：（1）完善检委会的组织结构。要避免形成只有担任一定行政领导职务的人员才能进入检委会。要注重检委会组成成分的业务化，淡化行政色彩，注意吸纳没有行政职务的检察业务骨干、资深检察官、年轻优秀检察官进入检委会。（2）建立检委会委员培训学习制度，不断提高检委会委员的业务水平。如上级院可以组织一些针对各级院检委会委员的集中业务培训。（3）规范检委会议事的法律程序。确定检委会案件研究和重大事项的范围、议案的提交程序、议案的讨论和决定程序，以保证检委会决定的质量。

3. 调整检察机关内部的监督机制，加强同一检察院各部门之间的横向监督

（1）明确检察机关内部各部门之间的职责，规范侦查、审查和诉讼等执法过程全面细化，明确各个环节的工作内容、要求和基本的操作规则，使整个办案过程更明确、更规范、更系统、更科学。要合理配置检察职权，建立一套岗位明确、权责分明的执法规范和质量保障机制。（2）以综合管理部门为主导，加强对办案质量的静态监督。如利用案件管理信息系统和检察统计报表系统的填充以及局域网络，实行对案件不间断的监督管理。建立案件评估考核机制。（3）加强各业务部门与纪检检察部门的沟通机制，对检察人员的执法行为、办案纪律进行全方位的督察，严格执行错案责任追究制和问责引咎制。确保严格、公正、文明执法，防止检察权的滥用。

试论我国打击恐怖活动犯罪的刑事立法完善

■ 孙章季*

【内容提要】 全国人大常委会于2011年10月通过的《关于加强反恐怖工作有关问题的决定》对恐怖活动的定义进行了明确。但是该定义过于宽泛，不利于集中打击目前最主要的、对我国国家安全构成重大威胁的基于民族分裂主义和宗教极端主义产生的恐怖活动犯罪。而且，我国刑法没有关于恐怖活动犯罪刑罚的特殊规定，不利于惩处此类犯罪罪刑相适应原则的实现。为此，建议通过立法完善刑法相关规定：第一，通过修改刑事立法，对恐怖活动犯罪作狭义规定，并将其界定为危害国家安全犯罪下的一类犯罪。第二，全面完善恐怖活动犯罪刑罚规定，对恐怖活动犯罪全面适用剥夺政治权利、财产刑和较客观表现相同的普通刑事犯罪更重的刑罚，并考虑设立不得减刑、假释的无期徒刑刑罚制度。

【关键词】 恐怖主义 恐怖活动犯罪 国际公约 刑事立法 刑罚

恐怖主义是人类社会的毒瘤，它对一个国家的国家安全、社会稳定和社会公众的生命财产安全造成极大威胁。近年来，与中国毗邻的中亚、南亚地区宗教极端主义、民族分裂主义和暴力恐怖主义情绪高涨，波及中国的新疆、西藏等地区，导致我国境内以“宗教极端势力、民族分裂势力和暴力恐怖势力”为代表的“三股势力”的产生和抬头。我国西北边疆地区因此面临着前所未有的分裂主义和恐怖主义的渗透和冲击。刑事司法是我国同恐怖主义作斗争的主要手段之一。而如何完善打击恐怖活动犯罪的刑

* 孙章季，广东外语外贸大学法学院副教授。

事立法，则是我国反恐斗争的一项重要课题。

一、我国打击恐怖主义刑事立法的现状及不足

（一）我国打击恐怖活动犯罪刑事立法现状

我国1997年刑法第一次明确规定恐怖活动组织犯罪，并于2001年12月29日通过并实施《刑法修正案（三）》，专门对此进行了扩充和修改。经过《刑法修正案（三）》完善后的刑法，基本上囊括了我国参加的国际反恐公约规定的全部恐怖活动罪名，这使我国通过刑事手段打击恐怖活动犯罪基本做到了“有法可依”。尤其是，2011年10月29日，全国人大常委会通过了《关于加强反恐工作有关问题的决定》（以下简称《决定》），对现行刑法没有具体规定的“恐怖活动”和“恐怖活动组织”进行了明确界定，从而明确了恐怖活动犯罪的罪状，确保了恐怖活动犯罪的罪刑法定原则的实现。但是这种“有法可依”是否满足对恐怖活动犯罪的集中打击、充分打击和适度打击，则需要进一步分析。

（二）我国现行打击恐怖活动犯罪刑事立法的不足

《刑法修正案（三）》颁布实施于美国“9·11”事件发生之后，顺应了国际社会打击恐怖主义的大潮流，但带有被动性和应急性的特点，这不可避免地影响到打击恐怖活动犯罪刑事立法的完整性和逻辑严密性。具体表现如下。

（1）在结构上，寥寥几条，不成体系。恐怖活动犯罪是一类犯罪。我国刑法分则体系是按照犯罪侵犯的同类客体将犯罪分为十大类。然而，其中有关恐怖活动犯罪的规定分散于危害公共安全罪，破坏社会主义市场经济秩序罪，妨害社会管理秩序罪，侵犯公民人身权利、民主权利罪，侵犯财产罪中。1997年刑法颁布实施时，这种不成体系的情形已经隐含其中，而《刑法修正案（三）》的颁布，则进一步颠覆了现有的刑法分则体系。“这种无体系的立法状况会大大降低反恐怖主义立法的应有力度，因为完整体系的缺失会导致司法实践者无从统筹认知和践行立法者的原意，无疑会

使法的实际效果大打折扣”。[1]

（2）《决定》对“恐怖活动”的界定过于宽泛，不利于对我国目前面临的主要恐怖活动犯罪的集中打击。《决定》第2条规定：“恐怖活动是指以制造社会恐慌、危害公共安全或者胁迫国家机关、国际组织为目的，采取暴力、破坏、恐吓等手段，造成或者意图造成人员伤亡、重大财产损失、公共设施损坏、社会秩序混乱等严重社会危害的行为，以及煽动、资助或者以其他方式协助实施上述活动的行为。”该规定基本上借鉴了有关反恐的国际公约之规定。[2]

《决定》和相关公约有关恐怖活动或恐怖主义的界定有如下特点：①这些规定主要从犯罪的客观方面表现来确定恐怖犯罪，即造成严重人员伤亡、财产损失或导致这种危险。对于犯罪人采取何种手段以促成这种客观后果的发生，则没有限定。②这些规定并没有将恐怖活动犯罪的主观目的和动机限定于政治性范围。《决定》规定恐怖活动“以制造社会恐慌、危害公共安全或者胁迫国家机关、国际组织为目的”。而《1999年制止向恐怖主义提供资助的国际公约》《2005年制止核恐怖主义行为国际公约》和《打击恐怖主义、分裂主义和极端主义上海公约》亦是如此。这表明，《决定》和公约有关恐怖主义规定的内涵和外延远远超出了传统理论所界定的恐怖活动的范围。③这些规定都强调，无论是主观目的和动机方面，还是客观方面表现，都指向同一目标，即造成社会恐怖。所谓的社会恐怖，就是在“犯罪行为直接受害人之外的一般社会公众中普遍存在的，以严重担心、害怕类似的犯罪会继续发生为主要内容的恐怖心理”。[3]

（3）缺乏对恐怖活动犯罪刑罚的特别规定，无法做到对恐怖犯罪分子

---

[1] 张旭、罗高鹏：“论我国反恐怖主义立法的完善”，见赵秉志主编：《联合国公约在刑事法治领域的贯彻实施》，中国人民公安大学出版社2010年版，第641页。

[2] 这些公约包括：《1997年制止恐怖主义爆炸的国际公约》《1999年制止向恐怖主义提供资助的国际公约》《2005年制止核恐怖主义行为国际公约》和《打击恐怖主义、分裂主义和极端主义上海公约》等。例如，《1997年制止恐怖主义爆炸的国际公约》第2条第1款规定：“本公约所称的犯罪，是指任何人非法和故意在公用场所、国家或政府设施、公共交通系统或基础设施，或是向或针对公用场所、国家或政府设施、公共交通系统或基础设施投掷、放置、发射或引爆爆炸性或其他致死装置（a）故意致人死亡或重伤；或（b）故意对这种场所设施或系统造成巨大损毁，从而带来或可能带来重大经济损失。”

[3] 陈忠林：“我国刑法中‘恐怖活动犯罪’的认定”，载《现代法学》2002年第5期。

打击的罪刑相适应。我国现行刑法将恐怖活动犯罪规定为特殊累犯，对作为恐怖活动犯罪主要表现形式的故意杀人、强奸、抢劫、绑架、放火、爆炸、投放危险物质或者有组织的暴力性犯罪被判处死缓时限制减刑、以及被判处10年以上有期徒刑或无期徒刑时不得假释的规定，在一定程度上适应对恐怖活动犯罪适用刑罚的需要。但是，除此之外，除了对组织、领导、参加恐怖组织罪和资助恐怖活动罪这两个独立的恐怖活动罪名专门进行了刑罚规范外，我国刑法对以其他普通犯罪为表现形式的恐怖活动犯罪的刑罚问题并没有作出特别的规定。这一点使司法机关在对很多恐怖活动犯罪进行量刑时不能做出符合“罪刑相适应原则”的评价和判决结果。

由此可见，我国现行刑法对打击恐怖活动犯罪的立法是“粗放式”的，尚不能做到“精确打击”，且在发挥法律的教育、预防和警示作用方面显然滞后。

二、我国对恐怖活动犯罪的界定应当以最有效打击我国面临的主要恐怖主义威胁为着眼点

笔者认为，我国刑事立法对恐怖活动犯罪的界定，在符合我国参加或签署的国际条约所反映的原则立场之基础上，还要根据我国实际面临的恐怖威胁的特点，以及我国目前坚持的刑事政策来决定，即考虑如下因素。

(1) 对恐怖活动犯罪进行立法定义的目的是要加强对恐怖活动犯罪的打击力度。从目前我国面临的最主要恐怖主义威胁看，我国要加强打击力度的仍然是那些在一定的政治、宗教或意识形态理念驱使下，企图通过各种犯罪手段造成社会恐惧，以推动和促使其特定目的实现的那部分恐怖活动犯罪。此类犯罪的社会危害性和危险性要远远高于基于其他目的进行的危害公共安全或者造成社会恐慌的犯罪行为。根据我国宽严相济的刑事政策，这种罪行需要从严打击。

(2) 因极端势力和分裂势力引起的恐怖主义犯罪，是我国面临的最主要恐怖主义威胁，这应是我国通过刑事立法规范予以重点打击的对象。从我国近年来恐怖活动犯罪的特点和动向看，我国面临的恐怖威胁主要是极

端势力和"东突"恐怖组织策动的以民族分裂为宗旨的恐怖活动犯罪。这些以分裂国家为己任的极端势力和分裂势力，其目的和宗旨都是政治性的。我们的恐怖活动犯罪定义应当旗帜鲜明地以此为基础进行。恐怖主义带有政治性，并不表明其属于政治犯。包括那些暗中资助和支持上述分裂势力和恐怖组织的西方国家在内，任何一个国家的法律秩序都不允许任何组织和个人以暴力恐怖等方式来实现分裂国家的政治图谋，我们不必讳言对此行为的立法打击。通过立法明确恐怖活动犯罪的政治目的性，不仅不会阻碍对此项犯罪活动的打击，而且有助于突出重点、精准打击且避免打击的随意性和扩大化。

（3）从目前及可预见的将来情况看，我国面临的恐怖活动仍然主要是暴力活动，"暴力是首要的和最根本的要素，没有暴力就没有恐怖主义"。[1]但随着科技的发展，通过破坏计算机信息系统等非传统暴力方式也可以达到制造社会恐惧的目的。此外，犯罪分子不仅可以通过真正实施犯罪达到此目的，而且还可通过我国刑法已经规定的"投放虚假危险物质""编造、故意传播虚假恐怖信息"等威胁的方式达到此目的。因此，对恐怖活动犯罪下定义可以将犯罪手段表述为暴力或胁迫方式。

据此，基于恐怖主义理论、我国加入和签署的有关国际条约之界定，以及我国目前反恐的现实需要，可以将国内刑法上的恐怖活动犯罪作如下定义：以分裂国家、颠覆国家政权为目的，通过对不特定他人的生命、身体、自由、财产等使用暴力、胁迫等强迫手段，以造成社会恐惧的行为。为此类犯罪提供资助或帮助的，按共犯处理，刑法另有规定的除外。这一定义主要有如下特点：①将恐怖活动犯罪的主观目的限于政治目的，并且考虑到"政治目的"内涵不明确不符合法律条文规范化的要求，以及我国恐怖活动犯罪的特殊性，将其限定于"分裂国家、颠覆国家政权"的危害国家安全的目的范围。这样可以确保突出打击重点，避免打击恐怖主义犯罪扩大化。②"制造社会恐惧"构成了恐怖活动犯罪在"分裂国家、颠覆国家政权"这一终极目的之下的次级目的，两者结合在一起构成了恐怖活动犯罪构成要件中的主观方面的特征。③强调犯罪行为直接侵害对象的非

---

[1] 何秉松、廖斌："恐怖主义概念比较研究"，载《比较法研究》2003 年第 4 期。

特定性，即直接受害人或财产与犯罪主体之间没有个人利害关系，犯罪主体对犯罪对象的选择以如何有利于最大限度实现其“制造社会恐惧”的主观目的为标准。

三、完善惩处恐怖活动犯罪的刑罚结构，实现罪刑相适应

（一）对恐怖活动犯罪从严处罚的必要性

“犯罪行为的社会危害性和犯罪人的人身危险性，决定刑事责任的有无及其轻重程度；犯罪分子应负刑事责任的大小，决定对其是否适用刑罚或者处罚宽严”。[1] 在恐怖活动犯罪中，无论是犯罪人的人身危险性，还是犯罪行为的社会危害性，都要远远大于我国现行刑法中以其犯罪手段确定罪名的其他普通刑事犯罪。具体表现如下：（1）恐怖活动犯罪主观方面的政治性表明，这些犯罪分子大多数是在一定的政治或极端宗教信念指导下进行犯罪活动，这种信念力量的存在决定了恐怖活动犯罪分子的主观方面较其他犯罪分子更加坚定和顽固。而且，恐怖活动犯罪的政治目的侵害的是国家的主权、安全这种带有根本性的、刑法所保护的最高利益。因此，恐怖活动犯罪分子的主观恶性要远远大于其他普通犯罪分子。（2）与其他为了个人目的而从事的普通犯罪行为相比，恐怖活动犯罪主观目的具有“非利己性”和“社会性”，其为了促使其目标的实现，会不断进行恐怖犯罪活动。同时，由于受到理念的支撑和“洗脑”，一般的教育改造对恐怖活动犯罪分子不起作用，他们在回归社会后会继续从事其恐怖犯罪活动。从这个意义上讲，恐怖活动犯罪分子的人身危险性要大于其他普通犯罪。（3）在每次具体的恐怖犯罪活动中，犯罪人为了实现“制造社会恐惧”的效果，会尽可能通过犯罪方式、手段的残忍、恶劣，犯罪规模和破坏性的扩大的途径进行。恐怖活动犯罪的社会危害性要大于包括危害公共安全罪在内的普通刑事犯罪。

事实上，有关国际公约均强调各国要采取必要措施，使此类犯罪受到与其严重性质相符的刑事处罚。有关国家在国内法上也对恐怖活动犯罪规

---

[1] 马克昌：《刑罚通论》，武汉大学出版社2007年版，第269页。

定较重刑罚。如荷兰的《恐怖主义罪行法》规定，如果重大犯罪具备恐怖主义目的，其最高处罚可增加 50%（直至法定的最高处罚即终身监禁刑）。❶ 根据西班牙刑法典的规定，如果普通刑事犯罪因其与恐怖主义目的或活动相联系而被认定为恐怖主义犯罪，将会被处以较普通刑事犯罪正常处罚重的刑罚或者被加重处罚，甚至会被适用附加刑。❷

（二）增加对恐怖活动犯罪刑事处罚的刑种

我国现行刑法规定了四种刑罚：生命刑、自由刑、财产刑和资格刑，但只有生命刑和自由刑全面适用于恐怖活动犯罪刑罚。但是，基于前述恐怖活动犯罪的特殊性，这四个刑种应当全面适用于恐怖活动犯罪。

（1）对恐怖活动犯罪应全面适用剥夺政治权利的资格刑。恐怖活动犯罪分子公然与人民为敌，严重危害了国家利益。由于其具有政治目的性，通过适用剥夺政治权利的资格刑，可以避免其在回归社会后通过行使选举权、被选举权，以及从事言论、出版、集会、结社、游行示威的自由继续进行其政治主张或扩大影响，从而有效降低再犯可能性。由于剥夺政治权利具有最明显的政治上的否定评价作用且具有剥夺或限制再犯能力的独特功能，许多国家的国内法对恐怖活动犯罪都规定附加剥夺政治权利的刑罚。例如，西班牙刑法典除了对恐怖组织者、领导者和参加者规定较重监禁刑罚外，还规定一定年限内不得在公共机构任职或者不能被委任以任何公务。❸ 我国刑法并没有对所有恐怖活动犯罪全面规定适用剥夺政治权利。因此，建议通过刑事立法的方式规定，对一切恐怖活动犯罪均应规定适用剥夺政治权利；对于其中情节轻微的，可以在不适用主刑刑种情况下适用剥夺政治权利。

（2）对恐怖活动犯罪应全面增设财产刑。虽然恐怖活动犯罪并不以获得金钱利益为目的，但金钱是所有恐怖活动犯罪赖以进行的基础。因此，想要减少恐怖主义犯罪的发生，对犯罪分子判处财产刑将是一个有效的途径。遗憾的是，我国刑法仅对资助恐怖活动罪和洗钱罪设有财产刑，对

---

❶ 转引自赵秉志、杜邈：“反恐立法模式的理性选择”，载《法学》2008 年第 3 期。

❷ ［西］胡塞·路易斯·德拉奎斯塔，杜邈译：“西班牙的反恐立法：基于刑事法视角的考察”，载《中国刑事法杂志》2008 年第 1 期。

❸ 同上。

“组织、领导、参加恐怖活动组织罪”以及以其他罪名为表现形式的恐怖活动犯罪则没有统一规定适用财产刑。由于本文的观点认为恐怖活动犯罪属于危害国家安全犯罪下的一类犯罪，对此类犯罪应当参照刑法对危害国家安全犯罪的相关规定，全面适用财产刑。

（三）明确规定对以普通刑事犯罪罪名为表现形式的恐怖活动犯罪依照各该罪名的规定从重处罚

恐怖活动犯罪是一类犯罪，其许多犯罪行为通过其他普通犯罪罪名的方式表现，根据我国现行刑法的规定，在没有特殊罪名规定的情况下，对以普通刑事犯罪为表现方式的恐怖活动犯罪，适用刑法有关该普通刑事犯罪罪名的规定定罪处罚。为了实现恐怖活动犯罪的罪刑相适应，建议通过立法作如下完善：在所有可能成为恐怖活动犯罪表现方式的刑法罪名下的量刑规定中明确，此项犯罪行为同时构成恐怖活动犯罪的，从重处罚。

本文主张从“从严”的一面完善对恐怖活动犯罪的刑罚结构，并不是不分青红皂白无原则地“严打”。一方面，如前所述，恐怖活动犯罪总体而言，较同样或类似客观表现的普通刑事犯罪的刑事责任更重，刑罚上也应当要重一些。这本身就体现了刑法的“罪刑相适应原则”和我国宽严相济刑事政策中的“区别对待原则”。另一方面，我国现行刑法有关“从宽”处罚的规定比较完善，对于恐怖活动犯罪中情节较轻或轻微者，现有刑法规定可以充分保证其得到从宽处罚。但是必须认识到，由于恐怖活动犯罪的特殊性，一些恐怖活动分子，由于其政治理念的坚定性和不可扭转性，其再犯可能性是显而易见的。在此情况下，为了确保其不至于继续危害社会，除了死刑，必须要考虑对其适用较普通刑事犯罪期限更长甚至终身的自由刑。唯有这样才能消除其再犯的危险，消除或减少对社会公众造成的心理恐慌。这就需要在不久的将来要考虑设立不得减刑或假释的真正的无期徒刑（终身监禁）制度。

小　结

打击恐怖活动犯罪是我国面临的一项长期而艰巨的任务。鉴于恐怖活动对我国的国家安全的现实而迫切的危害性，淡化其政治色彩，强化制裁措施和力度是大势所趋。必须通过完善刑事立法，向世人昭示国家安全和公共安全利益至高无上，声明我国对恐怖活动毫不妥协、决不姑息的立场，以及对恐怖活动犯罪分子坚决打击的原则。

《美国统一商法典》仓单法律制度评析

■ 刘 睿*

【内容提要】 《美国统一商法典》第七编——权利凭证编对以提单和仓单为代表的权利凭证进行了统一规定，是调整商业仓储法律关系重要的法律规定之一。该编对仓单的概念、形式、流通、转让及仓储人的权利、义务、责任等内容进行了详细的规定，尤其是顺应了现代电子商务的发展，对电子仓单的法律地位予以了明确肯定。

【关键词】 仓单 电子仓单 流通

一、《美国统一商法典》有关仓单规定概要

基于商业目的存储有形货物，已经有数百年的历史，美国统一州法委员会早在1906年就分别制定了《统一仓单法》。《美国统一商法典》（Uniform Commercial Code，以下简称UCC）第七编吸收了《统一仓单法》的规定，并结合《统一提单法》的内容，统一命名为权利凭证编，对以提单和仓单为代表的权利凭证进行了统一规定。仓单作为一种重要的权利凭证，主要有以下几方面的作用：（1）仓单可以作为货物仓储合同的重要凭证，仓单上记载了仓储合同双方当事人协议的主要内容；（2）仓单是仓储人收到货物的依据，仓储人收到货物后向存储人签发仓单，仓单持有人有权请求仓储人给付仓单项下的货物；（3）仓单是带有物权性质的凭证。仓单的

---

* 刘睿，广东外语外贸大学法学院讲师。

持有人有权主张对仓单项下货物的所有权，仓单转让，仓单项下货物的权利随之转让；（4）仓单可以代表货物直接进行买卖，货物无须现实移动即可以实现所有权的变更；（5）仓单还有可以起到融资的作用。仓单的持有人可以把仓单出质，作为贷款抵押的担保。

二、《美国统一商法典》有关仓单规定的主要特色

（一）贯彻仓单权益的自由转让原则

权利凭证编自始至终都坚持一个重要原则，那就是保障权利凭证的流通性。仓单是否具有流通性，取决于仓单确定受让人的方式和转让的方式，基于此，仓单如果记载了不可转让的声明，则不可流通。即使是不可流通的仓单，亦可以转让。无论可流通的还是不可流通的仓单都可以转让，这样的规定显然保障了当事人自由转让相关权益的权利，加速货物的流转，符合商业交易过程中交易迅捷原则的要求。同时，这一原则与法典流通票据编和投资证券编的相关规定保持了一致性。

（二）赋予电子仓单和有形仓单同等的法律地位

电子仓单和有形仓单不同。有形仓单是一种书面文件，签发人和让与人都会在文件上签名。这一书面文件是它所代表的权利和利益的唯一证明，区分原始和复制版本是很容易的。电子仓单则有很大不同，最初的原始文件和随后的复制文件难以区别，书面文件中独一无二的当事人签名无法在电子仓单中体现出来。

为了顺应电子商务的发展，修订后的第七编赋予了电子仓单与有形仓单同等的地位，并针对电子仓单的流通进行了专门规定。由于电子仓单无形的特征，电子仓单无法像有形仓单那样通过交付或背书的方式转让原始凭证，针对这一问题，法典采用了“控制”这一概念。也就是说，如果用以证明电子仓单权益转让的系统可靠地证明某人是电子仓单签发或转让的对象，该人就控制了电子仓单。在适用这一标准时，有两个关键因素：一是系统要能够可靠地证明仓单签发或转让对象的身份；二是在任何时间都要能够表明根据电子仓单享有权利的人。这样的系统需要建立一个单一且权威的副本（copy），并且该副本是唯一的、可辨明的以及不可变更的。权

威的副本必须能够表明仓单的控制权人或者仓单转让的对象。UCC 这样的规定，既保障了电子仓单的流通性，又克服了电子仓单转让过程中由于可复制而产生的难以确定受让对象的问题。

（三）允许电子仓单和有形仓单的自由转换

UCC 允许电子仓单和有形仓单的自由转换。电子仓单的控制权人可以把控制权交给仓单的签发人，签发人再根据电子仓单的内容签发有形仓单。这样就可以实现电子仓单向有形仓单的转换。反过来，有形仓单的持有人可以把仓单交付给签发人，由签发人签发代替有形仓单的电子仓单，并声明电子仓单对有形仓单的替代。这样有形仓单就转换为电子仓单。法典并未对两种仓单之间的转换设置过多的障碍，只设定了最低要求，满足上述要求，新形式的仓单即成为有效的仓单。即使替代的仓单没有满足法典的要求，原始仓单仍然有效。为了进一步促进两种仓单之间的自由转换，保护后来取得替代仓单的当事人，UCC 明确规定，签发人应向取得替代仓单的持有人保证，签发人是根据原始仓单享有合法权利的人。UCC 的这一规定简单易行，完全符合现代商业发展的需要。

三、《美国统一商法典》有关仓单规定的主要内容

（一）仓单的形式

根据 UCC 第 1~201 条，仓单指的是由从事储存货物业务的人签发的单据，即仓储人签发的单据。但自助式仓储（self-storage）过程中签发的仓单并不适用 UCC 第七编的规定。考虑到自助式仓储与传统商业仓储在管理、当事人双方权利义务等方面有着显著不同，法典编委会最终决定不将自助式仓储纳入第七编的适用范围。仓单通常由仓储人签发，签发时无须按照特定的格式签发。但是根据 UCC 第 7~202 条的规定，如果仓单未写明以下事项，则仓储人应对由于此种遗漏而造成的损害承担责任：

（1）存储货物的仓储设施地点；

（2）仓单的签发日期；

(3) 仓单的唯一识别码[1];

(4) 对被收到的货物是向持有人交付、向指定的人交付还是向指定的人交付或凭其指示交付的声明;

(5) 储存费率和手续费;

(6) 货物的描述或货物包装的描述;

(7) 仓储人或其代理人的签名;

(8) 如果仓单项下的货物是仓储人单独所有的、联合所有的或与他人共同所有的,对该所有权事实的声明;

(9) 对预付金数额以及当仓储人主张留置权或担保权益时所产生的责任的声明,但是如果仓储人或其代理人在签发仓单时并不知悉预付金的准确数额或产生的责任,则声明预付金已经交付或责任已经产生的事实以及预付金或责任的目的就足够了。

需要注意的是,UCC 并不要求仓单一定要包含上述条款,只不过仓储人应对上述条款的缺失导致的损害承担赔偿责任。佛罗里达州曾有判例[2]认为仓单必须包含以上所有条款才是有效的,但是法典的正式评述明确表示不同意法院的此种做法。显然,法典这样规定的意图,是在赋予仓单更多灵活性的同时,保障存储人的利益。

(二) 仓储人的义务和责任

1. 仓储人的注意义务

UCC 第 7-204 条规定了仓储人的注意义务,如果仓储人对货物的遗失或损坏未尽注意义务,则应对货物的遗失或损坏负责。法典采用的是客观标准,即以一个合理谨慎的人在类似情形下会尽到的注意义务来衡量。如果仓储人尽到了注意义务仍不能避免损失的发生,则仓储人不承担责任。此项义务是仓储人的重要义务,不得通过协议免除或减轻。

2. 仓储人善意履行的义务

仓储人应善意履行义务,所谓善意,指的是"事实上的诚实以及遵守公平交易的合理商业标准"。如果受托人根据权利凭证的记载或者法律的规

---

[1] 可由字母、数字、符号和/或标志的组合构成。

[2] In re Celotex Corp., 134 B. R. 993.

定，收到货物、交付货物或处分货物都是诚实的并根据公平交易的合理商业标准行事，则受托人对货物不负责任，即使把货物委托给受托人的委托人并无权获得凭证或并无货物的处分权，或者受托人把货物交付给了无权接收货物的人，受托人只要是善意的，都无须对上述情形承担责任。

3. 相对方未收到货物时或对货物错误描述的责任

仓单的当事人或支付对价购买仓单的善意第三人，如果对仓单所载的描述产生了信赖，则仓单的签发人应对当事人未收到货物或货物的错误描述承担赔偿责任。当然，如果仓单已经清楚地标明签发人并不知道全部或部分的货物是否实际上被收到或者并不知道货物的描述是错误的，则签发人不承担责任。这一规定对签发人来说非常重要，因为签发人只要能够通过以上方法证明其对货物的错误描述并不知情，就可以免责。此外，如果相对方或善意购买人已经收到签发人并未收到货物或货物被错误描述的通知，签发人亦不承担责任。

4. 仓储人的责任限制

仓单或仓储合同可以规定仓储人的赔偿责任限额。但是，UCC 第 7 ~ 204 条规定，如果仓储人侵占货物为自己使用，则对损害赔偿的限制无效。仅仅没有交付货物的事实不视为对侵占货物为自己使用，但仓储人应负举证责任证明自己未能交付仓储的货物的事实并非侵占货物为自己使用所导致。

（三）仓储人的权利

1. 仓储人终止仓储的权利

根据第 7 ~ 206 条，仓储人在以下三种情形下可以终止存储。

（1）在一般情形下，仓储人可以向货物的存储人或者其他已知的对存储货物享有权益的人发出通知，要求在权利凭证中规定的存储期限届满时支付费用并从仓库提取货物。

（2）针对易腐货物和危险货物，UCC 对货物性质的不同和仓储人发现货物性质的时间的早晚进行了区分。如果仓储人在提供存储时就已知货物是易腐的，则在善意的相信货物在仓储期间内将要变质或价值减少到有可能损及其留置权时，仓储人可以在通知中确定一个提取货物的合理的较短时间。如果货物未被提取，则仓储人应发布货物出售的广告或者公告，且在发布后一周内把货物公开出售。

(3) 如果仓储人在提供仓储之后，才知道货物有可能对其他货物、仓储设施或他人造成危害，则仓储人可以在通知所有已知的有权对货物主张权益的人后，把货物公开或者私下出售，无须公告或者广告。如果仓储人经过合理努力之后仍无法售出货物，则仓储人可以用任何合理的方式来处分货物且不用因对货物的处分而承担责任。

2. 仓储人的留置权

留置权是仓储人的一项重要权利。仓储人可以对仓单项下的货物行使留置权，但 UCC 把仓储人的留置权分为特定留置权（specific lien）和普遍留置权（general lien）。二者针对的对象和行使的前提条件并不相同，特定留置权针对的是仓单项下货物产生的费用，比如滞期费、装卸费和保险费等，并且无论是否有仓单或约定，仓储人都可以根据仓储协议享有留置权。而普遍留置权针对的是存储人在仓储人处存储的其他货物产生的费用。仓储人只有在签发仓单时有明确约定方可行使普遍留置权。显然普遍留置权更有利于保证仓储人的利益。

UCC 第 7~210 条对商业性存储和非商业性存储情形下，仓储人留置权的实现作出不同的规定。如果货物是商人在其经营过程中进行的存储，则视为商业性存储。此时，仓储人实现留置权的前提条件是事先通知所有已知的对货物享有权益的人。仓储人可以公开或私下出售货物，可以散装出售，亦可以整批出售，但是应以商业上合理的（commercially reasonable）方式进行。这是仓储人实现留置权所应遵循的标准。

但是，如果是非商业存储，比如私人对家庭用品的储存，UCC 对仓储人实现留置权的程序进行了更为详尽的规定：首先，通知必须送达，所有已知的对货物主张权益的人都必须被通知到。其次，通知的内容更为具体，通知必须对权益主张一一进行陈述，必须对作为留置权标的的货物进行描述，必须规定不少于十天的清偿期限，从收到通知之日起算，而且通知必须清楚地说明，如果不在通知规定的期限内清偿，则将刊登出售货物的广告并在规定的时间和地点拍卖货物。再次，出售必须符合通知的内容。复次，货物应在离存放地或存储地最近的适当地点出售。最后，在通知规定的期限届满后，出售货物的广告必须在出售的地点广为发行的报纸上每周刊登一次，连续刊登两周。显然，UCC 对非商业存储要求得更为严格和具体。商业存储的程序更为迅捷和灵活，这也符合商业存储的性质。

仓储人可以在根据规定进行的公开出售中购买货物。即使仓储人没有遵守相关规定，货物的善意购买人仍可以取得货物的所有权。UCC 这样规定的目的，是鼓励更多人参与竞买，使货物能够得以更高的价格售出。

3. 仓储人收取仓储费用的权利

仓储人从事仓储业务的目的就在于营利，仓储人当然有权收取仓储费用。仓储费用一般都是按月计算的。如果有关权利人拒交仓储费用，仓储人有权留置货物。

（四）仓单的流通

1. 仓单流通的方式

根据 UCC 第 7 ~ 104 条规定，如果权利凭证规定货物将向持票人交付或凭指定人的指示交付，即为可流通的权利凭证。如果在签发仓单时，仓单明确标明不可流通，那么该仓单就是不可流通的。对不可流通的仓单进行背书，并不能改变其不可流通的性质，受让人的权利也不会发生改变。有形仓单的流通可以通过交付或背书的方式实现，而电子仓单的流通通过控制权的转让实现。

2. 正当流通的认定

构成正当流通，需满足四个条件：（1）转让是在通常的商业或融资过程中进行，仅仅为了清偿或支付金钱债务而受让仓单，就不属于正当流通；（2）受让人善意，即受让人不知仓单上存在有他人的抗辩或权利请求；（3）受让人支付了相应的对价；（4）仓单的转让方式符合法典的规定。满足了以上四个要件，即视为正当流通。通过正当流通而受让仓单的正当持票人，享有以下权利：（1）对仓单的财产性权利（title）；（2）对货物的财产性权利；（3）根据代理法或禁反言法产生的权利，包括对仓单签发后交付给受托人的货物的权利；（4）要求仓单的签发人根据仓单的记载履行保管或提交货物义务的权利，此项权利不受签发人任何抗辩或请求的限制，除非签发人的抗辩或请求是根据仓单的记载或法典第七编的规定提出的。

正当持票人的上述权利不会因为停止交货权的行使或者受托人交付货物而丧失，即使发生了以下三种情形，正当持票人的权利也不会减损：

（1）本次转让或先前的转让已构成违约；（2）任何人因不正确说明、欺诈、意外事件、错误、胁迫、遗失、被盗或侵占而被剥夺了对有形权利凭证的占有或对电子权利凭证的控制；（3）货物已经向第三人出售或权利凭证已经转移给第三方。显然法典试图给予正当持票人充分的保护，这些规定有助于促进和保护正常的交易过程，保障权利凭证的流通，促进商业交易的效率。

3. 非正当流通时获得的权利

仓单的受让人，虽然并非通过正当流通而受让仓单，但在仓单已向其交付的情形下，仍享有与让与人相同的权利。也就是说，让与人所转让的权利不能超过其自身享有的权利范围，让与人只能转让其自身享有的权利或者有权转让的权利，受让人获得的权利也就不可能超过让与人的权限范围。也就是说，即使是不可流通的权利凭证，法典亦未阻止其自由转让，只不过法典对受让人的权利进行了一定程度的限制。

四、对我国的启示

（1）我国有关仓单的规定主要见于《合同法》“仓储合同”一章，但其中的规定比较简单、粗糙，甚至有些落后。比如《合同法》第 387 条规定，仓单转让时，除存储人或仓单持有人背书外，尚需保管人签字或盖章，这一规定显然阻碍了仓单的流通，并不利于发挥仓单的作用。

（2）留置权是仓储人的重要权利之一，但仓储人留置权的实现只能依靠《担保法》相关留置权的规定。而《担保法》有关留置权的规定是笼统的，并不能完全适应仓储业的需要。我国可借鉴 UCC 的规定，赋予仓储人普遍留置权，并增加仓储人实现留置权方式的规定。

（3）我国电子仓单的规定趋近于空白，虽有《电子签名法》，但显然不能解决电子仓单流通性的问题，且电子仓单的法律地位并不明确。随着电子商务的发展，电子仓单在实践中使用日趋广泛，增加相关规定迫在眉睫。

外观设计先用权抗辩之探讨

■ 胡充寒*

【内容提要】 先用权抗辩系侵犯专利权抗辩中较为重要的法定抗辩理由之一，理论和实务界对该抗辩的研究尚不十分充分。本文将就先用权抗辩的概念与性质、先用权抗辩的法律依据、先用权抗辩的适用、先用权抗辩的效力等进行探讨。

【关键词】 外观设计　先用权　抗辩

先用权抗辩系侵犯专利权抗辩中较为重要的法定抗辩理由之一，实践中先用权抗辩成功的案例很少，因此理论和实务界对该抗辩的研究尚不十分充分，有必要对此加以探讨。

一、外观设计先用权抗辩的概念与性质

先用权是指在专利权人提出专利申请以前，已经有人制造或者使用了相同的产品，或者使用了相同的方法，或者已经做好了制造、使用的必要准备，在专利权人获得专利以后，这个人可以在原有范围内继续制造或者使用。

外观设计专利侵权诉讼中的先用权抗辩是指被控侵权人在原告申请外观设计专利之前，已经发明创造出相同的外观设计，并且制造或者使用于相同的产品，或者已经做好了制造、使用的必要准备，那么被控侵权人在原告获得专利以后，可以在原有范围内继续制造或者使用，该行为不被视

* 胡充寒，广东外语外贸大学法学院教授。

为侵犯了专利权。因此，从性质上来看，先用权抗辩是一种不侵权抗辩。

先用权制度与我国专利申请制度实行申请在先原则是密不可分的。而先用权与专利权之间的冲突源于授予专利的条件之一的新颖性，如果在先使用人原先就在公开使用某一发明成果，则这个事实足以使有关专利因丧失新颖性被确定为无效；如果在先使用人一直秘密使用着某一发明成果，则永远不会与专利权人冲突。真正产生冲突，一般是在先使用人原先秘密使用该成果，在专利权人申请专利后则转入公开使用。为解决先申请原则带来的这一冲突，协调专利权人与在先使用人的利益而创设了先用权制度。因此，先用权制度是为了对利益冲突进行平衡而设计的一种制度，是对先申请原则的一种有效限制。

先用权是否是独立存在的权利？学者们有不同的观点。有些学者认为先用权不是独立的权利：“先用权是对抗专利权的一种抗辩权，它并不是独立存在的，而是与相应的专利权共存亡”❶；“先使用行为不是作为一种可以单独存在的权利来看待，而是作为一种抗辩专利侵权的理由”❷；“先用权并不是一种单独存在的权利，而仅仅是一种对抗专利侵权指控的抗辩权，只有在满足一定条件时才有必要予以考虑。”❸ 甚至有人认为：“严格地讲，在先使用本身不是一种单独存在的权利，而是一种对抗专利权的在先使用行为。”❹

然而，也有很多学者认为先用权是一种独立的权利：“先用权是一项可以独立存在的权利。因此先用权产生的根源是先用权人的独立发明和使用，行为本身并无瑕疵，没有专利权的存在，先用权人可以按自己的意志继续制造、扩大生产、转让许可等”❺；“我国的专利司法实践把先用权视为先用权人个人的权利”❻；“先用权既然作为一项能够与专利权相对抗的民事权

---

❶ 程永顺：《专利诉讼》，专利文献出版社1994年版，第72页。

❷ 李国光：《知识产权诉讼》，人民法院出版社1999年版，第416页。

❸ 尹新天：《专利权的保护》，专利文献出版社1998年版，第16页。

❹ 谭筱清：“从本案看在先使用与公知技术抗辩的运用”，载《人民法院报》2002年7月28日理论专版。

❺ 谭启平：《专利制度研究》，法律出版社2005年版，第385页。

❻ 程永顺、罗李华：《专利侵权判定——中美法条与案例比较研究》，专利文献出版社1998年版，第290页。

利，其本身就是相对专利权而独立存在的，有其自身的权利范围，并由法律来设定权利边界以谋求与包括专利权在内的其他权利的和平共处”。[1]

笔者认为，先用权是否是独立的权利，可以从民事权利的相关概念来理解。民事权利，是指民事主体为实现某种利益而为某种行为或不为某种行为的可能性。根据民事权利作用方式的不同可以将民事权利划分为请求权、形成权、支配权和抗辩权四种。

请求权是指权利人得请求他人为特定行为（作为、不作为）的权利，债权为典型的请求权，可见先用权不是请求权。

形成权指权利人通过其单方的行为就可以使一定的民事法律关系变动的权利，形成权的主要作用是使权利人可以依其单方意思表示（构成单方法律行为），使民事法律关系发生、变更、消灭，因而先用权也不是形成权。

那么，先用权是不是支配权呢？支配权是指权利人可以直接支配权利客体、排除他人干涉的权利。根据《专利法》第 69 条第 2 款的规定可知，外观设计的先用权人如果在“原有范围”内继续制造、使用，则他的权利不受干涉，一旦超出“原有范围”就属于侵权行为。可见，法律对先用权施加了“原有范围”的限制，因此先用权不符合支配权的定义，或者说它顶多是一种在“原有范围”之内的支配权。

抗辩权是指否认请求权、阻止请求权效力的权利。梅仲协先生认为：“抗辩权就是因请求权人行使权利，义务人有可以拒绝其应为给付的权利。”[2] 张俊浩先生认为：“抗辩权是能够阻止请求权效力的权利。”[3] 江平先生认为：“抗辩权是对相对人的请求加以拒绝的权利。”[4] 李功国先生认为：“抗辩权是指权利人用以对抗他人请求权阻止请求效力的权利。”[5] 抗辩权以法律规定的抗辩事由为依据，以对方当事人请求权的存在和有效为前提，这一权利的行使可以造成对方请求权的消灭或者使其效力延期发生。

---

[1] 陈子龙：“关于先用权原有范围的再思考”，见上海市高级人民法院知识产权庭编著：《法官论知识产权》，法律出版社 1999 年版，第 139 页。

[2] 梅仲协：《民法要义》，中国政法大学出版社 1998 年版，第 28 页。

[3] 张俊浩：《民法学原理》，中国政法大学出版社 1997 年版，第 84 页。

[4] 江平：《民法学》，中国政法大学出版社 2000 年版，第 84 页。

[5] 李功国：《民法本论》，兰州大学出版社 1998 年版，第 118 页。

在外观设计专利侵权案件中，原告请求人民法院判决被控侵权人停止侵权行为等，而被控侵权人依据《专利法》第63条规定的抗辩事由对抗原告的请求权，一旦成功可以造成原告请求权的消灭。因此，先用权只是一种抗辩权，不能独立存在。

先用权与在先权利有何区别呢？最高人民法院《关于审理专利纠纷案件适用法律的若干规定》第16条规定："专利法第二十三条所称的在先取得的合法权利包括：商标法、著作权、企业名称权、肖像权、知名商品特有包装或者装潢使用权等级。"《专利法》第23条规定，在先权利在专利申请日或者优先权日之前应当是一种已经公开的权利，而先用权人在专利权人申请专利前一直是秘密使用该成果，只是在专利申请后才公开。因此，笔者认为，在专利申请日或者优先权日前"是否公开"是在先权利与先用权的区别所在。而且，笔者认为先用权与授予专利权的外观设计的新颖性特征并不冲突，外观设计的新颖是同申请日以前国内外出版物上公开发表过或者国内外公开使用过的外观设计不相同和不相近似，是否"公开"是决定新颖性的关键要素，先用权在专利申请日或者优先权日之前并没有公开，所以先用权并没有破坏外观设计的"新颖性"特征。

二、外观设计先用权抗辩的法律依据

我国《专利法》第69条第2款规定"在专利申请日前已经制造相同产品、使用相同方法或者已经作好制造、使用的必要准备，并且仅在原有范围内继续制造、使用的"不视为侵犯专利权，该规定是外观设计侵权案件被控侵权人行使先用权抗辩的法律依据。

《专利法》之所以这样规定，是因为我国实行先申请原则，对作出同样发明的创造者来说，专利权将授予第一个向专利部门提出专利申请的人。但最先提出专利申请的人不一定是最先作出该发明创造的人，也不一定是最先实施该发明创造的人。基于市场竞争等因素的考虑，有些发明人将发明创造作为商业秘密加以保护，直接使用于生产经营；有的发明人则以公开技术方案为代价，换取专利权的保护。在某人提出专利申请时，他人可能已经制造出同样技术方案的产品，或者为实施同样技术方案投入了相当的人力、物力和财力，在这种情况下，如果因为专利权的授予而禁止在先使用人继续实施这一技术方案，对在先使用人无疑是不公平的。因此，从公平和维护公众利益的角度出发，《专利法》规定在先使用人享有先用权而不构成专利侵权，符合我国先用权制度所追求的对于专利权人和先用权人之间的利益平衡。

三、外观设计先用权抗辩的适用

我国专利法虽然规定了先用权制度，但对于先用权的适用却并未详细规定，实践中存在较大分歧。笔者认为适用先用权抗辩，应符合以下条件。

（1）被控侵权人实施或者准备实施外观设计专利技术的行为必须发生在外观设计专利申请日之前。该日期之后的专利公告日、专利授权日或其他任何日期均不得作为判断先用权是否成立的时间要件。（2）用以先用权抗辩的产品在与外观设计专利图片比对时，必须是“相同”。此处的“相同”应认为包括相同、等同和近似的情形。将先用权人的权利合理地延至等同和近似的情形符合先用权制度的设立初衷。否则，先用人获得的侵权豁免的范围过窄，无法达到先用权抗辩制度欲达到的目的。（3）对已经做好制造、使用的必要准备的情况应当从严审查。必要准备应当是完成了产品工业化生产的准备，包括产品图纸设计和产品模具的开模已经完成，生产设备工人已经到位。该准备实质上属于制造正式产品的临界状态，即一旦开工，即可正式制造出与外观设计专利相同的产品。被告方的抗辩必须提供图纸、模具和机器设备等相关准备的完整、充分证据，才能构成作好制造、使用必要准备的先用权抗辩。（4）先用权抗辩应当仅限于先用权本人的抗辩，先用权人不享有许可他人制造相同产品的权利，否则就超出了原有范围的限制，也不利于平衡专利权人和先用权人的利益。（5）被控侵权人在专利申请日前实施或者准备实施的外观设计必须是其独立发明创造或者合法取得的，非法途径得到的发明创造不能产生先用权。（6）被控侵权人制造或者使用外观设计必须以外观设计专利申请日之前的原有范围为限。原有范围应当是专利申请日前，由当时的生产规模所决定的范围。

例如，在王燕利诉北京市昌平区殡仪馆侵犯专利权纠纷一案中[1]，原告王燕利于2004年3月2日向国家知识产权局申请了名为“殡仪气球”的外观设计专利，于2004年9月22日获得国家知识产权局授权公告，专利号为ZL200430003850.4。原告向北京市第一中级人民法院诉称被告未经原告许可公开销售与原告专利产品相近似的产品“奠球”，严重侵犯了原告的合法利益，请求法院判令被告停止侵权行为，赔偿损失等。

被告向法院提交了一张2003年3月1日袁德金告别仪式上所录制的光盘，经勘验，该光盘证明被告在2003年3月1日销售过如光盘中所示的祭奠球。被告销售的产品与专利产品相比较，二者均是充气状态的气球，被告销售的气球一面或两面中部写有“祭”字，不同点是被告所用气球上的外围有细圆圈，且没有出现本专利产品的“祭”字。

法院认为：从被告昌平区殡仪馆所提交的光盘来看，其于2003年3月1日销售、使用的祭奠球与原告的外观设计专利产品从形状、给人的整体视觉印象等方面来看属于相近似的产品，而被告的使用在本专利申请日之前，原告也没有证据表明被告在其专利申请日之后超出了原有范围销售和使用其产品，根据《专利法》第63条第1款第（2）项［2008年修订《专利法》第69条第（2）项］的规定，“在专利申请日前已经制造相同产品、使用相同方法或者已经做好制造、使用的必要准备，并且仅在原有范围内继续制造、使用的行为，不视为侵犯专利权的行为”，故被告昌平区殡仪馆继续在其原有范围内销售和使用与本专利法产品相近似的祭奠球产品不构成对原告外观设计专利权的侵犯。

四、外观设计先用权抗辩的效力

（一）被控侵权人的行为不构成侵权行为

被控侵权人针对原告对他提起的侵犯外观设计专利权的指控，如果能够提供充分的证据证明自己的先用权抗辩，那么根据《专利法》第63条，被控侵权人的行为就不是侵犯原告外观设计专利权的行为，不承担侵权

---

[1] 张广良：《外观设计的司法保护》，法律出版社2008年版，第283页以后。

责任。

（二）被控侵权人可以在原有范围内继续制造、使用该外观设计

关于先用权的“原有范围”，我国理论界和司法界实务界普遍认为应对“原有范围”进行数量上的限制，即不得超过申请日前原有设备的正常生产能力可能达到的产量。如汤宗舜先生认为：“‘原有范围’指继续制造相同的产品或者使用相同的方法，不过，不经专利权人许可可以制造的产量一般不得高于提出专利申请时的产量。通常的解释是根据认真准备的情况，可以预测要达到的生产能力。”❶ 程永顺先生认为：“先用权的制造或使用行为，只限于原有的范围和规模之内，即制造目的、使用范围、产品数量都不得超出原有的范围。”❷ 杨金琪先生认为：“‘原有范围’应当以先用权人在申请日前，为制造该产品或者使用该方法所拥有的或已经购置的机器设备的正常生产能力，可以达到产量为限。”❸ 陈美章先生认为：“‘原有范围’指继续制造原有的相同产品或者使用相同的方法，而且产品一般不得超过专利权人提出专利申请时原有设备可以达到的生产能力。”❹

也有人认为，不宜对“原有范围”进行量化或过于苛刻的限制，应从其本质和方向上去界定与其他权利的边界，而不能以数量来确定行使范围。❺

国外绝大多数国家专利法对先用权的行使范围没有量化标准的限制，普遍认为只要是在原来的生产经营范围内，先用者应当有权合理地扩大先使用行为的实施规模，不应当将先用者限制在申请日前的实施规模上。国外理论界对先用权实施范围作量化限定也持否定态度，普遍认为先用权的效力范围应以满足先用权人的“事业目的”或“本企业的需要”为限。❻笔者认为，专利法的立法宗旨除了保护发明创造专利权，同时也鼓励发明创造，先用权制度基于公平原则产生，立法者在设置先用权制度时已充分

---

❶ 汤宗舜：《中华人民共和国专利法释义》，法律出版社 1986 年版，第 189 页。

❷ 程永顺：《专利诉讼》，专利文献出版社 1994 年版，第 71 页。

❸ 杨金琪：《专利、商标、技术合同疑难案例评析》，中国物资出版社 1995 年版，第 65 页。

❹ 郑成思：《知识产权法教程》，法律出版社 1993 年版，第 212 页。

❺ 谭启平：《专利制度研究》，法律出版社 2005 年版，第 387 页以后。

❻ 王立平、黄武双主编：《知识产权法研究（第二卷）》，北京大学出版社 2005 年版，第 197 页以后。

考虑到专利权人的利益。所以，专利权需要保护，公众利益也需要维护，两者不可偏废。对“原有范围”进行数量上的限制，将会限制先用权人的今后发展，而且先用权人发明创造的获得是投入了大量的人力、物力的，进行数量上的限制对先用权人是不公平的，同时也与已经作好制造、使用的必要准备也构成先用权抗辩的规定发生矛盾。因此，笔者不主张对“原有范围”进行数量上的限制，先用权人为自身发展的需要在专利申请日前已经实施技术的产业领域内自己继续实施，在专利申请日以后以合理的方式，如增加设备、增设厂房、开办分厂等扩大生产规模的，仍属在原有范围实施，不应将实施范围仅仅限定在原有机器设备生产能力范围内。

外贸代理的模式选择与合同安排

■ 龙著华*

【内容提要】 合同法对民法通则确立的代理制度的完善拓展了外贸企业对代理模式的选择空间，但我国外贸代理所具有的不同于国际通行民商事代理的中国特色增加了外贸企业的选择以及纠纷解决法律适用上的困难。当事人应在梳理不同代理模式以及业务目标差异的基础上，选择合适的代理模式，并作好相应的合同安排，这是发展外贸代理业务的核心。

【关键词】 直接代理　隐名代理　未披露本人的代理　行纪　模式选择　合同安排

国际贸易中的代理制既是在国际贸易长期实践中形成和发展起来的一种稳定、高效的经营方式，也是基于经济生活中的分工和效益原则成长起来的一种合作方式。它充分体现了社会分工原则，对于维持工贸之间相对稳定的互利互惠关系、合理配置资源、降低生产营销成本等均具有重要的作用。

国际贸易代理在国外已取得了丰硕的成果。英国是传统的贸易大国，专业外贸代理公司积累了丰富的行情、营销和客户信息的经验，其国内中小型生产厂家和零售商大多习惯采用代理制的进出口贸易形式。在德国，约有6万家贸易代理商，有30%的商品交易是通过贸易代理公司进行的。在日本，有7 000多家代理公司，外贸代理额达全国进出口总额的80%之多。❶

---

* 龙著华，广东外语外贸大学法学院教授，硕士生导师。

❶ 李凌云："被束缚的外贸代理"，载《大经贸》2002年第7期。

我国的外贸代理制的发展始于1984年，其发展历程可谓历经坎坷。一方面，作为对外贸收购制检讨的产物，外贸代理制被提到外贸体制改革重要内容的高度，甚至被慎重地写进了“十五大”报告；另一方面，外贸代理制推行的结果却很不理想：近30年来，外贸代理企业代理出口在我国出口总额中比重大约只有5%。2008年1月29日，商务部明令废止了原对外贸易经济部发布的《关于对外贸易代理制的暂行规定》（以下简称《暂行规定》），《暂行规定》下的外贸代理制也不复存在了，但是《对外贸易法》第12条明确规定了“对外贸易经营者可以接受他人的委托，在经营范围内代为办理对外贸易业务”，因此，外贸代理的模式选择与合同安排问题仍然具有十分重要的现实意义。

一、代理和中国代理法的变革

（一）代理的概念及其类型化

在我国民法理论上，代理是指代理人在被代理人的授权范围内，以被代理人名义实施民事法律行为，行为的后果直接归属于被代理人。代理的含义有二：（1）代理是一种法律关系[1]，在代理关系中，通常有三方参与人，涉及三方面的法律关系：即代理人与本人[2]之间基于委托授权或者法律规定形成的委托合同关系；代理人与第三人之间的代理行为关系；本人与第三人因代理行为发生的法律关系。（2）代理是一种典型的双方法律行为，基于当事人之间的合意，产生行为主体与法律后果归属主体分离的现象。因此，代理行为除了受民法通则的约束之外，还受合同法的调整。

代理有广义与狭义之分。狭义的代理仅指直接代理，又称显名代理，强调行为人身份的特定性，即行为人必须以本人名义实施民事法律行为，后果直接归属于本人。广义的代理除直接代理外，还包括其他多种代理方式。值得注意的是，大陆法系国家和英美法系国家的代理法虽然都在相当程度上承认了广义上的代理，但其对代理类型的界定却存在明显的差异。

---

❶ 佟柔：《中国民法学·民法总论》，中国人民公安大学出版社1990年版，第263页。

❷ 需说明的是，在一般语境中，本人与自己是同义语，但是在代理关系中，所谓本人，是指委托人、被代理人，而非自己的意思。

大陆法把代理分为直接代理与间接代理；英美法则未采用直接代理与间接代理的概念，而是从第三人的角度，根据代理人在从事法律行为时是否披露被代理人身份等信息，将代理分为披露委托人的代理和未披露委托人的代理，前者又可分为显名代理和隐名代理。

（二）中国代理制度的发展

总的来看，我国外贸代理制度的发展经历了三个阶段。

第一阶段（1986～1991）：外贸代理制的确立与单一代理模式阶段。1986年《民法通则》的颁行，标志着我国代理制度的确立。但是，由于《民法通则》采取了严格的狭义代理的概念，因此在国际贸易实务中，外贸公司只能采用单一的直接代理模式。

第二阶段（1991～1999）：外贸代理制的变革与困惑阶段。本阶段在制度建设方面的主要成果是《暂行规定》)，该规定突破了《民法通则》规定，确立了间接代理的地位。但是，《暂行规定》在发展代理理论、扩张外贸代理模式的同时，造成了新的困惑。该困惑不仅表现为《暂行规定》的先天性不足：对司法部门并无强制的约束力，更为严重的是，《暂行规定》本身的效力也受到广泛的质疑。

为了解决《暂行规定》效力上的缺陷，1994年通过的《对外贸易法》为《暂行规定》中的间接代理提供了法律上的依据。然而，《对外贸易法》的规定过于概括、简单，仍未解决《民法通则》与《暂行规定》中的冲突与矛盾，而且本身也构成了与《民法通则》的冲突，因此，并没有从根本上改变外贸代理关系在法律适用上的困惑。

第三阶段（统一合同法颁行之后）：外贸代理制的发展与完善阶段。1999年10月1日起施行的《合同法》在总结既往立法成果的基础上，大胆吸取域外先进的立法经验和研究成果，完善了我国外贸代理制度。其表现主要有二：（1）在代理类型的设计上，规定了“行纪”“隐名代理”“不披露委托人的代理”等制度，拓宽了外贸公司选择外贸代理模式的空间；（2）在有关外贸代理的具体制度设计方面，更重视当事人之间权利义务关系的平衡，重视对善意第三人以及交易安全的保护。

二、中国外贸代理制度现状及其缺陷

（一）中国外贸代理制度现状

我国现行外贸代理制度的法律框架主要包括《民法通则》《对外贸易法》《合同法》《对外贸易经营者备案登记办法》等。基于现行代理制度的安排，国际贸易业务当事人可从以下代理方式中选择具体代理模式：直接代理、隐名代理、不披露委托的代理、行纪。

1. 直接代理

直接代理的基本特征是：代理人在同第三人签订合同时须既表明代理关系的存在，也公开本人的姓名或名称，无论实质内容还是形式要素都决定了合同即为本人与第三人之间订立的合同，本人直接享有合同的权利和义务。依照直接代理模式的运行规则，外贸公司在实施国际贸易代理中的实质角色就是交易的谈判者、形式上的缔约人，在国际贸易合同成立后，外贸公司即退居合同关系之外，由被代理人自行行使合同权利、承担合同义务。

然而，直接代理模式在实践中往往遇到不少障碍，例如，有的国内客户基于种种原因不愿把自己姓名或名称对外披露；有的外贸企业因害怕客户流失等原因而不愿意披露国外客户信息；有的外商更愿意以外贸企业作为合同相对人；等等。此外，我国过去长期实行的外贸经营权特许制度也制约了直接代理模式的发展，因为即使外贸公司披露被代理人，如果该被代理人无外贸经营权，也涉及合同是否有效的问题。因此，在我国国际贸易实践中，当事人选择以直接代理模式进行运作的情况并不多见。

2. 隐名代理

所谓隐名代理，是指代理人在和第三人实施法律行为时只是披露代理关系的存在，但不公开本人的姓名或名称，在本人的授权范围内与第三人实施民事法律行为，行为后果直接归属于本人。

隐名代理虽然是来自英美法的概念，但对于隐名代理法律后果的处理，英国与美国并不完全相同。在美国，除非代理人与第三人有特别约定，否则，即使披露了被代理人身份，行为后果也由代理人承担；在英国，代理人只要披露了代理关系的存在，行为后果即直接归属于被代理人。我国现行《合同法》第402条规定："受托人以自己的名义在委托人的授权范围内与第三人订立的合同，第三人在订立合同时知道受托人与委托人之间的代理关系的，该合同直接约束委托人和第三人，但确有证据证明该合同只约束受托人和第三人的除外。"显然，在代理行为法律后果归属问题上，《合同法》作出了与英国法大致相同的安排。

然而，在适用该法条时，存在一个对"第三人在订立合同时知道受委托人与被委托人之间的代理关系"的理解问题。有人认为本条所指的"知道"是指知晓委托人的具体信息，即第三人不仅要知道代理关系的存在，还要知道委托人的姓名、身份、代理权的内容和期限等。笔者认为，这是一种误读，法律条文是由文字词句构成的，因此，文义是法律解释的开始，也是法律解释的终点。法律概念虽然具有多义性，允许有一定的判断余地，但这种判断不能逾越其可能的文义，否则就可能损害法律尊严和适用的安定性。本条要求受托人披露的仅限于其与委托人之间的代理关系，前述见解显然缺乏法律依据。

由于隐名代理在我国代理法中地位的确立比较晚❶，因此，该代理模式并未受到外贸实务部门的重视。有些外贸公司虽然作过尝试，但囿于《合同法》第402条条款的高度抽象性，外贸公司常常要承担沉重的责任。

3. 不披露委托人的代理

不披露委托人的代理是指代理人不披露其与被代理人之间的委托关系，在被代理人的授权范围内，以自己的名义实施法律行为，代理行为可直接约束被代理人和第三人。

不披露委托人的代理是通行于英美法系的一种代理制度。在不披露委托人的代理中，强调的是授权，认为代理人就是被代理人的"身份虚拟"，代理人的行为就是被代理人的行为。只要代理人在授权范围内行事，至于以谁的名义订立合同则无关重要，一般不影响合同律责任的承担。换言之，它采取的是"责任监定"的原则，即根据义务的归属确定责任主体。从代

❶ 现行《合同法》第402条的规定是确立我国隐名代理的法律依据，迄今只有短短不到6年的历史。

理行为的形式要件看，它和间接代理非常接近：即都无须披露委托关系的存在，代理人都是以自己的名义实施法律行为。但是，在代理行为法律后果的归属上，两者的设计却迥然不同：在间接代理中，代理行为后果直接由代理人承担；在不披露委托人的代理中，只要代理人向委托人履行披露第三人的义务，行为后果可直接归属于被代理人。

在《暂行规定》时代，外贸企业出于保护客户或者货源信息等因素的考量，习惯于以自己的名义对外订立贸易合同，然后，依债的转移程序将合同权利义务转让给被代理人。在《合同法》生效后，相当多的外贸企业仍固守原有代理模式，未充分研究“不披露委托人的代理”与“间接代理”之间的差异，丧失了依法定程序退出合同纠纷的机会，既加重了自己的代理成本，也影响了他人合法权利❶的行使。

4. 行纪

行纪合同是行纪人以自己的名义为委托人从事贸易活动，委托人支付报酬的合同。在合同法起草过程中，几个草案曾将间接代理与行纪合二为一，称为行纪，将间接代理规定为行纪中的外贸代理行纪。但我国合同法最终将间接代理规定在委托合同之中，而不是规定在行纪合同中，这充分说明行纪与大陆法系传统的间接代理是完全不同的。在行纪关系中存在两个关系：（1）行纪人以自己的名义与第三人之间订立的合同；（2）行纪人与委托人之间订立的委托合同。委托人并不参与前一种合同关系，而只是参与后一种合同关系。在间接代理的情况下，尽管也涉及两种法律关系，但并不一定在任何情况下都涉及两个合同关系，因为在间接代理中，有单方授权而无委托合同的情况也是存在的。

（二）现行外贸代理制度的缺陷

（1）对外贸代理进行调整的制度处于分割状态。直接代理由《民法通则》调整，间接代理由《合同法》《对外贸易法》以及《暂行规定》调整。而在国外的立法体例中，无论是采用单行立法方式，还是由民法典加以规定，均建立了统一的对外代理制度。

---

❶ 依照《合同法》的规定，在不披露委托人的代理中，委托人享有介入权，第三人享有选择权。参见《合同法》第403条规定。

（2）间接代理与行纪的区分度不高。《合同法》区分了委托与代理两种不同的合同，规定在委托合同的基础上既可以产生代理关系，也可以产生行纪关系。从表面看，该规定为当事人提供了更多选择空间，然而，这种安排却使得外贸代理案件的裁决变得非常复杂，因为不同代理类型在理论上似乎较易抽象出彼此之间的差异，但实践中的情形却并非如此，尤其是在代理人以自己名义与第三人订立合同的场合，代理类型的识别往往成为困扰当事人、裁决者的共同难题。

（3）代理合同示范文本的约束力弱。有些外贸企业在没有与委托人签订书面委托协议的前提下就开展代理业务，有些外贸企业习惯于以“订货卡”“订货单”、往来函电等代替委托协议。一旦发生纠纷，要么因为无法证明彼此之间委托关系的存在而自行承担后果；要么因为不能证明委托关系的具体内容，而需要分担行为产生的损失。

（4）代理合同纠纷解决制度存在一定缺陷。仲裁一直实行“协议仲裁”原则，即谁签署合同或仲裁协议，谁才有资格申请或者被申请仲裁。而在外贸代理中，委托人在进出口合同或仲裁协议上署名的极少。在这种情况下，即使因委托人过错导致外贸公司不能履约，被申请仲裁的也是外贸企业，外贸企业与委托人之间的纠纷往往需要另案解决。

三、代理模式选择与合同安排方面的几点建议

（一）根据业务具体目标的不同情况选择合适的代理模式

委托代理的基本功能在于扩张被代理人的民事行为能力，借助代理人的行为，使被代理人得以在满足国际贸易快捷发展需要的同时，获取最大化的商业利益，《民法通则》《合同法》确立的代理模式虽然在功能上具有同质性，但应高度重视制度设计的个性对风险和责任归属的不同安排。因此，对代理模式的合理选择，是外贸企业在发展代理业务时首先必须解决的问题。

一般来说，如果仅仅考虑对风险和法律责任的回避，那么直接代理无疑是最佳选择；但从对客户信息资源的有效持有或者说保护商业秘密的角度看，行纪、未披露委托人的代理又具有独特的功能；如果运作得当的话，

隐名代理则既具有防范风险、回避责任的作用，又能通过在委托人与第三人之间设立的“隔离墙”，实现对商业秘密的保护。

（二）注意设计不同代理模式下的个性化条款

合同法虽然回应商业实践提出的代理模式多样化的要求，在民法通则的基础上进一步完善了代理制度，但是，合同法在同时引入两大法系代理制度的情况下，未充分注意到二者间代理观念的根本性差异，导致在法律适用上产生一些疑问与困惑，为此，当事人应充分行使法律赋予的自治权，针对不同的代理模式做出不同的合同安排。

（1）直接代理。在直接代理的模式下，最容易引发纷争的是对授权范围的约定。根据民法通则规定，只有在授权范围内实施行为的后果才直接归属于本人，越权行为产生的后果由行为人自行承担，因此，当事人应尽可能明确、细化授权事项、权限以及授权期限。

（2）隐名代理。隐名代理的核心在于赋予了代理人一种选择权，即它可以选择通过披露代理关系的存在，使自己置身于合同约束力之外，也可以选择不披露代理关系，使自己直接成为合同一方当事人。因此，如果外贸公司选择隐名代理模式，又不想承担行为后果的话，就必须做到：①在订约时披露委托关系的存在，即在合同中注明“代理委托人”“作为代理人”等字样；②区分自己事务与代理事务。由于两者都是以自己的名义实施法律行为，所以如果在实施代理行为时还与同一相对人涉及自己事务的处理，就必须明确自己在不同合同中的法律地位，为各合同法律后果的归属提供依据。

（3）不披露委托人的代理。首先，应调查委托人的商业信誉及其与第三人之间的交易史，以“合理人”的经验判断第三人是否愿意与委托人订立合同，因为《合同法》第403条规定[1]的委托人介入权的行使，必须满足

---

[1] 该条的规定是：受托人以自己的名义与第三人订立合同时，第三人不知道受托人与委托人关系的，受托人因第三人的原因对委托人不履行义务，受托人应当向委托人披露第三人，委托人因此可以行使受托人对第三人的权利，但第三人与受托人订立合同时如果知道该委托人就不会订立合同的除外。受托人因委托人的原因对第三人不履行义务，受托人应当向第三人披露委托人，第三人因此可以选择受托人或者委托人作为相对人主张其权利，但第三人不得变更选定的相对人。委托人行使受托人对第三人的权利的，第三人可以向委托人主张其对受托人的抗辩。第三人选定委托人作为其相对人的，委托人可以向第三人主张其对受托人的抗辩以及受托人对第三人的抗辩。

其“但书”条款的要求。其次，依照《合同法》第 403 条的规定，无论是委托人的介入权还是第三人的选择权，都是相关当事人的权利而非义务；而且，第三人既可向委托人主张权利，亦可向代理人主张权利。因此，如果外贸公司想通过委托人的介入或者第三人的选择使自已置身于合同之外，就必须在委托合同中将委托人的介入规定为对方的义务，在贸易合同中限定对方的选择对象。再次，一旦出现委托人违约或者第三人违约等情形，外贸公司必须认真履行“披露”“通知”等义务，该义务的履行表面上只是程序问题，却涉及贸易合同风险的实体分配问题，因此，外贸公司应在法律顾问或者律师的帮助下，以适当方式、及时地履行上述义务。

（4）行纪。在以行纪方式开展外贸代理业务的实践中，一个关键问题就是，《合同法》第 402 条、第 403 条的规定是否可以补充适用于行纪合同，或者说，行纪合同一章中第 421 条的规定是否已经排除了第 402 条、第 403 条对于行纪关系的适用？裁判实践中对此存在不同的理解，为了避免因为理解上的不同带来裁判结果上的差异，当事人可以预先在合同中作出明确安排。

（三）在合同中确立委托人“仲裁第三人”的地位

在国际上，除了不多见的例外，只有合同的当事人才能成为仲裁的当事人是广为接受的原则[1]，在外贸代理实务中，由于委托人极少在国际贸易合同或仲裁协议上署名，在这种情况下，即使因委托人过错导致外贸企业不能履约，被申请人也只能是外贸企业，真正的过错方却得以置身于仲裁程序之外。为了避免因裁决规则的差异而导致当事人承受实体义务的不同，外贸企业应当未雨绸缪，在委托合同、进出口合同中都作出相应的安排。

---

[1] 刘振江：《国际民事诉讼法原理》，法律出版社 1985 年版，第 149 页。

论死者财产性人格利益的民法保护

■ 王荣珍* 陈育春**

【内容提要】 我国法律对于死者人格利益没有进行直接保护，实务中将对死者人格利益的保护转换为对死者近亲属人格利益的保护，这种做法在死者财产性人格利益的保护上存在局限性，有悖人格权法发展趋势。因而，有必要正视财产性人格利益存在的合理性和死者财产性人格利益保护的必要性。在制度构建上，可借鉴德国法上的死者财产性人格利益保护制度，明确受保护的死者财产性人格利益范围、保护主体、保护期限、侵权赔偿标准等内容。

【关键词】 死者 人格利益 财产性人格利益 人格权

一、问题的提出

1996年11月，浙江省邮票局制作发行了《鲁迅纯金邮票珍藏折》，每册售价1 115元，鲁迅之子周海婴以浙江省邮票局侵害“鲁迅肖像权”为由提起了全国首例“死者肖像权”的诉讼。浙江省高级人民法院请示最高人民法院后得到的回复是：“继承的法律意义是对公民死亡之后遗留的财产及财产权利的继承，肖像权属于人格权，不属于财产权，不在继承的范畴内，是不能继承的。如以侮辱的方式使用死者的肖像，使其名誉受到损害，其近亲属可以起诉，周海婴请求继承其父的肖像权于法无据。”❶ 该案最终通

---

* 王荣珍，广东外语外贸大学法学院教授，法学博士。

** 陈育春：广东外语外贸大学法学院民商法硕士研究生。

❶ 胡喜盈：“鲁迅后人的诉讼”，载《民主与法制》2009年第5期。

过和解的方式解决，然而这一案件并未能起到遏制作用，此后以鲁迅姓名、肖像及其作品中所塑造的人物形象物品为名号的各种商品和营利机构雨后春笋般出现，如绍兴旅游商店出售高价的嵌有鲁迅肖像的有机玻璃笔筒、鲁迅外国语学校等。由于特征性人格在市场经济条件下蕴含着巨大的经济价值，我们甚至可以预见到诸如此类的纠纷将越来越多。时至今日，鲁迅之子周海婴仍忙于四处维护鲁迅的财产性人格利益，但受限于我国法律的规定，其诉求很难获得圆满解决。

究其原因，在于我国现行人格权法律体系对死者人格利益的保护采取了回避的态度，将对死者人格利益的保护转为对死者近亲属人格利益的保护，这种保护方式在应对死者财产性人格利益商业化利用的问题上具有局限性。

我国学理上将人格权划分为物质性人格权和精神性人格权，物质性人格权保护的是生命、身体、健康这三种人格要素所蕴含的物质性人格利益；而精神性人格权保护的客体是姓名、肖像、声音等观念性人格要素所蕴含的纯粹精神性人格利益。商品经济的发展促使人们越来越注意个人人格要素的利用，各国立法、司法实践以及理论研究也逐渐承认，精神性人格权的客体不仅仅是纯粹的精神性人格利益，还包括了一定的财产性人格利益，并由此建立了各具特色的保护制度。我国如果仍旧坚持精神性人格权仅仅保护自然人纯粹精神性人格利益，则与人格权发展潮流不相符合，而财产性人格利益能否得到妥善保护一定程度上也影响到商品经济的发展。鉴于此，有必要就“死者财产性人格利益的保护”问题进行深入研究，以求完善我国死者人格利益的保护制度。

二、“财产性人格利益”概念的合理性

理论研究和实践均已经表明，人格利益并不仅仅包含精神性人格利益，还包含了财产性人格利益，并且在市场经济条件下财产性人格利益蕴含着巨大的经济价值。

（一）国外有关财产性人格利益的研究与实践

在保护自然人财产性人格利益问题上，各国做法有所不同。大陆法系

国家和地区侧重于理论构建，英美法系国家和地区则更关注实践探索，其中以美国的公开权制度最具代表性。有英美法系学者认为人格权所保护的人格利益应分为两类：经济性人格利益和尊严性人格利益，而无须再开发出“角色的商业化利用权”之类的权利来定义经济性人格利益，否则只会令人格利益的界定更加混乱，而更重要的是人格利益的保护和救济制度的具体构建。❶

美国法上的公开权被认为是限制他人未经许可商业使用自己姓名、肖像及其他方面个人特性的隐私权的一个分支权利，❷ 美国的《第二次侵权法重述》也将公开权纳入隐私权体系中。实际上，隐私权在美国产生之初，即首先被用于阻止未经授权而将人格进行商业利用。❸ 发展至今，“因商业目的盗用他人的姓名或类似物”已经成为美国隐私法上的一个重要领域，其中的盗用理论更是表明美国法上倾向于将公开权视为财产权利。美国国内的司法实践和理论研究已逐渐达成这样的认识，认为未经同意将他人的姓名或照片用于广告或商业目的会给人带来尴尬或羞辱，隐私权保护个人免遭这种尴尬或羞辱，体现一种尊严性人格利益；而公开权保护个人（主要是名人）的姓名、照片或类似物免受商业目的的利用，保护其中所蕴含的财产性人格利益。❹ 他们开始倾向于将公开权从隐私权体系中分离出来，将公开权视为一种对财产性人格利益保护的独立权利，这种权利类似于知识产权中的版权，可以进行继承、许可使用等类似财产的处置方式。

大陆法系上，法国法与德国法所坚持的人格权基础理论差别甚大。《法国民法典》编撰之时，自然人人格被视为一种包含人的全部生存条件的一般法律地位，不仅包括自然人生存的精神条件（自由、安全和尊严），而且

❶ ［澳］胡·贝弗利－史密斯，李志刚、缪因知译：《人格的商业利用》，北京大学出版社2007年版，第3页以后。

❷ 转引自王利明：《人格权法研究》，中国人民大学出版社2005年版，第260页。

❸ ［澳］胡·贝弗利－史密斯，李志刚、缪因知译：《人格的商业利用》，北京大学出版社2007年版，第169页。

❹ ［美］唐·R. 彭伯，张金玺、赵刚译：《大众传媒法》，中国人民大学出版社2005年版，第238页以后。

包括其生存的物质条件（财产权的享有）。[1] 体现在法国民法典上便是第1382条的侵权行为基本条款中并未区分金钱性损害和非金钱性损害，换句话说两者均在此条款的辐射范围之内。因此，在法国的人格权法律体系中，并不存在验证财产性人格利益存在与否的必要性，更重要的同样是财产性人格利益的保护和救济体系的构建，在这一点法国法与英美澳等国具有相通之处。

既然财产性人格利益本就属于人格权的保护范围，为什么德国法及其追随者在面对财产性人格利益时会显得尴尬不已呢？有学者认为，原因在于《德国民法典》从一开始便把人格与财产分裂开来对待，认为人格是自然人和法人的一种法律资格，体现一种民法地位，具有纯粹精神属性，这导致德国法一脉在面对财产性人格利益时，从理论上便显得难以支撑。[2] 由此可见，对于德国法来说，应对财产性人格利益的主要着力点便在于找到人格与财产性人格利益的连接点，而从司法实践来看，一般人格权制度便是德国所寻找的连接点。德国通过一般人格权赋予了财产性人格利益合法的法律地位，同样通过判例建立起财产性人格利益的保护制度。

现行日本民法对人格权并未做任何规定，日本法上的人格权保护制度多是通过判例建立起来的。[3] 其在1976年借鉴美国的公开权制度，首次通过判例承认了形象权这一独立权利。但此后日本司法界和学术界对形象权的客体进行了扩张，将非人格性形象也纳入到了形象权的保护范围之内，例如动物名称、动漫人物形象等。直到2004年，日本最高法院终于明确形象权的保护范围仅为人格性形象，认为非人格性形象可以通过知识产权制度加以保护。[4] 可以说日本法上的形象权制度实际上受大陆法系传统人格权理论的影响较少，更多的是受到了美国公开权制度的影响。

---

[1] 尹田：“无财产即无人格——法国民法上广义财产理论的现代启示”，见《北大论坛论文集编委会北大论坛法学论文集——第三届“北大论坛”论文选》，北京大学出版社2005年版，第274页。

[2] 同上书，第272页。

[3] 加藤雅信：“日本人格权论的展开及最近的立法提案”，载《华东政法大学学报》2011年第1期。

[4] 马波：“Tecmo Ltd案与日本形象权客体理论的发展”，载《电子知识产权》2009年第101期。

可见，大陆法系与英美法系在处理财产性人格利益的问题上区别在于，大陆法系国家倾向于将财产性人格利益视为人格权整体的一部分来进行保护，而英美法系国家则倾向于将财产性人格利益从人格权中分离出来加以保护。

（二）我国有关财产性人格利益的研究与实践

我国台湾地区学者梅仲协先生在谈及人格权的时候，将人格权解释为：即凡保证吾人能力所及，对于第三人得以享受之权利，无论为精神的、道德的或经济的，其与吾人生存上不可分离者，均属之。[1] 由此可见，其认为人格权中包含了经济内容，不仅仅是精神性权利。对人格权上财产利益的肯定，并不意味着人格权本身的财产化，而是肯定人格特征所具有的财产利益，且这种财产利益应归于权利主体者享有、控制。只有肯定了人格特征的财产利益，才能提供适当必要的救济方法保护人们的财产利益。[2]

大陆学者在研究财产性人格利益的问题上，主流观点有两种，然而或过于保守，或过于激进。其一，“人格权商品化说”。该观点认为在市场经济条件下，某些人格权具有一定经济价值，可以作为商业利用的对象，但这并不改变其人格权的本质属性，从本质上来说，除了身体权、生命权、健康权这三种物质性人格权外，其他人格权都是精神性人格权，但为了应对市场经济社会的发展，只要承认人格权的经济价值即可。[3] 该观点一定程度上受到了德国法的影响，德国传统人格权理论并不承认人格中具有财产价值属性，认为人格权仅保护精神性人格利益；而后德国联邦法院通过1956年的Paul Dahlke案[4]才承认了有一些人格权包含了财产利益。但“人

---

[1] 梅仲协：《民法要义》，中国政法大学出版社2004年版，第42页。

[2] 王泽鉴：“人格权保护的课题与展望——人格权的性质及构造：精神利益与财产利益的保护”，载人大法律评论编辑委员会组：《人大法律评论（2009年卷）》，法律出版社2009年版，第96页以下。

[3] 转引自王利明：《人格权法研究》，中国人民大学出版社2005年版，第283页。

[4] BGHZ，20，345 = NJW，1956，1554 = GRUR，1956. 427。转引自张红：“20世纪德国人格权法的演进”，载《清华法律评论（第四卷第一辑）》，第26～27页。Paul Dahlke为德国著名演员，被告A为新闻摄影师，因公开目的而为原告拍摄照片。原告在被告B的建议下允许A为其拍摄一张骑摩托车的照片。被告B将照片售给该摩托车生产商被告C进行宣传广告使用。原告要求被告C停止使用照片并赔偿损失，被告C仅答应停止使用但拒绝赔偿。德国联邦法院终审支持了原告的主张，其判决理由中认为肖像权系一种具有财产价值的专属性权利。

格权商品化说”并未对相关制度的具体建设进行深入探讨。其二，“人格标识商品化权说”。该观点一定程度上受到了美国公开权和日本形象权制度的影响，认为人格标识的商品化权就是公开权，是民事主体（包括自然人、法人和其他组织）对其具有一定声誉或吸引力的人格标识利益进行商品化利用并享有利益的权利，这种权利属于人格权体系的范畴。“人格标识”一词指向的是自然人的肖像、形象、姓名、声音，法人或其他组织的名称、标志性建筑、地理特征以及以上“可指示性要素”综合而成的整体形象。❶该观点对人格利益是否具有财产属性的问题进行了回避，转而将“人格标识的商业化使用”独立成一种权利，以期将人格权中的经济价值分离出来。事实上，参考大陆法系其他国家，特别是德国的做法，在传统人格权理论框架下再设置“商品化权”似有画蛇添足之嫌。

我国大陆和台湾地区司法实务中受限于尚未就姓名、肖像等人格特征具有排他性的财产利益达成广泛共识，仍难以确立对财产性人格利益的保护。王泽鉴教授认为在承认人格特征具有财产利益的基础上，台湾“民法”第216条规定：损害赔偿，除法律另有规定或契约另有订定外，应以填补债权人所受损害及所失利益为限。依通常情形，或依已定之计划、设备或其他特别情事，可得预期之利益，视为所失利益。将此条款结合民法的不当得利、不法管理条款以及类推适用知识产权法的赔偿制度便可以建立起对财产性人格利益的保护制度。❷而反观大陆地区，侵权责任法第2条中关于“民事权益”范围的规定以及第15条关于侵权责任承担方式的规定同样为人格特征的财产利益的保护提供了可能性。

综上，各国地区都在努力尝试着对人格要素所蕴含的经济价值进行法律定位，不同的司法制度针对人格的利用问题发展出截然不同的解决办法。随着各种争夺主导地位的学说竞相出现，问题的本质似乎变得模糊了。关键是要牢固把握对人格利用的具体问题，这使以利益为基础的分类方法得

---

❶ 杨立新、林旭霞：“人格标识商品化权及其民法保护”，载《福建师范大学学报（哲学社会科学版）》2006年第1期。

❷ 梅仲协：《民法要义》，中国政法大学出版社2004年版，第42页。

以凸显。[1] 因此笔者认为，我们可以从人格权所保护的客体“人格利益”入手，探寻财产性人格利益存在的合理性。

（三）“财产性人格利益”概念的提取

一直以来，传统人格权理论都认为人格利益与人格、人格要素具有相同的性质，仅仅具有精神属性。因而学界中主张人格利益不具有财产属性的一大理由是，人格是无价的。依照德国法的人格权理论，人格和人格要素作为自然人独立的伦理象征，具有纯粹的精神属性，不能用金钱进行衡量是毋庸置疑的。然而，一旦自然人希望通过对具有专属性和精神性的人格要素进行商业化利用，获取一定的物质回报，那么他就不得不接受社会、市场对他进行物质评判，从而形成财产性人格利益。这部分财产性人格利益是具有经济价值的，能够在市场经济条件下进行等价交换，能用货币进行量化的。有人认为人格权非财产性的理念已经被现代民法所突破[2]，这倒不如说是财产性人格利益一直没被挖掘出来。

这种财产性人格利益又是如何产生的呢？按照德国学者福尔克尔·博伊廷的观点，每个自然人在社会交往的过程中逐渐形成了社会形象，在与其交往范围内的人的心目中留下了自己独特的形象。当其对自己的人格进行商业化利用时，实际上就是将之前所积累的形象转换为一种经济利益，这种经济利益也属于人格利益。[3] 这种说法具有一定的合理性。对于自然人来说，其在日常生活交往圈、工作圈中通过自身独特的肖像、形象、姓名、声音，甚至个人经历、隐私等形成了具有一定知名度的公共形象。这种公共形象蕴藏着一定的财产性人格利益，能够进入市场领域发挥商品价值。

从目前的司法实践和研究现状来看，财产性人格利益主要集中在肖像、形象、姓名、声音等具有明显指示性的人格要素所蕴含的经济利益上。甚至有人认为，具有财产属性的就是这些人格要素。笔者认为，沿袭德国法对于人格的定性，权利的客体是存在于人之外的，就人格要素本身来说，

---

[1] ［澳］胡·贝弗利－史密斯，李志刚、缪因知译：《人格的商业利用》，北京大学出版社2007年版，第8页。

[2] 杨立新：《新民法讲义人格权法》，人民法院出版社2009年版，第171页。

[3] ［德］福尔克尔·博伊廷：“德国人格权法律保护问题及其最新发展”，见《南京大学—哥廷根大学中德法学研究所·中德法学论坛》，南京大学出版社2003年版，第91页。

它们是自然人人格的组成部分，是存在于人体之内的，只具备纯粹的精神属性和人身专属性，并不具备财产属性。只有隐藏在人格要素后面的“财产性人格利益”才具有财产属性。

在处理财产性人格利益的问题上，应该将人格、人格要素与人格利益的性质进行区分，人格和人格要素是具有纯粹的精神属性的；人格利益则包含了精神性人格利益和自然人在社会交往中形成了具有个人特征、能够被商业化利用的财产性人格利益。这一法律定性会直接影响自然人生前死后财产性人格利益的保护方式和处置方式的一致性，进而影响到对死者财产性人格利益进行妥善保护和有效利用。

三、我国死者财产性人格利益民法保护的必要性

《民法通则》作为我国民法体系的基本法，对死者人格利益保护的条文并无涉及，导致法院在处理死者人格利益问题时，无法从民法通则的一般规定中引申出对死者人格利益进行民法保护的意思。[1] 主要原因在于立法者并未将死者人格利益纳入考虑范围，这在当时的环境下是情有可原的。时至今日，死者人格利益保护问题愈发突出，民法通则作为基本法在应对这些问题上的局限性开始显现。司法部门在处理涉及死者人格利益保护的问题上时，只能选择回避死者人格利益，转而保护死者近亲属的人格利益。

1993 年，最高人民法院在所颁布的《关于审理名誉权案件若干问题的解答》第 5 条中阐明，死者名誉受到损害的，其近亲属有权向人民法院起诉。但是近亲属究竟是基于何种理由提起诉讼，最高法院并未说明。

2001 年颁布的《最高人民法院关于确定民事侵权精神损害赔偿责任若干问题的解释》第 3 条规定，自然人死亡后，任何人对死者存在以下三种行为致死者近亲属遭受精神痛苦的，均认定为是对近亲属人格利益的侵害，这三种行为分别是：以侮辱、诽谤、贬损、丑化或者违反社会公共利益、社会公德的其他方式，侵害死者姓名、肖像、名誉、荣誉；非法披露、利用死者隐私，或者以违反社会公共利益、社会公德的其他方式侵害死者隐

[1] 杨立新：《新民法讲义人格权法》，人民法院出版社 2009 年版，第 211 页。

私；非法利用、损害遗体、遗骨，或者以违反社会公共利益、社会公德的其他方式侵害遗体、遗骨。至此明确了对死者人格利益的侵害并不予以保护，而转为对其近亲属人格利益的保护。

2010年实施的《侵权责任法》第2条所指的“民事权益”是否包括了死者人格利益？有学者认为“民事权益”概念包括民事权利和权利之外的合法利益，前者仅指绝对权，后者则应该包括人格利益（如死者名誉）和财产利益（如纯经济损失）。[1] 对侵权责任法所指的民事权益进行广义理解并无不可，因为第2条的意义仅在于对整部法律所保护的利益范围进行最全面的概括。全国人民代表大会常务委员会法制工作委员会在所编的《中华人民共和国侵权责任法释义》中对“民事权益”一词进行解释时认为：考虑到民事权益多种多样，立法中难以穷尽，而且随着社会、经济的发展，还会不断地有新的民事权益纳入侵权责任法的保护范围，因此，侵权责任法没有将所有的民事权益都明确列举，但不代表这些民事权益就不属于侵权责任法的保护对象。由此可见，侵权责任法对于民事权益范围的态度较为开放，为死者财产性人格利益的保护留下了制度空间。

我国现行法律规定将多项死者人格利益归为对近亲属精神性人格利益的保护，当死者的姓名、肖像等死者财产性人格利益遭受到侵害时，近亲属仅能主张自己的精神受损害，而对于死者自身财产性人格利益受到的侵害则无从主张权利。这就可能导致虽然侵权人向近亲属赔付了精神损害赔偿金，但是其仍能从侵害死者商品化人格利益的行为中获利，这也是周海婴只能疲于到处维权的深层次原因。这是法律造就的不公平，应该进行修正。

现代社会市场经济和科技的不断发展促使越来越多的人格标识被进行商业化利用，虽说大部分国家在理论基础上各有差别，但多已通过立法、司法实践逐步承认了财产性人格利益的存在。反观我国，保护死者人格利益的法律规定近乎空白，更遑论对于死者财产性人格利益的保护。对死者人格利益的保护被转换为对死者近亲属的人格利益的保护，事实上二者所

---

[1] 梁慧星：《侵权责任法（第三次审议稿）的评析与修改建议》，载 http://www.Iolaw.org.cn，2013年12月17日访问。

代表的人格利益是截然不同的，这必然会使死者财产性人格利益在保护和妥善利用方面存在较大阻碍。正如多位学者说到的，我国《民法通则》开创性地将“人身权”独立设置成节，地位与物权、债权、知识产权各节相平行，而现今我国人格权独立立法呼声渐高，因此对死者财产性人格利益进行更恰当的法律定位和更全面的保护亦势在必行。

四、构建死者财产性人格利益民法保护制度的建议

承认死者财产性人格利益并不是对现有法律体系的颠覆，而是完善。如何将死者财产性人格利益融入现行法律体系，具体制度又应该如何构建?德国采取的一般人格权制度在一定程度上解决了这一问题，可资借鉴。

（一）死者财产性人格利益与现行法律体系的融合

按照德国学者的一般理解，人格权包括特别人格权和一般人格权。特别人格权中包括生命、身体、健康、自由、姓名、肖像等六种权利，而一般人格权则是根据《德意志联邦共和国基本法》第2条提出的，以“单个的个人要求尊重其人的尊严和发展其个人的人格”为其内容。[1] 后者是通过“法院造法”的方式逐步形成系统的判例保护体系，死者人格利益的保护也是在此体系下发展起来的。《德国民法典》立法之初并未将死者人格利益考虑在保护范围之内，而是仅明确对生命、身体、健康、自由四种具体人格的保护，此外还有《著作权法》和《艺术著作权法》确立的姓名权和肖像权，对于人格的保护并没有一般规定。德国联邦法院根据《德意志联邦共和国基本法》第2条，通过1954年的读者投书案[2]开启了一般人格权制度的建设，此后该制度便在实务和学界的不断研究促进下发展起来，死者精神性人格利益和财产性人格利益的法律地位、保护主体、保护方式、保护期限、保护范围等问题也相继得到了解决。

我国2010年实施的《侵权责任法》第2条关于民事权益范围的规定为

---

[1] 陈卫佐:《德国民法总论》，法律出版社2007年版，第47页。

[2] 王泽鉴:“人格权保护的课题与展望——人格权的性质及构造：精神利益与财产利益的保护”，见人大法律评论编辑委员会组：《人大法律评论（2009年卷)》，法律出版社2009年版，第75页。

死者财产性人格利益的保护留下可能性。在人格权独立立法时机尚未成熟之际，可考虑在侵权责任法下，通过司法解释确认死者人格利益的法律地位，进而构建具体制度以应对实务中的死者财产性人格利益保护的问题。

（二）死者财产性人格利益保护制度的具体构建

1. 受保护的死者财产性人格利益范围

德国判例与学说在一般人格权制度下实践总结出了以下包含财产性人格利益的人格要素：肖像、姓名、声音、个人生平经历及其他身份特征等。[1] 由于一般人格权是具有兜底性质的人格权，因此德国法在保护财产性人格利益上具有较大的发展空间，足以应对人格特征商业化利用的发展。

笔者认为，我国除了对肖像、姓名等常见人格要素的财产性人格利益进行确认外，最好能够提取财产性人格利益的共同特点来设置一个兜底条款，对财产性人格利益进行具有开放性的保护，毕竟人格权体系本身就是一个开放的权利体系。况且随着自然人肖像、形象、姓名、声音、隐私、个人生平经历等人格特征商业利用可能性的发展，凡是自然人在社会交往中形成的个人特征所蕴含的经济价值均应属于财产性人格利益的范围。

2. 保护死者财产性人格利益的主体

承认死者财产性人格利益的法律地位之后，不可避免的问题是：由谁来作为保护主体？基于何种理由成为保护主体？德国联邦法院在 1968 年的 Mephisto 案[2]中认为："人格权，除了财产价值成分外，为一生专属的权利而不得转让不得继承。"由此可推定联邦法院认为人格权之财产价值可以被继承，但是这样的态度并不是很明确。直到 1999 年的 Marlene Dietrich 案[3]彻底解决了死者财产性人格利益的保护主体、保护期限、保护方式等多个问题。在保护主体的问题上，德国联邦法院承认了财产性人格利益的可继承性，死者的继承人可以继承该项财产性人格利益；此外，死者生前也可以指定代行人继续利用其财产性人格利益，但是应该考虑死者明示或可推知的意思，以及死者家属和继承人的意愿。笔者认为，这样的设置既承认

---

[1] ［德］迪特尔·施瓦布著，郑冲译：《民法导论》，法律出版社 2006 年版，第 209 页。

[2] 转引自王利明：《人格权法研究》，中国人民大学出版社 2005 年版，第 58 页。

[3] 张红："20 世纪德国人格权法的演进"，见清华法律评论编委会：《清华法律评论（第 4 卷第 1 辑）》，清华大学出版社 2010 年版。

了财产性人格利益的可继承性，同时兼顾了死者生前对其财产性人格利益的处分权。我国在解决死者财产性人格利益保护主体的问题时可予以借鉴，既允许继承人继承财产性人格利益，也允许死者生前指定代行人。

值得注意的是，在死者既没有指定代行人，也没有继承人的情况下，他人对近亲属的财产性人格利益的利用应该如何看待？笔者认为，在这种情况下，死者财产性人格利益完全进入了公共领域，任何人都可以对其进行开发利用。但是这种开发利用并不是随心所欲的，应该注意符合社会公共利益和公序良俗，否则应当由国家出面维护。此时的保护对象表面是死者财产性人格利益，实际上应该是社会公共利益。由什么机关代表国家行使维护公共利益的权利呢？2011 年新修订的民事诉讼法规定损害社会公共利益的行为，有关机关、社会团体可以向人民法院提起诉讼。

3. 死者财产性人格利益的保护期限

在应对死者财产性人格利益的保护期限问题上，德国法通过前述的 Marlene Dietrich 案明确死者财产性人格利益的保护期限不得比死者精神性人格利益的保护期长。此后在 2006 年的 kinski-klaus. de 案中，联邦法院明确死者财产性人格利益的保护期等同于德国《艺术著作权法》第 22 条所规定的死后 10 年。

德国联邦法院如此限定的原因无从查明，但结合我国现实情况，笔者认为 10 年期限太短，并不足以充分保护死者财产性人格利益。杨仁寿教授在其《法学方法论》一书中就“诽韩案”的评述中认为：韩思道作为韩愈第 39 代孙对韩愈的“孝思忆念”值得怀疑，法院在判断韩思道的原告地位时，没有对法律规定的“直系血亲”概念进行目的性限缩，杨教授认为直系血亲应该是从自身算起，上下四代以内方为合理。受此启发，有学者在谈及死者人格利益保护期限的问题时，认为我国不应该通过明确的年限来确定死者人格利益保护期限，而应该转而通过借鉴最高人民法院《关于审理名誉权案件若干问题的解答》中关于近亲属范围的规定，来解决死者人格利益的保护期限问题。该司法解释中近亲属的范围是指：配偶、父母、子女、兄弟姐妹、祖父母、外祖父母、孙子女、外孙子女。笔者认为，这种观点值得商榷。近亲属范围更多的是在确定保护主体而不是期限。假如用近亲属范围代替期限，那就意味着近亲属存活多久便可以享有多久的死者财产性人格利益，在一定程度上抑制了死者个人特征的社会经济促进功能。因此，综合考虑近亲属的“孝思忆念”和死者财产性人格利益的社会功能，借鉴我国著作财产权死后50年的保护期限较为合理。

4. 侵害死者财产性人格利益的赔偿标准

德国法上对于死者精神性人格利益的保护目前为止仍仅限于赋予继承人不作为请求权，而对于死者财产性人格利益的保护，则是通过Marlene Dietrich案确定的，为使原告选择有利的损害计算方式，以及计算出准确的赔偿数额，被告有获益的报告义务。在借鉴著作权法和专利法的赔偿标准的基础上，德国法对于死者财产性人格利益的损害赔偿标准形成了习惯法，分别是具体财产损失、适当授权报酬、获利返还，适当报酬请求权尤其具有实践性意义，而“获利返还”在德国因其计算困难，较少被采用。“具体财产损失”的赔偿标准在实践中应用起来也存在一定难度，因为侵害肖像、姓名等财产性人格利益究竟造成了什么实际财产损失较难主张，增加了被侵权人的举证难度。“适当的授权报酬”这一赔偿标准则借鉴了知识产权上的许可使用报酬的方法。由于财产性人格利益存在商品化应用的可能性，当自然人的财产性人格利益受到侵害时，可以将其财产性人格利益通过“视为许可使用”的方式进行定价并保护。

现实中也可能存在这样的问题，侵害死者财产性人格利益有可能并没有产生具体财产损失，授权费用标准又难以确定，获利返还中所获利益计算又困难，这种情况下难免为实务造成较大困扰。再看我国知识产权法对于侵害知识产权的损害赔偿标准是：具体财产损失、授权费用、违法所得、法定赔偿额度。笔者认为，从对死者财产性人格利益进行更完整保护的角度出发，侵权的赔偿标准可以借鉴我国知识产权法的处理方式，在具体财产损失、授权费用、违法所得三种赔偿标准的基础上，再设置法定赔偿额度，以求周全。

总而言之，死者财产性人格利益保护是人格权法发展不可回避的问题。我国应该在明确死者人格利益法律地位的基础上，借鉴德国保护死者财产性人格利益的经验，对死者财产性人格利益的范围、保护主体、保护期限、侵权赔偿标准进行设置，以求既完善我国人格权制度，同时也有序发挥死者财产性人格利益的社会经济作用。

试论“样板戏”的国际影响力

■ 肖　刚*

【内容提要】　“样板戏”活跃于“文化大革命”时代，但却不能说是“文革”的产物，“样板戏”是现代戏发展到20世纪60~70年代自然而然的结果。“样板戏”的悲剧是“四人帮”把它们当作了服务于个人和小集团政治目的而被捧杀之。今天我们已经回归理性的时代，我们有理由对样板戏在当时的国际影响力等价值进行再认识。“样板戏”对中国核心价值观的传播意义重大，它极大地提高了中国的文化影响力，也是“洋为中用”的结果，是鼓舞各国人民勇敢坚强地和霸权主义和强权政治作斗争的精神文化力量。

【关键词】　样板戏　文化软实力　国际影响力

一、引　言

1975年7月初，邓小平在毛主席处曾有过一次交心。毛主席在批评“四人帮”控制的文艺工作时说，“样板戏太少，而且稍微有点差错就挨批。百花齐放都没有了。别人不能提意见，不好”。邓小平完全赞同地表示，“现在文艺不活跃”。毛主席针对文艺的单调局面进一步指出，大家“怕写文章，怕写戏。没有小说，没有诗歌”❶。在这里，邓小平是因为毛主席讲的“样板戏太少”和“四人帮”搞文化专制、文化霸权而使得文艺成一潭

* 肖刚，广东外语外贸大学国际问题研究所教授，法学博士。

❶ 《邓小平年谱》（上），中央文献出版社2004年版，第64页。

死水而认为“文艺不活跃”的。换一个角度说，邓小平对“样板戏”这种文艺形式是持肯定态度的，问题在于“样板戏太少”和“四人帮”利用“样板戏”为其不可告人的政治目的服务，“四人帮”这样做实际上是捧杀了“样板戏”。今天我们完全有理由和必要使样板戏回归其本来的面目，那就是它们是戏，是现代戏，是反映新中国劳苦大众生活、命运和中国共产党使劳苦大众怎样翻身得解放的戏，它们是在那个年代深入人心、甚至达到人人能演的、影响了一代人的戏，它们是在国际上引起强烈反响，为新中国塑造了良好国际形象的戏，当然也是有一定楷模地位的戏。邓小平指出：“‘文化大革命’期间，外事工作取得很大成绩。尽管国内动乱，但是中国作为大国的地位，是受到国际上的承认的。中国的国际地位有提高。”❶邓小平的结论应该包括“样板戏”所承载的文化外交所起的积极作用，因为“样板戏”的对外文化交流，是“文革”时期外事工作的有机组成部分。

我们坚定地坚持《关于建国以来党的若干历史问题的决议》中所作出的“‘文化大革命’是一场由领导者错误发动，被反革命集团利用，给党、国家和各族人民带来严重灾难的内乱”的思想，但是这个“严重灾难的内乱”的性质，可是要认真界定的，不能形容成天下“血流成河”的局面。诚如1990年7月11日邓小平同志会见加拿大前总理特鲁多时的谈话中所指出的：“现在要是中国乱起来，就决不只是‘文化大革命’那样的问题。那时还有毛主席、周总理等老一辈领导人的威信，说是‘全面内战’，到底不是大打，真正的内战并没有出现。”❷ 党中央的决议是正确的，邓小平的说法也是中肯的。从政治上否定“文化大革命”，并不是否定“文化大革命”时期的一切，否则那就是形而上学。在“文革”时期，很多具体的工作领域仍然是卓有成效的，包括八大样板戏，从它们的思想性和艺术性的高度统一来看，仍然是相当难能可贵，对今天的艺术创造，其样板意义仍然是强大的。“文革”时期的八个样板戏虽然和江青有很大关系，但我们不能采取因人“废戏”的错误态度，江青等“四人帮”为历史所埋藏，这是历史作出的公正判决，但是样板戏也随着“四人帮”的倒台而几乎从人们的视

---

❶ 《邓小平年谱（下）》，中央文献出版社2004年版，第730页。

❷ 中共中央文献编辑委员会主编：《邓小平文选（第3卷）》，人民出版社1995年版，第360页。

野中消失，现在看来并不符合理性精神，不符合党中央一贯主张的实事求是的思想。诚然，“样板戏”的概念是不是科学，随着岁月的流逝，也可以作出清晰的分析和判断。正如学者指出的，“从理论上讲，‘样板戏’一词是不能成立的，艺术创作无所谓样板，它需要的是作家、艺术家的独创性。‘样板戏’的称号，是‘四人帮’出于某种政治需要而强加于某些现代戏作品的。不过它的情况也很复杂，其中有一部分确系按照江青的旨意，为‘四人帮’篡党夺权的政治目的而作；但也有一些部分并非如此，而本来是现代戏中的优秀之作，后来被‘四人帮’掠夺并加以篡改的。这些戏的创作者，除极个别的成了‘四人帮’的忠实走卒外，大部分却受到‘四人帮’的迫害。《红灯记》《芦荡火种》《智取威虎山》都有这样的情况。对这一部分现代戏剧作，如果摘掉它们那顶不光彩的桂冠，按它们本来的面貌进行实事求是的分析，我们又不能不承认，它们是广大戏曲工作者辛勤创造的成果，而不能归功于‘四人帮’。这几出戏在艺术革新上取得了可喜的成绩，但这种成绩又不是凭空而来的，而是自50年代以来戏曲现代戏创作实践的经验成就的合理发展。”❶ 显然，采取实事求是精神和态度的学者，一方面指出样板戏存在的问题，也积极肯定其中的正面价值，尤其是出自在“文化大革命”期间被“四人帮”打成“中国赫鲁晓夫在戏曲界的代理人”的当代中国戏剧理论家、教育家、戏曲史家张庚等学者的评价，更是难能可贵。

二、样板戏对中国核心价值观的传播意义重大

“样板戏”所反映的故事在“样板戏”产生前就以其他艺术形式存在，特别是在毛泽东《在延安文艺座谈会上的讲话》发表后，反映劳苦大众生活的文艺形式雨后春笋般地发展起来，“样板戏”是以其他艺术形式对延安时代以来的文艺所进行的再加工、再创新。比如新中国成立之初中国就拍摄了电影《白毛女》，以后的舞剧《白毛女》是电影《白毛女》在表现形式上的改造，所以那种把样板戏局限于“文革”的思维定式本身就是片面

❶ 张庚、郭汉城主编：《中国戏曲通论》，上海文艺出版社1999年版，第662页。

的、形而上学的。曾任美国北卡洛莱纳州州立大学视觉艺术系艺术史与艺术理论终身教授，现为哈尔滨工业大学媒体技术与艺术系教授的美籍华人学者鲍玉珩博士谈到过《白毛女》电影在美国人心中的影响：“1949 年中华人民共和国的成立，也宣告了新中国电影的诞生。由于当时的政治环境，中国电影很难在西方的影院放映，但是也有一些西方人曾经看到过新中国的电影作品，比如，在 1992 年，笔者在准备撰写毕业论文时，曾经在某个大学，或许是北卡州的杜克大学或纽约的哥伦比亚大学的图书馆内查询资料时，从 1954 年的一张《纽约时报》（微缩胶卷上）阅读了一篇署名是史密斯· 汤姆逊或约翰逊先生的影评文章——《看中国电影〈白毛女〉》，我后来查询得知，这位美国人是朝鲜战场上的美军战俘，也许他是在战俘营中接受改造时看过《白毛女》，记得他称赞白毛女是他看到的最美丽的东方妇女，他认为这个电影教育了他为什么中国能够胜利！这是笔者目前所阅读到的西方人所写的最早的一篇关于新中国电影的文章。”[1]一部让美军战俘认识到“为什么中国能够胜利”的中国电影说明一个伟大的道理，那就是中国共产党的胜利是建立在为人民的利益、为人民的翻身解放为核心价值观基础上的胜利。舞剧《白毛女》内容上完全继承了电影《白毛女》，而表现更加形象、深刻、深动，感染力更强，它必然使更多的外国人认识到“为什么中国能够胜利”。

时为澳共主席希尔 1969 年 12 月访问中国，他在访问期间观看了《红灯记》等剧目，回国后他发表文章感动地表示：“‘去年十二月，我作为受中国共产党邀请访问中国的澳大利亚共产党代表团的一个成员，看到了中国人民的一些新艺术。我同中国领导同志和其他外国代表一起，观看了《红灯记》《智取威虎山》《沙家浜》《红色娘子军》的演出。这些演出同我们在澳大利亚看到的演出形成鲜明的对照。希尔指出，在演出中看到的‘是反对卑鄙的地主、资本家、法西斯侵略者的斗争中的英勇的工农形象。客观的现实正是这样：工人、劳动人民是英雄，而地主、资本家、法西斯侵略者则是腐朽的、垂死的、卑鄙的纸老虎’。希尔写道：‘中国人民的这些创作是有利于中国人民壮丽的解放斗争和中国宏伟的社会主义事业的极好

---

[1] 鲍玉珩：“西方学者眼目中的中国电影艺术”，载《电影评介》2011 年第 2 期。

的宣传。他们的艺术水平比起象澳大利亚这样的一些美帝国主义仆从国家里的污秽不堪的文艺来，要超过整整一个时代。中国人民从旧京剧中吸收了一切好的东西。他们在舞台上用精彩的艺术形式，把被颠倒了的中国社会的阶级关系重新颠倒过来。现在，工人和农民恢复了真实面目，成了真正的英雄。’他强调，‘全体中国人民在这些新的艺术创作中起了很大作用。每一个样板戏和革命现代舞剧都由人民群众讨论，提出建议，因此得到了许多改进。这些都是人民的财富。蕴藏在全体人民中的巨大的文艺才能已在中国得到了发挥’，‘现在工人阶级的文化取得了胜利。工人和农民在历史上首次统治了舞台和文化的其他方面。这确实是一个巨大的胜利。’希尔最后写道，中国的革命样板戏，‘对世界人民来说确实是一个榜样和鼓舞。从前在文学艺术方面从来没有象这样彻底、刻苦、系统和自觉地执行无产阶级路线。’”❶ 即使在“文化大革命”结束后，上海舞剧团依旧携芭蕾舞剧《白毛女》到法国进行了为期两个月的演出。❷

新中国的核心价值观是什么？那就是“以民为本”，一切从人民群众的利益出发、一切为人民的利益打算和一切为人民大众的利益谋划。样板戏树立的是人民的形象、工农的形象。工人、劳动人民成为舞台的主角，是民族的、国家的英雄，而剥削者则在舞台上成为纸老虎，受到鞭挞、嘲讽。这样的创作导向和艺术形象在进行国际交流时，自然是有利于宣传中国宏伟的社会主义事业，同时，也自然和西方世界资本主义社会那些污秽不堪的文艺形成鲜明的比较。同时，中国人民在艺术上对旧戏剧的吐故纳新，吸收外国的艺术手法和艺术工具，在思想上把旧时代主要是表现统治阶级的状况颠倒为表现人民的形象，对世界上一切被压迫人民和被压迫民族的解放事业，鼓舞作用都是巨大的。新中国的工人和农民成为国家主人的真实画面，无疑对整个人类世界走人民当家作主的道路是巨大的鼓舞。特别值得强调的是，样板戏所体现的由人民群众讨论、提出建议和群众路线，使文艺始终保持强大的生命力和活力并不断地向前发展和改进，使文艺真正成为人民的财富，使蕴藏在全体中国人民中的巨大文艺才能得到充分发

❶ “澳共主席希尔在《先锋报》发表文章，盛赞我国革命样板戏”，载《人民日报》1970年2月27日。

❷ “友谊花开万里香：上海舞剧团赴法国演出”，载《人民日报》1977年7月12日。

挥，并形成强大的文化软实力，积极影响世界其他民族特别是和中国有着相同命运的民族。

三、样板戏极大地提高了中国的文化影响力

1972年2月，“现代舞剧《红色娘子军》、《白毛女》和钢琴协奏曲《黄河》首次在欧洲演出，就引起了震动。光辉的革命样板戏一登上国际舞台，立即显示了它的巨大威力。中国舞剧团访问了三个国家的十四个城市，正式演出三十六场，还为广大工农兵作了几十次小型演出。每次演出，剧场里都是座无虚席。热情的观众象潮水般涌来，常常连剧场的门口和过道都挤得水泄不通。有的人渴望买到一张票，冒着寒冷的天气，日夜排队，最后虽然只弄到一张说明书，也觉得是珍贵的纪念。许多西方国家的旅客，为了看一看中国艺术家的表演，特地从远道赶来。每当演出结束，观众总是恋恋不走，不停地起劲鼓掌。已经散场好久了，还有许多人等候在门口，一见到中国演员，就上前紧紧拥抱，激动地说：‘好，太好了！’有的观众说：‘不看不知道，看过以后才知道中国芭蕾舞原来这么好，完全出乎意外！’”❶“人们看了中国舞剧团的演出，称赞中国革命现代芭蕾舞是‘高度的革命内容和完美的艺术形式的结合’。有些观众对中国演员说，他们原来认为芭蕾舞如果要反映革命斗争，不过是呼呼政治口号，把武器搬上舞台，‘啪！啪！’放几枪而已。但是，幕布一拉开，他们就为之震惊。展现在面前的，是如此清新美好的艺术。他们说：‘芭蕾舞表现革命内容，而且表现得这么好，简直是奇迹！’《红色娘子军》中运用了‘倒踢紫金冠’这一舞蹈动作，有些艺术工作者赞扬：‘这是旧芭蕾舞所没有的。这个动作既优美动人、难度大，又恰能表现吴清华倔强的反抗性格。这是一个新创造。’声色壮丽、情景交融的舞台美术，在广大国外观众中，也留下了深刻的印象。绚丽的朝霞，袅袅的白云，潺潺的流水，如注的大雨，飞舞的雪花，把人们带进了引人入胜，浮想联翩的意境。有人说：‘这完全和真的一样，不可

❶ “难忘的日子——记中国舞剧团在阿尔巴尼亚、罗马尼亚、南斯拉夫访问演出”，载《人民日报》1972年1月16日。

想象！’”，“有的艺术工作者说：‘看了中国舞剧团的演出，几个晚上没有睡好觉，思考了很多问题。我从你们身上看到了希望。’”[1] 今天中国走出国门的文化和中国的艺术，为什么影响力没有西方的大，就是因为我们多年来拿不出像《红色娘子军》《白毛女》和钢琴协奏曲《黄河》那样像样的作品，如果有大量优秀的堪比甚至超越《红色娘子军》等的作品，也同样会让外国朋友们发出“原来这么好”的感叹。文化和艺术一定要高度体现内容和艺术形式的完美结合和统一，才是有强大生命力的，就如外国朋友赞叹《红色娘子军》的芭蕾舞所表现的那样，同时让我们的文艺作品像《红色娘子军》那样去表达中国“绚丽的朝霞，袅袅的白云，潺潺的流水，如注的大雨，飞舞的雪花”，将把一个美丽的中国展示在世界面前。

四、样板戏也是“洋为中用”的结果

习近平总书记指出，“对我国传统文化，对国外的东西，要坚持古为今用、洋为中用，去粗取精、去伪存真，经过科学的扬弃后使之为我所用”。[2] 样板戏在“洋为中用”方面确有不少可圈可点之处。正如当时的《人民日报》所指出的，“广大工农兵群众在一遍又一遍收听钢琴伴唱《红灯记》的时候，热烈欢呼世界艺术史上的这一创举，是认真贯彻执行毛主席的‘洋为中用、推陈出新’伟大方针的胜利。”“钢琴伴唱《红灯记》的胜利诞生告诉人们：有些‘古’的、‘洋’的艺术形式，经过用毛泽东思想加以改造，推陈出新，为工农兵服务，就会富有新的生命力。芭蕾舞是这样，古老的京剧和西洋乐器钢琴，也同样是这样”。[3] 1968 年 8 月 24 日，当时的日中文化交流协会常任理事河原崎长十郎在访华回国后的东京举行的记者招待会上盛赞钢琴伴唱《红灯记》。他说：“是真正地为工农兵服务的新文艺。”他兴奋地说：“一向被资产阶级捧为‘音乐之王’的钢琴，今天在中

[1] “难忘的日子——记中国舞剧团在阿尔巴尼亚、罗马尼亚、南斯拉夫访问演出”，载《人民日报》1972 年 1 月 16 日。

[2] 《中共中央总书记、国家主席、中央军委主席习近平在全国宣传思想工作会议上发表重要讲话》，新华社北京 2013 年 8 月 20 日电。

[3] “毛主席‘古为今用，洋为中用’方针的新胜利。广大工农兵高度赞扬钢琴伴唱《红灯记》”，载《人民日报》1968 年 7 月 12 日。

国正变成为劳动人民服务的乐器了。”[1]

样板戏的“洋为中用”可以说达到了完全“中国化”的境界，它借助西洋的艺术工具如交响乐、芭蕾舞等手段，但在观看过程中丝毫没有感觉它有明显的洋人的东西，这些都是在条件十分艰苦的情况下的艺术创造，实为难能可贵。正如有学者指出的，样板戏“尤其在传统戏曲的现代化革新与西方艺术的中国化融变方面，具有筚路蓝缕的特殊功效，即使在当下，这种镜鉴意义依然具有深长而深刻的启发性”[2]。人民爱戴的总理周恩来就曾指出：“在中外关系上，我们是中国人，总要以自己的东西为主，但是也不能排外，闭关自守，如果那样就是复古主义了。外国好的东西也要加以吸收，使它溶化在我们民族的文化里。我们的民族从来是善于吸收其他民族的优秀文化的。我们吸收了印度文化和朝鲜、越南、蒙古、日本的文化，也吸收了西欧的文化。但要‘以我为主’，首先要把我们民族的东西搞通。学习外国的东西要加以融化，不要硬加。……我是主张先把本民族的东西搞通，吸收外国的东西要加以融化，要使它们不知不觉地和我们民族的文化溶合在一起。这种溶合是化学的化合，不是物理的混合，不是把中国的东西和外国的东西焊接在一起。”[3] 样板戏是真正做到了周恩来总理所说的“化学”之境界。

五、样板戏受到世界青年的欢迎

许多外国革命青年不远万里来到中国观看演出。“‘利用古典的艺术形式来表现革命的内容，这是中国人民的创举。它揭开了世界无产阶级文艺史上崭新的一页。’这是一位日本青年观看了革命现代芭蕾舞剧《红色娘子军》以后发表的感想。一些亚洲青年朋友观看了革命样板戏之后说：‘我们没有看过象革命现代芭蕾舞剧《红色娘子军》这样好的、有革命性的芭蕾舞，这个舞蹈歌颂了工农兵，看起来亲切易懂，能与自己的思想感情联系

---

[1] “河原崎长十郎盛赞中国样板戏和钢琴伴唱《红灯记》是真正为工农兵服务的新文艺”，载《人民日报》1968年9月4日。

[2] 惠雁冰：《“样板戏”研究》，中国社会科学出版社2010年版，第104页。

[3] 中共中央文献研究室主编：《周恩来文化文选》，中央文献出版社1998年版，第230页。

起来。只有毛泽东思想武装起来的中国人民，才能创造出这样优秀的革命文艺。’一位玻利维亚青年朋友热情赞扬革命现代芭蕾舞剧《白毛女》。他说，‘你们这个芭蕾舞是个杰作，从演员、布景到音乐都那么协调，不用翻译我也能懂。’一位名叫多埃的非洲青年朋友观看了现代京剧以后兴奋极了，他说：‘你们现代的革命艺术使任何资本主义国家相形见绌，世界上没有任何一种艺术能比得上你们。’拉丁美洲的一位青年朋友说：‘革命样板戏，真是百看不厌，我看过好几次，越看越想看。’一位日本青年朋友激动地说：‘我是个很少流泪的人，但是今天我看演出时眼睛里充满了泪水，非常感动。《红色娘子军》的演出是用原有的形式表现新内容的一个革命创举，如果这个芭蕾舞剧到日本去演出，将会受到日本人民的热烈欢迎。’”[1]

常言道，得民心者得天下，同样，得世界青年之心，中国就得到世界的喜爱，中国和未来的世界的交往就会顺畅得多，中国的国际人文环境就会变得优良和可靠。既然“样板戏”有如此吸引世界青年的作用，中国没有理由拒绝从战略高度重视它、运用它。

六、样板戏也是鼓舞各国人民勇敢坚强地与霸权主义和强权政治作斗争的精神文化力量

1972年中国舞剧团在阿尔巴尼亚、罗马尼亚、南斯拉夫访问演出产生了这样的效果：“每当《白毛女》演到杨白劳被恶霸地主打死，喜儿悲愤地唱出了‘刹时间，天昏地又暗……’的时候，震动了多少观众的心。有的妇女到后台对中国演员说：‘看了《白毛女》，使我想起了母亲过去的苦难遭遇。’喜儿代表着世界上千千万万受压迫、受奴役的姐妹们的悲惨命运，激起了人们对人吃人的旧社会的仇恨。表现工农兵革命斗争的艺术，最能为广大群众所理解、所接受，成为鼓舞人们前进的力量。观众赞扬中国革命样板戏是‘战斗的、革命的艺术’，是‘激动人心的革命号召’，‘它体现了共产党人实现人类崇高理想——共产主义的决心。’中国舞剧团在工厂、在田间、在旅馆为广大劳动人民演出的时候，常常听到这样的话：‘你们的戏

[1] 贡青、向阳：“我国革命样板戏激励着世界革命青年”，载《人民日报》1969年2月17日。

和音乐真正是工人、农民能理解的’，‘给我们的印象太深了，一幕幕动人的情景，到现在还记得清清楚楚。’”❶ 松山芭蕾舞团改编的舞剧《白毛女》在日本的隆重演出，对日本人民决心收回主权，产生了积极的影响。这个日本版的《白毛女》在毛泽东《在延安文艺座谈会上的讲话》发表28周年之际在东京演出。近4 000日本观众，以极大的热情观看了这出舞剧。其中喜儿的扮演者之一、青年演员佐原冬子，找了许多描写中国农民过去受剥削压迫和英勇斗争的书刊，进一步了解喜儿所处的时代背景，掌握喜儿的思想感情。“松山芭蕾舞团演出的《白毛女》，博得了广大观众的好评。许多观众说：‘看了《白毛女》，受到了极大的鼓舞，增强了反对日美“安全条约”的斗志。’他们称赞松山芭蕾舞团的演出给正在斗争中的日本人民送来了反对美日反动派的精神力量。”“一位观众说，现在，日本也有很多受压迫的人，遭受着美帝国主义和日本反动派的压迫，过着悲惨的生活。但是，他们充满着反抗精神，总有一天他们会象大春和喜儿那样起来推翻压在他们头上的大山。”❷

周恩来总理不失时机、不遗余力地推广和推动中国文化软实力。曾经经历过周总理启动中日关系正常化进程的中国外交官江培柱所记载的一段经典故事可以说明：20 世纪 70 年代初，在中日两国尚未恢复邦交，但中日友好和实现邦交正常化已是大势所趋、人心所向的历史潮流的情况下。1971年2月，中国邀请日本前外相、自民党资深众议员和反主流派领导人藤山爱一郎先生为最高顾问的具有半官方性质的贸易代表团访华。这是藤山先生担任重任后首次来访、首次同中方直接交往接触。在历时近一个月的谈判后，1971 年3 月1 中日双方签署《会谈联合公报》，双方的《会谈公报》谴责了佐藤政府同美蒋勾结的对华政策，重新确认了中日关系遵守的政治三原则。江培柱说道：“为了祝贺中日双方谈判达成协议和公报协定的签署，为多做工作、争取和推动更多的日本朋友和有识之士加人中日友好和邦交正常化的行列，周总理指示外交部上呈报告，安排一次革命样板戏‘红色

❶ “难忘的日子——记中国舞剧团在阿尔巴尼亚、罗马尼亚、南斯拉夫访问演出”，载《人民日报》1972 年1 月16 日。

❷ “成功的演出。巨大的鼓舞——记日本松山芭蕾舞团为纪念毛主席《在延安文艺座谈会上的讲话》发表二十八周年演出现代芭蕾舞剧《白毛女》”，载《人民日报》1970 年7 月8 日。

娘子军’专场文艺演出，以此招待藤山先生一行及在京的日本和别国访华团。……1971年3月2日晚，芭蕾舞剧《红色娘子军》在北京天桥剧场演出。出席观看演出的不仅有藤山爱一郎先生及其所率领的日中备忘录贸易代表团，还有日本国际贸易促进会和关西本部的代表团、日中友好农业农民交流访华团、日本友协三重县工人学习访华团以及其他国家的访华团和在京外宾。演出获得极大成功，受到全场中外观众热烈欢迎和一致好评。”❶1966年11月28日，周恩来在文艺界大会上的讲话中指出：“刚果（布）作家隆达和阿巴连续看了几出京剧现代戏，他们说：‘好几年前，我们在巴黎看过京剧。老实说，我们都是不喜欢的，因为我们想从中国的艺术作品中了解新中国的现实生活，但是京剧却都是描写过去生活的，那种生活是我们不能接受的，所以我们革命者不喜欢。法国的资产阶级倒是喜欢的。这一回我们看了表现现代斗争生活的京剧，戏里面的人物，谁是敌人，谁是朋友，我们非洲人，不用翻译，都能理解。’”周恩来说：“同志们请看：世界上的革命人民是何等热爱我们新的革命京剧啊！他们是何等期望我们的京剧能够表现现代的斗争生活啊！他们说得多么深刻啊！”周恩来还介绍：“日中文化交流协会理事长中岛健藏说：‘京剧演出现代戏，用京剧来教育人民，其意义是很深远的，对人的启发教育是大的。’团员杉村春子（著名话剧演员）说：‘日本的戏剧界的朋友都很关心京剧演现代戏的问题。站在第一线的（中国）演员们的任务很重大，不仅要把中国的戏搞好，同时也是日本戏剧界的榜样，人们的眼睛都在注视着中国戏剧界的朋友。’他们从京剧革命中看到了戏剧的方向。”“许多外国朋友谈到了京剧改革的世界意义。英国友好访华小组一位成员说：‘京剧现代戏对于世界文化具有重要意义。’他说：‘我相信，这对世界文化会是一个贡献。中国将会为世界树立一个榜样，特别是对那些受英、美帝国主义文化影响的国家，对亚、非、拉美国家来说，更是这样。对于那些民族文化受摧残的国家，如希腊也是如此。’他们从中国京剧革命中看到了工农兵登上舞台的伟大意义。危地马拉一位剧作家说：‘没有理由来阻碍戏剧改革，应该用社会主义内容来代替封建主义、资本主义的内容，让社会主义时代的新人物登上舞台。’这种态

---

❶ 江培柱：“‘文革’中的样板戏风波”，载《党史纵横》2006年第7期，第39页。

度是多么鲜明！他们从京剧革命的成就，看到了新中国革命人民的英雄姿态，看到了无产阶级英雄人物新的精神面貌，看到了毛主席为工农兵服务方向的辉煌胜利！”“外国朋友们不仅从政治上肯定了文艺革命的成就，而且认为：‘这些京剧革命的样板戏，在艺术上也是成功的，十分杰出的。’越南一位同志对现代京剧很称赞。他说：‘这是毛泽东文艺方针的胜利。现代京剧在唱腔方面有很多的改进，念白也好懂了，看了演员的表情，观众对剧情就更容易理解了。’日中友协总部理事长宫琦世民说：‘老实讲，以前我对京剧的改革能否成功是有怀疑的，但看了演出，我放心了，你们改得对，改得好。你们不仅保持了京剧固有的特色，而且有了新的发展。’日本一位评论家看了《智取威虎山》的演出后说：‘非常好。我早就听说中国在尝试给京剧以新的主题，反映现代生活，这次看到了演出之后，很受教益。你们给旧的程式赋予了新的生命。剧中滑雪，登山等场面，都保持并发扬了京剧翻打的美的特色，这个尝试是非常成功的。舞动步枪的动作，一点也看不出有挥舞青龙大刀的痕迹，大花脸夸张很适当，与现代服装配合在一起，一点也没有不调和的感觉。总之，一切都超出了我的想象。’”周恩来指出，“就是一些反对无产阶级文艺的资产阶级评论家，也不得不在铁的事实面前，承认革命京剧在艺术上‘取得了相当大的成功’，‘非常出色’”。“我国对古老的芭蕾舞剧的改革，也使得世界各国艺术家十分钦佩。《红色娘子军》已经在阿尔巴尼亚演出了，受到了人民十分热烈的欢迎，认为是‘世界上最好的戏’。1966 年‘五一’节来华的各国外宾，对我们芭蕾舞剧《白毛女》反映也十分强烈。阿根廷外宾瓦洛塔说：‘《白毛女》是革命的芭蕾舞，演技高超，布景是令人难以想象的好，具有深远的社会意义。’”周恩来说：“加（拿大）中友协代表团普遍反映革命的芭蕾舞有很大教育意义。爱德华兹表示他原来不大喜欢看芭蕾舞，但中国的这种芭蕾舞他是喜欢看的。团员丹纽森说：‘在资本主义国家里，我们不可能看到这样的剧，因为西方的戏剧都是资本主义性质的，苏联也是如此。’”“日本松山芭蕾舞团参观中央歌舞剧院时，团长清水正夫说：‘我了解到中国的芭蕾舞不仅要演剧，还要胸怀祖国，放眼世界，这是对日本人民的很大支持。要学到真正的芭蕾舞必须到中国来。'"[1] 当然，在周总理的文化外交思想中，即使是在“文化大革命”时期，他也没有坚持说只有八个样板戏就代表一切，在1971年全国外事工作会议上，他阐述了在新形势下的外交政策，批评并纠正对外宣传工作中存在的偏差。他提出：“我们现在是处在一个新的形势下，因此，我们的外事工作要跟过去有所不同。要有所变化。在无产阶级文化大革命中，我们同许多国家几乎中断了来往，许多方面的活动停止了，现在不行。（外国人）不仅是左派、中间派要来，右派也要来一点，这就需要我们适应新的形势。”关于新中国成立后外交工作的评价，他说：“我不同意那种极左思潮的说法，好像我国外交路线也是修正主义的路线，因为毛主席一直关心这条战线，亲自抓、亲自领导这条战线。”关于对外宣传方面的问题，周恩来指出：“现在存在两种倾向，一种是自吹自擂，使用不适当的语言、夸大的语言强加于人；另一种是缩手缩脚。这两种倾向有一个特点，都是不实事求是。对于不实事求是的对外宣传，我们外事工作人员应该当场给予纠正，并敢于当面承认错误，应该有这个勇气。”谈到“文化大革命”中各项事业受影响、被破坏的情况时，说：“这些事情为什么不能跟人家说？这几年我们出版的东西少了，要补上来；文艺方面除八个样板戏外，只要内容是健康的、革命的、形式不是萎靡、庸俗的，就要允许人家尝试。”[2] 周恩来对样板戏国际影响评价是客观公正的，同时他对不只是发展几个样板戏而应该全方位发展我们的文化艺术的思想更是有胆识和有前瞻性的。我们在回顾党的第一代中央领导集体的文化外交时，如果不谈八个样板戏在当时的国际影响，那么，我们对党的第一代中央领导集体的文化外交的态度就是功利主义的和唯心主义的，或者也可以说是一种虚无主义的世界观，同时也是对历史的严重的割裂行为，是极其不道德和不公正的。令人欣慰的是，在今天的中国社会偶尔还能见到老百姓喜闻乐见的、曾经是那么耳熟能详的八大样板出现在主流媒体上，就足以说明我们社会的宽容度和开放度的机制还是很健全的，中华民族的文化大发展大有希望。

---

[1] “周恩来在文艺界大会上的讲话”，见《周恩来文革讲话：1966～1976》（华东工学院、西北工业大学等整理），非正式出版物。

[2] 中共中央文献研究室主编：《周恩来年谱（下）》，中央文献出版社1998年版，第460页。

七、结　　语

“样板戏”效笑　中华文明发展史上值得研究的现象，一方面它曾经像文化图腾一样，曾经是亿万中国人和世界上喜爱它的人文化心灵的强大的、无可取代的精神力量，成为国内政治生活和国际政治生活中不可缺少的精神动力，另一方面它又不自觉地成为野心家为自己政治目的服务的工具，被拔高到“独尊”的地位而捧杀之，由于它客观存在的正面和由于四人帮等不齿的政治阴谋所造成的负面的两重性，进而带来的高度敏感性，使得明哲保身者不愿谈论它，思想硬化者或因个人在“文化大革命”时期的悲惨遭遇者或以个人的政治赌博而不惜嘲弄国家和民族最高利益者毫无理性地诋毁它，正直的人们想客观地发掘它，但又有可能被戴上迷恋“文化大革命”的帽子。总之，谈“样板戏”的正面意义有一定的政治风险，甚至被怀疑为“文化大革命”同情分子而受到政治上的不公对待。这使我们深刻地认识到，“实事求是”的意思理解是不难的，但要在现实政治生活中做到，却不容易。中华民族要实现伟大复兴，实现中国梦，首先要使整个社会的运行完全地、高水准地建立在实事求是的基础上，否则就会演变为恶梦、黄粱美梦。

因错误而订立的合同效力的比较分析

■ 叶昌富*

【内容提要】 因错误而订立的合同是指当对订立合同时的客观条件产生误解，并依此误解作出与其本意不一致的表示而订立的合同。错误在合同的缔结过程中经常发生，错误主要表现为对合同的性质、对合同相对人、对合同标的物发生误解。当事人在缔结合同时的错误是否影响合同的效力，怎样影响合同的效力，各国的法律对此有着不同的规定。通过对比分析，本文认为中国合同法将因重大误解而订立的合同归入可撤销或可变更的合同的规定，是合理借鉴国外先进经验、平衡保障交易安全与追求交易效率关系的最佳选择。

【关键词】 错误　重大误解　合同效力　撤销　变更

合同法上的错误又称误解，一般是指两种情况：一是意思和事实不一致；二是意思与表示不一致。按照德国法学家萨维尼的见解，前者属于真正的错误，即动机错误，后者属于不真正的错误，通常称为法律行为的错误或直接称为错误。根据合同法理论上的通说，动机错误不产生法律行为意义上的意思与表示不一致的问题。理由是动机存在于行为人的内心，他人无法得知，而同一类型的法律行为，意思表示人的动机也千差万别，如使动机足以影响意思表示的效力，就会大大地危害交易安全。当然，如果动机表示于外部，就成为意思表示的内容。[1] 当事人的本来意思与表示出来的内容不一致时，就会影响到合同的效力。因错误而订立的合同是指当对

* 叶昌富，广东外语外贸大学法学院副教授。

[1] 孔祥俊：《合同法教程》，中国人民公安大学出版社 1999 年版，第 266 页以后。

订立合同时的客观条件产生误解，并依此误解作出与其本意不一致的表示而订立的合同。各国法律对错误的称谓、分类及其对合同效力的影响等都有不同的规定，本文旨在对各国法律关于因错误而订立的合同效力的规定尝试进行比较分析。

一、英美法对错误的规定

（一）英国法对错误的规定

英国合同法上的“错误”（mistake）一词是指在签订合同的过程中，一方或者双方当事人对订立合同的客观条件产生误解，并依此误解签订了合同。传统的英国合同法理论将错误分为有效力的错误与无效力的错误两类。所谓无效力的错误是指一方当事人对合同事实产生了错误认识，但与对方当事人的语言和行为无关的，或者一方当事人虽然产生了错误理解，但却没有依据这一错误认识而作出许诺或者承诺的，都不能产生合同法上的错误的效力。无效力的错误主要包括一方当事人意思表示的错误、一方当事人在判断上发生的错误、一方当事人对自身的履约能力估计的错误、在凭说明的买卖中对说明的含义理解发生的错误等。所谓有效力的错误是指当事人对合同的错误理解足以影响到双方当事人之间真实协议的存在，或者双方虽然存在真实的协议，但双方在重要问题上出现了影响到合同效力的误解。有效力的错误主要包括在合同性质上发生的错误、双方当事人对合同标的物的认定都存在错误、双方当事人对合同标的物的存在发生共同的错误等。英国合同法中论及的错误，通常都是指有效力的错误。❶

现代英国法学界普遍将错误分为共同错误、相互错误和单方错误三类。所谓共同错误（common mistake），是指双方当事人在签订合同的过程中出现了同样的错误，结果双方订立的合同虽然符合意思表示一致的形式要件，但这种一致建立在双方发生共同错误的基础上，合同中的意思表示并非当事人的真实意思。共同错误包括两种情况：一种是对合同标的物的存在出现的共同错误，如双方当事人都不知道标的物不存在而签订合同、双方当

❶ 何宝玉：《英国合同法》，中国政法大学出版社 1999 年版，第 452 页。

事人都不知道合同不可能履行而签订合同，此时合同应属无效；另一种是对合同标的物的质量出现的共同错误，如果共同错误的发生只涉及标的物品质的好坏或者价值的大小，一般不会影响合同的效力，只有对合同标的物的质量发生严重或根本性的共同错误，才可能导致合同无效。相互错误也称双方错误（mutual mistake），主要是指在签订合同的过程中，当事人双方所指的合同标的物并不一样，即双方当事人实际上针对不同的标的物签订的合同。一项相互错误要构成有效力的错误，必须同时满足两个条件：（1）错误必须是根本性的，（2）错误必须是相互的。所谓单方错误（unilateral mistake），是指在签订合同的过程中，一方当事人发生了错误，对方当事人知道或者应当知道这一错误，但却保持沉默，双方据此签订了合同。单方错误主要涉及一方当事人在确认对方当事人身份时出现的错误。单方错误要构成有效力的错误，应该具备四个条件：（1）身份的确定在合同中具有不可替代的重要性，即特定的人是合同订立的前提；（2）对方当事人知道或者说应该知道发生了错误；（3）受骗或者受损害的一方，在合同订立过程中，对对方的身份已尽了谨慎的义务；（4）受骗或者受损害的一方，必须在任何善意第三人得到合同标的物之前，提出撤销合同。

英国普通法一般不轻易承认当事人的错误会影响合同的效力，无论共同错误还是相互错误或者单方错误，只有构成是有效力的错误才能使合同无效，其他错误原则都不影响合同的有效性。实际上，机械地运用普通法的规则，会造成一定的不公平。为了追求公平和正义，英国法院越来越倾向于采用衡平法规则处理错误。衡平法允许法院根据案件的具体情况，自由裁量地给予法院认为适应的救济。但并不是每一项错误都会产生衡平法救济。一项错误要获得衡平法救济，错误必须是根本性的，具体包括对合同标的物的质量或者价值产生的严重错误等。

衡平法对错误的基本救济主要有三种：（1）拒绝发布特定履行令，不强制要求履行当事人错误签订的合同；（2）有条件地撤销合同；（3）改正合同。特定履行令是一项衡平法的救济，是法院发布命令，强制当事人履行某种义务。在涉及因错误而签订合同的案件中，法院在决定是否授予特定履行令时，一般都要全面地考虑错误的性质和签订合同过程中的各方面因素，只有在认为确属适当的情况下，才会发布特定履行令。英国判例表明，如果错误由原告自己造成或者原告明知被告签订合同时出现了错误或者发布强制履行令将对被告造成过分的损害，法院一般就会拒绝发布特定履行令，不强制要求实施当事人错误订立的合同。有条件地撤销合同只适用于签订合同的过程中双方当事人出现的共同错误[1]，是指法院在判决撤销合同的同时为撤销合同施加一定的条件，以确保在双方当事人之间实现公正。请求撤销合同的当事人必须有违背衡平法上良心的事项，但是如果权利义务的履行已涉及第三人时，法院将不允许当事人撤销合同。改正合同是指法院应当事人的请求对合同中出现的用语错误或遗漏等进行修改完善。改正合同并不是法院直接对合同进行修改，而是对双方当事人已经同意的改正的批准。这种改正合同相当于变更合同。

（二）美国法对错误的规定

美国合同法上的错误是指合同当事人对于构成他们之间交易的基础的事实在认识上发生的错误。用《美国第二次合同法重述》第151～152条的措辞来表述，错误是"与事实不符的信念"，是就"合同赖以订立的基本假定"而在认识上发生的错误。美国有关错误的原理和原则是在英国衡平法院的判决中发展出来的。美国一般把错误只分为共同错误和单方错误两种。所谓共同错误是指当事人的双方对于构成他们之间交易的基础的事实在认识上发生了共同的错误。根据《美国第二次合同法重述》第152条，受到不利影响的一方要想以共同错误为由否认合同的有效性，必须证明以下三点：（1）该错误涉及合同赖以订立的基本假定，即涉及双方交易的本质，这样的假定既可以从合同明示的语言中去发现，也可以从当事人的行为中得到暗示。例如，合同一方向另一方买下一种年薪保险，以便让某第三人在失去工作时从另一方得到一定数额的收入。此时，该第三人在合同订立时还活在世上就成了双方订立合同时共同具有的基本假定。这种假定可以不必出现在合同的明示条款中。（2）该错误对双方同意的对于履行的互换有重大的影响，这种重大的影响表现为使双方同意的对履行的互换变得严重不平衡，以致实现互换的结果是不公平的。（3）该方没有承担发生这种错误的风险。这三点实际上也是共同错误成立的条件。当事人可以以共同

---

[1] 何宝玉：《英国合同法》，中国政法大学出版社1999年版，第484页。

错误为由主张合同无效。所谓单方错误是合同当事人一方对构成合同双方交易的基础的事实在认识上发生的错误。单方错误原则上不能主张合同无效，除非主张无效的一方能够证明错误是他方造成的，或者他方在订立合同时已经知道或有理由知道错误方的错误。

另外，美国一些法学家十分强调信赖及其利益的作用，认为保护信赖利益是合同法的重点。这种法学理论在美国司法实践中的一个反映是，如果法院认为，对方由于信赖合同已有效成立而积极准备履约，从而改变了他的地位，以致难以恢复原状或不能恢复原状时，有错误的一方就不能撤销合同。美国法院的态度是，宁愿让错误的一方蒙受自身错误所造成的后果，而不把损失转嫁给对方。[1]

二、大陆法对错误的规定

（一）法国法对错误的规定

在法国合同法中，错误作为同意的瑕疵，是指合同的订立是基于对实际存在的事实的一种相反的认识，亦即至少有一方当事人对行为的基本条件发生认识上的错误。[2] 法国学者把错误分为重大错误和次要错误两大类。重大错误包括障碍性错误和无效性错误，两者对合同的效力都能够产生重大影响。次要错误对合同的效力不发生影响。

障碍性错误是一种最严重的错误，它的出现，使同意根本不存在，从而使合同根本不能成立。障碍性错误包括对合同性质的误解，对标的物同一性的误解以及对合同原因客观上是否存在的误解等。《法国民法典》对障碍性错误未作规定。传统理论将因这种错误而订立的合同认定为不成立或者认定为绝对无效，现代理论及司法实践倾向于将之视为相对无效。

无效性错误是根据《法国民法典》第1117条的规定可导致合同相对无效的错误，该条规定因错误而缔结的合同并非依法当然无效，仅发生请求宣告合同无效或取消合同的诉求。《法国民法典》第1109条规定如果同意

---

❶ 吴兴光主编：《国际商法》，中山大学出版社2001年版，第59页。

❷ 尹田编著：《法国现代合同法》，法律出版社1995年版，第70页。

是由于错误的结果，不得认为同意已经成立。第1110条进一步规定：错误仅于涉及标的物的本质时，始构成无效的原因；如错误涉及当事人一方愿与之订约的他方当事人个人时，错误不成为无效的原因，但他方当事人个人被认为合同的主要原因时，不在此限。这一规定涉及两种无效性错误：一种是对标的物本质的错误，另一种是对当事人的错误。对标的物的本质的错误，法国法院往往作较为广泛和灵活的解释，学说上也存在着主观标准和客观标准两种解释。如果不考虑当事人的主观意思来确定，而是由法院根据合同的具体情况去确定，是为客观标准。相反，如果按照当事人的主观意思，即探求当事人在出售或购买某个标的物的时候把“决定性的考虑”集中在标的物的某一品质上来确定，那就是主观标准。法国法院实际采用的是主观标准，大多数学者也持主观标准。对当事人的错误，按照法国法的规定，如果仅仅是在认定谁是订立合同的对象上产生错误，是不能构成合同无效的原因的。但是，如果对订约的对象的考虑是订立该合同的主要原因，而在订约时错认了订约对象，那就可以作为合同无效的原因。如在承包、雇佣、借贷等合同中，对方当事人的身份、能力、技能和品格等对当事人决定是否同其订立合同具有重大意义，对此如果发生错误，就可能导致合同无效。

在法国合同法中，除上述对标的物本质及一定条件下对当事人的错误之外，当事人的其他错误一般不能成为合同无效的原因。这类错误统称为次要错误，主要包括：（1）非“基于人的关系”而订立的合同中，一方当事人对另一方当事人的错误；（2）对标的物本质之外的其他因素的错误；（3）对订立合同的动机的错误或者对行为法律后果的错误；（4）经济评价的错误，其中主要包括对标的物的价值、当事人的清偿能力以及经济上的估算的错误；（5）计算上的错误等。

（二）德国法对错误的规定

《德国民法典》第119条第1款规定：“表意人所作意思表示的内容有错误，或者表意人根本未作出此种内容的意思表示，如果可以认为，表意人若知悉情事并合理地考虑其情况后即不会作出此项意思表示时，表意人可以撤销该意思表示。”根据这一规定，关于意思表示内容的错误和关于意思表示形式上的错误，均可产生撤销合同的后果。该条第2款又规定：“交易中认为很重要的有关人的资格或者物的性质的错误，视为意思表示内容的错误。”对如何理解意思表示内容的错误作了进一步的解释，在解释的时候所采取的标准是客观标准，即以该项性质的错误在交易上是否认为重要为条件，而不像法国法那样采取主观标准。[1] 德国法院在考虑意思表示内容的错误和意思表示形式的错误是否足以撤销合同时，对前一种情形，将考虑受错误影响的一方是否得到了他真正想得到的东西而定；对后一种情形，将考虑表意人究竟想得到什么东西而定。

三、《国际商事合同通则》关于错误的规定

《国际商事合同通则》第3.4条款对错误下了一个定义，称“错误是指在合同订立时对已存在的事实或法律所做的不正确假设”。该定义认为事实错误和法律错误的性质是相同的，它鉴于现代法律体系日益复杂，而对这两种类型的错误从法律上做了同样的处分。在此基础上，第3.5条进一步规定，当事人必须是在订立合同时有关的重大错误，才可宣告合同无效。对于错误的分量和重要性的判断应参照主观和客观两方面的标准进行衡量，亦即：在合同订立时“一个通情达理的人处在与错误方相同的情况下”，如果已经知道了事实真相时，可能做出的行为。如果他因此将根本不可能订立合同，或合同将只会按实质不同的条款订立，那么在这种情况下，可以认为错误是严重的。这种主观和客观相结合的判断标准比法国和德国所采用的单一标准更全面更合理。

根据第3.5条的规定，错误方在其错误属于重大错误的同时，还需满足非错误方符合下列四种条件之一时，才能宣告合同无效：（1）双方当事人都犯了相同的错误；（2）错误方的错误是由另一方当事人造成的；（3）另一方当事人知道或理应知道错误方的错误，但有悖于公平交易的合理商业标准，使错误方一直处于错误状态之中；（4）在宣告合同无效时，另一方当事人尚未依其对合同的信赖行事。

有时尽管错误是重大的，但如果错误是由于错误方的重大过失所致，

---

[1] 冯大同主编：《国际商法（新编本）》，对外经济贸易大学出版社1991年版，第97页。

或者错误方已经意识到了这种错误的风险，根据具体情况这种风险应由错误方承担，错误方也不得宣告合同无效。

四、中国法关于重大误解的规定

在中国法中，错误被称为误解。其实，误解和错误本来就是一回事，都是指内心意思与表示不一致，而不一致乃是基于错误的认识，在表示时因认识错误而不知其不一致，不一致本身是通过将当事人的意思表示与客观事实相对比而发现的。[1] 中国对误解的分类与法国相似，也将误解分为一般误解和重大误解。一般误解对合同的效力不产生影响，只有重大误解才会影响到合同的效力。怎样理解重大误解，最高人民法院《关于贯彻执行〈中华人民共和国民法通则〉若干意见（试行）》（以下简称《意见》）第71条作了解释："行为人因对行为的性质、对方当事人、标的物的品种、质量、规格和数量等的错误认识，使行为的结果与自己的意思相悖，并造成较大损失的，可以认定为重大误解。"由此可知，重大误解可以从以下几个方面进行理解：（1）从合同的订立来看，误解是一种基于错误认识而作出不真实的意思表示；（2）从发生误解的事项来看，重大误解通常是指对合同的效力有重大影响的条款的误解，或者说对与误解人的利害关系较大的合同条款的误解，与当事人利害关系较大的合同条款是指合同的性质、对方当事人、标的物的品种、质量、规格和数量等方面的条款；（3）从误解对当事人的影响程度来看，重大误解是指能够给误解人造成较大损失的误解，这也可以说成是结果损失较大。

中国《民法通则》和《合同法》都只承认重大误解能够影响合同的效力。《合同法》第54条规定：因重大误解而订立的合同，当事人一方有权请求变更或者撤销。为了促进交易的发展，《合同法》在对因重大误解而订立的合同的效力作了可撤销的规定的同时，还规定了可变更，并且规定当事人请求变更的，法院或仲裁机构不得撤销，即使是请求撤销，其撤销权必须在第55条规定法定期限（1年）内行使。中国《合同法》关于因重大

[1] 孔祥俊：《合同法教程》，中国人民公安大学出版社1999年版，第268页。

误解而订立的合同，当事人可以请求变更的规定，是对英美法用改正合同来处理因错误而订立合同做法的合理吸收。

五、因错误而订立的合同效力的比较分析

综观国内外合同的理论、立法和实务，错误在合同的缔结过程中经常发生，错误主要表现为对合同的性质、对合同相对人、对合同标的物发生误解，其中对合同标的物发生误解尤为复杂，包括对标的物的品种、质量、规格、数量、包装、履行方式、履行地点、履行期限等内容的误解等。

由于错误是当事人订立合同的意思表示的表现形式，本着合同自由的原则，各国的立法都认同并非所有错误都会影响合同的效力，但错误又是当事人不真实的意思表示，为了追求公平和正义，各国的立法又都承认错误能够对合同效力产生相应的影响，一般认为重大错误对合同的效力影响更为突出。但在对判断错误的标准、认定错误范围、错误如何影响合同效力等具体问题上，各国的规定存在着较大的差异。

在对判断错误的标准上，法国采用的是主观标准，德国采用的是客观标准，《国际商事合同通则》和中国采用的是主观和客观相结合的标准，而且中国最高人民法院的《意见》第71条以“造成较大损失”的合同履行结果来界定重大误解，较之《国际商事合同通则》从错误和程度上来界定重大错误的做法更客观，更适合中国实际情况，在审理案件的实践中更易于掌握。

在对错误事项规定的方式上，各国的方式也是不尽一致。英美采取了判例示范的方式。德国采取了概括主义，较概括地体现在民法典的第119条规定上。法国则采取了列举主义，《法国民法典》第1110条规定：“错误，仅在涉及契约标的物之实质本身时，始构成契约之无效原因。错误，仅仅涉及当事人意欲与之订立契约者的个人时，不构成无效原因；但如出于对该个人的考虑是当事人与之订立契约的主要原因时，不在此限。”中国的《民法通则》和《合同法》虽没有涉及重大误解的事项，但从最高人民法院的《意见》第71条解释的情况来看，也是采取了列举主义。列举主义的好处在于实践上的可操作性强。

在关于错误对合同效力影响的问题上，英美法与大陆法的主要区别在于：(1) 英美法的要求比大陆法较为严格，一般来说，英美普遍法不允许以单方面的错误为理由使合同无效，衡平法为了追求公平和正义才考虑因错误引起的合同无效问题。(2) 因错误而引起的后果亦有区别，大陆法对法律认定的错误或者认为合同无效（如法国法），或者认为可以撤销合同（如德国法）；而英美普通法与衡平法却采取不同的原则，如依普通法，错误可导致合同无效，而依衡平法则是撤销合同。[1] (3) 英美法从错误的主体出发，把错误分为共同错误和单方错误，法国法按程度将错误分为重大错误（包括障碍性错误和无效性错误）和次要错误，只有重大错误才可以导致合同无效。

中国《合同法》沿用法国法和《国际商事合同通则》中只有重大错误才可以导致合同无效的规定。把错误划分成一般错误和重大错误的做法，较好地平衡了保障交易安全与追求交易效率的关系，既不简单否认错误对合同效力的影响，片面追求合同效力，也不机械认定错误肯定影响合同效力，粗暴地使合同归于无效，而是规定只有重大错误才会影响合同的效力，而且重大错误导致合同无效必须经错误方主张撤销权撤销合同才能实现。允许错误方当事人以重大误解为由主张撤销或变更合同，是法律为重大误解方当事人提供的救济机会，同时要求错误方当事人不能以一般误解为由主张撤销或变更合同，即使以重大误解为由主张撤销或变更合同，也应该及时向法院或者仲裁机构请求撤销或变更合同，由法院或者仲裁机构裁决，这说明法律对错误方当事人的保护是有限度的，既要保护错误方当事人的利益，更要保护无错误方当事人的利益。

---

[1] 冯大同主编：《国际商法（新编本）》，对外经济贸易大学出版社 1991 年版，第 98 页。

刍议法学教育中的“法律人思维”

■ 张　爽*

【内容提要】“法律人思维”的本质不在于维护职业共同体的利益，而是作为职业群体区别于普通人的方法论原则，表现为法律实践的实际技能，是法律职业对法学教育提出的要求，而培养法律人思维的途径即通过法学专业教育。

【关键词】法律人思维　法学教育

一、法律人思维的概念

思维是客观事物在人脑中间接的和概括的反映，是借助语言表现的理性认识过程。对于法律人来讲，思维方式甚至比他们的专业知识更为重要。因为法律规定之类的专业知识是有据可查的，而思维方式则是决定他们认识和判断的基本因素，并且只有经过长期专门训练才能养成。具有理性的思维，这是法律人权威的内在要素之一，它是指法律人思维判断力的理智与成熟，表现为法律人的意识、观念或态度的自主性，这种理性的思维特点是经过专业的训练才能获得的。正是因为有了专门化的职业化的思维方式，他们的活动才是值得信赖的。正如人们为什么在通常情况下信赖职业医生那样——因为职业医生是训练有素的专家。❶

作为一个热议的话题，“法律人思维”的定义并未达成共识，但是对于

---

* 张爽，法学博士，广东外语外贸大学法学院副教授。

❶ 孙笑侠：“法律人思维的规律”，载《法律方法与法律思维》2002年第1期。

怎样才是“像法律人一样思维”，这些概念基本内涵的认识却大致相同。季卫东认为法律人思维应包括三个特征：它首先表现为一切依法办事的卫道精神；其次有“兼听则明”的长处；最后以三段论推理为基础。[1] 而孙笑侠则认为法律人思维应包括五个特征：（1）适用术语进行观察、思考和判断；（2）通过程序进行思考，遵循向过去看的习惯；（3）注重缜密的逻辑，谨慎地对待情感因素；（4）只求程序中的真，不同于科学中的求真；（5）判断结论总是非此即彼，不同于政治思维的“权衡”特点。[2] 本文认为，法律人思维是在特殊目的（权利与义务的确定）、制度化程序（程序规则）约束之下，于对抗性对话框架中（说服性对话）构建、分析、批判法律论证的思考活动。其基本特征是，针对一个法律主张，构建和表达合情理的论证，以获得一个合乎自己预期的法律裁决；它的核心是发现、分析和评价理由。[3]

“像法律人一样思维”的论题不仅涉及法律思维的种种问题，也与法学教育的内容和方法直接相关。通过教学活动让法科学生获得这种思维习性，即让学生掌握将“像法律人一样思维”现实化的种种技能，是法学院教学的合理目标。事实上，每当法律教育或教学方法的变革来临之际，总会出现对“像法律人一样思维”的讨论热潮，这个概念直接和法律教学方法与法律教育目标相联系。

二、法律人思维的价值

（一）法律实践对说理的要求

法学教育以培养法律人思维为目标，是法律实践对说理的必然要求。法律人思维及其表达是在对抗制中进行的对立式思维。理性说服是论辩的基本目的，任何做出的主张必须被某种理由或证据所支持，并将试图在论证的进程中预见和消除这种反对，否则该论证不会满足合理性的要求，不

[1] 季卫东：“法律职业的定位——日本改造权力结构的实践”，载《中国社会科学》1994 年第 2 期。

[2] 孙笑侠：“法律家的技能与伦理”，载《法学研究》2001 年第 4 期。

[3] 武宏志：“美国语境中的‘法律人思维’”，载《法学家》2009 年第 3 期。

能理性地说服他人。因此，论辩的过程必须增强合理性，展示合理性。通过给出理由、权衡反对、修正或拒斥它们，使批评者认识到，论证者的立场具有合理性。

在处理案件时，法律人处理的理由比结论更为重要。理由优先并非法律人所独有，但是在法律人思维中强调理由优先具有特殊意义。在司法过程中无论是案件事实认定抑或是法律的解释适用，很难保证精确到无争议，更多的时候存在一定的司法裁量权。对于处理的任何法律问题，作为法律人必须先用充分的理由说服自己为什么得出这个结论，这个理由在被自己的理性接受以后，法律人才能用这个理由去说服别人，比如当事人、审判委员会、社会公众等。在理由被优先阐述的过程中，不但作为司法者个人的理性得到体现，更重要的是整个司法体系、司法过程的理性得到了保障。"今天，这些判决都应说明理由。但判决必须说明理由是新近的事。有很长一段时间大家一致认为判决是行使权力，无需说明理由。判决要说明理由的做法，在意大利从 16 世纪起，在德国于 18 世纪逐步确立起来；在这点上，在法国只是在 1790 年，在德国只是在 1879 年才作为一项普遍义务强使法官们接受。判决必须说明理由这一原则今天是极为牢固地树立了；在意大利，宪法本身就此作了规定。对于我们这个时代的人，这个原则是反对专断的判决的保证，也许还是作出深思熟虑的判决的保证。"❶

（二）职业共识对法学理论的要求

培养和健全司法者作为法律人的思维方式及思维能力是至关重要的环节。作为法律真意的解释学共识，并不是指全社会中所有人的共识，在所有人的共识意义上理解法律真意是不现实的。司法活动虽然不是科学活动，但却是专业活动。司法活动的业外人士很难与司法活动的业内人士对法律的真意经常性地达成共识。"从单纯的认识论的角度，解释者能够对同一文本作出大体相同的解释，这是因为他们分享了相同的基本生活经验，形成了伽达默尔意义上的共同的偏见。缺乏这个前提或共识，解释者就不会对法律文本作出哪怕是大体上一致的解释。"❷

---

❶ ［法］勒内·达维德著，漆竹生译：《当代主要法律体系》，上海译文出版社 1984 年版，第 132 页。

❷ 崔常丰："由法律解释理论考察我国的法律解释体制"，载《北方论丛》2005 年第 3 期。

而法学理论是法律人思维具体层面重要的内容之一，是法律人从事司法活动甚至是一切法律活动时重要的思维参照系。在现代法治社会的语境中，法学理论已经成为任何法律活动必备的前提。如果某一法律活动不能在法学理论中得到说明或不能从法学理论中寻找到合理性根源，则其正当性便会受到质疑。“拉伦兹还认为法学创造出一些价值导向的思考方法，而这种思考方法不仅具有客观性，并且促进了法律和法律判决的确定。”❶

在现代社会中，大学的法学院是培养法律人、训练法律人思维的重要场所，在法学院培养法律人的过程中，第一要务就是通过教学使学生学习和传承法学理论。法律更多地决定于法律人的理念与思想；而法律人的理念与思想则更多受制于法学教育的质量。目前我国实行的司法从业资格考试，是成为法律人的资格准入制度。此种考试制度，在世界上几乎是通例。其目的就是让每一个从事法律事务的人都要经过最基本的法学理论训练，让每一个法律人都有最基本的法学理论背景。经过训练，从事法律工作的人才能真正具备法律人的思维能力，法治的统一性才能因此得到保障。法国的法学院教育是以正确的原理性思维和明快的倏学式表达为目标，彻底的原理性思维是法官培养的关键。❷

三、“法律人思维”的教学目标

法律人思维目的性极为突出。以律师为例，作为律师的法律人为特定的委托人工作，要达到的结论早已知道，剩下的工作只是怎样利用坚实的证据与法律规则支持这样的结论是应该接受的。法律人并不从一般原则和推理开始“向着”某种还不知道的但不可避免的结论前行，而是从一个结论或主张——委托人的目标开始，他然后设计达到那个目标的辩护策略，通过相似于“逆向工程”的过程，进行逆向推理。所以，明确的目标引导是法律人思维的一个重要特性。

这个目标是实质性的，而不可能是纯法律的，因此在法学教学中，必

---

❶ 孙笑侠等：《法律人之治——法律职业的中国思考》，中国政法大学出版社2005年版，第91页。

❷ ［日］大木雅夫著，范愉译：《比较法》，法律出版社1999年版，第281页。

须要解除那种对法律思维的纯粹想象，法律思维不可能是一个没有任何实质性内容介入，严格按照形式合理性的规则来办事的完美逻辑体系，在此意义上，法律思维与道德思维、政治思维与经济思维等所谓的大众思维才有沟通的可能。因为法律思维没有法律人想象得那样纯粹，法律思维中不可避免要渗入后果和利益的考量，而不仅是规则的严格适用。❶

职业法官与大众之间势必存在一道专业屏障，话语难以沟通，法律人的社会形象并不那么美好。"律师就是一位受过特殊训练来规避法律的人"，"律师是不仅为正义服务的，也是为不正义服务的人"，律师职业常被作为戏谑的对象，法官、检察官的社会形象也偏于负面。近年来司法裁判甚至往往引起民间舆论的质疑甚至敌视。法治首先要求法律人具有专业的法律思维。然而这种法律思维常常不能被普通人理解，有时法官的话还容易惹起众怒。❷ 但期待大众在监督司法的同时，还了解法官正常的职业思维，且能给予理解和尊重❸无疑是不现实的。波斯纳曾提出这样一个问题："何以防止法律专门家成为一个职业的特权等级，防止他们的目的与社会需要和公众所理解的目的有巨大不同？换言之，何以保持法律既通人情，却又不过分人情化、个人化、主观化和反复无常？"❹

法学教育中案例方法的主要手段是课堂上使用苏格拉底方法，即向学生提出不同的、相互冲突的假说，引导学生学会分析技能和法律规则，这已经广泛应用、习以为常。苏格拉底教学法在训练学生运用逻辑作为批判手段，以此来充分利用法律材料不确定性的思维方法方面无疑是有价值的。但苏格拉底式的对话引发焦虑、恨意和侵略性，对此是不存在争议的。❺ 一位精神病学家和法律教授不无担忧地指出，美国法学院中盛行的法律教育方法是使学生们失去了关怀别人的愿望。❻ 因为苏格拉底教学法强调以指出别人谬误的方式达到在论辩中获胜的目的，而不是在相互理解的对话中以形成合意的方式实现矛盾的合理解决。"智者学派" 所传授的修辞术过于追

---

❶ 苏力：《送法下乡》，中国政法大学出版社 2000 年版。

❷ 孙笑侠："生活逻辑与法律思维的差异"，载《北京日报》2013 年 8 月 5 日第 17 版。

❸ 同上。

❹ ［美］波斯纳著，苏力译：《法理学问题》，中国政法大学出版社 1994 年版，第 7 页。

❺ ［美］博西格诺著，邓子滨译：《法律之门》，华夏出版社 2007 年版，第 491 页。

❻ 同上书，第 489 ~490 页。

求在论辩中获胜的效果，而根本不关心真理和正义，因而受到柏拉图和亚里士多德的批判。

普通法中的“像法律人一样思维”将法律人思维与道德、情感以及主观性和客观性区隔和对立起来了。在美国，法律人常常被描述为雇佣枪手，法律人执业被看作是一种技术性活动，训练学生“像法律人一样思维”，含蓄地允许学生变成超道德的、技术上精通的辩护律师，实践法律而不顾他们的选择和作为法律人行为的人性的、社会的和道德的含意，可能严重腐蚀职业价值。调查报告显示，（美国的）大多数人不喜欢律师，而大多数律师不喜欢他们的工作。卢埃林自己也曾承认，教学生“像法律人一样思维”的危险，因为纯粹的法律机器是一种社会危险，纯粹的法律机器不是一个好的法律人。这些在法律教育中失掉人性的和超道德的倾向应该引起我们批判性地思考“像法律人一样思维”的概念。正如庞德所告诫的：“我们必须永远记住：在我们的法律中记录着为理性所发展的经验和被经验所考验过的理性这样一种教导传统。”❶“如果没有智慧、同情和正义感的话，仅有合理性就似乎可能让我们有理由去做真正无理的事。”❷

传统上，法学教师避免在课堂上公开表达情感。大多数法律教师有一个共同的思想意识，可用两个命题表达：合理性和情感是对立的；合理性在法律推理中是恰当的，而感情则不是。依照这个思想意识，法律教师倾向于将逻辑思维的发展当作核心，甚至是法律训练的唯一焦点，他们设法压制课堂上的情感表达。这个作为“像法律人一样思维”的缩影的超然的合理性观念变得过度膨胀，这种意识形态常常歪曲和恶化了法律思维和学习的品质。唯理主义抽空情感，结果导致行动和判断抽空了动机和意义。理性和情感的分离并高估理性，既是人为的，也不利于课堂上的法律思维的品质。应该将正义的智慧和感觉整合起来。罗森伯格说，作为一名法律教授，我将我的大部分时间用于促进将心地善良的、讨人喜欢的人变成被人讨厌的和不快乐的法律人。我们力求教学生“像法律人一样思维”，不幸

---

❶ ［美］罗斯科·庞德著，沈宗灵、董世忠译：《通过法律的社会控制法律的任务》，商务印书馆1984年版，第27页。

❷ ［英］尼尔·麦考密克著、［英］麦考密克、［澳］魏因贝格尔著，周叶谦译：《法理推理中的合理性的限度》，见《制度法论》，中国政法大学出版社1994年版，第248页。

的是，我们并没有教他们如何在与同事、对立的辩护律师、委托人和决策者的互动和关系中使用这些技能。大多数法律人生活在充满分歧、敌意、竞争和压力的世界。法律人需要人际技能。人们需要能够倾听他人、接收并给予有效的反馈、及时给出断言。他们需要知道人们不纯粹是理性存在，我们的情感、思想、行为和感知相互影响；他们需要自知，需要理解和关心他们影响别人的方式。在课堂上，学生既学会法律的本体，也学会作为法律行动者的潜在角色。老师应该帮助学生使有情感的理性与有思维的情感统一起来。激励既像法律人一样思维，又像法律人一样感觉，能使得法律人以各种有用的方式识别法律分析和诉讼的问题，同样，寻找建设性的手段，将关怀、人文因素融入他们的实践，找到通向两条道路的交汇点——像法律人一样思维和感觉。

对一个具有良好道德素质，不存在故意枉法的司法者来说，法律人思维的训练是保证司法公正的重要环节。但如果司法者道德有缺陷，那么法律人思维不但不能帮助实现司法公正，反而很可能会对司法公正构成更大的破坏。需要注意的是，法律人思维不能游离于司法的社会需求之外，如何使法律人思维与司法的社会需求实现统一，也同样值得我们关注。

实践的法律人不会认为“像法律人一样思维”的技能是足够的。还有其他技能需要教授。“像法律人一样思维”并非法律教育目标的全部。因为更为一般的批判性思维教育也只是教育的目标之一，而作为批判性思维具体表现的法律人思维更不能说是法律教育的全部或唯一目标。思维作为一种心理活动，和许多技能是匹配的，成为一个好的法律人需要很多技能，而“好”的法律人思维技能仅仅是这些技能中的一部分。仅仅“像法律人一样思维”不会帮助他们成为好的法律人。

粤港澳自由贸易园区准入前国民待遇制度研究

■ 修文辉*

【内容提要】 本文在厘清国民待遇含义的基础上，参照《北美自由贸易区协定》关于国民待遇的规定，结合粤港澳自由贸易园区的实际情况，提出构建中国特色国民待遇制度的设想。

【关键词】 国民待遇　粤港澳自由贸易园区　准入前国民待遇　北美自由贸易区

一、国民待遇概述

国民待遇，简而言之，是指给予外国国民、产品或服务，投资和本国人相同或同等的待遇。这一待遇是法治基本原则法律面前人人平等原则的体现。马克思在《共产党宣言》中指出："高度发展的商品经济，不仅要求在一国境内通商自由，而且也要求通商的国际自由。因而，资产阶级要求打破闭关锁国、自给自足的封闭状态，力求改变外国人的无权地位，使其与一国国内的自然人、法人享有的权利无多大差异。为此，在 1789 年的《法国人权宣言》第 1 条中宣称要实现人类……在权利上是平等的。"1804 年《法国民法典》第一卷第一编第 11 条中规定"外国人在法国享有与其本国根据条约给予法国人的同样的民事权利。"这是国内法上对外国人国民待遇较早的规定。由于《法国民法典》对意大利、葡萄牙、西班牙、希腊、

---

* 修文辉，法学硕士，广东外语外贸大学法学院讲师。

卢森堡、奥地利、挪威、瑞典等国产生巨大影响，这些国家的民法典也做了类似的规定。1947 年《关税与贸易总协定》第三条第二款规定："一缔约国领土的产品输入到另一缔约国领土时，不应对它直接或间接征收高于对相同的国产品所直接或间接征收的国内税或其他国内费用。"同条第四款还规定："一缔约国领土的产品输入到另一缔约国领土时，在关于产品的国内销售、兜售、购买、运输、分配或使用的全部法令、条例和规定方面，所享受的待遇应不低于相同的国产品所享受的待遇。"

国民待遇在很多国际条约中都有规定，通常表述为一国给予外国人不低于其给予本国人的待遇。但国民待遇并未成为国际经贸交往的一般原则，即使实施国民待遇的国家，也会对其适用范围做必要限制，即国民待遇一般仅限于民事权利、诉讼权利等范畴，除了个别国家或地区，公民权与政治权利，社会保障权利等一般不属于国民待遇的适用范围。国民待遇意味着对外国人或其产品、服务一视同仁，在立法、执法和司法上不进行歧视。然而在中国等发展中国家，有一种所谓"超国民待遇"，即给予外国人以比本国国民更优惠的待遇。从国际法来看，这并不违法，但从国民待遇的精神实质即平等来看，这样做事实上造成对本国人的歧视。如果说在改革开放初期出于吸引外资的需要还有合理性的话，现在这种做法受到越来越多的批评，应该进行调整。当然，调整的思路不是要取消给外资的优惠，而是将这些优惠同样适用于本国人。

在国际投资领域，国民待遇的适用范围按投资阶段可以分为"外资准入前国民待遇"和"外资准入后国民待遇"。所谓准入后国民待遇是指外资设立企业后在税收、管理方面给予不低于本国国民的待遇。"准入前国民待遇"是指在企业设立、取得、扩大等阶段给予外国投资者及其投资不低于本国投资者及其投资的待遇。一般发展中国家倾向于将国民待遇限定于准入后给予，而发达国家作为主要的国际投资国则要求将对外国投资者的保护延伸到投资前，也就是企业设立、取得、扩大等阶段。

中国以前在国民待遇问题上是跟发展中国家保持一致的，但随着中美战略与经济对话的展开，中国逐步转变了立场。商务部发言人沈丹阳在 2013 年中表示：准入前国民待遇和负面清单管理模式已成为国际投资规则发展的新趋势。

对于这种转变我们认为是必要的，但也必须注意两个问题：(1) 美国也好，欧洲也罢，虽然打着贸易自由化的旗号，但他们在实施准入前国民待遇时也是留一手的。众多中国企业海外并购遭遇阻击就说明：欧美对中国企业不仅没实施国民待遇，而且是歧视性的，动辄以危害国家安全为由阻止中国企业的正常市场交易行为。(2) 开放准入前国民待遇后的经济安全甚至国防安全问题。如果没有健全的监管制度和防范机制，境外资本很有可能冲击、危害中国的经济安全甚至国防安全，特别是在那些涉及国计民生、军事用途的行业。

二、准入前国民待遇的美国经验

准入前国民待遇肇始于美国，以《北美自由贸易区协定》为范本。其第11章规定，东道国有义务保证其法律法规及其执行对本国人和外国人一视同仁而不论相关的法律法规属于何种性质或涉及何经济领域。但这一原则性规定是有例外的，我们只有准确把握其原则与例外，才能真正理解美国的准入前国民待遇制度。

（一）北美自由贸易区关于准入前国民待遇的法律规定

《北美自由贸易区协定》第11章关于国民待遇的原则性规定在第1102条、第1108条对实体性条款的例外作了规定，而相关条款的保留与例外则完全体现在多达近200页的附件中。总体而言，例外的选择在很大程度上不是基于经济因素的考虑，而更多的是建立在政治因素的基础上。其内容和特色概括如下：(1) 国民待遇的适用范围非常广泛。既适用于投资者，也适用于投资者的投资。既包括已经投资的投资者，也包括尚未投资但准备投资的投资者。既适用于缔约国国民的投资，也适用于非缔约国国民的投资。(2) 国民待遇的内涵既包括准入前的平等待遇，也包括准入后的平等待遇。第1102条规定体现了给予投资者建立商业机构的权利，规定一缔约方投资者或投资在另一缔约方领土内设立新投资时享有与该国国民同等的权利，同时要求缔约方在商业机构的建立、获得、扩大、管理、经营、运作和出售或其他处分方面给予其他缔约国的投资者和投资者的投资以国民待遇。(3) 规定了一个“类似情形”下的兜底条款。即外国投资者在类似情形下也可获得国民待遇，但对何谓类似情形未做明确规定，实践中往往成为争议的焦点。(4) 将“不低于”作为国民待遇的标准。即东道国给予外国投资者的待遇要相当于或高于给予其本国国民的待遇。这里需要注意的是相当于不是等于，不是完全相同的待遇，只要给予外国投资者的待遇是非歧视性的即可。(5) 禁止当地成分要求。各缔约国不得迫使另一缔约国的投资者同意当地投资者在境内企业拥有某种最低水平的股份，缔约国也不得仅仅因为国籍的原因迫使其他缔约国的投资者出售其投资。(6) 规定了保留制度，允许缔约国通过保留继续维持特定与《北美自由贸易区协定》不符的国内法，或通过新的法律或公共政策。(7) 国民待遇不仅适用于一个缔约方的政府，同时也适用于该缔约方的州或省级政府这一规定并不禁止一缔约方的州或省级政府对缔约方其他地区的投资者和投资实施差别待遇，它所禁止的是将给予其他地区的投资者和投资待遇中的较差的待遇给予另一缔约方投资者和投资。它要求州或省级政府将给予其他地区的投资者和投资待遇中的最优惠待遇给予另一缔约方的投资者与投资。

（二）北美自由贸易区关于准入前国民待遇的实践

在司法实践中，美国逐步明确了国民待遇的具体内涵和适用条件。主要是对歧视的界定和类似情形的界定。(1) 对于表面上存在的歧视的认定是比较清楚的，事实上存在歧视的问题就较为复杂。在 Pope 案中，NAFTA 仲裁庭通过对协定的目标和宗旨的分析入手，在聚焦于争议制度对争议一方投资者及其投资所受待遇产生的结果之后，不认为存在事实上的歧视情形。该庭建立的衡量事实上的歧视是否存在的标准包括相关协议的目的和待遇产生的后果。而 Myers 案中仲裁庭则进一步明确对于事实上的歧视的量的把握，即是否这个政策或措施产生了“国民超过非国民的不对称的利益”。(2) 在 NAFTA 仲裁庭的实践中，类似情形的理解并不存在完全一致的情况。确定判断标准对于具体的案件而言是十分必要的。相关案件在确定类似情形的判断标准时都要求同一性。同一性不但体现在比较对象的同一性，还应该体现在投资过程中所处时间阶段的同一性。

三、构建中国特色的准入前国民待遇法律制度

（一）克服两种倾向

在构建中国特色的准入前国民待遇法律制度时，首先要对我国特别是广东的经贸现状以及未来发展有一个清晰的自我定位。我们认为在对广东和中国进行自我定位时，要避免两种倾向。一是简单化倾向，二是静态化倾向。

中国是一个大国，广东是一个大省，这就决定了广东乃至全国经济发展程度区域不平衡的特点。以广东论，南北差距比较大，珠三角地区属于比较发达地区，而粤北则属于比较落后地区。以中国论，沿海比较发达，而内地仍然比较落后。以上因素，要求我们在决策时摆脱传统的发展中国家心态，以具体问题具体分析的方法处理相关准入前国民待遇问题。

随着我国经济实力的增强，我国的海外投资也迅猛增长，相关数据显示，我国对外投资 2007 年还排在全球第 13 位，2012 年已经排在全球第 3 位。据中华人民共和国商务部援引法国《回声报》报道，在世界经济总体低迷的背景下，国际直接投资总额在 2012 年出现下降，当年总额为 1.35 万亿美元，较 2011 年下降 18%。2012 年国际直接投资呈现出两个特点：一方面越来越多的国际直接投资流向发展中国家，发展中国家吸收了 52% 的国际直接投资，发达国家吸收的国家直接投资金额下降 32%；另一方面新兴国家对外直接投资力度不断加大，所占比重已超过国际直接投资总额的 30%。2012 年中国对外投资世界排名升至全球第三，排名较前一年上升三位。据广东省对外经济贸易合作厅数据，2013 年，广东省经核准境外投资新增中方协议投资额 52.4 亿美元；对外承包工程新签合同额 236.6 亿美元，同比增长 24.2%；完成营业额 228.7 亿美元，同比增长 42.4%。以上数据说明，中国除了作为全球吸引外资大国的身份之外，还有一个身份是全球投资大国。中国既是世界的加工厂、商品输出国，也是资本输出国。这就要求我们决策时不能仅仅站在资本输入国、发展中国家的立场看问题，还要站在资本输出国、经济相对发达国家的立场看问题。从人均 GDP 来看，中国已经进入中等收入国家门槛，广东则已

经进入发达地区门槛。

另一个需要克服的倾向是静态化倾向。中国的经济社会发展之迅速，可以用一年一小变，五年一中变，十年一大变来形容。十年前，谁能想到无线网络如此普及？家庭汽车如此普及？这种快速发展的态势要求决策者必须与时俱进，制定政策时要考虑到可持续性、阶段性以及连贯性、前瞻性，不要有一劳永逸的心态，而应保持清醒与警觉，根据国家和广东省经贸实力的变化及时修改相关法律与政策。

（二）因地制宜构建中国特色国民待遇制度

根据联合国贸发会议的研究，国民待遇主要分为准入后国民待遇和准入前国民待遇。准入后国民待遇包括有限的准入后的国民待遇和全面的准入后的国民待遇；准入前国民待遇也有两种形式，即有限的准入前的国民待遇和全面的准入前的国民待遇。外资准入是指一国允许外国投资进入的自由程度，包括允许接受何种投资、投资的领域、投资准入的条件以及对外国投资的审批等内容。从东道国的角度而言，就是自行决定是否允许外资准入与外资自由化，一国有权力根据国内法决定是否对外资进行限制，以及实施何种限制。从投资者的角度而言，即国际直接投资进入东道国管辖领域的权利和机会。因此投资的设立阶段就成为区分这两种国民待遇的界线。

1. 准入后国民待遇

因为准入后的国民待遇为大多数国家所认可，并无较大异议，各国基本达成共识，所以在此先略作探讨。准入后的国民待遇是外国投资者依照东道国法律的要求在东道国设立了投资企业后的一切经营活动。一般各个国家都能在这个阶段给予外资以国民待遇，使内外资获得同等的待遇；甚至在发展中国家为了鼓励外资进入给予外资一些优惠待遇。但是，对于准入后的国民待遇仍可依据主权原则予以限制。对准入后国民待遇而言，有限的准入后国民待遇是指在准入后阶段给予外国投资者以国民待遇的同时，东道国保留着较大的自由裁量权；而全面的准入后国民待遇，则只是对国家经济至为重要的特定产业或幼稚产业予以例外保护，在实体标准上采用“类似情况”和“不低于”这样的表述，并且没有地方政府措施的例外。

2. 准入前国民待遇

准入前国民待遇是在全面的准入后国民待遇的基础上再加上准入前的国民待遇。目前有少量国际投资协议采纳准入前的国民待遇，待遇适用于外资准入阶段，其首倡者是美国，最初体现在美国与其他国家的友好通商航海条约（FCN）。1982 年，美国开始推行其双边投资保护条约，该协定的特点之一就是要求缔约另一方对美资的准入实行国民待遇。1994 年美国又出台其新的双边投资示范条约，该协定第 2 条第 1 款规定："在建立、获得、扩建、管理、行为、运作、销售和其他所涉投资的处置方面，每一缔约方在相似情形下应给予不低于其给予本方领土内自己的国民或公司的投资的待遇……"准入前国民待遇虽由美国首倡，发达国家主推，但使用准入前国民待遇总的来说有扩大的趋势，一方面是发达国家大力推动，使发展中国家对于投资的限制力进一步缩小。另一方面，发展中国家出于对外资的需求，也对发达国家做了一定的让步和妥协。此外，区域一体化下的国民待遇也多倾向于准入前的国民待遇，使得国民待遇的适用阶段扩展至准入前。

准入前的国民待遇可分为两种。第一种是有限的准入前国民待遇，即将国民待遇扩及准入后和准入前阶段，从而在一定程度上限制了东道国关于外资准入的自由裁量权，但是东道国对于自由化的程度和步伐以及准入的条件仍保留着某种程度的控制权。在联合国贸发会议的研究看来，这种方式对那些希望以渐进的方式对外资准入实行自由化的国家比较合适。第二种是全面的准入前国民待遇。即除通过"否定式清单"方式来保护某些产业及活动外，在准入阶段给予国民待遇的承诺原则上扩及所有的外国投资者。这种方法缩小了东道国的自由裁量权，在相当程度上限制了东道国控制外资准入的传统权利。在外资准入阶段引入国民待遇，其实质就是要排除东道国对外国投资领域和进入条件的普遍审查权。

实行准入后国民待遇和准入前国民待遇各有利弊。准入后国民待遇更有利于东道国主权的行使，对外国投资和跨国公司进行管理，若给予外资全面的准入前国民待遇，就可能限制甚至排除东道国对外国投资进入领域和进入条件的全面审查权，东道国只能对经双方同意的少数产业领域限制外资进入。对外资采取全面的准入前国民待遇，可以起到改善投资环境的作用，促进本国企业竞争。

3. 国民待遇的例外

作为国际投资法的主要原则之一的国民待遇对东道国国内法的制定和执行、司法制度的设立、司法原则和标准的制定、司法与行政机关的关系都有影响。可以说国际社会通过国民待遇原则涉入了许多传统上属于主权国家管辖的内部事务。因而，许多国家并不实行完全的国民待遇，而是规定国民待遇适用的例外，即使在一贯主张开放的国民待遇的发达国家，对于国民待遇仍规定有例外。这些例外包括两类，即一般例外和特殊例外。(1) 一般例外。一般例外是指东道国基于安全的理由对外国投资进行审查或基于公共秩序进行保留。例如在某些国家合法的枪支贩卖、性交易、赌博等商业行为的经营者，就会被其他国家排除在国民待遇的适用范围外。(2) 特殊例外。包括政府采购例外、知识产权特殊保护、避免国际双重征税特殊优惠等。

目前，世界很多国家，包括发达国家和发展中国家都维持着对中国海外投资的壁垒或歧视政策。中国应该利用自己日益强大的经贸实力，勇于捍卫自己的国家利益，为中国投资者争取平等待遇或优惠待遇。我们认为，借鉴美国等投资大国的立法经验，有限实行准入前国民待遇是可行的。

著名国际投资法专家余劲松教授有这样一个论断："并不是说中国在任何情况下都不可采取准入前的国民待遇。例如，在区域自由贸易协定的情况下，由于该协定可以构成WTO和其他双边投资协定的例外，缔约国间相互给予准入阶段的国民待遇不会通过最惠国条款扩及其他国家，因此，在这种特殊安排下，准入阶段的国民待遇是可以考虑的。当然，这种区域性或双边安排的对象不同，也应采取不同的对策。例如，若此安排发生在中国与发展中国家间，那么，由于经济发展水平大致相同，采取准入阶段的国民待遇对缔约方不会产生太大的副作用。"

笔者建议，在构建中国特色的粤港澳自由贸易园区准入前国民待遇法律制度时，应注意以下几点。

(1) 实行对等原则。为了打破其他国家或地区对我国、广东省对外投资的歧视与限制，有必要根据对等原则要求其他国家或地区在双边或区域性自由贸易协定中承认我国、广东省投资者的国民待遇资格。在此，笔者不同意某些学者提出的对港澳的单方面优惠政策。理由如下：随着广东经贸实力的增长，广东与港澳的实力对比在发生变化，容许港澳维持对广东、大陆的一些歧视或限制措施，已经没有必要。维护广东和内地投资者的平等待遇，已经成为比较重要的政策目标。另外，值得指出的是，过去将港澳视为外资予以优待助长了一些港人的优越心理，导致“蝗虫论”等极端言论的出现。今后，可以继续给港澳外资待遇，但按国民待遇的精神平等对待即可。这有利于两地的经济融合，防止港独的滋生和蔓延。通过要求港澳撤销针对内地的投资限制、人员流动限制，实现两地更充分的交流和融合，支持统一的声音会更大。

（2）国民待遇的定义。传统上我国都将国民待遇界定为给予外国投资者与本国国民同等的待遇。但从 WTO 的规定和美国等资本输出国的法律与实践来看，将国民待遇界定为给予外国投资者及其投资以不低于本国国民的待遇更为合适。从对象上，国民待遇不仅应适用于外国投资者，也适用于其投资。仅仅规定外国投资者是不够的。从标准上，实行国际通行的“不低于”标准，将为我国投资者获得在其他国家或地区的平等待遇甚至优惠待遇奠定法律基础。

（3）国民待遇的阶段和给予方式。虽然国家提倡开放准入前国民待遇，但笔者在仔细研究相关国家和地区的实践后，认为应该三思而后行。虽然自由贸易园区是一种改革试验，但如果陷入一种国民待遇狂热，就中了美国的圈套。东南亚金融危机的前车之鉴，我们必须记取。在我国经贸实力未全面提升到足以抗衡美欧等经贸强权的时候，实行相对审慎的外资监管是必要的。WTO 体制下，由于发展中国家的反对，美欧企图以否定清单方式打开其他国家市场的目标没有得逞，最终实行的是肯定清单。在这种背景下，美欧利用其强大的经贸实力，各个击破，用胡萝卜加大棒政策诱使一些发展中国家、中小国家同意在双边或区域性自由贸易协定中实行否定清单，这反映了当今国际经贸秩序仍然是弱肉强食的实质。对此若没有清醒认识，将给国家安全带来极大隐患。笔者认为，实行肯定清单加否定清单的方式是一种比较稳健的对外开放模式。“否定式清单”即以消极列表的方式将不实行国民待遇的部门列出，若成员方没有做出此种特别保留，所有部门都应对投资者开放；“肯定式清单”则是以积极的方式将对外资实行国民待遇的部门列出，非列明的部门不实行国民待遇。目前中国尚不宜采取发达国家所提倡的“否定式清单”，一来需要对产业进行评估，这在目前中国还很难做到，二来那些未列入清单的产业将没有任何保护，特别是在国家情势和国际情势发生重大变化的时候，此种产业具有潜在地遭受致命打击的危险。

粤港社会组织合作的角色定位和法学审视

■ 朱最新* 陈 卉**

【内容提要】 粤港两地地理环境邻近、资源优势互补，经济一体化不断加强。粤港政府合作在推动经济一体化中成就巨大。由于粤港政府权限以及法律、政治等因素的影响，其合作还存在诸多不足。社会组织合作的相对独立性、灵活性等在一定程度上弥补了不足。然而，社会组织合作也存在诸多问题：存在制度障碍、缺乏动力机制与合作平台、两地政府对此缺乏应有的支持等。问题存在的原因是多方面的。其中，角色定位不准是重要原因。因此，科学定位粤港社会组织合作的角色是推动其合作良性发展的基础。粤港社会组织合作的价值指向：两地的可持续发展；合作的基础：两地合作性竞争伙伴关系；合作的权限范围："一国两制下"的多元互动；合作的运行模式：开放协调机制。

【关键词】 粤港 社会组织 角色定位

改革开放以来，粤港经济一体化不断加强，粤港政府合作取得巨大成就。然而，由于粤港政府权限以及法律、政治等因素的影响，粤港政府合作还存在诸多不足。社会组织合作的相对独立性、灵活性等在一定程度上弥补了粤港政府合作的不足。因而，从法学视角探讨粤港社会组织合作的角色定位，对推动粤港合作、实现粤港经济的可持续发展具有重要的理论和实践意义。

---

* 朱最新，法学博士，广东外语外贸大学法学院教授、硕士生导师。

** 陈卉，广东外语外贸大学法律硕士。

一、粤港社会组织的现状

(一)香港社会组织的现状

在香港，公共管理的一个重要特点是社会组织，包括非政府的法定公营机构、第三部门公共管理中扮演着重要角色。据不完全统计，截至2002年年底，香港共有1.7万个民间组织（其中包括不少于4 000个慈善团体），其雇员从数人到数百人不等，香港第三部门的支出是229亿元，占香港当年GDP的1.8%。❶ 香港社会组织如此蓬勃发展，主要有以下原因：（1）对非政府组织的宽松管制与严格规范相结合的监管模式。香港政府的管制特色是行政主导的政治行政系统，奉行积极的不干预方针。一方面，就注册与法例而言，没有专门社会组织立法，而且社会组织注册方便。另一方面，政府对于大多数类别的社会组织，奉行积极的不干预方针，导致在香港社会各个领域内的社会组织如雨后春笋般涌现，只要不违背法律，政府一般不会对社会组织的活动有过多的干预。❷（2）实现公共服务外包，为社会组织发展提供良好环境。香港政府秉承“政府的职责是掌舵而不是划桨”的理念，把公共服务的决策职能与执行职能适度分离，实现公共产品生产形式的多样化和公共服务主体的多样化。早在20世纪70年代，香港政府发表社会服务白皮书，提出政府与非政府机构的“伙伴关系”，明确社会服务政府与非政府机构共同负责的模式，经费方面以政府提供为主，民间筹措为辅。服务方面以民间提供为主，政府提供为辅。❸ 在2000年的施政报告中，行政长官指出：“香港除了有一个高效的现代化市场经济、一个小而精干的政府之外，还有一个不断发展、富有生命力的志愿服务领域。政府将继续与这一领域中的团体加强合作，共同建设更美好的明天。”❹ 在2001年的施

---

❶ 马宏：“民间组织培育发展和监督管理的比较研究——新加坡、香港、深圳三地研究”，载http：//www. szmz. sz. gov. cn/xxgk/gzyj/200701/t20070125_ 1713544. htm，2013年12月20日访问。

❷ 任进：“中国非政府组织的若干法律问题”，载《国际行政学院学报》2001年第5期。

❸ 马宏：“民间组织培育发展和监督管理的比较研究——新加波、香港、深圳三地研究”，载http：//www. szmz. sz. gov. cn/xxgk/gzyj/200701/t20070125_ 1713544. htm，2013年12月20日访问。

❹ 陈瑞莲、汪永成：《香港特区公共管理模式研究》，中国社会科学出版社2009年版，第210页。

政报告中，行政长官专门总结道："特区政府会坚持对福利服务所作的承担，同时鼓励市民发挥性，汇集个人、非谋利机构、商界等智能和力量，建立一套最有效的工作模式，用以解决各种社会问题。"❶

（二）广东社会组织的现状

《宪法》第35条规定："中华人民共和国公民有言论、出版、集会、结社、游行、示威的自由。"然而，现实中社会组织受到诸多限制，发展十分艰难。根据《社会团体登记管理条例》规定，社会组织登记必须经其业务主管单位审查同意，并且在同一行政区域内已有业务范围相同或者相似的社会团体的，将不予批准等。由于这些非常苛刻的条件限制，大多数社会组织无法登记，不少社会组织处于灰色状态。2012年，广东颁布的《关于广东省进一步培育发展和规范管理社会组织的方案》规定，从2012年7月1日起，除特别规定、特殊领域外，将社会组织的业务主管单位改为业务指导单位，社会组织直接向民政部门申请成立，无须业务主管单位前置审批后再向登记管理机关申请登记。❷ 广东政府放宽对社会组织的登记，降低社会组织登记门槛，简化登记程序的改革措施大大促进广东社会组织的蓬勃发展。截至2013年9月，全省依法登记的社会组织42 582个，比去年同期增长28.4%。❸ 在广东，正在进行的行政审批制度改革和政府服务外包范围的不断扩大，也在为社会组织的发展提供良好的环境。社会组织就像一颗冉冉升起的新星，虽尚未成熟，但渐渐开始发挥其独立性、灵活性的优势，承担起政府职能改革的重任。然而，这只是一种趋势，传统对社会组织的各种限制在短期内还不可能消失，广东社会组织发展还存在着不少制度性障碍。

---

❶ 陈瑞莲、汪永成：《香港特区公共管理模式研究》，中国社会科学出版社2009年版，第210页。

❷ 魏铭言："广东省放松社会组织登记管理民政部建立政府资助社会组织发展的机制"，载《学会》2012年第1期。

❸ 尹安学："广东社会组织登记增长近三成"，载《羊城晚报》2013年11月26日。

二、粤港社会组织合作是粤港府际合作共赢的客观要求

（一）粤港社会组织合作是粤港经济一体化下合作治理的必然要求

区域经济一体化指的是区域内不同国家与地区之间，在生产国际化与资本国际化的基础上，逐步发生内在联系而结成整体的过程，这是一种客观的经济现象。❶ 改革开放以来，粤港经济一体化不断加强。区域经济一体化已成为粤港经济发展的一大趋势。然而，每个行政区域都是一个利益主体，都有着自己特殊的利益诉求。每个行政区域对自我特殊利益的追求常常会侵蚀区域共同利益，从而带来产业同构、恶性竞争、环境污染、重复建设、地区稳定等一系列跨域公共问题。为了消除每个行政区域之间利益上的对立与冲突，促进粤港区域经济一体化持续、健康发展，必须建立跨域公共事务治理机制对区域公共事务进行协调与管理。在“看不见的手”和“看得见的手”之外，确立“握手”机制，❷ 即在市场治理机制、政府治理机制之外，确立政府、社会公共组织、私人部门共同参与的合作治理机制，“既避免了完全市场化的不稳定和高额的交易费用，又因为没有组成纵向一体化的科层制组织而节省了组织成本”❸。同时，合作治理机制有利于保障各种社会治理主体广泛有序、有效地参与各种社会治理活动，从而提高治理成效，促进社会公平、和谐、有序治理目标之实现。“政府、市场和社会的三元社会结构注定不能偏废任何一方，按照新公共管理的治理理论，多方参与和协作治理是善治追求的必然过程。”❹ 因此，粤港合作中政府、社会公共组织、私人部门等各种社会治理主体以平等身份，通过行政机制、市场机制、志愿机制、协调机制等制度形式参与社会治理，提供公共服务，已成为粤港社会各种社会力量成长的必然结果。社会组织的参与构成了粤港合作治理的重要组成部分，粤港社会组织合作成为粤港经济一

---

❶ 封小云：“粤港澳区域经济一体化前景展望”，载《特区经济》1997 年第 9 期。

❷ P. Larsson, “The Hard Shake between Invisible and Visible Hands”, *Studies of Management and Organization*, 1993, Vol. 1, p. 18.

❸ 张紧跟：《当代中国地方政府间横向关系协调研究》，中国社会科学出版社 2006 年版，第 126 页。

❹ 张大维：“香港的社会组织是怎样实现准确定位的”，载《社区前沿》2011 年第 12 期。

体化下合作治理的一种确定无疑的历史趋势。

（二）粤港社会组织合作有助于粤港优势互补，提高区域竞争力

改革开放以来，毗邻香港的广东省，一直挟历史、人文、地缘之优势，大力拓展与香港的经贸联系；而香港则借广东为全国改革开放领头雁之东风，依托珠三角，实现产业转移，迅速跃升其在世界经济中的重量级。广东经济增长中的香港因素和香港经济起飞中的广东因素皆举足轻重。一方面，香港是广东产品实现其价值的主要桥梁。香港与内地双边贸易频繁，2005年两地进出口贸易额达899多亿美元。[1] 另一方面，香港的繁荣离不开广东这个大生产基地。香港的对外投资中，主要投资在广东。广东拥有第二产业的优势，而香港的第三产业高度发达。比如制造业方面，广东省现在劳动成本和土地成本比较低，劳动力集中，生产配套齐全，工艺科技方面的人才很多。刚好香港对于国际经贸方面掌握得比较准确、比较快，而且在资金方面、外汇方面、物流方面、航运和货运码头等方面有一定的优势，尤其是许多国外的商家在香港都建立了办事处[2]，而具有中介作用的社会组织，能够跨越政府部门合作边界进行专业协调，优化资源配置，提升公共服务的提供能力；也能够跨越政府、市场的边界，整合多方力量，确保提供公共服务的公平性与回应性。因此，粤港社会组织在作为政府、企业的中介桥梁，在了解两地企业的基本情况下，及时地向政府反映，有针对性地错位发展、协调合作，避免了产业同构、重复建设、资源浪费，使粤港两地产业发展重点上明确各自优势，从而由滞后的“垂直分工”转向合理的“水平分工”，实现粤港产业的优势互补[3]，同时亦使两地政府制定更多有利于两地经济共同发展的政策，推进整体区域集体发展，提升区域竞争力。粤港社会组织合作有利于创造“优势互补、合作互动、错位竞争、

---

[1] 杨坤：“2005年广东香港贸易额接近900亿美元”，http://gb.cri.cn/8606/2006/01/15/1245@861763.htm. 2014年3月20日访问。

[2] 张仁寿、施卫华：“实行优势互补，加强粤港合作——访香港驻粤经济贸易办事处主任梁百忍”，载《广东经济》2002年第12期。

[3] 周春山、高军波、唐勇：“粤港新经济合作格局演变及广东对策”，载《世界地理研究》2009年第1期。

共同繁荣”的合作新模式，[1] 是实现粤港优势互补、提高区域竞争力的不二之选。

（三）粤港社会组织合作有助于克服粤港政府合作的法律障碍

粤港两地政府都是有限政府。所谓有限政府，“是指权力、职能、规模和行为方式都受到宪法和法律的明文限制，并接受社会监督和制约的政府”。[2] 因此，粤港两地政府之间的合作，只能在法律的范围内进行活动。由于“一国两制”的缘故，两地政府在角色与职能上的不同，导致了香港直接对中央政府负责，具有制定基本法以外的法律等较为广泛的权力。而广东则需要获得中央政府的授权才能与香港开展一系列的合作，并且广东不能制定相关法律，仅有制定地方性法规的权限。[3] 职权法定是政府依法行政的基本原则。目前对于粤港合作的立法基本没有，少数涉及粤港合作的立法也并不充分、可操作性不强、涉及面较窄，所以两地政府在法律框架下寻求合作存在不少法律权限上的困难与阻碍，无法满足两地深层次的交流、合作。然而，社会组织主要是按各自的章程规定进行合作，只要不违反法律的相关规定，其合作都是合法的。因此，在粤港合作中，粤港社会组织合作可以突破法律对政府合作的限制，克服两地间的法律障碍，进行多方面、深层次的交流。

三、粤港合作中社会组织合作的现状与问题

近年来，粤港合作中社会组织合作取得了巨大成就，但与粤港经济一体化的客观要求相比还存在诸多不足，这主要表现在以下几个方面。

（一）粤港社会组织合作存在制度障碍

过去30多年，香港对广东的改革开放给予了极大的支持及推动，而且双方的合作关系是互利的，但是粤港两地合作时也存在制度上的障碍：（1）经济体制方面的障碍。香港是以私有制为基础的资本主义自由港经济

---

[1] 刘舒凌：“国家发改委专家谈粤港澳合作：错位竞争是主流”，载 http://www.chinanews.com/ga/2014/03-19/5969021.shtml，2014年3月10日访问。

[2] 刘祖云等：“有限政府：研究综述与反思”，载《甘肃行政学院学报》2007年第3期。

[3] 朱最新：“论粤港澳经济一体化中的法制协调”，载《国际经贸探索》2008年第10期。

体制，实行的是自由主义经济政策，与内地以公有制为基础的社会主义市场经济体制无疑存在着很大的差别，何况社会主义市场经济体制建立和完善还有一个过程，目前仍然处在体制转轨时期，不可避免还带有计划经济的痕迹。因此，两地在经济政策、管理制度、调控手段、办事程序以至行为方式等方面都存在较大差异，所以社会组织在经济合作中往往因为理念不同在具体操作时难以衔接。[1]（2）“一国两制”使得粤港的政治、经济、法律制度截然不同，粤港社会组织的产生背景、发展历程及法律地位都不尽相同，从而粤港社会组织形成更紧密的合作与融合发展有很大的制度限制，难以让粤港两地真正实现融合。[2]（3）粤港两地分属两个不同的关税区，因存在不同的关税制度，有着不同的关税堡垒，市场经济无障碍流通的要素受到制约，社会组织的合作需要资金、关税体制，资金流通有阻碍就难以实现优化合作。

（二）粤港社会组织合作缺乏动力机制

粤港社会组织的动力机制主要来自内部动力和外部动力的支持，外部动力指来自外部环境的支持，主要有政府的支持、社会资源的支持和文化的支持，而外部动力会不同程度地影响和推进内部的动力，内部动力来自以下三方面：扩大影响、获得资金来源、提升组织效能。粤港社会组织合作缺乏相关动力机制，这主要表现在：（1）两地民众都担忧合作会导致地区利益受损。香港担忧的是一旦粤港深化合作创新的步伐过大，可能会加速广东继续做大做强金融、物流等现代服务业，从而动摇香港的国际金融中心、航运中心和商贸中心的地位。而对于广东来说，经过30多年的改革开放，已经是中国经济发展的抬头兵，在合作上没有大的利益驱动，仅仅作为香港的配角，广东这边对粤港合作创新也缺乏积极的动力。[3]因此，民众对粤港社会组织合作不会给予过多的支持。而以成员意志为转移的社会组织其合作意愿也大打折扣。（2）粤港社会组织合作没有获得应有的资金支持，资金匮乏，难以开展活动。根据清华大学NGO研究所调查，有

---

[1] 窦维平：“粤港区域经济一体化若干问题的再探讨”，载《广东经济》1997年第3期。

[2] 王圣军、田军华：“粤港澳区域合作创新机制研究”，载《经济与管理》2012年第8期。

[3] 同上。

41.4% 的非政府组织认为它们面临的主要困难是缺乏资金[1]，难以开展各项交流活动。与此同时，广东社会组织进入香港设立办事处或建立新的社会组织也遭遇较大的困难，难以提高组织本身效能。

（三）粤港社会组织合作缺乏合作平台

香港回归以来，粤港两地建立了不少区域合作平台，包括粤港合作联席会议、深港合作会议、泛珠三角区域合作协调机制和港澳合作会议。[2] 然而，这些平台都仅仅是粤港政府之间的交流平台，而不是社会组织合作平台。2009 年，广东省政府出台的《关于推进与港澳更紧密合作的决定》提出，要“加强社会组织合作，完善与港澳民间合作机制，推动建立企业、行业和商会之间的合作互动平台，拓展三地在社会民生、社区治安管理、专业服务等领域的合作”。[3] 同时在《粤港合作框架协议》再次明确，要从支持粤港工商专业组织建立联系机制、设立行业协会合作平台、推动统一行业服务标准及资格认定，促进建立统一服务市场等三方面加强民间合作。[4] 虽然各级政府在《粤港合作框架协议》《政府工作报告》、香港行政长官年度施政报告都提到要加强两地社会组织的交流与合作、推动发展两地社会组织平台建设，但是具体内容存在诸多冲突与不足。粤港社会组织之间的交流平台仅有广东省粤港澳合作促进会、粤港经贸交流会等为数不多的交流平台。以广东省粤港合作促进会为例，是一个独立的法人地位的社会团体，是促进和加强粤港澳民间合作的桥梁和纽带，其主要业务就是坚持以市场为主、政府引导的原则，为粤港澳三地搭建多种形式的交流合作平台，推进粤港澳紧密合作。[5] 主要活动是举办不同领域的合作交流会，

---

[1] 李红艳：《非政府组织管理研究》，知识产权出版社 2011 年版，第 115 页。

[2] “立法会六题：香港与内地省市建立区域合作平台”，载 http：//www.info.gov.hk/gia/general/200911/11/P200911110184.htm，2014 年 3 月 11 日访问。

[3] “省委、省政府出台《关于推进与港澳更紧密合作的决定》”，http：//news.southcn.com/d/2009－08/19/content_ 5591985.htm，2014 年 3 月 11 日访问。

[4] “广东省副省长刘昆：粤港澳将搭建更多交流合作平台”，载 http：//www.gd.chinanews.com/2010/2010－09－14/2/57068.shtml，2014 年 3 月 11 日访问。

[5] “广东省粤港澳合作促进会”，http：//baike.baidu.com/link？url = FRl_ i4OSjqzQhbcwnCS2_ 5vFFUINOhgT6yzdIJH5pDnP3Ae-FQEfs46y7vHd_ is7inmNlguLSsqPv_ 84V70eJq，2014 年 3 月 11 日访问。

如金融专业委员会、文化专业委员会、合作交流会、商会论坛等[1]，但仅仅停留在提供一个交流的平台，对解决粤港社会组织合作中的资格互认、联营等都无能为力。例如，只能作诉讼业务大律师可否在内地从事诉讼业务和内地并没有对香港法律职业者的资格进行认可。与此同时，获得内地法律职业资格的香港律师在进行代理活动时必须还是内地律师身份，而不能是香港律师身份，从侧面上也体现了双方资格认可上的不接轨。[2] 如果一个平台不能够解决其成员的合理要求，成员对其支持将减弱，必然影响社会组织的合作意愿。另外，粤港两地社会组织直接合作还存在诸多制度性障碍，直接合作的平台基本不存在。

（四）粤港社会组织合作缺乏两地政府应有的支持

粤港两地合作是一个系统的庞大工程，市场力量将始终发挥主导作用；而随着两地合作的不断深化，政府引导的作用也越来越重要。[3] 但由于以下原因导致两地政府对社会组织缺乏应有的支持：（1）广东政府与社会组织没有形成互信合作关系。一方面，我国社会组织产生的行政背景较浓郁，政府担心某些权力转移会影响其权力行使。另一方面，由于关于社会组织的法律法规缺失，导致政府无法依法行政、引导社会组织。（2）广东社会组织不能有效参与政府决策。社会组织通过参与政府决策而实现更广泛的社会公益，这是社会组织的使命。但在现有决策机制下，社会组织大多数不了解决策背景、无参与决策过程的渠道、对决策效果无法评估，致使政府决策的宗旨主要是有利于政府管理，而不是有利于增进社会公益，导致社会组织只能单方面地履行社会使命。[4]（3）广东社会组织缺乏权威性，难以为其争取到政府应有的支持。权威是一种至关重要的政治资源，是使政治活动能够顺利进行的重要保障，也是彰显其法律地位的象征。在粤港合作下，若社会组织缺乏权威性，其作用就难以得到有效发挥，亦难以以合

---

[1] 广东省粤港澳合作促进会："促进会动态"，载 http：//www. ygahzcjh. gd. gov. cn/home/other_more2. jsp？ code1 =01900000000#01900000000，2014 年 3 月 10 日访问。

[2] 朱最新："论粤港澳经济一体化中的法制协调"，载《国际经贸探索》2008 年第 10 期。

[3] 深圳商报："制度不同是粤港合作特殊优势"，载 http：//szsb. sznews. com/html/2009 – 03/07/content_ 539241. htm，2014 年 3 月 11 日访问。

[4] 李永忠："论我国政府与社会组织之间的互信合作关系及其构建"，载《湖南社会科学》2012 年第 1 期。

作伙伴身份参与政府合作事务。（4）制度障碍阻碍政府对社会组织合作的支持。粤港两地社会组织的合作由于“一国两制”带来的制度缺陷，导致不同的经济、法律制度、关税制度，造成两地政府常态沟通的困难、法律法规的缺失、贸易堡垒的形成。社会组织在这种环境下只能夹缝求生。两地民众思维意识、文化传统等差异也阻碍着政府对两地社会组织合作的支持。

四、社会组织在粤港合作中的基本坐标与角色定位

粤港合作中社会组织合作存在的诸多问题原因是多方面的。其中，粤港社会组织合作的角色定位不准是重要原因。因此，科学定位粤港社会组织合作的角色是推动粤港社会组织合作良性发展的基础。

（一）粤港社会组织合作的价值指向：粤港两地的可持续发展

可持续发展战略是人们未来发展与自然协同进化、和谐共存的基本战略；它亦是调整国家区域以至地区可持续发展系统，实现经济建设与环境保护的协调、人与自然关系的协调之重大战略，对推动地区、区域乃至整个国家的发展有重大意义。[1] 作为两个世界级的中心，广东是世界现代服务业和制造业中心，而香港是国际金融中心，自 2003 年内地与香港更紧密经贸关系安排签订以后，内地与香港合作交流日益密切。香港可以借助内地巨大的市场、高素质的劳动力，进一步发展香港在金融和其他服务产业上的优势，并利用零关税的重要机遇，推进香港传统和高附加值制造业发展；对内地而言，则可进一步借助香港的资金、技术和服务业领域的优势，加快体制改革和产业结构升级，促进内地经济发展。[2] 粤港社会组织，是企业和政府之间的桥梁和纽带，通过协助政府实施行业管理和维护企业合法的权益，推动行业和企业的健康发展。[3] 粤港社会组织合作的价值指向是促进

---

[1] 郑华峰：“从可持续发展战略看粤港澳合作的区域竞争力”，载《社会科学》2012 年第 12 期。

[2] 钟立国：《内地与香港更紧密经贸关系安排法律问题研究》，法律出版社 2007 年版，第 13 页。

[3] 崔艳丽：“论我国行业协会发展中的问题与对策”，载 http://zyzx.mca.gov.cn/article/yjcg/mjzz/200807/20080700018695.shtml，2014 年 3 月 12 日访问。

粤港两地的可持续性发展。这主要表现在：（1）作为企业与政府的桥梁的社会组织，清晰了解两地企业的需求，客观把握两地资源的优劣，其交流有助于实现资源的有效配置。（2）伴随着政府机构改革和职能转换，两地的社会组织代替了政府与企业沟通交流，及时了解企业的经营情况和听取他们的意见，同时以参政议政的方式反映于两地政府，推动两地政府因地制宜、两地区域协调发展。❶ 资源的有效配置，能减少资源的重复建设与浪费，实现资源的可持续发展；区域的协调发展，能保证未来两地发展和谐共存、协同进化，有望实现整个区域的经济发展与环境保护的可持续发展。

（二）粤港社会组织合作基础：粤港两地合作性竞争伙伴关系

利益是政府行为的基本出发点，集中体现为辖区中的政府为了获得有形或无形的资源以实现一定的目标而围绕制度、政策和公共物品与公共服务的竞争。❷ 目前来看，一方面，广东企业对香港大力投资和通过香港大量对外投资；另一方面，香港与广东同种企业的激烈竞争，造成资源浪费与重复建设。属于香港发达的专业服务业（会计、金融、法律等）也在粤港合作中对内地造成强烈的冲击，内地服务业迎来严峻的挑战，同时也带来了学习、改变的新机遇。但是，香港与广东的发展唇齿相依。多年以来，香港维持了持续的繁荣稳定，广东始终保持经济增长第一的良好势头。香港繁荣稳定，最大的受益者是广东；广东好，最大的受益者是香港。❸ 双方在无可避免的竞争关系前提下，都要创造利益双赢的局面。因此，构建粤港两地合作性竞争伙伴关系是粤港合作的必然要求。而粤港两地的合作性竞争伙伴关系为两地社会组织合作提供了良好的社会基础。

（三）粤港社会组织合作的权限范围："一国两制下"的多元互动

"一国两制"作为经济范畴，表明中国内地与港澳有着不同的经济结构（如生产资料所有制结构等）和经济运行机制，还表明中国内地与港澳既有

---

❶ 迟福林、汪玉："迟福林、汪玉凯谈国务院机构改革和职能转变"，载 http://fangtan.people.com.cn/n/2013/0314/c147550-20792469-2.html，2014 年 3 月 12 日访问。

❷ 陈瑞莲："论回归前后的粤港澳政府间关系——从集团理论的视觉分析"，载《中山大学学报（社会科学版）》2004 年第 1 期。

❸ "香港商报：汪洋称粤港经济发展唇齿相依"，载 http://finance.ifeng.com/news/opinion/mtgc/200809/0903_4455_760580.shtml，2014 年 3 月 12 日访问。

密切的经济联系，又确保港澳特有的经济国际性与在全球中独特的经济地位。[1]而“一国两制”作为政治范畴，粤港两地政府存在巨大差别。特别行政区是中华人民共和国内享有高度自治权的一个地方行政区域，直辖于中央政府。而在广东，除了《立法法》第9条规定的绝对保留事项外，中央政府与广东政府的权力划分并不明确，即使是法律规定属于中央政府相对保留事项，地方政府在中央政府默许下也可能会以先行先试的方式予以行使，而一些本应属于地方管理的事务，中央政府及其各部门也可能在公共利益需要的旗帜下直接行使。[2]因此，粤港两地地方政府的权限不一样，香港是高度开放、自由和经济上对外“不设防”的经济体系，广东开放市场则需要中央的授权和特殊制度性安排。粤港两地的社会组织合作也不能突破“一国两制”的限制。“一国两制”是粤港两地社会组织合作的基本前提。同时，粤港两地社会组织数量众多，不同社会组织之间只要在遵循“一国两制”前提下都可以直接展开合作，因此粤港两地的社会组织是多元互动。

（四）粤港社会组织合作的运行模式：开放协调机制

开放协调机制是源于欧盟的一种新治理模式，是一种介于政府间合作与超国家治理之间的新治理模式。这种新治理模式的最大优点就在于它能够把尊重成员国的多样性和实现欧盟治理的统一性这两者较好地结合起来。[3]开放协调机制具有参与主体多样化，容许差异性存在，决议、基准和评估报告不具有法律强制力，执行程序具有循环性，重视信息交流和互相学习等特征。[4]粤港社会组织合作的运行模式应该是开放协调机制：（1）参与主体多样化。粤港社会组织数量众多，他们都可以直接展开合作，也可以借助其他平台继续合作。因此参与合作的主体是多样化的。（2）容许差异性存在。粤港社会组织合作并不强制合作成员执行统一的政策路径，而

---

[1] 张恭德：“论在‘一国两制’下粤港合作”，见《“区域经济整合：模式、策略与可持续发展”研讨会论文集》，2001年。

[2] 朱最新：“区域一体化下粤港澳政府合作的法律基础思考”，载《广东外语外贸大学学报》2013年第3期。

[3] 朱贵昌：“开放协调机制——欧盟应对成员国多元性的新治理模式”，载《国际论坛》2010年第3期。

[4] 朱最新：“区域一体化法律治理模式初探”，载《广东行政学院学报》2011年第3期。

是就共同关心的议题在各自制度框架下寻求适合自己的政策，以使两地更好地达成趋向的目标。（3）决议、基准和评估报告不具有法律强制力。粤港社会组织合作达成的协议的实施过程均不具有强制力，两地政府在此间也只起着推动作用。（4）执行程序具有循环性。粤港社会组织合作协议不具有强制力，但通过评估对两地社会组织产生压力，促进粤港社会组织实施各自政策，以促进共同目标的达成。（5）重视信息交流和互相学习。通过定期循环的监督评价程序，粤港两地社会组织相互交流、分享最佳实践经验，易在粤港社会组织内部形成良性互动循环，从而推动粤港两地从经济整合走向社会整合。

中国古代酷刑之极
——凌迟

■ 孟　静[*]　孟　婕[**]

【内容提要】　酷刑作为封建统治阶级残暴统治的工具在中国古代长期存在，并由最初简单直接的肉体折磨形式逐渐演变为精巧系统的刑罚，而施行理念也从仅对受刑人造成肉体痛苦发展到追求肉体和精神的双重痛苦。作为酷刑理念发展到极致的凌迟刑，不仅长期存留于中国古代社会，甚至被数朝纳入法内刑，本文从凌迟刑名称的由来、起源、施刑方法以及适用范围和废除入手，横向结合中国古代其他酷刑，研究其存在的历史轨迹，进而挖掘众多酷刑在中国存在的深层次原因。

【关键词】　凌迟刑　起源　施刑方法　适用范围　废除　思考

一、引　　言

几千年来，中国素以“礼仪之邦”自诩，回溯中国曾经高度发达的封建社会，世人常感叹于彼时政府结构组织的严密，民众因接受礼仪教化而彬彬有礼，中产阶级过着富庶而舒适的生活，然而在其文明光辉的投照下却俨然共存着大批泯灭和侮辱人性的酷刑。在20世纪前很久，中国的酷刑比其他任何国家的酷刑都离奇精妙。[1] 这些酷刑作为历代封建统治者的工

* 孟静，广东外语外贸大学法学院教师，副教授。

** 孟婕，中山大学法学院法学硕士研究生。

[1] ［美］瑞安·伊恩斯著，李晓东译：《人类酷刑史》，时代文艺出版社2000年版，第211页。

具，随着朝代更迭而变换着名称和形式，唯独不变的是将残暴意识通过残忍行为而发挥得淋漓尽致。在这众多的酷刑之中最著名且最为残忍酷虐的当属凌迟刑，凌迟刑在古代中国存在并运用了相当长的时间，其在民间也一直充满了神秘恐怖的色彩，因而笔者试图从凌迟刑名称的由来、起源、施刑方法以及适用范围以及废除入手，横向结合中国古代其他酷刑，探讨这一臭名昭著的东方酷刑存在的历史轨迹，进而挖掘众多酷刑在中国存在的深层次原因。

二、酷刑的界定

从法律意义上来说，刑罚是专门针对犯罪者的一种强制处罚，是对犯罪分子生命、财产、自由等利益的剥夺。中国古代的施刑手段向有“五刑”之说。“五刑”在封建前期一般指墨、劓、剕、宫、大辟五种刑罚，隋唐以后指笞、杖、徒、流、死五种刑罚。

但并不是古代所有的刑罚都等同于酷刑，区分正当刑罚和酷刑有一定的标准，虽然学界对于该划分标准一直存有争议，但笼统说来，罪责刑是否相当，刑罚的处罚方式、执行手段是否人道这三点已经足够将笔者试探讨的鲜见酷刑区分出来。此外，由于古代中国并不是一个法治国家，因此，除了法内酷刑以外，还有相当多的酷刑是法外之刑，或称非法之刑。各代上至朝廷，下至县衙，统治者处理政敌、镇压反叛，以及审理案件刑讯犯人时常常不择手段，所用刑罚花样百出，丝毫不受法律的约束，其残酷性比法内之刑有过之而无不及，而各种酷刑也可能随着朝代的更迭以及统治者的统治思想变换而交替于法内与法外。因此，法外酷刑也在笔者的探讨范围之内。

在众多酷刑中，笔者认为可以根据痛苦程度以及施刑后果将酷刑划分等级，笔者简单将其分为两类，一类为酷刑中之轻级刑罚。以夹棍、拶指为例：清代对命案、盗窃等重案供词不实者刑讯时，男性犯人许用夹棍，女性许用拶指。所谓夹棍，以梃木三根为之，拷讯时一根棍置犯人两踝中间，另两根分置两踝外侧。拉紧穿于三棍圆孔中的绳子，三棍靠拢夹挤两踝，直到脚踝的骨头被压进脚里。[1] 拶指除了受刑部位是手指以外，其行刑方式与夹棍类似。虽然整个施行过程受刑人所受的痛苦难以想象，但是毕竟该酷刑的施行后果通常情况下不会造成死亡，且死亡也不是这种刑罚的预设目的，所以笔者将这类虽然施行手段极其残忍，但不致死的酷刑归为酷刑中轻级别的一类，同属此类还有宫、刵、笞、杖等刑，此外还有一类刑罚，虽然施行后果及施行目的是直接导致人的死亡，在总类别上亦归为死刑类，但是其施刑过程的痛苦程度相对较低，比如绞刑和斩刑。以绞刑为例进行分析：绞刑在中国古代具有悠久的历史，并被多朝归为法内刑，将绞刑列入法典始于北魏，北周、北齐承袭北魏刑律，因而也把绞刑作为死刑之一。隋代《开皇律》定死刑为绞、斩二等，此后各代相延，绞刑遂成为正式的官刑，唐宋辽明清都将绞刑作为死刑之一。根据绞刑的执行方式，可细分为磬和绞两种，郑玄注解“公族其有死罪则磬于甸人”[2] 时云“悬缢杀之曰磬”，即需将人悬吊执行的称之为磬，而后世尤其是明清时期的绞则指用绳索把人勒死，并不要求悬挂，北周在法典中就明确地把磬和绞分为两种刑罚。但不管是哪种执行方式，根据现代生物学知识，其痛苦是一样的：受刑者在受刑时颈椎折断导致中枢神经破坏，从而阻断受刑者的颈部大动脉和椎骨动脉，导致大脑缺血死亡，受刑者在受刑开始到中枢神经被破坏所经时间十分短暂，而中枢神经一旦破坏，受刑者虽未及死亡，但已进入麻木状态，因而整个行刑过程，受刑者所感受到的痛苦只是颈椎折断前的一瞬，所以根据其受刑过程的痛苦程度考量，笔者将这类酷刑也归入轻酷刑一类。另一类为酷刑中之重级刑罚，即指受刑过程痛苦且施行后果直接致死的酷刑。以烹刑为例，据《汉书·刑法志》说：秦王用刑残苛，大辟有镬烹之刑。《释名》说：“煮之镬曰烹，若烹禽兽为之也”，即用鼎镬之类的器具将人活活煮死。这种酷刑是十分残忍和痛苦的，施刑者先将犯人的衣服脱光，并将犯人推入一个如成人般高的大锅，放在柴火上烹煮。犯人大多数都因灼伤而死，有些甚至全身烧焦。根据现代医学知识，皮肤具有保护、感觉、调节体温、吸收、分泌与排泄、新陈代谢等生理功

---

[1] 徐进：《古代刑罚与刑具》，山东教育出版社1979年版，第116页。

[2] 《礼记·文王世子》。

能，人的皮肤在高温下被灼伤将逐步削弱这些功能直至消失，最终因器官衰竭而死亡，而这个过程中神经反射的功能是逐步消失的，因而受刑者能在相对长的时间里感受剧烈的痛苦，这种痛苦正是施行者所希望达到的，因而可以说这类酷刑是酷刑中最为不人道和泯灭人性的，笔者将之归为酷刑中重级酷刑，属于此类的还有炮烙、剥皮、抽肠、兽咬、车裂等。诚然，重级酷刑中所施用刑罚都相当残酷，但唯有一刑可谓登峰造极，那就是在中国历史上流传过多个朝代直至清末才得以废除的凌迟刑，笔者认为该刑可称为所有酷刑之极，是古代文明的一大耻辱，对于古代司法进步的损害居酷刑之首。“一般来说，对古代酷刑的观察有两个坐标，一是他如何形成并由粗放演进得更为精巧的；其二是它在历史上是怎样出入法律内外的。”❶下面笔者也将依照该思路对凌迟进行分析。

三、凌迟：酷刑之极

（一）凌迟名称的由来

凌迟，原作陵迟，本意指山丘的缓延的斜坡。荀子说：“三尺之岸，而虚车不能登也。百仞之山，任负车登焉。何则？陵迟故也。”❷ 意思是指三尺高的陡坎，车子便拉不上去，但百仞高的大山因为有平缓的斜坡，车子可以一直拉到山顶。明代应槚如此解释凌迟：“陵迟，细割之义，迟，缓也。陵迟者，使之痛极而死，刑之极也。”沈家本也认为：“陵迟之义，本言山之由渐而高，杀人者欲其死之徐而不速也，故欲取渐速之义。”由此可见，唐宋之后将凌迟用做死刑的名称，仅取它的缓慢之义，即是说以很慢的速度将人处死。

（二）凌迟刑的起源

在凌迟刑正式出现之前，中国古代已出现过类似的刑罚，这些刑罚为凌迟刑的产生垫定了一定的实践基础。早在春秋时期，就出现了与凌迟刑相类似的“磔”刑，即将犯人加以肢解而致其死亡。据《荀子·宥坐》记

❶ 金良年：《酷刑与中国社会》，浙江人民出版社1991年版，第13页。
❷ 《荀子·宥坐》。

载，春秋时期吴国的伍子胥即曾被磔于姑苏城东门外。秦汉时期，又出现了极其残酷的“具五刑”，即“当夷三族者，皆先黥、劓，斩左右趾，笞杀之，枭其首，菹其骨肉于市。其诽谤詈骂者，又先断舌，故谓之具五刑”❶，适用于被处族刑之犯罪者本人，彭越、韩信皆受此刑。它是对磔刑的发展，也可谓之凌迟刑的萌芽形式。魏晋以后，脔割刑开始出现，这成为凌迟刑的前身。隋朝的斛斯政因参与杨玄感反叛，被高丽遣返后，隋炀帝“将政出金光门，缚政于柱，公卿百僚并亲击射，脔割其肉，多有啖者，啖后，烹煮，收其余骨，焚而扬之”❷。五代十国时期，脔割刑的适用范围进一步加大，并正式更名为凌迟。据陆游《渭南文集》记载：“五季多故，以常法为不足，于是始于法外特置凌迟一条。”但此时，凌迟仍作为法外刑施用，并没有得到官方的认可。对于凌迟入律的时代，学界有两种不同的看法：其一认为凌迟刑早在辽代就已入律，主要依据是《辽史·刑法志》曾记载“死刑有绞与斩、凌迟之属”。其二认为凌迟刑在元代入律，其主要理由是宋代的《庆元条法事类》并不是严格意义上的“律”，而宋代的律《宋刑统》上并无凌迟刑的记载，因此根据《元史·刑法志》“死刑……有凌迟处死之法”的说法认为凌迟入律在元代。但这种说法并非没有问题，《大元通志》是元代的主要法典，在《事林广记》至顺刻本中保存的《大元通志》所列死刑为“绞刑、斩刑”，没有涉及凌迟刑，《刑统赋疏》通例所引刑法也是“死刑二等：绞、斩”，与《元史》记载有出入。按照上述说法，现有史料恐怕只能证明明朝《大明律》将凌迟刑正式列为律文法定刑种，而此时凌迟刑作为法定刑已经使用近 200 年了。❸ 笔者认为，凌迟刑正式写入官方法律，由法外刑变为法定刑应当肇始于宋，而沿用至元明清。然而应该明确的是，宋初并未施用此刑，众所周知，宋代制定《宋刑统》，刑制从唐旧，宋太祖还行折杖法以减轻对犯罪者的惩罚，因此据用凌迟刑符合宋初统治的法律主张。然而，仁宗天圣六年（1028），因荆湖地方有人杀人祭鬼，仁宗怒下诏书，对首谋者及主犯凌迟处死，从此开了宋代施用凌迟刑的先例。到南宋宁宗时，于嘉泰三年（1203）颁行的《庆元条法事类》已

---

❶ 《汉书·刑法志》。

❷ 《隋书·斛斯政传·卷七十》。

❸ 程皓：“凌迟刑源流考”，载《法制与社会》2007 年第 8 期。

将凌迟与斩、绞并列，成为法定刑种。自此之后，凌迟刑入律几乎成为各代承继的法律传统，统治者无不希望以此严酷的刑罚来捍卫自己的地位，但是有趣的是，统治者一方面力求通过凌迟刑来严惩危害阶级利益的犯罪，另一方面又不愿意去掉沿唐宽政的伪装而被斥为暴君，所以采取正刑不标其名，对具体犯罪又规定使用这种残酷刑罚的方法。例如明朝在《明律》中规定死刑为绞、斩二等，但在律内却有13处规定用凌迟刑。《明史·刑法志》说："二死[1]之外有凌迟，以处大逆诸罪者，非五刑之正，故图不列。"可见，统治者知道凌迟刑并非五刑之正，但为达到维护其暴虐统治的目的，仍将凌迟刑以此方式归入律法。

（三）凌迟刑的施行方法

凌迟的实施过程在各代逐步发展变化，施行技术愈发纯熟，而手段也愈发残忍，让人目不能睹。陆游曾说：五代之凌迟，受刑者"肌肉已尽而气息未决，肝心联络而视听犹存。感伤至和，亏损仁政，实非圣世所宜遵。"[2] 而到了宋代，据《宋代·刑法志》记载："凌迟者先断其肢体，次绝其吭，当时之极法也。"《宋文鉴》说宋代凌迟"皆肢解脔割，截断手足，坐钉立钉，悬背，烙筋""身具白而口眼之尤动，四肢分落而呻吟之声为息"。元代凌迟的执行情形与宋代相似，根据元杂剧《感天动地窦娥冤》中有对其简略的描绘，窦娥的父亲复审冤案，宣判说："（张驴儿）毒杀亲爷，奸占寡妇，合拟凌迟，押赴市曹中，钉上木驴，剐一百二十刀处死。"此处的木驴应该是一个架子，将犯人钉于其上，防止其挣脱，《宋文鉴》中所指的"坐钉立钉"应该也是类似的做法。依此可以看出，宋元两代的凌迟刑施行法的流程大体如下：先将犯人押赴闹市，为的是以儆效尤，威慑世人，之后由施刑者将犯人钉在事先准备好的木桩上，先砍断其四肢，然后挑断其筋络，最后进行脔割，脔割的刀数根据上述可知是一百二十刀。笔者并未找到这一时期关于凌迟刑行刑更为详细的描述，如果律法中也未对凌迟刑做更为详尽严格的规定，因而可以推测当时凌迟刑的施行具有一定的任意性，尽管这样，此时凌迟刑的施行过程所造成的痛苦程度已经骇人听闻

[1] 此处指绞、斩。
[2] 《渭南文集·条对状》。

了，通过上文描述的“身具白而口眼之尤动”可知，一百二十刀，刀刀不致死，人几乎都只剩下白骨，但眼珠还在转动，说明此时受刑人知觉尚存，也就是说整个行刑过程的每一刀，受刑人都能感觉到痛苦。所剐刀数越多，受刑人所承受的痛苦越大，元代的一百二十刀已经足够残忍了，而善施凌迟的明代，自然会在前朝施行技术的基础上有所“飞跃”。明朝有两次著名的凌迟处死案例，刀数有明确的记载，一是正德年间的刘瑾，二是崇祯时的进士郑鄤。邓之诚《骨董续记》卷二“寸磔”条云：“世俗言明代寸磔之刑，刘瑾四千二百刀，郑鄤三千六百刀。李慈铭日记亦言之。”也有说法认为此处被剐刀数可能是误传，认为刘瑾实际上是被剐三千三百五十七刀。但不管怎样，这样大的数目也着实惊人，要保证受刑人有足够的生命力去承受这样的刑罚，如此高超的施行技术绝不亚于现今二甲医院外科医生的专业刀法。史料对于这两次著名的凌迟处死案件都有详细的记载，可以通过这些记载，还原当时凌迟刑行刑的情形。

刘瑾以谋反罪被判死刑，圣旨特批，将他“凌迟三日”，然后要剉尸枭首。对于执行的情形，当时参与监刑的张文麟有详细的记述：“是日，予同年陕西司主事胡远该监斩，……告于尚书刘先生曰：‘我何如当得？’刘回言：‘我叫本科帮你。’予因应之。过官寓早饭，即呼本吏随邀该司掌印正郎至西角头，刘瑾已开刀矣。凌迟刀数，例该三千三百五十七刀，每十刀一歇，一吆喝。头一日例该先剐三百五十七刀，如大指甲片，在胸膛左右起。初动刀，则有血流寸许，再动刀则无血矣。人言犯人受惊，血俱入小腹小腿肚，剐毕开膛，则血从此出，想笑　矣。至晚，押瑾顺天府宛平县寄监，释缚，瑾尚食粥两碗。反贼乃如此。次日押至东角头。先日，瑾就刑，颇言内事，以麻核桃塞口，数十刀，气绝。时方日升，在彼与同监斩御史具本奏奉圣旨，刘瑾凌迟数足，剉尸，当胸一大斧，胸去数丈。逆贼之报亦惨矣。”❶ 上文的描述比较详细地描绘了明代凌迟的施行细节，首先可以看出对于总刀数已经有了事先的规定，虽然笔者没有在相关史料中找到证据证明其在法典中作出了此种规定，但根据其描绘至少在行刑前有了一定的规范，不似前朝任由行刑者随意发挥，甚至对于每日应施刑的刀数

❶ “明张端岩公年谱”，见《新编中国名人年谱集成》。

都有具体的规定，刑毕全部刀数要上报皇帝请旨才能了结其性命。其次可以看出对于施行的程序也有了一定的制度设计，比如要求每十刀一歇，一吆喝，说明此时的刑罚已经演进得更为“精细”，除了单纯地惩治犯人以外，其中的表演成分更是为了达到震慑世人的目的。另外，对于脔割的部位以及每一刀的程度都作出了详尽的设定，其要求从胸膛左右起，每一刀割如大拇指甲片大小，上文还描述了一个细节，初动刀的时候会有血流出，再动刀就已无血流出，文中认为是因为犯人受到过度惊吓，血液回流，开膛破肚之后，血液会一齐涌出，通过这一细节描述，可以预见犯人当时所受的身体上与精神上的双重折磨，可见刑罚设计者是如此精确地把握住了人的生理和心理特点，可谓毒辣至极。

《渔樵话郑鄤本末》一文中对郑鄤行刑场景的记载更为整体化，其没有直接描写行刑的手法细则，而是通过整个行刑场面展现凌迟刑，其同张文鳞的描述角度不同，但可以使我们从另一个侧面了解明代凌迟刑的施行方式。郑鄤由于卷入朝廷党内之争被崇祯皇帝亲批凌迟处死。

崇祯十二年郑鄤被押赴西市。按平常的惯例，斩首在西牌楼下，凌迟在东牌楼下，所以，那天早晨就有一伙人役在东牌楼旁边搭起一座棚子，里面供监斩官等人就座，棚子前面竖起一根上边有分叉的粗木杆。刽子手带着一只放有铁钩和利刃的小箩筐前来。刽子手取出铁钩和利刃在砂石上磨得十分锋利。之后，监斩官等人到来，郑鄤坐在一只大箩筐里，没有戴头巾也没有穿鞋袜，对一名书童絮絮不休地嘱咐家中后事。这时，围观的群众人山人海，把周围的道路堵得水泄不通，连房顶都爬满了人……官长高声宣读皇帝圣旨，最后一句是“照律应剐三千六百刀。”刽子手齐声附和，声如震雷，围观群众莫不心惊胆战。只听得三声炮响，之后开始行刑……只见那有分叉的粗木杆上垂下一条绳子，有人在木杆后面拉动绳子，绳子另一端便掉起一件东西，鲜血淋漓，原来是人的肝和肺，一直吊到木杆最高处。者说明犯人的肉已被割尽，开始剖取五脏了……又过了一会，又掉起一颗人头，说明郑鄤已被砍下脑袋，悬挂示众。接着，又把郑鄤的躯体也挂了起来，使他的胸贴着木杆，背朝着众人，大家看见他背上的肌肉被割成一条一缕的，却没有割掉，千百条密麻丛集，就像刺猬似的。这时，凌迟刑宣告结束，有两名校尉手舞红旗，骑着快马向东飞驰，他们是去宫中把剐的刀数向皇帝汇报。[1]

这段描写的行刑场景和刘瑾的行刑场景类似，但也有些许出入，刘瑾一案中，张文鳞描述要向皇帝汇报了刀数后请旨才能终其性命，而郑鄤一案中，已将其枭首即将其杀死后才向皇帝汇报刀数。对于造成此差别的原因，笔者认为是因为凌迟虽然明载于典刑，但法律上并不明确规定其施刑方法，因而对于不同年代发生的不同案件，其施刑方法大体上依照本朝“惯例”而有些许不同也是合理的。

清代使用凌迟刑较多，对凌迟刑的执行也相对规范化了。笔者认为这种规范虽然仍是停留在一种执行惯例的传承上，并没有律法的规定，但毕竟已是整个凌迟刑发展的最后也是最严密的阶段。传说清代的凌迟有 24 刀、36 刀、72 刀和 120 刀几等。24 刀的执行方法是：第 1～2 刀割去双眉，第 3～4 刀割去双肩，第 5～6 刀割去双乳，第 7～8 刀割手、肘之间的肉，第 9～10 刀割肘、肩之间的肉，第 11～12 刀割去两大腿上的肉，第 13～14 刀割去腿肚子，第 15 刀刺心脏，第 16 刀切脑，第 17～18 刀断手，第 19～20 刀去两腕，第 21～22 刀断两足，第 23～24 刀去两腿。而现今关于凌迟刑广为流传的清朝末年拍摄的照片，显示为真正的“八刀刑”处决。“八刀刑”即刽子手利用一篓编上号码的锋利刀具：第一刀，切胸口（一律从左侧开始，下列其他部位亦然）；第二刀，切二头肌；第三刀，大腿；第四刀和第五刀，切手臂至肘部；第六刀和第七刀，切小腿至膝盖；第八刀，枭首。肢解后的尸体残骸放入篓子里，头颅则公开示众，期限不定。但不管是八刀刑还是 24 刀，对于不同刑等已经有了详尽的制度设计。[2]

（四）凌迟刑的法定适用范围

概括说来，凌迟从元朝编入法典一直到 1905 年清朝废除为止，主要用来惩罚三大类的犯罪：（1）谋反大逆。据《大明律·刑律·盗贼》载：“谋反大逆：凡谋反，谓谋危社稷；大逆，谓谋毁宗庙、山陵及宫阙。但共谋

---

[1] “渔樵话郑鄤本末”，见《古学汇刊》中“郑鄤事迹”三。

[2] 徐进：《古代刑罚与刑具》，山东教育出版社 1979 年版，第 27 页。

者，不分首从，皆凌迟处死。”（2）伦常之罪：子女谋害父母、弟幼谋害兄长，妻子谋害丈夫、奴仆谋害主人。（3）凶残与不人道之罪：活生生斩断他人四肢（施以巫术）；杀害同一家族三人以上；组织帮派以制造恐怖。[1]

在明朝以及明以前，凌迟刑主要用于处罚那些十恶不赦的罪犯，到了清朝，法律规定适用凌迟刑的条款，除了全部承袭《明律》外，对劫囚、发冢、谋杀人、杀一家三人、威逼人致死、殴祖父母、殴伤业师、狱囚脱监以及谋杀本夫等罪，也适用凌迟刑。但后来为了镇压农民反抗，对于不按时交纳赋税的也要处以凌迟刑，这在清朝中前期尤为突出。

除了依照历代的律法来探讨凌迟刑的法定适用范围，仍不应忽视一个问题，即不论律法如何圈定凌迟刑的适用范围，作为一个人治国家的古代中国，在现实的司法过程中，往往由于皇权至上，有律不依，轻罪重判，烂施酷刑，许多罪不至死者由于触犯龙颜天威，皇帝一怒之下，召令处以剐刑。明成祖朱棣发动靖难之役后，大肆屠杀建文帝时期的旧臣，其行刑手段也以凌迟为最多；清朝的文字狱案中的犯人也经常被判处凌迟刑。

（五）凌迟刑的废除

《东华续录·同治朝》载，1866 年 2 月 28 日，英国驻华公使威妥玛向总理各国事务衙门递呈说帖，请中国不用凌迟酷刑。4 月 12 日，恭亲王奕䜣上奏，称“中国凌迟酷刑友邦见之不悦，中国应改革刑章，人犯应以斩决为止”。此奏在清廷引起轩然大波，赞成与反对兼存。赞成者主张宽刑待民，而反对者则认为：凌迟以死者痛苦不堪而震慑人心，以达杀一儆百之目的，不可或废。出于对洋人的畏惧，最终达成协议：凡洋人交出之中国人犯，不论何罪，概不用凌迟。这是清廷在废止凌迟问题上迈出的第一步。凌迟兴废的争议在清廷延续了近 40 年。随着文明的发展，光绪三十一年（1905），修律大臣沈家本等奏请废除凌迟、枭首、戮尸、刺字等酷刑，清廷明确表示同意：“凡死罪至斩决而止，凌迟及枭首、戮尸三项，著即永远删除，所有现行律例内凌迟、斩、枭各条，俱改为斩决。”两年后，沈家本主持修订的《大清新刑律》进一步正式规定：死刑只用绞刑一种，并于特定场所秘密执行；谋反大逆及谋杀祖父母、父母等罪，另依“专例”，仍用

---

[1] 薛琴：《酷刑之最——凌迟》，载《法学研究》2013 年第 7 期。

斩刑。至此，凌迟这一延续了近千年之久的酷刑才被彻底废止。然而令人遗憾的，时隔近半个世纪，1952 年 1 月的巨鹿县张伯魁仍被处以凌迟刑。

四、从凌迟刑引发的思考

以凌迟为首的中国古代酷刑史几乎是与中国古代的文明史同步发展的，酷刑的产生和使用，残忍行为的出现与存在，除了阶级的、政治的因素之外，它又是一定的历史时期内社会思想观念和人们文化心理的反映。笔者试想，如果把中国古代的酷刑放在思想文化和社会发展的大背景中，也许可以探究其更为深刻的内涵。因而，笔者试图从以下几个角度对酷刑长期存在于中国社会的原因进行粗陋的分析。

酷刑及其他残忍行为可以看做一个民族的文化水平和社会文明程度的标志。由于生产方式和生活水平的限制，人类早期社会开始使用刑罚的时候，不同的民族大都采取简单的肉体摧残手段，因此酷刑的产生表现出的是原始、野蛮的文化形态。但是随着历史的演进，酷刑发展的总趋势是逐步受到抵制、谴责，最终被彻底消灭。但是以凌迟为首的古代酷刑却长期存在于中国封建史中，并在清末废除之后仍有个案的反复，因而在酷刑发展的总体理论下，中国古代酷刑的发展必然还存在其他独特的原因。

（一）儒法合流的影响

以儒家思想为指导的刑律，使古代社会的刑罚手段偏于残酷。自汉代开始，儒者参与了制定法律的工作，“礼入于法”使得道德混同于法律，原本求之于内心道德要求成为外在的强制性规范，于是“腹诽”有罪、“不孝”当罚，尊卑上下之差转化为法律上的特权，关涉纲常伦理的“十恶”赫然于法律之首。有碍于义的小疵，也要被处以大戮。而遵从法家“严刑立威”之道的罚罪原则，则使古代社会的司法实践趋于峻。法家认为，“去奸之本，莫深于严刑”[1]，因而“严刑峻法，破奸轨之胆”[2] 成了法吏的常识。至于封建帝王在感觉统治不稳之时，“恐人心动摇，欲以威制天下，渐

[1] 《商君书·说民》。

[2] 《后汉书·崔寔传》。

引酷吏，务令深文，以案刑狱”就不难理解了。

（二）权大于法的世袭

笔者在前文中已经提到，即便是律法中对酷刑的适用范围作出了规定，现实的司法实践也并不一定依此执行。很多时候，君王就是律法的直接突破者，究其原因应从权力来源的角度分析。人治主义社会在权力和法律关系之中向来强调权力凌驾于法律之上。认为权力是法律产生的依据和法律存在的基础，法律受权力的制约和支配，其最终目的是维护君主专制的统治。这种将维护皇权视为圭臬的人治主张阻却了法治的到来，因为皇权决定一切，无须依赖其他东西，这就排除了另外设置一套法治系统的必要性，即使有这种必要性也是以人治为灵魂的法律而不是体现法治精神的法律。而这种罪刑擅断的滥觞，必然给不法之吏舞文弄法创造条件，造成司法的随意性，从而埋下“奸吏因缘为市，所欲活，则附生仪，所欲馅，则予死比”❶ 的司法腐败根源，由此造成刑法的权威性越加受到干扰，致使罪刑法定原则无以体现和实施。

（三）长期形成的复杂国民性

封建专制统治者需要通过强制性和儆戒性的施行手段来造成适合自己的民众性格，相应地，为酷刑所造就的国民性又成为酷暴现象肆虐的土壤，使之得以为民众所承受。

1. 委屈求全的生存之道

遇事忍让和委屈顺从，是中国人对于将临自身苛责刑罚的主要态度。鲁迅曾说：“自有历史以来，中国人是一向被同族和异族屠戮，奴隶，敲掠，刑辱，压迫下来的，非人类所能忍受的楚毒，也都身受过，每一考查，真教人觉得不像活在人间。”❷ 如果不到连“奴隶都做不稳”的地步，即使“人相食”也不会造反。从法律的角度来说，就是在强权力量的威胁下，对自己权利的随便放弃。对于此种性格的形成原因是非常多元的，其中包括传统家庭的教育、社会的评判以及儒家思想的影响等，由于原因复杂，牵涉甚广，笔者就不再展开论述。

---

❶ 《汉书·刑法志》。

❷ 《且介亭杂文·病后杂谈之余》。

2. 冷漠的看客

与委屈忍让的处世态度相关联的是，中国人对于他人所受的酷刑，采取一种事不关己的冷漠态度，甚至是饶有兴趣地观赏。笔者在上文提到的明朝著名的两个施予凌迟刑的案件中，对于郑鄤行刑的过程中有这样的描述："围观的群众人山人海，把周围的道路、空场堵得水泄不通，附近的房顶上都爬满了人"，可见一众看客的兴致之高，对于这样的心理，鲁迅在《坟》中有过一段精准而深刻的描述："群众，——尤其是中国的，——永远是戏剧的看客。牺牲上场，如果显得慷慨，他们就看悲壮剧；如果显得觳觫，他们就看了滑稽剧。北京的羊肉铺前常有几个人张着嘴看剥羊，仿佛颇愉快，人的牺牲能给与他们的益处，也不过如此。而况事后走不了几步，他们并这一点愉快也就忘却了。"

3. 血族复仇观念埋藏在思想深处

血族复仇，即以血还血之意。又称"血亲复仇"。产生并盛行于原始社会的氏族部落时期。当时，出于一个共同祖先的氏族是社会的基本单位，胞族和部落也是建立在血缘基础上的。因此，在原始社会，人们的各种关系中，血缘关系起着决定性的作用。同一氏族和部落的人，有相互帮助和相互保护的义务，而个人也只有依靠氏族、部落的保护才能生存。当氏族或部落的成员受到外来伤害时，则视为对本氏族或本部落的伤害，就要杀死对方的人员为之报仇，这就是血族复仇。

一方面，传统的道德思想教化人民忍让和仁爱，因而民众千百年来忍受着超负荷的压迫，而这种忍耐很大程度上源于对更强势力的恐惧而缺乏反抗的勇气。另一方面，血族复仇的原始观念却一直埋藏在思想的深处，当有机会惩治对自己有侵害的罪犯时，众人所表达的通常都是惩治的态度，依此可以推知，对于确被认为罪大恶极的犯罪，以毒辣至极的酷刑来实施复仇，民众不一定是反对的。

五、结　语

我国法律向来重实体而轻程序，在现今的刑事侦查审讯中，刑讯依然显见，而现代"酷刑"也层出不穷。对此，笔者想引用埃兰恩 · 斯卡里在

《痛苦的躯体》一文中所言：这个世界通过施行酷刑的人的语言、行为和体格以三个圆圈展现在囚犯面前：文明的随意的技术和文化的体现构成了医药和法律这两种社会制度的拱顶，它们反过来又成为这个房屋的基础。正如这个囚徒的招供使得他内敛的封闭世界昭然可观，那么拷问使这个世界再一次崩塌。文明被带到这个囚徒面前并在他的面前以此进程来毁灭他的过程被毁灭。酷刑的实施不论有多么正义的理由，其都只是用一种非正义的方式去纠正另一种非正义，而如此行事的后果是整个文明的体系都会随之轰然倒塌。而本文详述古代酷刑及其成因的现实意义也在于此。

中国土地制度的历史变迁及其法律分析

■ 李惠奇*

【内容提要】 在长期的社会发展过程中，中国逐步形成了一套独具特色的土地制度，随着社会政治经济形态的发展变化而不断调整，并受到整个社会制度的演化变迁所制约。本文从中国土地制度的历史变迁入手，主要对我国奴隶社会、封建社会及社会主义社会土地制度历史变迁的重要问题进行法律分析。最后主要是对中国农村集体土地制度创新的启示。

【关键词】 土地制度　一元二分　农村集体土地使用权

土地，作为一种自然资源和社会财富，是人类赖以生存与繁衍的基本生活载体及生产资料，同时也成为人类社会赖以发展的物质基础和前提条件。中国自古以来就是一个农业社会，而且迄今为止农业在国民经济各部门中所占比重仍然很大，因而对土地的开发利用及其管理控制也更为重视。在长期的社会发展过程中，中国逐步形成了一套独具特色的土地法律制度，随着社会政治经济形态的发展变化而不断调整，并受到整个社会制度的演化变迁所制约。

一、新中国成立前中国的土地制度

（一）原始社会的土地制度

生产资料公有、集体劳动和平均分配是原始社会生产关系的基本特征。

---

* 李惠奇，广东外语外贸大学法学院硕士。

人们按血缘关系组成村落，群聚而居，同时依靠村落周围的土地生存和生产，生产成果公平分配，而且排斥其他氏族的人进入使用，耕地以外的牧场、原野、山林等由村民共同使用。因此，原始社会土地制度为氏族公社所有制，土地归氏族公社所有，氏族成员共同劳动，共同享用劳动成果。相较于动产，作为不动产的土地成为私有财产更晚，正如有学者概括的那样——“在原始公社的各种生产资料和劳动产品中，土地的公有制是保留得最长久的”❶。

（二）奴隶社会的土地制度

从理论上讲，中国最早的土地所有权立法始于夏代，从法理角度出发，所有权起源于国家法律对占有关系的确认与肯定，没有国家建立，自没有法律，夏代建立了正式的国家，作为战争的胜利者自然要通过一定的方式表达自己对于最大的战利品——土地所有权的愿望，另外夏代开始推行以地缘为纽带的管理制度，这不同于原始社会氏族之间以血缘为纽带相互联系。夏禹时代的土地立法及其相应的贡赋立法，是以各地原有的宗族部落及其势力范围为基础，划定“九州”的地域界限，进而确定土地及贡赋管理制度。❷

商代时期的土地属于商王所有，土地国有实际上表现为土地王有。《尚书·梓材》曰：“皇天既付中国民越厥疆土于先王”，正是土地王有的真实写照。正如《诗经·小雅·北山》所说：“普天之下，莫非王土；率土之滨，莫非王臣。”国王是全国土地的最高所有者，但不等于国王独占所有土地。经济上的土地国有是政治上实行诸侯分封制的物质基础，正因为土地国有，周初才能够广泛推行分封制。“封建亲戚，以藩屏周”，受封者有确定的采邑，封君封臣有层次性的从属关系，互有固定的权利与义务。统治权是分散的，受封者享有一定的行政权及司法权。❸ 夏、商、西周时期的井田制度，就是在这样的宗族土地所有制基础上产生的土地法律制度。这种分封制的土地所有权制度具有两重性：一是财产属性，即土地所有权作为最有经济价值的物的存在；二是人身属性，即这种所有权同时表示国王与各

❶ 林耀华主编：《原始社会史》，中华书局1984年版，第320页。
❷ 江平主编：《中国土地立法研究》，中国政法大学出版社1999年版，第7页。
❸ 赵冈：《中国传统农村的地权分配》，新星出版社2006年版，第1页。

级奴隶主贵族之间，以及各级奴隶主贵族上下等级之间的人身等级关系和附属关系。所以，这种所有权一方面是政治上的权利与义务的关系，另一方面是经济上的土地所有权分割的关系。[1]

（三）封建社会的土地制度

春秋战国时期是中国奴隶社会向封建社会的过渡时期，这一时期生产力的空前发展，引起了生产关系与经济基础的剧烈变动。自西周中期，以宗族国家土地所有制为核心的土地法律制度开始出现全面危机，“公田”以外的“私田”数量日益增多，这极大地冲击了“普天之下，莫非王土；率土之滨，莫非王臣”的传统体制，并使之一变而成为“人有土田，汝反有之；人有民人，汝复夺之”，这都直接威胁到了原来宗族国家土地制度的继续存在。为了挽救社会危机，一些诸侯国进行了相关的制度改革，主要是由原来的宗族国家土地所有制和集体劳役剥削制，转变为国家授田制及其个体授田小农的实物地租制度。而战国时期是古代宗族国家土地所有制向君主专制中央集权国家土地所有制转变的过渡时期，实行的土地所有制实质仍为国有制，即土地所有权属于封建国家，而国家授田制下的个体小农，系国家的课役农民，他们只有土地占有权和使用权。依律令，授田一般是只授不还的，因而在事实上通过国家授田制分配给农民的土地可以依法传给其子孙，作为世袭继承的产业——世代占有和使用，因此国家授田制从一产生起，便孕育着土地私有制的萌芽，因此战国可谓土地国有制向私有制转化的过渡时期。土地的个人私有所有权的产生，是中国由奴隶社会转变为封建社会的重要标志。

由此开始的中国土地所有权开始分化为国家土地所有权与私有土地所有权，二者并存，有时此强彼弱，有时彼盛此衰，但总的趋势是私有制日益发展。国家土地所有权制度形成后，在漫长的历史变迁中经历了不同的发展过程，其演变在不同的朝代显现出不同的特点：秦汉时期仍然强调对国有土地所有权的保护，魏晋南北朝存在寺院土地所有权，隋唐前期国有土地所有权继续延续，唐中叶后期国有土地所有权衰退，辽金时期大量私人土地国有化，元朝大量国有牧场出现，在这之后国有土地所有权逐渐不

---

[1] 孙宪忠：《争议与思考》，中国人民大学出版社2006年版，第436页以后。

再占据主导地位。[1] 另一方面，秦汉至清末的2000多年里，土地历经多次私有化浪潮。自战国授田制开始，经秦汉名田制、魏晋占田制，是为国有土地的第一轮私有化；西晋末年北方的长期战乱，使大量无主荒地重新划归国有，通过北朝隋唐均田制直至两宋，国有土地再度私有化；随着辽金元的南下征服及其政权的灭亡，北方又出现大量无主土地，经过明清两代的屯田垦荒、圈地定产以及更名民田等，最后完成了土地的第三轮私有化。[2]

中国封建社会历经数朝更替，经济和政治兴衰的深层原因基本为土地占有关系的变化，即土地由自耕农为主的分散占有逐步向官僚和地主手中集中，这种土地的逐步集中，一方面造成官僚和地主的奢侈腐败，另一方面则是农民难以维持其简单再生产，直至农民起义的发生。[3]

（四）新民主主义革命时期中国共产党的土地政策

"与国民党把农民和土地作为资源提取机，乡村建设派更试图在生存问题都没有解决的农民中建立一种高尚的道德相互区别。以毛泽东为首的共产党人立足现实，通过革命性的土地制度，对土地资源进行再分配，实现了农民几千年来拥有土地的梦想。"因为，"对于占中国人口绝大多数的农民而言，生存是第一要素，土地则被视作他们几乎唯一可以争取并且应当拥有的经济资源"。"土地政策便成为中国共产党动员农民夺取革命胜利的重要资源，但是由于中国革命面临国内和国外两个敌人，这促使中国共产党因应根据不同历史阶段的对手采取了不同的土地政策。"[4] 1928年12月，毛泽东主持召开中共湘赣苏区第二次党代会，并制定了《井冈山土地法》——这是中国共产党历史上的第一部土地法，是将农民群众在土地斗争中创造的经验用法律形式固定下来——它宣布没收一切土地归苏维埃政府所有，并规定了主要以乡为单位、以人口为标准分田的具体实施办法。1947年7月17日~9月13日中共中央在河北省平山县西柏坡召开全国土地问题会议，决定实行彻底平分土地的政策，并制定了相应的《中国土地法

[1] 柴荣：《中国古代物权法研究》，中国检察出版社2007年版，第52页。

[2] 江平主编：《中国土地立法研究》，中国政法大学出版社1999年版，第96页。

[3] 孙宪忠：《争议与思考》，中国人民大学出版社2006年版，第435页。

[4] 叶国文：《土地政策的政治逻辑》，天津人民出版社2008年版，第56页以后。

大纲》，该纲领明确规定“废除封建性及半封建性剥削的土地制度，实行耕者有其田的土地制度”。可见，《中国土地法大纲》是一个彻底的反封建土地改革纲领，其基本精神就是废除封建、半封建剥削的土地制度，实行耕者有其田，并保护工商业者的财产及其合法经营。

二、新中国成立后中国的土地制度

（一）土地改革运动

为了完成消灭封建土地制度的斗争，1949 年冬，中国共产党在华北等地区进行了土地改革，在其他解放区进行了剿匪、反霸和减租运动。1950 年 6 月 30 日，中央人民政府颁布《中华人民共和国土地改革法》，明确规定了土地改革的路线、方针和政策。土地改革的基本内容就在于没收地主的土地分给无地或少地的农民，即把封建剥削的土地所有制变为农民的土地所有制，并且采取保护民族工商业的政策。

土地改革具有重要的政治意义与经济意义，前者表现在土地改革是在中国土地上发生的一场规模浩大、内容深刻的社会大变动，铲除了中国封建主义的根基，在我国延续了几千年的封建剥削制度的基础——地主阶级的土地所有制彻底消灭了，终于实现了“耕者有其田”的理想，这是一个伟大的胜利。其经济意义体现在土地改革使农民获得了土地所有权和其他生产资料的所有权，劳动者和生产资料直接结合起来，加上免除了高额的封建地租，从而激发了农民巨大的生产积极性。

（二）合作社的地权制度

1. 初级社阶段

1953 年，中共中央先后发布《关于农业生产互助合作的决议》和《关于发展农业合作社的决议》，并在过渡时期的总路线中提出逐步实现国家对农业的社会主义改造的任务，使土地入股、统一经营的初级农业生产合作社在广大农村得到普遍发展。初级社时期实现生产资料的私有公用，土地入股，统一经营；股份基金，按土地分摊；集体劳动，计工评分；劳动力和土地按比例分红。在这种土地制度下，农民仍然享有土地所有权，可以通过收取土地入股所应得到的股金分红，实现自己的土地所有权，可以说私有土地的联合使用构成了初级社产权关系的主要方面。另外，初级社的建立基本上坚持了自愿、互利的政策，并没有从根本上损害农民个人的权利，因此初级社得到了农民的拥护，取得了较大的成功。

2. 高级社阶段

1956年6月通过的《高级农业生产合作社示范章程》，在土地产权方面表现为：（1）土地性质由农民私人所有变为农民集体所有，且该集体所有制的性质为以“按份共有”为基础的土地股份合作制，即单个农民将其受法律保护的土地所有权入股集体，并依据其所享有的股权与其他农民一起对集体土地享有所有权。其权能之一便在于，可在符合法律规定的条件下依照其所享有的份额请求分割“入社的土地或者同等数量和质量的土地”；（2）农民仅以作为生产资料的土地入股，以便于生产，而作为生活资料的房产和地产依属农民私有。可见，在高级社阶段，土地已经变农民私人所有为合作社集体所有，土地报酬被取消，那种依靠生产资料所有权而无偿占有他人劳动的现象不复存在。“从民法上来看，高级社的特点就是完全实现了合作社所有权制度；合作社的社员集体成为所有权人，他们按照社员的身份，平等地享有‘共同劳动、共同分配’的权利。合作社按照成员自治的原则，对合作社的经营进行自我管理。”❶

（三）人民公社时期的土地制度

人民公社时期的土地所有制关系，大体上经历了三个阶段：第一阶段，实行“一大二公”的人民公社制度阶段，农村土地所有权事实上已被政府收并。第二阶段，实行以生产大队为基础的三级所有的人民公社制度，“三级所有”是指人民公社、生产大队、生产队的三级所有。第三阶段，实行以生产队为基础的三级所有的人民公社制度，将原来的以生产大队为基础改变为以生产队所有为基础。人民公社制下的土地制度具有如下特征：（1）绝大多数土地归生产队集体所有，剩下的部分土地才由公社、生产大队所有。（2）农村集体所有的土地以使用为标准又可以分作三个部分，一是集体统一经营的土地，这是主要部分；二是社员以家庭为单位所经营的自留地，该部分占耕地总面积的比例不到10%，自留地是按人口进行平均

❶ 孙宪忠：《争议与思考》，中国人民大学出版社2006年版，第460页。

分配的，并免费交给社员家庭使用；三是社员家庭占用的宅基地。（3）禁止土地出租与买卖。❶

（四）改革开放后的土地承包经营制

经过长达十多年的人民公社制度，中国农村经济凋敝，很多村庄难以解决人们的温饱问题。1978年11月，安徽省凤阳县小岗村的社员以“敢为天下先”的创新精神，自发订立了“大包干”合同，创造了家庭联产承包责任制，从此中国开始了土地制度的又一次重大变革。1983年1月，中共中央下发了《当前农村经济政策的若干问题》，全面肯定了家庭联产承包责任制的土地承包制，指出：“党的十一届三中全会以来，我国农村发生了许多重大变化。其中，影响最深的是，普遍实行了多种形式的农业生产责任制，而联产承包制又越来越成为主要形式。联产承包制采取了统一经营与分散经营相结合的原则，使集体优越性和个人积极性同时得到发挥。这一制度的进一步完善和发展，必将使农业社会主义合作化的具体道路更加符合我国的实际。”为了适应这种土地制度的变革，文件同时指出：“人民公社的体制，要从两个方面进行改革。这就是，实行生产责任制，特别是联产承包制；实行政社分开。”1984年1月，中共中央发布《关于1984年农村工作的通知》，明确指出：“继续稳定和完善联产承包责任制，帮助农民在家庭经营的基础上扩大生产规模，提高经济效益。”“土地承包期一般应在十五年以上。生产周期长的和开发性的项目，如果树、林木、荒山、荒地等，承包期应当更长一些。”从此，土地承包制度开始定型化，政策重心由是否承认土地承包过渡到如何进一步稳定土地承包制度。

家庭联产承包责任制的土地产权结构，打破了人民公社时期的土地集体所有并统一经营的格局，赋予农民以土地承包经营权，实行以农民家庭为基本生产单位的土地承包，农户成为独立的土地使用者，并在一定程度上成为独立的农业经营者。土地承包责任制的产权关系主要包括以下几点：（1）在原生产队范围内，将集中统一经营的土地，基本上按人口平均承包给本队的农民以户为单位经营；（2）农户与生产队、国家之间采取“大包干”的分配方法，即农户“交够国家的，留足集体的，剩下的都是自己

---

❶ 孙宪忠：《争议与思考》，中国人民大学出版社2006年版，第469页以下。

的"；(3) 土地所有权和处置权仍归集体所有，农户掌握了土地的使用权，土地的收益权则在两者之间进行分配。❶

三、土地制度法律分析的启示

(1) 通过对土地制度的法律分析，我们不难看出土地制度是政治运动的结果，是政治制度和外在力量安排的结果。在不断的社会发展过程中，我国逐步形成了一套独具特色的土地法律制度，并随着社会政治经济形态的不断变化而进行了相应调整。原始社会土地制度为氏族公社所有制，土地归氏族公社所有。奴隶社会则实行宗族土地所有制，通过层层分封实现土地利用。封建社会时期中国土地所有权开始分化为国家土地所有权与私有土地所有权，土地私有制日益发展。新民主主义革命时期中国共产党因应不同形势制定了不同的土地法律制度，为革命成功起到了重要（促进）作用。新中国成立后的土地改革运动实现了土地的农民私有制，以此兑现对农民的政治契约。合作化阶段，我国逐步将土地农民私有演变为合作社集体所有，并一直延续至今。土地承包经营制调动了农民的生产积极性，在短期内产生了巨大的制度绩效。

根据我国《宪法》及相关法律规定，我国实行"一元二分"的公有制土地制度。所谓"一元"，即单一的土地公有制；所谓"二分"，即公有土地分属国家和集体两个所有权主体。❷ 这种立法体制下，我国实施着世界范围内独一无二的土地公有制。❸

(2) 通过对土地制度的法律分析，我们不难看出土地制度问题不是一个纯粹的法律问题，也不单纯是一个经济问题，而是一个受多方因素影响的复杂的社会问题。因此我国当前土地制度的改革，特别是农村集体土地制度的改革，不可能也不应该仅仅从提高经济效益这一个方面来考虑，而是要兼顾经济的、社会的、历史的、文化的等多方面的因素。不能搞"一刀切"、不能追求一步到位。在我国农村尚未建立完善的社会保障之前，土

---

❶ 崔文星：《中国农地物权制度论》，法律出版社 2009 年版，第 64 页以后。

❷ 房绍坤：《物权法用益物权编》，中国人民大学出版社 2007 年版，第 127 页。

❸ 刘俊：《中国土地法理论研究》，法律出版社 2006 年版，导言第 1 页。

地还是数以亿计的农民的生存保障，土地的生存保障功能应该优先于经济发展功能，这应该成为制定我国农村集体土地制度的逻辑基点。如果盲目追求经济效率而忽略了土地的社会保障功能，就可能威胁到广大农民的基本生存，造成社会动荡。

珠三角低碳农业技术发展的法律激励机制研究

■ 杨　帆[*]　刘　洁[**]

【内容提要】 伴随低碳经济的高速发展，低碳在社会的各行各业中越来越扮演着重要角色。中国作为农业大国，农业技术的发展必须首先接受低碳技术的洗礼。珠三角在改革发展的前沿地带，能源的匮乏、环境的污染、农业技术的匮乏已经严重阻碍了珠三角农村经济的发展。使得城乡差距越来越严重，改革农业技术、保护农村环境显得尤为迫切。通观珠三角地区有关低碳的规范性文件，都是对低碳的原则性规定，缺乏具体运作机制。文章试图从三个方面阐述珠三角发展低碳农业技术的必要性及相关法律激励机制的建立，激励机制之间必须相互配合、协调发展，共同促进低碳农业技术的革新。

【关键词】 珠三角　低碳农业技术　法律激励

随着全球人口和经济规模的不断增长，能源使用带来的环境问题不断地为人们所认识。面对全球能源短缺和环境污染的双重压力，发展低碳经济成为人类唯一的、必然的选择。低碳经济已经成为未来经济发展的主导方向，作为经济发展的基础——农业，必须首先接受低碳技术的洗礼，才能发展成为新的经济增长点，走上可持续发展的现代农业变革之路。

---

* 杨帆，法学博士，广东外语外贸大学法学院副教授。

** 刘洁，广东外语外贸大学宪法与行政法硕士研究生。

一、珠三角发展低碳农业技术的必要性

低碳农业是指在农业生产过程中从各个方面以减少大气中温室气体（主要为二氧化碳）排放为目标，以减少碳排放量、增加高碳汇为目的，通过提高和加强农村基础设备的建设、调整农业产业结构体系、改善农村生活环境等实现高效率、高碳汇、低能耗、低排放的现代农业。❶ 低碳农业技术就是旨在运用低碳、高效的农业技术改善农村现有的经济生活方式，调整农业产业结构，实现农业的可持续发展。现代农业依靠科学技术的发展养活了全球60亿人口，解决了人类的温饱问题。但不能忽略的是，为提高产量，农业生产过度使用农药、化肥，产生大量的二氧化碳，给能源利用以及环境污染造成极大的压力。处于改革开放前沿阵地的珠三角，改革开放30多年来，占国土面积1.87%的广东创造了12.3%的国内生产总值。但与此同时，珠三角的二氧化碳浓度成为全国二氧化碳浓度最高的地方之一。珠三角人均资源拥有量不到全国平均水平的1/20，煤炭、木材、铜、铁矿石等重要能源都需要从外省或者外国进口，面对日益增长的能源消费需求，珠三角节能降耗、发展低碳经济的压力尤为迫切。

（一）低碳农业技术是建设农业生态环境的需要

生态环境是人们赖以生存的基本条件，也是经济可持续发展和社会能够不断进步的基础。随着农村社会、经济的迅速发展，农村生态环境问题已成为制约珠三角农业发展的重要因素，现代农业生产长期严重依赖资源的高强度开发和化肥、农药、添加剂、催化剂等高强度投入，使得温室气体大量排放，造成严重环境污染。同时，随着广东城市化和工业化的快速推进，耕地和水资源不断减少，人均耕地面积0.026 7公顷，仅为全国人均耕地面积0.094公顷的28.4%，农业资源性矛盾日益加剧。❷ 生态环境的有效保障是经济长久发展的根基，发展低碳农业可以利用先进的农业技术减

---

❶ 薛丽丽：《河南省低碳农业发展研究——以小麦碳投入为视角》，河南农业大学2011年硕士学位论文，第10页。

❷ 广东省人民政府办公厅转发省农业厅："《关于推进现代标准农田建设意见》的通知"，载http：//www.chinalawedu.com/falvfagui/fg22016/254394.shtml，2013年12月1日访问。

少农药、化肥的利用，提高土壤利用率，维持生态平衡，避免生态环境进一步恶化。

（二）低碳农业技术是保障农作物产品质量安全的需要

俗话说“民以食为天，食以安为先”，农产品的安全与人民群众的日常生活息息相关，与国家的健康发展息息相关，与社会的稳定息息相关。由于传统农业产出率无法满足日益增长的物质需要以及对暴利经济利益的欲望，农药、化肥、添加剂、激素和抗生素等农业化学用品的过量使用，“毒豆芽”“牛肉膏”“羊肉膏”等事件的频发，使得现代疾病——高血压、心脏病、糖尿病和癌症成了常见病。加之珠三角地区经济发达，城市化、工业化程度较高，工业污染程度较严重，决定了珠三角地区重大疫病发生频繁和农作物生长环境的恶化，伴随而来就是人民群众对农产品质量的要求越来越高，供远远小于需。低碳农业技术强调发展各种先进低碳环保技术，发展适应农村的可再生能源等，保障人们基本的食品安全，维护社会稳定和谐。所以珠三角的发展需要低碳农业技术的保驾护航。

（三）低碳农业技术是珠三角新农村建设发展的需要

2005 年 10 月，中共通过《关于制定国民经济和社会发展第十一个五年规划的建议》，提出要按照“生产发展、生活宽裕、乡风文明、村容整洁、管理民主”的要求，扎实推进社会主义新农村建设。建设社会主义新农村的实质是农村经济、政治、文化全面发展，以推动建设中国特色社会主义的进程；是保持国民经济平稳较快发展的持久动力。从产业结构、行政架构、职业方式等方面来看，珠三角地区的农村经过 30 多年的改革开放，已经由传统农业转为以工业为主导的发展模式，但实际中，鸡犬相闻、怡然自乐的传统农村面貌并没有被现代农村的理想景象所替代，现实的村庄景象是虽有现代化厂房和商贸市场点缀其中，但整体映像是无序的建设、被污染的环境、混乱的治安和杂乱的人流等“脏、乱、差”画面。落后的村庄建设伴随并制约着珠三角农村及全局的发展。低碳农业技术强调改变传统的农耕模式，运用新技术转变农村产业结构，提高农业生产率，增加农民收入。“经济基础决定上层建筑”，好的收入有助于逐渐改变农村“脏、乱、差”的局面。因而，在推进新农村建设的进程中需要低碳农业技术的坚实根基。

中国是一个农业大国，“三农问题”关系到国民素质、经济发展，关系到社会稳定、国家富强。低碳农业技术的有效开发和利用，可使得农民运用新技术提高现有的生活水平，增加收入，改变农村落后的经济状况，缩小城乡差距，最终保障城乡统一发展，实现社会主义现代化的目标。

二、珠三角低碳农业技术发展现状与法律支持

当前在珠三角地区，低碳农业技术已得到越来越多的应用，也发挥着越来越广泛的作用，农业经济稳步增长，2012 年广东省农林牧渔总产值达4 565.85亿元，其中珠三角地区达1 686.53亿元；粮食总产量达1 396.33万吨，肉类、水果、蔬菜、花卉、水产品等产量排名均在全国前列。❶ 同时据调查，广东省温室面积达到1 213 hm^2，而且正逐年增加。2010 年，广东节水灌溉机械拥有量为62 016套，农业水泵拥有量为505 033台，机电井为57 537眼；节水灌溉面积达19.482 万 hm^2。❷ 新增农村户用沼气池 3.4 万个，累计达38.5 万个，沼气池产气总量21 635.80万 m^3；太阳能热水器 8 万 m^2，太阳房0.68 万 m^2，太阳灶 19 台。❸ 同时以政府、科研院所、企业三大机构为主的农业科技创新系统建立，开展合作项目达到6 000多项，农业科技贡献率逐步提高，农业科技自主创新能力不断增强，为低碳农业技术的开发提供了很好的研究基础及路径。

目前，珠三角地区已经具备了广泛推广低碳农业技术的基础条件，譬如，前文提到的低碳基础设施建设的完善，整个广东省低碳政策的优化，新兴低碳生物技术的运用，可供实验的低碳农业示范区等，虽然如此，但相比整个国际大环境，珠三角低碳农业技术的发展还不够充分，整体农业产业环境还有待改善。目前珠三角低碳农业发展主要面临以下一些问题：（1）低碳意识不强。虽然低碳这个概念很早就开始提出，但由于宣传模式

---

❶ 《广东农村统计年鉴》编委会：“广东农村统计年鉴”（2012），载 http://www.gdstats.gov.cn/tjnj/2013/index.html，2013 年 12 月 10 日访问。

❷ 田兴国、刘长威、吕建秋、章家恩、蒋艳萍：“广东省低碳农业发展的 SWOT 分析”，载《广东农业科学》2012 年第 9 期。

❸ 同上。

的单一，渠道简单，同时伴随低碳农业技术的不完善，低产低效，农民为增加收入只能大量使用化肥、农药等，忽视了长期的农村环境发展，低碳意识不强，致使在农业生产过程中资源短缺、生态破坏和环境污染等问题层出不穷，制约着全省农村和农业的可持续发展。（2）可用农耕土地不断减少。《广东省珠江三角洲经济区农业地址与生态地球化学调查项目》显示，三级和劣三级❶土壤占到珠江三角洲经济区总面积的22.8%，重金属元素异常，主要分布于广州、佛山及其周边经济较为发达地区，主要超标元素为镉、汞、砷、氟。❷ 同时随着城镇化的推进，农村可用土地不断变成宅基地，中科院发布《2012年中国新型城市化报告》称珠三角城市化率超过80%。这也就意味着，珠三角地区需要大量的宅基地、城市公共设施建设用地等，无地可用的时候也就只能从农耕地“挪用”。这样一来，在有限的农耕土地上进行低碳农业技术的开发及利用时常也显得“有心无地”。

如前文所述，珠三角低碳农业技术在一定范围内已经初具规模，但还是需要通过市场来推广已经成熟的技术运用，实现整个珠三角农业产业的规模化、市场化。在低碳农业技术发展初期，需要不断的实验研究，再逐渐走向市场，这期间需要各种激励措施的联合作用。一方面，为了避免盲目跟风，需要政府政策的正确引导。另一方面，若在推广的过程中发生了纠纷，需要法律这种国家强制力的保障手段来规制在低碳这一新兴行业中的行为。所以，对低碳农业技术的法律激励机制需要良好的设计，统筹整个产业链，一方面梳理已发生的行为，另一方面规制及预防可能发生的行为，为其他各种激励措施的形成奠定良好的法制环境。

三、珠三角低碳农业技术法律激励机制的建立与运行

低碳农业是国家推行低碳经济发展的重要方面，而低碳经济又是一种

❶ 三级土壤主要适用于林地土壤及污染物容量较大的高背景值土壤和矿产附近等地的农田土壤（蔬菜地除外）。劣三级比这三级更差。劣三级的土壤对植物的生长过程有影响，人吃了上面的作物有一定影响。劣三级土壤不适合种植农产品，不过可做林地。

❷ 薛冰妮：“珠三角28%土壤重金属超标　富人占好地开农庄”，载http：//www.tdzyw.com/2013/0711/29898.html，2013年12月5日访问。

制度性经济，低碳经济法律制度的建立更是有效推动低碳技术发展的必要保障。因而，发展低碳农业技术，制度保障是关键。

（一）现行的法律激励框架

政策方面，早在1992年，我国就作为最早的缔约方之一，签署了《联合国气候变化框架公约》，并于1997年参与签订了《京都议定书》，承诺在2012年前共同削减温室气体排放，并帮助脆弱地区应对全球变暖带来的灾害。此后多次召开的联合国气候变化框架公约缔约方会议所达成协议，例如《哥本哈根协议》、“华沙REDD+框架”一揽子决定等，都旨在为世界环境的美好、减少污染、降低能耗、可持续发展作出贡献。2010年《广东省农村“十二五”发展规划》的出台，强调全面提升农业科技自主创新能力，加强我省现代农业发展和新农村建设的科技支撑；《广东省农村环境保护行动计划（2011~2013）》为农村环境朝着可持续发展方向指明了原则、目标及重点建设项目；《广东省开展国家低碳省试点工作实施方案》的出台，为低碳农业发展指明了方向，即以质量效益为导向，大力推广优质、高效、生态、安全低碳农业发展模式；而《广东省应对气候变化方案》的出台，为低碳农业发展确定了目标，即到2015年力争单位CO_2排放比2005年下降35%左右；到2020年力争单位CO_2排放比2005年下降45%以上。

立法方面，为支持环保工作的进行，国家和政府出台了一系列法律法规，《农业法》第6条指出，国家坚持农业的可持续发展方针；2012年新修订的《农业技术推广法》旨在将可行的农业技术推广出去形成普遍规模；《清洁生产促进法》第22条规定：农业生产者应当科学地使用化肥、农药、农用薄膜和饲料添加剂，改进种植和养殖技术，实现农产品的优质；以及《环境保护法》《节约能源法》《环境影响评价法》《水污染防治法》《森林法》《自然保护区条例》《乡镇企业法》《农药管理条例》《基本农田保护条例》等法律法规都在条文中就保护农村环境做了原则性的规定。查询广东省人民政府法制办的网站，针对全省农村环境的保护主要有以下一些规范性文件：《广东省实施〈中华人民共和国循环经济促进法〉办法》《广东省固体废物污染环境防治条例》《广东省实施珠江三角洲地区改革发展规划纲要保障条例》《广东省节约能源条例》《广东省饮用水源水质保护条例》《广东省环境保护条例》《广东省节约能源条例》《广东省排污费征收使用管理办法（粤府令第116号）》《广东省环境保护厅环境影响评价机构考核管理办法》《广东省碳排放权管理和交易办法（送审稿）》等。伴随这些规范性文件的出台，相应的珠三角所辖各个区域都针对上述文件做了细化。

（二）具体的激励机制的建立

通观上述立法或是政策对农村环境保护规定，很少专门制定有关低碳的文件，只是在《广东省开展国家低碳省试点工作实施方案》中开始试点低碳工作模式，或是在其他规范性文件中原则性地指出农业的发展需要坚持可持续的发展方向，而关于低碳农业技术方面的规定更是少之又少，不利于整个珠三角低碳经济的整体运行。因而在研究这样一个新兴的低碳农业技术的法律激励机制时需要综合多方考虑，形成一个整体的激励模式，从各个方面完善保障低碳农业技术的发展，以下一些方面需要着重考虑。

1. 建立低碳农业宣传平台

低碳其实就是一种最自然的生活方式。就好像我们所居住和工作的地方，不需要人工制造气温，尽量自然通风，自然采光，这样的生活环境才是完整的，才称得上是低碳的。低碳理念是应贯穿于经济、文化、生活的方方面面的，而我国普遍的农村地区经济文化教育力量薄弱，人们依旧停留在传统的农业生产生活方式上。农村环境问题依旧严重，农村地区环境立法不健全，管理混乱，执法问题突出，农民环境参与意识淡薄等，低碳理念尚没有很好地形成。所以在发展低碳农业的前期，村委会、普法机构等应当加强农村低碳理念的宣传力度，使农民有低碳意识，更利于低碳农业技术的有效推广。

2. 提高理论转化为实际应用的能力

《广东省农村科技“十二五”发展规划》中提到：截至2010年，广东省已建成国家重点实验室2个，国家级工程中心1个，省部级重点实验室31个，涉农学科中有5个国家重点学科，科技创新平台位居全国前列，农业科研机构综合实力排名位居前列，取得的农业科技成果丰硕，部分地区适用效果明显，但整体的科研成果转化率低，许多成果没有转换成现实的生产力。农业研究机构或是农业高等院校的低碳课程结题后，理论重于实践，往往将成果束之高阁或是利用率不高。同时，由于基层农业技术推广机构的建设不完善，推广人员数量少，素质较低，使得可利用的低碳农业技术不能很好地推广以形成规模，加之农业技术服务机构数量少，规模小，实力弱，难以满足现代农业快速发展的形势要求。理论成果转化率低需要从多方面寻找原因，不断提高低碳农业技术理论的实际利用能力。

3. 加大财政的支持

基于前述三种激励手段，宣传平台的建立、投入力度的加大、推广力度的加大，从源头上都需要国家或政府财政的大力支持。低碳农业技术从最初的理论研究到最终的实际应用，科研经费的充足是研究的基本保障。目前，由于受长期计划经济体制的影响，政府的财政投资更倾向于见效快、收益高的项目，而低碳农业这种投资大、见效慢的项目往往得不到政府的重视，使得科研经费不足，研究和农业科技推广项目难以持续进行，农产品产业链无法有效形成，严重制约了农业科技的发展。珠三角地区一方面要加大对低碳农业技术的财政投入，另一方面需要引导和鼓励企业及民间资金向低碳农业技术的投入，使之成为政府财政投入的有效补充力量。

4. 完善市场运行机制

任何产业的发展都需要以市场的存在为基础，产业规模效益的实现与上下游市场的依托密不可分，市场不发展，产业就会失去活力。随着市场经济时代的到来，传统农业的自给自足发展模式已不再适应现代化市场的需求。农业市场化已成为未来农业发展的趋势。市场运行机制的良性运转，离不开法律法规的保驾护航。一方面，法律法规可以为低碳农业技术在市场化过程中的方式、手段等起到规制作用；另一方面，法律法规可以有效规避低碳农业技术过度市场化所产生的不良弊端。更重要的是，完善法律法规体系可以有效减少政府在市场化过程中的腐败。

以上四个方面的激励机制是环环相扣、层层递进的，每一激励措施的实施都离不开其他措施的辅佐。低碳理念的宣传、政府财政的大力支持、积极的市场导向、完备的法律体系，其中法律体系在这一机制的建立中起到了主线的作用，贯穿于措施的各个环节，可以保障其顺利进行及过渡。只有设计合理的激励机制，才能保证珠三角低碳农业技术更进一步，才能保持其高度的竞争力和长久的生命力。

政　治　学

2011年8月以来的美国对缅甸政策析评

■ 施爱国*

【内容提要】 2011年8月以来，为力图主导缅甸未来和政经社会改革，美对缅全面接触，促压结合，启动发展援助，实施“经济接触”与“军事接触”，同时寻求在缅甸问题上与中国的合作。

【关键词】 美国 缅甸改革 政策

有关美国对缅甸的“务实接触”政策，笔者已对该政策出台的背景、内涵、具体政策操作、政策展望以及对中国的警示意义几个方面进行了论述。[1] 自2011年8月美国任命缅甸特使米德伟（现美国驻缅甸大使）、国务卿希拉里2011年12月1日访问缅甸、2012年5月美缅两国互派大使恢复正常外交关系，再到2012年12月美国总统奥巴马对缅甸的访问，其间已有一年半有余。过去一年多以来，围绕缅甸变革内容、原因、前景以及缅甸变革下的大国博弈已成为国际关注的热点。目前，以美国为首的西方国家和区域国际组织已运用政经、非政府组织等民间社会手段大举进入和渗透缅甸，试图催化和主导缅甸改革朝着有利于他们政经利益和价值理念的路径演变，变革中的缅甸已成为、并将日益加剧成为世界各大国和国际组织的权力博弈场。中国在缅甸有重大投资和经济利益，缅甸对中国在地缘政治、边境安全、能源安全方面都具有极其重要的战略意义，围绕缅甸局势所发生的任何变化，都与中国息息相关。在上述背景下，追踪美国因应缅甸局

---

* 施爱国，广东外语外贸大学法学院国际政治系副教授，硕士生导师。

[1] 施爱国：“美国对缅甸‘务实接触’政策析评”，载《国际论坛》2012年第1期。

势变化所不断推进的政策，十分必要。本文拟在前文的基础上，论述美国对目前缅甸局势的认知及判断、美不断推进下的对缅政策新内容与新特点，并在此基础上展望美国未来对缅甸政策。

一、美国对缅政策的新内容与新特点

为应对缅甸变革和民主化局势的新变化，在延续过往“务实接触”政策的基础上，美对缅政策呈现出如下几个方面的新特点。

（1）在美缅官方、机制化接触轨道下，双边接触和商讨议题愈趋高级和广泛，合作内容愈趋全面与深入。2011 年 11 月初，美国国务院负责民主、人权和劳工事务的助理国务卿米歇尔·波斯纳（Michael Posner）与米德伟等访问了缅甸新首都内比都和最大商业城市仰光，广泛接触和会见缅甸高级政府官员、反对派领导人和公民社会代表[1]；2011 年 11 月希拉里作为 50 年来首位访问缅甸的美国国务卿，除广泛接触缅甸各界别、各阶层人士外，还宣布采取多项措施、实施多项资助和合作项目，以鼓励和推动缅甸持续改革。[2]

2012 年以来，美缅全方位互动更加频繁。5 月中旬，缅甸外长吴温纳貌伦访问美国，并与希拉里举行记者会，宣布两国互派大使，恢复中断 20 多年的正常外交关系[3]；7 月 14～15 日，美国副国务卿罗伯特·霍马茨（Robert Hormats）率领庞大的贸易和经济代表团访问缅甸，这是逾 25 年来，美国对缅甸进行的最高级别的商贸访问。代表团成员除多名政府官员外，还

[1] Stephen Kaufman, *Encouraging Signs in Burma, but Concerns Remain, Clinton Says*, No. 12, 2011.

[2] Office of the Spokesperson of U. S. Department of State, “Secretary Clinton's Press Availability in Nay Pyi Taw, Burma”; Office of the Spokesperson of U. S. Department of State, “Press Briefing by Secretary Clinton in Rangoon, Burma”, December 2, 2011. http: //iipdigital. usembassy. gov/st/english/texttrans/2011/12/20111202110730su0. 3228375. html#axzz1fcZTseok. 2012 年 6 月 21 日访问。

[3] “Office of the Spokesperson of U. S. Department of State”, *Briefing by Clinton, Burmese Foreign Minister Lwin*, May 17, 2012.

包括寻求与缅甸建立经济关系的约 40 家美国公司的高层主管[1]；9 月 17 日，昂山素季抵达美国访问，先后会晤了希拉里与奥巴马总统，接受了美国授予的最高荣誉奖——国会金奖，出席 100 多场活动，并在美国哈佛、耶鲁、肯塔基大学大谈缅甸民主、非暴力抗争及缅甸国内政治与族群和解等议题[2]；9 月 24 日，缅甸总统吴登盛启程赴美，出席在纽约举行的第 67 届联合国大会，这是 46 年来赴美的缅甸最高领导人，在美期间，他除了先后会见了希拉里与奥巴马，还先后在联大一般性辩论上及美国亚洲协会发表演讲，介绍缅甸民主及经济改革成就，以图改善缅甸国际形象，推动西方全面解除制裁，吸引美国等西方国家对缅甸的投资和援助[3]；10 月 16～17 日，波斯纳再次率代表团访问缅甸，与缅甸政府就人权事务举行了双方首次正式双边对话。参加此次对话的美方人员阵容庞大，既有米德伟和其他美国国务院官员，也包括来自白宫、副总统办公室、美国国际开发署、国土安全部和国防部的高级官员，既有文职官员也有军人，还包括劳工权益与经济发展、法治与政治改革、民族冲突和解以及地雷清除和刑事司法等各个领域的专家；10 月 18 日，美国国务院副国务卿威廉·伯恩斯（William J. Burns）访问内比都，就美缅“共同分享的利益”、缅甸政经改革中“日益增长的伙伴关系”等议题进行了会谈[4]；10 月 25 日，美国财政部副部长里尔·沃林（Neal S. Wolin）率团访问内比都，访问重点在于支持缅甸的“持续经济改革”，商讨如何为缅甸“发展金融部门”和“提升公共财政管理”提供援助，敦促缅甸在提升国家银行和税收政策管理执行方面的透明

---

[1] MacKenzie C. Babb，“U. S. Eases Economic Sanctions on Burma in Response to Reforms”，25 July 2012. http：//iipdigital. usembassy. gov/st/english/article/2012/07/201207259668. html？ distid = ucs # axzz21gsyZKAY. 2012 年 8 月 25 日访问。

[2] “Suu Kyi winds up US tour in LA ”，*Mizzima News*，Wednesday，03 October 2012；“Suu Kyi stresses importance of voting in Harvard，Yale speeches ”，*Mizzima News*，Friday，28 September 2012；“Nonviolence frees your heart：Suu Kyi ”，*Mizzima News*，Tuesday，25 September 2012；“Suu Kyi is mid-way through US tour ”，*Mizzima News*，Wednesday，26 September 2012.

[3] Lalit K Jha，“Thein Sein to Address UN，Meet Clinton in New York”，*The Irrawaddy*，September 24，2012；Hannah Beech，“Burma's President and Opposition Leader Suu Kyi Visit the U. S. ，as Washington Eases Sanctions”，*Time*，September 26，2012.

[4] U. S. Embassy Rangoon，“Press Statement on the Visit of Deputy Secretary of State William J. Burns to Naypyidaw，Burma”，Thursday，October 18. http：//photos. state. gov/libraries/burma/895/pdf/10 - 18 - 2012SecretaryBurnsPressStatementEng. pdf. 2012 年 12 月 23 日访问。

度，鼓励缅甸政府加强人权保护和民主促进[1]；11 月 19 日，奥巴马对缅甸进行“历史性”访问，作为首位访问缅甸的美国总统，他分别会见昂山素季与总统吴登盛，并在仰光大学发表演讲，敦促和鼓励缅甸继续推进政经和民主改革；2013 年 5 月 20 日，缅甸总统吴登盛访问美国，表达缅甸政经改革承诺、寻求国际援助的同时，声称能将缅甸建成一个“新民主国家”[2]。

（2）在加大对缅甸援助的基础上，开展名目众多的专项经济援助；实施对缅“经济接触”、启动对缅“负责任的投资”。自 2009 年美国实施对缅甸“务实接触”政策以来，一直高度重视对外援助在该政策中的角色和作用。2011 年 9 月 26 日，美国国际开发署地区发展亚洲办事处[3]发起了一项新的名为“宽恕托特：一路前行”（Shae Thot：The Way Forward）的覆盖中缅甸区域多达 3 100 个村庄、为期 5 年的人道主义援助项目，就母婴健康、食品安全、卫生等议题鼓励社区参与和提高可持续解决问题的能力，该项目由总部设在华盛顿特区的名为“协定”（Pact）的非政府组织负责组织实施。为了推动和扩大美国非政府组织在缅甸活动，2012 年 4 月 17 日，美国财政部涉外资产管制办公室[4]签发了一项“一般性许可证”，为美国在缅甸特定非营利性活动放松了金融限制。该项一般性许可证覆盖了健康、教育、良好治理及特定的非商业性的发展项目，以为美国在缅甸从事人道主义援助、资助教育和体育活动、宗教自由、民主构建等非政府组织活动提供金

[1] U. S. Embassy Rangoon, “Press Statement on the Visit of Deputy Secretary of Treasury Neal S. Wolin to Burma”, Friday, October 26. http://photos. state. gov/libraries/burma/895/pdf/10262012visitofDSofTreasuryNealSWolin. pdf. 2012 年 12 月 23 日访问。

[2] Office of the Press Secretary of the White House, “Remarks by President Obama and President Thein Sein of Myanmar After Bilateral Meeting”, May 20, 2013. http://www. whitehouse. gov/the-press-office/2013/05/20/remarks-president-obama-and-president-thein-sein-myanmar-after-bilateral.

[3] The United States Agency for International Development’s Regional Development Mission for Asia (USAID/RDMA).

[4] The Office of Foreign Assets Control (OFAC) at the U. S. Department of the Treasury.

融服务支持。❶ 奥巴马在仰光大学发表的演说中，大谈美国对缅甸的“支持”与“帮助”，宣布美国在缅甸重开美国国际开发署，并在2年时间内拨款1.7亿美元以帮助缅甸在发展经济、医疗、教育和建立民主机制方面提升管治。❷ 从整体上看，随着美缅关系正常化及美对缅政策实施的深化，美对缅援助已呈现出以下新变化：从援助内容看，在继续人道主义、难民、跨境援助等援助项目的基础上，转变为更为重视发展与经济、社会与企业治理以及培训等项目相关的援助；从援助主体看，由过去的强调非政府组织援助转变为对缅援助中美国官方及政府角色日益加强；从援助对象看，在继续强化对缅甸公民社会援助的基础上，开始重视和实施对包括行政、司法、议会等缅甸各部门治理水平及政府公职人员培训的援助。

就实施对缅“经济接触”、启动对缅“负责任的投资”方面而言，过去一段时间以来，随着缅甸政经改革的持续深化及地区局势的变化，缅甸事实上已成为世界各大国和国际组织政经权力的博弈场。在美国及西方社会眼里，尽管缅甸在基建、人力资源培训及政府政经施政效率与经验方面还很缺失，但缅甸人口、自然资源及位处中印两大新兴经济体之间的战略地位，使得缅甸已从过去50年来“亚洲巨大的失望”转变为潜在的“下一个亚洲经济小虎”并“最终将成为最具吸引力的投资之地”❸。况且，在美国看来，缅甸正在进行的改革的一个重要特征是“政治改革引领经济改革”，缅甸普通大众的期望值正在升高，而持续的经济发展对维系缅甸民主化转型与民众支持非常重要。另外，缅甸已实施新的外国投资法，对缅外来投资环境已大大宽松。在上述背景和形势下，为配合整体美国对缅政策，从美缅恢复正常外交关系以来，美国已开始积极采取多种措施，实施对缅“经济接触”。这些渐次采取的措施主要包括：允许美国在缅甸投资并出口

❶ Resource Center of U. S. Department of the Treasury, “General License Authorizing Certain Financial Transactions in Support of Humanitarian, Religious, and other Not-for-Profit Activities in Burma ”, April 17, 2012. http://www. treasury. gov/resource-center/sanctions/OFAC-Enforcement/Pages/20120417. aspx. 参见：Office of Foreign Assets Control of Department of the Treasury, “General License NO. 14-C: Authorizing Certain Financial Transactions in Support of Humanitarian, Religious, and other Not-for-Profit Activities in Burma”, http://www. treasury. gov/resource-center/sanctions/Programs/Documents/burmagl14_ amend_ c. pdf.

❷ U. S. Embassy Rangoon, “Remarks by President Obama at the University of Yangon”.

❸ Michael Schuman, “Will Burma Become Asia's Next Economic Tiger?” *Time*, August 22, 2012.

金融服务；允许以美元标价的金融交易以及对缅实施新的公司投资法；解除美国对缅甸的进口制裁等。[1] 事实上，对缅甸实施“经济接触”和进行“负责任的投资”，已经并将继续成为美实施对缅甸政策措施的重头戏。这一点，从美国政府官员的相关言行中就可以看出。在2012年5月17日记者招待会上，希拉里宣布了多项美国在缅甸投资及出口金融服务措施并宣称：“这是迄今为止”美国对缅政策所做的“最重要的调整”，她还呼吁美国企业加大对缅甸投资并以“负责任的方式投资”去做缅甸积极变革的“推手”和“良好的企业公民”，并承诺国务院将与美国国会和政府各部门、特别是美国财政部一起共同努力，加强与缅甸政府的合作，在缅甸推行国际公认的商业和劳工行为准则，促进缅甸政府、企业和人民对法治的尊重[2]；在稍后的6月27日米德伟参议院听证会上的发言中，他也承诺将“推进美国在缅甸的商业利益”，再次强调美国政府将加强与商界合作，让后者成为美国对缅甸“有原则接触政策”的“新伙伴”，让后者于缅甸“推进美国价值与利益”中担当“重要角色”。[3] 在他的面对欧洲商界所发表的名为“面向经济接触和在缅甸负责任投资的新时期”的演说中，他呼吁西方投资者和政府官员对缅甸要采取既不要“期望过高”，也不要有“过多失望”的“现实主义的”取态，协助和推动这个有“巨大政经潜力”的国家朝与西方“利益与价值相一致”的方向迈进，声称美国要自始至终成为缅甸改革的“伙伴”，要求美国公司去缅甸投资时必须考虑责任、透明性以及良好的公司治理，号召西方国家的投资者一起协作去“为共同分享的利益创造机会、追求负责任的商业实践以及提升尊重‘普世人权和价值观’”[4]；2012年5月17日，奥巴马提名米德伟为第一位驻缅甸大使，同时宣布将放松向缅甸出

---

[1] Derek michell, “Toward a New Era of Economic Engagement and Responsible Investment in Burma”, http: //photos. state. gov/libraries/burma/895/pdf/amb-mitchell-keynotespeech. pdf；2013年3月25日访问。“US to Lift Burma Import Ban”, VOA News, September 27, 2012. http: //www. voanews. com/content/us-to-lift-import-ban-on-burma/1515764. html. 2012年10月23日访问。

[2] Office of the Spokesperson of U. S. Department of State, “Briefing by Clinton, Burmese Foreign Minister Lwin”, May 17, 2012.

[3] “Testimony of Ambassador-designate to Burma Derek Mitchell”, June 27, 2012.

[4] Derek michell, “Toward a New Era of Economic Engagement and Responsible Investment in Burma”.

口金融服务和解除投资禁令，并宣称，美国对缅甸“更大地开放经济接触”对于支持政府和公民社会中的改革，促进广泛的经济发展，并使缅甸走出孤立进入国际社会至关重要❶；声明中再次大谈所谓的美国对缅甸的“负责任的投资”，支持缅甸朝向符合经济增长的国际标准、负责任的治理及人权方向的努力❷；而在奥巴马仰光大学的演说中，美国对缅甸的“经济接触”显然被他看作是美国对缅“伸出友谊之手”和“承诺”的主要证据之一，他承诺：美国在缅设立大使馆及放松对缅制裁后的今天，将帮助缅甸“重建能为所有缅甸人提供机会的经济”，以让缅甸“成为世界经济增长的发动机”❸；在 2013 年 5 月 20 日在白宫与吴登盛的会谈中，他再次重申美国将加大对缅甸的贸易和投资以及对缅甸的农业援助。❹ 事实上，在米德伟就任美国驻缅甸大使后的仅仅一个多月的时间内，美方就组织了两个赴缅甸商贸代表团。其一即为前文提及的 2012 年 7 月 14～15 日，霍马茨领衔的美国贸易和经济访缅代表团；其二是于 2012 年 8 月 12～15 日新加坡美国商会［the American Chamber of Commerce（AmCham）in Singapore］组织的美国访问缅甸商贸代表团，参加这个代表团的有美国驻新加坡大使大卫·阿德尔曼（David I. Adelman）及“代表广泛美国商界”的来自 20 家美国公司的代表。代表团在缅期间会见了缅甸副总统等众高官以及缅甸商业工业委员会（UMFCCI）及地方商业代表等政商人士，以“寻求提高同缅甸的经济与商业联系”，米德伟还不远千里到新加坡为代表团打气，强调美国商界参与缅甸经济将鼓励缅甸更进一步的改革、促进缅甸经济发展、造福缅甸人民，呼吁代表团积极为国际社会对缅甸“负责任的投资”和商业活动“树立样板”。❺

---

❶ Office of the Press Secretary of the White House，“Obama on New Chapter of U. S. -Burma Relationship”，May 17，2012.

❷ Office of the Press Secretary，“Statement by the President on the Easing of Sanctions on Burma”，The White House，July 11，2012. http：//www. whitehouse. gov/the-press-office/2012/07/11/statement-president-easing-sanctions-burma. 2012 年 10 月 23 日访问。

❸ U. S. Embassy Rangoon，“Remarks by President Obama at the University of Yangon”.

❹ Office of the Press Secretary of the White House，“Remarks by President Obama and President Thein Sein of Myanmar After Bilateral Meeting”，May 20，2013.

❺ U. S. Embassy Rangoon，“Ambassador Derek Mitchell Takes Part in AmCham Singapore Business Delegation to Burma”，August 15，2012.

（3）美国在对缅甸具体政策实施中，采取“行动换行动”措施，注重促压结合，巩固和增强缅甸改革派力量，继续制裁和矮化、打压美国所认定的阻碍改革的缅甸保守派。所谓“行动换行动方式”（action for action approach），其“要义”是要求美国要因应缅甸改革取得的每一步进展，并确保美国所采取的相应每一步政策措施，都要旨在“使缅甸人民获益”与“加强缅甸体制内改革和改革派的力量”。❶ 同时，在确保为缅甸改革派提供“立即的动力”的同时，对那些美国认定的阻碍缅甸改革的保守派保留制裁权力，并阻止他们得到“改革回报的奖赏”❷。自2011年3月吴登盛出任缅甸总统推行一系列内政外交改革以来，在美国的主导下，在不到两年的时间内，美缅关系中历经或落实了希拉里访问缅甸、美缅恢复正常外交关系、放松解除制裁和启动对缅投资、昂山素季访美、美缅人权对话展开、启动对缅军事接触、奥巴马访问缅甸、吴登盛回访美国等一系列重要事件或举措。审视上述事件、举措及其操作时间的选择，可以看出，美国不仅精心谋划，着眼整体对缅政策目标，而且很大程度上是把其视为对缅甸政府过去两年内持续释放政治犯、缅甸议会补选成功、启动族群和解和经济改革等重要事件的回应及增强缅甸改革和改革派力量的举措。就打压和制裁美国所认定的阻碍改革的缅甸保守派而言，美方言行亦是毫不避讳。2012年5月17日，希拉里在记者会上赞扬吴登盛总统及其政府为缅甸“走出了一条政治和民主改革的道路”，并对其“领导作用表示敬意”，“向昂山素季这样的人士以及所有奋斗牺牲的人致敬”，声称美国“将睁大眼睛”，“绝不让”任何侵犯人权、阻碍改革或牵涉腐败的人借助与美国的贸易和投资“增加在金钱上获利”，尤其包括“军队所有或经营的公司”，同时表示美国将维持对缅甸武器禁运，希望看到“将军队置于文官管理之下的举措”能成为缅甸正在推行的改革措施之一。❸ 同一天，在白宫发表的声明中，在对吴登盛和昂山素季表达赞扬时，也表示美国“将继续”对缅甸与朝鲜的关系等

❶ “Testimony of Ambassador-designate to Burma Derek Mitchell”, June 27, 2012.

❷ Office of the Press Secretary, “Statement by the President on the Easing of Sanctions on Burma”, July 11, 2012.

❸ Office of the Spokesperson of U. S. Department of State, “Briefing by Clinton, Burmese Foreign Minister Lwin”, May 17, 2012.

议题“保持关注”，再次声称会努力建立一套“负责任的”美国投资架构，使之鼓励透明和监督，确保不让缅甸那些阻碍改革进程的人从与美国扩大的接触中受益，继续要求严重侵犯人权者承担责任，并保持“现有的权力”，以帮助确保进一步改革，并保留“在一旦出现倒退时”重新实施有针对性的制裁的能力。❶ 2012 年 6 月 27 日，米德伟在参议院听证会上的发言中，也在赞扬了吴登盛和昂山素季两人之余，强调将对缅甸国内事务中军队角色等问题保持“高度关注”，表示美国将继续就人权、同朝鲜的军事联系等议题对缅甸保持压力。❷ 在 2012 年 7 月 11 日美国总统放松对缅甸制裁声明中，在表达其是对缅甸改革派提供支持和动力的同时，也表示美国对缅甸投资环境的透明性的缺乏与经济中的军队角色仍“深感忧虑”，因此缅甸军队与国防部拥有的经济实体并不包括在这些“一般性许可”（General Licenses）之中，不仅如此，奥巴马同时还签署了一项新的行政命令，扩充了美国财政部对那些“破坏缅甸改革进程、侵犯人权、导致族群冲突、参与同朝鲜军事贸易”的人或实体保留制裁的权力，以阻止他们得到“改革回报的奖赏”。❸ 在 CSIS 缅甸之旅报告所开列的 7 项近期美国对缅政策第 1 项建议中，报告特别指出，为了培植缅甸的改革进程，美对缅政策需要有“精巧的平衡”，❹ 2012 年 10 月伯恩斯访问缅甸时，也明确表示美国支持吴登盛执政以来推行的政经改革并作为美国“行动换行动”政策的“一部分”，同时“提醒”缅甸改革还有“大量工作要做”，强调 10 月 16 ~ 17 日已经展开的第一次双边人权对话的重要性。❺ 同样，奥巴马在仰光大学的演说中，一边以取消新闻审查和停建密松大坝事件为例，赞扬缅甸在尊重人权和自由方面“正在取得进展”，一边大谈美国政治体制优越性，强调缅甸

---

❶ Office the Press Secretary of the White House, “Obama on New Chapter of U. S. -Burma Relationship”, May 17, 2012.

❷ “Testimony of Ambassador-designate to Burma Derek Mitchell”, June 27, 2012.

❸ Office of the Press Secretary, “Statement by the President on the Easing of Sanctions on Burma”, The White House, July 11, 2012.

❹ CSIS Myanmar Trip Report, p. 2.

❺ U. S. Embassy Rangoon, “Press Statement on the Visit of Deputy Secretary of State William J. Burns to Naypyidaw, Burma”, Thursday, October 18. http: //photos. state. gov/libraries/burma/895/pdf/10 - 18 - 2012SecretaryBurnsPressStatementEng. pdf. 2013 年 2 月 4 日访问。

应以美国为模板，鼓励和促进缅甸在“军队还政于民”“权力受到限制”等整个政治体制方面持续“完善”，极力为缅甸改革指明方向，号召所有普通缅甸人民迎接前路“巨大的挑战”，克服“抵制变革的势力”“为世界树立榜样”。❶

从上述美方相关表述和做法可以看出，“行动换行动方式”是对2009年以来美国对缅甸兼具灵活和弹性方式、接触与制裁并举的“务实接触”政策的进一步延伸和政策操作层面的进一步具体落实，是美国在前述对缅甸改革“不是不可逆转”、持续的民主变革“不是必然发生”的认知和判断下，在对缅政策实施过程中注重促压结合，掌控对缅甸政策实施主动性，着重巩固和增强缅甸改革派力量，制裁和矮化、打压缅甸保守派力量，试图全面介入和主导缅甸政经社会改革。

（4）启动对缅甸“军事接触”，推进与缅甸军事合作，在可预见的将来，美国对缅甸军方的接触改造力度将会逐渐加大。美国所实施的对缅甸“军事接触”，同样是精心谋划下的产物。早在前述美国亚洲协会对缅任务小组的报告中，其在规划未来对缅甸“务实接触”政策的“第三阶段”时就指出，当缅甸“新一代负责任的军事和政治领导人开始出现”并显示为缅甸2015年选举提供政治发展更可靠措施之时，美国应该扩大对缅甸的接触，实施“大力推动缅甸安全部门的改革”等多项措施，推动缅甸军警“法治化”，发展同缅甸安全部门的双边关系，恢复一定形式的安全帮助、特别是培训方面的帮助，同时在此方面加强同盟友的合作❷；对美国对缅决策具有关键影响力的、现任美国驻缅甸大使米德伟，在2011年8月担任美国缅甸问题特使和政策协调员之前的2009年4月~2011年8月，司职美国国防部负责亚太安全事务的首席副助理国防部长（Principal Deputy Assistant Secretary of Defense，Asian and Pacific Security Affairs，in the Office of the Secretary of Defense），此前的2001~2009年，他于对奥巴马外交决策具有重要影响力的战略暨国际研究中心担任高级研究员、“亚洲国际安全项目”主任及该中心第一个专门研究东南亚的“东南亚项目”创始主任，在之前的

❶ U. S. Embassy Rangoon，“Remarks by President Obama at the University of Yangon”.

❷ Asia Society Task Force Report，pp. 14~15.

1997~2001年，他也是一直供职于美国国防部。❶ 可以认为，米德伟浓烈的军方背景以及集美国亚太军事防务政策制定和执行者与亚太安全、东南亚研究专家于一身的过往身份，早已注定了他成为美国缅甸特使和驻缅大使、并大力推动美缅军事关系的不二人选；除此之外，美国对缅甸"军事接触"的精心谋划，尤其体现在前述CSIS报告的相关内容上，就近期美国对缅甸政策，报告建议其中一项重头戏就是要"提升同缅甸军方的接触"。具体说来，报告建议，美国应该利用接触机会，为缅甸新一代军官在军民关系、战争法和军队透明性等领域提供培训。报告言之凿凿，认为缅甸现行政府中最具有改革倾向的高级官员都是在包括美国在内的国际机构接受过军事教育的"产品"。报告指出，如果军方持续支持向文人政府转型以及在少数族群地区的停火协商，美国应该开始考虑同缅甸武装力量的联合军事演习，并为挑选缅甸军官进入美国国际军事教育和训练机构提供机会。报告写道："更为急迫的是，美国和东盟应该透过诸如年度'香格里拉对话'（the Shangri-La Dialogue）以及两年一次的东盟防务部长会议论坛等机制接触缅甸军方"，而美国智库则能在为缅甸官员提供非军事培训机会方面担当重要角色。❷ 同样，奥巴马在仰光大学的演说中，也表示美国要致力"接触缅甸军队"，以推动缅甸军队"专业化"和保护人权，他在演说中还以美国为例，大谈"军队服从文人控制"和"向人民负责"的重要性。❸ 就美国对缅甸"军事接触"的具体实施，早在2011年12月初希拉里访问缅甸时，就寻找第二次世界大战期间在缅牺牲的美军遗骸问题，美缅同意"展开一个新的联合行动"❹；2012年3月初米德伟率领的访缅代表团在缅期间，其与缅甸国防部长讨论了"人道主义援助进入议题"以及"军队内部的发展"和缅甸军队"适应改革概念"议题，并表示将在适合的时机下讨论"更多

---

❶ See U. S. Embassy Rangoon, "Remarks by President Obama at the University of Yangon".

❷ CSIS Myanmar Trip Report, p. 3.

❸ U. S. Embassy Rangoon, "Remarks by President Obama at the University of Yangon".

❹ Office of the Spokesperson of U. S. Department of State, "Secretary Clinton's Press Availability in Nay Pyi Taw, Burma", December 1, 2011.

的双边军事接触的潜力”。[1] 2012年5月美缅恢复正式外交关系之后，美实施对缅“军事接触”的步伐明显加快。2012年6月，时任美国国防部长帕内塔（Leon Panetta）在新加坡的一个防务论坛上表示，随着美缅双边关系的提升，他将致力于与缅方讨论“安全关系”。2012年9月中下旬，美缅军方较高层次的、围绕“重建训练项目前景”及双方“军队交流”的“安全讨论”得以展开；[2] 2012年10月16～17日，通过人权对话的幌子，美国国防部负责南亚和东南亚事务的副助理防长威克拉姆·辛（Vikram Singh）以及太平洋美军司令弗朗西斯·威尔辛斯基中将（Pacific Army commander Lt. Gen. Francis Wiercinski）随波斯纳率领的美国代表团，赴缅甸参加了首次美缅双边人权对话，以建立和促进与缅甸军队的联系、谋求双边军事合作。在随后的18日，美国就宣布邀请缅甸参加于泰国举行的代号“金色眼镜蛇”（Kobra Gold）年度军演。此举是美国重新正式接触缅甸军方的“第一步”，普遍被认为是美国对缅甸新政府“最大胆奖赏”之一，并被赋予西方与缅甸关系和解的“里程碑”意义。[3] 2012年2月11日，缅甸首次以观察员国身份参加了第32次美泰两军主导的旨在通过多国部队合作，推进地区安全以及构建东南亚地区安全体系“金色眼镜蛇”联合军演。

就美国对缅甸实施的“军事接触”的内容，目前阶段主要侧重在以下几个方面：[4]（1）大力推动美缅双方智库及中高级军官之间的互访交流，开

---

[1] Ambassador Derek Mitchell, “Remarks to the Media at U. S. Embassy Rangoon”, March 15, 2012. http: //photos. state. gov/libraries/burma/895/pdf/03 - 15 - 2012DerekMitchellRemarks. pdf. 2012年8月23日访问。

[2] Gwen Robinson in Yangon, “US courts military contacts with Myanmar”, September 20, 2012. http: //www. ft. com/cms/s/0/e31dabb6 - 0324 - 11e2 - a284 - 00144feabdc0. html#axzz2Lv3t0mCP. 2013年3月27日访问。

[3] “US links military ties with Burma on human rights progress”, *Mizzima News*, 17 October 2012; “US invites Burma to military drills with Thailand”, BBC, Oct. 18. http: //uscampaignforburma. org/new123/18-archived-news/1699-us-invites-burma-to-military-drills-with-thailand. html. 2013年3月26日访问。Jonathan Thatcher and David Storey, “Myanmar to be invited to major U. S. -Thai military exercise”, *Reuters*, Fri Oct 19, 2012. http: //www. reuters. com/article/2012/10/19/us-usa-myanmar-military-idUSBRE89I07W20121019. 2013年3月28日访问。

[4] Gwen Robinson in Yangon, “US courts military contacts with Myanmar”, September 20, 2012; Jonathan Thatcher and David Storey, “Myanmar to be invited to major U. S. -Thai military exercise”, *Reuters*, Fri Oct 19, 2012; Sam Holmes, “U. S. Military Visits Myanmar, Stepping Toward New Role”, *The Wall Street Journal*, Oct. 21, 2012.

展军方对军方的对话及发展长远伙伴关系，推动缅甸军队专业化和“职业化”；（2）为缅甸军方提供诸如冲突地区维和、人道主义援助、军事医疗以及国防改革等方面的培训及项目援助。在此方面，尤其利用现有的“美国国际军事教育及培训项目”（the US's International Military Education and Training programme for Myanmar），注重让缅甸年轻军官接受美式训练，以巩固和继续催化缅甸变革；（3）在让缅甸获得美国与别国区域性多边军事演习观察员身份基础上，开展双方在反海盗、航行自由等东南亚军事优先议题上的合作。

二、美国未来对缅甸政策展望

展望未来，基于美国对缅甸目前局势的上述判断、缅甸重要的地缘政经战略地位以及美国打造缅甸作为地区“民主样板”的定位，在美国愈趋重视亚太、实施“亚洲再平衡”战略[1]的背景下，美国将在深化和拓展同缅甸各阶层的政治接触、推行促压结合的政策措施的基础上，重点实施对缅“经济接触”、加大对缅发展援助和对缅公共与国民外交以及推进对缅“军事接触”，实施全面介入，力图主导缅甸未来和政经社会改革。目前，美国最为关心的是缅甸 2015 年大选前的缅甸国内政治发展，并将运用一切可行政策工具支持缅甸改革派，巩固和加快缅甸民主改革。不久前，美国国际开发署就宣布了一项为期三年的着眼缅甸“选举和政治进程”援助项目，该项目旨在“支持和深化缅甸改革”，特别是旨在支持“一个达至更民主和更具包容性政治体系的转型”。具体说来，这个资助额度为 1 100万美元、“资助着眼 2015 年大选前的候选人提名”事务的项目，旨在：“帮助缅甸政府提升选举管理，以确保 2015 年自由、公正、诚实和可信的选举”；“推动选举人教育”；“提供国会强化援助”以及“支持缅甸政党发展”。[2] 至于美

[1] 该战略的前提是认定世界目前正处在一个“可塑的关键期”，因此，美国应该利用难得的塑造全球多边秩序的机会，巩固和扩大亚太盟友，重新成为全球民主运动的先锋，超越单纯运用军事力量以及促进包括中国朝向和平、建设性方向发展的地区秩序构建等。

[2] U. S. Embassy Rangoon，“USAID Announces Elections and Political Process Assistance Program”，http：//photos. state. gov/libraries/burma/895/pdf/03 - 08 - 2013_ USAID_ EP. pdf. 2013 年 4 月 15 日访问。

缅军事关系，虽然在奥巴马访问缅甸以后，美国防务官员已经表示要采取“大胆”步骤，发展与缅甸军事关系，但除非缅甸 2015 年选举结果得到美国充分认可，否则在目前美缅“全面伙伴关系”、特别是“战略伙伴关系”尚无法达成的情况下，美国基于避免授予缅甸军方和准军事政权过多合法性的忌惮，从中短期来看，双方军事合作还不会走得太远，美缅军事合作将主要集中在“非致命性”军事议题和项目上，诸如防务合作、武器销售等敏感议题尚难以触及，上述军事领域的合作也尚难以展开。不过，从中长期看，基于美国“重返东南亚”与“亚太再平衡”整体战略需要、缅甸变革目前所处的关键时刻以及缅甸军队在缅甸国内事务中一直以来的强大影响力以及对缅甸与朝鲜的军事联系深感不安和对所谓缅甸与中国的紧密军事关系的深感焦虑，美国必将加大对缅甸“军事接触”，积极发展同缅甸军事关系，加大接触缅甸军方以促使其接受改革和缅甸吴登盛政府中改革派的领导，巩固缅甸现有改革成果，企图最大限度地削减中国对缅甸的军事影响力。不过，就整体缅甸事务上与中国的关系，前述美国亚洲协会 2009 年政策报告内容的“未来可能性”部分就曾指出，美国在缅甸的影响不大可能超过其力量日益增长的亚洲邻居❶；而前述 CSIS 报告则建议，美国要“寻求在缅甸问题上与中国的合作”。报告特别指出，那种认为由于缅甸军政府忧虑对中国的过度依赖，是促使缅甸军方领导人推行改革的广泛认知，是“夸大的”说法，因为缅甸并不想使得自身成为中美零和游戏的场域。报告认为，由于美缅关系的快速升温，正激起中国“有疑虑的欢迎”和对美国的遏制动机的担心，因此，一个就美国对缅甸政策方式的“积极、有前瞻性的同中国的协商政策”，将有助于缓和中国有关美国正利用缅甸遏制中国的忧虑。❷ 可以认为，基于对美国目前在缅影响力还有限、缅甸军政府改革动机与国家外交战略定位的判断认知，美国将会在缅甸问题上伺机缓和中国疑虑，并寻求与中国的协商合作。

❶ Asia Society Task Force Report, p. 30.

❷ CSIS Myanmar Trip Report, pp. 3 ~4.

论中国本土的非政府组织的国际属性

■ 王运祥*

【内容提要】 本文针对中国本土非政府组织（NGO）的国际属性开展探讨。全文分三个部分，首先分析中国本土 NGO 出现的社会基础和西方烙印的原因；再探讨中国本土 NGO 自身的特性；在当前全球经济危机带来大量复杂问题的形势下，最后对中国 NGO 未来发展的问题提出了自己的看法。

【关键词】 非政府组织　国际属性　社会功能

众所周知，非政府组织（NGO）在国际社会中发挥着日益重要的作用，并且已经成为国际事务中重要的力量。洞察当前欧洲乌克兰等地发生的一系列“街头抗议”事件，NGO 在其中发挥的作用令人深思。目前我国 NGO 的发展虽然还处于起步阶段，但是国内除了本土 NGO 或叫做民间组织外，还有一些总部在海外的国际 NGO 已经在中国分设许多机构或代理，有的还甚至直接利用国人出面，组建了听命于国外总部遥控的 NGO，它们的未来发展走势不可忽视。毋庸讳言，中国坚持共产党领导下的社会主义政治制度是决不可动摇的。因此，开展对 NGO 方面的研究，有利于为更好地处理 NGO 所带来的各种问题做好未雨绸缪的准备。

一、中国本土非政府组织发育成长的国际生态

按照国际社会的普遍理解，非政府组织指的是那些“非营利机构，其成员是一个或多个国家的公民的联合，并且其行动是由其成员的集体意志，

* 王运祥，广东外语外贸大学外交系学系教授，硕士生导师。

根据成员的需要，以一个或多个与其合作的团体而决定的”❶。西方 NGO 的出现与发展在很大程度上与西方社会的政治制度、法律规范以及自由结社等传统有关。世界各国人口的不断增加、城市的不断发展以及贫富差距的日益拉大等社会问题，引发出一系列的社会矛盾和政治斗争。西方民主国家的人们都比较关注个人自由和自身利益，他们根据法律所赋予的自由结社的权利，为了实现各自的利益，不断组成了名目繁多的 NGO。

1968 年联合国经社理事会的 1296 号决议确立了 NGO 与国际社会的关系的国际法地位。除了 NGO 在联合国经社理事会以及联合国体系中的其他机构取得了咨商地位外，联合国经社理事会还专门设立了 NGO 工作委员会，管理非政府组织在联合国框架下的活动。“近年来，在国家层面上的工作，无论是在人道主义事务、经济与社会发展、公共卫生，或者促进人权等方面，为了应对这种日益活跃的现象，联合国正在积极参与公民社会的建设，并致力于使其成为联合国工作上真正的合作伙伴。”❷ 非政府组织在一般理论上被认为是作为公民社会的载体，即所谓公民社会形成和发展的体现。“公民们在官方政治领域和市场经济领域之外自愿结社、自由讨论公共问题和自主从事社会政治活动而自发形成的民间公共领域。”❸ 它是与市场经济、民主政治相伴而成。政府和市场在解决社会问题方面所显示出来的不足，刺激了非政府组织的产生。

中国自改革开放以来相对宽松的政治环境给各种各样的 NGO 出现提供了条件。中国法律赋予公民结社的自由，众多 NGO 在不违反中国国家法律的前提下，越来越得到社会的包容。加上中国实行社会主义的市场经济，各级政府不断大幅度放权，从国家与社会高度一体化逐步转化到向社会放权，各级政府的职能开始转变，因此弱化了它以往严格管理程度。世界经济一体化的大潮造就了“你和我在一起，同住地球村”的局面。客观地看，NGO 在公益事业方面服务社会的成就是有目共睹的。相对宽松的政治环境

---

❶ UN. Document E/AC，70/1974/5，1994，http：//www. un. org/.

❷ UN. Document A/52/1，*Annual Report of the Secretary-General on the Work of the Organization*，3 September，1997.

❸ 何增科：《公民社会与民主治理》，中央编译出版社 2007 年版。

使得中国的 NGO 或叫民间组织日益快速成长也就不足为奇了。[1]

当前中国实行社会主义市场经济。30 多年的改革开放使多种所有制形式加速了生产力的迅猛发展，在不断改善国民日常生活水平的同时，生产率的提高又相应减少了公民的劳动时间，使得公民有充足的时间和财力去从事个体感兴趣的活动，从使各种民间组织的发展有了人力来源。加之市场经济必然造成企业面临的风险相应增加，企业的自我保护意识促成企业的利益保护机制，各种行业性质的利益团体迅速成长。所以，中国开放搞活带来的巨大经济发展的同时也给各种民间组织的确立和活动提供了社会基础。

马克思的基本原理是经济基础决定上层建筑。无论是什么背景的 NGO，要维持自身运作和开展项目活动，无不需要足够的经费支撑。由于目前中国的税收政策和社会实际生活的平均水平还较低、慈善捐助传统还没有形成社会风气等诸多原因，在资金方面，现行本土 NGO 的资金来源还显得尤其捉襟见肘。也就是说，大多数中国土生土长的 NGO 的运营经费都还不得不依靠外国基金会或国际 NGO 总部的物力资助。这些海外资金支持通过设立项目的方式介入、通过开展研究或提供海外培训等方式在中国落地。坦率地讲，西方基金会并非是普度众生的活菩萨。也正是由于中国本土 NGO 的经济基础薄弱，组织的生存和发展都在相当程度上严重依赖国外 NGO 的各种资金支撑，才使得我国本土 NGO 缺乏独立性，哪怕不少人的确有美好的初衷，在运行过程中往往因为资金问题而不得不一改再改其原定宗旨，以获得生存的资金。真可谓人穷志短，马瘦毛长。这就不难理解为什么一些中国本土 NGO 行动上受制于人，甚至沦为工具。当然，中国 NGO 的发展历史还比较短，现有的 NGO 的人员构成一般较为简单，缺乏具有必要的文化素养和专业知识的人员参与。这样就往往造成它们在组织定位和管理能力、资金筹措以及项目运作控制等诸多方面都或多或少地打上了西方的烙印。

此外，值得我们特别注意的是，一些外国 NGO 虽已形成一定规模并在

---

[1] 俞可平：《中国公民社会的兴起与治理的变迁》，社会科学文献出版社 2002 年版，第 196 ~ 200 页。

中国境内开展活动，却从未经中国政府批准，也就是完全活动在政府监管之外。我们应当清醒地认识到：在中国不少地方活动的那些具有西方背景的NGO中，一些名为“非营利组织”，实为西方政府出资委托基金会资助组建的机构在各种名目繁多的公益活动的掩盖下，正在为西方政治集团服务。表面上这一类NGO往往以维护人权、保护环境等办公益事业的身份进入中国，搞人员培训、资金援助等手段发展组织、逐步扩大影响并严格按照既定目的发挥作用。它们向草根阶层的各种弱势群体伸出援手争取人心，为最终实现中国政权改造，甚至促成中国政权更迭的终极目标而不懈努力。由于这些有着西方背景的NGO关注的焦点都集中在容易引起争论的所谓“社会阴暗面”，不仅给社会安定埋下了许多不确定因素，而且在国际上给中国造成了巨大的负面影响。特别是在当前国际金融危机冲击下，就业、住房、医疗、教育等各种经济困难给我们带来巨大压力的情况下，更值得我们深入研究NGO。

二、国内本土NGO滋生的特征

由于目前国内还没有完全对NGO实行开放自由的登记制度，所以任何一省的NGO的确切数字都无法准确统计，尤其是那些直接接受西方资助在地下活动的NGO更是难以掌控。广东是中国率先进行改革开放以及中国经济发展最迅速的地区，濒临港澳台的地理位置使得广东地区接触国外比较便捷，因此中国本土NGO比国内其他地区出现得早，发展得也比较快，目前在广东省公开活动的劳工维权、环保、扶贫、教育、妇女、健康领域的NGO多达几十家。这些本土NGO的生存不乏西方基金会赋予他们的特点，但毕竟他们根植于中国，又无法摆脱国情，可以作为中国本土NGO的缩影。限于文章的篇幅，笔者仅以广东地区的NGO为例，用以说明问题。

（1）以高校为代表的研究机构通过理论指导，积极推动本土NGO的发展，并在实践中提供理论指导和实践方面的帮助。如中山大学的妇女与性别研究中心和中山大学人类学系公民与社会发展研究中心都与广东省内的劳工维权组织保持着长期的合作关系。

（2）社会志愿者组成的开展社会公益活动的NGO。这类机构越来越多的是以个大专院校在校大学生志愿者作为人员基础，通过与社会上从事公益活动的 NGO 建立和保持联系，定期或不定期提供咨询或者服务。如深圳大学的义工联、北京师范大学香港浸会大学联合国际学院义工服务发展中心（VSDC)。这既是大学一些社会学、教育学专业的人才培养计划中的社会实践环节的要求，也有大学生热心公益活动积极性而使然。

(3) 各种为劳工维权的 NGO。这类维权性质的本土 NGO 占据了广东 NGO 的很大比例，而且他们多半是由境外基金会提供经济资助，表现得十分活跃。如深圳市春风劳动争议服务部、打工者 - 职业安全健康中心、深圳市阳光下之家文化发展中心等劳工维权组织。他们一般针对特定的服务群体提供包括心理辅导、法律咨询、职业指导、权益维护在内的帮助。从一般意义上讲，劳资矛盾是永恒的话题，无论哪个国家都无可回避。但是，正是几十年政府直接干预所养成人们的思维定式，往往因工伤、福利、欠薪等等问题，在这些维权 NGO 插手后，很可能转换成劳工不仅是对资方，而且是对政府管理部门发泄不满，许多过激行为引发过很多社会混乱，所以这类组织值得高度关注。

(4) 综合类本土 NGO。这类 NGO 并不局限于单一的活动形式，所以他们是通过提供多方面的服务促进公民利益和公民社会的实现。如深圳当代社会观察研究所、广东番禺打工族文书处理服务部、东莞市横沥镇隔坑社区服务中心等。他们积极拓展劳工权益，致力于改善外来劳工在城市中工作、生活中的条件，免费提供文化服务。

总体来看，广东本土 NGO 在广东省的活动范围主要集中在企业社会责任领域、对弱势群体和边缘群体救助领域、环境保护领域、民间组织的能力建设领域和关爱妇女儿童权益等领域。从广东本土 NGO 近 10 年来的发展轨迹来看，他们大都经历了从业人员实现从业余向专业化、逐渐提高了社会公众认可、逐步得到地方政府的接受等变化阶段。在他们当中，不同 NGO 的创立和发展却又有着各自的情况，不少 NGO 都是从创立者本身由于曾经受劳资纠纷、受过工伤而没有得到应有的补偿等原因接受过 NGO 的帮助，进而萌生自己也成立 NGO，再为众多遭遇过类似情况的劳工服务而成立。当然，也有如深圳当代社会观察研究所、番禺打工者服务部等 NGO，其成立是由于创办人意识到农民工无法保障自身最基本权益而挺身而出。

或者也为自己寻找一份既有可观收入，又可以得到社会美誉的体面差事而使然。不可否认的是，这些创建人背景的差异性也在一定程度上影响着NGO的发展。相当一部分NGO的创建人是外来务工人员。但是由于他们自身的文化程度相对较低，一些NGO的创建人只有高中甚至小学文化程度。他们对现行法律和政策的理解程度不够，从而影响到了NGO的服务质量以及本身的发展壮大。而一些文化程度较高、甚至拥有博士学位的创建人，在理解和掌握法律政策、形势分析等方面明显比前者占有优势，在对组织进行规划、管理方面相应地应该自如一些。深圳当代社会观察研究所拥有一大批留学回来的博士、硕士和西方大学在此实习的在读研究生所组成的科研队伍，形成了民间思想库，对劳工进行教育培训，为企业提供专业咨询，从事劳工与企业社会责任的研究，曾先后受邀到哈佛大学、耶鲁大学、世界银行总部、国际劳工组织、欧盟议会、东京联合国大学、亚洲开发银行研究所等机构发表有关劳工问题的报告。他们的专业知识、开展业务的能力、在国际社会上的交流和联系及具有较高专业水平的服务是相当一部分NGO暂时或者说在相当一段时间内都无法企及的。当然，组织专业化程度的不同，使各种NGO发挥的功效和产生的社会影响也不同。

总之，广东本土NGO在维护公民权益、促进公民社会发展等方面确实做出了一番成绩。同样，它们与国内其他省份的NGO类似，也面临着注册难、筹资难、内部不稳定、社会认同难、人才稀缺等一系列问题。目前除了少数一部分广东NGO以民间组织、民办非企业单位、咨询机构等形式建立，还有相当一部分NGO尚未得到民政部门批准。它们以公民代理、开放交流网站、工作室等形式在社会上为劳工进行维权、励志、帮助等服务。其中也有一些已取得合法身份的NGO总部不在广东，但在广东地区的分支却尚未取得相应法律资格。[1] 那些没有合法注册的NGO要比已经合法注册的NGO付出更大的努力。从资金来源看，大多数经费筹措途径都与中国NGO获取资金的途径有着相似之处，多是通过来自海外基金会或国际NGO的支持维持组织运作以及开展项目。这种依附性的生存方式导致了中国本

[1] 转引自2008年10月27日于深圳举行的珠三角劳工NGO服务经验交流会上NGO代表的讲话。

土 NGO 缺乏自我运作的独立性，它们在制定与维护组织宗旨、设计和实施项目、促进组织财政制度透明化、增进与外部 NGO 交流等多方面都受到限制。

三、对中国本土 NGO 的思考和建议

“存在的就是合理的。”中国本土 NGO 的出现和发展有其深邃的国际背景。虽然他们的发展前景随着我国深化改革开放的形势变化，还存在着许多不确定因素，但是其业已存在的社会功能和促进社会变革积极的或是消极的意义是客观存在的，也是无法视而不见的。如何使之扬长避短、进一步完善是我们不得不认真思考的问题。

（1）中国本土 NGO 应该寻求在现行的法律制度框架之下，争取到合法的地位。在筹资的过程中要注意到，既然其主要资金来源是海外基金会或国际 NGO 机构的项目资金，那么如何有效提高申请资金援助的成功率是其长期生存的关键。此外，本土 NGO 在现有筹资渠道的基础上，还要考虑一些其他途径，从依赖外界输血到自我造血的转变尤为重要。

（2）中国本土 NGO 应当致力于完善机构的长期可持续的发展模式，改变目前人员构成过于单一，成员的文化水平和业务水平不高的困境。所以要不断加强机构人员的专业素质和规范机构的运作模式，在制定目标时应避免过于宽泛的、不切实际的宏大目标，争取脚踏实地在特定服务领域内集中力量开展活动以切合服务对象的需求。要实现更进一步的发展，加强 NGO 之间的团结与交流，通过共同构建交流协作的平台去缔造出增加社会关注的凝聚力。

（3）中国本土 NGO 由创立到发展，当中难免需要思想理论的支持。中国有中国政治制度和文化传统，本土 NGO 仅仅模仿国外现有的运营模式当然不能接地气，本土 NGO 在运作过程中，要善于学习并进行经验总结和思考中国官方和民意的共同意见，虚心接受社会监督以便及时发现组织自身存在的问题并努力寻求科学的解决问题的办法。绝不能把自己摆在替天行道、为民做主的绿林好汉的地位。必须强调，不对抗是我国 NGO 目前生存发展的根本。中国毕竟是发展中国家，是人口众多的农业国，中国本土

NGO在实践的过程中，不可避免地会发现社会上的一些较为落后和负面的情况，这其实各国都有，最发达的美国也不例外，我们不用大惊小怪。我们不否认这些负面的东西确实存在着。这里不是说我们的工作不需要进一步改善，但是本土NGO不能过于强调或夸大这些社会的阴暗面，以此为目的去争取更多的项目资金的做法不仅是错误的，也是非常危险的。坦率地讲，社会的不公正现象和部分社会阶层的暂时贫困还不是当今社会的主流，NGO在致力改善这些状况的同时，更应当留心某些国际NGO和海外基金会可能别有用心，争取做到吃了糖衣，吐出炮弹，最大限度地争取一切可利用的资源来发展我国社会主义事业，为民造福才是未来本土NGO的根本。

论中国在东亚地区的战略选择

■ 陈寒溪*

【内容提要】 2008 年以后东亚国际形势发生的重要变化，使中国的东亚战略面临新的挑战。2009 年以后中国对外政策发生前所未有的变化，表明中国东亚战略的调整已经开始。中国的东亚战略有多种选择，在中美两极权力结构趋于明显的形势之下，中国应该放弃以东盟为主导建构地区多边秩序，谋求中美两极均势秩序。

【关键词】 中国　东亚　地区秩序

2008～2013 年，东亚地区形势发生了很多重要变化，主要体现在两个方面：权力结构方面，中国实力不断快速增长，美国加强对东亚的战略部署，东亚国际关系的两极化趋势趋于明显；战略关系方面，美国与其东亚盟国和伙伴国的关系不断加强，中国和部分邻国的关系则因领土争端激化而出现恶化。权力结构和战略关系变化是国际政治中最重要的变化，必然引发国家对外政策调整，推动国际秩序变迁。为了维护国家核心利益，中国必然会主动参与甚至主导地区秩序的变革。要顺利完成这个政治过程，中国应该制定合理可行的地区战略。

一、三种地区战略

冷战结束以后，中国经济和军事实力快速增长，重塑地区秩序的意图和能力都在加强。由于涉及国家间利益再分配和地区制度的变迁，再造地

* 陈寒溪，广东外语外贸大学欧洲研究中心教授，硕士生导师。

区秩序是一个高风险的事业，很容易引起国家间冲突，因此中国制定一个明智可行的地区战略至关重要。❶ 对中国来说，可选择的战略目标很多，大致可以分为三种类型：（1）谋求单极霸权秩序，即中国的霸权秩序。推动建立一个独立自主的东亚秩序，减少、降低甚至排除美国的影响。（2）谋求两极均势秩序，即中美共治的东亚秩序。（3）谋求“第三条道路”，即建立多极均势秩序，或者建立共同体秩序。❷

霸权的基本特征是拥有明确的势力范围。拥有地区势力范围的大国是地区霸权国，拥有全球势力范围的大国是全球霸权国。历史上，大国控制势力范围的手段是建立帝国、获得殖民地，1945 年以后，大国建立势力范围的手段是控制同盟国和伙伴国。美国和苏联都是通过控制同盟国和伙伴国来获得势力范围的，它们都在盟国或伙伴国的领土上建立军事基地并长期驻军，且控制、限制盟国的军事能力和外交自主权。中国的东亚战略不但不谋求霸权，反而致力于回避霸权。1945 年之后，中国一直坚持不干涉、不称霸的外交原则，并在 1982 年之后增加了不结盟原则。中国向国际社会承诺以上外交原则，承诺不在国外驻军，不在国外建立军事基地，实际上是在拒绝建立任何势力范围，因此不可能拥有任何霸权。中国的反霸权原则既反对他国，也约束自己。

中国对外战略的另一个特点是消极看待中美共治和两极均势秩序的可行性。2002 ~2008 年，中国的实力地位有了大幅提高，经济总量从世界第六跃升到世界第二，国防建设、航空事业等领域实现重大突破。一些研究者估计，中国经济总量在 20 年之内可能超过美国，东亚形成中美两极结构的可能性很大。❸ 早在 1999 年，罗伯特·罗斯（Robert Ross）就认为东亚

---

❶ 对中国来说，一个明智可行的东亚战略至少应该满足以下标准：能够维护中国的基本利益（中国政府界定的“核心利益”）；能够避免大国战争；能够提升中国的地区影响力；能够保持地区稳定和经济繁荣。

❷ 关于东亚地区秩序的争论和评论，参见陈寒溪，孙学峰：“东亚安全合作的现实与前景——观点的分歧及其分析”，载《世界经济与政治》2008 年第 3 期。

❸ 关于中美两极格局的可能性，参见周方银：“中国崛起、东亚格局变迁与东亚秩序的发展方向”，载《当代亚太》2012 年第 5 期；阎学通：《历史的惯性：未来十年的中国与世界》，中信出版社 2013 年版。

和平是以中美两极结构为基础的。[1] 2008年美国战略家们提出了“中美两国集团”（G2）概念，主张中美两国公共管理世界。但这个概念遭到了中国政府的冷遇。中国政府强调中国的发展中国家地位，表示难以承担与美国相当的世界责任。[2] 中国的分析家和学者对“G2”概念的真实意图也充满怀疑。[3]

中国的对外战略既非谋求霸权，也拒绝大国政治，而是走“第三条道路”。中国政府主张“国际政治民主化”，支持世界“多极化”，同时支持东盟领导的东亚一体化进程，支持“新安全观”“综合安全观”“合作安全观”，追求一种地区共同体秩序。然而，中国同时追求多极均势秩序和共同体秩序的努力存在矛盾。前一个努力要求大国在地区秩序中发挥主导作用，后一个努力要求所有地区国家平等参与，共同主导。中国虽然支持多边协商，但坚持认为台湾问题和其他领土争端问题都是中国和其他当事国之间的双边问题，坚决反对多边协商。2003年以后，受中国支持而进入多边协商程序的只有朝鲜问题，凡是涉及中国主权和领土的争议和争端，都未能正式进入多边外交场合。其次，中国虽然支持的是东盟主导的地区一体化，但如果一体化进程顺利和成功的话，美国就被排除在东亚秩序之外，而东盟实力有限，很难长期为东亚合作提供指导。对于美国来说，中国的东亚战略是“温水煮青蛙”战略，看起来很温和，但政治结果却很残酷。无论如何，多极均势和共同体模式都不是美国的目标，而美国贯彻执行战略目标的能力却无可匹敌，使中国的混合式模糊战略走到了尴尬的地步。

二、现有战略面临的挑战

中国的东亚政策主要包括两方面，一是采取睦邻政策，发展同所有邻国的友好关系，获得一个友好的周边环境；二是支持东盟主导的东亚一体

---

[1] Robert Ross，“The Geography of the Peace：East Asia in the Twenty-first Century”，*International Security*，23，4，Spring 1999，pp. 81 ~114.

[2] “温家宝说：不赞成‘两国集团’提法”，载 http：//news. xinhuanet. com/world/2009 -11/18/content_ 12485552. htm，2009年11月18日访问。

[3] 褚国飞，陈文鑫：“中美‘两国集团’构想的由来及可行性分析”，载《现代国际关系》2009年第6期。

化，在逐步降低美国的影响的条件下，获得一个稳定和平的周边环境。如上所述，第二个政策与美国的战略利益发生的冲突较大。历史上，美国一直是东亚安全秩序的支柱，是地区稳定与和平的供应者。如果中国顺利实现了东亚战略目标，实际上就表明，东亚安全不再需要美国的保障，美国霸权将不再是东亚秩序的基础。这显然是对美国霸权的挑战。面对中国潜在的挑战，2009年奥巴马总统执政之后，美国的东亚政策发生了重大变化，大幅提高东亚地区、太平洋地区、印度洋地区在美国全球战略安排中的分量，推行“重返亚洲”政策，实际上是对中国东亚战略的反制。总体看来，在地区权力结构变迁过程中，美国战略东移就是致力于在政治、经济、军事、外交等个领域争夺主导和优势地位，以西方价值观为合法性依据，以同盟体系和军事存在为实力基础，积极开展双边和多边外交活动，主导地区规范和规则的制定权，抵消中国的影响力，限制中国的选择范围，塑造一个美国主导的地区秩序。[1] 2009~2012年，奥巴马政府的“重返亚洲”政策受到了很多东亚国家的欢迎，取得了较为明显的成效，导致了几个不利于中国实施东亚战略的结果和发展趋势。

（1）东亚一体化进程受到严重阻碍。东亚一体化进程始于1998年亚洲金融危机之后。中国的政策是支持东盟为主导力量，以中、日、韩为后盾，以“东盟+中日韩”（“10+3”）作为东亚一体化的边界。尽管中国声称支持“开放的地区主义”，但中国显然希望能把东盟主导，包括日本、韩国在内的东亚一体化作为一个周边战略来经营，温和地降低美国在这个地区的影响。这不是一个谋求势力范围的战略，但即便如此，也不符合美国的战略利益。因此美国一直警惕出现一个排斥美国的、强有力的东亚合作框架。2002年之后，中国和东盟的关系有了关键性突破。当年，中国和东盟签署自由贸易区协定，计划在2010年正式启动。中国还签署了《东南亚友好合作条约》，成为第一个签署该条约的大国。在中国的示范作用下，日本、俄罗斯、印度等国先后签署该条约。中国采取的这两项政策大大提高了东盟的国际地位，也推动了东亚一体化进程。2005年东亚国家召开了第一届东

[1] 对奥巴马政府“重返亚洲”政策及其影响的评论，参见陈寒溪：“重塑地区安全秩序：美国战略东移与中国的应对”，见黄凤志、刘雪莲编：《东北亚地区政治与安全报告（2013版）》，社会科学文献出版社2013年版。

亚峰会，建立了新的一体化机制。一年之后，除了美国，所有的亚太大国都成了东亚一体化的成员。东亚一体化的发展速度和深度超过了美国的预期。这符合中国的东亚战略目标，但不利于美国的东亚战略。奥巴马政府基于这种认识，在2009年就签署了《东南亚友好合作条约》，很快也成为东亚峰会的正式成员。至此，东亚一体化已经完全超出了中国的设想和控制能力。日本、澳大利亚、东盟的主要成员国，都欢迎美国成为东亚一体化的成员，美国也乘机试图主导东亚峰会。随着东盟丧失对东亚一体化的主导权，中国10年的努力付诸东流。

（2）中国和周边部分国家的海洋领土争端激化，外交危机频繁出现。2009年以后，奥巴马政府的“重返亚洲”政策打断了东亚地区形势以往10年的发展趋势。自从“冷战”结束以来的20年间，中国比较好地控制了与周边邻国的领土争端，没有让这个问题影响中国和邻国的关系发展。奥巴马政府的“重返亚洲”政策改变了这种情况。几乎在一夜之间，日本、菲律宾、越南将领土争端问题推到了中国外交的前沿。日、菲、越一方面公开表达对美国“重返亚洲”的欢迎态度，对中国实力增长表示担忧，并在领土争端问题上表现得更具有攻击性。2010年9月中日钓鱼岛危机、2012年4月中菲黄岩岛危机、2012年9月开始的中日钓鱼岛危机，构成一个连锁式效应，是“冷战”后东亚地区最严重的领土争端。中国长期奉行的睦邻友好政策、“搁置争议，共同开发”政策，都面临前所未有的困境。

三、战略调整的方向

（一）对传统政策的反思

2009年以后美国实行“重返亚洲”战略，部分东亚国家顺势采取进攻性对华政策，给中国的东亚战略带来空前的压力。2009~2013年，中国政府开始调整东亚政策。这种调整的前提的是反思传统政策，寻找新的战略理念和目标。传统的周边外交存在一些难以实现的目标。2002年中国政府提出“与邻为善，以邻为伴”“睦邻、安邻、富邻”等口号，试图实现三个基本目标：（1）确保国家主权与领土完整；（2）维护周边和平与稳定；

(3) 促进地区对话与合作。[1] 到2013年，东亚形势的发展显然背离了中国的目标。反思过去的政策，有助于寻找更为恰当的对外政策。

人们可能对中国传统的周边外交存在两个不恰当的期待。第一个期待是希望经济让利可以获得和平和友谊。然而，在安全利益得不到满足的情况下，不对称的相互依赖会加重弱势国家的战略担心。2002年中国和东盟签署自贸区协定，2010年正式启动自贸区建设进程。在此期间，中国长期保持对东盟贸易的逆差。然而，中国对东盟的睦邻友好政策并不牢固，2009年之后，东盟国家有的加强与美国的军事合作，有的加强与美国的政治、经济合作，连中国传统的友好国家缅甸也加强了和美国的合作。这表明，中国的"富邻、睦邻、安邻"政策和"搁置争议、共同开发"政策，都没有取得满意的效果。第二个期待是以推动东亚合作来削弱美国的东亚霸权。这个政策一度取得了较大的进展，到2005年东亚峰会启动时达到了顶峰。然而2009年美国签署《东南亚友好合作条约》，2011年美国总统第一次参加东亚峰会，并宣称要改造东亚峰会，将其打造成一个亚太地区的政治安全论坛。美国直接加入东亚峰会，使原本有一定独立性的东亚地区合作进程中断，这在很大程度上背离了中国的利益。尽管中国无意也无力反对美国的介入，但中国对东盟的长期投入显然没有收到预期效果。实际上，中国投资东盟来主导地区合作，本身是一件高风险的战略投入。东盟由小国组成，在大国之间，小国普遍是采取大国平衡战略，而不是轻易选边。中国指望东盟在关键时刻采取独立自主的立场，这是一个过高的期待。把东盟作为基础来规划东亚合作，可能不是一个恰当的战略选择。[2]

（二）政策调整

从2009年开始，中国对外政策的基本原则和基本特征没有发生变化，但周边外交和国防政策明显出现了调整。首先，在领土争端问题上中国的

---

[1] 王毅："与邻为善，以邻为伴"，载《求实》2003年第4期。

[2] 李晨阳对中国的东盟政策提出了多项反思和批评。李晨阳：《对冷战后中国与东盟关系的反思》，载《外交评论》2012年第4期。

政策明显趋于强硬。[1] 2009 年以来爆发的领土争端危机，是“冷战”结束以来最为严重的。中国也采取了冷战结束以来最为强硬的应对措施，向越南、菲律宾、日本三国施加前所未有的压力，在很大程度上改变了历史形成的争议现状，形成了新的局面。在 2010 年 9 月“闽晋渔”事件、2012 年 4 月黄岩岛危机、2012 年 9 月钓鱼岛危机中，中国政府前所未有地展示了维护主权利益的强硬姿态，超出了日本和菲律宾两国的预期。2013 年 1 月习近平总书记阐明了中国的和平发展政策的底线，他指出：“我们要坚持走和平发展道路，但决不能放弃我们的正当权益，决不能牺牲国家核心利益……任何外国不要指望我们会拿自己的核心利益做交易，不要指望我们会吞下损害我国主权、安全、发展利益的苦果。”他还强调，中国走和平发展道路，其他国家也都要走和平发展道路，只有各国都走和平发展道路，各国才能共同发展，国与国才能和平相处。[2] 习近平总书记实际上传达了一个明确的威慑信号——如果其他国家要在领土争端问题上损害中国利益，中国就可能使用武力。

其次，中国的国防政策出现调整，越来越重视加强海权，海军活动趋于频繁。[3] 中国海军开始创造一些历史纪录。从 2008 年开始，中国海军舰艇编队轮流前往亚丁湾巡航，创造了中国海军远航的历史纪录。2011 年 2 月，“徐州号”护卫舰穿过苏伊士运河进入地中海，为利比亚撤侨行动提供支持和保护，是中国军舰首次参与海外撤侨行动，也是中国舰艇首次进入

---

[1] 在美国政府和分析界看来，随着实力的增长和影响力的扩大，中国对外政策变得越来越“过分自信”（assertive），特别是在领土争端问题上，中国越来越倾向于展示外交和军事实力，如实弹军事演习、海洋巡航、阻挠越南的石油探测船、抓捕越南和菲律宾的渔船，等等。参见 Thomas Christensen，“The Advantage of an Assertive China：Responding to Beijing's Abrasive Diplomacy”，*Foreign Affairs*，90，2，March/April 2011；Aaron Friedberg，“The New Era of U. S. -China Rivalry，” *Wall Street Journal*，January 17，2011，http：//online. wsj. com/article/SB10001424052748704323204576085013620618774. html。

[2] “习近平阐明中国和平发展原则底线”，载 http：//news. xinhuanet. com/politics/2013 –01/30/c_ 114560069. htm，2013 年 1 月 30 日访问。

[3] 美国学者对中国海权战略和海军政策的分析，参见 Robert Ross，“China's Naval Nationalism：Sources，Prospects，and the U. S. Response”，*International Security*，34，2，Fall 2009，pp. 46 ~ 81；Michael Glosny，Phillip Saunders，Robert Ross，“Correspondence：Debating China's Naval Nationalism”，*International Security*，35，2，Fall 2010，pp. 161 ~ 175；Phillip Saunders，Christopher Yung，Michael Swaine，Andrew Nien-Dzu YANG，The Chinese Navy：Expanding Capabilities，Evolving Roles，National Defense University Press，Washington，D. C. ，2011；Ronald O' Rourke，“China Naval Modernization：Implications for U. S. Navy Capabilities”，CRS Report for Congress，December 10，2012。

地中海。从2010年4月开始，中国海军舰艇编队每年都要穿越第一岛链进入太平洋进行训练活动，这打破了中国海军的传统。2012年11月的十八大报告也体现了中国发展海权的决心，强调中国要“建设与我国国际地位相称、与国家安全和发展利益相适应的巩固国防和强大军队”，要“高度关注海洋、太空、网络空间安全”。[1] 2012年夏和2013年夏，中国海军和俄罗斯海军先后在黄海和日本海举行了规模空前的联合军演。2013年11月，中国在东海和南海采取了两个有重要历史意义的行动，一是辽宁号航母战斗群首次驶入南海举行训练活动，加大了对南海的控制力度，二是建立东海防空识别区，加大了对东海的控制力度。这两个行动都明显加强了中国的海权。

（三）谋求中美两极均势的可行性

美国推行“重返亚洲”政策对东亚形势造成很多影响，其中，原本相对独立的东亚一体化进程被打断，中国和周边部分邻国的关系恶化，是两个最不利于中国的结果。很多分析家认为，2009~2012年，由于受到美国“重返亚洲”“战略东移”的鼓励和支持，日本、菲律宾、越南和中国的关系变得越来越冷淡和疏远。然而，分析家们很少注意到，中国和美国的关系并没有大的起伏，仍然比较稳定，且双方坚持发展友好关系。显然，在美国调整东亚战略并取得明显成效之后，中国也在调整自己的东亚战略。虽然中国舆论非常不满美国对日、菲、越的偏袒，但中国政府并没有表现出严厉的批评态度，反而注重和美国加强协调。这种现象表明，中国可能已经开始调整东亚战略，将中美协调置于最为优先的战略考虑。

（1）中国调整东亚战略，应该放弃以东盟主导地区合作为战略优先的理念。中国东亚战略目标是主动塑造一个理想的地区秩序，在这个秩序中，中国的这些核心利益应该得到充分维护。东亚地区的重大安全问题，如朝鲜问题、台湾问题、钓鱼岛问题、南海问题，全都涉及中国的核心利益。然而，这些利益和其他东亚国家（包括东盟国家）的利益是相互冲突、相互竞争的。如果中国的东亚战略不以尊重本国的大国地位和利益为基础，

---

[1] 胡锦涛：“坚定不移沿着中国特色社会主义道路前进，为全面建成小康社会而奋斗——在中国共产党第十八次全国代表大会上的报告”，载 http：//www. xj. xinhuanet. com/2012 -11/19/c_113722546. htm，2012年11月8日访问。

以上核心利益是不可能主动实现的。东盟和东盟国家是小国、小国集团，虽然与中国的经济合作可以不断拓展，但在政治安全领域，它们与中国是竞争关系，在领土争端问题上更是如此。如果由东盟来主导地区秩序，中国无法期待东盟积极主动地满足中国的核心利益。

（2）中国调整东亚战略，应该强调中国的核心利益和主导地位，谋求与美国加强合作，建立一个基于两极权力结构的地区安全管理机制。早在20世纪90年代初期，邓小平就明确指出，中国是国际政治的一极。进入21世纪，中国的大国地位和影响越来越得到国际社会的承认。在东亚地区，中国的政策对塑造地区秩序具有至关重要的影响。从总体实力的发展趋势来看，未来10年东亚最可能出现两极权力结构，即中美两极。东亚秩序的重构，从权力结构角度来说，只能是两极结构。因此，中美必然将在东亚秩序重构过程中发挥主导作用。国家制定对外战略和政策，必须尊重国际政治的基本规律——国际秩序建立在一定的权力结构之上，大国和强国是塑造国际秩序的主导国家。中国调整东亚战略，必须以中美两极权力结构这个事实作为出发点，必须准备与美国共同发挥主导作用。在国家实力地位变化之后，中国维护本国核心利益，无法通过尊重小国政治这条途径实现，只能通过尊重大国政治得到实现。❶

四、结　论

2009~2013年，随着东亚国际形势的发展变化，中国和美国的地位和影响不断增强，东亚地区两极权力结构的发展趋势越来越明显。中国政府应该反思1998~2008年的东亚战略，在地区权力结构发生重要变迁的基础上重新考虑东亚战略。传统战略不利于维护中国的利益。中国应该尊重政治现实，放弃以小国为核心的对外战略，致力在中美建立新型大国关系的基础上，谋求建立两极均势秩序，在最大程度上维护本国核心利益，同时为东亚地区提供稳定、和平、繁荣。

❶ 鞠海龙认为，解决南海问题的关键并非是与菲律宾的外交，而是与美国的协商。鞠海龙："菲律宾南海政策：利益驱动的政策选择"，载《当代亚太》2012年第3期。

美国东欧导弹防御计划是否针对俄罗斯？

■ 王树春[*]　田中荣[**]　文哲茜[***]

【内容提要】 从小布什政府单方面退出《反导条约》，继而决定在波兰、捷克等东欧国家部署反导系统，并声称其部署反导系统是为了针对伊朗等流氓国家的导弹威胁，不是针对俄罗斯。但是，伊朗现在不具有攻击美国的核能力；俄罗斯建议与美国共同使用在阿塞拜疆的雷达站事件遭拒；美国在波兰、捷克部署反导系统所具备的有利条件；奥巴马拒绝在部署反导系统问题上给俄方法律上的保证，这些都证明美国在东欧部署反导系统的真正目标就是针对俄罗斯的。

【关键词】 导弹防御计划　美国　俄罗斯

一、美俄东欧导弹防御问题的由来

弹道导弹防御系统（Ballistic Missile Defense System），即BMD系统，也称反弹道导弹系统，是一种既可以用以拦截敌方对己方进行攻击的各种导弹，又可以主动打击敌方各类目标的攻防兼备的作战系统。俄美作为世界上两个最主要的军事大国，为了能尽量确保本国的战略优势，一直针对导弹防御系统进行着“螺旋式上升”的军备竞赛，俄美在该问题上不断地斗争与妥协成为俄美关系不断变化的重要因素之一。

---

* 王树春，广东外语外贸大学法学院国际政治系教授，博士生导师。

** 田中荣，广东外语外贸大学法学院国际关系专业2012级硕士研究生。

*** 文哲茜，广东外语外贸大学法学院国际关系专业2012级硕士研究生。

“冷战”时期美苏双方的核威慑被称为“相互确保摧毁”[1]（mutual assured destruction）。1972年5月26日，苏联领导人勃列日涅夫同来访的美国总统尼克松在莫斯科签署了《反弹道导弹条约》，全称《限制反弹道导弹系统条约》（以下简称《反导条约》）。条约共16款，其中重要的规定有：反弹道导弹系统是指“用以拦截在飞行轨道上的战略性弹道导弹或其组成部分的系统”，包括反弹道导弹截击导弹、反弹道导弹发射器和反弹道导弹雷达；只允许双方按规定在各自的首都周围和一个洲际弹道导弹地下发射井周围建立有限度的反弹道导弹系统。条约还规定，“双方保证不研制、试验或部署以海洋、空中、空间为基地的以及陆基机动反弹道导弹系统及其组成部分”；“本条约的期限不应是有限的”，但“每方都有权退出本条约，如果它认定同本条约的主题有关的非常事件已经危及本国的最高利益的话”，这为美国退约埋下伏笔。

里根政府上任后，考虑到苏联已经取得了对美核战略优势，遂提出了战略防御倡议。1983年3月23日晚，他做了著名的即被后人称为“星球大战”的电视演说，在演说中宣布“用防御性的手段来对付令人生畏的苏联导弹威胁”。1984年初，里根签署了第119号国家安全指令，要求立刻着手研发激光和粒子束武器以及以太空为发射平台的武器。战略防御计划由此正式开始实施。

“冷战”结束后，美国政府加紧发展导弹防御计划。克林顿政府将SDI更名为弹道导弹防御计划（BMD），计划包括三个部分：（1）旨在保护美国海外驻军和盟友安全的战区导弹防御系统（TMD）；（2）用以保护美国本土安全的国家导弹防御系统（NMD）；（3）所谓的“更高级技术”即包括目前拥有的天基系统以及用在导弹防御系统研发上的即将可能成功的更先进的高尖端科技，并以保卫美国海外驻军、盟国、盟军的TMD为发展的重中之重。作为反应，俄罗斯重新调整军事战略为“攻防兼备”的作战样式。但此时俄罗斯国力正处于衰退期，在这一时期将《反导条约》的作用做了重大修正。

---

[1] 封帅：“‘双向失衡’结构与欧洲导弹防御议题中的美俄博弈”，载《俄罗斯研究》2012年第4期。

小布什总统上任后，更重视弹道导弹防御系统在整个核战略中的地位和作用。他将TMD和NMD合二为一，统称“导弹防御系统”。“9·11”事件之后，美国更是把研制和部署弹道导弹防御系统作为美国安全战略的“最高重点”。2001年12月13日晚，美国总统小布什在白宫玫瑰园发表声明，正式宣布美国将退出1972年与苏联签署的《反导条约》，为即将准备部署的NMD（National Missile Defence）扫清了障碍。小布什宣称《反导条约》阻碍美国为应对未来恐怖袭击和“无赖国家”的导弹袭击发展防御手段，冷战已经结束，美国与俄罗斯“正在用相互合作取代相互毁灭”。布什表示，“9·11”事件说明，美俄的最大威胁并不来自对方及其他世界大国，而来自恐怖分子和寻求大规模杀伤性武器的“无赖国家”。[1] 2002年6月13日，小布什宣布，美国正式退出《反导条约》两天后，格里利堡基地的第一期建设工程就开工。2002年12月17日，小布什签署“第23号国家总统令”，强调美国部署导弹防御系统的必要性。并宣布美国将建设新的三位一体导弹防御能力，新三位一体包括远程常规武器、核武器、导弹防御系统以及强大的工业研究和基础设施开发。2004年7月22日，一枚地基拦截导弹放入发射井中，标志着美国正式开始部署弹道导弹防御系统。这个阶段开始部署的导弹防御系统具体包括：（1）用于防御远程和洲际弹道导弹对美国本土袭击的“陆基中段拦截系统”。（2）有效防御中程和短程导弹的系统。针对“伊朗核威胁”，美国积极谋求在本土之外建立第三个陆基导弹拦截基地。换而言之，美国在东欧部署反导系统的目的是应对未来恐怖袭击和伊朗等所谓的“无赖国家”的导弹威胁，保护其本身的国土安全，美国部署反导系统并非针对俄罗斯。

二、美国的东欧导弹防御计划的内容

自1999年3月美国国会参众两院通过《NMD法案》后，反导问题一直是俄美关系中的一个敏感话题。2002年12月17日，布什在关于部署导弹防御系统的讲话中明确指出：“美国还将以鼓舞其他国家积极参与的方式实

[1] 李伟、朱元峰：“美俄反导之争六大焦点”，载《环球军事》2008年第12期。

施导弹防御项目。”[1] 这表明，美国早已决定在海外部署导弹防御系统，只是当时还未寻找到在欧洲部署拦截导弹的适当地点。2007 年 1 月美国宣布，将在捷克部署远程雷达系统、在波兰部署导弹拦截系统。这一举动引发了美俄之间围绕东欧反导问题展开的一系列争论。

早在 2002 年 12 月白宫发布的总统令和五角大楼拟定的防御规划中，就产生了在东欧部署反导基地的构想。同年美国和捷克、匈牙利、波兰等国进行秘密接触，为部署导弹基地选择合适的地点。2004 年年初，美国导弹防御局局长纳德·卡迪什中将宣布，美国现有的两个本土拦截基地不能有效保护美国东海岸免受来自中东的远程弹道导弹攻击，因此将在时机成熟时在欧洲某地建立第三个拦截远程导弹的陆基拦截基地。2005 年下半年，军事专家开始在波兰南部山区勘探地址。2006 年 4 月美国宣布，已经计划于 2010～2011 年在中东欧国家完成部署一个初步的陆基中段导弹防御系统，候选国有波兰、捷克、匈牙利、土耳其和保加利亚，以保护美欧免遭伊朗的导弹袭击，估计将耗资 16 亿美元。2006 年年底，国防部做出了最终决定：在波兰首都华沙附近部署 10 枚拦截导弹，在捷克部署为这些拦截导弹服务的相应的雷达站。

三、美国东欧布导计划的表面原因与深层原因

针对美国提出“东欧部导计划”的原因，有很多种解读。小布什总统声明，在波兰和捷克部署反导系统的原因，是为了防止“无赖国家”把美国和西欧当作“人质”，为了“拦截伊朗那样的潜在有核敌对国家发射来的导弹，因此有必要在东欧国家部署导弹防御基地”。[2] 小布什总统的这个理由是站不住脚的。

（一）伊朗是否具有核攻击美国的能力

伊朗目前的导弹只有“流星”“飞毛腿”“征服者”等，“流星－3”是

---

[1] 朱尊尊、安钦：“导弹防御系统问题视角下的俄美关系”，载《西伯利亚研究》2009 年第 3 期。

[2] 张万里：“欧洲反导问题与美俄关系‘重启’的前景”，载《俄罗斯学刊》2012 年第 1 期。

伊朗现有最远射程导弹，最大射程2 000千米。据美国情报部门预测，在外国的帮助下，伊朗可能在2015年之前生产出射程能够到达美国和欧洲的洲际弹道导弹。可见，伊朗对美国的威胁是一种潜在的未来的威胁，而且这种威胁只是一种未来的预期，到2015年的时候，伊朗到底能不能生产出来可以攻击到美国本土的洲际弹道导弹，还是一个未知数。而在这之间，美国完全可以采取外交手段来努力禁止伊朗核生产。因此，伊朗拥有的导弹技术和掌握的发展导弹的现实实力都不足够威胁美国。

（二）俄罗斯建议与美国共同使用在阿塞拜疆的雷达站遭到拒绝

在2007年6月7日的八国峰会上，普京曾建议美国把原计划部署在捷克和波兰的导弹防御系统转移到阿塞拜疆，在距离伊朗边界只有150千米的加巴林斯克雷达站与俄罗斯共同设立导弹防御系统，以便发现和跟踪来自伊朗、伊拉克、沙特、阿富汗、巴基斯坦和印度等南部方向发射的导弹，还建议美方在土耳其或其他国家部署拦截导弹，而不要选择在波兰，甚至还以美国放弃在波兰、捷克两国建立反导系统为条件同意美俄双方在俄南部建立一座新的雷达站。但美国却坚持必须在捷克和波兰部署反导系统。小布什婉言拒绝了普京提议的在阿塞拜疆部署反导计划。美国宁愿“舍弃”这个既能节省开支，又能覆盖到整个欧洲的部署反导系统的建议而另行其道，此举使得俄罗斯认为美国反导系统是针对俄罗斯核遏制力量的。

（三）美国提出“东欧部导计划”，可以从政治氛围、地理环境、军事需求和经济等几个方面来解释

（1）从政治上看，由于历史的原因，捷克、波兰等所谓的“新欧洲”国家对俄罗斯抱有强烈的戒备和排斥心理，有着根深蒂固的反俄情结，有很浓的亲美意识。而美国也可以趁机既拉拢“新欧洲”成员，又能保证其把兵力部署在俄罗斯的家门口。美国在东欧部署导弹防御基地将使俄罗斯不仅在政治上实力大为削弱，而且在军事上俄罗斯也将会感受到越来越近、越来越强的威胁。

（2）从地理环境上看，由于反导系统对地理环境有着较高的要求，它要求基地所在地要具有气象条件良好、地形开阔、地质稳定、交通便利、水电供应方便、劳动力资源充足等诸多自然和社会条件，而美国在捷克和波兰选择的反导基地均能满足这些条件。可以说，从波兰和捷克的地理位置来看，在美国全球导弹防御构想当中，是两个效率最高的地理位置区。

（3）从军事需求上来看，反导基地的地址应该在来袭导弹必经的弹道下方的附近地域，而且距离被拦截导弹越近越好。相对于其他已经部署的反导设施所在地，捷克和波兰是距离俄罗斯最近的地点，这里的反导设施更能对俄罗斯的战略导弹进行有效的预警和拦截。而这也正是美国拒绝与普京共同使用俄在阿塞拜疆的阿巴雷雷达站的真正原因。可是，对于俄罗斯来说，美国反导系统所处的地理环境条件越好，距离俄攻击型导弹越近，俄进攻性导弹所具有的威慑和实战效能就越低。这当然是俄罗斯极不愿意看到的。

（4）从经济上讲，美国在东欧部署导弹基地是美国军火商的一个“淘金计划”。而军火生意的兴旺又是美国经济持续发展的动力之一。不管美国在东欧部署导弹基地是针对伊朗导弹威胁，还是意图削弱俄罗斯对欧洲安全的传统影响力。但是有一点是肯定的，即从威慑理论的角度讲，美国在东欧部署导弹防御系统从战略上给俄罗斯带来一种畏惧心理。

（四）奥巴马拒绝在部署反导系统问题上给俄方法律上的保证

随着布什政府的结束，美国进入了奥巴马执政时期。民主党人奥巴马对“东欧部导计划”的态度是很值得研究的。奥巴马在竞选总统期间，对是否在东欧部署导弹防御基地并未表现出多大兴趣，只是表示“在证实技术上可行后，他支持实施‘东欧部导计划’”。奥巴马就职后，在此问题上也明显放慢了步伐，并积极与俄罗斯在这方面展开磋商。2009 年 3 月 27 日，奥巴马下令国防部在防务评估中审议东欧导弹防御计划的可行性。2009 年 4 月 5 日，奥巴马在布拉格发表了著名的“无核世界”（a world without unclear weapon）演讲。奥巴马提出的条件是，欧洲导弹防御系统只针对伊朗的导弹威胁，如果俄罗斯能够与美国合作，缓和伊朗核问题，那么欧洲导弹防御系统是否部署也可以重新考虑。2009 年 9 月 17 日，奥巴马政府的欧洲导弹防御计划终于正式出炉。名为“分阶段适应性方案”（Phased A-daptive Approach，PAA）的新计划。这一计划实际上放弃了布什时期在波兰和捷克部署拦截装置和雷达的方案，照顾到了俄罗斯对此问题的核心关切。波兰与捷克仍然是计划的一部分，但他们将被纳入一个更广泛也更分散的北约拦截体系之内。

2010 年 11 月 19 日，北约峰会最后一天，梅德韦杰夫在里斯本提出“区段性”（sectoral）导弹防御系统。其核心是由北约和俄罗斯共同建立一套导弹防御系统，而在体系内部，俄罗斯和北约将拥有自己负责的区域。“如果导弹在俄罗斯上空飞向美国或欧洲，那么俄罗斯反导系统将把它击毁；如果导弹经过西方国家责任区飞向俄罗斯，西方也同样将它击毁。”之后俄罗斯和美国的谈判并不顺利，因为俄罗斯的计划显然大大超越了美国和北约期望的底线。

2011 年 7 月开始，双方已经不再就区段性导弹防御系统的问题加以讨论，俄罗斯转而要求美国对于欧洲导弹防御系统不针对俄罗斯提供法律和技术上的保证。“它所要求的既不是声明也不是某种承诺，而是要求提供有约束力的法律保证。”[1]既然美国一再强调在欧洲部署反导系统不是针对俄罗斯，又为何坚决不答应俄方的要求呢？

四、结　语

反导问题事关美俄两国的核心安全利益，已经成为美俄之间政治和战略矛盾最复杂的死结，美俄在这个问题上可谓剑拔弩张，互不相让，两国之间的竞争、防范和猜忌在两国关系中占有重要的成分。美国在东欧部署反导系统，是否只停留在“仅仅针对伊朗”的水平上，显然俄罗斯并不这么认为，同时值得探讨。伊朗现在不具有攻击美国的核能力；俄罗斯建议与美国共同使用在阿塞拜疆的雷达站事件；美国在波兰、捷克部署反导系统的有利条件；奥巴马拒绝在部署反导系统问题上给俄方法律上的保证，这些都进一步论证了美国在东欧部署反导系统的真正目标是针对俄罗斯。

[1] 韩辉：“美国发展和部署反导武器的意图与影响”，载《瞭望》2000 年第 25 期。

南海问题关注度研究

■ 孔庆山*

【内容提要】 南海问题已为国内外各界广泛关注。关注的形式多种多样，大致可分为学术的研究、报纸电台的新闻报道和网络的介绍等。网络媒体作为现代信息传播的重要手段之一，以其传播速度快、覆盖范围广、访问方便、查询便捷和持续驻留时间长等而越来越受到研究人员的重视。本文拟尝试从一个全新的角度，即从因特网的点击率这个特殊角度来研究海内外对南海问题的关注度。通过定量分析，试图更加科学地衡量国内外对南海问题的关注度。

【关键词】 南海问题　点击率　关注度

南海为世界第三大边缘海（marginal sea），亦称陆缘海，仅次于珊瑚海和阿拉伯海，面积约350多万平方千米，约等于渤海、黄海和东海总面积的3倍，平均水深约为1 212米，最深处为中部的深海平原，达5 567米左右。南海周边的国家和地区有中国、菲律宾、马来西亚、文莱、印度尼西亚、新加坡、泰国、柬埔寨和越南等。也可以说，整个南海几乎被大陆、半岛和岛屿所包围。通过巴士海峡、苏禄海和马六甲海峡连接太平洋和印度洋。

“南海”一词自秦代开始使用，但当时是否指现在的南海尚难确定。但在汉代、南北朝时所说的“涨海”和“沸海”就是现在的南海已经毫无疑义。唐代以后逐渐改称南海。自此之后，中国历代政府基本采用“南海”这一名称作为官方名称。近代以来，英语中把“南海”称为“南中国海”（South China Sea），在国际上广为接受，其他国家多把英语的“南中国海”

---

* 孔庆山，广东外语外贸大学法学院国际政治学系教授，硕士生导师。

译为各自国家相对应的语言。

严格来说，南海同南海诸岛是两个不同的概念。南海是指上面所说约有350多万平方千米的广阔水域；而南海诸岛则是指星罗棋布地散布于南海的各个岛、洲、暗沙、暗礁、滩等。无论是国内还是国外，都有人常常将南海同南海诸岛混淆起来，因而带来不必要的误会。

南海诸岛，按其分布形势，分成四大群岛，即东沙群岛、中沙群岛、西沙群岛、南沙群岛，它们分布在我国海南岛以南和以东的广阔的南海上。据中国地名委员会1983年4月25日发表的公告，南海诸岛被标准化命名处理的岛、洲、暗沙、暗礁、滩共252个，其中被称为岛的有25个，礁、滩占了绝大部分。

早自两千多年前的秦代起，我国先民就已经开始活动于南海。秦始皇在岭南置南海、桂林、象三郡，都濒近南海边缘，自然要对附近海域实行政治管理和防守。[1] 这些行政机构的设置也是中国政府开始对南海岛屿及其周边海域行使主权的标志。

在过去长达两千多年的时间里，在对南海诸岛的发现、命名、开发、经营乃至实施管理的过程中，有数不尽的勤劳勇敢的中国人，在辽阔的南海和南海诸岛上洒下了他们的血汗，甚至牺牲了生命，现在南海诸岛上尚存孤魂坟、孤魂庙等。也正是因为无数中国先民的开发和经营，才使南海诸岛成为中国领土和主权不可分割的一部分。正如中国外交部新闻发言人一再所强调的那样，中国对南海诸岛及其附近海域拥有无可争辩的主权。

随着“冷战”的爆发、新中国的成立和两岸的长期对峙，给美国政府以可乘之机，美国政府企图制造南海诸岛主权未定或有争议的印象。[2] 无论美国政府有何企图，那只是美国政府自己单方面的行动，或者说是美国的干涉行为，但南海诸岛是中国领土的事实并不会因美国的意愿或干涉而改变。而且事实上，由于20世纪70年代以前，南海诸岛的地位尚不十分突出，美国政府对南海诸岛事务并未做过多的和积极的干预，甚至在1974年

---

❶ 孙冬虎：“南海诸岛外来地名的命名背景及其历史影响”，载 http：//www. nansha. org. cn/forum/viewtopic. php？ f = 2&t = 75，2009年11月16日访问。

❷ 张明亮：《美国的南中国海政策：1952 ~ 2002》，北京大学未发表博士论文，2004年。

中国收复西沙之战时，美国在其南越盟友苦苦哀求之下仍选择不介入的立场。[1] 进入70年代后，由于南海可能蕴藏着巨量的油气资源，方使南海周边某些国家开始觊觎中国的某些南海岛屿。尤其自1982年联合国《海洋法》通过之后，可能因中国拥有南海诸岛的主权而使中国在南海的利益进一步扩大，而使有些域外大国更加关注南海诸岛的归属。[2] 自此之后，也就带来了所谓的“南海问题”。

国内有学者认为，“所谓‘南海问题’，指的是南海周边的国家在南海各岛礁沙滩的归属以及海域划分问题上存在的分歧与争端”[3]。其实这种说法有些欠妥，没有分清是非曲直。这也是美国政府企图制造南海岛屿主权地位是有争议的一种图谋。这种提法没有突出中国对南海诸岛及其附近海域拥有无可争辩的主权这一事实。任何对中国南海领土主权的侵犯行为，都是非法和无效的。[4] 确切地说，所谓的“南海问题”，是因为南海周边某些国家不顾事实，为了眼前利益，挑战和侵犯中国在南海诸岛的主权所造成的。如果没有这些国家的挑战和侵犯，就不会有所谓的南海问题。

毋庸讳言，由于历史和国际政治的诸多原因，南海问题确实是存在的。但同时，我们应该看到，南海问题被海外某些媒体恶意炒作。诸如南海是未来冲突的导火索之类的词语充斥着海外某些媒体。其意图十分明显，意在为遏制或敲打中国制造舆论。可以坦率地说，南海问题本身既不复杂，又不像个别海外媒体所炒作得那样严重，如果没有外来干涉，只要相关当事国冷静地坐下来耐心地谈判，问题是可以得到解决的。

---

[1] “U. S. Cautioned 7th Fleet to Shun Paracels Clash”, *The Washington Post*, January 22, 1974, p. 3. , Richard D. Jr. Fisher, “Brewing Conflict in the South China Sea”, October 25, 1984, http: //www. heritage. org/research/asiaandthepacific/asb17. cfm, 2009年11月18日访问。

[2] 《联合国海洋公约》通过之后，使南海岛屿的地位益显突出。因为原来一个小岛，仅是茫茫大海中的一个小斑点，那么按照新的海洋公约的规定，从一个在大海中时隐时现的小小的斑点漫延开来，可以扩展成面积为30多万平方千米的专属经济区域，这是多么辽阔的一片海域！如果把南海的230多个岛礁的专属经济区域加在一起，它们的总面积居然有7 000多万平方千米，比整个南海实际水域面积的20倍还要多。这是一个非常可怕的情景。原本是公海的南海，一下子就完全成了中国的内海。这是很多国家，尤其是拥有世界海上霸权，谋求海上自由的美国最担心的一个问题。

[3] 刘中民、滕桂青：“20世纪90年代以来国内南海问题研究综述”，载《中国海洋大学学报》2006年第3期。

[4] “2004年5月18日外交部发言人刘建超就越南在南沙群岛修建机场答记者问”，http: //www. fmprc. gov. cn/ce/cgfuk/chn/fyrth/t112457. htm，2009年11月16日访问。

南海问题已为国内外各界广泛关注。关注的形式多种多样，大致可分为学术的研究、报纸电台的新闻报道和网络的介绍等。网络媒体作为现代信息传播的重要手段之一，以其传播速度快、访问方便、查询便捷和持续驻留时间长等而越来越受到研究人员的重视。本文拟从一个全新的角度，即从因特网的点击率这个特殊角度来研究海内外对南海问题的关注度。尝试通过定量的分析，更加科学地来衡量国内外对南海问题的关注度。

本文之所以选择网络媒体，原因是这样可以利用网络搜索引擎所带来的方便和优势，方便地调查更多的国家和地区，可以使用该国或地区的语言进行网络搜索。假如选择报纸或杂志，则不具备这种能力。通过使用本研究对象南海问题相关关键词进行谷哥（Google）搜索，依据点击率的多少，从而反映出各国对该问题的关注度。这种方式肯定有其局限和不足，但本文仅试图从这样一个较易操作的角度来衡量各国对这一问题的反应，或者为探讨这一问题提供一个新的思考维度。

本文研究过程中对搜索条件及关键词的具体界定为：（1）所要搜索的关键词的位置，应仅限于网页标题处，正文或其他位置的关键词一律排除在外；（2）使用的搜索语言是各搜索对象国或地区主要使用的语言，如对美国、英国和加拿大的网页进行搜索时使用英语，对法国则使用法语进行搜索等；（3）所搜索的网页应仅限于各该国家或者地区的网页；（4）所搜索的对象文件格式为任何格式；（5）首次查看的网页日期为任何时间段内的日期；（6）所搜索网站为任何形式的网站，如组织（.org）、商业网站（.com）和教育网站（.edu）等；（7）使用权限，即搜索结果应为未经许可过滤；（8）对所研究的国家和地区选择标准是：一为南海周边国家和地区，主要有中国、中国台湾地区、菲律宾、文莱、马来西亚、印度尼西亚、越南、泰国和新加坡等。二为世界主要大国及相关国家，主要有美国、英国、法国、德国、日本、意大利、加拿大、俄罗斯、印度、澳大利亚和挪威等。在进行网络搜索时之所以加上挪威，可以说是一个例外，主要考虑到挪威有一个和平研究所，有3个期刊，发表过很多关于南海问题的文章，并且组织过有关南海问题的学术讨论会；（9）本文所获得数据的搜索时间为2009年11月14日~2009年11月28日；（10）当时进行这一搜索的地点为美国。

（1）使用国外普遍接受的“南中国海”（South China Sea）这一关键词进行全球网络搜索，共搜出20多万个标题含有“南中国海”的网页。从全世界的范围来说，这一数字所反映的关注度并不高。像美国在古巴关塔那摩那样一个小小的军事基地，因出现虐囚事件，在网上居然会有200多万条的相关内容。在这20多万个标题含有“南中国海”的网页当中，还有相当大一部分仅限于有关南海鱼类、资源、交通、环保等方面的科学研究，并不涉及南海的争端问题。也就是说，世界各国对南海问题的关注度比较低。

然而，按国别和地区来搜索，则可明显地反映出各国或地区关注度的不同。还是以“南中国海”为搜索关键词，按各该国或地区所使用的主要语言逐一进行搜索，所得出的结果大为悬殊。在美国共搜出12.3万个标题含有“南中国海”的网页；中国有8.35万个；其次是英国的5 930个、加拿大的4 030个、澳大利亚的1 330个、德国的1 160个、法国的1 130个、新加坡的900个、日本的743个、马来西亚的501个、意大利的492个、菲律宾的459个、印度的435个、俄罗斯的219个、越南的97个、挪威的91个、中国台湾地区的74个、印度尼西亚的35个、泰国的9个和文莱的3个。对这一搜索结果进行从高到低的排序可以基本反映出各国从整体上对南海问题的关注度。

关于在中国使用何种关键词进行搜索的问题，需要做一点说明。研究南海问题，或者搜索南海问题相关内容，本来应该使用我们官方的名称“南海”这个关键词，但国内的南海不仅仅是指南海诸岛的南海，还有南海市等地名和公司名称。如果使用“南海”作为关键词，会陡然增加许多与南海问题毫不相关的内容，故只好采用更有针对性的“南中国海”这一关键词进行搜索。除去“南中国海”之外，在中国还存在着另一种搜索关键词，那就是“南海争端”。因为中国有些人使用“南中国海”，另外一些人则使用“南海争端”，但指的是同一个问题。而在国外基本无此问题。使用“南海争端”搜索中国国内网页，可以搜索到32 300个。但中国的两种搜索关键词所搜索的数量加在一起，也没有美国的多。也就是说，美国对南海的整体关注度要比中国更高。而美国学术界在南海问题的学术研究成果方面更能反映出这种较高的关注度。在其他非南海周边国家和地区中，英国作为一个昔日霸权以及在东亚拥有巨大利益的国家，对南海的关注度相对较高。加拿大因欲做南海问题掮客，其关注度也相对较高。然而，离南海较近，且维系着其海上运输生命线的日本，反而对南海的关注度并不高。作为八国集团成员之一及昔日大国的俄罗斯对南海问题的关注度更低，远远落后于意大利和印度，由此也可反映出俄罗斯的外交倾向。南海周边相关国家或地区，对南海问题的整体关注度一般都比较低。这种定量分析的方法虽未必能十分准确地反映出各国或地区对南海问题的关注度，但基本上可以反映出各国或地区的大致情况，反映出他们的实力以及对国际事务的参与程度。

（2）以“南沙群岛”为关键词进行网络搜索。首先在中国的互联网上使用中文进行搜索，共搜出9.69万个标题含有“南沙群岛”的网页。而对所有其他国家和地区的网页进行任意语言的搜索结果总共只有4.35万个网页（其中还包括在中国使用英文的“南沙群岛”一词搜索到的1 630个），在美国有2.24万个、英国885个、澳大利亚876个、法国611个、加拿大519个、新加坡473个、德国444个、印度119个、俄罗斯34、挪威9个和日本3个。中国对南沙群岛的关注度远远高于世界所有其他国家的总和，是世界总和的2倍多，是美国的4倍多。使用“南中国海”和“南沙群岛”两个关键词的不同之处是，“南中国海”关键词中包含大量的科学研究的内容，而非对争端的关注，而使用“南沙群岛”一词所涉及的这方面的内容则较少，主要涉及的是主权争端问题。从这一点来看，国外对南沙群岛主权争端的关注度并不高，或者说，起码反映到网络上的关注度并不高，进一步说，远远没有中国高。从点击率所反映的情况来看，像俄罗斯和日本这样的大国，可以说对南沙群岛争端的关注度非常低，几乎到了漠不关心的地步。中国对此问题的高关注度，也反映出中国政府和人民维护国家主权的决心和意志。南海问题当事国或地区对南沙群岛的关注情况分别如下：菲律宾367个、马来西亚296个、越南269个、印度尼西亚65个、中国台湾地区43个、文莱2个。如此小的数字说明这些国家一是关注度不高，二是实力较弱。

（3）以“西沙群岛”为关键词进行搜索，结果在中国共搜索到8.99万个网页、所有其他国家和地区共有19.2万个。对其他非南海问题当事国的搜索结果依次是：美国17.5万个、加拿大691个、法国556个、英国441

个、德国120个、澳大利亚64个和意大利42个。从这一搜索结果看，中国对西沙群岛的关注度远远大于除中国以外的所有国家，是所有其他国家总和的4倍半，是美国的5倍多，是在西沙群岛不断挑战和侵犯中国主权的越南的301倍。从点击率来看，美国对西沙群岛的关注度远远低于对南沙群岛的关注度；英国、澳大利亚、德国和新加坡，尤其是澳大利亚和新加坡对西沙群岛的关注度远远低于对南沙群岛的关注度。除中国之外的其他南海问题当事国和地区对西沙群岛的关注情况分别是越南的298个网页、中国台湾地区的9个、印度尼西亚的8个、马来西亚7个、菲律宾6个和文莱的1个。越南对西沙群岛的关注度高于对南沙群岛的关注度。与越南恰恰相反，菲律宾、印度尼西亚和马来西亚对西沙群岛的关注度则远远低于对南沙群岛的关注度。在这些国家和地区的网络上只有寥寥几个涉及西沙群岛问题的网页，这本身说明他们对西沙群岛问题并不关注，几乎到了毫不关注的地步。他们虽属南海周边国家，但西沙群岛并不涉及他们的国家利益，所以他们的关注度远不如越南大。

（4）以“美济礁”为关键词进行搜索，在中国搜索到5 870个标题含有“美济礁”的网页，而在所有其他国家和地区仅有242个，其中美国有160个、英国8个、加拿大5个、越南3个、菲律宾3个、澳大利亚1个、日本1个、马来西亚1个。从以上数字可以看出，美济礁作为南海问题中的一个个案，在国外并未引起太多的关注。美国是除中国以外关注最多的国家，但也只有160个。其他给以关注的国家，也仅有极少的几个网页。即使在这一争端的当事国菲律宾，也只有可怜的3个网页。在中国国内的网络上所反映的菲律宾的关注度远远大于菲律宾本身在其国内对此问题的关注度。其他一些被搜索的相关国家和地区如德国、法国、意大利、印度、俄罗斯、泰国、印度尼西亚、新加坡、挪威、文莱、中国台湾地区等，它们的网络上竟没有一个标题含有“美济礁”这一关键词的网页。可以坦率地说，这些国家对美济礁争端毫无兴趣。即使像中国台湾地区、泰国、印度尼西亚、新加坡和文莱等南海周边国家和地区，也对这一问题根本不予关注。

从网络点击率的高低可以看出一个问题，即各国最关心的只是与自己国家利益最密切相关的争端。对于那些与自己的利益不相关的争端，各国多采取不关注的态度。同时，点击率的高低也反映出国家实力的大小以及对相关国际事务的参与程度。从上述分析可以看出，要在南海建立共同对付中国的联盟可能并非易事，或许只是个别人或国家的一厢情愿。网络上被个别小报记者耸人听闻地炒作的所谓南海“合纵”说，亦很难实现。历史经验表明，短暂的合纵未必不可能，但由于利益的巨大悬殊，合纵战略很少能够长久维持下去的。让在西沙群岛或美济礁没有利益的印度尼西亚或马来西亚，为了越南或菲律宾的利益同中国对抗，恐怕任何稍有理智的人都不会做出这种选择的。这大概也是个别别有用心的人一直叫嚣要组织南海联盟而始终未能成功的原因所在。退一步说，即使这种所谓的联盟能够建立起来，也难以长久维持。因为某些别有用心的人呼吁建立联盟的前提是中国所谓的“威胁”。坚持长期和平发展的中国根本不会威胁其他国家的利益，那么没有共同利益、明确目标或敌人的同盟是难以长久存在的。

在南海争端问题上，我们应该大张旗鼓地、不断地宣示我们的主权，保持对南海问题的高度关注。在学术研究方面给以更大的投入，做更扎实和深入的研究，迅速提高我们的研究水平，争取我们在南海问题研究方面更多的国际学术话语权。

附表：网络搜索所反映的各国家和地区对南海问题的关注程度

国家或地区名称	搜索关键词	搜索结果（个）	关键词	搜索结果（个）	关键词	搜索结果（个）	关键词	搜索结果（个）
所有国家	South China Sea	205 000	Spratly	43 500	paracel	19 200	Mischief Reef	242
美国	South China Sea	123 000	Spratly	22 400	paracel	17 500	Mischief	160
中国	南中国海	83 500	南沙群岛	96 900	西沙群岛	89 900	美济礁	5 870
英国	South China Sea	5 930	Spratly	885	Paracel	441	Mischief	8
加拿大	South China Sea	4 030	Spratly	519	paracel	691	Mischief	5
澳大利亚	South China Sea	1 330	Spratly	876	paracel	64	Mischief	1
德国	South China Sea	1 160	Spratly	444	Paracel	120	Mischief	0
法国	South China Sea	1 130	Spratly	611	Paracel	556	Mischief	0
新加坡	South China Sea	900	Spratly	473	paracel	7	Mischief	0
日本	南中国海	743	南沙群岛	3	西沙群岛	9	美济礁	1

续表

国家或地区名称	搜索关键词	搜索结果（个）	关键词	搜索结果（个）	关键词	搜索结果（个）	关键词	搜索结果（个）
马来西亚	South China Sea	501	Spratly	296	paracel	7	Mischief	1
意大利	South China Sea	492	Spratly	104	Paracel	42	Mischief	0
菲律宾	South China Sea	469	Spratly	367	paracel	6	Mischief	3
印度	South China Sea	435	Spratly	119	paracel	34	Mischief	0
俄罗斯	South China Sea	219	Spratly	34	Paracel	23	Mischief	0
挪威	South China Sea	97	Spratly	9	paracel	2	Mischief	0
越南	South China Sea	84	Spratly	269	paracel	298	Mischief	3
中国台湾地区	南中国海	74	南沙群岛	43	西沙群岛	9	美济礁	0
印度尼西亚	South China Sea	35	Spratly	65	paracel	8	Mischief	0
泰国	South China Sea	9	Spratly	8	paracel	9	Mischief	0
文莱	South China Sea	3	Spratly	2	paracel	1	Mischief	0

中国国际形象的跨文化传播问题与对策

■ 刘 青*

【内容提要】 在全球化的今天，跨文化问题更是成为国家国际交往要面对的一种常态。文化外交通过思想观念和人与人之间的交流，通过学术合作或者其他努力，来促进各个国家和民族之间相互理解。在对外传播中“国际形象”指的是“他构”的形象。通过文化外交构建国家形象需要：注意跨文化意识；正视宗教多样性，尊重对象宗教习俗、建立宗教为桥梁的有效沟通；尊重双方的政治文化。

【关键词】 中国 国际形象 跨文化 对策

一、国际形象建构中不可忽视的跨文化问题

当今世界是一个由多种异质文化❶组成的世界。在随着通信工具高速发展交流日益密切、超越人类地理界限的今天，跨文化交往发生在我们日常生活的方方面面，在全球化的今天，跨文化问题更是成为国家国际交往要面对的一种常态。同时，跨文化交往是一把双刃剑，一方面促进了人类信息交流以便更好地发展，另一方面，也带来了许多类似文化误解与文化冲突等跨文化问题。

文化不是固定的，文化是无形的，由信念、习惯和偏好组成。它的保

---

* 刘青，国际关系硕士，广东外语外贸大学法学院辅导员。

❶ 异质文化，北京大学法学百科全书中指“具有不同文化特质和文化内涵的两种或多种文化。现代文化正是多种异质文化的组合、交融、冲突的结果”。本文亦认为异质文化就是相互间不同文化特质的文化，如美国基督教文化与中国儒家文化等。

存和传播主要是通过语言，但又不是语言本身，更多的是，它是在不断地适应社会和技术的变化。[1] 以语言为例，首先由文化因素造成的无意识隐含的误解是跨文化交际误解的重要类型。信息发送者无意识地使用具有本文化特色的话语或行为方式，信息接收者不了解对方的文化，参照自己的文化价值体系进行解码，如果文化隐含恰好不一致，误解就会产生。[2] 比如，一位法语专业的中国学生参加法国人的聚会，他的朋友向他介绍一位法国女孩，这位女孩欲用法国人的见面方式向他问好，即互相亲吻脸颊。亲了一边脸颊后，中国学生就退了回去，而法国女孩凑过来的另一边脸颊尴尬地等在那里。根据法国人的见面礼仪，朋友之间一般要在脸颊左右两边各亲吻一次，这位中国学生只知其一，不知其二，结果造成对方的尴尬。那位法国女孩随后说了一句："Vous n' êtes pas fran ais ?"（你不是法国人?）中国学生回答："Non"（不是），法国女孩的脸拉长了。在这种情景下，女孩的话中暗含指责的意思，她期待着对方的道歉。这位中国学生在访谈时回忆起这件事，意识到当时他只是听懂了话语的表面意思，没有注意对方的语调和当时的情境，把指责的话当成了一般问句，没有及时道歉，所以令对方更尴尬和不高兴。[3]

然而除此之外，文化交往中还存在一种有意对异文化进行歪曲解读的现象，我们简称之为文化曲解。文化曲解是对异文化的有意贬损和对异文化群体的扭曲理解，可谓一种有意的偏见，在实践中往往表现为对异文化的排斥与歧视。文化曲解用以偏概全、任意揣度的方式，戴着有色眼镜看待其他文化。在我们的眼里，异文化被看作是野蛮的、低下的、充满威胁的，而处于异文化圈的群体的身份认同也遭到了同样对待，甚至被妖魔化了。[4] 文化曲解产生的影响相当广泛而且恶劣，甚至成为引发国际外交纠纷和冲突的重要原因。2005 年丹麦漫画事件就是典型的例子。2005 年 9 月 30 日，丹麦的日德兰邮报登载了 12 幅关于伊斯兰教创始人穆罕默德的漫画。

---

[1] Jocelyn Chey, Cultural diplomacy and Australia-China cultural relation, AIIA NSW Branch Charteris Lecture, 20 July, 2010.

[2] 黄略、蒲志鸿："跨文化交际误解探析学术研究"，载《学术研究》2008 年第 2 期。

[3] 同上。

[4] 李明明："论国际关系中的文化曲解"，载《现代国际关系》2006 年第 5 期。

在漫画中，作者让真主的使者穆罕默德戴着有炸弹图案的头巾，而其文字描述更让穆斯林无法接受：穆罕默德向死去的人弹表示，用来慰劳自杀袭击者的处女已经用完。这种对伊斯兰教的歪曲解读被伊斯兰国家看作是对其文化与宗教的严重亵渎和诬蔑。随着漫画被挪威、德国、西班牙等国媒体陆续转载，丹麦等国和伊斯兰国家间的矛盾急剧升温。漫画事件从起初穆斯林国家民众抗议并要求丹麦官方干预此事，发展为一场外交纠纷和国际冲突。[1]

二、“跨文化”是文化外交实现形象传播与建构的必经之路

（一）从沟通行动理论看文化外交如何实现跨文化沟通

文化外交犹如一条双向车道（a two-way street），通过思想观念和人与人之间的交流，通过学术合作或者其他努力，来促进各个国家和民族之间相互理解。它的属性表现在三个方面，即项目流向的相互性（mutuality）、政策与目标的长期性（protracted nature）、活动内容的诚实性（integrity）。[2]依据这种对文化外交属性的理论分析，可以说文化外交一定意义上说就是一种跨文化的国际传播，是不同文化体之间的一种沟通行为。哈贝马斯沟通行动理论[3]（或者交往行为理论，theory of communicative action）认为，沟通行动是指至少两个或两个以上的主体间以语言或符号为媒介，以言语的有效性要求为基础，以达到相互理解为目的，在意见一致基础上遵循（语言和社会的）规范而进行的，被合法调节的、使社会达到统一并实现个人同一性与社会化相统一的合作化的、合理的内在活动，是一种潜在的解放力，而不是一种禁锢力。[4]哈贝马斯还从话语伦理学和文化政治学的高度来阐释交往行为理论，主张用相互理解、宽容、和解的立场处理不同信仰、价值观、生活方式、人际关系，甚至文化传统和国际关系。人们通过不同

---

[1] 李明明：“论国际关系中的文化曲解”，载《现代国际关系》2006年第5期。

[2] 胡文涛：“冷战期间美国文化外交的演变”，载《史学集刊》2007年第1期。

[3] 为了研究需要，本文同时引用洪佩郁、蔺青主译1994年重庆出版社的版本和曹卫东翻译的2004年上海人民出版社的版本，前者译为“沟通行动理论”，后者译为“交往行为理论”，其实际意义笔者认为一样，因此尊重两种不同的译法，并同时出现在本文中，敬请谅解。

[4] 侯钧生：《西方社会学理论教程》，南开大学出版社2001年版，第318页。

形式的沟通和交往，比如旅游、文教、贸易等，可以结成社会性网络，培养“信任、相互关心、在自我意识和利益方面的部分认同、相互之间能够准确地预测行为”❶。例如，国际著名的文化外交项目富布赖特项目（Fulbright Program），它就是不同文化行为体之间的沟通行动。项目的执行单位（例如中美双方官方组织与参与的学术单位）、美方学者与中方高校师生都是沟通的行为主体，他们通过对各自原来所熟知的社会生活状况和社会价值公正描述、人际间的真实对话和学术研究上的真诚合作，从而促使项目参与者围绕客观世界、社会世界和主观世界中的事物进行交流、沟通，进而导入相互理解与共同认识。1986 年任教于北京外国语学院的美国前富布赖特学者安东尼·奥贝塞尔（Anthony Oberschall）回忆其成功的跨文化传播经验：“我给 20 个学生开设 4 门课程，如‘社会运动’和‘社会学研究方法’、‘社会变革’与‘比较制度’；一些学生在期末论文中就能运用课堂所学的知识分析中国的历史运动，从‘义和团运动’到‘文化大革命’到‘民主墙’。”❷

（二）国家的形象传播需要通过跨文化过程实现由“自构”到“他构”

在对外传播中“国际形象”指的是“他构”的形象。一个国家的人民对另一个国家建构什么样的形象，不只是这个国家的形象本身如何问题，而且是对象国民族和国家按照自己的文化特征、思维方式和价值观念进行建构，因此，文化外交在形象建构中存在一种跨文化建构过程。从“形象”的特性来看，同一客体的“形象”随着认知主体的不同而不同。一个认知主体对自身的形象是“内形象”、其他认知主体对其的形象是“外形象”，或者称为“我形象”和“他形象”。这两种形象是不同的、有所区分的。只有分清楚了“形象”的内、外两种特性，弄清楚了国家形象的两种类型即“我形象”和“他形象”，才能比较准确地回答国家“形象”的两种构建过程：自构和他构。

建构主义认为，形象是由文化决定的，不同的文化形成不同的对方形

---

❶ 转引自秦亚青主编：《文化与国际社会：建构主义国际关系理论研究》，世界知识出版社 2006 年版，第 18 页。

❷ Fulbright Scholar Program Annual Report, Council for International Exchange of Scholars, 1986, p. 18.

象。“文化”是建构主义理论中的一个主要变量。建构主义对“文化”的理解是“社会共有知识”（socially shared knowledge），角色身份依赖于文化，它不是基于内在的属性，因此只能存在于和他者的关系之中。集体身份是自我和他者的关系引向其逻辑得出的结论。国际关系结构由施动者之间的互动形成，结构又会反过来建构施动者，结构与施动者之间存在一种互构关系（co-constitute）。根据国家之间互动性质的不同，可能存在多种无政府文化。当互动主要以相互敌视、残杀为特征时，这是国家互存敌意、互为敌人的无政府文化，建构主义称为“霍布斯文化”。因此，对他国的形象也就是“敌人形象”，或“安全威胁者形象”。当国家不以敌人、彼此消灭互视，而是以良性竞争、承认相互的生存权利和财产权利互视，国家间关系的特征是维持现状时，这样的国际结构被称为“洛克文化”。在洛克文化的无政府国际关系中，对方国的形象就是“竞争者形象”。

如此，国家行为体国际形象的形成和变化是一个由“自构”到“他构”的过程。国际社会中没有两个文化完全一致的国家，即使美国和英国、加拿大，尽管他们之间总体而言没有语言沟通困难，但是三个国家的民族心理、政治文化、思维方式还是有极大的差别，更不用说那些完全属于两类不同文明的国家。一个国家的国际形象如何，核心是该国形象投射到他国后，他国公众的心理反应。那么，民族心理、政治文化、思维方式这些文化差异性对公众建构投射国的形象具有很大的影响。一定程度上，可以说“种瓜得瓜，种豆得豆”，霍布斯文化秉持者，难以自然生成洛克文化熏陶下的形象。

因为文化中“信念体系”（belief）[1] 对影响形象形成的要素具有过滤作用，可以说信念体系是形象的滤镜。信念体系与形象就像是透镜和透过透镜看到的像。国际关系形象研究第一人肯尼斯·博尔丁在《形象：生活与社会中的知识》里谈道：“人们对待接收到的信息的反应有两种情况，对于与已有形象不相符的第一反应会认为是错的；而相符的则第一反应是接受，

---

[1] See：Jocelyn Chey，Cultural diplomacy and Australia-China cultural relation，AIIA NSW Branch Charteris Lecture，20 July，2010.

即认可为是对的。”[1] 博尔丁的话体现了信念体系的作用。什么是信念体系呢？“信念体系是个人所持有的一系列有关世界的信念、形象和模式的集合：信念体系是由一系列形象组成的，这些形象构成了一个完整的个人世界，他们包罗万象，既有过去、现在的看法，又有对将来可能性的期望，以及‘应该具有的’价值观取向。”[2] 另外，法国学者达利埃尔－亨利·巴柔指出：“所有的形象都源自一种自我意识（不管这种意识的多么微不足道），他是一个与他者相比的我，一个与彼此相比的此在意识。”这里“与他者相比”就是经过信念体系过滤后形成的形象。建构他者形象的时候同时存在的自我形象会发生作用，如果把问题置于历史的语境中，这个论断就应该加以延伸，而俄罗斯关于中国形象的建构实际上是历史上的俄罗斯自我认知的演化形式。[3]

三、文化外交在实现跨文化形象传播中的几个关注点

（一）跨文化意识：发挥文化外交构建国家形象有效性的需要

近些年来，举办“俄罗斯的中国年”“中法文化节”“欧罗巴利亚艺术节”等文化交流形式被认为是文化外交建构国际形象的有效方式。从20世纪60年代起，美国国务院启动了“艺术使馆”（AIE）项目，鼓励个人及美术馆、画廊等将所藏绘画、雕塑、摄影等艺术作品免费借给或捐给美国国务院，然后由“艺术使馆办公室”负责将这些艺术作品转送到各个驻外使馆展出。该项目在200多个美国驻外使领馆以临时性或永久性的方式展出经过挑选的当代艺术作品，包括美国和驻在国艺术家的作品。通过这些高水准的艺术展览，美国向各国民众展现了美国及当地艺术家的作品，使各国观众感受到两个国家艺术和文化的不同品质、视野，从某种意义上说，“艺术使馆”项目在广泛接触各国民众方面，比任何艺术团体都更具优势。[4] 但

---

[1] K. E. Boulding, *The image: Knowledge in Life and Society*, Ann Arbor: University of Michigan Press, 1956, p. 3.

[2] Ole. R. Holsti, “The belief system and National Images: A Case Study”, Journal of Conflict Resolution, Vol. 6, 1962, pp. 244 ~ 252.

[3] 孙芳、陈金鹏：《俄罗斯的中国形象》，人民出版社2010年版，第51页。

[4] 晓路：“从‘艺术使馆’看美国文化外交”，载《中国文化报》2012年1月13日第3版。

是，如果没有跨文化意识和理论思想，要实现文化外交在建构良好的国际形象方面的预设目标会遇到障碍和难以达到良好的效果。

跨文化意识指要了解对象的文化。以欧罗巴利亚艺术节[1]为例，要使得艺术节能取得良好的效果就要知道对方想看什么和喜欢看什么，而不是根据自身的文化喜好来判断。"'以我为主'应该是大的方向、政策。但在实施过程中，我们要考虑到对方的欣赏习惯，他的兴趣点，否则你觉得应该推这个，到时候拿出去不一定有好的效果。一般在欧洲地区做艺术节，都是跟对方的组委会进行充分的讨论。毕竟他们对自己国家的观众的了解，要比我们清楚得多。比如我们国内最流行的形式是综艺晚会，但在欧洲就不灵。""欧洲人对中国真的不了解，不要指望一次活动就能解决问题。如果你认为一个文化年就能够使中法关系好上 20 年，这不是别人的问题，这是你自身的问题。""也别指望在欧洲搞春晚"[2]。而事实上，在 2009 年的以中国为主题、中国应邀参加的欧罗巴利亚艺术节的开幕表演由于考虑到欧罗巴利亚艺术节的传统就是用重要的展览开幕，中国因此把广州交响乐团的音乐会作为开幕演出，就取得非常好的效果。[3] 相反，京剧表演和中国书法大展《再序兰亭》等未被大多欧洲人了解和接触的艺术节表演形式及展览内容则难以被欧洲观众理解，意图借此来达到文化外交的有效国际形象构建手段则值得商榷。不仅仅是京剧的表演形式不为欧洲人所熟悉，另外，意图为欧洲人讲述中国文化，展现中国书法新意的《再序兰亭》恐怕就更是一个失败案例，因为在欧洲人连中国字都不认识的背景下，要让他们学会欣赏并领悟作品中要展现出的"文意与笔触、气韵的交融"是相当难或

---

[1] 在比利时布鲁塞尔美术宫的倡议下，"欧罗巴利亚"国际协会（Europalia International）于 1969 年成立。作为欧洲文艺复兴发祥地的意大利应邀参加首届"欧罗巴利亚艺术节"，1969 年 9～10 月举办的艺术节首战告捷，并形成雏形。之后"欧罗巴利亚艺术节"每两年举办一届，每届邀请一个国家，集中展示该国的文化。荷兰、英国、法国、德国、比利时、希腊、西班牙等国相继举办艺术节。2009 年的主题是中国，中国应邀参加了该节。

[2] 李宏宇："别说文化外交没有用——专访文化部外联局西欧处处长陈平"，载 http://www.infzm.com/content/42046，2013 年 8 月 14 日访问。

[3] 同上。

者说是不可能的。[1]

（二）正视宗教多样性，尊重对象宗教习俗、建立宗教为桥梁的有效沟通

当今世界除佛教、伊斯兰教和基督教三大宗教以外，多种宗教并存。宗教或信仰自由（以下偶尔简称FORB）已经写进了国际人权法律文件，最突出的是《世界人权宣言》（UDHR）第18条和《公民权与政治权利国际公约》第18条。联合国人权委员会（UNHRC）和欧洲人权法院（ECtHR）等国际司法和准司法机构已经对FORB这项人权做了明确阐释（2008）。[2]因此，正视宗教多样性、尊重交往对象的宗教习俗是当前交往的必然要求。

另外，从古至今，由于宗教文化差异性导致的战争和纷争一直未停歇，甚至可以说是国际关系问题的主要来源之一，因此在致力通过文化外交传播和构建国际形象的过程中，如果忽视了对象的宗教文化和习俗，尤其是针对某些宗教文化背景浓厚的国家和地区，则文化外交会遭遇阻碍，效果也会大受影响。

宗教问题可以说是这个世界上最复杂的问题之一，纵观国际关系史，可以发现大部分的国际或地区纷争都缺少不了宗教因素。早在奠定国际关系格局——威斯特伐利亚体系的“三十年战争”，实质上就是没有处理好宗教冲突而引发的国际战争。首先，发生在马丁·路德宗教改革期间的德国宗教教派林立，呈现对峙状态，信奉天主教的神圣罗马帝国皇帝马提亚斯（1612～1619年在位）违背诺言，要让自己的一个亲戚当波希米亚国王，波希米亚贵族立马被激怒因而立即举行起义，宣布独立，并推选信奉卡尔文教的选侯普法尔茨的弗里德里希为国王。随后，哈布斯堡王朝迅速镇压了

---

[1] 李宏宇：“欧洲去——2009欧罗巴利亚艺术节侧记”，载《南方周末》2010年3月4日。上海京剧院在安特卫普演《白蛇传》，场间休息30分钟，上海市副市长带着翻译到处串，问比利时观众，能看明白吗？问到的所有人都说能看明白，他不太相信。又问到欧罗巴利亚协会的总经理，回答仍然是能看懂——为了爱情而抗争的故事嘛；……《再序兰亭》的新意在于用“书法与正统”“书法与文学”“书法与宗教”“书法与政治”等线索，为欧洲人讲述中国的文化故事。他告诉他们，中国历史上两件政治大事，是公元前227年始皇帝统一文字和1956年共和国推广简化字。他告诉他们，10世纪禅宗佛教激起过书法美学的兴盛，推崇过个人主义。……恐怕应该是欧洲观众最看不懂的展览，因为他们连汉字都不认识，又怎样去体会文意与笔触、气韵的交融？载http：//www.infzm.com/content/42045，2013年8月14日访问。

[2] Tore Lindholm：“宗教多样性、社会和谐以及宗教或信仰自由的关键作用”，载http：//www.fjdh.com/wumin/2011/01/212135138589.html，2013年8月16日访问。

起义，并占领了波希米亚。接着德意志的一些新教统治者和信奉新教的丹麦和瑞典等国君主遂联合起来（以瑞典为首）反对奥地利的侵略，并乘机扩张领土。而在当今，宗教依旧是国际问题的主要因素之一。2011 年 3 月美国佛罗里达州一名牧师在他的教堂主持了一场对《可兰经》的审判之后，宣布其有罪并焚烧了一本《可兰经》，这一举动引发多方强烈反弹，也直接导致数百人聚集在联合国阿富汗援助团位于马扎里沙里夫的行动中心门前进行抗议。抗议起初是和平的，但突然变得暴力，一小群示威者从联合国警卫手中夺取了武器，并且向行动中心开火，攻击造成数名联合国人员死亡。❶

宗教多样性并非只会带来矛盾，若能够尊重宗教多样性以及宗教文化差异性，宗教不仅不会成为文化外交的绊脚石，反而可以被很好地利用，甚至可以作为文化外交构建良好国际形象的有效手段。事实上，宗教自古以来就是文化交流的一个重要载体和渠道，并能够为国家间搭建友好关系“铺路搭桥”。历史上中国是世界佛学中心之一，唐代高僧鉴真和尚东渡日本弘扬佛法，为日本武圣上皇和孝谦天皇传授戒律，成为日本戒法的开山鼻祖，鉴真为传播中国佛教思想、弘扬华夏文化艺术和促进中日两国的友谊立下了不朽的功勋。❷ 据历史记载，日本的佛教因鉴真才得到跨越式的发展，当时的日本人对中国的印象达到了历史的顶峰，中日关系也是至今为止最好的时期之一。“鉴真和尚在日本民间有很大影响力，这位为日本奈良时代天皇授戒的大唐高僧，被日本民间奉为‘圣人’。正是因为鉴真东渡才令日本佛教得到跨越式的发展，由他在日本建立的佛教律学以及他带去的中华文化，不仅影响了日本宗教的发展，而更渗透到日本人的思维模式中。”❸

（三）尊重双方的政治文化而开展文化外交和进行形象传播

所谓政治文化，美国政治学者阿蒙尔特在 1956 年提出这一概念，是指

❶ 孙宇挺：“联合国 7 人在阿富汗遇害：祸起美牧师焚可兰经”，载 http：//news. qq. com/a/20110402/000653. htm，2011 年 4 月 2 日访问。

❷ 刘小燕：“从文化外交看国家对外传播”，载《新闻大学》2011 年第 1 期。

❸ “鉴真精神与中日关系新思维”，载 http：//news. qq. com/a/2011827/000653. htm，2013 年 8 月 27 日访问。

一个民族在特定时期流行的一套政治态度、政治信仰和政治情感。美国《公共政策辞典》对“政治文化”的解释是，一个民族在政治制度方面社会遗传下来的传统和行为特征的总和，包括公众对政治过程所持的态度、信念和价值观。[1]

在国际交往礼仪中，“以客为主”是国际交往礼仪的基础，以文化外交为主要形式的国际形象构建过程也应充分考虑对象政治文化是获得良好效用的前提。以美国为例，美国政治文化重视民主与自由、人权外交、价值外交的理念，尤其“人权”问题，是美国与世界其他国家与地区交往中最重要的方面。因此，倘若中国在美国开展文化外交项目没有很好地处理“人权”问题，则有可能遭遇失败。另如，近年来中国的海外“孔子学院”也饱受争议则是中国政治文化与世界其他政治文化碰撞的典型案例。

如何超越跨文化问题，国际文化主义者入江昭[2]认为，世界应该建立在文化秩序而不是建立在权力秩序基础上，文化可以把世界各国联结在一起，建立一个更加有序、更加和平的世界，而以政府形式出现的权力无法摆脱那种误解、憎恨和战争的循环。“我始终深信，超越国界的思想上的交流是稳固的国际关系的基石。没有跨越国界的思想上的交流则不会有稳定的国际秩序。当我们想到国际关系的时候，总是习惯于把注意力放在安全、军事策略、贸易、威望以及其他组成‘国家利益’的因素上。然而，我们也不应忘记也有一些‘国家利益’是建立在对某些理想与目标的共同责任上的”。[3]

---

[1] 刘小燕：“从文化外交看国家对外传播”，载《新闻大学》2011 年第 1 期。

[2] 入江昭，美籍日裔学者，在当代美国国际关系史家中，被费正清誉为“天才史学家”，其独树一帜，将文化作为历史分析的核心概念，提出国际关系史研究中的文化取向，并倡导以文化国际主义来建构国际秩序，其成果代表了美国国际关系史研究的新趋势，主要代表作有：*Across the Pacific*：*An Inner History of American-East Asian Relations*，*Cultural Internationalism and World Order*，*The Globalization of America*，*China and Japan in the Global Setting* 和《20 世纪的战争与和平》（世界知识出版社 2005 年版）等。

[3] 刘璇：“国际文化主义者入江昭：呼吁超越国家的文明交汇”，载 http://pkunews.pku.edu.cn/xwzh/2006-11/06/content_110280.htm，2013 年 8 月 16 日访问。

同时，以美国人类学之父弗朗兹·博厄斯（Franz Boas）[1]为个中翘楚的西方学者怀着对种族主义、文化殖民主义的厌恶和对落后国家文化的理解与尊重，建立的“文化相对主义”（cultural relativism），肯定了异质文化的多元存在，认为应正确对待不同民族的文化，认为“文化相对主义的核心是尊重差别并要求相互尊重的一种社会训练，它强调多种生活方式的价值，这种强调以寻求理解与和谐共处为目的，而不去批判甚至摧毁那些与自己原有文化不相吻合的东西”。简单说是承认并尊重不同的文化，并在平等的基础上交流。

[1] 弗朗兹·博厄斯，美国人类学奠基之父，他的著作从民族学资料的广泛收集，体质人类学的统计研究和对美国印第安语的描述研究，到有关课题研究的目的与方法的文章，把人类学研究发展成科学，对其后数代人类学家产生巨大影响，他所提出的文化相对主义和语言相对主义等观点中蕴含着深刻的整体论思想。

欧盟扩大的地缘战略分析

■ 黎家勇*

【内容提要】 欧盟自成立以来，经历了7次扩大，从最初的6个国家发展到目前的28个国家，人口超过5亿人。欧盟最近的3次扩大与历史上欧盟的历次扩大有很大的不同，不仅入盟的国家多达13个，而且多为中东欧和波罗的海沿岸国家，突破了“冷战”时期东西欧的分界，欧盟越来越成为一个超越国家的泛化概念。欧盟前4次扩大都是在资本主义体系内进行的，政治和战略意义表现在维护欧洲自身的稳定，后3次扩大是将中东欧纳入欧洲体系，实质上是与美俄争夺欧洲主导权，其地缘政治意义影响深远。

【关键词】 欧盟　东扩　地缘政治

欧盟从成立至今，走过了50多个春秋，经历了7次扩大，由成立时的6国发展到2013年的28国。欧盟扩大给欧洲地缘战略带来重大影响。本文试图从地缘战略角度就欧盟的扩大作一些简要分析。

一、前三次扩大的地缘战略

第二次世界大战后，丘吉尔、戴高乐、阿登纳等欧洲国家领导人以及其他一些有识之士就开始探索欧洲联合的途径，并提出了许多设想。1950年5月9日，欧洲一体化进程正式启动。1951年4月18日，法国、联邦德国、意大利、荷兰、比利时和卢森堡6国根据舒曼计划，正式组建欧洲煤钢联营，迈出了欧洲联合的第一步。1957年3月25日，上述6国签署建立欧

* 黎家勇，广东外语外贸大学外交学系副教授，硕士生导师。

共体的《罗马条约》。1958 年 1 月 1 日，欧共体正式宣布成立。欧共体不仅实现了德法和解，而且也是欧洲一体化的重要一步。

法德合作被普遍认为是欧洲一体化进程中的“火车头”。法国总统戴高乐说：“自由欧洲统一的重要性——这种统一首先要求巴黎和波恩合作，我认为必须尝试把历史的进程颠倒过来，使我们两个民族言归于好，并使同盟的力量和才能的力量联合起来。”❶ 这段话是法国以合作求和平的体现，也是“维达尔精神”的地缘政治观念的一种非常精辟的表述。在地缘政治上，法德合作大大地改善了法国的地缘政治环境，在很大程度上也改变了欧洲的地缘政治景观。6 个国家（不包括新入盟的国家）的欧洲一体化没有形成正式的地缘战略。

对于德国来说，第二次世界大战后的德国外交史本身就是地缘战略的一部成功之作。德国在“二战”后外交的三大任务，一是重回欧洲，二是与东方接近，三是统一，并以欧洲为背景确立大国地位。对于欧洲一体化，德国是最积极推进的。用阿登纳的话来说：“如果一体化成功了，那么无论在关于安全问题或重新统一问题的谈判中，我们都能把一个统一的欧洲的砝码作为一种新的重要因素投向天平盘上去。”❷

从成立的第一天开始，欧盟尽管有排他性，但并不是封闭的。其最主要表现就是它在不断扩大。

欧盟的第 1 次扩大是在 1973 年。1961 年 8 月 10 日，英国麦克米伦政府正式申请加入欧共体。接着爱尔兰、丹麦和挪威等国也提出申请，开始了欧共体第一次扩大进程。这次扩大历时最长，达 12 年之久。欧共体把这 4 国作为一个整体，逐个谈判。其中，英国走的路最曲折，3 次申请，两次遭拒，爱尔兰、丹麦和挪威等国的申请也被冻结了。英国人认为，“没有英国，欧洲是不完全的；没有欧洲，英国也是不完全的”。❸ 直到 1971 年 6 月 23 日，英国的申请才成功。当时欧共体与英国谈判的主要问题集中在英美特殊关系、帝国特惠制、英联邦问题、农业政策、英镑地位和过渡期等方

❶ ［法］戴高乐：《希望回忆录》，上海人民出版社 1973 年中文版，第 184 页。

❷ ［德］阿登纳：《阿登纳回忆录（第 3 卷）》，上海人民出版社 1976 年中文版，第 291 页。

❸ ［英］哈罗德·麦克米伦著，张理京等译：《麦克米伦回忆录》，商务印书馆 1980 年版，第 25 页。

面，在英国作出较多让步后，欧共体方面也给英国适当的照顾，双方才达成协议。紧接着，爱尔兰、丹麦和挪威也完成了与欧共体的谈判。但挪威参加欧共体问题被全民投票所否决。1973 年 1 月 1 日起，英国、爱尔兰、丹麦三国成为欧共体的正式成员国。

由于历史传统的影响，加上地理隔离，英国对于欧洲大陆一直采取"均势外交"政策，这在实际上就是把自己视为一种独立于欧陆之外又能与之抗衡的力量。这样一种地缘战略一直延伸到冷战之后。丘吉尔本人是欧洲联合的鼓吹者，但他又明确反对英国加入欧洲一体化过程。他说："我们同欧洲在一起，但并不属于它。我们与之联系在一起，但不是其组成部分。我们对它感兴趣，同其联系交往，但不能被并入或同化。"❶

英国在五六十年代置身于欧共体之外，是基于它长期以来的地缘战略传统。70 年代，英国加入欧盟则是英国自身的地缘战略格局变动的结果。首先是英美特殊关系不特，用首相希思的话来说，英美关系只是"自然关系"，其次是英国殖民体系瓦解，第三是英国自身的衰落。英国加入欧洲一体化虽然已是不可逆转的，但从英国在欧盟的种种表现看，比如不参加欧元区，不是申根协议成员国，英国还存在矛盾心理，大概可以说是英国长期的地缘战略传统留给它的一笔遗产吧！

欧盟的第 2 次扩大是在 1981 年。1975 年 6 月、1977 年 3 月和 7 月，希腊、西班牙和葡萄牙分别提出加入欧共体的申请，但三国仍被作为一个整体考虑，欧盟采取了个别吸收原则。希腊是东南欧相对落后的国家，谈判的主要议题是农业政策、区域政策、竞争政策以及货物和劳务的自由流动。由于双方经济联系密切，谈判较顺利，希腊成为第二次扩大的唯一国家，于 1981 年 1 月正式加入。

欧盟的第 3 次扩大是在 1986 年。这次提出申请的是葡萄牙和西班牙。西班牙和葡萄牙是西南欧相对落后的国家，在农产品和劳动力等问题上谈判进展缓慢，直至 1986 年初才加入欧共体。西班牙和葡萄牙都是西欧欠发达国家，欧共体在经济上付出了较大代价：如农业基金方面，仅农产品保证价格开支就增加了 1/3，地区开发基金和社会基金等方面也加重了欧共体

---

❶ 转引自陈乐民：《西方外交思想史》，中国社会科学出版社 1995 年版，第 238 页。

的负担。但由于这两国地理位置重要，是资本主义世界最早进行殖民扩张的国家，影响比较大，欧盟吸收这两个国家，获得了地缘战略和地缘政治上的利益：三国都经历了或长或短的军事独裁时期，走上资产阶级的代议制时间不长，接纳这两国有助于稳定其政局；这两国地处战略要地，对维护欧洲安全也非常重要。

二、东扩后欧盟地缘战略的变化

欧盟的第 4 次扩大是在 1995 年。这次扩大的国家是奥地利、瑞典和芬兰。奥地利于 1989 年 7 月率先提出申请，接着，瑞典于 1991 年 7 月，芬兰和挪威于 1992 年 3 月也都分别提出申请。由于这四个国家的经济发展水平较高，与欧共体经济联系密切，谈判几乎没费什么周折就达成了协议。但由于 1994 年挪威全民公决再次否决了协议，1995 年欧盟增加的成员国是 3 个。至此，欧盟成员国达到 15 个。

欧盟的第 5 次扩大是在 2004 年。这次提出申请的是捷克、爱沙尼亚、塞浦路斯、拉脱维亚、立陶宛、匈牙利、马耳他、波兰、斯洛文尼亚和斯洛伐克 10 个国家。20 世纪 80 年代末 90 年代初，东欧剧变和苏联解体造成了一大片地缘政治真空。欧盟必须填补这个地缘政治真空。东欧、巴尔干地区新独立国家的出现使欧盟成了这一地区的稳定因素。同时，欧盟也应该为东部地区带来民主和经济繁荣。“9 · 11”恐怖袭击发生后，国际安全结构发生了第二次重大变化，出于地缘战略考虑的欧盟进一步加速扩大。一些欧洲以前不太关心的安全政策方面的议题突然出现在议事日程上，如国际恐怖主义、伊斯兰激进主义分子的威胁、大规模杀伤性武器的扩散等。这些问题作为全球化的负面结果消除了内部安全和外部安全的界限，并且需要通过政治手段来解决。国际上的危机地区对于欧盟来说既显得突然又毫无准备，在伊拉克、中东、里海和高加索地区，欧盟从来都不是一个活跃分子，但是这些地区情况的发展变化都将决定欧盟未来的安全。

2003 年 4 月 16 日，捷克、爱沙尼亚、塞浦路斯、拉脱维亚、立陶宛、匈牙利、马耳他、波兰、斯洛文尼亚和斯洛伐克 10 个候选国，在欧盟现任轮值主席国希腊首都雅典签署了入盟条约。这些国家从 2004 年 5 月 1 日起正式成为欧盟成员国。

2007 年 1 月 1 日，罗马尼亚和保加利亚正式成为欧盟成员国。这是欧盟历史上第 6 次扩大。

2013 年 7 月 1 日，克罗地亚正式加入欧盟。这是欧盟历史上第 7 次扩大。至此，欧盟成为一个拥有 28 个成员国、人口超过 5 亿的大型区域一体化组织。

东欧国家在 20 世纪曾饱受夹在德国和原苏联之间之苦，先后遭受德国法西斯蹂躏和原苏联在第二次世界大战后对它们的控制。这种历史的记忆使得这些中小国家对其“冷战”后在欧洲的地缘政治地位十分敏感。欧盟第五次扩大与历史上欧盟的历次扩大有很大的不同，不仅入盟的国家多达 13 个，更因其突破了冷战时期东西欧的分界。欧盟由 15 国变为 28 国。欧盟越来越成为一个超越国家的泛化概念，欧盟地缘政治影响凸现。

如果说 20 世纪 80 年代末 90 年代初东欧剧变、苏联解体从根本上动摇了战后维系 45 年之久的“雅尔塔体系”的话，那么，2003 年欧盟东扩的实现则彻底宣告了东西欧分界的结束。欧盟东扩的实现深刻地改变了欧洲的地缘战略。那么，实现东扩后欧盟地缘战略究竟有哪些改变呢？粗略地概括起来，大致有如下变化。

地缘政治版图扩大，主权国家增多。欧盟这次规模空前的扩大，从根本上改变了欧洲的政治版图，使欧盟占据了欧洲政治的主导地位。欧盟东扩后，人口由 3. 78 亿人增至 4. 53 亿人（增 19. 8%），GDP 由 7. 8 万亿美元增至 8. 2 万亿美元（增 4. 6%）。国家由 15 个增加到 28 个，面积由 319. 1 万平方千米增加到近 400 万平方千米，欧盟实现东扩后共拥有 28 个国家，占了欧洲国家总数的 1/2。一个包括 25 国、囊括 4. 53 亿人口的“大欧洲”出现在地平线上，成为世界上国家最多的区域性国际组织。欧洲政治家把通过非战争手段实现的欧洲统一，看作是推行欧盟价值观和社会模式的成果。用欧委会主席普罗迪的话说，扩大为欧盟“捍卫欧洲社会模式和发展价值观增加了政治资本”。

地缘战略意义突出。欧盟前几次扩大都是在资本主义体系内进行的，政治和战略意义表现在维护欧洲自身的稳定，东扩是将中东欧纳入欧洲体系，实质上是与美俄争夺欧洲主导权，其地缘战略意义影响深远。经过了多次战争蹂躏的欧陆国家在21世纪初的今天看到了“和平统一”的曙光，过去兵戎相见的对手如今坐在一张桌旁共商政事，谋求共同繁荣，这就是东扩给双方带来的最大“政治实惠”，欧洲大陆将更加稳定。在世界仍有局部动荡的今天，有什么能比一个安全、稳定的周边环境更可贵呢？为了争取联合，欧洲东西部国家走过了半个世纪艰难的历程，正如欧洲对外关系专员彭定康（ChrisPatten）所说，漫长的努力终于有了结果，的确值得欣慰。

同时，疆域的扩大为欧盟发展提供了更广泛的空间。德国地缘政治学家豪斯浩弗认为，一个国家在政治上的生长完全是由其地理环境决定的，是作为一种有机体的存在的国家与这个国家赋予了人格特征的地理环境的相互作用的结果，因而，“地缘政治学应该而且也必须成为国家的一种地理意识”。[1] 根据这一理论，种族与土地就具有了一种密不可分的联系，即一种国家的天然疆界与持续的领土扩大之间的动态关系。天然疆界反映了一种理想，反映了一个特定的民族为完成其使命而必须达到的目标。欧盟东扩的实现，就是欧盟天然疆界的一种反映。“大欧洲”航船将在大风大浪中颠簸前进。欧洲数代政治家关于“大欧洲”的梦想越来越接近现实。

从经济上看，东扩给欧盟带来的好处是不言而喻的。东欧地域广阔，市场潜力大，对欧盟来说，是重要的出口市场和投资场所，经济利益显而易见。首先，欧盟成员国仅以每人每年25欧元的低价就换来了13国的入盟，这对于已经富得流油的欧盟诸国来说很划算。而对新入盟的13国来说，受益匪浅。新入盟的国家都可以从欧盟那里得到不同程度的经济援助。捷克算是比较富裕的，每人每年可得70欧元，最多的马耳他则多达近400欧元，波兰也可以得到166欧元。可见，能够搭上欧盟这列“有钱人的列车”对推动10国的经济发展好处多多。我们只要看看葡萄牙和西班牙在加入欧盟后发生的经济变化就可见一斑。当然，欧盟在吸收新成员国后，也赢得了13国的广大市场，欧盟的跨国公司早已捷足先登，遍布13国的大小城市。但是，还要看到，申请国的入盟还要伴随着“痛苦的调整”，以符合欧

[1] Karl Haushofer, Erich Obst, Hermann Lautensach, Otto Maull, *Bausteine zur Geopolitik*, Kurt Vowinckel, 1928, p. 27.

盟的种种标准和规定，这是在享受好处的同时必须付出的代价。

欧盟东扩使得欧洲单一市场有实力与美国抗衡，28 个成员国的综合经济产出将达 9.3 万亿欧元，而美国大约折合 10 万亿欧元。美国白宫发言人弗莱舍（AriFleischer）也对此表示欢迎，他说，这是欧洲领导人富有远见的决定，欧洲实现了真正意义上的联盟。

欧盟的扩大将会进一步刺激欧盟在国际舞台上发挥更大作用的欲望。欧盟领导人认为，“扩大实现了欧洲统一，从而在国际上出现了重要一极”。随着欧盟力量的不断增强，欧盟摆脱美国对欧洲控制的欲望也越来越大。欧盟今后将成为世界力量对比中的重要因素，是掣肘美国建立“单极世界”图谋的主要制衡力量之一。

关于是否吸收土耳其加入欧盟的讨论显示：没有人知道它入盟的具体日期，没有人知道欧洲的确切含义，没有人知道欧洲的边界在哪里，也没有人知道欧盟应该在哪些领域有所控制。

三、欧盟新地缘战略格局的影响

欧洲是世界上资本主义发展最早的一个洲。半个世纪以来，在欧洲这块土地上，出现了不同的地缘政治格局。第二次世界大战后，美、苏两个超级大国都把欧洲看作战略重点，千方百计控制、掠夺和干涉这个地区，欧洲形成了冷战、对峙的地缘政治局面，这种对峙的地缘政治格局维持了 30 多年。20 世纪 80 年代末 90 年代初，东欧发生了剧变，苏联解体，以冷战为特征的大国地缘政治也就烟消云散。东欧地缘政治版图缩小，独立的主权国家大幅增加。1990 年 10 月 3 日，德国实现统一，即民主德国并入联邦德国。德国的统一在实质上改变了东欧政治版图，东欧地缘政治版图缩小了。东西欧西北部的分界线也由原来穿越德国腹地的东西德边界移至奥得 - 尼斯河，即波兰与统一德国的边界线。换言之，波兰已不再与属东欧集团的民主德国接壤，而直接与西方集团的德国为邻了。

苏联的解体也改变了整个东欧与原苏联的边界线。过去，东欧国家在东部和东北部仅与苏联一国为界。苏联解体之后，东欧国家已不再与原苏联的 10 个共和国接界，而只与俄罗斯（俄罗斯的飞地加里宁格勒）、立陶宛、白俄罗斯、乌克兰和摩尔多瓦等 5 国接壤。目前，在东欧国家中，波兰与俄罗斯（俄罗斯的飞地加里宁格勒）、立陶宛、白俄罗斯和乌克兰 4 国为界，原捷克斯洛伐克和匈牙利分别与乌克兰接壤，罗马尼亚与摩尔多瓦接壤。由此，我们可以看到，东欧在地缘上离莫斯科更远了。以 2013 年东欧 13 国加入欧盟为标志，欧洲出现了新的地缘政治格局。这将对欧洲及世界经济、政治发生重大影响。

欧盟东扩的实现，促进了东欧国家实现政治经济稳定，并将东欧完全纳入西方体系加以控制。在国际政治中，东欧这个破碎地带历来是影响欧洲安全的一个重要地区。通过东扩，欧盟提高了自身在欧洲安全格局中的地位和作用，为实现主导欧洲安全事务创造了有利条件。

欧盟的范围大大地得到拓宽。东扩的实现，使欧盟与俄罗斯的边界线延长，与白俄罗斯、乌克兰和摩尔瓦多接壤，连通黑海，与中亚地区的联系更为密切了。这将使欧盟今后在处理地区事务和国际事务时更具地缘优势。在安全上更能抵御俄罗斯的威胁。同时，欧盟东扩的实现，也是继北约东扩之后欧洲大国力图主宰世界事务的又一表现。

雅尔塔体系瓦解后，新的欧洲地缘政治局面的出现，多种政治力量争强构成了欧洲各种政治力量、经济力量斗争错综交织的复杂局势，这是欧盟新地缘政治的重要特点。多种政治力量争强主要是北约、欧安会、西欧联盟、欧洲联盟之间的相互竞争，而实质是几个大国对这些组织的支配权和主导权的争夺。同时英、法、德、意等欧洲大国之间也在明争暗斗。北大西洋公约组织是冷战的产物，它是针对前苏联东欧国家而组建的军事政治集团。“冷战”结束后，北约对其军事战略作了重大调整，提出了新的防务安全体系，强调欧美应共同努力建立一个包括北约、欧共体、西欧联盟、欧安会在内的新地缘安全结构。西欧联盟和欧洲联盟从实质上讲，也是排斥美国的，但又不得不与美国打交道，因为他们是美国联结大西洋彼岸的桥梁。

以“欧洲人的欧洲”观念为指导，欧盟力图争取欧洲事务的主导地位，加速推进欧洲一体化，加强共同外交和安全政策，以求彻底改变欧洲格局，欲把欧洲事务完全转化为“欧盟事务”。东扩实现后，欧盟将推行全球战略，突出显示欧盟在全世界重要地区的存在和影响力，试图在国际格局重组中为欧盟战略定位占据优势地位。欧盟作为一支上升的力量，正在扮演一个举足轻重的角色，在世界格局中成为强有力的一极。欧盟在国际事务等方面都显示出新的力量。可以说，欧盟东扩是欧盟与美国争夺欧洲安全事务主导权。

总之，欧洲出现了新的地缘战略格局，对欧洲的和平与稳定是有利的。这种平衡能维持多久，对欧洲和世界产生什么影响，发展趋势如何，我们拭目以待。

日本“向右转”与中国的应对之道

■ 金良成*

【内容提要】 由于第二次世界大战后日本右翼政治势力没有得到彻底清算，中日经济的此消彼长让日本人的心理失落，国内政治乱局和美国的暗中支持，近些年来日本右翼政治势力的不断壮大，导致日本整体“向右转”。面对一个走上“向右转”，最终将回归“正常国家”的邻国，中国必须采取四大对策，即做好自己的事、经营好朋友圈、建设好与美国新型大国关系、从经济和文化两个方面给日本“釜底抽薪”。

【关键词】 日本 右倾 对策

自2012年9月10日本政府将钓鱼岛进行所谓“国有化”以来，日本便开始走上了右倾化的道路。这种“右倾化”中国国内媒体通常称之为“向右转”，其实质是指日本向第二次世界大战前的军国主义传统回归。

在日本国内，总有一些人对由美国主导的日本战后体制表示不满，他们渴望回归战前的日本传统，即建设“正常国家”，脱离美国人的控制，回归军国主义武力扩张传统。可以说，在日本战后的相当长一段时间里，由于受到美国的强力压制和日本国内绝大多数民众对和平的诉求，日本历届政府基本上是以经济建设为主，在建设“正常国家”方面即便偶尔有一些小动作，但都表现得较为“克制”。但是这种局面在2012年12月26日安倍晋三第二次当选日本首相后被打破了。2013年4月20日起，安倍内阁先后有4名成员和168名国会议员参拜靖国神社。安倍虽没有亲自参拜，但献上了名为“真榊”的祭品。安倍事后还明确表示允许阁僚参拜。他说，内阁

* 金良成，广东外语外贸大学法学院党委书记。

成员“向英灵表达崇敬之情是自由的、理所应当的”，“绝不屈服”。4月23日，安倍晋三在参议院预算委员会上就日本第二次世界大战时期的侵略行为表示，“关于侵略的定义，不管是学术界还是国际上都尚无定论”。5月12日，安倍身穿飞行服坐在机身标有731字样的自卫队训练机驾驶舱，面带微笑，竖起大拇指。9月25日，安倍在美国国会演讲时表示，“如果想把我叫做右翼军国主义者，那就请便吧”。12月26日，安倍晋三以首相身份参拜供奉有第二次世界大战甲级战犯的靖国神社。2014年1月24日下午，安倍晋三在日本众议院发表施政演说时表示，将积极推动修改宪法，为解禁集体自卫权等问题铺路。1月28日，日本教育部长下村博文正式召开记者会宣布，修订日本中学的“学习指导纲要”，把日本同中国和韩国分别存在领土争议的钓鱼岛和独岛（日本称竹岛）列为日本“固有领土”，向中韩再次发出挑衅。

可以说，安倍晋三是日本加速“向右转”的领头羊，但是世易时移，今日安倍内阁的日本民意支持率达到近70%。现在还不能下结论说在安倍晋三的带领下日本全体国民集体向右转，但这种发展趋向令人担忧，也应该引起警惕。日本为什么会加速向右转呢？面对向右转的日本中国该如何应对呢？

一、日本向右转原因分析

日本右翼政治势力的膨胀、坐大，有其国内的深刻历史因素、政治原因和经济因素，也有国际上例如美国的暗中支持和纵容。

（一）“二战”后日本的右翼政治势力没有得到彻底清算

1945年7月26日，中国、美国和英国三国发表《波茨坦公告》，促令日本立即无条件投降。但是，日本政府予以拒绝，并先后三次扩军动员，准备进行本土决战。8月6日和9日，美国先后在日本广岛和长崎投下一颗原子弹。8月8日，苏联宣布对日作战。8月9日，苏联出兵中国东北和朝鲜北部，对日本关东军发动全面进攻。8月14日，日本政府照会美、英、苏、中四国政府，宣布接受《波茨坦公告》。8月15日，日本天皇裕仁以广播《停战诏书》的形式，正式宣布日本无条件投降。至此，第二次世界大战全面结束。依据《波茨坦公告》，1946 年 1 月 19 日，盟军最高统帅 D. 麦克阿瑟公布了《远东国际军事法庭宪章》（1946 年 4 月 26 日修正），并任命了由有关各国提名的 11 名法官，美国的 J. B. 基南被麦克阿瑟指派为检察长，对属于本法庭管辖权内之战争罪犯的控告负调查及起诉之责。远东国际军事法庭于 1946 年 4 月 29 日接受了盟军最高统帅部国际检察处对东条英机、广田弘毅等 28 名被告的起诉，并于同年 5 月 3 日至 1948 年 11 月 12 日在东京对这批日本主要战犯进行了审判。其中 7 人被判处绞刑，11 人被判处终身监禁。

应该说，日本当年参与发动侵略战争的主要战犯受到了法律的审判，使正义得到彰显。但是，由于远东国际军事法庭由美国人主导，对那些参与到侵略中国、朝鲜及其他亚洲国家并犯下战争罪行但当年反对向美国开战的日本军国主义分子，美国人则采取了区别对待的态度，没有进行彻底清算。美国人清算的“核心是对美国开战的责任，而不是侵略亚洲的责任”[1]。如持对华“主战论”的宇恒一成和米内光政等军人政治家没有被起诉，“9 · 18”事变的首谋石原莞尔也没有被列为甲级战犯，“七三一部队”也因为达成向美国提供实验数据而被免予追责。不仅如此，出于东西方冷战的需要，有相当一部分人后来被美国人安排到战后的日本政府里担任要职，有的还被扶植成日本首相，譬如吉田茂、岸信介等。

岸信介是日本战后第九任首相，也是现任日本首相安倍晋三的外祖父。根据日本著名政论家若宫启文的考证，岸信介 1896 年出生于日本山口县，从小受到日本思想家吉田松阴及其弟子伊藤博文、木户孝允、井上馨等的影响，考上东京大学后成为国粹主义者上杉慎吉的门生，1936 年岸信介从东京大学毕业，成为日本商工省官僚，并被派到伪“满洲国”，先后担任产业部和总务部次长，是伪“满洲国”的实权人物，当时主宰“满洲”的是关东军参谋长板垣征四郎，板垣的后任是随后出任首相的东条英机。这两个人战后都被定为甲级战犯送上了绞刑架。岸在中国一直到 1939 年才回国，1941 年出任东条英机内阁商工大臣，大力构筑走向战时统制经济的体制。1943 年 11 月，岸出任新成立的军需省次官，直接在东条英机的领导下负责

[1] ［日］若宫启文著，吴寄南译：《和解与民族主义》，上海译文出版社 2008 年版，第 116 页。

飞机等战争物资的生产。战后，岸作为甲级战犯被逮捕入狱，但是，岸在监狱里主张，为阻止中国共产党夺取政权而导致整个东北亚的赤化，应该由日本志愿军组成美国指挥的军队，出兵遏制中共军队。随着东西方两大阵营对抗的升级，美国对日本的占领政策由民主化路线而摇身一变为遏制苏、中的反共路线。这样，主张反共并曾反对过东条英机的岸信介就被释放了，1956 年 12 月，岸出任石桥湛三内阁的外相，1957 年 2 月，出任首相。❶ 岸信介不顾国内势力的反对，竭尽全力把“美军驻扎协定”的单向性条款变成日美间双向性防卫条约，并于 1960 年 1 月与美国签订修改了的《日美安保条约》。由于冷战而被释放的甲级战犯还有贺屋兴宜（东条内阁的大藏大臣）、重光葵（东条内阁的外相）等，他们后来也都返回了日本政界。

岸信介在 1965 年出版的《啊，满洲》中称赞伪“满洲国”是“民族协和、王道乐土的理想闪耀光芒……是东亚的希望”，充分暴露了岸信介对日本军国主义的罪行不但没有丝毫的反省，反而是津津乐道，十分留恋。而日后他的外孙子安倍晋三担任首相后，“在回避对‘满洲国’评价方面，不难发现他和他的外祖父怀有类似的历史观”。❷

由于东京审判是“有选择性的”审判，日本军国主义没有得到彻底清算，日本右翼势力像埋在土里的种子，只要温度、湿度有一点许可，就要从泥土里往外发芽。若宫启文总结的“翌年法则”为我们很直观地展示了这一点。

翌年法则

年份	与亚洲的和解等	回归传统
1965	椎名外相访问韩国，发表对殖民统治表示“遗憾”、反省的声明，日韩缔结基本条约	
1966		确定“建国纪念日”
1978	福田首相任内缔结《日中和平与好条约》，邓小平访日并会见天皇	
1979		制定《年号法》
1984	韩国总统全斗焕访日，昭和天皇对过去表示“遗憾”	

❶ ［日］若宫启文著，吴寄南译：《和解与民族主义》，上海译文出版社 2008 年版，第 63 ~ 71 页。

❷ 同上。

续表

年份	与亚洲的和解等	回归传统
1985		中曾根首相在8月15日参拜靖国神社
1995	村山首相发表“8·15”谈话，表示道歉	
1996		桥本首相参拜靖国神社
1998	韩国总统金大中、中国国家主席江泽民访日，相继发表“联合宣言”	
1999		制定《国旗国歌法》
2001		小泉首相在8月13日参拜靖国神社（以后每年都参拜）
2002	小泉首相访问朝鲜，发表“平壤宣言”，绑架问题浮出水面	

注：本表格来源于若宫启文《和解与民族主义》第49页。

需要说明的是，上述表格中的所谓“回归传统”，就是向战前的日本传统回归。而日本现任首相安倍晋三参拜靖国神社、要修改宪法、建立“国防军”、“夺回强大的日本”都是一脉相承的“回归传统”，是右翼势力在日本的“强势回归”。

（二）中日经济的此消彼长让日本人的心理失落

1. 一直以来日本人对包括中国人在内的其他亚洲人民有一种莫名的“优越感”

1868年日本明治维新以后，国力不断增强，到处发动侵略战争并屡屡得手，先后控制朝鲜半岛、琉球群岛。1894年，中日甲午战争中国满清政府战败，1895年清政府签订丧权辱国的中日《马关条约》。1900年，八国联军进攻北京，1901年清政府又与包括日本在内的西方列强签订屈辱的《辛丑条约》，1904~1905年的日俄战争俄国战败，日本乘机侵入中国的东三省。1937年“卢沟桥事变”，抗日战争正式打响，直到1945年8月15日日本天皇宣布无条件投降，日本人才被赶出中华大地。作为第二次世界大战的战败国，日本虽然也曾多次表示要反省，也有首相对遭受日本侵略战争伤害的亚洲人民表示道歉，但由于前述战后东京审判没有对日本军国主义分子像纽伦堡审判对德国纳粹分子那样进行全面彻底的清算，有相当一部分日本的政客和群众并没有从心底里与军国主义划清界限，有的还为军国主义唱赞歌。日本朝野充斥着第二次世界大战日本是输给了美国、而不是输给了亚洲的畸形认识，在心理上仍然对中、韩等亚洲人民有一种莫名的优越感。类似“亚洲的中心日本”这种论调无论在战前还是在战后，在日本都十分有市场。“建设大东亚共荣圈”是日本人这一思想的体现；战后不少日本政客把侵略亚洲的战争说成是“解放亚洲”，妄称是日本人把亚洲从白人手下解放出来了，同样体现了日本人对那场战争的错误认识和对中韩等亚洲人民的“优越感”。直到今天，日本“靖国神社的小册子和游就馆的展示内容”仍旧是这种“典型的‘解放亚洲史观’”。[1] 这种“优越感”还体现在战后日本首相或外相等代表日本政府对遭受日本侵略战争伤害的亚洲人民的“道歉”上面。1965 年 2 月，日本外相椎名悦三郎代表日本政府首次向韩国人民表示“道歉”，椎名在金浦机场的声甫　“在两国长期的交往历史中存在着不幸的时期，实在感到遗憾，表示深刻反省”。在这个所谓的“道歉”里，日本人“遗憾”的是什么呢？“反省”的又是什么呢？是对韩国人民的伤害还是对日本人的“功亏一篑”？谜底大概只有日本人心里清楚。同样的，1972 年 9 月 26 日，日本首相田中角荣访华，实现了中日双边关系的正常化，周恩来总理在欢迎词中直截了当地提出了日本侵略中国的历史，但是田中角荣的答谢词中关于对华的侵略是这么说的：“遗憾的是过去几十年之间，日中关系经历了不幸的过程，其间，我国给中国国民添了很大麻烦，我对此在此表示深切的反省之意。”[2] 1894 年甲午战争以降，日本人入侵中国直接杀害的中国人何止千万，给中国造成的经济损失何止亿万，一句“添了很大麻烦”就是日本政府的道歉。当周恩来总理对田中首相“添了很大麻烦”的说辞表示强烈不满后，在经两国领导人签署的《中日联合声明》有这样的字句：“日本方面痛感过去由于战争给中国人民造成的重大损失的责任，表示深刻的反省。”日本政府仍然没有道歉。1992 年 10 月 24 日日本天皇访问中国，其访华致辞是这样说的：“在两国关系悠久的历史上，曾经有过一段由我国给中国国民带来深重灾难的不幸时期。我对此深感痛心。……”这里依然没有道歉。1995 年 8 月 15 日，时任日本首相的村山富市发表题为“战后 50 年的终战纪念日有感”的谈话，即著名

[1] ［日］若宫启文著，吴寄南译：《和解与民族主义》，上海译文出版社 2008 年版，第 250 页。
[2] 同上书，第 275 页。

的“村山谈话”，正式向遭受日本侵略的亚洲人民表示“沉痛的反省和由衷的歉意”。[1] 但到了现任日本首相安倍晋三的时候，安倍内阁一方面表示要继承“村山谈话”精神，另一方面又要修改教科书，不承认侵略中国，否认南京大屠杀，到供奉有第二次世界大战甲级战犯的靖国神社参拜，观看美化“神风特攻队”的电影《永远的零》“感动流泪”，还说第二次世界大战的结论是由战胜国确定的，应该由历史学家去做结论，言下之意安倍内阁不承认第二次世界大战战后安排。归根结底，日本右翼分子始终不愿意正面承认侵略亚洲其他国家，不承认第二次世界大战败给了亚洲人民。他们的心底里充满着对亚洲人民的“荣誉感”“优越感”。然而，到了21世纪，日本朝野的这种优越感从内心受到了冲击，因为中国崛起超越日本成为世界第二大经济体。

2. 中国超越日本成为世界第二大经济体，让日本国内有挫败感

日本最大的病根在哪里呢，就是中国超过它，它很难接受中国成为亚洲第一大经济体，让它“亚洲中心”的位置不保。2010年，中国第一次经济总量超过日本，2013年中国经济总量是日本的2倍，中国是9万亿美元，日本只有4.5万亿美元。20世纪80年代，中国对外开放的闸门刚打开，日本作为近邻，西方发达国家之一，成为中国人学习的对象，大量的中国政府官员、中国留学生赴日学习，中国政府也邀请大量的日本青年人来华参观交流，目的就是加强中日青年的友好交往，这个时候的日本无论从经济、科技、管理、物质条件等方面都遥遥领先中国，中日之间的交往是中国“仰视”日本，这个时候的中日关系是融洽的，彼此对双方是有好感的。然而，随着中国改革开放的深入发展，中国在科技、经济乃至管理等领域逐步缩小与日本的差距，有些方面甚至出现了超越，加上日本对历史问题的“错误认识”，中日关系开始出现紧张和交恶，中日民间对对方的好感越来越低。2005年4月5日，日本文部省对扶桑出版社编纂、美化甚至歪曲侵略罪行的《新历史教科书》进行审定，虽然文部省要求扶桑出版社对120余处进行修改，但最终给予该书“审定合格”的决定，成为促使中国全国民间大游行反对日本错误主张的导火线。这次反日游行不仅震惊了日本，

---

[1] ［日］若宫启文著，吴寄南译：《和解与民族主义》，上海译文出版社2008年版，第246页。

也震惊了全世界。表面看，这次大游行是中国民众对日本政府公然篡改教科书、误导日本下一代的反击，但从深层次可以看出，中国经济等综合国力的上升，极大地激发了中国民众的爱国热情和民族自信心，反观日本则是因为经济低迷，日本政治家们只能从经济以外的方面来提振日本国民的精神，获取民众的选票。2005 年 7 月，中日进行了联合民意调查，日本在其国内 50 个地区对 18 岁以上的人进行随机访问，中国则在全国有代表性的 6 个大城市和 5 所大学进行了调查。关于对对方国家的印象，日方表示“印象良好”或“基本良好”的占 15.1%，“印象非常不好”或“印象基本不好”的占 37.9%。中国则分别为 11.6%、62.9%。[1] 2005 年 12 月，日本政府公布“关于外交的民意调查”，回答对中国“有好感”的占 32.4%，为 1978 年以来最低；回答“没有好感”的占 63.4%。“日本‘厌华’情绪的确严重”。[2] 被奉为经营管理大师、日本战略之父的大前研一对中国经济发展持肯定态度，对中国发展趋势的研判也是持正向态度的；即便如此，2009 年他在著作中也坦率地承认，日本现在的状况是“一说到中国发展迅猛，立刻有人出来鼓吹‘中国威胁论’”。[3] 可以说，日本朝野对中国不友好在日本国内是有相当的民意基础的，而绝不是国内有的媒体所说的“一小撮”。这个结果是我们不愿意看到的，但必须清醒地面对，就像中国民间反日声浪很高一样，都是不可回避的。

（三）日本国内政治成为右翼滋长的内因

1985 年 9 月 22 日，美、日、英、法、西德五国在纽约广场饭店达成协议，五国政府联合干预外汇市场，诱导美元对主要货币的汇率有秩序地贬值，以解决美国巨额贸易赤字问题。这就是著名的“广场协议”。协议签订后，3 个月内日元对美元升值 40%，三年内日元对美元升值 100%。广场协议后，此后 15 年的时间里日本因为日元大幅升值而在信心膨胀、投资膨胀和消费膨胀的带动下出现了一段相对较长的经济繁荣期，股市和楼市都分别上涨了数倍，从而导致了经济泡沫。1989～1990 年随着国内外环境的变化，日本政府实行了宏观调控，日本经济泡沫破裂，股市房市大跌，由此

---

[1] ［日］小岛明著，孙晓燕译：《日本的选择》，东方出版社 2010 年版，第 75 页。

[2] 同上书，第 82 页。

[3] ［日］大前研一著，侯为译：《日本的未来》，青岛出版社 2011 年版，第 62 页。

日本进入了经济低迷、停滞的“迷失的十年”。日本国内对经济一直停滞不前十分不满，反映到政治层面，就是日本独有的“短命首相”现象，大多数内阁任期都只有一年左右，由于没有办法领导经济回暖而被赶下台。

1990年以来日本历任首相任职时间

人名	任职起止时间	人名	任职起止时间
宫泽喜一	1991.11～1993.8	安倍晋三	2006.9～2007.9
细川护熙	1993.8～1994.4	福田康夫	2007.9～2008.9
羽田孜	1994.4～1994.6	麻生太郎	2008.9～2009.8
村山富市	1994.6～1996.1	鸠山由纪夫	2009.9～2010.6
桥本龙太郎	1996.1～1998.7	菅直人	2010.6～2011.8
小渊惠三	1998.7～2000.4	野田佳彦	2011.8～2012.12
森喜朗	2000.4～2001.4	安倍晋三	2012.12～
小泉纯一郎	2001.4～2006.9		

注：本表系由笔者搜集数据整理而成。

通过上面的表格可以看出，在21年的时间里，日本走马灯似的更换了15位首相，平均每位首相的任职年限只有一年多点；如果把小泉纯一郎作为特例来分析，则16年换了14位首相，这15位首相分属不同的党派和政治派别，日本国内政治的不稳定和派系斗争的激烈由此可见一斑。

在诸多“短命首相”阵列中，小泉纯一郎是个例外，显得特别的“长命”，前后任期长达5年，堪称奇迹。小泉为什么能够屹立不倒呢？让我们来考察一下小泉的任职轨迹。

2001年4月，时任日本首相森喜朗引退，日本自民党进行总裁选举。其间，小泉纯一郎在日本记者俱乐部召开的候选人讨论会上许下诺言：“我如果当上了首相，不管有怎么样的批判，每年都要在8月15日这一天去参拜（靖国神社）。”[1] 小泉之所以要冒着被中韩批判的风险许诺要参拜靖国神社，原因在于他的竞争对手桥本龙太郎当时担任日本遗族会会长，争取遗

[1] ［日］若宫启文著，吴寄南译：《和解与民族主义》，上海译文出版社2008年版，第10页。

族会的选票成为他当时的胜负手。所以，若宫启文说：“从中可以看出他已经做出了非常精明的算计。”❶

为了首相的大位，小泉向右翼妥协，那么为了避免“短命首相”命运，小泉又做了些什么呢？

日本小泉首相与亚洲大事年表

时间	主要事件
2001 年 8 月	小泉在 8 月 13 日参拜靖国神社
2011 年 10 月	小泉访问中国，参观卢沟桥抗日战争纪念馆，为侵略罪行向中国人民道歉
	小泉访问韩国，参观西大门监狱遗址，向韩国人民道歉
2002 年 4 月	小泉在 4 月 21 日（春季例行大祭）参拜靖国神社
2003 年 1 月	小泉在 1 月 14 日参拜靖国神社
2004 年 1 月	小泉在 1 月 1 日参拜靖国神社
2005 年 4 月	日本文部省对扶桑出版社编纂美化侵略的《新历史教科书》进行审定
2005 年 8 月	小泉发表“战后六十年谈话”，向亚洲人民表示道歉
2005 年 10 月	小泉在 10 月 17 日（秋季大祭）参拜靖国神社，自民党出修宪草案
2006 年 4 月	内阁官房长官安倍晋三秘密参拜靖国神社
2006 年 8 月	小泉在 8 月 15 日参拜靖国神社

注：本表系根据若宫启文《和解与民族主义》有关表格和内容整理而成。

通过上表可以看出，小泉为了迎合日本国内右翼势力而在任内年年参拜靖国神社，创甲级战犯在靖国神社合祭以来历任首相参拜靖国神社次数之最，另外，小泉又是向中韩等受日本侵略亚洲人民道歉次数最多的日本首相之一。小泉的这种两面性，从主观上讲，一方面体现他作为政客的“工于算计”，另一方面则说明他在对待历史的认识上是不全面的，总体上是右倾的。从客观上讲，政府首脑的行为绝对不是个人的行为，对全体国民有示范意义，所以小泉的参拜客观上对右翼势力起到了支持和强化作用，对日本人民是误导，为后来的日本政治家及整个日本社会树立了一个坏的榜样，其最明显的效应就是日本社会不断向右转。在经历了六个短命政府之后，现任日本首相安倍晋三为第二次赢得首相职位、稳固政权，避免

❶ ［日］若宫启文著，吴寄南译：《和解与民族主义》，上海译文出版社 2008 年版，第 10 页。

“短命首相”的命运，在迎合右翼选民上与小泉比有过之而无不及。他带领日本急剧向右转，不仅参拜靖国神社，而且还要修改和平宪法、建立国防军、主动行使自卫权，挑衅中韩等亚洲人民，给亚洲的和平与稳定带来巨大冲击，给第二次世界大战以来的世界秩序带来巨大冲击。目前，这种冲击还在持续之中。

（四）美国暗中助力是外因

美日是同盟国，维系美日同盟的最重要的法律文件就是《美利坚合众国和日本国共同合作及安全保障条约》，也即新美日安保条约。1951年，美日双方签署的美日安保条约是旧美日安保条约，其主要内容是“美军驻扎（日本）协定”，是一个单向性条款。1957年，时任日本首相的岸信介，一个没有被清算的甲级战犯，不惜赌上自己的政治生命也要修改美日安保条约，要把上述单向性美军驻扎条款改为美日双向性防卫条约。在岸信介的不懈努力下，也由于美国出于冷战思维的需要，1960年1月，上述新美日安保条约签订，从而奠定了战后日本独立国家的地位，以及与美国正式成为同盟国的国际地位。

正如前文所述，日本右翼势力一直存在，就像一颗种子，只要温度湿度合适，它就要倔强地生长；如果外部再给点阳光，它就会野蛮地生长。2012年，刚从菅直人手上接过一个烂摊子的野田佳彦，为了挽救不断下滑的民意支持率，于9月10日召开专门内阁会议，决定对钓鱼岛实施所谓“国有化”方针。[1] 日本政府不顾中日间一直遵守的“搁置争议”的默契，单方面宣布将钓鱼岛国有化，自然遭到了中国的强烈反对。野田政府为什么敢于向中国叫板呢？除了迎合日本右翼势力以挽救低下的支持率外，还因为野田得到了同盟国美国的同意。时任日本驻美国大使佐佐江贤一郎在接受采访时表示，美国政府对于日本政府推进钓鱼岛（日称“尖阁列岛”）“国有化”一事是知情的，但当时并没有反对。[2]

佐佐江贤一郎关于钓鱼岛的发言美国没有否认，也就是默认。不仅如此，在后来日本首相安倍晋三一再就钓鱼岛问题歪曲历史事实，挑衅中国

---

[1] http：//world. people. com. cn/n/2012/0910/c1002 - 18968456. html，2014年3月5日访问。

[2] http：//world. huanqiu. com/exclusive/2012 - 10/3230200. html，2014年3月5日访问。

时，美国前国务卿希拉里、美国现任国防部长哈格尔等都清晰地表明，美国在钓鱼岛归属问题上不选边站，但日本拥有对钓鱼岛的管辖权，所以钓鱼岛适用《美日安保条约》第5条。美国为什么要替“二战”的对手日本不负责任、严重影响亚洲和平的错误行为背书呢？是美国人傻吗？不是，这样做恰恰体现了美国人的虚伪、狡猾。恰恰是美国为了自身的利益，为了从高速发展的亚洲经济中攫取超额利益，实行“亚太再平衡战略”，背后支持日本等国家，运用所谓的“巧实力”恶化中国周边环境，遏制中国发展，打乱中国的发展进程，消解中国高速发展给美国的世界领袖地位带来的冲击，维护美国一家独大的世界霸主地位。

从日本方面来讲，长期以来，作为经济大国的日本在国际政治中却是一个小个子，没有什么发言权。因此，进入21世纪以来，历届日本政府都把谋求政治大国作为一个奋斗目标。日本右翼一直渴望废除和平宪法，发展日本军力，把日本建成“正常国家”。正是在这样的背景下，日本右翼政治领导人安倍晋三与美国一拍即合，一方面“拉大旗，作虎皮”，在美国的保护伞下甘心情愿被美国当枪使，成为美国“巧实力”的工具，打击中国；另一方面，借助与中国的摩擦以及“中国威胁论”，凝聚国内保守势力，逐步达成复辟军国主义的阴谋。可以说，没有美国的暗中支持，日本没有能力也不敢挑衅中国；正是由于日美出于各自的利益而互相勾结，企图搅乱东北亚良好的发展态势，打乱中国现代化发展进程，以实现日本称霸亚洲、美国继续称霸世界而无人能够挑战的美梦。

二、日本“向右转”的发展趋势

在世界范围内民族主义不断高涨的今天，特殊的历史承续、放慢步伐的经济以及对正确历史观的集体无意识，使日本在现任首相安倍晋三的带领下走上了“向右转”的不归路。

（一）“向右转”将成为日本政治的一个常态

大前研一1943年出生于日本福冈，后在美国受过良好教育，是日本十分有影响力的战略家。他在《日本的未来》中公然指出：“外交有时就是战争。不，越是国家利益对立的场合就越需要外交实力。而且有时必须把

‘战争’考虑在内，否则无法展开独立国家的对等外交。以左翼式的‘妄想和平主义’难以保卫国家，这是理所当然的事。”❶ 作为经历过战争带来创伤的日本学者，没有反思对待战争的态度，反而为了建设“最强国家”而建议不惜采取战争的手段。大前研一虽然不能代表日本学术界，但至少反映了日本学术界一种强大的声音，这种声音与日本右翼政客、民间右翼势力聚合在一起，足以形成一股裹挟日本“向右转”的强大势力，加之日本整个社会又流行“无意识、间接性、盲从征候群”❷，所以在安倍的带领下日本社会加速“向右转”就变得很“正常”了。

在当前和今后相当长一段时期，由于错误的历史观，与中、韩的领土争端以及为了突破战后体制、建设“正常国家”的需要，加上世界范围内由于经济的衰退、地区发展不平衡而导致的民族主义高涨，势必影响到日本国内的政治和其政治家。所以，“向右转”将成为日本政治的常态。当然，迫于国内外爱好和平力量的压制，或者美国为了自身利益而施压，日本“向右转”的过程也一定是退一步进两步，充满曲折但稳步向前。

（二）日本最终将成为“正常国家”

日本现在在一定程度上“依附”于美国的国家状态，是战后在美国的主导下的一种制度安排。伴随着日本国内和国际形势的变化，日本谋求改变这种国家状态的努力一直在进行当中。1960年在在岸信介的努力下修改《日美安保协定》为新《日美安保条约》，即是这种努力的第一个重大成果。后来，日本朝野修改和平宪法的声音不绝于耳，一直受到美国和日本国内反战力量的压制而不得逞。进入21世纪，随着中国的迅速崛起，美国开始调整其世界战略部署，实施“亚太再平衡战略”，矛头直指中国。作为曾经的亚洲老大日本，自然不甘心失去“亚洲中心”的位置，凭借美国重返亚太之机，利用美国对其遏制中国的倚重，不失时机地提出修改宪法、建立国防军、主动行使自卫权等重回军国主义的重要举措，表面上看日本在为美国张目，实质上是在贩卖自己的私货，也就是安倍所讲的“夺回强大的日本的战斗”。由于美国整体经济实力的下降，在亚洲对日本的依赖短期内

❶ ［日］大前研一著，侯为译：《日本的未来》，青岛出版社2011年版，第202页。

❷ ［日］丹羽一郎著，郎颖、葛健敏译：《新·日本：开国论》，法律出版社2010年版，第103页。

不可能改变，长期还指望日本与中国“鹬蚌相争”，加上美国对日本的控制再也不像过去那样得心应手，因此，在可以预期的2050年，即第二次世界大战100年前后，日本将重回“正常国家”。

三、中国的应对策略

面对一个走上“向右转”不归路、并最终将回归“正常国家”的日本，面对我们的近邻、曾经带给我国人民巨大伤害的日本，中国应该如何应对呢?

日本立即回归军国主义并不符合美国的利益，中美是经济高度关联的两个世界级大国，中美日之间的三方博弈，注定日本“夺回强大的日本的战斗”是一个比较漫长的过程，换一句话说，中日之间的斗争将是持久战。既然是持久战，中国就应该谋定而后动。中国的发展战略是和平崛起。这个战略既符合中国的历史传统，也切合中国当前的实际，应该坚持不懈地实施下去。在与日本的这场遏制与反遏制、包围与反包围的斗争中，中国要想对日取得完胜，必须采取四大对策，即做好自己的事、经营好朋友圈、建设好与美国新型大国关系、从经济和文化两个方面给日本“釜底抽薪”，用关键词来表示就是八个字：“固本、强基、管控、销蚀”。

(一) 固本

“堡垒最容易从内部攻破。”所谓固本就是要做好自己的事，把中国自己的事情办好。中国当前面临着贫富进一步分化且拉大距离，住房难、看病难、上学难，环境污染严重，地区、区域发展不平衡，腐败严重等重大问题。这些问题解决不好，也许不用别人来围堵，可能我们自己就成为一盘散沙，陷入四分五裂，社会倒退，先行败下阵来。要集中精力解决当前中国面临的诸多国内问题，就必须有一个和平的周边环境，而和平的周边环境是靠实力争取的。环顾世界外交史，只有国家强大了，外交才有底气；只有拥有强大的实力，有讨价还价的资本，才能开展真正意义上的外交，才能解决好国家的外部问题。换一句话说，外部问题还得靠内部实力来解决。因此，说到底做好自己的事是第一位的。

(1) 进一步发展经济，改善民生。民生问题涉及面广，是群众的切身利益所在。民生问题、腐败问题和贫富分化问题等解决不好，将会动摇社会稳定的根基，直接威胁国家的长治久安。所以，中国必须坚持走进一步改革开放、发展经济的路子。要通过发展经济，通过政府有形的手，加大财政转移支付的力度，不断促进社会服务均等化，解决区域发展不平衡问题、贫富分化问题和其他民生问题，努力消除腐败问题，逐步缩小城乡差别、区域差别、地区差别，消除贫困。

（2）加快国家法治进程。市场经济只能是法治经济，只有当所有的交易规则是公开、公平、公正的，那么市场才能在资源配置中起决定性作用，这个经济才能称为市场经济。因此，要进一步发展社会主义市场经济，改善民生，增强国家实力，就必须加快国家的法治进程，让所有的市场要素都在同一个法律框架下按照市场经济的规律运行，促进资金、技术、劳动力、商品等市场要素的合理流动，促进区域协调发展，从而大幅度减少机构或个人通过权力寻租而导致的腐败，促进社会公平和正义，维护社会的和谐稳定。

（3）加快国家治理体系和治理能力的现代化。中国是一个国土辽阔、民族众多、气候、地理条件差别较大、区域发展不平衡的大国；中国从社会主义计划经济体制转变为社会主义市场经济体制，经济基础发生了深刻的变化；同时中国面临的国际形势和周边环境也复杂多变，挑战巨大。因此，面对这样复杂的局面和发生深刻变化的现实，作为统领13亿人民、世界第二大经济体的国家治理体系必然要进行改革，其治理能力必须要大幅度提高，否则就难以应对所面临的挑战和任务。所以，加快国家治理体系和治理能力的现代化，充分借鉴一切先进的人类文明成果，科学地进行顶层设计，是时代的呼唤，也是历史发展的必然。

（4）加强军力建设。战争是解决两国纠纷的最后选项，而强大的军队是提供威慑、避免战争的不二法门。因此，把建设一支能打仗、打胜仗的强大军队，当作中国和平崛起的基石，一点也不为过。中国军队既要加强武器装备的现代化升级，同时在作战思想、作战理论、指挥系统以及作战训练上都应该加强研究，既要向现代化军事强国学习，借鉴他们的理论和方法，更要结合中国的实际推陈出新，创造属于我们自己的现代军事思想和军事方法。强劲的经济增长和强大的现代军力将是助力实现中华民族伟大复兴中国梦的两根强大支柱。

（二）强基

俗话说，“一个好汉三个帮”，又说，“远亲不如近邻”。面对日本的无理挑衅和所谓的“对华包围圈”，中国也应该重视中国周边环境的建设，经营与其他周边国家的友好关系。

由东而西，中国周边的国家，除了日本，分别是韩国、朝鲜、俄罗斯、蒙古、西亚国家、南亚国家和东南亚国家，加强与这些国家的友好关系，不仅可以为我们专心搞建设赢得和平环境，还可以为我们的经济发展赢得市场、能源、原材料等。只要周边国家不随日本起舞，中国的经济发展就会获得更大的市场纵深，中国和周边国家的互惠互利就能赢得更多的友谊和支持，日本的独角戏最终也会因为无人喝彩而落寞收场。

（三）管控

日本的幕后靠山美国，是中国和平崛起绕不过去的坎，也是解决日本问题必须要面对的关键因素。作为迅速崛起的新兴大国和缓慢衰落的守成帝国，中美之间毫无疑问存在着分歧，但共同的利益也十分巨大。管控中美之间的分歧，创造性地建设好两国间的新型大国关系，是两国当前外交的优先课题。作为中国，笔者以为，（1）要充分认识到，原本丰富多样的世界如果只有一种发展模式显而易见是不正常、不可行的，但是同样地，一个混乱、没有秩序的世界也不符合所有人的利益。中国应该在不危及本国核心利益和重大关切的前提下，加强与美国的合作，共同维护世界的和平与秩序。世界发展史表明，大国间对抗没有出路，合作才有未来。中国目前虽然经济总量上已经位居世界第二，但全面衡量，中国依然是一个发展中国家，为了维护自己的利益，中国可以而且应该勇敢地担当起在世界事务中应行使的权利和应尽的义务，在担当中展现中国的责任和力量。（2）要有足够的耐心。“罗马不是一天建起来的”，同理，美国的衰落、中国的崛起也都是一个渐进的过程。因此，要美国从心里全面接受一个崛起的中国，对于美国来讲是痛苦的、极不情愿的，虽然这种痛苦和不情愿在客观情势面前美国人最终必须面对，但达至这种理性的过程一定是渐进的。所以，那种无所作为的态度是要不得的，但急于求成的情绪也是有害的。（3）要双赢不要零和。发展中美新型大国关系，要更多地寻找双方共同利益所在，走双赢之路。要相信时间是站在中国一边的，只要中国稳打稳扎，心无旁骛，就会水到渠成，属于中国的最终一定会属于中国。我们要有这样的定力和自信。

（四）销蚀

针对日本，笔者以为，中国要做好两件事。

(1) 要实施进口替代和出口替代战略，销蚀日本的经济基础。当前，日本仍然是世界第三大经济体，日本雄厚的经济实力既是日本企图复辟军国主义的经济基础，也是日本张罗对华包围圈的经济工具。如果日本的经济实力遭到削弱，那么，没有钱就什么都“万万不能”了。而日本以外向型经济为主，日本的汽车工业、家用电子、电器工业是日本的创汇大户，而中国市场又是日本最重要、增长最快、盈利最多的市场，所以中国应该对日实施进口替代和出口替代战略，对日本经济“釜底抽薪”。

(2) 要牵头推动建立“正确历史观亚洲联盟”，占领对日道德高地，销蚀日本的“软实力”。日本首相安倍晋三推行所谓的“价值观外交”，妄图借助意识形态来包围中国。但是他忘记了，亚洲的大多数国家都遭受过日本的侵略，在那些国家的历史上都有一段因日本军国主义入侵造成的令人痛苦的记忆，在那些国家人民的心灵上都有因为日本军国主义者的蹂躏而留下的深深的心灵创伤。忘记过去就意味着背叛。前事不忘，后事之师。中国作为遭受日本军国主义侵略的最大受害国，理应担当起领导亚洲人民维护正确历史观、促使日本彻底反省侵略战争错误的重任。中国应该成立专门的基金会，接受机构和民间的捐赠，鼓励、支持、资助对“二战”日本侵略亚洲人民历史的研究、出版、教育、培训和交流，支持高举反对日本复辟军国主义、维护世界和平大旗的各国 NGO，建立起强大的反对日本复辟军国主义统一战线，将日本军国主义永远钉在历史的耻辱柱上，促使日本右翼势力回头，永远走和平发展之路。如是，则日本幸甚、亚洲幸甚、世界幸甚！

欧美学者与中国学者对中日历史问题的认识差异

■ 范洪颖*

【内容提要】 中日历史问题牵涉到当前亚太地区地缘政治经济格局，故其受到广泛的国际关注。中国学者和欧美学者在中日历史问题上有认识差异。尽管双方的表述和关注点的不同基本没有影响到对事件本质的判断，然而欧美学者对中日历史问题的研究与中国国内政治和民族主义因素的联系，不仅不能深刻理解中国民众对日本右翼顽固势力恶感的原因，还将会导致对问题认识的某些偏差乃至谬误。中国应当创造开放的历史研究学术环境，拓展中日历史问题研究的广度和深度，以历史文化交流展现中国和谐文明的社会形象、正义与责任并重的政治形象以及和平务实的外交形象。

【关键词】 欧美学者　中国学者　中日历史问题　认识差异

一、问题缘起与研究意义

中日历史认识问题是横亘在两国政府和国民间的一个重要障碍。从1982年教科书事件至今，在日本首相参拜靖国神社、篡改历史教科书、官方道歉以及战争纪念方式等问题上，中日之间摩擦不断。近来，安倍参拜靖国神社引发中国政府与民众的强烈谴责，这在已经千疮百孔的中日关系上又撒了一把盐，不但使中日外交关系又起波澜，还激起了国内媒体与民众对日本政府的强烈不满和抗议。在中国民众对日本的反感情绪中，最重

---

* 范洪颖，广东外语外贸大学法学院国际政治系副教授，硕士生导师。

要的成因就是历史认识问题。

中日历史问题牵涉到当前亚太地区地缘政治经济格局，故其受到广泛的国际关注，其中就包括了欧美学者的关注。在对中日历史问题的研究中，欧美学者作为具有专业性和独立性的群体，较少受到中日双边关系的影响，其研究环境相对客观，可以避免当事国的民族感情对研究造成的一定的主观情绪问题。从研究方法上来看，许多国外学者对历史研究一般采用实证研究，对于历史的判断相对基于大量的详尽事实，这对中国学界的中日历史问题研究和对一些问题的价值判断有较强参考价值。

然而，从中日关系的发展来看，日本政府首脑参拜靖国神社以及在政治场合的许多伤害受害国人民感情的不当言论等行为，使历史问题的政治性越来越凸显，对日本与受害国民众之间的刺激也越来越强烈。作为学者，无论其国籍身份，当历史问题面临着这样的现实需求和发展趋势之时，不可能忽视历史问题中的政治影响而单纯强调研究的“纯学术性”。如果历史认识问题中的实证研究不能有助于从宏观上把握问题的基本性质，其研究成果的价值会受到质疑。著名的法国历史学界马克·布洛赫曾强调：“史学的主题就是人类本身及其行为，历史研究的最终目的显然在于增进人类的利益。事实上，一种根深蒂固的秉性使人们几乎本能地要求历史指导我们的行动，因此，一旦历史在这方面显得无能为力之时，我们就会感到愤慨。”❶

分析比较欧美学者与中国学者对中日历史问题的认识差异，厘清历史事实，不但可以为中国民众全面了解和理性看待中日历史问题提供一扇窗，避免堕入历史悲情主义和盲目狭隘民族主义，而且还能够汇聚共识和主动释疑服人，让外界理解被害国民众对日本侵略暴行恶感的民族情愫。这对于中国实施和谐外交理念，推行公共外交，塑造负责任大国形象，排除非正常因素对中国和平崛起的干扰，营造实现中国梦的良好外部环境具有重要的意义。

❶ ［法］马克·布洛赫著，张和声、程郁译：《历史学家的技艺》，上海社会科学院出版社1992年版，第12页。

二、具体议题的研究内容分析

（一）认罪与道歉

第二次世界大战在人类历史上造成最为惨痛的灾难是举世公认的。无论是欧洲纳粹德国还是亚洲的军国主义，日本都应该对侵略战争负责，并吸取历史教训，和军国主义永远划清界限。学者负有历史使命去研究侵略国和施害者有无道歉和深切反省。可以说，在中日历史认识问题上，关于日本对侵华战争的道歉问题是最重要的部分。因为没有道歉就无从去谈对侵略战争负责，更谈不上新型的对外关系。故不少学者都着力去研究战后德国和日本对各自加害国家和人民的道歉问题，比较道歉的不同立场和水准，并分析了日本拒不向中国作正式书面道歉的原因。

围绕着日本的道歉问题，欧美学者与中国对日本道歉水准和继续坚持其错误的战争史观有着共识。普遍认为日本应该采取实际行动深刻反省和真诚道歉，以减少受害国对日本这一错误举措的谴责和不满。如中国学者袁成毅认为，“长期以来，日本向中国就侵略战争的道歉水平仅停留在1972年《联合声明》中的‘反省’水平上，其中既无对‘侵略’的认定，也没有正式‘道歉’的表述，只是在20世纪90年代后期，在正式双边文件中有了对‘侵略’的认定，其政要口头上也有了‘道歉’一说，但在双边正式文件中，仍然拒不作正式的道歉”。[1] 欧美学者对日本为其侵略战争道歉有大量的分析。如英国利兹大学的中日关系教授卡罗琳·罗斯（Caroline Rose）在其著作《面对过去，面向未来》中明确指出，“日本在不同场合不同形式的道歉是不够的，与其赔偿的实际行动不相符”。[2]美国达特茅斯学院的珍妮弗（Jennifer）教授也赞同日本道歉程度不足以使受害国接受，同时她还指出“日本应该承认所做的伤害并向前看”[3]，提出应当学习德国阿

---

[1] 袁成毅：“回归理性的必然诉求——再论中国要求日本作正式书面‘道歉’问题”，载《浙江社会科学》2004年第4期。

[2] Caroline Rose，“Sino-Japanese Relations：Facing the past，looking to the future?”，*Routledge-Curzon*，2005.

[3] Jennifer Lind，“The Perils of Apology”，*Foreign Affairs*88. 3（May/Jun 2009），pp. 132 ~ 146.

登纳总统时期的道歉模式。

双方的认识差异主要存在于以下两个问题。（1）对于日本拒不道歉的原因的解释不同。如美国学者珍妮弗认为，“政府首脑的道歉常常会伴随着一些政治精英的抵触”，对于施害国民众而言，“那些失去家人的民众，常常也会称这些牺牲者为英雄而非战争头子”❶。中国学者却从历史文化根源上挖掘日本道歉难的原因。如资中筠分析到，“日本源远流长的是武士道精神，日本人的荣辱观系于战争胜负……从心理上，如果彻底否定侵华战争，就要否定19世纪末以来的一系列对外征服的‘业绩’。那剩下的足以令日本人傲视世界的传统是什么呢?”❷ 由此可见，历史文化对一个民族的影响远远大于现有的政治力量。（2）对道歉问题的升级的看法不一。部分欧美学者认为，中国不停地要日本作道歉，是中国随着近年来经济发展，国内出现的民族主义势力抬头的表现。如珍妮弗教授在比较了中日与中韩关系后，做出这样的判断：“中国共产党在国家走上资本主义后，抛却了意识形态，但却以激发民众的反日情绪来达到支持其国内政治合法性的目的。”❸然而，判断受害国道歉的诉求到底是所谓中国日益滋长的民族主义势力的搅动，还是一种理性的、正常的要求，必须得看日本到目前为止对侵华战争所做出的道歉水准。在日本自身没有深切反省侵略历史的情况下，去责备受害国政府和民众的激愤是不应该的。

（二）靖国神社的参拜问题

靖国神社是日本明治维新后为宣扬为天皇献身的精神而建立的，它利用了日本神道教的国教的地位，把供奉在靖国神社中的阵亡的日本军人作为国家的“英灵”，使靖国神社成为战前日本的“国家宗祠”。在日本发动侵略战争的过程中，靖国神社更成为鼓吹军国主义精神的重要工具。战后，靖国神社在形式上失去了国家神社的地位，但仍是日本右翼势力和保守政治家的重要政治阵地。从1980年至今，日本首相及部分国会议员多次参拜靖国神社引起了以中国为首的亚洲邻国的不满和抗议，成为中日两国间历史认识问题上主要矛盾的表现形式。

---

❶ Jennifer Lind，“The Perils of Apology”，*Foreign Affairs*88. 3（May/Jun 2009），pp. 132～146.

❷ “资中筠：日本为什么认罪这么难?”载 http：//www. aisixiang. com/data/730. html。

❸ Jennifer Lind，“The Perils of Apology”，*Foreign Affairs* 88. 3（May/Jun 2009），pp. 132～146.

欧美学者在研究中也注意到，自1985年以来，日本首相参拜靖国神社成为一个不容忽视的政治问题，且其声势越来越大。如罗斯在其著作中谈到，1985年日本首相中曾根参拜靖国神社前，日本首相都以个人身份或者对外不宣布其参拜情况。而其后直到小泉纯一郎，1992年宫泽秘密参拜，1996年桥本龙太郎特地择其生日参拜靖国神社。之后的小泉在其任期中，每年都以首相身份参拜。

对于靖国神社是秉承日本的传统一说，英国学者布林（Breen）指出，“这一传统在日本已经渐渐消逝。因自1868年明治维新以来，国家已经将神道教从佛教中分离出来，并破坏了当地文化以使日本人将笃信宗教的虔诚转向以天照大神为祖先的天皇。国家建立了包括靖国神社在内的神龛圣地，这与日本的传统分离”❶。由此，我们可以看到，日本靖国神社的建立从一开始就带有其政治性，以传统为由否认政要参拜的政治目的是站不住脚的。

那么，怎么看待参拜靖国神社问题的政治性。对于这一问题，英国学者Rose分别从两国国内政治的角度解读靖国神社问题。就日本的国内政治而言，小泉参拜靖国神社唤醒日本长期被压抑的地区领导角色意识，使其成为吸引民众的标新立异的政治领导人。而从中国国内政治而言，中国通过放大参拜事件妖魔化日本人从而应对天安门事件以来中国经济自由化的社会呼声，并以此维护共产党政权的稳固长久。可以说，尽管欧美学者对日本政要参拜靖国神社的政治目的解释不一，但包括日本学者在内，这种认为中国反对参拜并放大这一问题是出于政权合法性和社会维稳的说法却如出一辙。更有一些学者认为，中国是无神论国家，对于日本拜神这样的事情不甚了解。❷

综合以上观点，我们可以看出，靖国神社是战争期间日本统治者推行天皇崇拜和军国主义的重要工具，并不是单纯的宗教性的场所，它与日本所发动的侵略战争紧密地联系在一起，这是我们不难辨别的问题。战后，

---

❶ John Breen，Yasukuni，the War Dead，and the Struggle for Japan's Past. Edited.

❷ In repudiating this argument，Doak's “A Religious Perspective on the Yasukuni Shrine Controversy” and Seki's “ Plumbing the Depths：The Yasukuni Controversy in China”，each defend Yasukuni religiosity，declaring that communists in particular cannot understand theshrine because they are atheists.

日本政要在形式上已失去国家神社地位的靖国神社参拜问题上，所表现出来的孤注一掷，实际是为了否认侵略战争的责任和罪行，否定战后对日本发动侵略战争历史的正义审判。正如中国学者布平分析到，“由于藤尾提出了‘迂回方案’，所以日本的政要即使是出于个人的感情到靖国神社参拜，也必然与右翼与保守派的政治策略联系起来，不可避免地带有政治意义”。[1]由此可见，将参拜问题简单归结为首脑为了获取民众支持和选票只是表面现象。中国学者陈景彦对此分析到，“倒是在胜选后，小泉又去参拜了靖国神社。这说明小泉自己都不相信参拜靖国神社与拉拢选民有必然联系，而事实也确实证明了日本国内选举并不需要首相参拜靖国神社，或者说选举的胜败与否同参拜靖国神社并无多大关系”。[2] 所以，对日本政要参拜的深刻的政治目的，欧美学者仍需要以长远的眼光去看待，并结合参拜已逐渐成为日本政要主要政治活动这一的趋势，做出更为准确的判断。同时，中国学者应该进一步去证明，中国国民的爱国主义情感爆发是出于对日本右翼势力极力扭曲历史事实的自觉反应，是对日本意欲篡改历史的不满。认为中国国民的爱国主义是极端民族主义的，中国政党打“历史牌”以求维稳，这种说法转移了人们对日本右翼势力否认战争责任的注意，实为毫无道理的谬指。

（三）日本历史教科书事件

第二次世界大战后迄今，日本国内围绕教科书的斗争从未中断。它一直是日本国内不同历史观较量的一个焦点，并几度引起日本与亚洲邻国之间的摩擦。教科书问题所反映出来的日本政治右倾化趋势，正是一种潜移默化的渐变过程。美化侵略历史的教科书正在毒害日本年轻一代。如果不及时纠正错误，日本很有可能重走战前老路。因此，纠正日本历史教科书的错误导向是世界人民面临的十分重要的课题。

在欧美有关日本教科书事件的研究中，基本认定了日本篡改教科书的事实。如历史教科书中基于历史事实的侵略战争的记载被称为“受虐狂的

[1] 步平：“日本靖国神社问题的历史考察”，载《抗日战争研究》2001 年第 4 期。

[2] 陈景彦：“参拜靖国神社与小泉外交”，载《现代日本经济》2006 年第 2 期。

和有害于国家认同的”[1]。因为日本当局认为“对事实的描述暴露了日本战争角色的黑暗面”。在对日本中学历史教科书做了详细考察后指出：“对于学生而言，日本高中的教科书对于当代国家历史事件不能做出一个合理的客观的评价。”[2]

值得注意的是，在对历史教科书进行比较研究中，许多欧美学者认为中国的历史教科书也因国内政治需要而做出一些不符合历史事实的描述。如扩大共产党抗日作用，将日本军队描述为不堪一击的军队等。并进而认为这是两国国内政治的需要，甚至将两者的性质等同。不可否认，中国历史教科书有其不符合事实的描述，但自“文化大革命”后，中国在不断纠正那个时代遗留下的错误。而日本教科书事件则是不断升级，日本年轻一代不断被灌输错误的反动的历史，使日本国民难以形成一种正常的健康的民族主义精神。笔者在教学生涯中也曾遇到这样一位日本学生，他跟中国学生争执了他在教科书中所读到的，即日本军队是“进入”而非“侵略”，被激怒的中国学生扬言要把他扔下楼去。发生这样的冲突，是日本民众被右翼思潮扭曲的悲哀。作为学者，应当有义务正视日本篡改历史的行径对人类和平所埋下的隐患。

三、认识差异的原因

（一）对历史问题研究方法的差异

西方学界将实证研究作为一种历史学的研究方法。通过大量的史料与历史遗留的痕迹对相关事件进行研究。从许多学者做的研究来看，其对历史的研究大都是基于史料的分析，而不带有明显的价值判断。所以，在大量的研究文献中，很难看到欧美学者对日本否认战争罪行，对日本右翼势力不负责任的言行的正面评价。

实际上，实证研究也是中国历史学的传统，传统的考据、训诂等学问

[1] Holt Ron and Kawai Junji, “The Japanese history textbook controversy: a content analysis”, Historian, Summer 2007, No. 94, p. 23.

[2] Holt Ron and Kawai Junji, “The Japanese history textbook controversy: a content analysis”, Historian, Summer 2007, No. 94, p. 23.

与实证研究并不矛盾。[1] 但实证研究应该是基于历史史料的分析，不是历史史料的堆砌。它与价值判断并不对立。人类历史上任何一场战争都给人以极大的物质和精神创伤，“以史为鉴”是对历史的反省。如果对战争给人类造成的灾难不去理会和批判，那么战争的风险始终会存在。

重视实证研究并非是认可实证研究是唯一的科学方法，并非赞同以实证研究取代所有的研究方法。史学方法应当是一种可以用于历史研究的普遍方法理论，抑或可以说，拿一定的世界观来观察、分析、解决历史问题。如果因注重事实的详细分析而忽略了从宏观上对问题基本性质和影响的把握，那历史研究的意义又在哪里呢?

（二）研究偏好的差异

从欧美学者对中日历史问题的研究趋势来看，欧美学者对中日历史问题的研究越来越关注中国民族主义的发展及其对中日关系的影响。如彼得·格里斯（Peter Gries，2005）研究了中国民族主义的产生原因，并指出中国民族主义将影响中国对日政策；埃里克·贝乌克尔（Erik Beukul，2011）对中国的民族主义的发展进程进行了考察，并提出中国的民族主义对中日关系走向影响至深，且关系到中国政治经济的稳定。[2] 类似观点在欧美学者中屡见不鲜。

但有一点需要注意，一国的民族主义并非政府能操纵的，反对侵略国否认历史的民族要求并非是空穴来风。由于日本右翼否认战争罪行的不负责任的做法激起了中国及广大亚洲受害国民众的愤怒。对日本的抗议运动在2005~2006年曾经复燃。日本首相小泉也煽动日本民众针对中国的狭隘民族主义情绪，促使国内舆论朝着有利于他推行“对美一边倒”、修改“和平宪法”等鹰派强硬政策的方向转化。近来，安倍参拜靖国神社引发中国政府与民众的强烈谴责，对日本与受害国民众之间的刺激也越来越强烈。

所以，在看待中国民族主义的问题中，由于大多数欧美国家并非日本侵略的受害国，缺乏对被害国对日本侵略暴行恶感的民族情愫的理解。

---

[1] 步平：“中日共同历史研究中的理论与方法问题”，载《抗日战争研究》2011年第1期。

[2] Beukel Erik，“DIIS Report：Popular Nationalism in China and the Sino-Japanese Relationship”，*Danish Institute for International Studies*，2011.

四、启　示

中日关系已经成为中日两国乃至国际社会迫切关心的问题之一。在中日历史问题的学术研究过程中，如何理性地看待国内外的不同意见，借他山之石，采众家之长，整合中日历史问题的研究，是中国学界面临的任务之一。目前国内外学者对中日关系的现状和未来存在这样几种代表性观点：有的认为中日两国为了各自内部政治的需要，都在操纵国内的民族主义情绪，打“历史牌”以维护国内政治经济秩序的稳定；也有的信奉“贸易和平论”，认为经济上的高度依赖是对战争的有力制约；还有学者认为中日由于历史宿怨和现实矛盾，将来必有一战。诚然，这些看法有的具有理论支持，有的已有事实依据。但应当更为客观全面地看待中日矛盾。应当看到，民族主义并非某些政治人物操纵的结果，经济的合作与互需在历史问题持续发酵乃至引发新的问题后，民族矛盾更容易被激发而成为战争的导火索，“中日必战”的悲观论又会导致日本右翼势力复活军国主义的行径。因此，如果学者能够科学地研究中日具体历史问题，就此进行深入有成效的对话，从学术研究的高度为政治家和民众提供准确客观的判断依据，那么这种研究对中日历史问题的解决是大有裨益的。

中国应将历史文化交流作为加强公共外交的一个重要渠道和手段。全方面、多渠道地加强与国外学界和民众的沟通与交流，澄清误解，汇聚共识。让国际社会大众从中国的实际行动中了解中国，以务实开放的心态对待学术研究，主动塑造负责任的大国形象。

析哈珀政府对华人权与经济平衡外交

■ 郑腊香*

【内容提要】 自2012年起，哈珀政府对华采取人权与经济平衡外交，其主要原因如下：加拿大人权外交传统的影响；中国崛起和中加经济互补性增强的效应；加拿大政界和工商界的压力以及哈珀政府对外交“创新”的追求。中加在人权问题上加强合作对于增强双方的政治互信、扩大双边经贸合作、消除两国人民的意识形态隔阂、共同促进人权进步十分必要。

【关键词】 哈珀政府　人权外交　平衡外交　中加关系

战后几十年来，人权的国际保护始终是加拿大外交政策的主要目标之一。自2006年加拿大保守党上台之后，哈珀（Harper）政府对华采取人权外交，将人权置于中加关系首位，人权问题对中加关系产生了消极影响。2009年哈珀总理访华，中加两国发表联合声明，双方重申尊重彼此主权和领土完整、核心利益和重大关切，确定治理（人权、法治）、贸易与投资、能源与环境以及卫生为中加关系的优先领域。2012年哈珀总理第二次访华之后，对华采取人权和经济平衡外交。中加双方同意在平等和相互尊重的基础上加强人权对话和交流，按照国际人权文书促进和保护人权。中加关系进入新的发展时期。本文旨在研究2012年之后，哈珀政府对华采取人权与经济平衡外交的表现及其主要原因，并将探讨中加在人权问题上加强合作的必要性。

---

* 郑腊香，广东外语外贸大学法学院外交学系副教授，硕士生导师。

一、哈珀政府对华采取人权与经济平衡外交的主要表现

2006年加拿大保守党上台后，哈珀政府对华采取人权外交。哈珀总理不仅公开批评中国的人权纪录、中止了中加人权对话，并且会见达赖喇嘛并授予其加拿大荣誉公民称号，还抵制出席北京奥运会开幕式，导致中加关系严重后退。2009年哈珀第一次访华，开始改变其人权高于一切的对华政策，中加签署的联合声明确定了中加关系的优先领域：治理（人权、法治）、贸易与投资、能源与环境以及卫生领域。2011年保守党获得大选胜利、组成多数政府之后，贝尔德外长承诺：对待像中国这样的大国，要在追求经济利益和坚持价值观问题上寻求平衡。他上任后首访中国，将中国作为“加拿大国家利益新前沿”[1]。哈珀总理认为经济、社会和政治发展密不可分，加中贸易关系与两国价值观问题相互关联，加拿大在基本自由和人权问题上，仍将直言不讳地提出主张。[2] 2012年哈珀第二次访华之后，加拿大对华采取人权和经济平衡外交。其主要表现如下。

一方面，加方在中加关系中仍将人权问题置于重要位置。2009年哈珀政府恢复了中加人权对话，并且希望建立人权对话机制，探索人权问题解决之道。[3] 加拿大政府认为经济关系与自由、人权和法治等基本价值观的对话可以兼容。[4] 哈珀声称不会为经济利益而放弃加拿大的价值观。[5] 2012年2月7~11日哈珀总理访华期间，中加两国同意在平等和相互尊重的基础上

---

[1] “What's the ultimate objective of Harper's softer stance on China?”, July 27, 2011, http: //opencanada. org/rapid-response/whats-the-ultimate-objective-of-harpers-softer-stance-on-china/.

[2] “加拿大总理在中国广州的讲话”，载 http: //www. canadainternational. gc. ca/china-chine/media/speeches-discours/speeches-discours_ 20120209_ harperguangzhou. aspx? lang = zh-cn，2012年2月10日访问。

[3] 劳伦斯 · 坎农：“加拿大外交政策及其与中国的关系”，载《中国浦东干部学院学报》2009年第3卷第4期。

[4] “Harper says trade won't stifle human rights talk”, Dec. 4, 2009, http: //www. cbc. ca/news/world/story/2009/12/04/china-harper-speech. htmlelated.

[5] Martin Croteau, “Harper et la Chine: la diplomatie du pétrole”, 7 févr., 2012, http: //www. lapresse. ca/actualites/politique/politique-canadienne/201202/06/01 - 4493295-harper-et-la-chine-la-diplomatie-du-petrole. php? utm_ categorieinterne = trafficdrivers&utm_ contenuinterne = cyberpresse_ vous_ suggere_ 4493308_ article_ POS1.

就人权问题加强对话与交流，按照《联合国宪章》和国际人权文书促进和保护人权。[1] 然而，在会见达赖喇嘛问题上，哈珀仍然一意孤行。2012 年 4 月 27 日，哈珀总理同达赖喇嘛进行了“私人会晤”。加方认为达赖喇嘛是一位宗教和精神领袖，而不是政治人物。与此同时，加拿大坚持“一个中国”立场。[2]

另一方面，哈珀政府大力促进中加经贸合作。2011 年加拿大政府新外交政策草案，确定了加拿大外交的四大优先领域：经济繁荣、民主的重要性、保护人权及宗教自由。其首要目标是扩大加拿大与亚洲，特别是与中国的贸易。[3] 加拿大政府更加重视创造就业岗位、维持加拿大的经济增长和繁荣。[4] 因此，加拿大愿与中国加强战略伙伴关系，在相互尊重与合作基础上，重点深化经济联系，开拓新市场，为实现长期经济增长奠定基础。[5] 2012 年哈珀总理第二次访华联合成果清单涵盖了双方在油气、核能、可再生能源、林产品、矿产等能源和其他自然资源领域的合作，以及在农业、高科技、清洁技术、环保、生命科学、生物医药、民航、金融服务、中小企业、教育等领域的合作，[6] 还包括了租借两只大熊猫到加拿大卡尔加里和多伦多动物园，展期长达 10 年。中加双方于 2012 年 5 月共同发布了《中国—加拿大经济研究互补性研究》。[7] 2012 年 9 月 9 日，中加又签署了《中加投资保护协定》，着重推动双方的互利合作，成为中加经贸合作中的一大亮点。

---

[1] “加拿大总理哈珀访华联合成果清单”，载 http：//politics. people. com. cn/GB/1026/17072866. html，2012 年 2 月 10 日访问。

[2] 劳伦斯·坎农：“加拿大外交政策及其与中国的关系”，载《中国浦东干部学院学报》2009 年第 3 卷第 4 期。

[3] “Politique étrangère：économie et liberté religieuse parmi les priorités d’Ottawa”，20 déc.，2011，http：//www. radio-canada. ca/nouvelles/Politique/2011/12/20/004-affaires-etrangeres-priorites. shtml.

[4] “Le gouvernement Harper a poursuivi en 2012 son plan de stimulation du commerce et ouvert de nouveaux marchés?”，27 déc.，2012，http：//www. international. gc. ca/media_ commerce/comm/news-communiques/2012/12/27a. aspx？ lang = fra.

[5] 张大成、石莉：“加拿大总理称愿与中国加强战略伙伴关系”，载 http：//world. people. com. cn/GB/17040889. html，2012 年 2 月 7 日访问。

[6] “加拿大总理哈珀访华联合成果清单”，载 http：//politics. people. com. cn/GB/1026/17072866. html，2012 年 2 月 10 日访问。

[7] 中加经济伙伴关系工作组：《中国—加拿大经济互补性研究》，2012 年 5 月，中华人民共和国商务部和 Foreign Affairs and International Trade of Canada 联合发布。

二、哈珀政府对华采取人权与经济平衡外交的主要原因

哈珀政府之所以对华采取人权与经济平衡外交，其主要原因如下。

（1）加拿大人权外交传统的影响。战后加拿大历届政府均积极提倡人权的保护，注重弘扬加拿大价值观和文化。加拿大认为人权的国际保护，不仅是价值观问题，更是国际社会所有成员之间的相互义务以及国家对于其国民的义务问题。尊重人权对于维持和平和稳定的国际体系至关重要。[1] 作为中等强国，加拿大在对华关系中，既强调其价值观又追求经济利益，人权外交成为加拿大发挥国际影响力的重要手段，也成为其外交独立性的体现。[2] 哈珀政府继承加拿大人权外交传统，在追求经济利益的同时，推广加拿大价值观。[3] 此外，同历届加拿大政府一样，哈珀政府也将对美关系作为其外交政策基石。哈珀政府上台之初的对华人权外交深受保守主义传统以及美国民主党对中国人权指责传统的影响。[4] 从会见达赖喇嘛问题以及中加人权对话问题上，可以看出：哈珀政府的对华人权政策追随美国的对华人权政策。但由于国际金融危机的爆发以及美国经济危机的加深，加拿大被迫改变其严重依赖美国市场的局面，实行市场多元化，转而向中国等亚洲国家寻求油砂和石油市场。[5] 加之美国地缘政治力下降，为哈珀政府在对外政策方面谋求更多的自主性提供了有利的国际环境。这是哈珀政府对华采取人权与经济平衡外交的主要原因之一。

（2）中国崛起和中加经济互补性增强的效应。由于西方国家经济增长放缓，加美贸易关系紧张，哈珀政府大力推动与中国及其他亚洲国家的贸

---

[1] "Politique internationale du Canada relative aux droits de la personne", http://www.international.gc.ca/rights-droits/policy-politique.aspx?lang=fra，2013年5月2日访问。

[2] Michael Ignatieff，"Paix，ordre et bon gouvernement：un programme de politique étrangère pour le Canada"，25 avr.，2013，http://www.international.gc.ca/odskelton/ignatieff.aspx?lang=fra.

[3] "Développer les liens du Canada avec les géants asiatiques"，28 juin，2013，http://www.international.gc.ca/media/aff/news-communiques/2013/06/28a.aspx?lang=fra.

[4] 钱皓："哈珀政府对华政策刍议"，载《国际观察》2009年第1期。

[5] Martin Croteau，"Mettre fin à la dépendance envers les ? tats-Unis"，7 févr.，2012，http://www.lapresse.ca/actualites/politique/politique-canadienne/201202/07/01-4493308-mettre-fin-a-la-dependance-envers-les-etats-unis.php，2013年6月8日访问。

易和投资关系。作为世界第二大石油消费国，中国的崛起使加拿大看到了一个其石油和矿产日益增长的巨大市场。中国是加拿大第二大贸易伙伴、第二大出口市场和第二大进口来源国。据加拿大工业部最新公布的贸易数据显示：2012 年中国与加拿大货物贸易额达 700.8 亿美元。❶ 中国三大石油公司和一部分民营企业近年来进入美国、加拿大等高端石油市场脚步也不断加快。2011 年 12 月 28 日加拿大监管部门批准了中国石油天然气集团公司收购阿萨巴斯卡公司麦肯河油砂项目 60% 的开采权益。2013 年 3 月 20 日，国家发改委批准了中国石油天然气集团公司收购加拿大阿萨巴斯卡油砂公司多佛油砂区块 40% 权益项目。多佛油砂区块位于阿尔伯塔省东北部，阿省拥有世界上 85% 的油砂资源，换算成的石油储量仅次于沙特阿拉伯，居世界第二位。这次交易完成后，中石油将全资控股此油砂项目。❷ 2012 年 7 月 23 日中国海洋石油有限公司宣布收购加拿大尼克森公司（Nexen）。在获得尼克森股东、加拿大当地法院、加拿大政府、美国外国投资委员会以及中国国家发展改革委等批准之后，2013 年 2 月 26 日中海油以 151 亿美元完成了对尼克森股权高溢价收购。这是中国企业成功完成的最大一笔海外并购。❸ 由于地处加拿大的尼克森靠近北极圈，中海油收购尼克森公司后有助于中国企业参加北极地区的石油勘探和油气开发、增加中国企业在全球石油勘探开发的份额，这对于增强全球石油供应能力、进一步保障石油安全、有效控制能源价格具有战略意义，同时也有助于尼克森的可持续发展。❹ 中加能源合作加强以及中加经济相互依存度不断提高，成为哈珀政府日益重视中国的重要原因。

（3）加拿大政界和工商界的压力。在对华关系问题上，加拿大既有追随美国对华政策、受美国政府掣肘的一面，也有奉行独立自主外交政策的

---

❶ 中国驻多伦多总领馆经商室："中国成为加拿大第二大出口目的地"，载 http：//www. mofcom. gov. cn/article/i/jyjl/l/201302/20130200033991. shtml，2013 年 2 月 22 日访问。

❷ "中石油收购加拿大阿萨巴斯卡公司油砂项目获批"，载 http：//finance. chinanews. com/ny/2013/03 -20/4660211. shtml，2013 年 3 月 20 日访问。

❸ "中海油完成收购尼克森　历时七个月'一波三折'"，载 http：//news. xinhuanet. com/energy/2013 -02/26/c_ 124388702. htm，2013 年 2 月 26 日访问。

❹ 刘辰瑶："专家称中海油收购尼克森意义在'战略层面'"，载 http：//news. xinhuanet. com/energy/2013 -02/26/c_ 124389882. htm？prolongation =1，2013 年 2 月 26 日访问。

外交传统。1961年迪芬贝克（Diefenbaker）政府与中国政府签订了中加小麦贸易协定，使中加经济交往推动了两国政治联系。迪芬贝克总理开创的对华开放政策为其所有继任者所继承。1970年特鲁多（Trudeau）政府先于美国和许多西方国家同中华人民共和国建交，更加显示出加拿大对华政策独立自主的一面。历届加拿大总理都寻求同中国保持友好关系，如前总理克雷蒂安（Chrétien）与中国领导人会晤不下14次。在任期间，他也会提及人权问题，但他同时也注意到了中国人权进步的一面。对于哈珀政府上台头几年的对华人权政策，克雷蒂安持强烈的批评态度，他认为哈珀摧毁了中加友好关系。❶ 2009年，时任自由党领袖、人权专家伊格纳季耶夫（Ignatieff）也抨击哈珀政府的对华政策使加拿大对华出口受到影响，并使加拿大失去了成千上万个潜在的中国游客。❷ 加拿大的工商界，尤其是自然资源和能源等部门的大企业家们很担心对华强硬政策的长远影响。在加拿大对华贸易有200亿加元贸易逆差的情况下，商界要求政府改善对华关系的压力比较大。❸ 看到其他西方国家领导人纷纷访问中国，加拿大许多商界、政界人士认为“挑衅性的政策正在伤害加拿大利益”，纷纷呼吁哈珀政府改变其对华强硬政策。在“经济所需，民意所向”的双重压力下，❹ 哈珀本人也意识到：在世界经济危机的威胁下，从长远的角度，加拿大必须实行市场多元化，同更多的国家进行经贸合作才能保障加拿大的经济增长，❺ 因而，哈珀政府更加重视中加关系中的经济因素。

（4）哈珀政府对外交“创新”的追求。1959年出生的哈珀在加拿大被

❶ Robert Dutrisac, “Harper a détruit les relations Chine-Canada, estime Chrétien”, 19 ao? t, 2008, http://www.ledevoir.com/politique/canada/202016/harper-a-detruit-les-relations-chine-canada-estime-chretien.

❷ David Webster, “Canada and Bilateral Human Rights Dialogues”, *Canadian Foreign Policy Journal*, Aug 30, 2011, http://www.academia.edu/806397/Canada_and_Bilateral_Human_Rights_Dialogues/.

❸ “加学者认为当前加中关系‘政凉经热’状况只是暂时现象”，载 http://express.cetin.net.cn:8080/cetin2/servlet/cetin/action/HtmlDocumentAction?baseid=1&docno=296621.

❹ 赵青、杨士龙：“哈珀访华：‘迟来之旅’期待破冰”，载 http://www.cetin.net.cn/cetin2/servlet/cetin/action/HtmlDocumentAction; jsessionid = CDE3E351186573DCC0C62474748BB949? baseid=1&docno=404109，2009年12月7日访问。

❺ Alec Castonguay, “Stephen Harper:《Je suis un étapiste》”, 29 févr., 2012, http://www.lactualite.com/politique/stephen-harper-je-suis-un-etapiste/.

视作新型政治力量的代表。获得卡尔加里大学经济学专业学士、硕士学位的哈珀，其政治信仰经历了从自由派到保守派再向中间靠拢的转变过程。虽然赢得了2006年和2008年大选，但最初几年哈珀政府是少数政府，其施政疲于应对国内选举，基本上处于“无外交”状态。2011年大选之后，哈珀赢得多数党执政，为其打开外交局面提供了有利条件。为了显示与其前届政府的不同凡响之处，哈珀政府推出对华人权与经济平衡外交。哈珀强调：“我的政府是明确的：当我们同中国或其他国家进行贸易时，我们毫不犹豫地会提及其他问题，如和平与安全问题、民主与人权问题。我们不接受前届政府的观点，即认为要同中国保持贸易关系，就不可能同时提起一些触及民主和人权的棘手问题。我们两者兼顾。”[1] 哈珀认为：尽管在他执政初期，中加关系陷入混乱，但中加贸易往来在增强。自2006年至现在，哈珀政府一直在提及人权等问题，与此同时，加拿大在扩大对华贸易。其原因是：对华贸易不仅对于加拿大重要，对于中国同样重要。这种双边关系不仅对于加拿大，而且对于中国非常有益。[2] 2012年访华期间，哈珀夸耀：加拿大将出售石油，但不会出卖灵魂。他说：“加拿大人相信（我个人一贯坚信）：我们所寻求的经济关系类型也应该是伴随着原则问题的坦诚对话。”[3]

三、中加在人权问题上加强合作的必要性

从以上分析中，我们看到：尽管哈珀政府在对华关系中一直未放弃人权外交，但从人权高于一切到人权与经济平衡，哈珀政府对华政策的侧重点发生了变化。哈珀政府越来越重视中国，开始寻求避免人权问题冲击中加经贸合作的途径。人权问题对于中加关系是一个长期性的问题，中加在人权领域进行合作十分必要。

---

[1] Joël-Denis Bellavance, “La diplomatie énergétique: Stephen Harper rencontre La Presse”, 4 févr., 2012, http://www.lapresse.ca/actualites/politique/politique-canadienne/201202/03/01-4492593-la-diplomatie-energetique-stephen-harper-rencontre-la-presse-.php.

[2] Ibid..

[3] “Stephen Harper parle de pétrole et de droits de l'Homme en Chine”, 10 févr., 2012, http://quebec.huffingtonpost.ca/2012/02/10/harper-chine-vendredi_n_1268282.html.

中加两国虽然政治制度不同、价值观有差异，但两国友好的历史源远流长，在全球治理问题日益突出的形势下，两国进一步开展人权领域的合作具有必要性。

首先，中加有必要加强人权合作以增强双方的政治互信、强化中加战略伙伴关系。在全球变暖、北极丰富的自然资源变得触手可及、北极航线破冰待启的新形势下，中加在北极考察、气候研究和航线开发等方面进行合作将更具有战略性。由于加拿大的中等强国特性及其与美国的传统盟友身份，在中美关系中，加拿大可起到促进中美沟通、缓解矛盾冲突的作用。而这一切，有赖于中加在人权问题上进行沟通协调、相互合作、增强双方的政治互信。

其次，中加人权合作对于促进两国经贸关系、消除两国人民的意识形态隔阂十分必要。由于价值观的差异，一些加拿大民众对中国崛起产生了恐惧感，加剧了加拿大资源民族主义情绪。如针对中国海洋石油有限公司收购加拿大尼克森公司问题，加拿大《环球邮报》在线民调结果是：54%的受访者反对，仅28%的受访者支持。❶ 中加人权对话对于双方了解彼此重大关切、消除对抗心理、扩大经贸合作、实现互利共赢十分必要。

最后，中加进一步加强人权合作对于双方共同促进人权进步具有必要性。中国的人权事业在不断取得进步，如中国《国家人权行动计划(2012～2015)》将受教育权利和环境权利列入经济、社会和文化权利保障范围。❷ 加拿大在上述领域居世界先进行列。中加有必要通过进行与文化、环境保护相关的具体项目合作，共同探索人权的保护问题，使两国人民在发展经济的同时推动人权进步。中加加强人权领域的合作，不仅有助于强化中加战略伙伴关系、促进两国的经济发展、社会稳定和人民生活水平的提高，而且将对世界的和平与发展产生深远的影响。

---

❶ 王立军、吴凯："加拿大经济与在加中资银行的发展"，载《国际金融》2013年第3期。

❷ 中华人民共和国国务院新闻办公室："《国家人权行动计划（2012～2015年）》（全文）"，载http：//www.humanrights.cn/cn/zt/tbbd/35/t20110611_902199.htm，2012年6月11日访问。

中国新一届政府对美外交政策新变化

■ 曾品元*

【内容提要】 中国新一届政府上台后，领导人提出了建立中美“新型大国关系”的倡议。学界对此概念进行了多种分析，但此概念历史上缺少可借鉴的经验，因此也就缺乏理论指导。本文试图从领导人讲话、外交部的历次新闻发布会等方式来解读中国新一届政府对美外交政策，并从中找出中国对美政策的变化，最后预测中国对美政策的大致走向。

【关键词】 中国 对美政策 变化

2013年3月，以习近平主席、李克强总理为领导的新一届政府成立。新政府的上台引起了国外媒体对中国外交政策走向的关注。在中国政府看来，中美关系作为当今世界上最重要的双边关系，处理好中美关系在当今时代尤为重要。自习近平主席上台以来，中美高层领导人进行了较频繁的会晤、通话。美国财政部长雅各布、国务卿克里、副国务卿伯恩斯、国家安全事务助理多尼隆、副总统拜登相继访华。除了官方高层会晤之外，美国前国务卿基辛格、前财长保尔森也作为奥巴马总统代表访华。2013年6月，习近平主席赴美与奥巴马总统进行了会晤，这是两国政府换届以来第一次首脑会晤。中国各层领导人在不同场合发言、讲话也会经常提及中美关系。从如此频繁的访问与会晤就可看出中美关系的重要性。

在2012年中美战略与经济对话中，“新型大国关系”这一概念被提出。后来，学界对此概念进行了多种分析。但由于这一概念提出不久，且在历史上很难找到可借鉴的经验，因此也就缺乏理论指导。要了解中美“新型

---

* 曾品元，广东外语外贸大学法学院国际政治系副教授。

大国关系”的真正含义，就需要知道中美两国明确的外交政策以及外交实践。且“新型大国关系”在最开始提出的时候也只是一个宽泛的含义，只有通过不断观察中国政府的言行才能判断出这一概念的精确含义。因此本文试图从领导人讲话、外交部的历次新闻发布会等方面来解读中国新一届政府对美国外交政策，并从中找出中国对美政策的变化，最后预测中国对美政策的大致走向。本文将从三个方面论述新一届政府对美外交政策的微妙变化：（1）塑造中美平等、互利、开放的经济关系；（2）对美强调周边利益是中国的重要利益；（3）适当承担国际责任，但不挑战美国领导地位。

一、塑造中美平等、互利、开放的经济关系

习近平当选主席后，美国对中国派出的第一位总统特别代表就是财政部长雅各布，这表明中美经济关系成为美国的优先考虑，其需要了解新一届中国政府对美经济政策。在习近平与雅各布的会晤中，习指出，“两国经济关系是两国关系的‘压舱石’，其本质是互利共赢。双方应客观看待彼此发展阶段，尊重彼此的发展利益把对方的机遇和挑战视为自己的机遇和挑战，寻找更多利益契合点，创造更多合作新亮点，实现良性互动，共同发展，造福两国人民”❶。

这里提出的“客观看待彼此发展阶段”的含义尤其深刻。在中美经济格局中，中国过去在对美出口获取大量外汇的同时，也为美国提供了物美价廉的中国商品，这是“压舱石”的核心内容。但由此引起的中美贸易逆差也让美国不断迫使人民币升值。对于经济结构仍未实现完全转型的中国，人民币升值势必会给中国的出口企业带来压力进而导致失业率的增加，同时大量的外资进入会加大中国的通货膨胀率。因此，中国政府主要强调美国应客观看待中国的发展阶段，体谅人民币大幅度地升值给中国带来的压力。

尽管如此，中美在经济领域仍有很多可合作的空间，从正面角度说，

---

❶ 中华人民共和国外交部：“习近平会见美国总统特别代表、财政部长雅各布·卢时强调中美经济关系以尊重为前提 以合作为途径以共赢为目标”，载 http：//www. fmprc. gov. cn/mfa_ chn/wjdt_ 611265/gjldrhd_ 611267/t1022714. shtml，2013 年 3 月 19 日访问。

比如美国可通过放宽对华高技术产品出口的限制来解决中美贸易逆差问题，也可在中国企业赴美投资上给予更宽松的条件来为自己国内提供更多的就业岗位，这些都是中美经济合作的机遇。从负面角度来说，美国仍然没有承认中国完全市场经济地位，这将影响中国企业赴美投资，这对中美两国而言都是挑战。由此分析，新一届中国政府进一步强调中美经济关系的平等、开放性，这是建立在中国经济实力的增长基础之上的。只有美国尊重中国的经济利益、体谅中国现阶段发展的水平，中美双方才能获得更多利益。

但在中国政府看来，解决中美经济中的问题关键在于美国应该做出实际行动。在2013年4月13日李克强总理会见美国国务卿克里时指出，“双方应在合作的广度深度、质量层次上实现新突破，在企业公平竞争、保护合法权益方面作出更大努力，打造合作新亮点。希望美方在放宽对华高技术产品出口限制上有实质行动”❶。这段话明确表达中国政府希望美国给予中国企业平等权利以及真正做到放宽对华高技术产品出口限制。

在处理对美经济关系上，中国政府开始强调中美经济合作对全球发展的影响力。正如李克强总理在会见美国财长时强调的，“中美作为世界两大主要经济体，对全球经济摆脱低迷具有重要作用”。这说明中国已经开始意识到自身经济的发展对全球的重要作用，而全球经济摆脱低迷关键在于中美经济合作，因此这从侧面反映了中国将中美两大经济体放在平等地位。

新一届中国政府对美经济政策与国内经济政策是密切相关的。中国领导人上台后的明显转变就是“改革”。以前，领导人对外讲话都很少提及国内改革。而在2013年3月25日，国务院副总理张高丽在会见美国前国防部长、科恩集团总裁威廉·科恩时说到，“中国将加快经济结构调整和发展方式转变，实施创新驱动发展战略……进一步提升开放型经济水平，这将为扩大中美经贸合作提供新的机遇”❷。这说明中国政府意识到要真正突破发

❶ 中华人民共和国外交部：“李克强会见美国国务卿克里时指出发展好中美关系　顺大势利世界”，载 http://www.fmprc.gov.cn/mfa_chn/wjdt_611265/gjldrhd_611267/t1030850.shtml，2013年4月13日访问。

❷ 中华人民共和国外交部：“张高丽会见美国前国防部长科恩”，载 http://www.fmprc.gov.cn/mfa_chn/wjdt_611265/gjldrhd_611267/t1024864.shtml，2013年3月25日访问。

展瓶颈、赶上美国，必须通过对外开放促进国内经济结构的转变。通过这样的改革来进一步实现经济体制的变革、深化中美经济关系。同样，国务院总理李克强在会见美国前财长保尔森时介绍了中国政府职能转变的情况，说十八届三中全会提及最多的就是“改革”。《中共中央关于全面深化改革若干重大问题的决定》中提到“构建开放型经济新体制，放宽外资准入”❶。因此，改革对中国而言既是挑战，也是机遇，更是在经济上与美国缩小距离的有效途径。

二、对美强调周边安全是中国的重大利益

自冷战结束的20多年以来，中美关系起伏不定，中美冲突大多都集中在经贸、军事、美对台军售、人权等问题上。除了这些影响中美关系的传统问题之外，随着中国的综合实力增强，美国的“重返亚太战略”使中国面临的周边压力日益加大。新一届政府上台后提出了“奋发有为”的周边外交理念，这有别于过去的“韬光养晦，有所作为”。在中日钓鱼岛争端、南海问题上，中国都向美国明确表达了自身利益，希望美国予以关切。

在2013年5月外交部例行记者招待会上，有媒体问到美国防部向国会提交的2013年度《涉华军事与安全发展报告》称中国2012年9月公布的钓鱼岛领海基线不符合国际法，外交部发言人在强调了中国拥有对钓鱼岛无可争辩的主权之外，还指出“美方多次表示在中日领土争端问题上不会选边站队，希望美方言行一致，多做有利于中美互信与合作、有利于本地区和平稳定的事情，不要发出错误信号”❷。美国的“不会选边站队”是指不会站在日本一边。那么，中国政府则希望美国不要插手中日解决钓鱼岛争端的进程，因为中国的周边安全关系到中国的核心利益，美国不应该干涉这一事情。但美国在2013年1月份承认日本对钓鱼岛有行政管辖权，这会让日本误以为美国是支持它的，这样的“错误信号”会影响中美关系和地

❶ “中共中央关于全面深化改革若干重大问题的决定”，载 http://news.xinhuanet.com/mrdx/2013-11/16/c_132892941.htm，2013年11月16日访问。

❷ “2013年5月7日外交部发言人华春莹主持例行记者招待会”，载 http://www.fmprc.gov.cn/mfa_chn/wjdt_611265/fyrbt_611275/t1038255.shtml。

区和平稳定。

同样，在南海问题上，中国表达了同样的立场。在2013年7月外交部就第五轮中美战略与经济对话框架下的战略对话向中外媒体吹风会上，发言人指出，“中方重申了在东海、南海等问题上的原则立场，强调中方坚定捍卫中国的主权和海洋权益，致力于通过有关当事国直接对话妥善处理和解决有关争议，也是航行自由和安全的坚定维护者。希望美方尊重事实，言行一致，不做任何可能导致问题复杂化的事”❶。中国在南海问题上的态度就是“有关当事国直接解决问题”，这实际上是在告诉美国不要介入中菲之间的岛礁争端问题。更深一步讲，就是不希望美国借用中菲之间的领土争端与南海周边国家进行联合军事演习、加强安全部署等活动。

三、适当承担国际责任，不挑战美国领导地位

根据上文分析，中国在经济上追求和美国的平等地位，在安全上力图减轻美国“重返亚太战略”的压力。这些政策都是中国实力增强的结果，但从本质上讲却还是“防御型”外交，因为中国在经济上是希望获取美国给予的优惠的经济政策，在安全上希望美国不要扰乱中国稳定的周边环境。不可否认的是，中国政府的立场比以前要更加坚定，对自身的目标也越来越清晰。这样的变化在全球事务中也逐渐表现出来，最典型的就是中国政府在谈及中美“新型大国关系”的时候开始强调大国责任。

在这样的观念的指导下，中国在参与中东地区巴以和谈、非洲索马里护航等热点问题上越来越积极。正如王毅外长近日在接受卡塔尔半岛电视台专访时提到，“中国在中东地区发挥的政治作用只会越来越多”。在2013年，王毅外长访问巴勒斯坦和以色列，中国并邀请巴以两国领导人先后访华，开展了促进双方和谈的工作。在非洲问题上，外长王毅强调，“我们继续在联合国等国际场合反对一切形式的恐怖主义，在非洲的和平安全问题

---

❶ 中华人民共和国外交部：“努力推进中美新型大国关系建设”，载 http://www.fmprc.gov.cn/mfa_chn/zyxw_602251/t1058688.shtml，2013年7月13日访问。

上主持公道，并为维护非洲国家的合法权益仗义执言”❶。从这里可以看出，中国外交理念的最大转变就在于“主持公道”和“仗义执言”，这表明中国开始作为国际社会的大国去处理小国或者地区间的冲突与纷争。这明显有别于过去的“不称霸，不当头”的外交思想。只有中国真正承担起一个大国责任，才能进一步缩小与美国的差距。

但这并不意味着中国将要取代美国在全球的领导地位。2013 年 9 月 20 日，王毅外长在布鲁金斯学会发表了题为《如何构建中美新型大国关系》的演讲，他提到“我们要不断加强国际地区热点及全球性问题上的合作，使中美新型大国关系建立在更加紧密的共同责任之上”。这说明中国开始意识到应在全球事务上发挥积极作用。但同时又强调，“美国是最大的发达国家，中国是最大的发展中国家”，“我们不是要搞所谓‘两国共治’，而是优势互补，各擅所长，中国愿意承担与自身国力及国情相适应的国际责任，与美方一起，为国际社会提供更多优质的公共产品”。中国强调不搞“两国共治”有两个含义：一是“共治”意味着中美两国在国际体系中的地位完全平等，但中国只能承担与自身国力相适应的国际责任，因此更强调中美两国之间发展程度的区别；二是“共治”意味着中美两国共同行使对其他国家的管理权，这与中国的外交理念是不相符的，因此中国更加强调“为国际社会提供优质产品”。

四、未来几年中国对美政策预测

综上所述，中国政府对美外交政策自 2013 年以来有微妙的变化，这都是建立在中国实力增长的基础之上。但从总体上来看，中国尚没有改变现有国际体系的能力，因此美国仍然是全球国际规则的主导者。这样的事实就决定了中国对美政策的双重性：一方面要求在经济上获得与美国的平等地位、在安全上减轻美国“重返亚太战略”带来的压力；另一方面减轻压力并不仅仅通过与美沟通、磋商来解决，更多地通过承担国际责任来获得

❶ 中华人民共和国外交部：“王毅：中国是非洲和平安全事务的积极参与者”，载 http://www.fmprc.gov.cn/mfa_chn/zyxw_602251/t1115570.shtml，2014 年 1 月 8 日访问。

美国以及其他国家的认可。但又要把握好度，因为一旦承担过多的国际责任就有可能挑战现有规则，挑战美国的领导地位，而中国现在还不能承受。因此，未来几年中国对美政策将有以下几个趋势。

(1) 将中美经济关系作为中美关系的关键。只有中美两国都在经济结构、法律法规上有所调整，中美经济合作才会继续深化。而两国都能看到经济调整所带来的利益，因此在未来的几年里，中美之间不仅贸易量会增多，中国从美国进口的高技术产品将会增长。同时，美国也将放宽对中国赴美投资的条件。

(2) 中国政府提出的“奋发有为”外交政策将更多地惠及周边国家，这一政策也是对美国“重返亚太战略”的回应。在未来几年里，在有关影响中国周边稳定与安全的问题上，中国会更直接地对美国表达自身诉求。更激进地讲，中国政府会积极地化解与周边国家的矛盾、进一步加强与周边国家的关系，从正面减弱美国在亚太地区的影响。

(3) 但从全球来看，在中国并不能短时间超过美国的条件下，中国政府只能通过与美国合作解决热点问题来加强自己的政治影响力，而不能对国际冲突的解决、国际规范的改变作出实质行动。只有中国真正崛起为一个在思想上有影响力的国家，并有更强大的物质基础，才能塑造未来的由中国主导的国际体系。

中欧全球治理观的差异

■ 惠耕田*

【内容提要】 受功能主义逻辑的推动，中欧在全球治理领域有广阔的合作空间。但碍于中欧双方全球治理观的差异，合作将充满波折。中国强调国家政府的主导作用，欧盟强调超国家和非国家行为体的作用；中国认为国内治理的事务不应成为全球治理的对象，欧盟则秉持良政理念，认为不应做如此区别；中国认为应通过非正式合作改革现有国际制度，欧盟则强调国际制度的正式性和权威性。但长远来看，随着中国国内公民社会的逐渐完善，中欧全球治理观的差异将逐步淡化，合作前景可以预期。

【关键词】 全球治理观　欧盟　功能主义

中国作为全球第二大经济体，已经难以回避在全球治理中的理念、地位和角色这类问题了。中国的发展离不开世界，世界的包容性与可持续发展也无法离开中国，这已是不争的事实。与此同时，在全球治理领域，欧盟是先行者与实践者。半个多世纪以前，欧洲一体化就已开历史先河，引领了地区一体化和全球化的潮流。欧盟作为世界第一大经济体，中国作为全球最大的新兴市场国家[1]，中欧双方在全球治理中的合作领域具有巨大潜力和广阔空间。但客观地说，中欧双方的全球治理观不尽相同，甚至不乏对立冲突的方面。这导致中欧双方在全球治理，尤其是经济治理方面呈现出合作与冲突并存、不断磨合发展的形态。观念不仅指导政策，还塑造身

* 惠耕田，广东外语外贸大学法学院外交学系副教授，硕士生导师。

[1] "10 年伙伴，中欧拓展全球经济治理合作（权威论坛）"，载 http://finance.people.com.cn/n/2013/1104/c1004-23417333.html，2014 年 2 月 20 日访问。

份，界定利益。[1] 因此，深入分析中欧双方全球治理观的差异有助于清楚认识和理解双方的分歧，准确判断并合理应对。本文拟先对全球治理的界定做一个简单梳理，然后比较中欧双方全球治理观的差异，最后对这种治理观的差异所产生的影响做一个总结。

一、何为全球治理

全球治理的定义，或者说对于全球治理的理解，众说纷纭。俞可平认为，治理是一种公共管理活动和公共管理过程，它包括必要的公共权威、管理规则、治理机制和治理方式。当人们将治理的分析框架应用于国际层面时，全球治理理论便应运而生。全球治理的要素主要有五个：全球治理的价值、全球治理的规制、全球治理的主体或基本单元、全球治理的对象以及全球治理的结果。[2] 蔡拓认为，所谓全球治理，是以人类整体论和共同利益论为价值导向的，多元行为体平等对话、协商合作，共同应对全球变革和全球问题挑战的一种新的管理人类公共事务的规则、机制、方法和活动。[3] 刘小林认为，全球治理的理论可以分为三类：国家中心维持现状派、新自由制度改良派、全球市民社会变革现状派。[4] 叶江认为，在全球治理框架中，国家虽然依然是国际体系中的主要行为体，但是却已不再为唯一的治理主体，国际政府间组织、国际非政府组织以及各种跨国的社会运动都逐渐地成为有效的治理主体，其中区域性和跨区域性合作机制的作用日益明显。从理论层面而言，全球治理的理念超越了传统政治学的一系列分析架构；就实践层面而言，全球治理实际上是一种当代国际体系中各行为体自觉或自发互动的过程。[5] 进一步将理论与实践结合，就能更为深入地把全球治理理解为一种通过制度安排来实现的治理结构。王瑜认为，目前，人

---

[1] ［美］亚历山大·温特著，秦亚青译：《国际政治的社会理论》，上海人民出版社 2000 年版，第 39 页。

[2] 俞可平："全球治理引论"，载《马克思主义与现实》2002 年第 1 期。

[3] 蔡拓："全球治理的中国视角与实践"，载《中国社会科学》2004 年第 1 期。

[4] 刘小林："全球治理理论的价值观研究"，载《世界经济与政治论坛》2007 年第 3 期。

[5] 叶江："试论全球治理、亚欧会议及中欧合作间的相互关系"，载《国际观察》2009 年第 3 期。

们还没有形成统一明确的全球治理概念。对“治理”概念较为认同的是全球治理委员会对治理的界定：治理是各种公共的或私人的个人和机构管理其共同事务的诸多方式的总和。它是使相互冲突的或不同的利益得以调和并且采取联合行动的持续的过程。它既包括有权迫使人们服从的正式制度和规则，也包括人们同意或认为符合其利益的非正式制度安排。全球治理是指各种国际行为体以人类共存共治共赢为宗旨，通过各种手段和途径来解决全球问题和世界公共事务。[1] 全球治理可以分为三个阶段：工具理性的全球治理、价值理性的全球治理和制度主义的全球治理。工具理性的全球治理是指国际行为体以自身利益为基准，选择自己是否参与和配合全球治理，定位自己在全球治理中的角色以及决定参与全球治理的深度。价值理性的全球治理是指国际行为体普遍认识到全球治理的必要性和迫切性，共同为解决全球问题和处理世界公共事务承担责任和履行义务。制度主义的全球治理是指全球治理的制度化、规范化和常态化，各国际行为体都有明确的全球治理的权利与义务，全球治理有完备的规章制度可循，有明确的分工，有具体的操作程序，有科学合理的治理绩效标准来评估与考核。另外，全球治理有三种模式：金字塔状全球治理、网状全球治理和条块状全球治理。

众多学者对于全球治理的理解有不尽相同的认识，但似乎都围绕着几个固定的问题展开：全球治理的主体、全球治理的对象和全球治理的途径(方式)。俞可平认为，全球治理的主体可分为三类：各国政府、政府部门及亚国家的政府当局；正式的国际组织，如联合国、世界银行、世界贸易组织、国际货币基金组织等；非正式的全球公民社会组织。[2] 詹姆斯·罗西瑙则认为，除政府外，世界政治中至少还存在10个治理单位，包括“非政府组织、非国家行为者、无主权行为体（sovereignty-free actor）、问题网络、政策网络、社会行动、全球公民社会、跨国联盟、跨国游说团体和知识共同体”，这些治理单位构成新的“权威空间”。[3]全球治理的对象是指影响全人类的跨国性问题，比如全球安全、生态环境、国际经济和基本人权等。

[1] 赵海月、王瑜：“全球治理与和谐世界”，载《理论与改革》2010年第5期。

[2] 俞可平：“全球治理引论”，载《马克思主义与现实》2002年第1期。

[3] 赵海月、王瑜：“全球治理与和谐世界”，载《理论与改革》2010年第5期。

全球治理的途径则有强调等级的金字塔式的全球治理模式，强调国际机制的网状全球治理模式以及强调功能主义和“外溢”效应的条块状全球治理模式。这三种不同的治理途径非常类似于刘小林所说的现实主义的国家中心的维持现状派、新自由制度主义的改良派和强调全球市民社会的改革现状派。

同时似乎所有学者都意识到一个问题，也就是中国和西方全球治理能力的不对称性。中国尽管作为全球第二大经济体，却依然是发展中国家，也是国际游戏规则制定的后来者，目前只是处在熟悉和适应国际规则的阶段。在利用以及修改以西方尤其是以美国为中心的全球游戏规则方面还是新手，因此存在全球治理能力的不对称性。对此，俞可平指出，首先，全球治理主体中的国际组织和全球公民社会组织在很大程度上受美国为首的西方发达国家所左右，因此，全球治理的过程很难彻底摆脱发达国家的操纵。其次，全球治理的规制和机制大多由西方国家制定和确立，全球治理在很大程度上难免体现发达国家的意图和价值。最后，治理理论，尤其是全球治理理论，建立在政府作用和国家主权日益削弱、民族国家的疆界日益模糊不清这一前提之上，强调治理的跨国性和全球性。这里的危险就在于，过分弱化国家主权和主权政府在国内和国际治理中的作用，客观上有可能为强国和跨国公司干涉别国内政、推行国际霸权政策提供理论上的支持，有可能成为某些国家干预别国内政、谋求国际霸权的理论依据。[1]对此，蔡拓也指出，全球治理的理论产生于西方，它更多地反映了发达国家对全球化时代国内国际事务的见解。[2]对此，庞中英则直言不讳地指出，自第二次世界大战以来，尤其冷战结束以来，美国处于世界秩序的中心。事实上美国在治理世界，而这个以美国为中心的国际体系则受制于美国。从全球治理的角度，美国不愿意也不会退出占据的“世界领导地位”。因为美国对世界的主导，全球问题的根源也在美国。美国是解决全球问题的关键。美国如何转变其国内治理显然将决定未来全球治理的面目。[3]概言之，这种治理能力的不对称性即源于中国是国际体系的后来者，从而导致国际地位和

---

[1] 俞可平：“全球治理引论”，载《马克思主义与现实》2002年第1期。

[2] 蔡拓：“全球治理的中国视角与实践”，载《中国社会科学》2004年第1期。

[3] 庞中英：“霸权治理与全球治理”，载《外交评论》2009年第4期。

发展阶段的滞后性（与西方发达国家相比），也源于中国和西方不同的传统与文化。发展阶段的错位加之文化传统的差异使得中国与欧盟持有不同的全球治理观。这进一步导致中国和欧盟对于全球治理的主体（参与者）、全球治理的对象以及全球治理的途径（方式）有不同的理解。而且这种全球治理观差异的影响已经渗透到了中欧关系的双边、地区和全球层次。

二、中国的全球治理观

中国的全球治理观受限于中国的具体国情。由于中国改革开放仅30多年，虽然中国的经济发展取得了举世瞩目的成就，但中国对于西方主导的国际机制尚处在适应探索阶段，这就注定了在全球治理领域中的议程设置上往往被动。加之中国坚持社会主义制度，坚持党的领导，这就使得中国政府对于西方主张的非领土政治、全球主义抱有戒心。在人权以及反恐方面，中国和西方的主张不尽相同。因此在全球治理的主体方面，中国更加强调政府在全球治理中的主导作用。这就导致了中国和欧盟在全球治理中，在治理主体和治理对象上形成了不同的侧重。在治理途径或曰方式上，由于历史上所经历的西方殖民主义入侵及其带来的中华民族屈辱，中国近现代革命始终贯穿着反帝反封建的主题，这导致中国政府对国家主权有一种非常特殊的政治情感，往往把维护国家主权与争取民族独立的政治历程和政治成果联系在一起。另一方面，中国又深切感受到现存国际秩序的不公正，试图尽快使本国强大起来，真正摆脱西方发达国家的控制。❶ 中国政府的反对霸权主义、倡导国际政治经济新秩序的主张就反映出在全球治理的途径和方式上中国不同于西方。何增科认为，中国关于国际政治经济新秩序的设想，包括四个方面的内容：（1）新国家关系观：从旧的等级式国家关系结构走向新的主权平等的国家关系结构。（2）新安全观：从单极霸权稳定走向多极制度稳定。（3）新发展观：从中心—外围的依附式发展和贫富分化走向相互依存、辐射带动、共同发展和消除贫困的共赢式发展。（4）新文明

---

❶ 蔡拓："全球治理的中国视角与实践"，载《中国社会科学》2004年第1期。

观：从单一文明地优势地位走向多种文明的和谐共存。[1] 这表明，中国政府旗帜鲜明地反对金字塔等级式的全球治理模式。

对此王瑜则认为，没有中国积极广泛参与的全球化和全球治理是名不副实的，没有体现中国人思想和智慧的全球治理蓝图也注定是不完整的。全球治理不能缺失中国人的声音。具体而言中国政府提出的和谐世界理念是中国版全球治理的声张。[2] 首先，全球治理和和谐世界理念具有相同的价值诉求。其次，全球治理和和谐世界理念具有不同的治理主体和文化底蕴。中国政府突出强调了国家在建设和谐世界中的作用。在所有国际组织中，中国非常重视联合国的作用。全球治理理论根植于西方文明的土壤，是自由主义政治文化发展的又一显著成果，但全球治理的话语霸权和西方视角难以获得广大发展中国家的认同和支持。和谐世界理念是中华民族厚重悠远的传统文明面对世界新形势的厚积薄发。道家的"自然和平观"、儒家的"礼仪和平观"和墨家的"兼爱和平观"都突出了和谐的主题。总之，中国传统文化核心理念能够为世界各国人民所接受，具有普世价值。

2008 年全球金融危机后，西方欧美等国受到重创，同时中国逆势崛起，成为全球第二大经济体。而且随着中共"十八大"的召开，中国进一步推动全面深化改革，为中国经济进一步增长补充动力，这使很多国家看好中国进一步发展的前景。为此，中国学者呼吁中欧共同崛起并重建全球治理体系。陈玉刚认为，在当前国际体系大发展、大变革和大调整的时期，有必要对中欧关系的战略意义进行再界定。[3] 第一，对中欧共同崛起的互相确认。欧洲应该认识到中国崛起所具有的模式性意义，平等对待并尊重中国的价值、制度和发展道路。中国对欧洲一体化的信心和支持从未动摇，相信一体化的欧洲会克服危机，并崛起为国际新秩序中的重要力量。互相承认、互相尊重是中欧关系进一步发展的重要保证。第二，共同维护战后秩序。国际体系的变革应该稳定有序推进，战后秩序是其稳定有序变革的重要保证。笔者认为，陈玉刚的分析更多是从全球战略角度出发。目前而言，美国、欧盟和中国都在提供治理的版本。美国版的全球治理必须建立在美

[1] 何增科："全球民主治理与联合国改革"，载《当代世界与社会主义》2004 年第 1 期。
[2] 赵海月、王瑜："全球治理与和谐世界"，载《理论与改革》2010 年第 5 期。
[3] 陈玉刚："中欧共同崛起与全球治理体系重建"，载《学术前沿》2012 年第 12 期（上）。

国霸权的基础上，这一点欧盟和中国都反对。欧盟版的全球治理更加强调欧盟一体化的经验，全球治理必须建立在有权威的国际规则的基础上。而中国版的全球治理观强调和谐世界的理念。中国与欧盟的合作有助于削弱美国的全球霸权，这种合作有助于欧盟发挥全球领导作用，也有助于中国进一步发展壮大。但问题是，美国和欧盟有相同的政治意识形态，都强调宪政民主和法治人权。欧盟虽然不满美国的全球霸权，但也不会接受并尊重中国的发展模式。欧盟更多认为中国所提出的和谐世界太过抽象和空洞，这从英国学派的分析文章中可以看出。[1] 因此，欧盟从全球战略角度出发，与中国相互承认、相互尊重并重估中欧关系的战略意义，笔者对此并不乐观。

其实，从中国政府主张的国际政治经济新秩序到和谐世界的过渡，就体现出了中国领导人对于中国与世界关系的新认识。强调新秩序必然涉及对旧秩序的态度，这说明中国在潜意识里还是以一种革命者的身份自居，但事实上中国已经融入或半融入世界了，中国与世界旧秩序的关系已经不再是主体与客体的关系，中国已然成为秩序中的一员。既如此，与其推动国际新秩序倒不如倡导和谐世界，这样更能准确反映中国与世界的关系。未来世界的治理不可能继续西方主导，但也不可能由中国传统的价值理念主导，未来世界治理的模式更可能是一种中西方理念碰撞冲突，不断磨合，取长补短并相互融合的产物。因为国际社会本身就是一个过程，而不是一个既存的和不变的实体。[2] 既如此，宣扬西方自由主义具有普世价值或者中国传统文化的核心理念能为世界各国所接受，从而具有普世价值都存在认知上的误区。全球治理以超越国家界限的全人类价值为宗旨，源于全球性问题的产生，而全球性问题具有跨国性，超越民族、宗教和意识形态的藩篱，因此功能的需要必须也只有克服价值的分歧才能实现治理的客观要求和目标。而且社会的变革是一切理念和制度变革的诱因。随着中国经济的发展，城市中产阶级的壮大，中国社会正在经历从封闭到开放的变革，公

---

[1] See Barry Buzan, "China in International Society: Is 'Peaceful Rise' Possible?", The Chinese Journal of International Politics, Vol. 3, No. 3, 2010, pp. 5 ~ 36.

[2] See Qin Yaqing, "International Society as a Process: Institutions, Identities, and China's Peaceful Rise", The Chinese Journal of International Politics, Vol. 3, No. 3, 2010, pp. 129 ~ 153.

民社会及其活跃非政府组织正处在萌芽发展状态。一俟中国公民社会成熟，全球治理观的差异和对立便会烟消云散。因此中国全球治理观中的国家政府和联合国主导、内部治理问题不应成为外部干预的借口以及对和谐世界的倡导和对金字塔等级式的治理模式的排斥，都建立在现阶段中国社会发展的基础上，因此也都具有阶段性特点。

三、欧盟的全球治理观

“良政”（Good Governance）是欧盟全球治理战略的核心理念。良政宣传把健全的财政管理和行政效率作为可持续增长和发展的先决条件。欧盟对良政的表述从对治理的理解开始。治理的核心不是组织或机构，而是制度，或者更形象地说是“游戏规则”。良政的五项基本原则，分别是开放性、参与性、责任性、有效性及一致性。如果说上述五项基本原则是治理技术层面的“规则性”，那么欧盟则通过民主治理的概念赋予了“良政”以“价值观”维度，并日益成为良政的核心内涵。❶ 欧盟政策文件的摘要对此有更加清晰的表述：“欧盟支持在所有发展中国家中，按照根据各地区特征所制定的政策，推广民主、人权和良政。”❷ 在实践上，欧盟经常把贸易和政治议题以及发展议题联系在一起，通过贸易加援助的方式输出价值观念。2004年，欧盟出台周边政策战略，应对欧盟扩大之后的新周边。周边政策作为欧盟全球战略的重要组成部分，开宗明义地强调：“欧盟与周边国家的伙伴关系建立在共享价值观基础上。周边国家有效实施对共同价值观的承诺是双方关系的核心组成部分。”❸ 为实现上述目标，欧盟将采取行动确认和奖励坚持共同价值观的国家作为战略行动计划的优先政策。除此之外，

---

❶ 金玲：“欧盟全球治理新思路及对中欧关系的影响”，载《国际问题研究》2013年第2期。

❷ European Commission：“Governance in the European Consensus on Development：Towards a harmonized approach within the European Union，” *Brussels*，August，30，2006，COM，2006，421 final. Summary of this Paper，http：//europa. eu/legislation _ summaries/development/sectoral _ development_ policies/r13012_ en. htm，2014年2月21日访问。

❸ European Commission：“European Neighborhood Policy，STRATEGY PAPER”，Brussels，May，12，2004，COM，2004，373 final，p3，http：//ec. europa. eu/world/enp/pdf/strategy/strategy _ paper _ en. pdf.

有效的多边主义则是欧盟推动全球治理的主要途径。欧盟对于多边主义的理解包括国际机制、国际规则和国际法等维度。此外，欧盟还将地区国际组织也纳入其多边主义的范畴。由此可见，欧盟的多边主义主张更接近多边主义主张中“规则和制度”的维度。[1] 欧盟作为特殊的非国家行为体，推行有效的多边主义符合其特性。多边主义是其实现全球治理的基本工具，通过国际法、共同的国际规则和原则减少单边行为，利用其在多边制度构建中的优势推广欧盟模式和制度观念以实现其自身利益。欧盟在其周边政策中，通过给予其他国家“入盟”或“准入盟”待遇，实现周边国家与其制度、标准、规则和观念的趋同。

可见，欧盟的全球治理观有其自身特色。作为20世纪两次世界大战和美苏冷战的主战场，欧盟对于战争、和平以及发展的理解极为深刻。为了避免战争，维护和平和促进发展，欧洲国家必须也只能走一条地区一体化的道路，通过经济整合，促进人员流动，在部分功能领域超越国家主权，如此不但可以避免战争、发展经济，还能促进欧洲各民族的融合。俨然欧盟已经克服了国际体系的无政府状态，发展成为一个成熟的安全共同体。这导致欧盟全球治理的观念上深深地打上了欧洲一体化经验的烙印。在全球治理的主体上，欧盟强调设立在某些功能领域可以超越国家主权机构。同时欧盟也强调非国家行为体的作用。这也是欧盟模式的特色，国家主权在人们的视野和意识中逐渐淡化。欧盟委员会就在很多领域汇聚了欧盟成员国的国家主权。但是这种超越国家主权的后现代主张不但中国难以接受，就连美国也无法完全认可。比如，美国政府对国际刑事法院的态度就和欧盟有很大的距离。在全球治理的对象上，欧盟和美国一样，基于相同的政治意识形态，认为各国国内治理的问题，比如出现大规模侵犯人权的情况时，国际机构或其他国家就有了的干预权。比如欧盟和美国都指责中国在对非洲援助问题上不附带任何政治条件是不负责任的表现。在利比亚问题上，中国更是饱受西方媒体的攻击。同时在涉及新疆和西藏的问题上，中国也会受到西方媒体的攻击。但欧盟和美国的区别在于，欧盟更多从良政角度来发表评论。而美国政府的行为更多出于战略利益考虑，维护美国霸

---

[1] 金玲：“欧盟全球治理新思路及对中欧关系的影响”，载《国际问题研究》2013年第2期。

权的需要，因此会出现双重甚至多重标准。在全球治理的途径上，欧盟更强调国际制度和国际规则的正式性和权威性，有效的多边主义便是其集中体现。而中国对于约束性很强的国际制度与规则往往采取审慎态度，更青睐非正式的制度安排。因此，由于社会发展阶段的错位，中欧双方的全球治理观交集并不很大。

中国国际问题研究所金玲认为，2008 年的全球金融危机以及其后欧盟主权债务危机使得欧盟的国际地位相对下降，从而导致其全球治理思路的调整。主要表现为：新兴力量的群体性崛起改变了欧盟对国际格局的认知；主权债务危机和周边的动荡弱化了欧盟塑造全球治理的能力；同时欧盟构建多边机制受挫，其推动多边主义的意愿下降。基于此，欧盟的全球治理思路做出了如下调整：在全球治理中更注重价值观与现实利益之间的平衡；以双边促多边，加强构建战略伙伴关系和意愿联盟；地缘上聚焦周边，突出其优势议题。[1] 对于欧盟因主权债务危机的困扰而调整其全球治理的思路，笔者更倾向于认为这是一种策略性调整，而非战略性调整。尽管欧债危机以来，国际上唱衰欧洲的论调不绝于耳，其中很多来自美国媒体和学界，如美国外交学会会长、前国务院政策规划办公室主任理查德·哈斯认为："欧洲作为 21 世纪一支重要国际力量的时刻甚至尚未开始就宣告结束了。"[2] 但现实是欧元区不可能解体，因为解体不符合任何一方的利益，而且欧盟一体化也不可能就此止步，欧盟更不可能从此走向分崩离析。因为欧盟的发展符合时代的潮流，代表了人类历史前进的方向。换言之，欧盟走在时代的前列。因此暂时性的衰退不可能削弱欧盟全球治理战略中对于良政核心理念的坚持和对于有效多边主义原则的信奉。这是欧盟全球治理观中的底色，虽然有时明亮，有时暗淡，但底色不会褪去。这同时也注定了中欧全球治理观的差异不可能短时间内消失。因此，中欧关系或者说中欧政治关系也不可能健康稳定地发展，而且随着中国崛起所产生的利益和影响力的扩展，中欧双方的碰撞频率和烈度都会进一步上升，这也注定了中欧关系的未来会充满波折。

---

[1] 金玲："欧盟全球治理新思路及对中欧关系的影响"，载《国际问题研究》2013 年第 2 期。
[2] 冯仲平："欧盟发展前景与中欧关系"，载《现代国际关系》2012 年第 9 期。

四、结　语

功能领域的合作是人类需求和社会发展的需要，客观上要求必须超越价值理念的分歧，正是基于这一逻辑，中欧双方在全球治理领域已经取得了很大的进展。中欧双方在全球贸易治理、全球金融治理和全球能源治理方面的合作已经取得重大进展。[1] 尽管如此，中欧双方全球治理观的差异仍然是一种客观存在，并时常左右欧盟的对华政策。比如欧盟在承认中国市场经济地位方面仍然裹足不前，这使得中欧关系如鲠在喉。但正如本文所分析的，这种全球治理观的差异更多的是由社会发展阶段的错位造成的，具有阶段性特点。随着中国国内公民社会的发展、成熟和完善，治理观的差异会逐渐从碰撞到融合直至产生双方都认可的价值理念。因为，社会变革毕竟是一切变革的先导。基于此，笔者认为，短期内中欧会因全球治理观的差异而龃龉不断，但长远看来，中欧双方在全球治理领域中的深入密切合作仍然是可以乐观预期的。

---

[1] "10 年伙伴，中欧拓展全球经济治理合作（权威论坛）"，载 http://finance.people.com.cn/n/2013/1104/c1004-23417333.html，2014 年 2 月 20 日访问。